HERMANN HESSE
DIE BLAUE FERNE

HERMANN HESSE

DIE BLAUE FERNE

Reisebilder
und Naturbetrachtungen

Aufbau-Verlag Berlin und Weimar
1989

Herausgegeben von Fritz Hofmann

1. Auflage 1989
Aufbau-Verlag Berlin und Weimar
Lizenzausgabe für die Deutsche Demokratische Republik
mit Genehmigung des Suhrkamp Verlages Frankfurt am Main.
Der Vertrieb in der Bundesrepublik Deutschland,
in West-Berlin und im Ausland ist nicht gestattet,
ausgenommen das sozialistische Ausland.
Copyright 1952, 1957, 1980 und 1987 Suhrkamp Verlag
Frankfurt am Main. Alle Rechte vorbehalten durch Suhrkamp
Verlag Frankfurt am Main.
Einbandgestaltung Erich Rohde
Karl-Marx-Werk, Graphischer Großbetrieb, Pößneck V 15/30
Printed in the German Democratic Republic
Lizenznummer 301. 120/95/89
Bestellnummer 614 022 8
01850

ISBN 3-351-01436-8

BODENSEE

IM PHILISTERLAND

Es ist schon seit Stunden dunkel. Drüben über dem See liegen die Hügeldörfer mit roten Fenstern, eines vom andern und jedes von mir durch Regen, Wolken, Sturm und Finsternis getrennt. Sie schauen herüber und verschwinden wieder, je nachdem der Sturm die niedrighängenden Wolken treibt. Von diesen Dörfern ist mir jedes bekannt und lieb, jedes ein Freund, eine Erinnerung. Dort ein Sonntag mit Freunden verbummelt. Dort ein Regennachmittag im Gespräch mit Wirtin und Wirtskindern hinter beschlagenen Fenstern verdämmert. Dort ein Abend, feucht und blau, am Rande der Weinberge verträumt, mit aufblinkenden Sternen, herüberwehender Dorfmusik und leisem Rauch aus abendblassen Kaminen, der hinter den schwarzen Wipfeln von Pappeln und Obstbäumen aufstieg.

Der längst erloschene Ofen wärmt noch immer gelinde, im Bratloch schläft die Katze, erwacht zuweilen für Minuten und fängt zu schnurren an. An den Wänden stehen mit tausend breiten und schmalen Rücken meine Bücher. Und sooft ich ans Fenster gehe und an den feuchten Scheiben wische, liegen jenseits überm See die Dörfer mit leisglühenden Fenstern auf den Hügeln, jedes eine Erinnerung. Und auf der Welt kein Laut als der Pendelschlag der hölzernen Uhr, das feine Tropfen am Fenster und hier und da das zarte, schläfernde Schnurren der Katze. Ich spiele, wie man es an diesen Abenden gerne tut, mit Erinnerungen, mit alten Briefen und Tagebüchern und Gedichten, die ich als Jüngling schrieb, mit achtzehn und zwanzig Jahren. Wie anders man damals war. Ich lese: „. . . es ist seit jener Nacht, daß ich vom Leben weiß, daß es ist wie die Bewegung eines Schläfers, den ein Traum erregt; wie das Aufwallen einer kleinen Woge; wie das Lallen eines Halbwachen ..." Und:

„Wie schön du warst, wenn du dein feines tröstendes Frauengesicht über meine fiebernden Augen beugtest! Wenn du mit mir der Erinnerung eines alten Liedes lauschtest, still, vorgebeugt, das tiefe Auge in die Nacht gewendet, die helle vergeistigte Stirn von einer losen Locke märchenblonden Haares überhangen. Wenn du das Auge senktest und schweigend meine Hand mit der deinen suchtest. Wie schön du warst!"

Das schrieb ich bald nach meinem zwanzigsten Geburtstag in das rote Heft, in das ich damals alle meine Einfälle und Dichtereien eintrug; ich schrieb es an Spätherbstabenden und hatte das Gefühl, ich nehme schon den ersten Abschied von meiner Jugend. Es ging mir schlecht, ich erlebte nichts als Enttäuschungen, und nachts saß ich in meinem Stüblein wach und schrieb traurige Gedichte, ohne zu wissen, daß ich in dieser seltsamen Schwermut eine der echtesten Jugendwonnen genoß. – „Wie schön du warst!"

Da stehen meine Bücher, zwei Wände voll, alle in guten und schlechten Jahren langsam zusammengespart, ein schöner Schatz. Sie stehen auf guten festen Brettern und liegen nicht mehr wie früher am Boden und auf dem Sofa herum, auch sind sie fast alle gut und nett gebunden. An den Wänden hängen ein paar Radierungen, und der große Ofen muß brennen, solang ich es will, ich brauche die Scheiter nicht mehr zu zählen und zu sparen. Sogar ein Fäßchen Wein liegt im Keller, mit einem freundlichen Hahnen im Spundloch, und in meiner alten Blechschachtel liegt beständig Tabak genug. Es geht mir also gut, sehr gut; selbst meine Katze wird fett, sie bekommt Milch, soviel sie mag.

Aber seit die Wälder wieder rot sind und der See im Herbststurm blitzt und laubgrün und meerblau wird, seit die Ofenbehaglichkeit anfing und ich meine Ruder vom Strand geholt und unter Dach gebracht habe, befällt mich öfters ein Zorn über dies bequeme Hinleben.

Wenn ich abends beim Dunkelwerden zum Strand hinuntergehe, rauschen an der Schifflände die Pappeln stark und zart, der feuchte Wind umarmt mich schnell, springt auf den See und fährt stöhnend über das bewegte Wasser hin. Dann tut mir das Herz im Leibe weh, daß ich kein Einsamer und Wanderer mehr bin, und ich gäbe mein bißchen Haus und Glück und Behagen gern für einen alten Hut und Ranzen, um noch einmal die Welt zu grüßen und mein Heimweh über Wasser und Land zu tragen.

Und gestern, ich war allein noch wach im Haus, schlug mir der Wind so dringlich ans Fenster, und über dem Kapellenturm flogen die Wolken so eilig und begierig durch die Nacht, daß ich nicht länger sitzen bleiben konnte. So nahm ich leise Mantel, Hut und Stock und ging hinaus. Da schrie der Sturm in der Höhe, unten schlug im Dunkeln der unruhige See, im ganzen Dorfe war kein Fenster mehr hell, und nur am Ufer schritt unwillig der Grenzwächter auf und ab, tief in den dicken Mantel gehüllt und mit aufgestelltem Kragen.

Und als ich auf die erste Höhe kam, da lag weithin schwarzes Land und Wasser, dahinter der bleichscheinende Himmel gespannt, an dem die schweren Wolken stürmten. Die langen Bergzüge bückten sich im Schlaf und streckten da und dort fahle Traumhörner gegen den Himmel. Das ging wie eine breite, heftige Woge über mein Herz, als bräche meine ganze Jünglingszeit mit aller Freiheit und Macht auf mich herein, höbe mich vom Boden und risse mich in unerhörte Weiten mit. Oh, du Wald, du stiller, schwarzer Wald, und du Seeweite und du schlafende Insel im Wasser! Oh, ihr fernen Berge! Unvermerkt fiel ich in meinen Wanderschritt, als ob es in alle Fernen ginge, und die von der Nacht verhüllte Gegend lag als ein Märchenland verschwiegen um mich her. Bis nach einer Stunde der erste Kreuzweg kam. An diesem stand ich lachend still und dachte an meine Frau und an mein Haus, auch fiel mir ein, daß ich beim stürmischen Fortgehen die Lampe nicht ausgelöscht hatte.

Die schien nun weiter, solange das Öl es vermochte, über die gelben Seiten meines alten Büchleins, über Tisch und Wände und durch die Scheiben ins schlafende Dorf hinaus.

Nun wußte ich wohl, daß ich morgen zurück sein müsse, und mein heißes Wandergefühl fing langsam an, geringere Wellen zu schlagen. Aber diese schöne Nacht war mein, und ich wollte sie nicht von mir weisen, wie sie wartend rings um mich her lag. Und wie ich erwägend am Kreuzweg zögerte, begann ein starkes Heimweh mich zu ziehen. Hinter Wald und weiten Hügelwiesen wußte ich eine alte Stadt mit runden Türmen liegen, nach der es mich schon lange gelüstete. Ich hatte aber noch nie gewagt, einmal dorthinüber zu wandern, denn dort lag ein Stück schöner Jugendzeit von mir und lauerte auf meine Wiederkunft, um mich mit Reue und Heimweh zu überfallen. Jetzt in der Nacht schien mir die Stunde gut. Ich ging den schönen bergigen Weg durch Wald und Matten, ich saß eine Weile und rastete vor dem Tor der Stadt, hörte dem Brunnen zu, nahm einen kühlen Schluck von ihm und lief wieder weg und heim, noch ehe die Morgenhelle kam und die wohlbekannten Häuser aus der schönen schlummernden Dämmerung weckte.

Auf dem Heimweg war mir sonderbar zumute, indem ich an vergangene Jahre dachte und an die alte Stadt mit den runden Türmen und an das, was ich dort einst erlebt hatte. Nun schritt ich träumend durch die schwarze Nachtwelt, meinem Dorf entgegen, hoch am Hügel hin über dem finstern See. Und allmählich liefen meine halbwachen Gedanken weiter, und ich dachte an alle die Frauenbilder, vor denen ich in Jünglingsjahren gekniet war – bereit, ihnen mein Liebstes und Bestes zu schenken, nur um näher ans Innere des Lebens zu kommen, nur um eine Antwort zu finden auf die dunkel in mir fragende Stimme.

Wir werden älter, werden Männer, tun den Kranz aus den Haaren und finden unsere Ruhe. Aber wie ist es mit jenen Frauen, mit den Mädchen, um die wir einst so sehnsüchtige Irrgänge taten, die uns den ersten Morgenglanz der Liebe schenkten? Was fühlen sie, wenn wir von ihnen gehen? Und was fühlen sie, wenn sie am Ende einer an hohen Träumen reichen Jugendzeit dem Letzten ja sagen und die Hand geben? Wir Männer, wir treiben hundert Dinge, wir schaffen und forschen und arbeiten, wir haben Amt und Beruf und eine Menge kleiner Freuden und kleiner Laster – aber was haben sie, die Frauen, die nur in Liebe leben, nur auf Liebe hoffen können? Wie selten geschieht es, daß ihnen jener Letzte auch nur einen kleinen Teil von dem zu geben hat, was ihnen die ersten, die Jünglinge und schüchtern-kühnen Anbeter, versprochen, vorgedichtet und vorgelogen haben!

Der Sturm lief lärmend auf mich an und warf mir Regentropfen und harte, welke Blätter ins Gesicht. Vorwärtskämpfend gab ich den Klagen Abschied und ließ die ungelösten Rätsel hinter mir liegen. Ich dachte daran, was wir alle einst als Knaben, als kühne, freche Knaben, vom Leben als unser gutes Recht erwarteten. Und wie verzweifelt wenig davon wahr geworden ist. Und doch ist das Leben gut und ist schön und rührt uns jeden Tag mit seinen heiligen Kräften das Herz. Vielleicht geht es auch den armen Frauen mit der Liebe so. Man erzählt ihnen von Märchenwäldern und mondbeglänzten Gärten, und sie finden nachher ein rauhes Stück Land, wo statt Rosen geringe Kräuter wachsen. Von denen binden sie sich einen Strauß und stellen ihn ins Fenster, und wenn abends das Dunkel die Farben auslöscht und der singende Wind aus der Ferne her kommt, liebkosen sie ihren Strauß und lächeln, und es ist, als wären es Rosen und als wäre das Ackerland draußen ein Märchengarten.

1904

WENN ES ABEND WIRD

Es ist dunkel geworden, und die Gasse vor meinen Fenstern ist schon seit einer Stunde totenstill, nur der hohe Brunnen träumt und redet unermüdet weiter. Die verhängte Messinglampe beleuchtet die alte Wohnstube mit ihren matten Holzwänden, die schmale Wandbank, den starken Eichentisch, die bleichen Holzschnitte an der Wand. Und hinträumend genieße ich die Ruhe meines Hauses und meiner Stube, die Stille und Weltferne, die mir niemand stört. Unnötiges Reden lieben wir am Abend nicht; es ist so schön und wunderlich, der Stille zuzuhören und zu lauschen, wie die Erde einschläft, wie der letzte späte Eimer am Brunnen klirrt und jenseits über dem See der letzte ferne Eisenbahnzug leise pfeift und verschwindet.

Ein Buch liegt auf dem Tisch, vielleicht werde ich später darin lesen. Es ist ein großer Quartband aus dem vorigen Jahrhundert, eine Übersetzung des Ossian. Daneben steht mein Glas und ein Krug Meersburger. Er ist nicht sauer, wie man vom Seewein zu sagen pflegt, sondern zart und wohlschmeckend, einer der besten oberrheinischen Weine. Von den zwei Krügen, die ich habe, faßt der kleine knapp ein halbes Literchen, aber ich nahm heute – es geschieht selten – den größeren, weil mir wohl zumute war und weil mir heute, nach einem arbeitsreichen und zufriedenen Tag, ein friedvoller schöner Abend zu blühen schien. Während ich nachdenklich den Becher leere, beginnt in der kleinen Nebenstube meine Frau leise Klavier zu spielen. Sie spielt kleine verwehende Stücke von Schumann. Die leisgleitenden Töne kommen zusammen mit dem rötlichen Kerzenlicht durch die weit offene Tür herein. Über der Tür auf dem

altmodischen schmalen Gesims stehen, einander zuge-
wandt, zwei tönerne Kuckucke, Männchen und Weibchen, Schwarzwälder Bauernkunst, und werfen zwei
wahnsinnig verlängerte, groteske Schatten an die Wand.
Und wie immer, wenn ich abends müde bin und Musik
höre, sehe ich alle diese kleinen Dinge verwandelt und
ferner gerückt, und zugleich geht mein Sinn ungeheißen
rückwärts und sucht Pfade der Vergangenheit, Erinnerungen steigen aus den Tönen, aus dem Lampenschein,
aus dem Becher, aus der sacht wölkenden Pfeife, Erinnerungen in langen, sanften Reigen; es kommt eine der
närrischen Stunden, in denen wir rasten und nichts tun,
während doch die Phantasie, das Gedächtnis, die Sehnsucht und hundert feine, tätige Nerven arbeiten und
schaffen und fiebern. Selbstverständliches wird rätselhaft und unerklärlich. Gelesenes wird Erlebtes, Erlebtes
wird Geträumtes, Vergessenes wird gegenwärtig, Er-
reichtes wird wieder zum Wunsch. Ferne, vor Jahren gelebte, seit Jahren vergessene Tage und Stunden sind so
gegenwärtig und tatsächlich wie Tisch und Zimmer, wie
meine eigene Hand, während das eben erblickte Bild,
der eben gehörte Ton, die eben gemachte Gebärde
traumfern und zu alten Erinnerungen werden.

Halt, das ist nicht Schumann mehr! Was ist es doch?
Ja, Chopin. Natürlich, Chopin, die erste Nocturne. Oder
die dritte. Glaszarte, scheue Töne, verwischte und
traumwandelnde Takte, wundersam geschlungene, elegante Figuren, und die Akkorde erregend, wie verzerrt,
Harmonie und Dissonanz nicht mehr zu unterscheiden.
Alles auf der Grenze, alles ungewiß, nachtwandlerisch
taumelnd, und mitten hindurch mit dünnem Fluß eine
süße, milde, kinderselig reine Melodie. Chopin! Diese
Musik voll Heimweh, Sehnsucht und Erinnerung, und
im Hintergrunde Paris. Nicht Paris von heute, sondern
ein andres, ironischer und sentimentaler, mit andern Tapeten und Kostümen, mit Chopin und Heinrich Heine.

Es ist schön, es ist schmeichelnd und wohlig, an seinem sicheren Tisch zu sitzen, ein sicheres Dach über

sich, einen zuverlässigen Wein in der Kanne, eine wohl-
gefüllte große Lampe brennend und nebenan bei offener
Türe eine Frau am Klavier, Chopin-Stücke und Kerzenlicht . . . Plötzlich steigt mir wie eine Seifenblase die
Frage auf: Bist du eigentlich glücklich?

Ja, natürlich. Aber warte noch – nein, so eigentlich
glücklich – nein, doch ich muß mich erst besinnen. Und
wie ich mich besinne, fällt mir ein, daß man nicht vom
Glück reden soll. Glück ist ja nichts, ein Wort, ein Unsinn; es kommt auf andres an. Indem ich nachdenke, verwandelt sich die Frage. Ich möchte nun auf einmal wissen, wann mein frohester Tag, meine seligste Stunde
war.

Mein frohester Tag! Ich muß lachen. In meiner Erinnerung, da, wo die guten, reinen, köstlichen Augenblicke aufgeschrieben sind, steht einer neben dem andern, zehn und hundert, und viel mehr als hundert, und
jeder ist fehlerlos, mit ungetrübter Lust erfüllt, und
einer ist so schön wie der andre, und keiner gleicht dem
andern. Da ist ein Tag, vor Jahren im Hochgebirge verbracht, auf einer hohen Alp, zwischen Enzianen und
kletternden Ziegen und Geißbubenjodlern, ein feuchter,
blanker Himmel darüber und in der Nähe das Rufen
eines weißen Wasserfalls. Dann eine Morgenstunde,
noch vor Sonnenaufgang, auf einer Odenwaldstraße, im
Gespräch mit einem verirrten Landstreicher, voll von
Morgenkühle, Frühlicht, Erwartung und Humor. Und
eine andre Morgenstunde, auf der Schwäbischen Alb, da
saß ich im schüttelnden Postwagen, und vorn und hinten goß der Regen herunter, und mir gegenüber eine
kleine Sechzehnjährige, halb froh, halb ängstlich mit
dem Unbekannten plaudernd, dann zuversichtlicher und
schließlich fröhlich und ausgelassen wie ein Bub.

Aber wie kann ich den Abend vergessen, den warmen
Juniabend am See, auf der dunklen Bank! Und unser
langsames Gespräch, alle paar Minuten ein Wort, und
unsern ersten Kuß! Oder die wunderbare Märchennacht,
als ich zum erstenmal, das Herz selig bedrückt von der

Erfüllung jahrelanger Jugendsehnsucht, durch die Gassen von Florenz lief, und über die Brücke und wieder durch die alten Winkel auf die Piazza vor den schweigenden, kühnen, himmelhohen Turm! Oh, und der erste Anblick des Meeres – der Vormittag, da ich über Genua auf den Hügeln schweifte, und unten schrie im Sturm das blaue und weiße Meer an den steilen Felsen empor! Auch jene Mittagsstunde darf ich nicht vergessen, die ich im Hofe eines südlichen Klosters auf dem herrlich glühenden Pflaster verschlief, und wie der Pförtner mich tadelnd weckte und wie wir Freunde wurden und einen ergiebigen Gang in die kalten massivgewölbten mächtigen Keller unternahmen. Auch nicht den schwülen Hochsommermittag, da ich bei Rheinfelden mich seufzend entkleidete und an stillbrütenden Wäldern vorbei, unter einem stählernen Gewitterhimmel aufatmend, rücklings den Rhein hinabschwamm.

Ich finde kein Ende. Wieviel Sonnen haben mich verbrannt, wieviel Flüsse und Ströme mich gekühlt, wieviel Wege mich getragen und Bäche mich begleitet! Wieviel Blicke in blaue Himmel und in unvergeßlich lebendige, liebe Menschenaugen habe ich getan, wieviel Tiere liebgehabt und an mich gelockt! Von diesen Augenblicken ist keiner schöner als der andere. Auch dieser gegenwärtige, da ich den Becher langsam leere, der Musik lausche und liebe Erinnerungen hege, auch dieser gegenwärtige Augenblick ist keiner von den schlechten.

O nein! Und ich träume weiter. Und sieh, andre Bilder steigen aus dem Meere des Erlebten – Stunden des Leides, Tage der Trauer, der Scham, der Reue, Augenblicke des Erliegens, der Todesnähe, des Grauens. Ich sehe den Tag wieder, da meine erste, unvergessene Liebe betrogen ward und unter Qualen starb. Den Tag, da ein Bote kam und grüßte und Geld heischte und die Botschaft daließ, daß fern in der Heimat meine Mutter gestorben war. Die Nacht, da mich mein Jugendfreund im Rausch beschimpfte. Die Tage, da ich nicht wußte, woher die Pfennige zu einem Brot nehmen, während meine Mappe von Gedichten und leidenschaftlichen Artikeln überquoll. Die vielen Stunden, da ich liebe Freunde leiden und verzweifeln sah und daneben stand und litt und nicht helfen, nicht trösten, nicht lindern konnte.

Und die Augenblicke, in denen ich vor Leuten stand, die reich waren und Macht über mich hatten, und ihre geringschätzigen Worte hörte und meine im Krampf geballte Faust verbergen mußte. Die Gesellschaft, in der ich die Hand beständig auf die schmählich geflickte Stelle meines Rockes legte. Alle die Nächte, in denen ich schlaflos lag und nicht wußte, wozu ich dies Leben weiterführe. Und alle die Nächte, da ich am Wirtshaustisch mitlachte und Possen riß und lustig tat, während mir innen elend und traurig zumute war. Auch die Zeiten hoffnungsloser Liebe, die Zeiten der Glaubenslosigkeit und Selbstverhöhnung, wenn wieder ein begonnenes Werk mißglückt, ein Ideal verloren, ein Versuch fehlgeschlagen war.

Auch hier kein Ende! Aber welche von diesen Stunden möchte ich hergeben, welche ausstreichen und vergessen? Keine, keine einzige; auch die bittersten nicht.

Die Musik hat aufgehört, die Kerzen im Nebenzimmer sind erlöscht. Meine Frau kommt heraus, schaut in meinen Weinkrug und lacht: „Du bleibst noch auf?"

„Ja, ich will noch lesen: Ossian."

Sie geht, aber ich lese keinen Ossian. Ich sitze still und fühle die Minuten entgleiten. Ich überschaue träumend die hundert Erinnerungen, die in dieser Stunde mich besucht haben. So viel Tage, so viel Abende, so viel Stunden, so viel Nächte – und alles zusammen ist noch lange kein Zehntel meines Lebens. Wo sind die andern? Wo sind die tausend Tage, die tausend Abende, die Millionen Augenblicke, an die mich nichts mehr mahnt, die nimmer aufwachen und mich ansehen können? Vorbei, dahin, unwiederbringlich vorüber!

Und dieser Abend? Wo wird er bleiben? Wird er irgend einmal wieder erwachen und mir gegenwärtig sein und mich laut und sehnlich an ein vergangenes Damals mahnen? Ich glaube nicht, ich glaube, er wird morgen oder übermorgen vergangen und tot sein und nie wiederkommen. Und wenn ich heute nicht gearbeitet und mich gemüht hätte und ein kleines, kleines Stück vorwärtsgekommen wäre, so sänke morgen oder übermorgen dieser ganze Tag, dies gegenwärtige Heute, unrettbar ins Bodenlose, zu den vielen begrabenen Tagen, von denen ich nichts mehr weiß.

Wem es nicht gegeben ist, mit der großen einseitigen Leidenschaft eines vom Dämon berührten Schicksals blind und glühend durch ein nie rastendes Leben zu stürmen, der tut wohl daran, sich zeitig in der Kunst der Erinnerung, der ersten aller Künste, zu üben. Die Kraft des Genießens und die des Erinnerns sind eine von der andern abhängig. Genießen heißt, einer Frucht ohne Rest ihre Süßigkeit entpressen. Und Erinnerung heißt die Kunst, einmal Genossenes nicht nur festzuhalten, sondern es immer reiner auszuformen. Jeder von uns tut das unbewußt. Er denkt an seine Kinderzeit und sieht dabei nicht mehr ein Wirrwarr von kleinem Geschehen, sondern die zur Phantasie gewordene Erinnerung spannt seligblaue Himmel über ihm aus und mischt das Andenken von tausend Schönheiten zu einem mit Worten nicht zu erschöpfenden Lustgefühl.

Indem so das Rückwärtsschauen die Genüsse entfernter Tage nicht nur wiedergenießt, sondern jeden zu einem Sinnbild des Glückes, zu einem Sehnsuchtsziel und Paradies erhöht, lehrt es immer wieder neu genießen. Wer einmal weiß, wieviel Lebensgefühl, Wärme und Glanz er in eine kurze Stunde pressen kann, der wird nun auch die Gaben jedes neuen Tages möglichst rein aufnehmen wollen. Und er wird auch dem Leid gerechter werden; er wird einen großen Schmerz ebenso lauter und ernst zu kosten versuchen. Denn er weiß, daß auch das Andenken dunkler Tage ein schönes und heiliges Besitztum ist.

1904

VOR MEINEM FENSTER

Kürzlich schrieb mir ein Freund aus der Stadt und wollte mich davon überzeugen, daß es unklug von mir sei, den Winter auf dem Lande zu verbleiben. Der Mangel an Verkehr und Abwechslung, meinte er, würde mich umbringen. „Denke dagegen an den Winter in der Stadt", fuhr er fort, „da brauchst du, wenn du Langeweile hast, nur zum Fenster hinauszusehen und hast gleich ein ganzes unerschöpfliches Bilderbuch vor dir." Ach ja, ich erinnere mich wohl an dies Bilderbuch. Nein danke.

Auf diese Mahnung hin achtete ich gestern mehr als sonst auf alles, was ich so in beschaulichen Pausen vom Fenster aus zu Gesicht bekam, und das hat meine Lust, auch den Winter hierzubleiben, nicht vermindert. Was ich sah, war folgendes:

Morgens kurz vor acht Uhr erschrak ich über einen mächtigen, drohend düsteren Feuerschein am Himmel, direkt über Berlingen, und lief ans Fenster. Es war der Sonnenaufgang, um diese Jahreszeit bei uns ein seltener Anblick, da wir jetzt morgens fast täglich dichte Nebel haben, hinter denen die Sonne bis gegen Mittag unsichtbar oder blaß wie ein Mond bleibt. Jetzt aber war die Landschaft weithin unverhüllt, man konnte bis Konstanz sehen, und die Luft war weich und fast warm, wie bei Föhn, doch wenig Wind. Und über den Berlinger Hügeln flackerte brandrotes, glühend flüssiges Gewölk, aus dem erst in einiger Höhe sich langsam die rote große Sonne hervorwälzte. Der See nahm nun dieselbe blutigdüstere Röte an, und in unzähligen Dachziegeln, in Fensterscheiben und Brunnentrögen flammte sie mit, bis die Sonne endlich klar und weiß am Himmel stand.

Ich blieb eine Weile zuschauend stehen und freute mich, wie schon oft, meines schönen Fensters. Es ist niedrig, fast quadratisch, und kann nur mit großen Mühen geöffnet und geschlossen werden. Dafür ist sein alter Sims mit schönem Moos bewachsen, ein Rastort für Spatzen, Schwalben und Tauben, denn das weit überragende Dach schützt sie dort vor Sturm und Regen. Von dort aus sehe ich den See von Konstanz bis Berlingen, die Reichenau und ein Stück Hegau, ferner, meinem Hause gegenüber, die alte winzige Kapelle und den grob gepflasterten, sehr reinlichen Kirchplatz, den Brunnen, ein paar Dächer, eine Menge naher und ferner Pappelwipfel, drei Pflaumenbäume und ein ganz kurzes weißes Stückchen Landstraße. Und eben, wie ich noch dastehe, fährt unten der Postwagen vorüber. Es sitzt niemand darin als ein feister Herr mit roten Backen, den ich leider kenne, denn er ist Kaufmann in Zell, und ich bin ihm Geld schuldig. Da man vom übernächsten Garten aus die Haltestelle sehen kann, ging ich sofort hinüber und nahm mit Vergnügen wahr, daß der Zeller sitzen blieb und weiterreiste.

Dann setzte ich mich zur Arbeit hin. Viel lieber wäre ich bei dem laufeuchten Wetter auf Fischfang gegangen, aber ein Rest von Pflichtgefühl, den ich schon öfter peinlich empfand, hielt mich bei Briefen, Korrekturen und Rechnereien fest. Desto lieber ließ ich mich vom nächsten Geräusch ans Fenster locken. Da war Schulpause, und die Buben und Mädchen kamen zum Spielen auf den Platz. Die Buben kamen in atemlosem Galopp, die Mädchen in friedlich-stillen Zügen, fast alle hellblond, mit steif gewässerten Zöpfen. Es ging ein Versteck- und Fangspiel um die Kapelle herum los, mit dröhnendem Laufen und Stampfen und gewaltigem Gebrüll. Der Sieger wurde von zwei anderen durchgehauen. Auch manche Mädchen machten eifrig mit, die meisten aber verzehrten plaudernd ihr Stück Brot, gingen auf und ab oder saßen, an die Mauer gelehnt, auf dem Boden. Eine ganz Kleine saß neben diesen und weinte schmerzlich, während sie mit vollen Backen ihr großes Brot verzehrte, auf das die Tränen herunterliefen. Drei Knaben hockten unten am Brunnentrog und steckten die Köpfe zusammen; der eine von ihnen, ein Rothaariger, zeigte auf seiner flachen Hand den anderen eine tote Fledermaus. Daneben wuschen im Trog zwei andere ihre farbigen Sacktücher aus; eines davon hatte ein ungeheures Loch, und sein Besitzer tat mir leid, denn seine Mutter ist die schneidigste und strengste Frau im ganzen Dorf.

Im Hintergrund klatschte der Lehrer in die Hände, und im Augenblick war der Platz leer und wieder so totenstill wie immer. Aber zugleich war auch das vorher übertönte Rauschen des Brunnens wieder laut, das Tag und Nacht in meine stille Stube dringt und ohne das ich nimmer sein möchte. Und während ich ihm noch eine Minute lausche, geht drunten im Hauskleid meine Frau vorbei, hat in der Rechten einen Wasserkrug und in der Linken eine angebissene Winterbirne und füllt den Krug am Rohr. Sie schaut nicht herauf, und ich rufe ihr nicht, ich sehe nur zu und freue mich, und nachher steig ich leise auf den Speicher und hole auch für mich so eine Birne. Aber dann wurde fleißig gearbeitet. Wenigstens so lange, bis von der Schifflände her das Schnauben des Dampfschiffes hörbar wurde. Dann sah ich zu, wie es langsam, hell und fröhlich über die bläuliche Wasserfläche davonfuhr. „Der Dampf" wird es von den Leuten hier genannt. Und heute kann ich nimmer verreisen und keinen Besuch mehr bekommen, denn im Winterhalbjahr fährt nur dies eine Schiff im Tag. Man verfehlt es aber auch nie, denn Verspätungen bis zu Stunden sind das Gewöhnliche.

Gegen elf Uhr hörte ich den raschen Schritt der Briefträgerin, die meine Postsachen brachte. Wie gewöhnlich knüpften wir, ehe sie in das Haus trat, ein Gespräch durchs Fenster an. Die Frau sprach wieder mit fröhlichem Erstaunen über das zunehmende Gedeihen des Post- und Verkehrswesens; neulich hatten sie an einem Tage mehr als zwanzig Postkarten verkauft. Und wir berieten wieder, wie schon oft, eifrig über die Abfassung einer Eingabe „an den Staat", deren Zweck die Errichtung einer eigenen Postagentur im Dorfe ist. Die Eingabe soll von mir und dem Postboten abgefaßt, dann vom Lehrer begutachtet und vom Bürgermeister sanktioniert werden. Und das wäre auch schon längst geschehen, wenn nicht leider der Postmann seit einiger Zeit krank läge. Ich fragte nach ihm; er hatte Rheumatismus und konnte nicht gut schlafen, und ich ließ ihn grüßen und ihm Geduld wünschen. Dann erhielt ich meine Briefe und begann zu lesen. Aber in der Stunde vor Mittag konnte freilich kaum mehr von Arbeit die Rede sein, denn um diese Zeit ist großer Cercle am Brunnen. Da kommt aus dem ganzen Dorfe, von Bauern, Weibern und Burschen begleitet, das Vieh zur Tränke.

Ochsen, Kühe, Rinder und Kälber kamen daher, die meisten homerisch schwer hinwandelnd, manche aber auch voll Mutwille oder Tücke, bald störrisch rückwärts strebend, bald feurig springend und tanzend. Da wurde ein weißbärtiger alter Mann von zwei starken Rindern böswillig hin und her gezerrt und konnte kaum vorwärtskommen, während aus einer anderen Gasse her eine schwere trächtige Kuh sich sanftmütig von einem sechsjährigen Mädchen führen ließ. Um den Brunnen her sammelten sich Vieh und Menschen, und es wurde in der Reihenfolge streng auf Ordnung gehalten. Die zuletzt gekommen waren, mußten am längsten Geduld haben, denn bis an sie die Reihe kam, war der Trog bis zum Boden leer getrunken, und man mußte das Wasser sich erst wieder ein wenig sammeln lassen. Schon fürs oberflächliche Zuschauen ist diese Tränke schön und merkwürdig, wenn man aber erst auf die einzelnen Tiere achtet, sie kennenlernen will und miteinander vergleicht, den Viehstand der verschiedenen Bauern beobachtet und daraus auf ihre Wohlhabenheit oder Armut, auf die Sorgfalt der Pflege, die Güte der Ställe, des Futters usw. zu schließen beginnt, dann wird die Tränke zum Mittelpunkt und zugleich zur Chronik des Lebens der Gemeinde, dann sieht man Tiere wie Leute mit anderen Augen an und erstaunt darüber, wie eng sie zusammenhängen und wie unentbehrlich eins dem andern ist.

Darüber war es Essenszeit geworden, und ich ging zu Tisch, in die Wohnstube hinunter. Während der Mahlzeit beobachteten wir zwei Männer, die an den Brunnen kamen und sich wuschen und kämmten, bis sie glänzten. Es waren Brüder, und sie mußten am Nachmittag zu einer Beerdigung nach Weiler hinüber. Bald nachdem die Wäsche beendet war, kamen sie denn auch schon in schwarzen Röcken einhergeschritten, und der jüngere trug sogar einen Zylinderhut von treuherzig breiter Form, wie jetzt keine mehr gemacht werden.

Nach Tisch, in den stillen Stunden des Frühmittags, hoffte ich alsdann recht ungestört zu arbeiten. Eine Stunde lang saß ich auch fleißig am Tisch und warf nur selten vom Stuhl aus einen Erholungsblick ins Freie und zu den Thurgauer Bergen hinüber, wo die Farben der Herbstwälder sich nun mählich auflösen und aus den schwarz gewordenen Weinbergen nur noch kleine Inseln von leuchtend goldgelbem Reblaub schimmern. Aber nach einer Stunde zog mich ein durchdringend leidenschaftliches Vogelgeschrei wieder ans Fenster, und ich sah zwei schöne weiße Möwen in den Lüften kämpfen oder spielen. Zugleich entdeckte ich auf dem Kapellendach meinen Kater Gattamelata in träger Mittagsruhe sitzen. Ich rief ihm zu und lockte ihn, er drehte jedoch nur den Kopf herüber und blinzelte mich ironisch an. Er ist die schönste Katze im Dorf und war stets gehorsam und trefflich erzogen, aber seitdem ich neulich einen ganzen Regennachmittag neben ihm auf der Strohmatte lag und Unsinn mit ihm trieb, ist sein Respekt erloschen, und er führt sich jetzt auf wie ein Pascha. Bedauernd zog ich mich zurück und wollte das Fenster schließen; aber ehe mir das gelungen war, ertönte von der nächsten Gasse her ein wohlbekanntes helltöniges Glöcklein. Das war der bucklige Uhrmächerle vom Nachbardorf, der einzige Vertreter seines Gewerbes in der Gegend; von Zeit zu Zeit, wenn es an Arbeit fehlen will, zieht er mit seinem Glöcklein durch die Dörfer und sammelt Uhren zum Reparieren ein. Er ist ein durchtriebener Kunde, versteht sein Geschäft, säuft aber zuweilen. Doch schadet das seinem Ansehen wenig, denn wenn er zuviel getrunken hat, redet er nur noch französisch, und das entrückt ihn in bewunderte Höhen. Einmal war in meiner Taschenuhr die Feder gesprungen, und ich gab sie ihm zu machen. Die Uhr, als er sie wiederbrachte, lief auch wieder, aber bald merkte ich, daß der Uhrmächerle keine neue Feder hineingemacht, sondern die alte abgezwickt und wieder verwendet, jedoch den Preis für eine neue gefordert hatte. Also ging ich zu ihm und wurde von dem Schlaumeier sehr höflich empfangen, aber er sprach hartnäckig nur französisch, und ich mußte wieder abziehen. Denn zwar redete auch ich welsch mit ihm, aber wir verstanden einander durchaus nicht; vermutlich hatten wir unser Französisch in allzu verschiedenen Gegenden gelernt. Ich mußte eben nun meine Uhr zweimal am Tag aufziehen, die Mühe ist ja nicht so groß.

Nun ging er unterm Fenster vorbei, mit seinem schlauen Kopf und dem verwachsenen Körperchen, ein Felleisen umgeschnallt und in der Hand ein Glöcklein. Er zwinkerte mir einen halben Gruß herauf und ging weiter. Den leeren Kirchplatz herauf trat nun stolz und aufgeblasen ein schöner vielfarbiger Hahn, der aber beim Anblick meiner Katze plötzlich alle Würde fahrenließ und entsetzt die Flucht ergriff. Mehrere Stunden saß ich nun wirklich still beschäftigt am Tisch. Um fünf Uhr lief der von Horn kommende Landbote, der Geld und Wertstücke austrägt, vorbei.

„Nix für mich?" rief ich hinunter.

„Nein. Was möchten Sie denn haben?"

„Alleweil Geld am liebsten."

„Ich glaub's schon. Es wird wohl auch wieder einmal so kommen, wenn Sie warten können."

„Gut denn, so wart ich halt."

Seine prächtige Uniform glänzte durch die Gasse und verschwand um die Ecke. Er hatte noch drei Dörfer vor sich. Ich aber hatte durch seinen Anblick Lust zum Marschieren bekommen und lief noch eine Stunde bergan in den Wald, sah Himmel und See rosenrot und blaß werden und fand, als ich heimkam, das Dorf schon in tiefer Dämmerung. Die Abendtränke hatte ich versäumt, ich sah nur noch die letzten Kühe im Halbdunkel wegziehen.

Wir hatten zur Nacht gegessen und etwas gelesen und ein paar Lieder gesungen und Nüsse geknackt, da war's zehn Uhr, und meine Frau ging schlafen. Ich sitze dann gerne noch eine Viertelstunde allein und lausche der tiefen, tiefen Stille und fühle den Nachtfrieden über die schlafenden Häuser und Felder gehen. Ehe ich die Ampel ausblies, schaute ich noch einmal zum Fenster hinaus. Da dämmerte der mächtige Platz und stand dunkel die Kapelle gegen den mattglänzenden See, am Himmel hing hinter Wolken der halbe Mond, und durch die Dunkelheit und Stille klang das Brunnenrauschen schön und einfach wie ein Volkslied.

Kurz vor elf Uhr, ich lag längst im Bett, hörte ich mit Erstaunen noch Schritte auf der Gasse. Neugierig stand ich auf und sah hinaus. Es waren die zwei Brüder, die von der Leiche heimkehrten. Der Jüngere war stark angeheitert und nahm den Weg im Zickzack. Der andere schritt ruhig und langsam nebenher und trug in der Hand vorsichtig den Zylinderhut des Bruders. Er hatte recht mit seiner Vorsicht; auch mir hätte es um das schöne Erbstück leid getan, wenn es so bei Nacht auf der Landstraße hätte untergehen müssen.

1904

AM ENDE DES JAHRES

Die Post hat heute wieder viel gebracht. Zehn Zeitschriften, jede an die wahrhaft Gebildeten appellierend und jede nach ausschließlich künstlerischen Gesichtspunkten geleitet, empfehlen sich fürs neue Jahr, und zwanzig Verleger teilen mit, daß sie rüstig daran arbeiten, ihren rühmlichst bekannten Verlag in vornehmster Weise weiter auszubauen. Alle reden dieselbe hohe und todesernste Sprache, alle führen eine Liste „erster Namen" auf, alle tragen den führenden Zeitströmungen ausgiebigst Rechnung, und alle möchten gern noch ein bißchen mehr verdienen. Ein junger Romandichter wird empfohlen, dessen Werk, wie alle Jahre ein paar, dem „Grünen Heinrich" zur Seite gestellt zu werden verdient, und ein neuer Lyriker, welcher eigene Wege geht und welchen man ohne Zweifel bald neben Liliencron und Mörike nennen wird; sein Bild ist beigedruckt.

Das alles ist ja gar nicht neu und im Grunde vielleicht gar nicht so schlimm, und ich habe an ebendiesem Kulturjahrmarkt schon hundertmal meinen Spaß gehabt. Aber heute ist es mir gerade nicht zum Lachen, nicht einmal zum Schelten. Noch vor einer Stunde war ich draußen auf den Hügeln und sah den Wolken zu, und jede zog daher oder schritt oder schwamm oder tanzte wie ein Wunder, wie ein Wort oder Lied oder Scherz oder Trost aus Gottes Mund und strebte sehnlich ins Weite, wiegte sich im kühlen blassen Blau und war schöner und sang ergreifender als alle Lieder, die in Büchern stehen. Nun trat ich in den Kram- und Handelsmarkt der Dichter und Künstler und Verleger zurück wie in einen überfüllten Raum voll ängstlich schwüler Luft, und auf einmal schien es mir, ich wate hoffnungslos durch tiefen toten Sand, und auf einmal war ich so müde wie von einem fruchtlos verhasteten Tag, legte den Kopf in die Hand und fühlte aus dem Gewirre von „Kultur", das vor mir lag, eine böse Traurigkeit wie ein Fieber gegen mich andringen. Da wehrte ich mich denn, tat den Plunder still beiseite und ging mit der Lampe in mein Zimmer hinauf, wo vor den Fenstern Spatzen und Möwen flattern und wo in engen Reihen meine vielen alten Bücher stehen. So ein altes Buch ist immer tröstlich, das redet so aus der Ferne her, man kann zuhören oder nicht, und wenn plötzlich mächtige Worte aufblitzen, so nimmt man sie nicht wie aus einem Buch von heute, nicht von einem soundso genannten Herrn Verfasser, sondern wie aus erster Hand, wie einen Möwenschrei und einen Sonnenstrahl.

Und ich las. Ich las in der Heisterbacher Chronik des Mönches Cäsarius, in einem wohlig milden, gutmütigen Latein, eine kleine Klosteranekdote:

Der Abt Gebhard hielt den Brüdern jeden Morgen eine Vorlesung über Gott, über das Wesen und die Eigenschaften Gottes. Es muß sein, daß er das nicht nur als Gelehrter und Dogmenkenner, sondern auch mit dem Herzen und mit rechter Andacht tat, sonst wäre er strenger und kritischer gegen seine Schüler gewesen. Diese nämlich meinten, längst vom Wesen und den Eigenschaften Gottes genug zu wissen, sie merkten kaum mehr auf und trieben statt dessen Allotria, träumten auch und schliefen häufig ein – wie denn das Schlafen von Cäsarius als eine besondere, sehr häufige Versuchung in einem eigenen Kapitel de tentatione dormiendi dargestellt wird. Der Abt Gebhard redete weiter, vielleicht sah er seine Schüler kaum. Eines Morgens aber fiel während des Redens sein Blick auf die Bänke der Zuhörer, und da sah er seine Mönche träumen, starren, lächeln, schielen, nachdenken oder schlafen. Er schalt aber nicht, sondern brauchte eine kleine List, eine überaus harmlose kleine List, denn einer andern wäre dieser Mann gewiß nicht fähig gewesen. Er hielt nämlich inne, änderte den Ton seines Vortrages, als käme nun etwas ganz Neues, und sagte: „Einst geschah folgende seltsame Sache an dem berühmten Hofe des großen Königs Artus . . ." Da wachten alle Schläfer auf, und die Schieler und Träumer machten plötzlich helle, scharfe Augen, alle Zuhörer beugten sich vor, blickten aufmerksam und brannten vor Lust und Begierde, eine Anekdote vom König Artus zu hören. Der Abt aber sah sie an und las in ihren Augen, und dann sagte er mit gütigem Vorwurf: „Ach, wenn ich euch eine Geschichte vom Hofe des Artus erzählen will, da macht ihr die Ohren auf und seid begierig. Aber wenn ich mit euch von Gott reden will, dann schlafet ihr!"

Ich tat das alte Buch an seinen Ort zurück und ging ans Fenster. Da dämmerte unten im Nebelblau der glatte See, jenseits glänzten die Dörfer mit hellen Scheiben, und auf den Thurgauer Bergen lagen blasse lange schmale Schneefelder zwischen den Wäldern. Diese Berge, durch den See von mir getrennt, stiegen so schön und schweigend und feierlich in die verschleierte Höhe und standen so still und selig rastend in der herandämmernden Winternacht, daß mir schien, ich könnte ein Seliger sein und alle Geheimnisse der Erde verstehen, wenn ich jetzt dort drüben wäre. Dort lag der bleiche Schnee so anders als auf meinem Dach, dort standen Buchenwälder und schwarze Föhren so unbegreiflich schön und entrückt, wie ich sie niemals in der Nähe sah; vielleicht wandelte dort Gott selber über die Hänge, und wer ihm dort begegnete, der könnte ihn berühren und ihn grüßen und ganz nah in seine Augen blicken.

Ja, dort drüben! Schon hier, in meinem schönen stillen Dorf, auf meinem Hügel, in meinem Walde, wage ich Gott nicht zu denken, berühre nicht seine Hand, höre nicht seinen Schritt – ich suche ihn drüben, überm See, hinter dem leichten Nebel. Und wie erst, wenn ich nun in einer unserer Städte wäre, in München, in Zürich, in Stuttgart, in Dresden? Wo ist da ein Ort, an dem ich mich nicht schämte und erschräke, wenn dort Gott mir begegnete? Ist da nicht jedes Haus und jeder Stein voll von lüsternem Verlangen – nach einer Geschichte vom König Artus? Es ist wenige Tage her, da fragte mich ein Freund, ein Künstler, in welcher Stadt es wohl schön und gut zu leben wäre. Wir hielten Rat, wir nannten viele Städtenamen, wählten und verwarfen, aber wir fanden die Stadt nicht, in der wir für immer oder nur für lange Zeit hätten wohnen mögen. Statt dessen leben wir, da einer und dort einer, in Dörfern, auf Bergen, in Landhäusern, der in Tirol und jener am Meer, der in der Heide und der am Bodensee, und wir wagen es nicht, zusammen an denselben Ort zu ziehen, und finden die Stadt nicht, die wir Heimat nennen möchten. Muß das so sein?

Oft besann ich mich: ist es wohl immer so gewesen? Allein das ist hoffnungslos. Wer jemals ehrlich das betrachtet hat, was wir Weltgeschichte nennen, muß ja wissen, daß jede gewesene Zeit und Art und Kultur für uns mit hundert Siegeln verschlossen und ewig rätselhaft ist.

Ich stand und dachte an den Abt von Heisterbach, an Gott und an den König Artus. Mein Blick lief über die Bücherreihen; viele von den Büchern, die sonst meine Lieblinge sind, waren tot und sagten nichts, aber da und dort sah mich ein alter brauner Band und Lederrücken lebendig und durchdringend an. Da stehen sie geordnet und warten, und in jedem ist Gott, aber er redet nicht zu allen Stunden, und oft, wenn ich ihn meiden will und irgendeine frohe Historie anfange, da ist es wie bei dem Abt, und statt der ergötzlichen Geschichte, auf die ich lüstern war, sehe ich einen liebend-traurigen Blick und höre jemand sagen: Wenn ich aber von Gott rede, da schlafet ihr!

1904

DEM SOMMER ENTGEGEN

Da ich erwachte und aufstand, hatte das Wetter sich zum Guten gewendet, den sattblauen See bestrich ein mäßiger Ostwind mit zitternden Silberfurchen, die blühenden Kronen der Birnbäume standen frohlockend und strotzend gegen einen hellblauen Himmel, und lichte Bläue spiegelte sich im Brunnentrog und in den kleinen, schon fast vertrockneten Wasserlachen der Landstraße. In der Kapelle, die meinen Fenstern gegenüber liegt, war der Mesner mit den Zurüstungen zur Maiandacht beschäftigt. Auf dem improvisierten Zimmerplatz meines Nachbarn, der seinen Stall umbauen und vergrößern will, leuchtete und duftete in der schon prächtig warmen Sonne froh und festlich das weiße tannene Balkenholz.

Da fiel es mir aufs Herz, daß mein Ruderboot noch immer winterlich unter Dach stand und noch immer nicht revidiert, gestrichen und flottgemacht war. Schon mehrmals hatte ich an schönen, zum Seefahren verlockenden Tagen meine Saumseligkeit verwünscht und bitter bedauert und hatte dann, aus Trägheit und aus Mißtrauen gegen das Wetter, die Arbeit doch wieder auf ein andermal verschoben. Es war nachgerade eine Schande, und die Nachbarn, die mein Schifflein noch immer im Schuppen verstaut sahen, begannen zu grinsen und mich bedauernd anzusehen. Jetzt war es höchste Zeit, und ich beschloß, die Arbeit heute noch vorzunehmen.

Die Farben standen schon bereit, ich brauchte sie nur noch mit Leinöl anzurühren, und bald durchzog der scharfe, pikante Ölgeruch das Haus. Die große Schürze vorgebunden, begann ich das Boot und die Ruder zu reinigen und dann zu malen. Wie das fleckte und ausgab, wenn ich den schweren, breiten, saftig mit Ölfarbe gefüllten Pinsel über die Planken strich! Hühner gackerten vorbei, zwei junge Hündlein balgten sich und brachten meinen Ölkrug in Gefahr, Kinder kamen und schauten zu. Und die Nachbarn, wenn sie vorüberkamen, lachten und riefen: „Also endlich?"

Man malt ja die modernen Sportboote jetzt meistens hellbraun oder gelblich wie Kanzleimöbel. Aber mein Nachen muß schöner aussehen, ich streiche ihn mit dem alten, traditionellen feurigen Grün und Hochrot und ebenso Ruder und Zubehör. Eine Ruderschaufel muß rot sein oder ganz weiß, keine andere Farbe klingt mit dem Blau oder Grün des Wassers so freudig und lebendig zusammen.

Vier Stunden, fünf Stunden strich und salbte ich mit Eifer, dann schien es mir für diesen Tag genug. Noch ein paar Tage, dann wird alles fertig und geordnet sein, dann führen wir das Boot auf einem Wagen mit zwei Kühen an den Strand, und den Kühen werden die Hörner bekränzt, und dann mache ich meine erste Ruderfahrt in diesem Jahre allein und still, und es wird wie jedes Jahr ein Tag voll schweigender Herrlichkeit und voll wunderbar schwellender Erinnerung sein.

Drei Dinge gehören für mich notwendig zu einem richtigen Sommer: glühheiße, gelbe, schwerbrütende Kornfelder, ein hoher, kühler, schweigsamer Wald – und viele Rudertage. Rudertage! Ich denke an solche, da über See und Bergen ein glänzend blauer Himmel stand, da die Luft vor Hitze zitterte und vor Sonnenwärme das Holz des Bootes knisterte. Dann muß man halbnackt im breiten Schattenhut blendend blanke Seebuchten befahren und häufig baden oder schöne Rasten im dichten Ufergebüsche halten. Und ich denke an Rudertage, da ich bei bedecktem Himmel und frischem Wind stundenlang durch lauter Silber fuhr. Und an Tage, da ich keuchend über das schwarze, brodelnde Wasser jagte, vor einem jäh aus dem Gebirg hervorbrechenden Gewittersturm auf der Flucht. Da liefen blanke, eilige Schaumflocken über die dunkle, schwärzliche Fläche, peitschende Windstöße sprühten nadelfeinen Wasserstaub auf, und hastige Blitze fieberten blaß und zuckend durch die leidenschaftlich erregte, ängstlich schwüle Luft.

Das alles soll nun wiederkommen: Sommer, Kornfelderglut und Waldkühle, milde Abendröten am Schilfstrand, brennende Fahrten durch den blauen Mittagsglast und herrliche, seelenlösende, brausende Gewitter. Man hört ja immer wieder sagen, der Frühling sei die schönste Zeit des Jahres. Aber das Schönste an ihm ist doch die Vorfreude, das Erwarten des Sommers. Schnell ist der sanfte, sehnsüchtig blaue Frühling vergessen, wenn der Sommer kommt und herrscht, wenn Sonne und Erde in Liebe und Kampf einander näher sind, wenn die Wärme mächtiger und inniger, die Regengüsse wilder und wuchtiger, die Tage leuchtender und die Nächte blauer sind. Da strahlen die Kastanien in unbegreiflicher Fülle und Pracht ihre weißen und roten Blütenkerzen aus, da verschwendet der Jasmin in betäubenden Wolken seinen süßen, lodernden Duft, da bleicht das Getreide, wird schwer und golden und rauscht üppig und festlich auf hunderttausend Halmen, da gärt der feuchte, schwarze Waldboden und wirft Mengen von farbigen Pflanzen ans Licht. Und überall zittert heimlich ein glühendes, wildes, berauschtes Lebensfieber. Denn der Sommer, der wahre Sommer, ist kurz, und kaum glänzt das Gefilde goldner und rauschen die Ähren voller und tiefer, so droht auch schon Sichel und Sense und heißer Erntekampf.

Das alles ist nun wiedergekommen. Im hellgrünen Waldtal tönt unermüdlich der Kuckucksruf, die Matten reifen rasch zum ersten Schnitt, der dunkle Klee geilt üppig, und die Saatfelder leuchten saftig grün. Am Waldrande glänzen weiße Maiblumen unter ihren breiten Blättern, und auf breiten Felderstreifen blüht der schwefelgelbe Raps.

Das ist die Zeit, in der der Mann zum Kinde und das Leben wieder zum Wunder wird, da jeder Tag unerwartet Neues bringt und jeder kleine Wiesengang eine Überraschung und ein Märchen ist. Es geht dem Sommer entgegen, der königlichen Zeit, den Tagen der Kornreife und den Nächten der Gewitter. Wohlan, ich bin bereit, noch einmal das Unerhörte zu erleben und Tage des Überflusses und der überschäumenden Pracht zu sehen, und ich möchte keinen Tag und keine Stunde versäumen, ehe allzu früh der Bauer den Wagen bekränzt und im reifen Korn die gierige Sichel rauscht!

1905

HOCHSOMMER

Still löse ich die rostige Kette vom alten Baumstamm, schiebe mein Ruderboot ins Wasser, knie hinten auf und stoße vom Strande ab. Der See liegt weithinaus spiegelglatt und flimmert grün und silbern. Die Sonne brennt in voller Mittagskraft herunter, und der jenseitige Seerand spiegelt einen blauen, leuchtenden, von festgeballten schneeweißen Sommerwolken durchzogenen Himmel.

Hinter mir entweicht das schattige Wiesenufer mit hohen Pappeln und breiten, alten, tiefhängenden Weiden, und mit dem Ufer flieht auch alles das zurück, was mir dort am Lande Arbeit und Freuden, Pein und Sorge macht. Zu Hause liegt alles, wie ich es liegenließ. Da liegen Briefe, auf die ich antworten soll, und Rechnungen, die ich bezahlen, und Einladungen, denen ich folgen soll, angefangene Arbeiten und aufgeschlagene Bücher. Alle diese Dinge scheinen mir, indes ich langsam seewärts rudere, wesenlos, töricht und unnötig, einer sonderbar entarteten Welt zugehörig, der ich entronnen bin und die ich nicht mehr verstehe. Ein Kohlenhändler will Geld von mir, weil ich vorigen Winter mit seinen Kohlen eingeheizt habe. Ein Verlagsbuchhändler will, ich solle doch wieder ein neues Buch schreiben – als ob das ein Sommervergnügen wäre; ein Freund verlangt Auskunft über die hiesigen Wohn- und Steuerverhältnisse. Ist das nicht alles lumpig und lächerlich? Über mir blaut in ungeheurer Weite und Glut der vieltausendjährige Himmel, Wolken schreiten ihren uralt heiligen Reigen, stille Berge stehen kühn und unveränderlich – wie ist es möglich, daß daneben immer noch der komische Bagatellenkram der Menschengeschäfte und Menschensorgen besteht! Nein, er besteht nimmer; er ist untergegangen, wie alles Lächerliche untergeht, ist zu Sage, Traum und unbegreiflicher Vergangenheit geworden.

Unbegreifliche Vergangenheit! Alexander der Große und der Perserkönig Darius sind mir nicht ferner und merkwürdiger und unverständlicher, als es der heutige Morgen und der gestrige Abend sind. Was tat ich da? Ich weiß nicht mehr; vielleicht Briefe schreiben, vielleicht Bücher lesen. Warum tat ich es? War es notwendig? War es gut? War es unnütz und schädlich? Ich weiß es nicht. Ich weiß aber, daß jetzt, in dieser gegenwärtigen Stunde, die Mittagsonne mir die Arme und das Gesicht noch brauner macht, daß auf der weiten Wasserfläche unerhörte Farben spielen und inbrünstig glühen, daß aus der glühenden, strahlenden Höhe Gott herabschaut und dies Tal und Gebirg und diesen See und seine Ufer samt Dörfern, Klöstern, Höfen und närrischen Menschen mit Wohlgefallen und Güte betrachtet. Und ich weiß auch, daß alles, was ich in dieser Stunde sehe und lebe und tue, gut und notwendig und köstlich ist.

Denn jetzt sehe ich Gott in die Augen, jetzt redet der Geist der Erde und der Geist der Höhe, der See und das weithingestreckte Gebirge mit mir. Jetzt bin ich kein einzelner, keine Persönlichkeit, kein ängstlich abgetrenntes und unterschiedenes Wesen mehr, sondern einfach ein Kind der Erde, das keine eigenen Gedanken und Wünsche und Sorgen hat und hingegeben dem größeren, reichen Leben der Lüfte und Wasser, Wolken und Wellen zuschaut.

Und nun habe ich unvermerkt die Seemitte erreicht. Dorf und Kirche des verlassenen Ufers sind ferngerückt und klein geworden, die Gebüsche am Strande fließen ineinander, und über die Hügelhöhe hinweg, die noch vor einer Weile die höchste war und scharf im Blauen stand, sehe ich jetzt ferne höhere Berge ragen, Berge mit dunklen, weichen Waldrücken und andre mit steilen Felshängen. Weit um mein Boot her glänzt der unbewegte Wasserspiegel, und nach wenig Augenblicken bin ich der Kleider ledig, habe den Sprung ins Kühle getan und schwimme ziellos in dem durchsichtig reinen Wasser dahin, in Bögen und Kreisen, bald heftig schlagend und plätschernd, bald unhörbar leise und heimlich. Mein weißes Boot mit dem hellgrünen Rande ruht leicht und schwebend auf der Fläche und spiegelt seine besonnten Flanken wie ein schwimmender Vogel.

Wie habe ich das kleine schmucke Fahrzeug lieb! Von allen Dingen, die ich besitze, ist es das einzige, das fern von Haus und Zimmer und fern von den Geschäften des Alltags nebendraußen lebt und meiner wartet wie ein Stück Natur, wie ein Baum oder ein Tier. Es ist vielleicht auch von allen Dingen, die ich besitze, das einzige, an welchem nur schöne, reine, liebe Erinnerungen hängen. Mein Boot hat mich wohl schon traurig, nachdenklich oder müde gesehen, aber es sah mich nie verdrießlich, ängstlich, mißmutig, hastig und zornig. Es ist mir auf ungezählten Fahrten lieb und vertraut geworden, ich kenne alle seine Fähigkeiten und Vorzüge, auch seine Fehler, es hat mir hundertmal genützt und mich hundertmal erfreut und vergnügt, und ich habe es geschont und gepflegt, mit Teer verdichtet, nach jedem Regen ausgeschöpft und getrocknet, mit schönen Farben bemalt und jedesmal am Strande zu einem sicheren sandigen und guten Landeplatz geführt.

Da schwimmt es heiter und zierlich, wartet auf mich und schaut nach mir aus. Ich kehre zu ihm zurück, klettere triefend und erfrischt über Bord, ziehe die Ruder ein und lege mich der Länge nach auf den Boden. Nackt in der Sommersonne zu liegen ist immer eine Wonne; es ist schön, wenn man es auf einer Wiese oder im Sand am Ufer oder auf der Dachterrasse eines Hauses tut, aber nirgends ist es so schön wie auf einem großen Wasserspiegel im Boot, das wie ein Kelch die Wärme empfängt und hält. Da geht der Sonnenbrand durch Haut und Fleisch bis ins Mark, und wenn es zuviel wird, braucht man nur einen raschen Sprung zu tun und liegt sogleich im tiefen, klaren Wasser. Zu Anfang des Sommers, wenn der Leib noch weiß und kleidergewohnt ist, gibt es kleine Beschwerden, da brennt die Haut und rötet sich und schält sich ab. Dann aber wird sie fest und braun und sonnensicher, und dann kommt die Zeit, da der Leib seiner selbst froh wird und in animalischem Wohlsein atmet und gedeiht und Sonne, Wasser und Luft als seinesgleichen fühlt. Wie alle Dichtung Erinnerung ist, so sind die seltsamen Regungen und phantastischen Träume, die in solchen Sonnenstunden in uns spielen, Erinnerungen an fernstes Ehemals, an Schöpfung und Urzeit, an den „Geist über den Wassern" . . .

Ein leiser Luftzug weckt mich auf. Der See beginnt sich in unendlich feinen, zarten Linien zu kräuseln, die Wolken über dem Gebirge haben sich vereinigt und wachsen mit stummer Eile himmelan, werden dunkel und drohend. Bald wird es Donner und Wind geben, vielleicht Sturm. Wie das im Luftreich arbeitet, strebt und brütet! In Eile werfe ich die Kleider um, lege die Ruder aus und trete die Heimfahrt an. Das Seegekräusel wird zum Wellenschlag, doch sind die Wellen noch klein und rund und geben wenig Widerstand. Mein gutes Boot fährt rasch darüber hin, und ehe noch die ersten Regentropfen fallen und das Wasser am Ufer zu branden beginnt, sind wir im Hafen.

Heimkehrend, finde ich Bücher und Briefe auf meinem Tische liegen, fange ungern zu arbeiten an und werfe nach einer Viertelstunde das ganze Zeug wieder von mir. Das Verständnis für die Notwendigkeit dieser törichten Dinge ist mir noch nicht wiedergekehrt. Draußen ist ein wütender Gewitterregen ausgebrochen, die Dorfgasse ist ein gelber Bach, und die Dächer glitzern weiß von den aufprallenden Güssen. Drüben überm See blitzt es und donnert prächtig, und mich faßt wie in Knabenzeiten bei diesem Toben ein übermütiges Frohgefühl. Pfeifend ziehe ich hohe Stiefel und eine Lodenjacke an, drücke den Filz auf den Kopf und wandere ohne Ziel in das laute, herrlich zürnende Gewitter hinaus.

1905

ES WIRD HERBST

Während vor den Fenstern eine kühle schwarze Regennacht liegt und mit stetig leisem Rhythmus auf den Dächern tönt, tröste ich mein unzufriedenes Herz mit farbiglockenden Herbstgedanken, mit Gedanken an reine, lichtblaue, goldklare Himmel, silberne Frühnebel, an blaue Pflaumen und Trauben, rote Äpfel und goldgelbe Kürbisse, an herbstfarbige Wälder, an Kirchweih und Winzerfeste. Ich hole mir den Mörike her und lese seinen mildleuchtenden „Septembermorgen":

> Im Nebel ruhet noch die Welt,
> Noch träumen Wald und Wiesen:
> Bald siehst du, wenn der Schleier fällt,
> Den blauen Himmel unverstellt,
> Herbstkräftig die gedämpfte Welt
> In warmem Golde fließen.

Leise lese ich die Verse des Meisters vor mich hin und lasse sie in mich dringen wie einen langsam geschlürften klaren alten Wein. Sie sind schön, und sie tun mir wohl, und der Herbst, den sie malen, ist etwas Schönes, Zartes, Gesättigtes – aber ich freue mich nicht auf ihn. Er ist die einzige Jahreszeit, auf die ich mich niemals freue.

Und er ist schon da. Es ist nicht mehr Sommer. Die Felder sind leer, auf den Matten liegt ein leichter, kühler, metallener Duft, die Nächte sind schon kühl und die Morgen neblig, und gestern war es, daß ich auf einem schönen, fröhlichen Bergausfluge an den steilen Wiesenhängen die ersten blassen Herbstzeitlosen fand. Seit ich sie sah, ist mein Sommerübermut gebrochen; das, was für mich das Schönste im Laufe eines Jahres ist, ist wieder einmal vorüber.

Noch sind die Tage warm und die Bäume grün, man kann im See noch baden und in Hemdärmeln im Garten sitzen. Und doch ist die Höhe des Jahres überschritten; man fühlte es, noch ehe man es sah. Die letzten echt sommerlichen Tage und Nächte, für mich die köstlichsten des Jahres, tragen den Duft des Flüchtigen, rasch Vergehenden in sich, und vielleicht macht ebendieser Duft sie so schön. Diese Tage sind ein Fest, ein Abschiedsfest, und solche Feste dürfen nicht lange dauern.

Vorüber, vorüber! Ein paar kühle Nächte, ein paar Regentage, ein paar dichte Morgennebel, und plötzlich hat das Land Herbstfarben bekommen. Die Luft ist spröde und durchsichtiger, das Blau des Himmels lichter geworden. Vogelschwärme rauschen über die kahlen Felder und rüsten zur Wanderung, morgens liegt das erste reife Obst im nassen Gras, und die Zweige sind von den feinen, blitzenden Gespinsten der kleinen Spätjahrspinnen bedeckt. Bald wird das Schwimmen im See und das Liegen im Gras ein Ende haben und die Abende im Boot, die Mahlzeiten im Garten, die Waldmorgen und die Seenächte. Und draußen rinnt der zähe Regen kühl und unerbittlich, die ganze unfreundliche Nacht hindurch. Jedes Jahr dasselbe Lied vom Herbst, vom Altwerdenmüssen, vom Sterbenmüssen. Mißmutig und mit einem Pfiff auf den Lippen schließe ich das Fenster, stecke eine Zigarre an und gehe fröstelnd im Zimmer auf und ab.

Wie jedes Jahr um diese Zeit steigen wieder verlockende Reisepläne vor mir auf. Warum nicht dem Herbst entrinnen und den Winter kürzen, da es doch wärmere Länder, Eisenbahnen und Schiffe gibt? Nachdenklich hole ich den Globus und dann eine Karte von Italien her, suche den Gardasee, die Riviera, Neapel, Korsika und Sizilien. Da ließe sich die Zeit bis Weihnachten verbringen! Sonnige Felsenstrandwege am blauen Meere, laue Stunden auf süditalienischen Küstendampfern und in Fischerbarken, ernste Palmenwipfel, in der tiefen Mittagsbläue ruhend. Es wäre nicht übel, immer vor dem Herbste her einige Meilen südwärts zu fahren und dann

mitten im Winter sonnverbrannt in die heimische Ofenbehaglichkeit zurückzukehren. Die Landkarte da unten
wimmelt von schön klingenden Namen schön gelegener
Städte und Dörfer, die ich noch nicht kenne und die mir
Tage des Wohlseins und Schwelgens versprechen, und
die ganze Reise ist, sobald ich sie auf dem Globus aus-
messe, erstaunlich klein und bescheiden. Vielleicht
könnte ich, der Wärme nachgehend, noch einen Aufenthalt in Afrika machen, in Constantine oder in Biskra Ka-
meltouren unternehmen, Negermusik anhören und tür-
kischen Kaffee trinken.

Wie schön solche Pläne einen leeren Abend füllen!
Eine Landkarte, ein paar alte Kursbücher und ein Bleistift – wie man sich damit die Zeit vertreiben, einen Ärger vergessen und sich die Phantasie mit lauter reizen-
den Vorstellungen füllen kann!

Wie jedes Jahr um diese Zeit suche ich die Karte nach
warmen, herrlichen Gegenden ab, studiere die Schiffs-
linien und die Fahrpreise. Und wie jedesmal bleibe ich
hier und reise nicht. Was mich zurückhält, ist ein son-
derbares Schamgefühl. Es will mir unrecht scheinen, den
rauhen Tagen zu entfliehen, nachdem ich die schönen
genosssen habe. Vielleicht ist es auch nur ein gesetzmä-
ßiges Bedürfnis der Natur, daß sie nach Monaten der
Wärme, der Farben, nach dem Überfluß an Behagen,
Schönheit und starken Eindrücken müde wird und nach
Kühle, Rast und Beschränkung verlangt. Es ist nun einmal nicht das ganze Jahr Sommer, so soll man auch nicht
ohne Not ihn künstlich verlängern wollen.

Ein paar unentschiedene und unzufriedene Tage,
dann haben diese Erwägungen Macht gewonnen, und
der Herbst beginnt mir lieb zu werden. Wie konnte ich
ans Fortreisen denken, da ich doch von so vielen Dingen, die mir lieb sind und denen ich Dank schulde, Abschied nehmen muß. Die letzten Gartenfreuden, die
letzten Wiesenblumen, die Schwalben unter meinem
Dach, die letzten satt und taumelnd übers Land wehenden Schmetterlinge. Man achtet schon wieder jeden ein-

zelnen und fürchtet bei jedem, er möchte der letzte seiner Gattung sein. Auch unsere altmodischen kleinen Dampfschiffe, meine einzige Verbindung mit der Welt, werden in Bälde rar werden. Vom Oktober an kommt nur noch eins im Tag, und im tieferen Winter bleibt auch das zuweilen aus. Sie alle, Schwalbe und Feldblume, Schmetterling und Dampfschiff, sind mir lieb und haben mir diesen Sommer hindurch viel Freuden gebracht; ich möchte sie alle noch ein wenig halten und noch einmal recht zu eigen haben, ehe sie alle dahingehen. Was für ein Narr bin ich gewesen, wie viele Sommerstunden bin ich trotz alledem im Hause und am Büchertisch gesessen, wie viele Abende und Morgenfrühen habe ich versäumt! Ade auch ihr ungenossenen Tage, die ihr nun schöner und köstlicher scheint als alle anderen!

Über dem Abschiednehmen kommt dann auch das Neue zu Ehren, das der unwillkommene Herbst gebracht hat: silberne Nebelschleier, braune und lachend rote Farben im Laub, reifende Trauben, volle Obstkörbe, beginnende Abendunterhaltungen im Hause bei Lampenlicht, ferner wundersame, aufregend herrliche Sturmtage, an denen See und Lüfte tönen und die ganze stumme Schöpfung Stimme erhält. Jetzt kommt auch als täglicher andächtiger Genuß an jedem Vormittag der spielende Kampf der Sonne mit dem Nebel, das trüb ringende Hin und Her und der feierliche, königliche Sieg des Lichtes. Und wenn der Oktober und die Weinlese kommen, wollen wir uns einen Tag und einen Taler nicht reuen lassen und bei einem großen Kruge vom Neuen dankbar der vielen unverdienten Freuden und ungesucht gefundenen Genüsse gedenken, die das alternde Jahr uns gebracht hat.

1905

SEPTEMBERMORGEN AM BODENSEE

Die Nebelmorgen haben nun wieder begonnen, schon mit Anfang September. In den ersten Tagen waren sie beengend, düster und traurig machend, solange man noch das leuchtende Blau und Rotbraun der Hochsommermorgen frisch im Gedächtnis hatte. Sie schienen kalt, stumpf, freudlos, vorzeitig herbstlich und erweckten jene ersten halb unbehaglichen, halb sehnsüchtigen Gedanken an Stubenwärme, Lampenlicht, dämmerige Ofenbank, Bratäpfel und Spinnrad, die jedes Jahr allzu früh kommen und die ersten Herbstschauer sind, ehe die fröhlichen und farbigen Wochen der Obst- und Weinlese sie wieder vertreiben und in ein nachdenkliches, erwärmendes Ernte- und Ruhegefühl verwandeln.

Nun ist man schon wieder an die Seenebel gewöhnt und nimmt es für selbstverständlich hin, daß man vor Mittag die Sonne nicht zu sehen bekommt. Und wer Augen dafür hat, genießt diese grauen Vormittage dankbar und aufmerksam mit ihrem feinen, verschleierten Lichterspiel, mit ihren an Metall und Glas erinnernden Seefarben und ihren unberechenbaren perspektivischen Täuschungen, die oft wie Wunder und Märchen und fabelhafte Träume wirken. Der See hat kein jenseitiges Ufer mehr, er verschwimmt in meerweite, unwirkliche Silberfernen. Und auch diesseitig sieht man Umrisse und Farben nur auf ganz kleine Entfernungen, weiter hinaus ist alles in Wolke, Schleier, Duft und feuchtes Licht grau aufgelöst. Die ernsten, einzelstehenden, überaus charaktervollen Pappelwipfel schwimmen matt als fahle Schatteninseln in der nebeligen Luft, Boote gleiten in unwahrscheinlichen Höhen geisterhaft über den dampfenden Wassern hin, und aus unsichtbaren Dörfern und

Gehöften dringen gedämpfte Laute – Glockengeläute, Hahnenrufe, Hundegebell – durch die feuchte Kühle wie aus unerreichbar fernen Gegenden herüber.

Heute früh, da ein leichter Nordostwind ging, steckte ich das hohe, schmale Dreiecksegel auf meinen kleinen Nachen, stopfte mir eine Pfeife und trieb langsam seeabwärts durch den Nebel. Die Sonne mußte schon überm Berg sein, denn das frühmorgendliche Bleigrau des Wasserspiegels verwandelte sich langsam in klares Silber, beinahe so wie bei schwachem Mondlicht. Von den sonst so freundlich nahen, laubigen oder schilfbestandenen Ufern war nichts zu sehen, und da ich keinen Kompaß besitze, segelte ich wie durch völlig fremde, uferlose Gewässer und Wolkenmeere dahin und konnte nicht einmal über die Geschwindigkeit meiner Fahrt irgendwelche Schätzung aufstellen. Doch untersuchte ich nach einer Weile die Tiefe, und da ich keinen Boden fand, warf ich eine Schwemmschnur mit Hechtlöffel auf zwanzig Meter Tiefe aus und zog sie gemächlich hinter mir her.

So trieb ich vielleicht eine Stunde lang weiter, im Steuersitz zusammengekauert, immer im weißen Nebel. Es war kühl. Die linke Hand, in der ich die Segelleine führte, war mir steif und gefühllos geworden, und ich ärgerte mich, daß ich keine Handschuhe mitgenommen hatte. Dann begann ich träumerische Halbgedanken zu spinnen. Ich dachte an einen merkwürdigen Verwandtenmord, der zur Zeit des Konstanzer Konzils im Schlosse meines Dörfchens Gaienhofen geschehen war und mich durch manche Umstände interessierte, und dachte an jene ganze seltsame, erregte Zeit, in der unser stilles Seeufer ein Mittelpunkt der Welt und Kultur und die Bühne für große geschichtliche Einzelschicksale gewesen ist. Es unterhielt und befriedigte mich, die hinter Nebeln verborgenen, wohlbekannten Ufer mit den Bildern jener lang verschwundenen Menschen, ihrer Geschicke und Leidenschaften zu bevölkern. Einer Erbschaft wegen bringt ein Baron seinen Bruder um, Beziehungen zu fernen Ländern spielen ahnungsvoll herein, und von dem mit vornehmen Konzilgästen, Pomp und Luxus überfüllten Konstanz her glänzt verlockend der Reiz einer üppig reichen Kultur ...

Ein sich überstürzender, schrill schnurrender Laut schreckte mich auf, während noch meine Phantasie bemüht war, sich die Kostüme und Waffen jener süddeutschen Barone und welschen Gäste zu Beginn des fünfzehnten Jahrhunderts vorzustellen. Hastig kehrten meine Sinne zum gegenwärtigen Augenblick zurück; in der Erregung des Jagdglücks faßte ich nach dem Haspel, zog vorsichtig an und fühlte einen kräftigen Fisch am Haken, der sich mit verzweifelter Leidenschaft zur Wehr setzte. Langsam ziehend, förderte ich einen schönen Hecht an die Oberfläche und brachte ihn im Hamen ein. Darauf setzte ich die Schnur mit Eifer von neuem aus, während der gefangene Fisch im Kasten wütend schlug und plätscherte. Dabei mußte ich das Steuer loslassen, und ein plötzlicher Windstoß schlug mir, da das Boot sich gedreht hatte, die Segelstange und das flatternde Segel kräftig um die Ohren. Der Richtung ungewiß, ließ ich dem Wind das volle Segel und trieb mit zunehmender Schnelligkeit geradeaus, bis der schattenhafte Umriß einer mit alten Nußbäumen bestandenen Landzunge sichtbar wurde. Von den undeutlich auftauchenden, grauverschleierten Rebhügeln krachten da und dort die Flintenschüsse der Weinbergwächter. Ich zog mein Segel ein und ruderte langsam uferwärts, denn die allmählich wärmer werdende Luft roch stark nach nahem Regen. So suchte ich denn die nächste Schifflände, fand sie auch nach kurzer Fahrt, und während ich mein Boot ans Land zog und mich nach dem Namen des kleinen thurgauischen Dorfes erkundigte, begann es erst dünn und gleichsam widerwillig, dann immer kräftiger und ausgiebiger zu regnen.

Auch wenn nicht allen Anzeichen nach zum Nachmittag helles Wetter zu erwarten gewesen wäre, hätten mich der Regenguß und die kurze Verbannung in ein unbekanntes Dorfwirtshaus durchaus nicht betrübt. Ohnehin gebe ich auf sogenanntes „schönes Wetter" gar nichts, denn jedes Wetter ist schön, wenn man Augen und Seele aufmacht; und dann gehört es für mich zu den bevorzugten kleinen Wanderfreuden, unerwartet vom Wetter in Winkel und zu Menschen getrieben zu werden, die ich sonst wohl nie aufgesucht und gesehen hätte. Es ist immer eigen und sehr oft köstlich, für Augenblicke oder Stunden als ungemeldeter Gast in einer fremden Stube bei Unbekannten zu sitzen, ein Stück kleines Leben zu sehen und eine Weile in Gesichter zu blicken, die man nie zuvor sah, die einem oft in wenigen Augenblicken vertraut und unvergeßlich werden und die man vielleicht nie wieder sieht.

Es war kühl in der halbdunklen Schankstube, draußen stürzte der Regen immer heftiger herab und troff in Bächen an den Fensterscheiben nieder. Der Wein, natürlich der unvermeidliche sogenannte Tiroler, war verzweifelt herb und machte mich frösteln. Am großen tannenen Tisch saß ein einziger Gast, ein struppiger alter Fischer mit verdrießlichem Trinkergesicht, und hatte eine Quinte Schnaps vor sich stehen.

Das alles war nicht sehr beglückend. Ich fing schließlich an, die gestrige Steckborner Zeitung zu lesen – Beratungen des Ausschusses über Vergrößerung der Badeanstalt, Fischmarktbericht, ein Scheunenbrand, Stand der Reben, bevorstehende Erhöhung der Zuckerpreise usw. Und es regnete immer lauter, mit einer zähen und erbitterten Leidenschaftlichkeit, in oft wechselndem Takte, der etwas ebenso Aufregendes und Trostloses hatte. Ich war nahe daran, meine von zu Hause mitgebrachte und durch den Hechtfang noch erhöhte schöne Morgenfreudigkeit zu verlieren. Da hörte ich, während ich mir die Pfeife frisch stopfte, daß der Wirt den verdrießlichen Alten als Jaköbeli anredete, und beim Klange des Namens fielen mir allerlei Geschichten ein. Vom Jaköbeli hatte ich viel reden hören. Er war ein thurgauischer Fischer, den man weiterum im Volke kannte, ein Sonderling und Trinker, mit einem Stich ins Verrückte und einer merkwürdig glücklichen Hand beim Fischen. Er wisse alle Wetterregeln und Kalendersachen unfehlbar auswendig, hatte ich sagen hören, und vielleicht auch noch manche Künste, die nicht jeder verstehe. Je länger ich nun den Alten betrachtete, desto fester war ich überzeugt, er müsse der Jaköbeli sein. Also warf ich ihm ein paar Bemerkungen übers Wetter hin, über diesen ungewöhnlich heißen Sommer, die frühen Septembernebel und die Aussichten für den heurigen Wein.

Jaköbeli ließ mich eine Weile reden, äugte ernsthaft zu mir herüber und räusperte sich ein paarmal. Dann machte er plötzlich, indem er sein Gläschen beiseite schob, eine großmütige, abwinkende und Gehör erbittende Gebärde wie ein alter Prophet und begann zu reden.

„Dieser Sommer", sagte er, „jawohl, mein Herr, ist ein besonderer Sommer gewesen, und ich sage gar nichts, aber man wird schon sehen, was alsdann kommen wird, mein Herr. Viel Nuß und Haselnuß, das gibt einen strengen Winter, und viel Bucheln und Eicheln, das gibt große Kälte. Es heißt auch:

> Ist St. Dominik trocken und heiß,
> So wird der Winter lange weiß.

So ist's wirklich und wahrhaftig. Aber das will ja noch wenig sagen. Das nächste Jahr dagegen, wenn man daran denkt, was ich sage, das wird ein Hungerjahr, ein heißes Jahr. Frucht und Obst wird verbrennen und dörren, desgleichen Gras und Kartoffel, aber viel Kirschen."

„Warum denn?" fragte ich. Er winkte verächtlich ab. „Wie ich sage, mein geehrter Herr. Das nächste Jahr wird ein Sonnenjahr heißen, und die Sonne führt ein gutes Regiment, aber zu trocken und heiß. Auch der Winter wird alsdann noch strenger werden. Wie es vor dreihundert Jahren geschehen ist, daß der Rhein Grundeis gehabt hat und Kinder erfroren in der Wiege."

Es folgten noch mehrere Wetterreime, die ich leider vergessen habe. Darauf ein zarter Versuch, mich zum Zahlen eines weiteren Schnapses zu veranlassen: ich überhörte ihn freundlich. Nun klagte er über Nebel und Kühle, schlechten Fischfang und Gliederreißen, nochmals auf die Zuträglichkeit eines wärmenden Schnapses hinweisend, den er sich auch bestellte und den ich schließlich, seinem flehenden Blick gehorchend, zu bezahlen versprach. Auf das hin wurde er fröhlich, rückte mitteilsam nahe zu mir her und begann fidele Geschichten zu erzählen, meistens von ungeheuerlichen Trinkereien oder fabelhaften Fischzügen. Die beste war folgende: Einmal hatte er in Horn am Zeller See Fische verkauft und das ganze Geld dafür sofort vertrunken. Als er wieder abfahren wollte, war er so bezecht, daß ihn die Strandzöllner nicht ins Boot steigen lassen wollten, denn er war der Ruder nimmer mächtig, und der See war unruhig und hatte Schaum. Er fuhr aber trotzdem ab, versuchte eine Strecke zu rudern, sank dann ermüdet ins Boot und schlief ein. Und als er wieder erwachte, trieb sein Nachen gerade an die Schifflände von Steckborn, die er hatte erreichen wollen. Aber noch besser! Zufällig war, was er im Rausche nicht beachtet hatte, seine Schwemmschnur noch ins Wasser gehängt, und wie er sie nun einholen will, muß er aus Leibeskräften ziehen, denn es hängt ein vierzehnpfündiger Hecht daran. Natürlich verkaufte er den Fisch sogleich und konnte sich noch zu Nacht einen zweiten Rausch leisten.

Ich gab dem Jaköbeli zu verstehen, diese Sorte von Geschichten sei nicht die schönste und er sei doch eigentlich zu alt für solche Streiche. Da streckt er wieder mit großartiger Bewegung die Hand gegen mich aus, streicht sich den Bart und beginnt wieder hochdeutsch zu reden. (Die Geschichten hatte er im Dialekt erzählt.)

„Zum Fischen, mein guter Herr, gehört einfach Glück, nichts als Glück. Da kann einer dreimal mit Segeln fahren, silberne Hechtlöffel kaufen und solches Zeug, das hilft alles nichts. Es kann einer den größten Heidenrausch haben und fängt doch mehr. Nämlich der eine hat Glück und der andere hat keins. Es ist nur, daß man in einem guten Stern- und Himmelszeichen geboren ist, verstehen Sie?"

Ich verstand. Aber als er mich nun herausfordernd überlegen anblickte und nochmals einen Schnaps bezahlt haben wollte, fand er mich unerbittlich. Eine gute Weile schwieg er feindselig und spuckte häufig auf den Boden, dann aber begann er, zum Wirt gewendet, anzügliche Reden zu führen. „Du hast ja neuerdings, scheint's, großen Fremdenverkehr – hm –, fremde Herrschaften, ja – hm. Früher ist man da drinnen noch unter sich gewesen – jawohl, sag ich, unter sich gewesen. Könntest ja auch noch Hotelier werden, du, wenn's so weitergeht. Weißt, für so fremde Herren, so feine. Jawohl, Hotelier, da wird noch Geld verdient . . ."

Und so weiter. Dieser Ton war mir aus anderen Fischerschenken unheimlich bekannt, und es gefiel mir gar nicht, daß der Wirt und noch viel mehr der Sohn soviel husteten und das Lachen verbissen und mich ansahen wie die Aasgeier. Es schien mir plötzlich, als wollte der Regen anfangen nachzulassen. So fragte ich denn, was ich schuldig sei, zahlte schnell, aber ohne ein Trinkgeld zu geben, und verließ die ungastliche Bude mit einem höflichen Gruß, der mit keiner Silbe beantwortet wurde. Statt dessen brach hinter mir, noch ehe die Türe zu war, ein boshaftes Gelächter aus. Am liebsten wäre ich umgekehrt und hätte den Grobianen meine Meinung gesagt oder mich zum Trotz erst recht fest hinter den Tisch gesetzt. Aber da fiel mir ein Abend in Basel ein, wo ich einst mit zwei Freunden zusammen einen arglosen Berliner Gast mit allen Schikanen aus unserer Stammkneipe weggeekelt hatte, und ich gab beschämt den Fischern recht. Zugleich fiel mir auch ein, daß ich allein und die drinnen zu dreien waren.

Und so segelte ich langsam nach Hause zurück, wo ich

bald nach Mittag durchnäßt ankam und meiner schon ängstlich gewordenen Frau den gefangenen Hecht, die Erlebnisse des Morgens und die Wetterprophezeiungen des alten Jaköbeli auspackte.

1905

EIN WINTERGANG

Nun war vier Nächte und drei Tage fast ununterbrochen Schnee gefallen, ein guter, kleinflockiger, haltbarer Schnee, und in der letzten Nacht war er fest gefroren. Wer nicht täglich vor seiner Tür gefegt und geschaufelt hatte, war jetzt belagert und mußte zur Hacke greifen, um Hauseingang, Kellertor und Kellerluken freizulegen. So war es vielen im Dorf gegangen, und sie werkelten murrend vor ihren Häusern, in Schaftstiefeln, Fausthandschuhen und Wolltüchern, um Kopf und Ohren gewickelt. Die Ruhigen freuten sich, daß der große Schnee vor dem Frost gekommen war und ihnen die bedrohten Wintersaatfelder schützte. Aber hier wie anderwärts sind die Ruhigen in der Minderzahl, und die meisten schimpften weinerlich über den harten Winter, rechneten einander ihren Schaden vor und erzählten Schauergeschichten von ähnlichen strengen Jahrgängen.

Doch im ganzen Dorf waren kaum zwei oder drei Leute, denen dieser wundervolle Tag nicht von Sorgen und Ärger, sondern vielmehr von Freude, Glanz und Gottesherrlichkeit sprach. Wer konnte, der blieb in Haus und Stall, und wer hinaus mußte, wickelte Frostlappen um Kopf und Seele und ließ seine Sehnsucht keine anderen Wege gehen als zurück zur Ofenbank, wo zwischen den grünen Kacheln die gegossene, eiserne Wärmeplatte glühte. Und doch war es ein Tag, den die Stadtleute keinem Maler glauben würden, viel jubelnder, blauer und blendender als der lachendste Hochsommertag.

An solchen Tagen ist es unmöglich, ans Nachtwerden zu glauben, und wenn am Ende doch die Dämmerung sinkt, ist es wie ein Märchen- und Wunderwerk, zu sehen, wie all der gleißend kühne Glast sich langsam hingibt, müde wird und eine Hülle sucht, obwohl nach diesen Tagen die Nächte niemals völlig dunkel werden. Und auch darum sind solche Schneetage so lang, weil der reine Winterhimmel und die Unbändigkeit des Lichtes uns klein und froh und zu Kindern macht, so daß wir noch einmal die Erde im Glanz der Schöpfung sehen und noch einmal ohne Bewußtsein der Zeit, wie Kinder, hinleben, von jeder Stunde überrascht und keines Aufhörens gewärtig.

So ging es mir, als ich gegen Ende dieses Tages, von einer weiten Wanderung zurückkehrend, beim Verlassen des Waldes mein Dorf im roten Abendduſte daliegen sah. Ich hatte schneidend kalte freie Höhen besucht, von denen ich die Hügelzüge, Wälder, Ackerland, See und ferne blanke Alpengipfel betrachtete, und war durch todesstille, bläuliche Winterwälder gestreift, wo außer dem ängstlichen Seufzen überladener Stämme kein Laut zu hören war. Ich hatte im Bergwald den roten vorsichtigen und doch dreisten Fuchs und am Ried die dunklen Wildenten belauscht, war über eine Stunde lang einem Schwarzspecht nachgelaufen und hatte an einer steif verwehten Hügellehne die kleine Leiche einer erfrorenen Goldammer gefunden. An einer bevorzugten Stelle hatte ich, zwischen Föhrenstämmen durch, den wie ein Juwel gleißenden Gipfel des Glärnisch gesehen, war auf dem doppelten Lodenboden meiner Winterhose manchen schrägen Hang hinabgeschlittert und den ganzen Tag, mit Ausnahme eines Forsthüters, keinem Menschen begegnet. Aber allein war ich nicht gewesen, denn an diesem Wundertage wogte und leuchtete die Luft an jedem Orte von der Gegenwart Gottes.

Und nun schritt ich müde und fröhlich heimwärts in der schön beginnenden Dämmerung, ein wenig steif in den Beinen und ziemlich ausgehungert, aber innig zufrieden. Wieviel Tage gibt es denn in unserem Leben, die einen Schatz bedeuten und von denen wir wissen, daß sie gut und rein und köstlich waren und daß wir sie nicht vergessen werden? Heute war so ein Tag, so ein reiner, köstlicher, unvergeßlicher, und der ist hundert halb gelebte und vergessene Tage wert. Und in der Dämmerung, auf der schneebedeckten, blaß leuchtenden Straße ging etwas Kleines vor mir her, das ich einzuholen suchte. Als es noch vielleicht hundert Schritte entfernt war, erkannte ich es als einen kleinen Buben, der auf dem Kopf die viel zu große Nebelkappe seines Vaters und in der Hand einen Eimer trug. Im selben Augenblick, da ich ihn deutlich zu sehen vermochte, begann ich auch ihn zu hören; er sang nämlich. Eine Weile suchte ich vergeblich zu erraten, was er singe, denn er ging wegen der Kälte sehr rasch, und ich hörte nur einzelne Töne. Dann kam ich ihm näher und hielt mich von da an unbemerkt hinter ihm. Er lief eilig, die linke Hand tief in die Tasche gebohrt, und er stolperte öfter auf der rauh und ungleich gefrorenen Straße. Aber er sang unaufhörlich, eine Viertelstunde und eine halbe Stunde lang und noch länger, bis wir am Dorfe waren und er in die erste, schon dunkle Gasse entschwand.

Immer mußte ich nachdenken und mich besinnen, was für ein Lied das doch wäre, das er sang. Es klang wie ein rechtes Abendlied zu diesem Tage, wie ein Lied aus unvergeßlich reichen, dennoch fernen und dunkel gewordenen Kinderzeiten. Der Knabe sang keine Worte, er sang nur la und li und lo, aber es war immer dieselbe Melodie, nur wenig verändert, jedesmal ein klein wenig anders. La li – la lo; und die Melodie war so bekannt, so selbstverständlich, daß ich leise mitsingen mußte, aber das Lied kannte ich nicht. An solchen Wundertagen, wo Gott an jedem Wegrand gegenwärtig ist, hört man viele Töne und sieht viele Dinge, die einem oft gehört und oft gesehen und wohlbekannt erscheinen, und man hat sie doch nie gehört und nie gesehen.

1905

LINDENBLÜTE

Jetzt blühen wahrhaftig schon die Linden wieder, und am Abend, wenn es zu dunkeln beginnt und wenn die schwere Arbeit getan ist, kommen die Weiber und die Jungfern daher, steigen an der Leiter in die Äste hinauf und pflücken sich ein Körblein voll Lindenblüten. Davon machen sie späterhin, wenn jemand krank wird und Nöte hat, einen heilsamen Tee. Sie haben recht; warum soll die Wärme, die Sonne, die Freude und der Duft dieser wundersamen Jahreszeit so ungenützt vergehen? Warum soll nicht in Blüten oder sonstwo etwas davon verdichtet und greifbar hängenbleiben, daß wir es holen, heimtragen und später einmal in kalten und bösen Zeiten einen Trost daran haben können?

Wenn man nur von allem Schönen so einen Beutel voll aufbewahren und für bedürftige Zeiten aufsparen könnte! Freilich, es wären doch nur künstliche Blumen mit künstlichem Duft. Alle Tage rauscht die Fülle der Welt an uns vorüber; alle Tage blühen Blumen, strahlt das Licht, lacht die Freude. Manchmal trinken wir uns daran dankbar satt, manchmal sind wir müde und verdrießlich und mögen nichts davon wissen; immer aber umgibt uns ein Überfluß des Schönen. Das ist das Herrliche an jeder Freude, daß sie unverdient kommt und niemals käuflich ist; sie ist frei und ein Gottesgeschenk für jedermann, wie der wehende Duft der Lindenblüte. Die Weiber, die emsig in den Ästen hocken und einsammeln, die haben hernach einen Tee für Atemnot und Fieber, aber das Beste und wahrhaft Feine davon haben sie nicht. Das haben nicht einmal die sommerabendlichen, lustwandelnden Liebespaare in ihrer süßen, dumpfen Trunkenheit; aber der Wanderer hat es, der vorübergeht und tiefer atmet. Der Wanderer hat das Beste und Zarteste von allen Genüssen, weil er neben dem Schmecken auch noch das Wissen von der Flüchtigkeit aller Freude hat. Ihn kümmert es wenig, daß er nicht an jedem Börnlein trinken kann, und der Überfluß ist ihm gewohnt; dafür schaut er auch dem Verlorenen nicht lange nach und begehrt nicht an jedem Orte, wo es einmal gut sein war, gleich Wurzeln zu schlagen. Es gibt solche Lustreisende, die gehen Jahr für Jahr an denselben Ort, und es gibt viele, die können von keinem schönen Anblick Abschied nehmen, ohne daß sie beschließen, recht bald wieder herzukommen. Das mögen gute Leute sein, aber gute Wanderer sind sie nicht. Sie haben etwas von der dumpfen Trunkenheit der Liebesleute und etwas von dem sorglichen Sammlersinn der Lindenblütenpflückerinnen. Aber den Wandersinn haben sie nicht, den stillen, ernst-fröhlichen, immer abschiednehmenden.

Hier ist gestern einer durchgewandert, ein reisender Handwerksbursche, der grüßte in seiner Bettlerfreiheit die Sammler und Bewohner auf eine spöttische Art. Er nahm an der großen Linde, die voller Weibsleute war, die Leiter weg und ging davon, und obwohl ich selber den Frauen die Leiter wieder hingetragen und ihr Schmähen besänftigt habe, hat der Streich mich doch gefreut.

Oh, ihr Wanderburschen, ihr fröhlichen Leichtfüße, jedem von euch, auch wenn ich ihm einen Fünfer geschenkt habe, sehe ich wie einem König nach, mit Hochachtung, Bewunderung und Neid. Jeder von euch, auch der Verlottertste, hat eine unsichtbare Krone auf; jeder von euch ist ein Glücklicher und ein Eroberer. Auch ich bin euresgleichen gewesen und weiß, wie Wanderschaft und Fremde schmeckt. Sie schmeckt, trotz Heimweh und Mangel und Unsicherheit, gar süß.

Und immerzu strömt der honigsüße Duft aus den alten Bäumen den Weg entlang durch den lauen Sommerabend. Kinder singen unten am Strande und spielen mit

Windmühlen aus rotem und gelbem Papier. Liebespaare spazieren langsam und lässig an den Hecken hin, und durch den rotgoldenen Staub der Straße surren Bienen und Hummeln in verzückten Kreisen und mit goldenem Getöne.

Wahrlich, ich beneide die Liebespaare an den Hekken nicht um ihre süße, dumpfe Trunkenheit, sowenig ich die spielenden Kinder um ihre rechenschaftslose Seligkeit beneide oder die schwärmenden Bienen um ihren taumelnden Flug. Nur die Wanderburschen beneide ich. Die haben den Duft und die Blüte von allem.

Noch einmal jung, unwissend, ungebunden, frech und neugierig in die Welt hineinzulaufen, hungrige Kirschenmahlzeiten am Straßenrande zu halten und bei den Kreuzwegen das „Rechts oder Links" an den Rockknöpfen abzuzählen! Noch einmal kurze, laue, duftende Sommernächte unterwegs im Heu verschlafen, noch einmal eine Wanderzeit in harmloser Eintracht mit den Vögeln des Waldes, mit den Eidechsen und Käfern leben! Das wäre wohl einen Sommer und ein Paar neue Stiefelsohlen wert. Aber es kann nicht sein. Es hat keinen Wert, die alten Lieder zu singen, den alten Wanderstab zu schwingen, die alten, lieben, staubigen Straßen zu gehen und sich einzubilden, man sei nun wieder jung und alles sei, wie es damals war.

Nein, das ist vorbei. Nicht daß ich alt oder ein Philister geworden wäre! Ach, ich bin vielleicht törichter und zügelloser als je, und zwischen mir und den klugen Leuten und ihren Geschäften ist noch immer kein Verständnis und kein Bündnis aufgekommen. Ich höre auch immer noch, wie in den drängendsten Jünglingszeiten, die Stimme des Lebens in mir rufen und mahnen, und ich habe nicht im Sinn, ihr ungetreu zu werden. Aber sie ruft nicht mehr zu Wanderschaft und Freundschaft und zu Zechgelag mit Fackeln und Gesang, sondern sie ist leise und dringlich geworden und führt mich immer einsamere, dunklere, stillere Wege, von denen ich noch nicht weiß, ob sie in Lust oder in Leid enden sollen, die ich aber gehen will und gehen muß.

Ich hatte mir als junger Mensch das Mannesalter ganz anders vorgestellt. Nun ist es auch wieder ein Warten, Fragen und Unruhigsein, mehr Sehnsucht als Erfüllung. Die Lindenblüten duften, und Wanderburschen, Sammelweiber, Kinder und Liebespaare scheinen alle einem Gesetz zu gehorchen und wohl zu wissen, was sie zu tun haben. Nur ich weiß nicht, was ich zu tun habe. Ich weiß nur: weder die rechenschaftslose Seligkeit der spielenden Kinder noch das gleichmütige Vorübergehen der Wanderer, weder die dumpfe Trunkenheit der Liebesleute noch der sorgliche Sammelsinn der Blütenpflückerinnen ist mir beschieden. Beschieden ist mir, der Stimme des Lebens zu folgen, die in mir ruft, ihr zu folgen, auch wenn ich ihren Sinn und ihr Ziel nicht zu erkennen vermag und auch wenn sie mich immer mehr von der fröhlichen Straße hinweg in das Dunkle und Ungewisse führen will.

1907

UNTERSEE

Beinahe acht Jahre habe ich nun am Untersee zwischen Konstanz und Stein gewohnt, und wenn ich nun ans Abschiednehmen denke und zum letztenmal meinen Garten bestelle, so tue ich's nicht aus Müdigkeit, weil mir die Gegend verleidet wäre, sondern aus Bedürfnis nach Menschennähe. Die Landschaft des Untersees wird mir zeitlebens fehlen, es sprechen an wenigen Orten so stark wie hier zu jedem Fenster herein See und Wald, Himmel und Wiese zu mir. Ich weiß nicht, ob ich jemals wieder ein Studierzimmer finden werde, zu dem von allen Seiten eine so weite, lichte, unverdorbene Landschaft hereinschaut, und ich meine schon im voraus zu fühlen, wie der Anblick des weiten Wassers, über dem alle Lufterscheinungen so rein und farbig wirken, mir später überall fehlen wird. Auch denke ich beim Spaten und Rechen mit betrübten Zweifeln daran, daß ich kaum irgendwo wieder ein so rein ländliches Gärtnerleben werde führen können, wie ich es hier den größten Teil des Jahres hindurch getan habe.

Aber alles Schöne zumal kann man eben nirgends haben, und ich glaube zu wissen, was ich tue, wenn ich das alles zum Opfer bringe, um irgendwo in einer guten, nicht zu großen Stadt Freunde und Nachbarn, Gespräch und Musik zu finden. Und es kann nichts schaden, wenn man ein Stück Besitz und Lebensführung aufgibt, sich noch einmal alles vor Augen zu halten, was man daran gehabt hat.

Nun, ich habe hier viel gehabt. Ich finde heute noch wie vor Jahren unsern Untersee schöner als irgendeinen anderen Teil des Bodensees, und besonders unser badisches Ufer, der „Höri", wo kilometerweit, fast ohne jede künstliche Unterbrechung, das stille, flache Ufer unzerstört wie in Urzeiten mit Schilf und Gebüsch, mit jungem Fischgewimmel und mit Enten- und Kiebitznestern sich erstreckt. Unser Seeufer wird durch keine Bahn, durch keine Straße, durch keine Kaimauer noch andere Anlagen geschädigt, es spiegelt sich mit Pappeln, Weiden, Erlen, Wiesen und Schilf im seichten Wasser, kaum daß da und dort, weit voneinander entfernt, kleine Badehütten stehen. Gegenüber im Osten liegt die Reichenau mit Kloster und Dörfern, südlich drüben das Schweizer Ufer mit lauter schönen, alten, wohnlich freundlichen Dörfern und Städten, da und dort auf den Höhen zwischen Baumwipfeln ein alter Herrensitz, wie der Arenenberg und der Salenstein, an allen Hügeln trotz der Nordlage noch reichliche Reste des ehemals blühenden Weinbaues. In unserem Rücken liegt, waldig und wenig bewohnt, der langgestreckte Schienberg, der uns von der Welt abschneidet und in dessen weiten Wäldern wir im ersten Frühjahr Seidelbast und Schneeglöckchen, im Frühsommer Erdbeeren und Haselnußstecken für die Buben, im Herbst gute Pilze und schöne Ebereschenzweige holen. Im Winter ist der Schienberg auch ein ganz gutes Skigelände, doch haben wir wenig Schnee. Nahe bei Öhningen liegt ein alter Steinbruch, der wegen seiner Versteinerungen berühmt ist, in Stein am Rhein steht Haus an Haus in mittelalterlichem Reiz. Hierher kommen denn auch im Sommer Gäste genug, die Sonntagsschiffe sind immer voll, und wir können dort die Welt begrüßen, von der wir abgeschnitten sind. Denn zu uns, nach Gaienhofen und Horn, nach Iznang und Grundholzen, kommt fast kein Mensch, wir haben keine Eisenbahn und wissen nicht, ob wir je eine haben werden, obwohl eben jetzt wieder Aussichten dafür sich zeigen.

Vom Kulturleben des Bodensees, das ohnehin nicht eben heftig rauscht, dringen nur schwache Töne zu uns herüber. Wir sehen manchmal den Grafen Zeppelin schon in aller Morgenfrühe seine Luftschiffe spazierenführen, und es gibt nichts Schöneres, als das einmal selber zu probieren und ein paar Stunden in der Höhe zu reisen. Doch gibt man sich hier damit noch wenig ab, und ich glaube noch der einzige Bewohner des badischen Untersee-Ufers zu sein, der das gekostet hat, und auch ich bin in allen den Jahren nur zweimal in Friedrichshafen gewesen. Denn das Wasser verbindet die Leute nicht; es trennt sie voneinander, zumal in den langen Wintermonaten, wo wenig Schiffe gehen und wo auch die wenigen durch Nebel und Sturm sich oft verspäten oder des Eises wegen gar nicht fahren können.

In Konstanz gibt es im Sommer Gelegenheit, ein Stück Welt auf Reisen zu sehen, und im Winter bekommt man je und je recht gute Musik dort zu hören. Während der warmen Jahreszeit kommen auch manche Maler an den See, auf unsere Höri aber sehr wenige. Den Untersee haben die Basler Maler Meyer und Voellmy oft und gut gemalt, am besten aber hat ihn Bruno Goldschmidt verstanden, dessen frech und sorglos mit Wassertempera gemalte Bilder unsere typischen Luftstimmungen oft erstaunlich frisch und suggestiv wiedergeben.

Mitten in unserer schönen, von der Kulturwelt her so wenig besuchten und besiedelten Landschaft aber blüht doch ein Stück Kultur, und, wie mir scheint, ein sehr wichtiges und schönes. Es sind in den letzten zehn Jahren zwei Landerziehungsheime am Untersee entstanden, vorzügliche moderne Erziehungsschulen nach Lietzschem System, in Glarisegg drüben eine für Knaben und hier in meinem Gaienhofen eine für Mädchen. Diese vortrefflichen Schulen, zusammen mit ihren Schwesternanstalten in Norddeutschland und Bayern, stellen nach meiner Meinung den aussichtsvollsten und wertvollsten Versuch einer grundsätzlichen Erneuerung des Schul- und Erziehungswesens dar, hier gedeiht ein gesundes Leben, dem die Zukunft gehören wird. Oft sehe ich den Mädchen drunten, die in ihrem schönen alten Schloß wohnen und ihre Schuljahre in dieser herrlichen Landschaft verleben dürfen, mit einem gewissen Neide zu; es wird ihnen viel erspart, und es wird ihnen vieles gelehrt, was wir entbehren mußten; sie sind denn auch alle anhänglich und denken gern an ihre hiesigen Jahre zurück, sie besuchen den Untersee häufig wieder, und ein heimlicher Kern dieser jungen Gesellschaft arbeitet da und dort schon wieder im Sinne ihrer Erziehung weiter. Die badische Schulbehörde ist mit Einsicht der neuen Unternehmung entgegengekommen, die Sache gedeiht, und wir sehen, zumal im Sommer, häufig Eltern aus allen Ländern hier ihre Kinder besuchen und deren Leben verwundert und dankbar mit den wachgerufenen Erinnerungen der eigenen Schülerjahre vergleichen.

Das Schönste, was der Winter uns hier bringen kann, ist eine „Seegfrörne". Es kommt nicht jedes Jahr dazu, aber wenn es einmal glückt, gibt es nichts Herrlicheres, als den weiten Seespiegel mit frischem Eise vor sich zu haben und meilenweit daraufloszufahren zu können. Dann vermißt niemand mehr die Dampfschiffe, die freilich vom ersten Beginn der Eisbildung an ausbleiben.

Noch schöner ist eine Rheinfahrt im Sommer von hier nach Schaffhausen. Man kann sie im Dampfboot machen, und auch so ist sie wundervoll; schöner aber ist sie im kleinen Ruderboot, zu dreien oder vieren, mit einem Topf Himbeeren und einer Flasche Wein unterm Rudersitz. Da fährt man ein paar Stunden lang auf dem See und dann auf dem raschen, kräftig treibenden Rhein abwärts durch eine lichte, edle Landschaft, unter alten Brücken durch und an alten Städten und Kirchen vorüber, durch Waldufer und Binsen. Das möchte ich diesen Sommer noch einmal haben, an einem schönen, warmen Tage, wo man mehr im Wasser als in den Kleidern ist, und dann will ich Abschied nehmen von meinem kleinen grünen Ruderboot, von See und Rhein und von vielen Erinnerungen, deren beste ich doch mit mir nehmen werde und nie verlieren will.

1911

UMZUG

Es gibt nichts Häßlicheres als das Verlassen eines Hauses, in dem man jahrelang gewohnt und gearbeitet hat. Da, wo dein schwerer Schreibtisch von den Arbeitern weggerückt wurde, gähnt ein leerer weißer Fleck auf dem Fußboden, aus allen Wänden ziehst du mühsam und unwillig die Nägel wieder heraus, an denen deine Bilder hingen und die du vor Jahren bedachtsam und vergnügt eingeschlagen hast. In den heiligsten Räumen liegen Schmutz und Stroh, Holzwolle und Papierschnitzel auf dem Boden. Verdrossen gehst du durch die Stuben, die so scheußlich leer stehen und in denen deine Schritte ungewohnt widerhallen, und hast immerfort das Gefühl, du seiest nun zum letztenmal hier drinnen und es müsse irgendein schöner und feierlicher Abschied stattfinden; aber nichts klingt in dir, nichts als Überdruß und der sehnliche Wunsch, du möchtest schon weit fort und alles vorüber sein.

So ging es auch mir, als ich mein Häuschen am Bodensee ausräumte. Ich floh schließlich in den Garten. Auf dem zertretenen Sandhaufen der Kinder standen Kisten und eingenähte Möbel, jenseits der beschädigten Buchenhecke wartete grau und drohend der Möbelwagen. Ich ging die Hecke entlang, die ich vor fünf Jahren gepflanzt hatte, zum Holzschuppen. Da lag wenigstens noch ein Vorrat Holz, den ich gesägt und gespalten hatte, aber Beil und Axt, Säge und Schaufel, Spaten und Rechen waren alle schon weggeräumt, und vorn auf dem Sandweg, den ich in der letzten Zeit vernachlässigt hatte, wuchs Gras. Daneben aber standen in zwei langen, stolzen Reihen meine roten Malven, eine mächtige Allee, die ich alle aus Samen gezogen hatte und aus deren Samen ich mir eine ähnliche Pflanzung am neuen Wohnort zu ziehen gedachte. An den schweren Sonnenblumen hingen die Meisen und pickten Körner, an den Stauden hingen späte, blutrote Himbeeren, die Jungfernreben an der nördlichen Hauswand begannen auch schon purpurn zu glühen. Auf einem vergrasten Weglein zwischen den Gemüsebeeten fand ich im wehmütigen Schlendern einen Gummiball und ein zerbrochenes Holzpferdchen liegen, von den Kindern. Die waren nun schon seit Tagen fort und hatten die alte erste Heimat über dem Warten auf die neue schon vergessen. Hier hatte der älteste Bub mir beim Säen und Gießen der Gemüse geholfen, dort lag sein eigenes kleines Gärtchen mit Sonnenblumen und Dahlien.

Und jenseits der Hecke schlief in seinem Herbstgrau das stille Land und der See, auf den ich nun manche Jahre lang zu allen Jahreszeiten und bei jedem Tun den Blick gehabt habe. In der Ferne stand klein und schattenhaft der Konstanzer Münsterturm, nahe gegenüber der graue kühne Turmhof von Steckborn, über der Reichenau hing Regennebel, und ringsum war kein Ort, den ich nicht tausendmal gesehen hatte und dessen Bild mir nicht mit tausend kleinen Erlebnissen verbunden war. Über diesem stillen weiten Seespiegel hatte ich Jahr für Jahr den Föhn und den Nordwind, den Regen und den Schnee, den Nebel und die Sonnenglut betrachtet, an hundert kleinen Buchten hatte mein Boot auf mich gewartet, während ich im Grase ausruhte oder im See draußen schwamm; überall hatte ich meine Wettermerkmale und Gedenkplätze.

Es war unerträglich, dazwischen das Klopfen und die scheltenden Stimmen der Packer zu hören. Ich nahm meinen Koffer mit, fuhr über den See und stieg im alten berühmten „Adler" in Ermatingen ab, um die letzten Tage am See noch zu genießen. Mit einem Freunde, der die Gegend kennt und liebt, fuhr ich im Wagen über Land, durch die beste Weingegend, und sprach da und dort in stillen Landwirtshäusern ein Abschiedswort mit den Rotweinen des vergangenen Jahres, mit dem Bachtobler und dem Neftenbacher, mit dem Traminer und dem Schiller. Und so kam schließlich trotz Regen und Kälte und Umzugssorgen ein schöner, bedächtiger Abschied zustande, dessen ich mich nicht zu schämen brauchte.

Zwischen dem Auszug am See und dem Einzug in Bern erlebte ich ein paar Tage beschaulichen Reisens. Es war soeben der deutsche Kaiser dagewesen, und die noch anwesenden Journalisten waren von der Direktion der Jungfraubahn zu einer Fahrt und einem Imbiß droben eingeladen worden. Man nahm mich mit, da der Zufall es wollte, und ich fuhr durch verregnete Täler den wilden Berg hinan, in den Schnee und in die tiefen Nebel hinein, bis wir oben dickes Schneetreiben und sechs Grad Kälte antrafen. Vom Berg und von der Aussicht war nichts zu sehen, aber ich atmete wieder einmal unvermutet Schneeluft und Bergkälte und sah mit Erstaunen das kühne Werk dieser Bergbahn, die ich wieder besuchen und von der ich ein andermal reden werde. Nach der Suppe fuhr ich weg und suchte das Tal von Grindelwald auf, wo ich vor Jahren als Kranker schöne Winterwochen zugebracht hatte, hielt zwei Tage im alten Thun Rast und fand mich nun, durchgeweht und von allen Abschiedsgedanken gereinigt, am neuen Wohnort ein.

Ausziehen ist kein Vergnügen, es ist sogar scheußlich. Aber die Dinge haben zwei Gesichter, und so widerwärtig das Ausräumen ist, so hübsch und amüsant scheint mir das Einziehen. Zwischen Handwerkern und Arbeitern traf ich meine Frau am Werk; man war so weit, daß im Hause zur Not geschlafen und gegessen werden konnte. Und so begannen wir das Einräumen. Ein altes Berner Landhaus, weit von der Stadt in den Feldern gelegen, mit einem streng symmetrisch angelegten alten Garten, einem laufenden Brunnen, Hunden und Vieh, einem Wäldchen von Ahornen, Eichen und Buchen. Eine Menge kleiner Stuben mit angegilbtem Getäfel und rissigen alten Tapeten, eine steinerne, sehr herrschaftliche Wendeltreppe, ein hübsches, lichtes Sälchen, sonst alles primitiv und bescheiden. An den Wänden hängen die Porträts von ehemaligen Besitzern des Hauses, mit Perücken und Jagdhüten, Ansichten vom Vesuv aus dem achtzehnten Jahrhundert und alte Stiche, Glockenzüge aus Glasperlen und mit gestickten verblaßten Bändern.

Da wird nun rumort und gearbeitet, gemessen und ausprobiert, und alles, was man tut, ist vergnüglich und macht Spaß, weil es provisorisch ist und zu nichts verpflichtet, und überall, wo man etwas fertig gerückt, gestellt, gespannt und geklopft hat, sagt man dazu: „Fürs erste ist's gut, später kann man ja immer noch ändern."

Die großen schweren Bildnisse mit den Perücken werden im Treppenhause, am Kamin des Sälchens, im Schlafzimmer probeweise aufgehängt, schlimme Stellen an den Tapeten werden nach Möglichkeit mit Bildern und Möbeln zugedeckt, da und dort knabbert man an einer geöffneten Bücherkiste und findet zwischen Packpapier alte Freunde wieder, sinkt zwischenhinein erschöpft in einen Stuhl und muß immerfort nach Dingen und Werkzeugen suchen, die man eben noch in der Hand gehabt hat.

In einer Pause geht man dann einmal auf die Veranda, die von einem alten Glyzinenbaum über und über eingewachsen ist, und späht, ob vielleicht das Wetter hell werde, daß man die Berge sieht. Oder man schaut in den verwilderten Garten und überlegt ein wenig, was sich bei gutem Willen daraus machen ließe, man findet Obst unter den Bäumen und späte Blumen in den Rabatten, verwildertes Erdbeergeschlinge mit verspäteten kleinen Früchten und Kastanien, die blankbraun aus geborstenen Hülsen leuchten. Man denkt sich ein fleißiges und verträgliches Leben und hat Lust zu guten Vorsätzen. Vor sich, in kleiner Entfernung, weiß man die Stadt mit Musik und anderen Genüssen, und drüben auf der anderen Seite in tröstlicher Nähe weiß man die Jungfrau und den Eiger, das Wetterhorn und alle die vielen grünen Täler und Alpen des Oberlandes.   1912

ITALIEN

ANEMONEN

Kennt ihr den Frühling von Florenz? Wenn am Viale die Rosen zu knospen beginnen? Wenn die weichen Hügel hinan die zärtliche lichte Röte der Obstblüte fließt? Wenn Schlüsselblumen und gelbe Narzissen die fröhlichen Wiesen ganz mit Gold überdecken?

Oh, das ist schön! Diese Tage, da die schwarzen Zypressen sich in ersten warmen Lüften wiegen! Diese heißen Mittagsstunden im April, wenn die Mauern der Hügelpfade leis zu glühen beginnen und die erste warme Rast auf durchsonnten Zinnen winkt! Wie dann die Erde sich reckt und glänzt; wie da die fernen Berge immer blauer und sehnlicher herüberstreben, bis euer Herz voll treibend-süßen Wanderfiebers wird!

Über Fiesole leuchtete ein Aprilmittag, sonnig heiß, mit blankbefiederter Bläue. Veilchenmädchen lärmten in den Gassen, farbiggekleidete Fremde trieben sich im römischen Theater herum. In dem warmen steilen Sträßchen, das von der Piazza zum Kloster führt, saßen Strohflechterinnen und arbeiteten im Freien. An der Aussichtsbank war allerlei Leben. Kinder – viele blonde darunter – lagen und spielten im Gras, jeden Augenblick bereit, aufzuspringen, wehmütige Gesichter zu machen und zu betteln. Ein paar Hausierweiber mit Strohwaren standen erwartungsvoll dabei, und hart an der Mauer hatte ein hübscher Bursche sein Fernrohr aufgestellt, durch welches man für zwei Soldi jedes Haus von Florenz bis zur Torre del gallo sehen kann. Die schöne Zwillingszypresse umströmte leis ein wohlig warmer Wind.

Vom Kloster herab kam ein junger Deutscher gegangen. Alles an ihm war Freude und Begeisterung, sein

Gang wiegte sich freudig, seine Augen glänzten, seine Arme waren in erregter Bewegung. Es ist nicht anders, wenn ein junger Nordländer zum erstenmal Fiesole im Frühling sieht. Ihr könnt ihm ansehen, daß er an Lorenzo den Prächtigen, an Jacob Burckhardt und an Böcklin und zugleich mit halbem Mitleid an die ferne Heimat denkt. Nun tritt er mit beiden Füßen das Land, von dem er seit Knabenzeiten gehört und geschwärmt hat! Nun liegt zu seinen Füßen Florenz, und rings umdrängen ihn Hügel, Villen, Gärten mit ihrer großen Geschichte und ihrer großen Schönheit.

Er fühlt, daß er noch nicht in die Stadt zurückkehren und heute überhaupt nicht arbeiten darf. So ein Tag ist einzig zum Wandern da. Also schlendert er durch Fiesole, kauft Orangen und schlägt den Höhenweg nach Settignano ein.

Es lohnt sich wohl, im Frühjahr diesen Weg zu gehen. Die Stadt verschwindet, man sieht bald weder Häuser noch Menschen mehr, nur bunte Nähen, ergrünende Felder, satte Wiesen und ernste schöne Bergzüge, dazwischen einsam und grau das sonderbare Schloß Vincigliata in seinem dürren jungen Nadelwald. Dem Wanderer war in der Seele wohl; jeder blühende Baum erfreute ihn, und jede am Hügelkamm auftauchende Zypresse entzückte ihn durch ihr energisches Emporlodern. Das Schönste aber sah er zuletzt.

Das waren die Anemonen. Sie sind freilich nichts eigentlich Toskanisches, man findet sie überall, aber sie gedeihen hier besonders üppig und sind schöner als der ganze üppige Frühling zusammen. Sie sind blau, rot, weiß, gelb, lila und violett. Sie haben große runde Blüten und bedecken ganze Fluren. Man darf wirklich von ihnen sagen: sie lachen. „Sieh, es lacht die Au!" Sie schauen so staunend, offen und selig in die Welt wie Kinder. Sie machen die Wiesen zu frohen buntgewirkten Teppichen – man sieht sie auf zahllosen toskanischen Bildern des Quattrocento, und sie erhöhen deren süßen kindlichen Liebreiz.

Als der junge Fremde die Anemonen sah, war er wieder entzückt. Er stürzte sich auf sie und brach ganze Hände voll davon ab. Er freute sich schon, sie in seinem Zimmer zu sehen, einige zu pressen und getrocknet nach Hause zu schicken – als Gruß aus der Città dei fiori.

Dann marschierte er weiter, ließ Vincigliata liegen und strebte Settignano zu. Die ungewohnte Wärme und der erschlaffende Frühlingsdunst machten ihn schließlich still und müde. Vor Settignano sprang ihm ein Mädchen mit Blumen entgegen.

„Prenda, prenda, Signore!"

Er hielt ihr seinen eigenen Strauß entgegen. Da sah er erst, daß er welk war. Und er warf ihn bedauernd weg und kaufte dem Mädchen ihre Blumen ab.

Eine halbe Stunde später schritt ein zweiter Wanderer denselben Weg. Auch ein Deutscher, nur wenig älter, aber weniger begeistert. Ihn machte die Sonne nicht müde. Ihn umklangen nicht die Namen der Medici. Er kannte sie wohl, vom alten pater patriae bis auf die herzogliche Sippschaft herab. Er war auch einmal in ihrem Bann gestanden, doch waren ihm seither allerlei andere Dinge wichtiger geworden.

Den schönen Frühling aber liebte er nicht weniger als jener Jüngere. Er kannte hier jede Höhe und jeden Pfad, auf allen war er oft gegangen, und auf all diesen Mäuerchen hatte er heiße einsame Rasten gehalten. Kein Meierhof, kein Kreuzweg, kein Olivengarten, den er nicht kannte und mit dem ihn nicht irgendeine kleine Erinnerung verband.

Er sah auch die Anemonen, seine Lieblinge. Er dachte daran, wie viele tausend von ihnen jetzt wieder von den Fremden gepflückt und zertreten würden. Er grüßte sie mit warmen Blicken und nickte ihnen zu.

Als er sich Settignano näherte, sah er jenen welken Strauß auf der Straße liegen. Er fluchte ingrimmig.

„Bande, elende! Da schwärmen sie für Fra Angelico, und mit den Blumen gehen sie um wie die Barbaren!"

Er war schon ein paar Schritte weitergegangen. Da kehrte er wieder um, hob die Blumen von der Straße auf und suchte, ob noch unverwelkte darunter wären. Nein, alle waren verdorben.

Er wollte den Strauß wieder wegwerfen, besann sich aber und nahm ihn bis zur nächsten Brücke mit; dort warf er ihn in den kühlen Bach. Der Strauß löste sich auf, und die welken Anemonen trieben einzeln und langsam bachab. Er sah ihnen nach und machte im stillen dem Wanderer wieder Vorwürfe.

„Da droben stehen ja noch Tausende davon", hörte er ihn in Gedanken antworten.

Da deutete er vorwurfsvoll auf die davonschwimmenden Blumen und vergaß einen Augenblick ganz, daß er ja allein war.

1901

VENEZIANISCHES NOTIZBÜCHLEIN

17. April. – Seit einigen Wochen hatte das Heimweh nach Venedig mich geplagt. Sooft ich an Venedig dachte, war es wie ein mildes, warmes Lied, wie die Verheißung einer Liebesnacht, wie ein tiefer Klang voll schwelgerischer Schönheit und leiser, zart genossener Melancholie. Ich schloß dann die Augen und sah, schwebend wie helle Schatten, die Fassaden des großen Kanals, die stillen schlanken Frauen mit schwarzen Schultertüchern und schwarzen Haarknoten, die nächtlichen Plätze und Promenaden und die mondversilberte Giebelkette von San Giorgio und der Giudecca.

Durch mein schmales Fenster dringt der Duft des Wassers und feuchter Steine. Ich kann von hier aus von der Stadt nichts sehen als ein Stück Kanal, zwanzig Fuß lang und sieben Fuß breit, hohe Häusermauern mit toten, unregelmäßig verteilten Fenstern, darüber zwei Schornsteine und einen schmalen, süßen Streifen Himmelsbläue.

Ich liege im Fenster und atme voll und tief, höre das leise Gleiten einer unsichtbaren Frachtbarke und das leise Plaudern von zwei unsichtbaren Ruderern und sehe den schmalen lichten Himmel über den harten Umrissen der flachen Dächer glänzen. Auf diese Stunde habe ich wochenlang gewartet, auf diese Stille zwischen Stein und Wasser, auf diese milde, satte Luft, auf dieses milde, schüchterne Heimatgefühl der Weltferne und des Ausruhens. Das ist Venedig.

Der schmale Kanal und diese schweigenden Häuser sind mir wohlbekannt; nicht weit von hier war das letztemal meine Wohnung. Mit dreißig Schritten erreiche ich Santa Maria Zobenigo, und von dort ist alles nahe, was die Piazza und der große Kanal Ehrwürdiges und Schönes hat. Täglich viele Male werde ich nun über die kleine weiße Brücke und durch die enge, dämmernde Winkelgasse schreiten und jedesmal an jener Ecke fröhlich zaudern, an der ein einziger Schritt mich noch vom großen Venedig trennt. Und ich werde immer wieder aus dem großen, glänzenden Venedig in diese dunkelnde Gasse und in die schweigenden Höfe und Hinterhäuser von Fenice zurückkehren, wohin das Geschrei der Märkte und das Rotwelsch der Fremden nicht mehr reicht.

20. April. – Nun bin ich hier wieder ganz zu Hause. Gestern besuchte ich Murano, Lido und die östlichen Stadtteile, und heute bin ich zum erstenmal wieder ganz bei der Lagune zu Gast. Den Vormittag verbrachte ich mit Schiffsleuten in Malamocco, jetzt liege ich in der Nähe von Murano in der Barke eines Austernfischers.

Über die Blätter meines Notizbüchleins leuchtet die reine Sonne. Rechts von uns in geringer Entfernung steht die kahle Mauer der Gräberinsel aus dem blaßgrünen Wasser, links glüht eine schmale Schlammbank in rotbraunem Schimmer. Warm und köstlich liegt die Sonne des Nachmittags auf dem Wasser, auf meinen Händen und auf meinem nackten Rücken, der noch weiß und bleich vom deutschen Winter ist. Mein Freund aus Murano, der Fischer, steht mitten in der Schlammbank, bis an die Knie eingesunken. Ein seltsamer und gespenstiger Anblick, ein Mann, inmitten der weiten Lagunen watend, wenige Schritte von der Kurslinie der Dampfschiffe entfernt. Zuweilen kommt er herüber oder ruft mir zu, ihm nachzurudern, und wirft ein paar Hände voll kleiner Beute in die Barke, auf deren nassem Boden die fidelen Krabben und Taschenkrebse umherhasten.

Manchmal, wenn die Sonne mir so warm und mächtig über den trägen Rücken glüht, erfaßt mich plötzlich eine Lust, laut hinauszujubeln, zu lachen, zu singen. Gott sei Dank, endlich wieder Luft, Freiheit, Sonne und weiter

Horizont! Ich fühle wieder mit allen Sinnen, daß ich noch jung bin und Kräfte habe, die schöne Welt zu genießen und liebzuhaben.

Langsam dreht sich meine Barke um die Ränder der Schlammbank, deren dichte braune Wasserpflanzen sich wirr verästeln und verstricken und den Blick in die schwärzlich dämmernde Tiefe ziehen. Meine Gedanken gehen, ohne daß ich es will, nach Deutschland zurück, sehen verlassene Städte und Menschen geisterhaft und blaß in weiter Ferne stehen und wundern sich, wie wenig Schmerz die schnelle Trennung weckte. Sie sehen auch die schöne blonde Frau, um die ich so lange litt, und die guten Freunde und den ganzen heimischen Kreis von Arbeit, Sehnsucht und Sorge. Und der Schattenkreis verwirrt sich mit den braunen Schlingpflanzen und strebt dunkel und lautlos in die schwärzlich dämmernde Tiefe.

„Links! Noch mehr links! Hierher!" ruft der Fischer herüber. Mit dem Geräusch des schweren Ruders und dem jähen Geleucht des aufgewühlten Wassers rinnen Schatten und Gedanken in die große Flut von Sonne, Seeduft, Gegenwart und Vergessenheit hinüber, auf der ich mit fröhlichem Erstaunen einem hellen Kranz von unbekannten, neuen, glänzenden Tagen entgegentreibe.

Und nun rudern wir nach Murano zurück, ich bewirte den Fischer mit Kaffee und begleite ihn zu seiner Wohnung. Sie liegt bei Sankt Peter, nahe dem ältesten Hause von Murano. Mein Freund machte mich darauf aufmerksam, daß es „sehr alt" sei, und erstaunte ungläubig, als ich ihm sagte, es sei tausendjährig und älter als Paläste von Venedig. Zum Abschied versprach er mir, mich nächstens mit seinem Freunde Pietro bekannt zu machen, der als Glasbläser bei Testolini arbeitet und in seiner Jugend Wien und Dresden gesehen hat. Bei seiner Erzählung empfand ich eine Art von Ehrfurcht für diesen Pietro, welcher – vielleicht unbewußt – Erbe von uralten Traditionen ist und einer seit Jahrhunderten weltberühmten Zunft angehört.

Dann die Rückfahrt im Omnibusdampfer nach Venedig. Die Stadt lag blaß wie eine Silhouette aus transparentem Stoff gegen den gelbroten Abendhimmel. Murano verschwand leise in der kühlen Dämmerung, und der Anblick beschwor in mir das sehnliche Gedächtnis jener Glanzzeit, da die Rosengärten dieser Insel alle frohen Geister der üppigen Stadt beherbergten und da der geistreiche Bembo, der gütige Trifone Gabriello, der bissig witzige Aretino sich hier im Schatten von Zedern und Lorbeerbäumen unterhielten, von denen kein einziger übriggeblieben ist. Ich sah den Aretino vor mir, wie Tizian ihn gemalt hat, rüstig, bärtig, hochmütig und rätselhaft, und hinter ihm die blanke Seefläche und den unbegrenzten Horizont mit der golden dämmernden Lagunenluft. Es gibt über jene Gärten von Murano ein lateinisches Gedicht aus damaliger Zeit, dessen Verfasser ich vergessen habe. Farbiger und schöner müßte das Gedicht eines Heutigen über diese Gärten sein, denn alles Gewesene, unwiederbringlich Untergegangene glänzt goldener in den Versen der Dichter als die herrlichste Gegenwart. Wieviel lateinische Hexameter und griechische Oden, wieviel flotte, galante Novellen in der Sprache des Boccaccio und kecke, glatte Fazetien im venezianischen Dialekt haben jene Zedern und Lorbeeren gehört! Und Edeldamen aus den gotischen Palästen des Canale Grande haben jenen Unterhaltungen beigewohnt oder schöne und begünstigte Buhlerinnen und Musikantinnen wie jene zarte, träumerische Blonde, die auf Bonifazios Bilde sich so duftig und kindlich über die elegant geformte Laute bückt. Ihre Kostüme glänzten von heimischer Seide, von Filigran und Brokatstoffen aus Byzanz, und auf den polierten Tischen schimmerte gelber griechischer Wein in schlanken geschliffenen Karaffen.

22. April. – Ich hörte manchmal sagen, jene berühmten schönen Damen der Renaissance hätten sich nur selten die Hände gewaschen. Zwar gibt es Nachrichten, die wenigstens für Venedig das Gegenteil zu beweisen scheinen; dennoch lasse ich die Historiker gern recht ha-

ben. Denn die schönen Frauen und Mädchen des heutigen Venedig haben ja auch niemals gewaschene Hände und sind doch hübsch genug. Ich betrachtete sie heute wieder, wie sie über die Riva promenierten mit ihrem weichen, lässig koketten Feierabendschritt, den man in keiner anderen Stadt so wiedersieht. Von den Ärmeren tragen manche grüne Röcke und rote Blusen, moosgrün und kirschrot, eine kräftig schöne Kombination, die schon Palma Vecchio gern hatte.

Unterwegs kaufte ich mir für zehn Soldi Brot, Käse und Orangen, um zu Hause zu essen. Dort lag ich dann den ganzen Abend im Fenster, über dem schweigenden schwarzen Wasser, bis vom schmalen bläulich schwarzen Himmelsstreifen zwischen den hohen Dächern die lichten Sterne wie goldene Tropfen hervorquollen. Und sonderbar, beim Anblick dieser Sterne überkam mich das alte Leid, daß ich an den Blumengarten meines Vaters denken mußte, an Heimat und Kindheit und an meine Mutter. Ich träumte lange von ihr und vom Garten mit den sommerlichen, bunten Beeten und Rabatten und wurde erst vom Rufe eines späten Gondoliere erweckt, dessen Fahrzeug den stillen nächtlichen Kanal mit müdem Plätschern durchschnitt.

24. April. – Gestern war ein scharfer Abend. Ich sitze gegen sechs Uhr auf den Treppenstufen der Loggetta, locke eine vereinsamte Taube mit Brosamen und fühle mich merkwürdig lustig gestimmt. Kommt ein junger Herr im Touristenanzug, Operngucker am Riemen, Schirmstock unter dem Arm, Reisebuch in der Hand, und umkreist mich eine Weile mit verdächtigem Seitenblick. Ich hatte die Situation bald begriffen, darum stand ich auf und wollte fortgehen. Da trat er eilig heran und zog den Hut.

„Entschuldigen Sie gütigst."

„Ja?"

„Also doch! Ich sah Sie gleich für einen Landsmann an."

„So. Was wünschen Sie denn?"

Und nun die alte Leier! Er kann „nicht gut" Italienisch. Er fragt, ob die Kirche San Giorgio Maggiore noch offen sei. Er hat vom Gondoliere ein paar Francs falsches Geld erhalten. Übrigens heiße er Karl Schneider und wolle, wenn ich erlaube, noch seine Freunde herbeiholen, die drüben im Palasthof warten. Meinetwegen.

Nun kommen sie alle drei. Ich erkläre ihnen, es sei längst zu spät für San Giorgio, dagegen esse man nicht weit von hier im Cavaletto vorzüglich zu Abend, und wir könnten ja ihre falschen Frankenstücke fröhlich miteinander vertun.

Also ins Cavaletto. Wir essen Bohnensuppe und gebratenen Thunfisch und trinken Chianti. Man vermutet, ich sei Kunsthistoriker. Oder Maler?

„Beides ein wenig."

Um zehn Uhr wird das Wirtshaus geschlossen. Wir nehmen einen Korb voll Weinflaschen in der Gondel mit und zechen, teils im Freien, teils in meiner Bude, weiter. Gegen elf Uhr wird das Gespräch tiefsinnig und pathetisch – venezianischer Madonnentypus, Kultur der Renaissance, Nietzsche, Jacob Burckhardt, Ruskin.

Die Kerle soffen den Asti wie Bier hinunter, und um Mitternacht mußte ich sie an die Luft setzen. Ich wäre ums Haar zum Schluß noch grob geworden, so schämte ich mich für die drei germanischen Jünglinge, die bezecht und lärmend durch die schönen nächtlichen Gassen Venedigs nach ihrem Hotel stolperten.

25. April. – Ich habe die schnöden Erinnerungen abgeschüttelt. Heute liegt ein zart blaßblauer, streifig gewölkter Himmel von delikatester Stimmung über der Stadt. Da gegen Mittag der hohe Himmel dunstfrei und das Sonnenlicht von klarster Reinheit war, bestieg ich den Turm von San Giorgio Maggiore, um die Lagune zu sehen.

Ich fand heute die fernen Schlammbänke von einem sehr tiefen Rotbraun, die westlichen Wasser stahlblau mit rötlichem Anhauch, den Kanal gegen Fusina perlartig matt schillernd. Auf diesem wunderbaren Stück Wasser kann man fabelhaftere und reichere Tönungen, Übergänge und Auflösungen irisierender Farbenflächen studieren als in einer Glasbläserei. Einen Augenblick glaubte ich denn auch, die eigentümliche venezianische Glaskunst auf diesem Wege verstehen zu können. Es war ein Irrtum, doch mag man immerhin auch hierin ein Beispiel der Verklärung des Natürlichen ins Kulturschöne sehen.

26. April. – Vor Mittag war ich noch eine Stunde in San Marco. Mit den Mosaiken war ich jetzt nahezu versöhnt, da mir immer mehr einleuchtet, wie glücklich es für die Kunst Venedigs war, daß sie die Mosaiktechnik erst in später, schon korrumpierter Form überkam. Nun wurde zwar noch Kraft und Talent genug daran vergeudet, aber die stärkeren Talente entzogen sich doch bald der undankbaren Arbeit. Außer den beiden frühesten Zyklen der Vorhalle sind die hiesigen Mosaiken minderwertig, ohne Seele und ohne Verständnis für das Wesen des Mosaikstils. Wer in Rom und Ravenna den unbeschreiblichen Anblick der älteren Mosaiken genoß, deren großartig schlichte, herbe Sprache so gewaltig zu Herzen geht, dem ist in San Marco nie recht heimisch zumute.

28. April. – Venedig ist nur halb italienisch. Man muß mit den Fischern der Inseln verkehren und die Mädchen vom Commaregio abends ihre Lieder im Dialekt singen hören, um unwiderruflich von der Eigenart dieses Wesens überzeugt zu werden. Dann empfindet man die Abgeschlossenheit der Inselstadt und fühlt, wie der Schwerpunkt ihrer Entwicklung gegen das Meer, gegen Osten neigte.

30. April. – Gestern ein Abend voll Eichendorff-Melodie. Eine Frühlingsmondnacht, warm und hell. Über der scharfen Silhouette der Giudecca hing still und rein der Mond. Unregelmäßige, mild leuchtende, silberne Lichter umglänzten jeden Ruderschlag. Weit hinten bei den Zattere fuhr ein Festschiff und ließ zuweilen Takte einer flott gestrichenen Geigenmusik herüberflattern. Ich fuhr

allein in einer Gondel vom Rialto her, der Große Kanal war still und dunkel, darüber glänzte an der Kuppel der Salute das Mondlicht. Sogar der Gondoliere, der sonst weder sentimental noch gesprächig war, empfand die besondere Schönheit dieses Abends und winkte mir zu: „Che bella serata!" Auf der vom Mond beglänzten linken Kanalseite standen blaß und schweigend die Paläste, die gotischen Palazzi Bembo, Dandolo, Cavallini, Falier, Barbaro, Contarini-Fasan, dazwischen die massigen Renaissancebauten Cornier dell Cá Grande, Grimani und Manin. Langsam und glücklich fuhr ich dahin.

Plötzlich hörte mein Gondoliere ohne Befehl zu rudern auf und reckte seinen alten, klugen Kopf mit dem scharfen Habichtsprofil in die Luft. Eben wollte ich ihm zurufen und ihn weitertreiben, da hörte auch ich den Laut, der ihn angezogen hatte. Aus einem matt erleuchteten offenen Fenster des kleinen Palazzo, vor dem wir eben lagen, klang Gitarrespiel. Es klang probend, spielerisch, präludierend, und in dem Augenblick, da wir haltmachten, verstummte es, und statt seiner drang ein Lied in die Nacht zu uns stillen Horchern heraus. Ein altes schlichtes Lied, dessen Text ich nicht verstehen konnte, von einer tiefen, süßen Frauenstimme gesungen, flutete mit weichem Wohllaut durch die milde Luft und über den dunklen, toten Kanal. Wir hielten uns beide regungslos still und horchten beglückt und hingerissen auf den wundervollen Gesang. Eine fremde Gondel kam leise näher und dann noch eine und warteten lauschend das Ende des Liedes ab. Und während, im Banne der schönen Frauenstimme, die drei schlanken Gondeln auf dem beschatteten Wasser stillestanden, dachte ich an die Sage von dem griechischen Sänger, dessen Liedern die Menschen, Tiere und leblosen Dinge gehorchten und nachfolgten.

3. Mai. – Seit vorgestern bade ich jeden Nachmittag am Lido. Ich gehe nicht abends, sondern in den heißesten Stunden, da ich mich nachgerade meiner weißen Haut schäme. Sie beginnt nun auch schon lichtbraun zu

werden. Am Lido fesselt mich auch jedesmal das Adriatische Meer, der Seehorizont und das Wellenspiel. Es ist ein im ganzen unwirtliches Meer, und seine nordwestliche Küste ist nicht von besonderer Schönheit. Aber jenseits liegt Griechenland und Byzanz, über diesem Wasser spielte die wichtigste Geschichte Venedigs.

Das eigentliche Wunder dieser kleinen Welt ist aber doch nicht das Meer, sondern die Lagune, diese stille, durch einen langgestreckten Inselkranz vom Meer getrennte See, mit welchem Venedig allmählich zu einem Zusammenhang verwuchs, wie keine andere Großstadt und Kunststadt sie mit ihrer Umgebung hat.

4. Mai. – Es ist im Laufe der Zeiten viel Köstliches verlorengegangen, namentlich an Fresken; dafür nahmen die alten Fassaden, von der Sonne gebleicht und vom Wasserdunst angegriffen, allmählich hellbräunliche Wetterfarben an und scheinen, wo sie unberührt geblieben sind, fast aus dem Wasser gewachsen zu sein, so zart und innig sind ihre Farben zu Wasser und Himmel gestimmt. Dennoch empfindet man den Untergang vieles Schönen zuweilen schmerzlich, und nicht nur am Fondaca dei Tedeschi. Heute zum Beispiel stand ich im Kreuzgang von Santo Stefano und sah mit Trauer das kahle Wändeviereck an, das ehemals mit Fresken von Pordenone bedeckt war. Und so wunderlich ist der Mensch, daß er sich solche gänzlich untergegangene Kunstwerke unwillkürlich ganz besonders schön und reich und farbig vorstellt.

6. Mai. – Heute ist mir das süßeste und lieblichste Wunder begegnet. Ich sah jene entzückende Blonde, die Bonifazio vor vierhundert Jahren als Lautenspielerin gemalt hat. Sie stand an einer Kanaltreppe nicht weit von Colleoni und schien ungeduldig zu warten. Ich konnte nicht widerstehen, ich mußte haltmachen und sie anreden. Es zeigte sich, daß sie auf einen Gondoliere wartete, der ihr versprochen hatte, sie bis zum Canneregio mitzunehmen, nun aber ausgeblieben war. Sie ging nach einigem Zögern darauf ein, meine Gondel zu benützen,

und fuhr nun mit mir fast eine halbe Stunde weit, denn sie ist bei San Giobbe zu Hause. So hatte ich am hellen Tage ein schönes Mädchen mir gegenüber sitzen und kam mir auf der warmen, allzu raschen Fahrt wie verzaubert vor.

Sie war es vollkommen: der zarte Hals, das kindliche und träumerische Gesicht, die feinen Schultern, das schwere hochgebundene Blondhaar. Sie heißt Gina Salistri, ist armer Leute Kind und wohnt bei San Giobbe. Mehr erfuhr ich nicht. Auch nicht die genauere Bezeichnung ihres Hauses. In Wirklichkeit aber ist sie eine Traumschöpfung des Malers Bonifazio, nach vierhundert Jahren zu Leben und körperlichem Dasein erwacht. Ob ich sie je wiedersehen werde?

1902

VON MEINER ERSTEN ITALIENREISE

Seit meiner ersten Italienfahrt im Frühjahr 1900 habe ich mich mit Land und Leuten, Geschichte und Kultur von Toskana und Venetien vielfach weiter beschäftigt und vertraut gemacht und bin namentlich in Venedig sehr heimisch geworden. Dennoch vergaß ich von den Eindrücken jenes ersten Besuches nichts, und ich habe mit Absicht an den nachfolgenden, im Jahr 1900 entstandenen Aufzeichnungen nichts geändert. Denn das jahrelang sehnlich erträumte Betreten italienischen Bodens gab mir damals ein so intensives erhöhtes Glücksgefühl, wie ich es bis dahin kaum gekannt hatte und wie es mir vielleicht nie wieder zuteil werden wird.

Daß mein Reisen, Sehen und Erleben unabhängig von Mode und Reisehandbüchern war, wird man leicht sehen können. Wer auf Reisen wirklich etwas erleben, wirklich froher und innerlich reicher werden will, wird sich die geheimnisvolle Wonne eines ersten Schauens und Kennenlernens nicht durch sogenannt „praktische" Reisemethoden verderben. Wer mit offenen Augen in ein fremdes, bis dahin nur aus Büchern und Bildern gekanntes, aber seit Jahren geliebtes Land kommt, dem wird jeder Tag unerwartete Schätze und Freuden geben, und fast immer behält in der Erinnerung dieses naiv und improvisiert Erlebte die Oberhand über das planmäßig Vorbereitete.

Der Triumph des Todes

Der Campo Santo in Pisa ist ein rechteckiger grüner Platz, ringsum von nach innen geöffneten Hallen umgeben, deren Wände von den berühmten Fresken bedeckt sind. Der ganze Raum ist totenstill, abgelegen und feierlich und hat die Stimmung der Weltferne und des nachdenklichen Ernstes. Die Steinböden der Hallen sind aus Grabplatten zusammengesetzt, auf denen eine wertvolle Sammlung antiker und mittelalterlicher Plastik aufgestellt ist. Nichts stört hier die Betrachtung, man hört keinen Laut als den Widerhall seiner eigenen Schritte. Ich besah wieder einmal die bunte Reihe der Fresken, die froh-lebendigen, strahlenden Darstellungen des Benozzo Gozzoli, verweilte bei einigen frühmittelalterlichen Grabmonumenten und ließ dann meine Augen auf dem grünbewachsenen Hofe ausruhen, wo dünne kleinblättrige Rosensträucher leise wehten. Dann ging ich, die Hauptsache zu sehen, den „Trionfo della morte", das uralte Riesenbild von der Vergänglichkeit.

Die schwermütige Mystik des sterbenden Mittelalters redet träumerisch aus dieser gewaltigen Malerei, die heute noch, beschädigt und antiquiert, Schatten der Trauer und Todesgedanken auf die Seele der Beschauer legt. Links in der Höhe ist das Leben der frommen Einsiedler dargestellt, der Lieblinge Gottes, für welche der Tod keine Schrecken hat; der eine ruht an einen Baum gelehnt, ein anderer liest gebückt in einem Buche, ein dritter melkt bedächtig eine Hirschkuh. Rechts sehen wir die Seligen im Paradies sitzen, unter laubigen Fruchtbäumen, in tiefem Frieden, bei Gespräch und Lautenspiel. Die Mitte des Bildes aber schildert in drei großen Darstellungen den Triumph des Todes, der nach Willkür grausam über die Menschen herrscht. Da reitet eine vornehme, reich gekleidete Jagdgesellschaft auf schönen Rossen, von fröhlichen Hunden umspielt. Plötzlich aber begegnen die vordersten des heiteren Zuges drei offenen Gräbern, darin Leichname in den verschiedenen Stadien der Auflösung sichtbar werden. Ein an der Spitze reitender schöner Jüngling erbleicht und zeigt den Nachfolgenden das Schrecknis stumm mit ausgestrecktem Finger, die Dame zu seiner Rechten blickt scheu und verstört hinüber. Und nun pflanzt sich der

Schauer des Todesschreckens durch die glänzende lange Reihe fort; ein Hündlein nähert sich angstvoll winselnd den Gräbern, eines der Pferde stiert mit vorgestrecktem Halse scheu auf die Leichname. Die nächstfolgende Dame neigt in schmerzlicher Todesangst das schöne Haupt auf die Hand und kann nicht nochmals hinübersehen; der ganze Zug gerät in ängstliches Stocken, nur die hintersten, die noch nichts gesehen und geahnt haben, blicken uns noch lebensfroh und übermütig aus dem Bilde an.

Nebenan folgt nun die ergreifende furchtbarste Gruppe. Eine Schar von Armen und Bettlern steht und liegt am Wege. Sie alle sind elend, alt, krank und des Lebens müde; der eine ist blind, der andere lahm, andere vom Alter gekrümmt oder durch Unglück verstümmelt. Mit herzzerreißenden Gebärden und Blicken flehen sie den Tod an, er möge sie erlösen – sie, die einzigen, welche gern zu sterben bereit sind.

Aber der Tod ist grausam, er erhört sie nicht. Als grauenhafte Megäre mäht er mit riesiger Hippe seine Beute nieder: lauter Junge, Reiche, Schöne, Gesunde, Vornehme, die alle am Leben hingen. Sie liegen dicht in welken Haufen am Boden, Bischöfe und Äbte, Nobili und Fürsten, Edeldamen und in der Blüte weggeraffte Jünglinge. Darüber in den Lüften streiten sich Engel und Teufel um ihre Seelen.

Das ist der „Trionfo della morte". Ich weiß kein Bild und keine Dichtung, aus denen so gewaltig düster die uralte Todesbotschaft spricht, es seien denn zwei oder drei jener trostlos herben Todesverse in den Psalmen, im Jesus Sirach und im Prediger Salomo.

Initialen

Nächst den Träumereien sonnig stiller Frühlingsnachmittage, an denen ich auf warmen Bänken oder im hohen Grase lag und mich ganz dem Zauber der Sonnenwärme und des Blumenduftes hingab – nächst diesen Träumereien und nächst dem Geplauder mit den kleinen barfüßigen toskanischen Bauernmädchen fand ich in Italien vielleicht nirgends so viel Selbstvergessen und so viel reines, vollbefriedigtes Hingegebensein wie in den Kapitelsälen, Bibliotheken, Sakristeien und Schatzkammern der Klöster und Kirchen, wo ich, in staubigen Schränken oder auf alten Lesepulten ruhend, Sammlungen alter Mönchsmalereien fand.

Die Arbeit eines klösterlichen Miniaturenmalers muß etwas unsäglich Befriedigendes gehabt haben; man spürt es diesen bunten, frischen, fleißig ausgeführten Bildchen und Ornamenten so deutlich an, daß sie mit unversieglicher Treue und Laune und mit einer beglückenden Liebe zur Sache gemalt wurden. Im Gebiet der bildenden Künste kenne ich kaum etwas, was auf den Beschauer so heimatlich anziehend, so tröstlich, reinigend und erfreuend wirkt wie diese in satten Farben und unverblichenem Golde leuchtenden kleinen Produkte einer fleißigen und soliden Kunstarbeit. Außerdem verbinden sie die kräftigen Effekte des rein Dekorativen apart und lustig mit der freien erzählerischen Phantasie der Griffelkunst; sie wirken durch ganze Bände, ja durch ganze Bibliotheken hindurch gleichmäßig und einheitlich schmückend, und dennoch sind sie zumeist von verblüffend lebendiger, individueller Laune und Erfindung überquellend voll.

Sehr schöne Initialen fielen mir in der Certosa di Pavia, im Museum von San Marco und der Sakristei von Santa Croce in Florenz und in der Certosa di Val d'Ema auf. In Santa Croce stach mir, als ich eben im Begriff war, die flüchtig betrachtete Sakristei wieder zu verlassen, beim Vorübergehen in einem der Schränke plötzlich etwas aufleuchtend Farbiges ins Auge. Ich trat näher und fand einige Pergamentblätter mit gemalten Initialen aufgeschlagen daliegen. Sie hatten eine Wand voll prunkhaft goldgestickter Priesterornate zum würdigen Hintergrund. Da war namentlich ein riesiges lateinisches P, der Anfangsbuchstabe einer Liturgie, das mich fesselte.

Der Buchstabe hebt sich in schönem Umriß blau mit rot und grünem Blätterornament vom goldenen Grunde ab, das Gold selbst ist nur durch eine schmale schwarze Leiste eingefaßt, und diese Leiste ist wieder von einem in Orangegelb ausgeführten Ornament durchflochten. In die fast kreisförmige Rundung des P ist der Drachensieg des heiligen Georg gemalt. Der ganze Horizont wird hier auffallenderweise durch ein fleißig gearbeitetes Stadtbild mit Mauer, Giebeln und zwei Toren gefüllt, während sonst die Miniaturisten für solche Darstellungen ungern auf die kräftig dekorative Folie eines leuchtend tiefblauen Himmels verzichten. Den Mittelgrund des Bildchens füllen einige graue, mit einzelnen Pflanzen bestandene Hügel, die schroff gegen eine dunkelgrüne prachtvolle Wiesenfläche des Vordergrundes abfallen, auf welchem Ritter, Jungfrau und Drache in lebhafter Zeichnung und starken Farben hervortreten. Hier ist nun jedes Detail mit liebevollster Sorgfalt ausgeführt. Der Heilige reitet ein fahl lilafarbenes Roß, das mit blauen Strängen gezäumt und rot mit gelbem Riemenwerk gesattelt ist. Der zierlich geschweifte Sattel ist mit weißen, sternförmig geordneten Punkten umsäumt. Der Drache, dem der Spieß des Reiters eben den Rachen durchbohrt hat, blickt grimmig und mit verdrehtem Halse zu seinem Feind empor, während sein starker Schweif ein Hinterbein des Rosses krampfhaft umringelt. Das Pferd setzt, um sich zu befreien, den zweiten Hinterhuf auf den Drachenleib, während es vorn vor dem qualvoll grinsenden Drachenhaupt sich bäumt.

Der Ritter glänzt in kobaltblauem Reitrock, stark flatterndem rotem, lila gefüttertem Mantel, kurzer gelber Hose und roten Ritterschuhen mit blauen Sporen. Seine Linke hält den weißen Schild mit rotem Kreuz, seine Rechte die siegreiche Lanze. Das jugendlich milde Gesicht umrahmt der keimende blonde Bart. Etwas zur Seite steht die Jungfrau, zarte weiße Hände betend zusammengelegt, in rotem Kleide und blauem Oberkleid mit blaßroten Ärmeln und goldstoffenem Gürtel. Lange blonde Haare umrahmen das fromme stille Gesicht.

Das Schönste am Ganzen aber ist eigentlich die Wiese des Vordergrundes, satt dunkelgrün, von blauen und orangefarbenen Blumen durchglänzt. Mehr noch als das Gesicht und die gefalteten Hände der Jungfrau ist dieses grüne Feld vom Zauber der Weltferne und des harmonisch friedlichen Daseins erfüllt; ein Hauch von Wärme und Sommer liegt darüber, der etwas Besänftigendes und auch Heimwehweckendes hat.

In der Certosa di Val d'Ema fragte ich den greisen Mönch, der mich führte, warum seit so langer Zeit in seinem Kloster keine solchen Sachen mehr gemalt würden. Er lächelte gutmütig, wies mit der Hand auf die offen daliegenden Pergamentblätter und sagte: „Unsere Gäste haben danach noch nie gefragt. Was nicht fünf Jahrhunderte alt ist, interessiert sie nicht."

Und nach einer Pause fügte er, während er die Bibliothektüre verschloß, hinzu: „Sie verachten uns! Sie verachten uns ebenso wie sie unsere Vorgänger bewundern."

„Sie verachten vielleicht in euch ihre eigene Zeit, und vielleicht sich selber", sagte ich zum Abschied.

„Wer kann das wissen?" lächelte er und führte mich die breite sonnige Treppe zum Hof hinab.

In den Kanälen Venedigs

Venedig! Man steigt in der großen Halle des Bahnhofs aus, tritt ins Freie und hat eine breite, ins Wasser hinabführende Treppe vor sich, an welcher, wie bei uns die Droschken, die Gondeln warten. Mit dem Rufe „gondola! gondola!" drängen sich die zahlreichen Gondoliere auf. Man wählt sich eines der schlanken schwarzen Fahrzeuge aus, setzt sich in die weichen Polster und fährt leise, mit behaglichem Wiegen in die fremde Welt der Kanäle hinein.

Beschreiber und Dichter haben von dieser eigenartigen kleinen Wasserwelt in unzähligen Büchern erzählt; ich begnüge mich, einige einzelne Erlebnisse und Stimmungen zu berichten. Venedig übte auf mich einen stärkeren Zauber aus als irgendeine andere italienische Stadt, und ich glaube in den kurzen drei Wochen meines dortigen Aufenthaltes nach Möglichkeit in seine Geheimnisse eingedrungen zu sein.

Die Lage meiner Wohnung, von der nur eine einzige schmale Gasse mit großen Umwegen nach den wichtigeren Plätzen der Stadt führte, nötigte mich, von der Gondel sehr reichlich Gebrauch zu machen. Und eine Reihe intimer, poetischer Eindrücke verdanke ich diesen Fahrten. Schon das Fahrzeug, die schwarze, leichte, schlanke Gondel, und die lautlos sanfte Art der Bewegung hat etwas Fremdartiges, träumerisch Schönes und gehört als wesentlicher Faktor in die Stadt des Müßigganges, der Liebe und der Musik. Wer in Venedig die Kunststätten besucht, schätzt dies besonders; aus einer Kirche, einem Palaste, einem Museum tretend, verliert man meistens durch das sich aufdrängende, Aufmerksamkeit fordernde Straßenleben aus Augen und Sinn die zarteren Eindrücke, während man hier auf der Fahrt von einem solchen Orte zum andern oder nach Hause ungestört auf dem stillen Wasser das Geschehene bewahren und nachgenießen kann.

Ganz im Beginn meiner Venezianer Tage rief ich eines Abends vom Fenster meines Zimmers aus einen Gondoliere herbei, stieg vor der Haustüre ein und gab als Ziel den Rialto an, in dessen Nähe ich zu Abend essen wollte. Es war ein schwüler Tag gewesen, ein Gewitter stand bevor. In den ohnehin durch die hohen Häuserreihen verdunkelten engen Kanälen wuchs die Dämmerung eilig. Seltsam war es, den starken Gewitterwind, vor dem unser schmaler Kanal völlig geschützt war, über die Dächer brausen zu hören, während unten kein Lüftchen rege war. Mein Gondoliere ruderte eifrig, ich hatte ihm ein Trinkgeld versprochen, wenn wir vor dem Ausbruch des Regens ankämen. Aus dem engen Kanal bogen wir in einen noch engeren, der schon fast völlig dunkel war. Eilig glitten wir den finsteren Wänden entlang, zwei, drei Regentropfen klatschten schon in das schwarze tote Wasser. Der Kanal mündete in einen anderen, breiteren, und dieser lag dem Durchzug des Windes frei, den man schon in einiger Entfernung dort tosen hörte. Wir erreichten die Mündung, der Gondoliere wollte einbiegen, wurde vom Wind zur Seite gedrängt, versuchte es nochmals und mußte nach längeren Anstrengungen die Versuche aufgeben. So warteten wir denn an der Kanalecke in vollkommen stillem Wasser, während zwei Schritte von uns der breite Kanal vom Sturm durchpfiffen und stark erregt war. Ich ermunterte den Ruderer zu einem neuen Versuch, die Biegung zu gewinnen. Auch dieser mißlang. In diesem Augenblick brach plötzlich eine fahle Helle durch die tiefe Dämmerung – der erste Blitz. Auf diesen folgte ein dichter, toller Regenguß. Ich rief dem Ruderer zu, eiligst ins Trockene zu flüchten, und wir fuhren nun so rasch als möglich im selben Kanal zurück, bis wir die nächste Brücke erreichten. Unter dem stark gewölbten, doch niedrigen Brückenbogen machten wir nun, in völliger Finsternis, halt. Die Breite der Brücke entsprach genau der Gondellänge, in der Mitte der Gondel saß ich behaglich im Dunkeln, neben mir stand der Gondoliere, das Fahrzeug an der Mauer festhaltend; zu beiden Seiten rauschte der gewaltige Regen herab. Einige beschauliche Minuten vergingen so, da kam Unterschlupf suchend eine zweite Gondel an und legte sich neben die meinige, und nach kurzer Zeit kam in schleuniger Flucht eine dritte hinzu. Die drei Gondeln füllten den ganzen überbrückten Raum knapp aus. Man konnte einander in der Dunkelheit nicht erkennen, dennoch entstand aus vereinzelten Ausrufen und Scherzen über unsre eigentümliche Lage bald ein gemeinsames Gespräch. So hingen nun die drei Gondeln unter der kleinen Brücke, wie flüchtige Vögel untergekrochen, und von Gondel zu Gondel ging in der

Finsternis vertrauliche Rede und Antwort hin und her – eine Viertelstunde voll seltsamer Märchenplauderstimmung, geheimnisvoll und fröhlich zugleich, die mir wie ein kleines trauliches Lied mit der Begleitung des niederstürzenden Regens in der Erinnerung liegt.

Ein andermal war ich nach San Redentore gefahren und hatte die Gondel entlassen, ohne an die Rückfahrt zu denken. San Redentore liegt auf der Giudecca, einer langgestreckten Insel, und hat keinen festen Gondelhalteplatz. Als ich nun nach kurzer Zeit die Kirche wieder verließ, fand ich keine Gondel vor. Den einzigen im Augenblicke gegenwärtigen Menschen, einen Schiffsknecht, bat ich vergebens, mich nach San Giorgio überzusetzen. Das nächste Omnibusschiff sollte erst in einer Stunde kommen, und ich wurde am Markusplatz von Freunden erwartet. Da fuhr in der Nähe das Segelboot eines Fischers vorüber und nahm mich auf mein flehentliches Anrufen auf. So kam ich wenigstens einmal dazu, eine Strecke auf einem solchen Boot zu fahren, mit deren Besitzern ich in Malamocco und Chioggia manchmal geplaudert hatte und deren malerische Erscheinung am Horizont des offenen Meeres mich vom Lido aus, wo ich täglich badete, so oft erfreut hatte. Das schwere Boot mit dem braunroten Segel glitt rasch über die Lagune hin, die in opalartig mildem Glanze leuchtete, von perlmutternen Schillerfarben überflogen, und ich erreichte Venedig schneller, als ich gehofft hatte. Unterwegs verzehrte ich eine Handvoll frische Austern, die mir der Fischer aus seinem Korbe anbot und die, vom herben Meerwasser gewürzt, mir köstlich mundeten. Es gelingt mir nicht, das zu schildern, was diese morgendliche Bootfahrt mir lieb und wertvoll macht – ich erinnere mich ihrer als eines unschätzbaren Genusses. Wer die Lagune kennt, wie sie an sonnigen Tagen ist, wird mich verstehen: das vielfarbige Glänzen des ebenen Wassers, die gegen den tiefblauen Himmel traumhaft aufsteigende Stadt mit dem Dogenpalast im Vordergrund, der blendend leuchtende Globus der Dogoma und dahinter die elegante Kuppel der Salute, dazu der herbe Duft des Wassers, der Glanz des roten Segels und das stille Kreuzen der größeren Schiffe – das alles ist von so berückender Schönheit, daß man sich träumend glaubt und beständig fürchtet, das so unwirklich scheinende, auf dem Wasser stehende Bild der Wunderstadt möchte plötzlich wie das Irisspiel einer sonnigen Wolke verschwinden.

Auch an eine der in so vielen Liedern besungenen venezianischen Mondnächte kann ich nicht ohne Bewegung zurückdenken. Ich hatte mich stundenlang an einem klaren Maiabend auf der Piazzetta herumgetrieben; nun saß ich ausruhend am Fuß der Säule des heiligen Theodor, die stundenlang anhaltende Bläue des Nachthimmels und die Wechsel der Lichter und Schatten auf dem Wasserspiegel beschauend. Hinter den Inseln stieg, noch unsichtbar, der Mond herauf, so daß die Giebellinie der Giudecca scharf hervortrat. Die schöngeformte tiefschwarze Silhouette von San Giorgio Maggiore stieg wie eine fabelhafte, unglaubliche Dekoration aus dem Wasser, die ganze Inselwelt hob sich vom Himmel ab mit einer traumhaft unplastischen Schönheit. Dazwischen lag das spiegelglatte dunkle Wasser, abwechselnd in silbernen Kielfurchen und roten zackigen Laternenlichtern flüchtig aufleuchtend. Diese ganze ungewisse, in halb sichtbarer Schönheit dämmernde Welt schien den Aufgang des Mondes wie eine erlösende Entzauberung zu erwarten. Die letzten Takte der Abendmusik klangen vom Markusplatz herüber, die helle Doppelfront des Dogenpalastes schimmerte matt, als hätte der zweifarbige Marmor etwas von der tagsüber eingesogenen Sonne bewahrt.

Da stieg hart neben dem Kampanile von San Giorgio der große glänzende Mond herauf. Weiße Glanzlichter sprangen über Turm und Kirchendach. Die Lagune überzog sich mit einem schwebenden milden Licht, einzelne von Barken erregte kleine Wellen blitzten mit hastigem Glanze auf. Ich sprang in die nächste Gondel und rief dem herbeieilenden Gondoliere zu, mich langsam in den Canale Grande hineinzurudern. Jenseits der Salute, in der Lagune zwischen den Zattere und der Giudecca, schwamm eine Musikbarke, deren Töne, stark gedämpft, noch hörbar waren. Diese Geigen- und Gitarrenklänge und das weiche Mondlicht schienen lebendiger und wesenhafter zu sein als die stillen hohen Paläste des Kanals, die schweigend, bleich und mondbeglänzt in der warmen Nacht lagen und deren feste Giebelkonturen in den schwerblauen Himmel zerflossen. An einem dieser Paläste waren drei Fenster erleuchtet, aus denen der Gesang einer schönen Frauenstimme drang. Ich ließ die Gondel halten und gab mich eine Weile dem Genuß dieses Gesanges hin, der sich mit Nacht und Mondlicht zu verschwistern und eigens dieser weichen, schönen Stunde anzugehören schien. Dann fuhr ich zur Piazzetta zurück und gab als nächstes Ziel San Giovanni e Paolo an. Die Gondel glitt durch stille, schlafende Kanäle, unter der Seufzerbrücke hindurch; die Rufe des Gondoliere, durch die an den Kanalbiegungen etwa entgegenkommende Gondeln zum Ausweichen aufgefordert werden, diese dem Fremden schwer verständlichen, halb gesungenen Rufe verklangen in die Totenstille der nächtlichen Gassen und Kanäle. Bei San Giovanni e Paolo stieg ich für einige Minuten ans Ufer. Die kleine Piazza war mondhell, die schöne Fassade der Scuola di San Marco glänzte auffallend hervor, das wundervolle Reiterstandbild des Colleoni stand ernst und wuchtig gegen den Himmel. Das gewaltige Denkmal des fünfzehnten Jahrhunderts steht mit seiner trotzigen Schönheit im wunderbaren Kontrast zum übrigen Venedig, dessen Schönheit durchaus weich und musikalisch ist, und dieser Kontrast fiel mir heute ganz besonders auf.

Von allen Städten, die ich in Italien besuchte, ist mit Ausnahme Ravennas Venedig diejenige, die am meisten zu traurigen Gedanken über den Untergang eines großen Ehemals reizt, dennoch ist sie reicher als jede andere an Schönheiten, die ihr durch die Jahrhunderte unverändert geblieben sind. Geblieben ist ihr der Zauber eines durchaus abgesonderten, eigentümlichen Lebens, der Glanz der Lagune, die Schönheit seiner Frauen und die ganze verlockende Poesie der Gondel. Auch fand ich nirgends sonst eine solche Einheit des heutigen Lebens mit dem Leben, das aus den Kunstwerken der goldenen Zeit Venedigs redet und in welchem Sonne und Meer wesentlicher sind als alle Historie.

Die Lagune

Niemals hat die Lagune von Venedig sich meinem Auge so glücklich entschleiert wie an einem Vormittag im Mai, den ich fast ausschließlich ihrer Betrachtung widmete. Ich kenne nichts Beglückenderes als die Stunden, in welchen ein merkwürdiges Stück Natur oder Kunst sich dem Auge zum erstenmal so klar und durchsichtig darbietet, daß die aufmerksame Betrachtung dem schaffenden Geist der Schönheit unmittelbar auf frischer Spur zu folgen vermag. Landschaften, Wolken, Bilder, an denen wir oft mit unbewußter Freude vorüberingen, enthüllen in solchen Augenblicken plötzlich und überraschend den in ihnen wirksamen Schöpfergedanken. Dann ist es dem geübten und fleißigen Beschauer vergönnt, im glücklichen Belauschen und Verstehen an dieser Schöpfung so teilzunehmen, daß er dem schönen Objekt gegenüber selbst das Gefühl des Erschaffenden hat. Es ist genau dasselbe Glücksgefühl, das ein Buch, eine Musik in der Stunde des vollkommenen Verstehens gewährt; dann ist das Kunstwerk dein Eigentum, und du selbst bist der Dichter.

Die Kirchentüre von San Sebastiano schloß sich hinter mir, und ich trat ins Freie. Dort war mir plötzlich Paolo Veronese verständlich und lieb geworden, dessen Werke noch mehr als die der andern Venezianer der heimischen Luft und Umgebung bedürfen, um völlig genossen zu werden. Dieser Genuß, den mir die Säle des Palazzo Ducale nur erst teilweise erschlossen hatten, war mir nun in ganzer Fülle in San Sebastiano geworden, wo um das Grab des Malers her eine Anzahl seiner üppig farbigen Werke von Wänden und Decke glänzt. Von der Lagune kommend, das Haar noch feucht vom Wasserduft, muß man diese Werke besuchen, während vor der Tür die Gondel wartet; dann erscheinen sie wie sorglos schöne, weiche Träume, reich und rechenschaftslos aus der schlummernden Fülle der Lagunenstadt aufgestiegen, dann reden sie ihre echte Sprache, die Sprache der unbekümmerten Lebensfülle, der Schönheit und des Genusses. Ganz Venedig spiegelt sich in ihnen, die Welt der flüssigen Konturen, der träumerischen, vom Wellenschlag begleiteten Musik, die Welt des süßesten Schmelzes, der in mattblauem Gewässer sich spiegelnden Abendröten, der Welt, welche, vor den Stürmen des Landes durch ihren Wassergürtel und vor den Stürmen des Meeres durch den Gürtel ihrer Inseln gesichert, sich im Genuß einer reichen Gegenwart wiegt. Man begreift die mageren melancholischen Engel der früheren Toskaner und alle Bilder der großen Meister, in denen Armut, Kampf des Lebens, rauhe Natur, Tod und Leid geschildert sind, nicht mehr, solange man unter dem einseitigen Eindruck dieser üppigen und glänzenden Kunst steht.

Von San Sebastiano aus erreicht die Gondel in wenigen Minuten die Lagune, welche dort Canale della Giudecca heißt. Die Giudecca liegt gegenüber, über ihre lange Häuserreihe ragen die Kirchen Eufemia und Redentore auf, rechts führt an der Sacca Santa Biagio vorbei die Dampferlinie nach Furina, links schließt San Giorgio die Aussicht. Ich befahl dem Gondoliere, langsam dem Ufer entlang nach rechts zu fahren. Es war ein kristallheller, durchsichtiger Sonnenmorgen, ganz dünne schneeweiße Flaumwölkchen standen in einzelnen langen Streifen am hellblauen Himmel, dessen Farbe bis an den Horizont herab noch dunstlos rein war. Das Wasser, von einem leichten Windhauch kaum sichtbar bewegt, war auf lichtgrünem Grunde von wunderbaren Farbenspielen überflogen, die meine ganze Aufmerksamkeit fesselten. „Langsam! Noch langsamer!" rief ich wiederholt dem Ruderer zu, bei Santo Spirito endlich ließ ich ihn haltmachen und winkte ihm nur noch jeweils, die Gondel nach rechts oder links zu wenden, je nachdem ein auffallender Reflex mich anzog.

Das Wasser der Lagune, dessen Grundfarbe ein der Rheinfärbung sehr ähnliches Hellgrün ist, hat durchaus die Lichtqualitäten matter Edelsteine, namentlich des Opals. Die Spiegelung ist sehr unscharf, starke Lichter dagegen erwecken auf der scheinbar stumpfen Oberfläche wahrhaft überraschende Reflexe. Man ist erstaunt, diese milchig matte Fläche so enorm lichtempfindlich zu finden. Die Sonne verlieh ihr einen gleichmäßig matten Glanz, der aber an Stellen, die von Schiffen oder Ruderschlägen erregt wurden, in blendenden, goldenen Feuern aufloderte. Aber auch die unbewegte, fast spiegelebene Lagune war unaufhörlich farbig belebt, und zwar ganz anders als das offene Meer, indem auch die lebhaftesten Farben nie die transparente Klarheit des Meerwassers annahmen, sondern alle wie durch einen gemeinsamen milchweißen Grund gedämpft und ins Zartere, Differenziertere, Flüchtigere getönt waren.

Venedig wäre nicht Venedig, wenn es im freien Meere läge; an jenem Morgen empfand ich den enormen Unterschied von Meer und Lagune. Die leuchtend frischen, jubelnden Farben des bewegten Meeres würden Venedig seinen eigensten Schmuck rauben: das Verschleierte, Traumhafte, verborgen Schillernde der Farben. Es ist kein Zufall, daß so viele Venezianer, namentlich der brillante Crivelli und später Paris Bordone, in ihren Gemälden mit besonderer Liebe und mit vollendetem Raffinement den verfeinerten koloristischen Reizen der Edelsteine, des Atlas, des Sammet und der Seide nachgingen – sie hatten auf der Lagune stündlich dieselben Farbenreize eines aparten Materials vor Augen.

Am häufigsten fiel mir das durch jeden Licht- und Bewegungseinfluß leicht hervorgerufene Spiel der Irisskala auf, das wie ein Hauch zart und scheu über jede kleinste Wogenhöhung hin erschauert. Ich belauschte den flüchtig schönen Hauch unzähligemal. Dann ward mir durch das langsame Vorbeifahren eines großen, frisch mit Zinnober gestrichenen Lastschiffes ein ganz köstlicher Genuß. Das durchdringende Rot drängte sich dem sonst schlecht spiegelnden Wasser fast gewaltsam auf und glänzte unvermischt und unverändert aus den Wellen zurück, in der Harmonie grünlichblauer, unsicherer Perlfarben der einzige feste, grelle Ton.

Die Lagune als Ganzes aber hat noch ein wichtiges Farbenmoment, das sich von meinem niederen Augenpunkt aus nicht beobachten ließ. Das sind die sumpfigen Stellen und Schlammbänke, auch bei hohem Wasserstand kenntlich durch die sie umgebenden hohen Pfosten, deren Linie den Schiffen die fahrbare Bahn bezeichnet. Schon vom Schiff aus fällt ihre vom tiefen Wasser abweichende Färbung auf, am besten beobachtet man sie, wie überhaupt die Lagune im ganzen, vom Kampanile von San Giorgio Maggiore aus. Bei trübem Wetter erscheinen sie meist rostbraun, auch schmutzig graugrün, bei Sonne aber liegen sie als schimmernd farbige Inseln in der einheitlich grünen Lagune. Sonne und Wolken verändern ihre farbige Erscheinung sehr rasch, daher ist es ein eigenartiger Genuß, sie bei klarem Himmel aus der Höhe jenes Kampanile zu betrachten. Von dort aus sah ich sie in mattem Braunrot, in kräftigem Karmin, die entfernteren in blauen Tönen bis zum sattesten Violett.

Ich stand einmal in einer glänzenden Mittagsstunde dort oben, die helle Stadt mit ihren drei grünen Baumgärten lag schweigend in der heißen Sonne, die Lagune, von bunten Segeln bevölkert, schimmerte matt, die Schlammbänke brannten in unbeständigen kräftigen Farben. Mehr als alle Kunstgenüsse lag diese leuchtende Stunde und jene vormittägliche Lagunenfahrt mir im Sinn, als ich am Ende meiner Reisezeit schweren Herzens von Venedig und Italien Abschied nahm.   1904

GUBBIO

Mit der langsam fahrenden Lokalbahn, in Gesellschaft heimkehrender Marktbauern, war ich von Città di Castello hergefahren und gegen Abend in Gubbio angekommen. Ich legte den Rucksack in einem Gasthaus ab und schlenderte über einen großen, kahlen Platz und an einer Franziskanerkirche vorbei in die abendliche Stadt hinein.

Es war kühl und regnerisch, in den schmalen Gassen der wunderlichen Bergstadt fing es schon an zu nachten. Und wie man auf Reisen zuweilen plötzlich in sonderbare und unnötige Gedanken hineingerät, fiel es mir ein, darüber nachzudenken, warum ich denn eigentlich auf Reisen, warum ich in Italien und heute gerade in Gubbio sei. Ja, warum? Was suchte ich hier?

Obschon ich müde war, fügte ich mich ins Unentrinnbare und gab mir Mühe, eine Antwort zu finden. Ich war vor vierzehn Tagen von daheim fortgereist, um wieder einmal nach Italien zu kommen, um ein anderes Volk und eine andere Sprache um mich zu haben, fremde Städte, schöne Bauten und alte Kunstwerke zu sehen. Wozu das? Warum blieb ich nicht daheim bei Arbeit und Familie? Weil ich ausruhen wollte. Aber ruht man denn auf Reisen aus? Nein. Das hatte ich vorher gewußt, also war ich nicht des Ausruhens wegen gereist.

Aber vielleicht um der Kunst willen? Das kam wohl der Wahrheit näher. Ich hatte ein Verlangen gehabt, den Florentiner Dom, das schöne San Miniato, die Bilder des Fra Angelico und die Skulpturen von Donatello wiederzusehen. Und von Florenz war ich weitergefahren, um neue Werke zu sehen, um Städte mit prächtigen Plätzen und Gassen, Schlösser mit gewaltigen Türmen, Kirchen mit Wänden voll schöner Fresken zu finden. Von Gubbio hatte ich erzählen hören, es sei eine wunderbare Stadt, steil am Berg emporgebaut, mit fabelhaften Palästen und frechen Türmen, ein Wunder von kühner Architektur.

Warum nun war ich dem nachgereist? Aus Neugierde nicht, auch nicht um Studien zu machen, denn ich bin weder Historiker noch Künstler, und im Sammeln von „Kenntnissen" bin ich nie sehr ehrgeizig gewesen. Etwas in mir mußte also hungern und Begierde tragen, wie stände ich sonst hier, hundert Meilen von zu Hause entfernt, in einer alten umbrischen Kleinstadt? Welchem Bedürfnis, welcher Not war ich gefolgt?

Langsam versuchte ich, es mir zurechtzulegen. Ich dachte an San Miniato, an die Kuppel und den Turm des Florentiner Domes und an das, was mich zu jenen Werken zurückgezogen hatte. Warum hatten sie mich beglückt? – Weil ich bei ihrem Anblick gefühlt hatte, daß Arbeit und Hingabe eines Menschen nicht wertlos sind, daß über der bedrückenden Einsamkeit, in der jeder Mensch sein Leben hinlebt, etwas allen Gemeinsames, etwas Begehrenswertes und Köstliches vorhanden ist; daß zu allen Zeiten Hunderte einsam gelitten und gearbeitet haben, um das Sichtbarwerden dieses tröstlichen Gemeinsamen zu fördern. Wenn das, was die Künstler und ihre Gehilfen mit Hingabe und Ausdauer vor einigen hundert Jahren zustande gebracht haben, heute wie damals Tausenden gute Gedanken gibt, so ist es auch für uns alle nicht trostlos, in unserer Einsamkeit und Schwäche zu arbeiten und das Mögliche zu tun.

Diesen Trost hatte ich gesucht, nichts weiter. Das Wissen um jenes Gemeinsame hatte ich immer gehabt, aber je und je muß man es wieder erleben, muß man wieder mit eigenen Sinnen das Vergangene gegenwärtig, das Entlegene nahe, das Schöne ewig fühlen. Das ist immer wieder erstaunlich und beglückend. Denn Michelangelo und Fra Angelico haben weder an mich, noch an irgend jemand gedacht, wenn sie arbeiteten. Sie haben für sich selber geschaffen, jeder für sich allein, jeder zum Teil für seine Not und in bitterem Kampf mit Unmut und Müdigkeit. Jeder von ihnen auch war tausendmal unbefriedigt von dem, was er machte; Ghirlandajo hat sich lachendere Bilder und Michelangelo viel mächtigere Bauten und Denkmäler geträumt. Wir haben nur, was übrigblieb; aber das scheint uns wert, daß jene sich mühten. Und damit gewinnen wir selber Mut fortzufahren.

Daß nicht jeder von uns ein großer Auserwählter ist, hat damit nichts zu tun. Auch wir Kleinen, seien wir Künstler oder nicht, freuen uns an jedem Sieg des Ewigen über das Zufällige und bedürfen jenes Trostes, um den Kampf mit dem Mißtrauen gegen den Wert alles Menschlichen immer wieder aufzunehmen.

Ich stand also heute in Gubbio, um aus dem Anblick großer Menschenwerke Mut und Glauben zu schöpfen. So weit kam meine Betrachtung. Ich hatte mittlerweile eine immer steiler werdende Gasse erstiegen und eine fast ebene Seitenstraße eingeschlagen, da stand ich unvermutet vor dem größten Bau der Stadt, dem mittelalterlichen Palast der Konsuln. Das schnitt alle Gedanken ab. Ich stieg auf die große Terrasse hinauf und wieder hinab, ich schaute und staunte, und für heute blieb es beim Staunen. Denn die grandiose, fast lästerliche Kühnheit dieser Architektur ist schlechthin verblüffend und hat etwas aufregend Unwahrscheinliches. Man meint zu träumen oder eine Dekoration zu sehen und muß sich immer wieder davon überzeugen, daß das alles fest und steinern dasteht.

Mit diesem Gefühl eines großen Erstaunens ging ich weg und lief weiter durch die Stadt, eine gute Stunde lang, ohne aus dem fast lähmenden Benommensein zu erwachen. Gasse um Gasse nahm mich auf, alle steil, still, trotzig, alle voll von hohen, nackten Steinhäusern mit widerhallendem Pflaster. Da und dort ein winziger Garten, ein Streifchen Erde, künstlich und ängstlich auf hoher Mauer schwebend, dann ein Blick eine unendlich steile Straße bergaufwärts, und bergab schwindelnde Treppengassen. Meine genagelten Sohlen glitten auf dem glatten, regenfeuchten Pflaster unzählige Male aus. Dabei war es beinahe lächerlich, zu sehen, daß am Fuße dieser abschüssigen, unsäglich mühsam gebauten Stadt sich grün und bequem eine stundenweite wohnliche Ebene erstreckte. Und die ganze Stadt, der ganze verhältnismäßig ungeheuerliche Aufwand von Bau- und Mauerwerk machte nicht etwa einen prahlerischen Eindruck, sondern erschien düster und wie aus begieriger Not entstanden.

Ermüdet und verwirrt suchte ich bei schon einbrechender Nacht mein Wirtshaus wieder, verlangte ein Abendessen und saß bis zum Schlafengehen nachdenklich beim roten Landwein. Meine Theorie schien mir nun doch nicht mehr ganz zu stimmen. Und da der verwirrende Eindruck dieser merkwürdigen Stadt sich einstweilen nicht klären wollte, stellte ich nun als Beweggrund meines Reisens das Bedürfnis auf, rechenschaftsloses Erstaunen zu fühlen und eine Weile frei von Verantwortung nur als Zuschauer zu leben. Doch begann das Zwecklose dieses Nachdenkens schon jetzt mich zu lächern.

Meine Schlafkammer war eiskalt und feucht, aber das Bett war vortrefflich, und ich schlief mich in neun Stunden wieder vollkommen gesund und frisch. Von der fruchtlosen Grübelei genesen, machte ich mich morgens auf die Beine und erlebte nun die wunderliche Stadt, wie man ein Abenteuer erlebt. Ich schritt in einer Luft voll pathetischer Leidenschaft und hatte den Eindruck, die alten phantastischen Bauten spielten mit vehementen Gebärden das heiße Leben weiter, das hier vorzeiten gegärt haben muß und von dem man bei den heutigen Einwohnern keine Spur mehr findet. Der trotzige Ehrgeiz, der im Kampfe mit ungewöhnlichen Hindernissen diesen steilen Hang gebaut hat, der auf ein Nichts von Boden schwindelnd hohe Türme und kolossale Palastburgen gründete und noch hoch am abschüssigen Bergrand massige Klöster und Kastelle hinstellte, hat etwas Sagenhaftes, fast Vorweltliches.

Gubbio nimmt den Berghang, an dem es liegt, nur bis zu einem Drittel seiner Höhe ein. Über der obersten Mauer und hinter dem höchstgelegenen Tor steigt der Berg kahl und streng hinan, auf halber Höhe trägt er eine alte Kapelle aus leuchtend rotem Backstein und ganz oben ein großes, festungsartiges Klostergebäude. Der gegen tausend Meter hohe Berg lockte mich. Nach dem aufregenden Eindruck der mittelalterlichen Stadt gelüstete es mich, ins Freie zu kommen und einen Blick ins Gebirge zu tun. Auch dachte ich, da droben vielleicht aus den Formen der Gebirgslandschaft den trotzig kühnen Geist ihrer alten Baumeister einigermaßen begreifen zu lernen.

Vom letzten Stadttor aus stieg ich langsam hinauf und hatte bald den Überblick über die weite grüne Talebene. Der in großen Windungen angelegte gute Fahrweg führt bis zum Kloster und ist eine Strecke weit einseitig mit Zypressen besetzt. Jene rote Kapelle fand ich stark ruiniert, fast dem Einsturz nahe.

Die mächtige, drohende Stadt unter mir wurde allmählich klein und merkwürdig friedlich, schließlich lag sie bescheiden tief am Fuße des Berges und sah beinahe eben aus. Die unheimlichen Burgen und Türme standen klein und schwächlich wie Spielzeug unten. Ein starker, kalter Schneewind ging auf der Höhe.

Der Weg hörte auf, und ich folgte einem undeutlichen Geißensteig, der über Heide, Geröll und Felsstufen gegen den Gipfel hinführte und schließlich verschwand. Es wurde kalt und einsam, etwas wie Alpenluft wehte da droben, die Stadt war nahezu unsichtbar geworden.

Endlich hatte ich die Höhe überschritten und blieb fast erschrocken stehen. Jenseits tat sich eine große, feierliche Gebirgswelt auf, und vor mir stürzte schwindeltief eine jähe, wilde Schlucht hinab, die war eng und unheimlich, und die ungeheuren Wände des Absturzes zu beiden Seiten waren vollständig kahl und von roter

Farbe. Nur in der Mitte etwa wuchs ein wenig Gestrüpp und Gras, und dort hing eine kleine Ziegenherde mit einem Hüterbuben klein und ängstlich zwischen Berg und Tal. Auf dem Gipfel, den ich nun bald erreichte, lag Schnee.

Die grüne Ebene, die Hügel mit Obstgärten, die Paläste und alten Städte und das ganze mir bekannte Italien war verschwunden, und ich stand in einer fremden, wilden, rauhen Gegend. Kein Haus oder Dorf weit und breit und kein Mensch als der Hirtenjunge am Abhang und unten in der roten Schlucht ein Reiter, der im Mantel und großen spitzen Hut, die Flinte überm Rücken, auf seinem Maultier talaufwärts gegen Scheggia unterwegs war.

1907

MONTEFALCO

Der Vorfrühling hat mich wieder über die Berge gelockt, in den Süden, und ich reiste mit kleinen Aufenthalten über Bologna, Florenz, Arezzo, auf altvertrauten Wegen, um einmal wieder ein Stück durch das grüne Umbrien zu wandern. Und eines Tages kam ich, von Foligno her, wo ich an einem kleinstädtischen Maskenball zu Gast gewesen war, bei Regen und tiefem Schmutz in das Bergstädtchen Montefalco hinauf. Es liegt so kühn und sieht so fest und trotzig und kriegerisch aus, aber es ist heute einer der friedlichsten Orte der Welt, eine stille Sammelstätte der franziskanischen Kunst. Durch das alte Tor führt eine steile Gasse eng und finster bergauf, und was man sieht und woran man vorübergeht, alles ist alt, mittelalterlich, steinern, kühn und hart. Winzige Gäßchen zwischen hohen Steinhäusern ohne Bewurf, alte Türme, Tore, Kastelle, Kirchen und Stadtmauern.

Kalter, scharfer Wind empfing mich auf der Höhe. Dicht in den Mantel gehüllt, sah ich ein schönes und eindringliches Bild: Über altes Gemäuer hinweg ringsum die umbrische Landschaft, licht und grün, von einem gewaltigen Kreise hoher, noch mit Schnee bedeckter Berge eingeschlossen. Jeder Blick streift nah oder fern irgendeine alte, berühmte, heilige Stätte, da liegen Spoleto, Perugia, Assisi, Foligno, Spello, Terni, dazwischen hundert kleinere Orte, Dörfer, Kirchen, Höfe, Klöster, Burgen und Landhäuser, ein Land voll Geschichte, voll römischer und noch vorrömischer Denkmäler, durchflossen vom kleinen Fluß Clitumnus, von dem wir als Lateinschüler gelesen haben.

Die Luft war feucht, kühl und düster. Den weiten Himmel bedeckten dichte Züge schwerer, im Hinstürmen ineinandergepreßter Wolken, von Norden klang der Donner eines Frühlingsgewitters. Einzelne fahlgelbe, grelle, kurze Sonnenblitze erschienen bald da, bald dort in der riesig hingebreiteten Landschaft, ließen eine ferne Stadt, ein fernes Kloster, einen Bergrücken oder die weit entfernte Krümmung eines Flußlaufes geisterhaft aufleuchten und verschwanden nach wenigen Augenblicken. Strichweise fiel Regen, und plötzlich sprang über das ganze Land und den halben Himmel weit und stolz ein Regenbogen.

Still und staunend ging ich über den Platz, ging durch ein Tor hinaus und durch ein nächstes wieder hinein, durch Winkel und steile Gäßchen. Vor der Stadt draußen fand ich einen prächtigen Garten und darin eine einsame, zur Zeit unbewohnte und etwas verwahrloste Villa; dort ruhte ich unter alten Zypressen aus und sah auf der grünen Ebene breite Schatten und schmale Sonnenbänder wechselnd spielen. Ich sah Assisi und sah in seiner Nähe die Portiuncula liegen, heilige Orte, und alle verklärt von dem Liebreiz und Zauber, den der heilige Franz und die alte umbrische Kunst in dies Land gebracht hat.

Und dann ging ich dieser franziskanischen Kunst ein wenig nach; außer in Assisi ist nirgends besser Gelegenheit dazu als hier in Montefalco. Ich sah in Kirchen und in Kreuzgangkapellen, über Portalen und über Altären alte Fresken voll zarter, freundlich frommer Gestalten, schöne gütige Madonnen und jünglingshafte, anmutige Heilige. Fromme Bilder aus der biblischen Geschichte und aus den Heiligenleben, manche schwermütig ernst und manche inbrünstig demütig, andere auch kinderfröhlich und lachend.

Ich sah auch ein anderes, seltsames, seltenes Bild, das ich nicht vergessen will. Ich sah in einer Kirche, die beim Spoletaner Tore liegt und deren Namen ich vergaß, eine junge Frau aus dem fünfzehnten Jahrhundert einbalsamiert und wohlerhalten in einem gläsernen Sarge liegen. Sie ist ganz in reiche Stoffe gekleidet, von ihr selbst sieht man nur das Gesicht, dessen Formen vollkommen erhalten sind. Die schöne Tote, eine Edeldame aus dem Quattrocento, gleicht sehr den Bildern aus jener Zeit, die wir kennen, den scharf umrissenen Florentiner Adelsgesichtern, wie sie Ghirlandajo und Botticelli und Filippo Lippi gemalt haben. Ein liebenswürdiger Priester, den ich unterwegs in der Stadt angetroffen und der mich geführt hatte, zeigte mir den Sarg. Er ist in einem Altar verborgen und mit vielen Laden und Schlössern verwahrt, die mein freundlicher Führer mir öffnete. Darin liegt still die schöne Tote und schläft durch die Jahrhunderte, merkwürdig und ein wenig unheimlich und doch voll rührender Anmut. Nach ihrem Namen mochte ich nicht fragen, und ich weiß nicht, ob man ihn kennt.

Gegen Abend verdüsterte sich der Himmel von neuem, und schwere Regengüsse rauschten über die tote steinerne Stadt, in deren Mauern ich keinen einzigen Baum gesehen zu haben mich erinnere. Das Wasser rann in kleinen raschen Bächen über die glatten Fliesen durch die Gassen bergab, kein Mensch noch Tier war draußen zu sehen.

Durchnäßt und frierend suchte ich nun das einzige kleine Gasthaus auf, wo ich ein Abendessen bestellte und als einziger Gast in einem sehr hohen, kalten, steinernen Saale saß, zu dessen hoch angebrachten zwei Fenstern kleine Steintreppen hinaufführten. Es wurde ein blechernes Becken mit glimmenden Holzkohlen gebracht und zu meinen Füßen auf den Ziegelboden gestellt. In den Mantel gewickelt, den Hut auf dem Kopf, die Füße über die kleine Kohlenglut gestreckt, saß ich da, betrachtete im unsicheren Ampelschein die an den hohen Wänden aufgehängten Bildnisse der Königsfamilie und sang vor mich hin ein paar schwäbische Volkslieder in die Kälte und Dunkelheit hinein, bis der Wirt mit Wein und Essen kam.

Nach einer guten Mahlzeit mit Reis und etwas Hammel und frischem Ziegenkäse saß ich, noch immer etwas fröstelnd, am Tische und rauchte schwarze italienische Zigarren. Doch hielt ich es nicht lange so aus. Nach einer Weile verließ ich den viel zu großen, finstern und unheimlich stillen Raum und strich, Wärme suchend, durch das Haus. Da fand ich hinten in der kleinen Küche den Wirt, die Wirtsfrau und deren uralten Vater behaglich am strahlenden offenen Reisigfeuer bei der Feuerstelle kauern. Auf den Backsteinen flackerte hell und brav das Feuerchen, und der zarte blaue Rauch verlor sich im ungeheuren schwarzen Schlund des offenen Rauchfangs. Ich setzte mich zu ihnen auf eines der ganz niedrigen Strohstühlchen und freute mich der schönen Wärme und des Flackerscheins, der an den Mauern hin spielte, überall Schattentheater wachrief und hier und dort in den Gefäßen aus Kupfer und Zinn blank aufstrahlte.

Sogleich wurde ich von den Leuten gefragt, was ich denn da vorher für Lieder gesungen habe. Sie hatten mich also gehört. Ich sang einige davon noch einmal und fragte, wie sie ihnen gefielen. Der Wirt lächelte und lobte die Lieder sehr, wollte mir aber durchaus nicht glauben, daß es keine Kirchenlieder seien. Ich hatte Lieder gesungen wie „Jetzt gang i ans Brünnele" und andere, die bei uns für recht weltlich gelten und keineswegs zu den heiligen Hymnen gerechnet werden. Ich fühlte, daß weder die Lieder selbst noch mein Gesang hier so richtig estimiert würden, aber artig sind die Italiener stets, und so wurden denn die Lieder gelobt, und die Wirtin ging und holte, als Dank für meine Leistung, eine Flasche alten Wein, die wir gemeinsam austranken.

Das Feuer loderte und knisterte und trieb zischende Gase aus den zum Teil noch grünen Prügeln aus Kastanienholz. Des Wirtes kluger hübscher Hühnerhund, mit Namen Graffe, rieb seinen schönen Kopf an unsern Knien und dehnte seine Flanken genießerisch an der Herdwärme; wir sprachen von Florenz und von Rom und von der Schweiz und von Deutschland, und wie groß die Welt sei. Zuweilen warf der Alte eine Handvoll

Olivenzweige ins Feuer oder ein Stück knorriges altes Rebenholz, das blaue und grüne Flämmchen gab, zuweilen gähnte die Wirtsfrau, und als sie es häufiger und tiefer tat, sagte ich gute Nacht, drückte allen die Hände und ging in meine Kammer, vor deren Fenster kühl und einschläfernd der Regen sang.

1907

LAGUNENSTUDIEN

Es sind zehn Jahre her, seit ich das erste Mal in Venedig war. Es war meine erste italienische Reise, auf die ich mich lange gefreut und auf die ich lange gespart hatte. Zuerst war ich über Mailand nach Florenz gefahren, hatte ein paar Wochen in Toskana zugebracht, Bologna und Ravenna besucht und war nun nach einem kurzen Aufenthalt in Padua nach Venedig gekommen.

Damals führte ich auf allen Reisen kleine Notizbücher bei mir, in die ich fast jeden Abend Einträge zu machen pflegte und in denen ich mir einen Nachglanz solcher Reisezeiten in die Heimat mitzunehmen hoffte. Die beiden kleinen wachstuchenen Notizbüchlein jener ersten Venedigreise halte ich nun in Händen, da ich eben wieder auf einer Italienfahrt begriffen bin, und erinnere mich mit wunderlichen Gefühlen jener Zeit und jener Reisen. Wie schmal ging es da zu, wie abhängig war ich vom Soldo, wie ängstlich rechnete ich den Rest meiner italienischen Tage mir oft am Rest meiner kleinen Barschaft vor! Aber es ging doch immer noch eine Woche, und je sparsamer ich lebte, desto vergnügter war ich eigentlich, da ich dabei Venedig weit besser kennenlernte als die wohlsituierten Gondelfahrer.

Beinahe noch mehr als die rätselhafte Stadt reizte und beschäftigte mich damals die Lagune, das geheimnisvolle, stille Wasser, auf dem die Stadt und die Inseln schwimmen, und in meinen Heften finde ich darüber ein paar Seiten mit Beobachtungen, die mich lebhaft an die Entdeckungslust jener Reise und an die täglich neue Erlebensgier und Empfänglichkeit jener Jugendjahre mahnen.

Mittags zwölf Uhr; ich bin auf der Höhe des Glockenturmes von San Giorgio Maggiore. Der Horizont des Meeres ist dunstig unklar, alle Nähen aber in Farbe und Umriß rein und scharf. Zum erstenmal fällt mir die schwache Spiegelung der Lagune auf, die ich mir nachher noch vom niederen Ufer aus betrachten muß. Ganz nahe, bei Il Redentore, liegt ein kleines Schiff, frisch mit Zinnober gestrichen und im lichtesten Sonnenlicht. Dennoch ist das Spiegelbild des Schiffes in der Lagune, so regungslos sie ist und so blank sie scheint, nur als unfester rötlicher Fleck zu erkennen. Die Farbe ist im Spiegel merkwürdig verblaßt und hat eine köstlich delikate Nuance bekommen.

Noch seltsamer ist der Anblick des Wassers selbst. Solche Färbungen habe ich weder im Meere noch in Binnenseen je gefunden. Vorherrschend ist ein zuweilen ins Grüne spielendes Hellblau, das aber ohne die Tiefe und Leuchtkraft des Meerblaus ist. Es erinnert vielmehr an die Farben von gefärbtem Glase oder von Steinen, namentlich an das Milchblau des Opals, eine Farbe, die scheinbar stumpf und dennoch erstaunlich lichtempfindlich ist, die fast ein eigenes Licht zu besitzen und jeden Augenblick im Übergang zum Irisspiel begriffen scheint.

Ganz rätselhaft sind mir gewisse Farbeninseln, namentlich gegen Süden, die mit roten Tönen die Fläche unterbrechen und zuweilen von einem Silberanflug wie von einem leichten Schauer überlaufen werden. Ich muß dem nachspüren. Was für Wunder!

Den 4. Mai

Mittags ein Uhr. Turmhöhe von San Giorgio. Zeit und Licht sind ziemlich genau die gleichen wie gestern. Das rote Schiff liegt noch immer da.

Also jene rötlichen Flecke gegen Süden sind Schlammbänke. Ich kann sie heute noch besser als gestern beobachten. Schlammbänke! Das klingt wie etwas unerfreulich Häßliches; was ich aber sehe, sind schöne zarte Farbenkreise, die fernsten von einem fast lodernden Purpur. Nur eine direkt vor mir liegende Bank sieht trübe bräunlich aus, die nächste ist schon rotbraun, die ferneren purpurn. In den Verbindungen dieser roten Flecken mit der bläulichen Lagune ist ein Schwelgen von Schattierungen und Kombinationen ohnegleichen! Wohl hat das offene Meer diese Farben alle auch, sogar weit leuchtender und flammender, aber es ist ein Unterschied, gewissermaßen eine andere Seele, eine ganz andere Art von Farbe und Schönheit. Auf dem Meere die prahlend gewaltigen Farbenbrände, von der Sonne im klaren Wasser erzeugt, von Wolkenflug und Wogenschlag verändert. Hier dieselbe Sonne über einem stillen, ungleich tiefen, zum Teil schlammigen Wasser, das Meer und doch nicht Meer ist: die Rückstrahlung ist schwächer, erscheint gemildert, delikater, süßer. Ich werde immer fester im Glauben, daß diese Lagune selbst eine farbenschöpferische Kraft in sich hat. Ich weiß jetzt auch, daß das die Farben Tizians sind, wie ich sie auf den Sposalizien der Pitti-Galerie damals zuerst sah und mißverstand. Welche Welt für sich! Ich denke an gestern abend, an die „goldene Stunde". Ich war nicht weit von Malamocco. Die Lagune war von einem goldüberhauchten, warmen Blaugrün, Venedig lag weiß und rosig in einem transparenten goldenen Dunst, jenseits der Insel lag das freie Meer in schwerem Blau. Ich sah Schiffe und Barken von Süden her meine Blicklinie schneiden und plötzlich in den goldenen Nebel tauchen, der sie wie eine zarte Gloriole umhüllte. Ich weiß kein Gleichnis dafür als das des Traumes, der Dichtung, der Kunst – so als wären die sichtbaren, gewohnten Dinge plötzlich in den Kreis einer schöpferischen Schönheit getreten und zu Poesie und schöner Sage geworden. Ich weiß wohl, daß diese Verwandlung der Dinge sich auch auf jedem Acker und jeder Landstraße vollziehen kann, wenn man sie plötzlich zwischen Blick und Sonne bekommt. Aber hier war das Wunder schöner, merkwürdiger und hinreißender, und ich weiß außer dem leichten, vergoldenden Wasserdunst der Lagune keine Erklärung dafür.

Den 7. Mai

Als ich heute von Murano zurück über das irisierende Wasser fuhr, glaubte ich plötzlich die Entstehung der zarten eigentümlichen Muraneser Glaskunst in diesem Meerwinkel zu verstehen. Es war eine Täuschung, und die Dinge liegen nicht so einfach; dennoch mag man auch hier die feinen Vergeistigungen des Natürlichen ins Kulturschöne fühlen. Immerhin ist es einleuchtend, wie die mit so wenig Sinn für Plastik und Linie begabten Venezianer mit Freude das aparte Material ergriffen; auch zeugt es von Tüchtigkeit, daß sie bei aller Freiheit der Phantasie nur selten das Material vergewaltigten, sondern stets ein vornehmes Stilgefühl bewahrten, dessen Tradition sogar noch heute auf Murano nicht ganz erloschen ist.

Den 8. Mai

Eben kehre ich vom Lido zurück. Das Meer war stark bewegt, gleichmäßig dunkelstahlblau, mit weißen Kronen, das Wasser lau, das Bad köstlich. Wie immer war der Kontrast zwischen Meer und Lagune frappierend, ja heute sogar mehr als sonst. Es ging mir sonderbar: Als ich schnell dem Meere zuschritt, der herben Luft entgegen, und als über dem graugelben Sand die große blaue Weite sich öffnete, empfand ich einen gewissen Jubel in mir. Und ich badete mit Lust und ließ meine Blicke lang über die metallisch glänzende Weite gleiten. Bei der Rückkehr nun sah ich der Lagune mit dem Vorgefühl einer Ernüchterung entgegen. Ich konnte nicht glauben, daß auf den Anblick des stürmischen großen Meeres hin ihre blasse, stille Fläche mich anmuten würde.

Ich hatte mich getäuscht. Ich sah diesmal deutlich, daß man Meer und Lagune nicht miteinander vergleichen darf, daß beider Schönheit eine innerst verschiedene ist. Ich fand die Lagune von einem leisen, kleinen Wellenschlag verschleiert. Fast alle Farbe war verschwunden, das Blau war bis ins Blasseste verflüchtigt. Dafür aber erregte der Wellenschlag ein rastloses, unendlich feines Spiel von perlmutterfarbenen Schimmern, die auf der Lichtseite jeder Wogenhöhe rapid und flüchtig aufglänzten. Und ich wußte nun plötzlich, woher Tintoretto und der große Paolo Veronese den rätselhaft süßen Schmelz ihrer Lichter und Farbenschatten genommen hatten.

1911

ABEND IN CREMONA

Wieder einmal fuhr ich von den Bergen her der italienischen Tiefebene entgegen, aus der Schneenähe in den blauschweren Dunst der Maisgegenden, aus der Klarheit überheller Berge und Täler in die stille, warme Unendlichkeit des grünen Po-Landes hinein. Mein Bergamasker Wirt, bei dem ich wieder einige ungewollte Bummeltage hängengeblieben war, hatte mir einen Zug nach Cremona ausfindig gemacht, in weniger als zwei Stunden sollte ich dort sein. Der Zug fuhr ab, von den Hügeln weg in die mächtige hellgrüne Ebene hinein, unter gewaltigen Gewitterwolken hin. Alles ließ sich gut an, wir waren pünktlich abgefahren und reisten in einem fröhlich flotten Tempo. Nach einer halben Stunde waren wir schon in Treviglio, wo merkwürdig viele Leute ausstiegen. Ich blieb allein im Wagen und sah dem Getriebe mit der behaglichen Überlegenheit des Durchreisenden zu, da rief mich ein Schaffner an, auch ich müsse aussteigen. Und ich erfuhr, daß dieser Zug nicht weitergehe, und wenn ich nach Cremona wolle, so habe ich dreieinhalb Stunden Aufenthalt.

So trug ich denn meinen Koffer hinaus und gab ihn am Bahnhof ab. Ich war mißtrauisch gegen diesen Knotenpunkt, da ich früher einmal mit einer ähnlichen Haltestelle schlimme Erfahrungen gemacht hatte. Damals war ich in Fossato Vico ausgestiegen, in der Nähe von Foligno im Norden Umbriens, und hatte mir gedacht, an einem so wichtigen Punkte, wo selbst die Schnellzüge halten und warten müssen, liege gewiß irgendeine gute, alte, wohlige Stadt, die nicht im Baedeker steht, und vielleicht gebe es ein kleines Rathaus mit etruskischen Sachen anzusehen. Es war aber kein Rathaus und überhaupt keine Stadt da, und ich mußte einen ganzen Nachmittag auf dem einsamen Bahnhof verbringen. Das fiel mir wieder ein, als ich nachdenklich von der Station weg gegen das Städtchen schlenderte, auf einer staubig sonnigen Straße an kleinen ärmlichen Neubauten hin, die wenig versprachen. Aber es gab wirklich ein Städtchen, und es war hübsch und still und verschlafen und hatte eine hübsche Martinskirche, in deren Vorhalle ein reizender heiliger Martin aus gotischen Zeiten an der Wand ritt, und im Ansichtskartenladen war eine alte Frau, die war in ihrer Jugend einmal ein paar Tage in Zürich gewesen, sie wußte noch drei schweizerdeutsche Worte und war närrisch vor Vergnügen, als ich sie verstand und beantwortete und über das seitherige Gedeihen von Zürich Auskunft gab.

Die erste Stunde war hingebracht, ich begab mich auf die stille Piazza, ließ mir ein Tischchen an die Sonne herausstellen und einen Kaffee geben und saß und rauchte und sah dem Leben einer winzigen ländlichen Kleinstadt zu. Es wurde jemand beerdigt, und Kinder mit weißen Schärpen trugen die Kerzen, dazu sang vom hohen Turme ein leichtverstimmtes altes Glockenspiel. Dann wurde es wieder still, bis ein durchreisendes Automobil auf der Piazza hielt. Das gab wieder Leben, Kinder drängten sich her und ließen, während der Chauffeur Benzin einfüllte, die dumpfe Hupe spielen. Und als auch das vorüber war, weckte mich ein neuer Kinderschwarm aus dem Halbschlummer, die Schule war aus, und die Jugend kam barfuß dahergestürmt, füllte den Platz mit heftigem Leben und turnte auf den Prellsteinen vor der Kirche. Wieder war eine gute Stunde vergangen, ich verließ das Café und suchte einen Weg nach dem Bahnhof zurück. Auf dem Sims eines Eckfensters standen vier vollblühende Hyazinthenstöcke in Topfscherben, ich sah hinauf und sah die Blumen an, die in der kellerig schattigen Gasse wächsern schimmerten, und hinter den Blumen saßen zwei junge Mädchen und nähten, und die eine war hübsch und tat, als sähe sie mich nicht. Als ich aber nach zehn Schritten wieder umkehrte und nochmals zu ihnen hinaufschaute, fing sie zu lachen an und begann ein drolliges Gespräch mit ihrer Schwester, mit kleinen Seitenblicken nach dem Fremdling und vielem Gelächter. Leider mußte ich gehen. Um ein Fenster voll Blumen und ein Mädchen dahinter, das eine Schwester bei sich hat, kann man nicht in Treviglio bleiben.

An der Station trank ich einen guten Wein und war mit Treviglio zufrieden, als der Zug kam und mit mir durch das von tiefhängenden Wolken verdüsterte Land gegen Süden fuhr. Durch den Räderlärm hindurch hörte man Donnerschläge, und bald brach ein schräger, klatschender Regen herab, dahinter blieb inmitten von Regen und Gewölk eine schmale bleiche Himmelsinsel in schüchternem Blau verheißungsvoll stehen. Als der Regen sich erschöpft hatte und still und leiser floß, drangen aus jenem bleichen Himmelsfenster je und je abendliche Lichter herein und verliefen sich in der unendlichen Ebene, deren rotbraune Ackererde nach Fruchtbarkeit duftete. Es war beinahe Nacht, als ich in Cremona ankam, und es war ein weiter Weg unterm Regenschirm bis ans andere Ende der Stadt, wo mein Gasthof lag. Es war einer von denen, in welchen italienische kleine Geschäftsreisende und Priester vom Lande verkehren, und ich hatte ihn mir in Bergamo empfehlen lassen. Des weiten Weges überdrüssig, wäre ich ihm beinahe untreu geworden; aber naß war ich nun schon, und ich bereue nicht, daß ich aushielt. Der Gasthof bewährte sich, und als ich dort eine Gemüsesuppe und eine Forelle aus dem Gardasee genossen hatte, war ich so voll guter Reisestimmung, daß ich noch in der Nacht und trotz dem Regen ausging, um einen ersten neugierigen Blick in die Stadt zu tun.

Ich war nicht weit gegangen, da nahm mich ein ganz stilles, im Regen plätscherndes Plätzchen mit schönen Arkaden auf, ich schloß den Schirm und ging zufrieden unter den Bögen weiter, übersprang eine schmale Quergasse, erreichte in der Finsternis einige mächtige Steinstufen und kam erregt und voll Spannung in ein gewaltiges Gebäude, unter hohen Gewölben durch in einen Hof und jenseits in ein neues dunkles Gewölbe; mächtige Pfeiler spiegelten sich nach außen in einem neuen regennassen Platz. Ich trat ins Freie, blickte verwundert auf und sah mit einem einzigen überraschten Blick den Domplatz vor mir liegen, ein außerordentlich schönes und kühnes architektonisches Bild. Übermächtig über der kleinen Piazza stieg die Fassade des Domes in bleicher Helligkeit empor, wunderbar abgewogen und in sich begnügt, über dem großen Portal undeutliches Skulpturenwerk und eine schöne riesige Rosette, daneben leicht und elegant zwei edle Reihen kleiner Rundbogen auf lieblich leichten, feinen Säulchen und oben, als Giebellinie, zwei ungeheure, leere, kühne Voluten. Das alles trat gleichzeitig vors Auge, voll Musik und köstlicher Abgestimmtheit, und daneben sprang ein phantastisch hoher, unsäglich hoher Turm stolz und beinahe fürchterlich in die Höhe, oben mit kleinen grauen Säulengalerien in die Nacht verlaufend.

Im rinnenden Regen blieb ich stehen und sog den wunderbaren Anblick in mich ein, beglückt und erschüttert von der Größe und fast frechen Kühnheit dieser Bauten. Kein Zweifel, diese Riesenvoluten waren später entstanden als der Unterbau, sie waren in der Zeit der strotzendsten Renaissance mit spielerischer Kühnheit da oben hingesetzt worden, und obwohl sie aus einer anderen Zeit und aus einer völlig anderen Welt stammten als der alte romanische Bau, saßen sie doch mit einer Sicherheit da, als müsse es so sein. Und so war alles auf diesem märchenhaften Platze, alles erschien kühn, riesig und höchst abenteuerlich, und alles war dennoch schön, war voll Sinn und Maß, und der beinahe erschreckende erste Eindruck wurde sanfter und stiller und klang rein und froh in mir weiter, als alle Überrumpelung längst überwunden war. Wie schön würde es sein, morgen dies alles und wer weiß wieviel ungesuchte andere Schönheiten dazu in stiller Muße bei Tageslicht anzuschauen.

Daheim im Gasthofzimmer saß ich lange auf dem Bette, die reine Musik des Domplatzes klang in mir nach, dazwischen zeigten aufsteigende Erinnerungsbilder mir Bauten, Gärten, Menschen aus Bergamo, die weite ebene Landschaft der Bahnfahrt, den sonnigen Steinplatz in Treviglio – was alles, vor Stunden erst gesehen, schon seltsam weit zurückzuliegen schien.

Und ich besann mich wieder einmal: was ist das nun eigentlich, was unsereinen auf Reisen treibt und gar auf Kunstreisen? Warum fahren wir Jahr um Jahr so viele hundert Meilen da- und dorthin, stehen dankbar und froh vor den Bauwerken und Bildern reicherer Zeiten, sehen neugierig und zufrieden dem Leben fremder Völker zu, die uns nichts angehen, plaudern in Eisenbahnzügen und auf Schiffen mit fremden Menschen und belauschen einsam das Straßengetriebe fremder Großstädte? Einst war mir das als eine Art von Lernbegier und Bildungsdrang erschienen, damals hatte ich mir Notizhefte voll über Freskenwände alter Kirchen geschrieben und mein am Essen abgespartes Geld für Photographien alter Skulpturen ausgegeben. Dann wieder war ich dessen müde geworden und hatte das Reisen in ärmeren Ländern vorgezogen, wo Landschaft und fremdes Volkstum allein mich interessierten, und da war mir dieser rätselhafte Reisetrieb als eine Art Abenteuerlust erschienen. Es sind jedoch, genaugenommen, keine Abenteuer, die man auf Reisen erlebt, es sei denn, daß man fehlgefahrene Koffer, gestohlene Mäntel, Zimmer mit Schlangen und Betten mit Moskitos schon als Abenteuer ansähe. Nein, das war auch nicht das Richtige. Heute, wo von Bildungsdurst kaum ein verblaßter Rest mehr in mir verblieben ist, wo ich mir nichts daraus mache, ganze Städte und Kirchen und große Museen vorbeibummelnd liegenzulassen, während ich doch, was ich von dergleichen Dingen finde und sehe, intensiver und zarter als jemals genieße – heute, wo auch der Glaube an die Abenteuerlichkeit des Reisens mir verlorengegangen ist, gehe ich dennoch nicht seltener und mit nicht kleinerem Drang und Bedürfnis auf Reisen als vor fünfzehn oder zehn oder fünf Jahren.

Mir scheint, das Unterwegssein auf Reisen ersetzt unsereinem nicht nur im allgemeinen ein Stück Leben, das wir, intellektueller geworden, blasser erleben, es ersetzt uns speziell jene Betätigung des rein ästhetischen Triebes, der unseren Völkern beinahe ganz abhanden gekommen ist, den die Griechen und die Deutschen und die Italiener der großen Zeiten hatten und den man überall noch in Asien findet, etwa in Japan, wo kluge und keineswegs kindische Menschen es verstehen, am Betrachten eines Holzschnitts, eines Baums oder Felsens, eines Gartens, einer einzelnen Blume die Übung, Reife und Kennerschaft eines Sinnes zu genießen, der bei uns selten und schwach ausgebildet erscheint. Das reine Schauen, das von keinem Zwecksuchen und Wollen getrübte Beobachten, die in sich selbst begnügte Übung von Auge, Ohr, Nase, Tastsinn, das ist ein Paradies, nach dem die Feineren unter uns tiefes Heimweh haben, und beim Reisen ist es, wo wir dem am besten und reinsten nachzugehen vermögen. Die Konzentration, die der ästhetisch Geübte jederzeit sollte hervorrufen können, glückt uns Ärmeren wenigstens in diesen Tagen und Stunden der Losgebundenheit, wo keine Sorge, kein Geschäft aus der Heimat und dem Alltag uns nachlaufen kann. In dieser Reisestimmung vermögen wir, was wir daheim selten vermögen, stille, zwecklose, dankbare Stunden vor ein paar herrlichen Bildern hinzubringen, hingerissen und offen den Wohlklang edler Bauwerke zu vernehmen, innig und genießerisch den Linien einer Landschaft nachzugehen. Da wird uns zum Bilde, was uns sonst nur im trüben Netz unsres Wollens, unsrer Beziehungen, unsrer Wünsche und Sorgen erscheint: das Leben der Gasse und des Marktes, das Spiel der Sonne und der Schatten auf Wasser und Erde, die Form einer Baumkrone, Schrei und Bewegung eines Tieres, Gang und Betragen der Menschen. Und wer auf Reisen geht, ohne im Innern das zu suchen, diese Befreiung vom Zweckleben, der kommt leer zurück und hat höchstens seinen Bildungssack etwas belastet.

Aber hat dieser ästhetische Trieb zum reinen Sehen, zum selbstlosen Aufnehmen nicht doch eine weitere, höhere Beziehung? Ist er nur Sehnsucht nach dunklem Lustgefühl? Ist er nur rächende und mahnende Pein vernachlässigter Kräfte und Bedürfnisse, versteckter Hunger, versteckte Erotik, versteckter Ärger, versteckte Schwäche? Warum gibt mir, trotz allem, dennoch der Anblick eines Mantegna mehr als der einer schönen Eidechse, warum ist mir eine Stunde in einer von Giotto oder Signorelli ausgemalten Kapelle letzten Grundes doch mehr als eine, die ich am Meeresstrande verliege?

Nein, im Grunde ist es doch überall das Menschliche, was wir suchen und wonach uns dürstet. Ich genieße an einem schönen Berge nicht die zufällige Wirklichkeit, ich bestätige mich selbst, ich genieße die Fähigkeit des Sehens, des Linienfühlens, ich laufe in einer schönen fremden Landschaft keineswegs der Kultur davon, sondern übe und liebe und genieße lauter Kultur, indem ich meine Sinne und Gedanken an der Landschaft erprobe. Darum kehre ich auch immer wieder dankbar und willig zu den Künsten zurück, darum gewährt mir ein kühner Bau, eine schön bemalte Wand, eine gute Musik, eine wertvolle Zeichnung schließlich doch mehr Genuß, mehr Befriedigung dunklen Suchens als das Beobachten der ungemeisterten Natur. Ich glaube, das, worauf jener ästhetische Trieb hinausgeht, ist gar nicht etwa ein Loskommen von uns selbst, sondern nur ein Loskommen von unseren schlechteren Instinkten und Gewohnheiten und eine Bestätigung des Besten in uns, eine Bestätigung unseres heimlichen Glaubens an den Menschengeist. Denn wie ein wohliges Bad im Meere, ein frohes Ballspiel, eine tapfere Schneewanderung mein leibliches Ich bestätigt, ihm in seinen besten Gelüsten und Ahnungen recht gibt und durch Wohlbefinden auf sein Verlangen antwortet, so antwortet beim reinen Schauen der große Schatz menschlicher Kultur, geistiger Leistung auf unsern fordernden Glauben an die Menschheit überhaupt. Was soll mir die Freude an Tizian, wenn seine Bilder mir nicht Ahnungen wahr machen, Triebe bestätigen, Träume rechtfertigen?

So, scheint mir, reisen wir und schauen und erleben die Fremde im tiefsten Grunde als Sucher nach dem Ideal des Menschentums. Darin bestätigt uns und bestärkt uns eine Figur von Michelangelo, eine Musik von Mozart, ein toskanischer Dom oder griechischer Tempel, und diese Bestärkung und Rechtfertigung unseres Verlangens nach einem Sinn, einer tiefen Einheit, einer Unsterblichkeit der menschlichen Kultur ist es, was wir auf Reisen besonders innig genießen, auch wenn wir nicht daran denken.

Lange saß ich noch und dachte nach, und die Gedanken flossen mit den Erinnerungen an hundert Reisen, seit der frühesten Jugend, zusammen, und es wurde mir klar: wieviel auch die Zeit wegnimmt, wie sehr man altern, ermüden, schwächer werden mag, jenes Erlebnis, das der Sinn unsres Reisedranges ist, wird nie ganz seinen Glanz verlieren, und wenn ich in zehn und zwanzig Jahren mit anderen Ansichten, anderen Erfahrungen, anderem Lebensgefühl als heute durch die Welt reisen werde, so wird es schließlich doch wohl im selben Sinne geschehen wie heute, und es wird mir, über alle Verschiedenheit und reizvolle Gegensätzlichkeit der Länder und Völker hinweg, immer mehr und immer klarer der einheitliche Sinn alles Menschentums entgegentreten.

1913

DIE NICHTRAUCHERIN

In den älteren Wagen der Gotthardbahn, welche im übrigen keine Muster der Bequemlichkeit sind, gibt es eine hübsche und liebenswürdige Einrichtung, die mir stets gefallen hat und die mir Nachahmung zu verdienen scheint. Die Wagenhälften für Raucher und Nichtraucher nämlich sind nicht durch hölzerne, sondern durch Glastüren getrennt, und wenn ein Reisender einmal für eine Viertelstunde von seiner Gattin Urlaub nimmt, um eine Zigarette zu rauchen, so kann sie ihn und kann er sie durch die Glasscheibe gelegentlich beobachten und begrüßen.

Mit meinem Freunde Othmar fuhr ich einst in einem solchen Wagen gen Süden, und wir waren beide in der gespannten Laune von Ferienseligkeit und bangfroher Erwartung, die in Jugendzeiten dazugehört, wenn man durch das berühmte Loch im großen Berg nach Italien hinunterfährt. Das Schneewasser lief fleißig von den steilen Talwänden hinab, schäumende Wasser blitzten zwischen den Eisenstäben der Brückengeländer aus verblüffenden Tiefen herauf, unser Zug erfüllte Tunnel und Schluchten mit seinem Rauch, und wenn man sich rücklings aus dem Fenster lehnte und emporschaute, so sah man hoch, hoch droben über den grauen Felsen Schneefelder still und kühlblau einen schmalen Himmelsstreifen.

Mein Freund saß mit dem Rücken gegen die Mittelwand des Wagens, ich saß ihm gegenüber und konnte durch die Glastür zu den Nichtrauchern hinüberspähen. Wir rauchten lange gute Zigarren aus Brissago und tranken abwechselnd aus einer Flasche den schönen Wein von Yvorne, den man heute noch am Büfett in Göschenen zu kaufen bekommt und ohne den ich früher nie durchs Tessin hinuntergefahren bin. Es war schönes Wetter, wir hatten Ferien und Geld im Sack, und wir hatten nichts im Sinn, als uns selig treiben zu lassen, beide zusammen oder jeder für sich, ganz wie Laune und Gelegenheit es fügen würden.

Das Tessin blendete uns mit leuchtenden rötlichen Felsen, mit hohen weißen Dörfern und blauen Schatten entgegen, wir waren soeben durch den großen Tunnel gefahren, und man spürte am Rollen des Zuges, daß es jetzt bergab gehe. Wir zeigten einander schöne Wasserfälle und geduckte, im Blick von unten stark verkürzte Berggipfel, Kirchtürme und ländliche Häuser, die schon mit luftigen Lauben, hellen frohen Farben und italienischen Wirtsschildern vom Süden erzählten.

Dazwischen schaute ich fleißig durch das Glas und die Messingstäbe zu unseren Nichtrauchern hinüber. Es saß da, mir nahe gegenüber, eine kleine Gesellschaft, offenbar Norddeutsche: ein ganz junges Paar und ein etwas älterer vergnügter Herr dabei, ein Freund oder Onkel oder auch nur eine Reisebekanntschaft. Der junge Mann, von dem ich nicht wußte, ob er mit dem Mädchen verheiratet oder ein Verwandter von ihr sei, der junge Mann zeigte eine erprobte Beherrschtheit und einen sachlichen Ernst dem für mich unhörbaren Gespräch wie auch der Landschaft gegenüber, und ich schätzte ihn alsbald als einen der jungen schneidigen Beamten ein, welchen, wenn man ihren etwas verschlossenen Mienen trauen darf, das Deutsche Reich seine gegenwärtige Blüte verdankt. Der Freund oder Onkel hingegen schien ein harmloser, biederer Mensch zu sein und das, was seinem Nachbarn an Humor fehlte, im Überfluß zu besitzen. Es war interessant, diese beiden Typen nebeneinander zu sehen und miteinander zu vergleichen: der vergnügte Onkel schien das Abschiedslächeln einer untergehenden Zeit und Menschenart darzustellen, voll Wohlwollen und behaglicher Laune; der andere das heraufkommende neue Geschlecht: kühle und bewußte

Energie, wohlerzogene, auf ein festes Ziel gerichtete Herzlosigkeit.

Ja, es war interessant, und ich begann mehrmals darüber nachzudenken. Indessen blieben meine Blicke immer wieder neugierig auf dem Gesicht der jungen Frau oder des Mädchens hängen, die mir eine fast vollkommene Schönheit zu sein schien. In einem reinen, ganz jungen Gesicht von gepflegter Glätte leuchtete hellrot ein hübscher, etwas kindlicher Mund, hinter langen schwarzen Wimpern standen dunkelblaue große Augen, und die dunkeln Brauen und Haare traten aus der überaus zarten, reinweißen Haut mit einem seltsam kräftigen Reiz hervor. Sie war zweifellos sehr schön, und hübsch gekleidet, und um den Kopf trug sie seit Göschenen, um die Haare vor Staub zu schützen, einen dünnen weißen Reiseschleier gebunden.

Es war mir ein immer neues Vergnügen, in allen unbewachten Augenblicken dieses reizvolle Mädchengesicht zu betrachten und allmählich mit ihr vertraut zu werden. Sie schien meine Bewunderung gelegentlich zu bemerken und damit einverstanden zu sein, wenigstens gab sie sich keine Mühe, sich meinem Blick zu entziehen, was sie mit kleiner Mühe hätte tun können, wenn sie sich ein wenig weiter zurückgelehnt oder den Sitz mit ihrem Begleiter getauscht hätte. Diesen, der vielleicht ihr Mann war, sah ich nur je und je hervortauchen, und wenn meine Gedanken sich vorübergehend mit ihm beschäftigten, so taten sie es lieblos und kritisch. Gescheit mochte er sein und strebsam, ja, aber alles in allem ein seelenloser Geck und keinesfalls einer solchen Frau würdig. Kurz ehe wir nach Bellinzona kamen, begann es meinem Freund Othmar aufzufallen, daß ich ihm zerstreute Antworten gab und daß meine Augen seinem eifrig zeigenden Finger nur widerwillig durch die schöne Landschaft folgten. Und kaum hatte er Verdacht geschöpft, so stand er schon auf und schaute suchend durch die Glastür, und als er die schöne Nichtraucherin entdeckt hatte, setzte er sich auf die Lehne seiner

Bank und blickte nun gleichfalls mit Eifer dort hinüber. Wir sprachen kein Wort, aber Othmars Gesicht war finster, als habe ich einen Verrat an ihm begangen. Erst in der Nähe von Lugano tat er die Frage: „Seit wann ist eigentlich die Gesellschaft dort in unserem Wagen?"

„Ich glaube, seit Flüelen", sagte ich, und das war nur insofern gelogen, als ich mich des Einsteigens jener Herrschaften in Flüelen sehr genau erinnerte.

Wir schwiegen wieder, und Othmar wendete mir den Rücken. So unbequem es für ihn war, er saß mit verbogenem Hals und ließ die Schöne nicht aus den Augen.

„Willst du bis Mailand durchfahren?" fragte er wieder nach einer langen Pause.

„Ich weiß nicht. Mir ist es einerlei."

Je länger wir schwiegen und je länger wir dem schönen Bilde drüben huldigten, desto mehr kam jeder von uns zweien auf die Überlegung, es sei doch eigentlich lästig, auf Reisen an irgend jemand gebunden zu sein. Wohl hatten wir uns volle Freiheit vorbehalten, und es war ausgemacht, daß jeder ohne Rücksicht seinen Gelüsten und Stimmungen nachgehen sollte; allein jetzt schien doch eine Art von Zwang und Beschränkung dazusein. Jeder von uns, wäre er allein gewesen, hätte jetzt seine lange Brissagozigarre zum Fenster hinausgeworfen, hätte den Schnurrbart gestrichen und sich für eine Weile der besseren Luft wegen zu den Nichtrauchern verzogen. Nun aber tat das keiner, und keiner gönnte dem anderen ein Geständnis, und jeder war heimlich verärgert und nahm es dem anderen übel, daß er dabeisaß und störte. Es wurde schließlich lästig, und da ich mich nach Frieden sehnte, steckte ich meine erloschene Zigarre wieder an und sagte mit geheucheltem Gähnen: „Du, ich steige in Como aus. Das ewige Bahnfahren macht einen ja verrückt."

Er lächelte freundlich.

„Findest du? Ich bin eigentlich noch ganz frisch, bloß der Yvorne macht mich ein bißchen faul, es ist immer die gleiche Geschichte mit diesen Westschweizer Weinen: man trinkt sie wie Wasser, und dabei geht alles in den Kopf. Aber genier dich nicht! Wir treffen uns ja bestimmt in Mailand wieder."

„Ja, natürlich. Fein, daß man wieder einmal in die Brera kommt und abends in die Scala, ich habe Lust, wieder einmal einen flotten Verdi zu hören."

Auf einmal plauderten wir wieder, und Othmar schien so aufgeräumt, daß ich meinen Entschluß halb wieder bereute und mir heimlich vornahm, in Como zwar auszusteigen, aber nur in einen anderen Wagen zu gehen und doch mitzufahren. Das ging niemand etwas an, und überhaupt . . .

Wir hatten Lugano und die Grenze hinter uns und fuhren in Como ein, das alte Nest lag träg in der Abendsonne, vom Brunateberg grinsten die wahnsinnigen Reklametafeln herab. Ich gab Othmar die Hand und nahm meinen Rucksack an mich.

Seit der Zollstation saßen wir in italienischen Wagen, die Glastür war verschwunden und die schöne Norddeutsche mit, aber wir wußten, daß sie im Zuge sei. Als ich nun ausstieg und unschlüssig über die Schienen stolperte, sah ich plötzlich den Onkel, die Schöne und den Referendar ebenfalls daherkommen, mit Gepäck beladen und in schlechtem Italienisch nach einem Dienstmann rufend. Alsbald unterstützte ich sie hilfreich, der Dienstmann und sodann eine Droschke wurden aufgetrieben, und die drei fuhren ins Städtchen hinein, wo ich sie bestimmt wiederzufinden hoffte, denn ich hatte den Namen ihres Hotels verstanden.

Eben pfiff der Zug und fuhr aus der Station, und ich winkte hinüber, sah meinen Freund aber nicht mehr am Fenster. Nun, es geschah ihm recht. Munter wanderte ich nach Como hinein, nahm ein Zimmer, wusch mich und setzte mich dann auf die Piazza hinaus zu einem Vermouth. Große Abenteuer hatte ich nicht im Sinn, doch schien es mir wünschenswert, jene Reisegesellschaft heute abend noch einmal wiederzusehen. Die beiden waren wirklich ein junges Ehepaar, wie ich auf der

Station hatte beobachten können, und mein Interesse für die Gattin des zukünftigen Staatsanwaltes war seitdem wieder ein rein ästhetisches geworden. Immerhin, sie war hübsch, erstaunlich hübsch . . .

Nach dem Abendessen spazierte ich, umgekleidet und fein rasiert, ohne Eile den Weg nach dem Hotel der Deutschen hinaus, eine schöne gelbe Nelke im Knopfloch und die erste italienische Zigarette im Munde.

Der Speisesaal war leer, alle Gäste saßen oder spazierten hinterm Haus im Garten, wo vom Tage her noch die großen rot und weiß gestreiften Sonnenzelte standen. Auf einer kleinen Terrasse am See standen Jünglinge mit Angelruten, an einzelnen Tischen wurde Kaffee getrunken. Die Schönheit samt Gatte und Onkel wandelte durch den Garten, sie war offenbar zum erstenmal im Süden und betastete die ledernen Blätter einer Kamelie mit backfischhaftem Erstaunen.

Hinter ihr aber sah ich, und erstaunte nicht wenig, meinen Freund Othmar mit lässigen Schritten lustwandeln. Ich zog mich zurück und fragte den Portier; der Herr wohnte hier im Hause. Er mußte hinter mir heimlich ausgestiegen sein. Ich war betrogen.

Die Sache war mir jedoch mehr lächerlich als schmerzhaft; meine Bezauberung war dahingewelkt. An eine junge Frau auf der Hochzeitsreise knüpft man keine Hoffnungen. Ich überließ Othmar das Feld und wurde flüchtig, ehe er mich hatte bemerken können. Von draußen sah ich ihn noch einmal durch den Zaun, wie er eben an den Fremden vorbeiflanierte und die Frau mit seinen Augen anblitzte. Auch ihr Gesicht sah ich nochmals für einen Augenblick, aber meine verliebte Laune war verflogen, und die hübschen Züge schienen mir etwas von ihrem Reiz verloren zu haben und ein wenig leer und unbedeutend zu sein.

Am nächsten Morgen, als ich den guten Frühzug nach Mailand bestieg, war Othmar auch schon da. Er nahm dem Portier die Handtasche ab und stieg hinter mir ein, als wäre alles in Ordnung.

„Guten Morgen", sagte er ruhig.

„Guten Morgen", gab ich zur Antwort. „Hast du schon gesehen? Heut abend wird in der Scala die ‚Aida' gegeben."

„Ja, ich weiß schon. Großartig!"

Der Zug fing an zu rollen, und das Städtchen glitt hinter uns weg.

„Übrigens", begann ich das Gespräch, „diese schöne Referendarsfrau hat doch etwas Puppenhaftes. Ich war schließlich enttäuscht. Sie ist doch nicht eigentlich schön. Nur hübsch."

Othmar nickte.

„Er ist nicht Referendar", sagte er, „er ist Kaufmann, aber allerdings Reserveleutnant. – Ja, du hast recht. Die Frau ist ein Fratz. Ich bin ganz erschrocken, als ich es plötzlich entdeckte. Hast du denn nicht gesehen, sie hat den ärgsten Fehler, den ein schönes Gesicht haben kann! Nicht? Sie hat einen viel zu kleinen Mund, die Person! Es ist scheußlich, darauf pflege ich sonst unfehlbar zu reagieren."

„Ein bißchen kokett scheint sie auch", probierte ich wieder.

„Kokett? Und ob! Ich kann dir sagen, der fidele Onkel ist wirklich der einzige nette Kerl von allen dreien. Weißt du, gestern hab ich sie dem kleinen Affen einfach nicht gegönnt. Und jetzt tut er mir leid, direkt leid. Der kann sich noch wundern! Aber vielleicht wird der Kerl glücklich mit ihr. Vielleicht merkt er's nie."

„Was denn?"

„Daß sie bloß eine Attrappe ist! Nichts als eine hübsche Maske, fein im Lack, und nichts dahinter, gar nichts."

„Oh, für dumm halte ich sie nicht gerade."

„Nicht? Dann steig wieder aus und fahre nach Como, sie bleiben acht Tage dort. Ich habe leider mit ihr gesprochen. Na, reden wir nimmer davon! Es ist gut, daß wir nach Italien hineinkommen! Da lernt man wieder, die Schönheit als etwas Selbstverständliches anzusehen."

Es war wirklich gut, und zwei Stunden später strichen wir zufrieden und müßig durch Mailand und sahen mit Genuß und ohne alle Eifersucht die schönen Frauen dieser gesegneten Stadt wie Königinnen an uns vorüberschreiten.

1913

SPAZIERGANG AM COMER SEE

Der Spätnachmittag schwankte unentschlossen zwischen böiger Heiterkeit und stillem Regen, es war kühl, und von den Bergen blickte frischer bleicher Schnee herab. Ich war in Como ausgestiegen, weil mir das der schönste Eintritt ins italienische Land scheint, wenn man vom Gotthard kommt. Man ist den Bergen noch nahe und spürt doch schon mit ahnendem Verlangen Ebene und weite, stille Fruchtbarkeit, und das Städtchen Como ist vom guten oberitalienischen Typ, sauber und wohlhabend, freundlich und gastlich.

Im Gegensatz zu Lugano und allen den berühmten Seestädtchen wendet Como dem See den Rücken zu, und man hat selbst an dem hübschen kleinen Hafenplatz nicht das langweilend beängstigende Gefühl, auf dem Sperrsitz einer wohlarrangierten Landschaft gegenüberzusitzen, mit dem Billett in der Tasche und mit der Verpflichtung, die Sache schön zu finden. Man schlendert harmlos in einer hübschen lebendigen Stadt, die reich genug an alter Schönheit ist und doch nirgends den Eindruck eines Museums macht. Der Fremde ist hier freundlich geduldet, er wird weder als Wundertier bestaunt noch als Spekulationsobjekt mißbraucht. Und schon hier hat das Leben der Gasse italienischen Zauber, singende Handwerker arbeiten im Freien, und leichtfüßige Mädchen und Frauen bewegen sich in den hübschen Straßen wie wohlbeschaffene Vögel in ihrem Walde, ohne Schwere und ohne andere Gefallsucht als die des Vogels und Schmetterlings.

Als ich nach einem stillen Gang durch die Gassen auf den leeren Platz am Hafen kam, schien das Wetter eine gute Stunde zu versprechen, und da gerade ein kleines

Dampfschifflein bereit lag und zur Abfahrt pfiff, lief ich rasch über den Steg und fuhr mit, noch ohne zu wissen, wohin es gehe. Wir fuhren aus dem bescheidenen Bekken von Como, das eigentlich nur ein großer Hafen ist, an Villen und Frühlingsgärten vorüber in den größeren Seearm, der Wind fegte kalt über das kleine Deck, und die paar Reisenden drängten sich bei der Maschine zusammen. Ich habe diesen See niemals richtig lieben können, er ist gar zu schön und glänzend, er bietet seinen Reichtum allzu willig dar, und es fehlt ihm das Schönste, was ein See haben kann, ein ruhiges, schöngebreitetes Ufer. Die Berge sind drückend hoch und fallen erbarmungslos steil herab, oben wild und kahl, unten überreich mit Dörfern, Gärten, Sommersitzen und Gasthöfen bedeckt, alles ist herrliche, nahe, prangende Wirklichkeit, alles schmettert und glänzt von Pracht und Fülle, nirgends ist ein Ort für Traum und Ahnung geblieben, ein schilfiges Moor oder ein schlafender Weidenstand, eine nasse Uferwiese oder eine lockende Buschwildnis.

Dennoch zog und bestrickte mich die satte Schönheit auch diesmal wieder stark, die Felsenromantik steilhängender Dörfer, der selbstbewußte Ernst aristokratischer Villen mit Garten, Park und Bootshafen, die gesellige Nachbarlichkeit der Landgüter und Bauten. Eines von den Dörfern, es hieß Torno, lag sogar so fein und apart auf seiner koketten Landzunge, daß ich beinahe ausgestiegen wäre. Das Schiff lief nahe beim Ufer einer launigen Bucht nach, hinter dem dünnen Grün junger Buchen floß zauberhaft weiß und schleierig ein langer geräuschloser Wasserfall herab, so verborgen und still, wie ich es hier nirgends gesucht hätte. Das Dorf selber lag klein und leicht ansteigend am Hügel und bot dem See eine entzückend reingestimmte Schauseite dar: ein Landungs- und Wäscheplatz mit breiten, flachen Steinstufen, angebundene Boote zu Füßen, ein grünbewachsenes Haus mit Torbogen und kleinen Balkonen, ein stiller heller Steinplatz und dahinter Fassade und Turm einer schönen Kirche, eine sanfte halbrunde Hafenmauer mit

jungen Bäumen darauf. Es war ein vollkommenes, wohl-
abgewogenes Bild, und es war so lieblich, daß ich im
letzten Augenblick mich nicht entschließen konnte, es
mir vielleicht zu zerstören. Ich blieb auf meinem Platz
und ließ das kleine Juwel vorüberziehen und sich verschieben und kleiner werden, nickte ihm dankbar zu
und nahm leichten Abschied. Die „Liebe auf den ersten
Blick" habe ich bei Gemälden und namentlich bei Architekturen häufiger bewährt gefunden als bei Landschaften.

In Maltrasio, überm Seearm drüben, hielt das Schiff,
und ich erfuhr, daß es hier eine Stunde liegenbleibe,
um dann nach Como zurückzufahren. So stieg ich denn
aus und schlenderte ins Dorf, mit einem angenehmen Fremdlingsgefühl. Außer einer imponierend großen,
stillen Villa mit geschlossenen Fensterläden in der glatten, ruhigen Fassade war nichts Verlockendes zu sehen.
Ich stand am hohen Eisengitter des Portals und sah in
den streng symmetrischen, ruhig ansteigenden Garten,
wo über einem kleinen ovalen Teiche Kamelien blühten
und blaue Sternblumen im Rasen und wo ein breiter
fürstlicher Parkweg hinauf zum Hause führte.

Dann ging ich weiter und den ersten Pfad berganwärts. Er führte über ungezählte Steinstufen an einer
hohen unendlichen Steinmauer hin, und über der Mauer
stiegen streng und regelmäßig in kleinen Terrassen die
hohen Zypressen mit. Häuser tauchten auf, ein fallendes
Wasser wurde hörbar, verworren mit dunklen Men-
schenlauten aus nahen Gassen, der Pfad führte eng und
unter dunkelnden Dächern hindurch auf den kleinen
Vorplatz einer Kirche. Ich ging hinein, sie war leer, ich
verweilte Augenblicke vor einem Chor mit hübschen,
schönfarbigen Fresken, ging zurück und unter einer Bogenhalle weiter, und plötzlich stand ich auf einer kleinen, schwach gebogenen Brücke, über mir stürzte steil
und schäumend ein wilder Bach herab, der unterhalb,
wieder unter schwebenden Brücken hin, in drei, vier
kühnen Fällen zwischen bemoosten Mauern und grünen

Gartenhecken das Tal erreichte. Mädchen trugen Wasser in Kupferkesseln auf dem Kopfe, schwebten balancierend über eine der Brücken und verschwanden im feuchten Dunkel der engen Gäßchen.

Ich ging in der Höhe weiter, an frisch bestellten Gemüsegärten hin, da und dort tat sich der Blick in die Tiefe und nach der Seeweite auf. Meine Stunde war bald abgelaufen, ich begann mich nach einem Wege zur Schifflände umzusehen.

Da geriet ich unversehens auf einen grasigen Weg zwischen hohen Zypressen, oben und unten die begrünten Mauern großer Gärten, daneben grau und verwittert ein baufälliger Glockenturm, alles schweigend und kühl und märchenhaft verschlafen. Suchend ging mein Blick über die lange Gartenmauer zur Linken, ich fand sie von einem fensterartigen, schwarzdrohenden Loche unterbrochen und trat näher. Da gähnte im alten Steinwerk eine tiefe finstere Nische, mit einem eisernen Gitter verschlossen, und hinter dem Gitter in kalter Dämmerung glomm und schien etwas seltsam Bleiches in unfroher Helle, und da ich näher zusah, war es eine große Pyramide von Totenschädeln, die hier, zu Gedächtnis und Mahnung aufgestellt, im Düstern den Zeiten standhielten. Der Anblick war mir nicht fremd, ich hatte in Österreich und im Elsaß mehrmals solche Schädelpyramiden gesehen und sie nie sonderlich geschätzt. Diese aber entzückte mich und bleibt mir unvergeßlich. Denn das finstere schwarze Gitter, hinter dem die Zeichen der Vergänglichkeit in ihrer steifen Ordnung grinsten, war von Kinderhänden über und über mit frischen, hellblutroten Kamelienblüten besteckt, und in meiner Erinnerung ist stärker als Seefahrt und Uferpracht, stärker als Wasserfall und friedlich bemalter Kirchenchor das lichte, kindliche Blumenspiel am Schädelgitter eingegraben geblieben.

1913

BERGAMO

Ein moderner Bahnhof und eine moderne Stadt empfingen mich, an der breiten stattlichen Straße standen erleuchtete Restaurants und Läden, trotz dem finsteren Regenabend machte die Menge ihren Abendgang, und die Trambahn war überfüllt. Sie wurde gegen die Altstadt und die Station der Drahtseilbahn hin leerer und leerer, und schließlich fuhr ich beinahe allein die steile Bahn hinauf. Unter mir verglühte die lebhafte abendliche Stadt, oben empfing mich der übliche zementierte Perron, neugierig trat ich aus dem Raum ins Freie und war mitten in einer dunklen alten Stadt, eine enge leere Gasse nahm mich auf, Läden wurden geschlossen, plötzlich erschreckte mich der Anblick eines unwahrscheinlich hohen Turmes, der aus der Häuserschlucht emporstieß und nach oben in die Nacht verschwand, es war, als sei ich plötzlich im südlichen Toskana oder in einem umbrischen Bergstädtchen. Überraschend tat sich bald darauf die Gasse auseinander und ergoß sich in einen großen wunderschönen Platz, rechts eine lange Bogenhalle, wo abendliche Bummler ihre Pfeife rauchten, links undeutlich ein großes Denkmal, modern, ein Garibaldi offenbar, und dahinter ein dunkler vornehmer Bau, schwere Pfeiler und schöngewölbte Bogen, auf dem ganzen Platze kein Leben mehr als die matterhellten Scheiben eines kleinen Kaffeehauses und einer Drogerie, in deren Fenster grüne und orangenrote Flaschen juwelenhaft leuchteten. Ich atmete tief auf, seit langem war ich nicht mehr so bei Nacht in ein altes italienisches Nest eingezogen, von ahnungsvollen Dunkelheiten angelockt, von plötzlich vortretenden edlen Architekturen überrascht und vom feuchten Dunst enger Steingassen begrüßt.

Im Gasthaus bekam ich ein rotgepflastertes Zimmer, groß, wie in einem Palast, und einen zarten Geißbraten, der Wein war gut, und der Wirt hatte eine schöne Schwägerin. Dennoch ging ich bald wieder aus. Der Regen tropfte sanft auf die großen Steinplatten, auf denen man so herrlich geht, der Garibaldi stand ernsthaft und etwas bedrückt auf seinem hohen Sockel, von vier äußerst grimmigen Löwen bewacht. Dreien von ihnen steckte ich je ein Zweisoldistück in das brüllende Bronzemaul – am nächsten Morgen fand ich die Münzen alle an ihrem Orte wieder. Indessen war ich um das Denkmal herumgegangen und stand vor einem wundervollen Palast, dessen Erdgeschoß sich als eine mächtige gewölbte Halle darstellte, mit dicken kantigen Pfeilern außen und schönen leichteren Säulen innen. Ich ging hindurch, sah links eine gewaltige weiße Treppe zum Dome führen und vor mir eine zweite, große, phantastisch aussehende Kirche, undeutliche Kuppeln im Nachthimmel, ein uraltes, anscheinend gotisches Portal mit Figuren in kleinen Gewölben, eine Kapelle zur Seite mit reicher, üppiger Fassade, alles im trüben Dämmer schwimmend, alles voll Ahnung und Versprechung und Vorgefühl schönster Überraschungen. Ich ging vorbei, erregt und voll Erwartung für morgen, und trug kein Verlangen, mir durch die Lektüre des Baedeker oder Cicerone die Spannung und Reiseköstlichkeit zu verderben.

Am Morgen war mein erster Gang wieder zu dem Platze, der nun im Tageslicht alle Versprechungen der Nacht wahr machte. Nur der Garibaldi hatte verloren, er stand schäbig auf seinem zu großen Sockel, und die vier wilden Löwen waren, wie ich jetzt sah, nicht nur töricht, sondern glücklicherweise auch viel zu klein. Der Palast mit der gewölbten Halle enthielt die berühmte Bibliothek von Bergamo, die einige hundert Inkunabeln besitzen soll, und ich hätte sie ansehen können, wenn ich irgend Lust dazu gehabt hätte. Eine kühne Riesentreppe mit einem von Säulen getragenen Hohlziegeldach führte zu ihr hinauf. Ich ließ sie liegen und ging erwartungsvoll unter der Halle durch, an einer schwungvollen barocken Statue vorbei, die den Dichter Tasso vorstellte, und jetzt sah ich die beiden Kirchenbauten, die mir in der Nacht so geisterhaft entgegengeblickt hatten, klar und kühn in der dünnen Morgensonne stehen.

Drüben stand der Dom, feierlich froh und hell, mit breiten königlichen Stufen vor dem Eingang, daneben, vor mir, Santa Maria Maggiore und, daran angebaut und wunderlich wild verziert und ausstaffiert, die Kapelle des Colleoni. Vor dem Kirchenportal ein kleiner hoher Vorbau: sechs bescheidene Steinstufen, ein weiter romanischer Rundbogen auf zwei von Löwen getragenen Säulen, darüber hoch und kühn ein gotischer Aufbau, eine Art kleiner, zierlicher Halle mit drei Nischen und in jeder eine alte naive Skulptur, die mittlere zu Pferde, und über dem allem nochmals ein schmales, spitzbedachtes Stockwerk, ein Stüblein mit zwei lichten, hübschen Säulen vorn und drei Heiligen darin, das Ganze von einer spröden Anmut und wildgewachsenen Unschuld und von jenem Zauber der Namenlosigkeit, da diese Art von Kunstgebilden gleich denen primitiver Völker weniger aus einem einzelnen Kopfe als aus dem Denken und Gefühl einer ganzen Generation und eines ganzen Stammes entsprungen scheint.

Ehe ich die Kirche betrat, blieb mein Blick an der überreichen Fassade der Colleoni-Kapelle hängen. Ihre Anlage muß schön und einfach gewesen sein, eine geschmackvolle Wiederholung der alten, bewährten Anordnung: Portal und zwei Seitenfenster, überm Portal eine große Rosette, oben als Abschluß eine lichte, leichte Galerie mit zierlich kleinen Säulchen. Irgend etwas stimmt aber nicht, das Ganze klingt nicht ganz rein und vollkommen zusammen, zwischen Wand und Kuppel bleibt etwas leer und ungelöst, und außerdem ist die ganze Fassade später aus dem Innern der Kirche her mit hundert Stücken und Stückchen beklebt worden, die dort bei einer Neueinrichtung entbehrlich geworden waren. Da wimmelt es von Säulen und Säulchen, von Reliefs in allen möglichen Materialien, Porträts und Engelchen, und das zugrunde gelegte zweifarbige Marmormuster täuscht, manchen unseligen modernen Fußböden gleich, eine Anordnung von Würfeln vor, die einem wild und gegen alle Naturgesetze ins Auge springen. Ach, zuweilen tut es mir geradezu wohl, auch die Italiener einmal auf einer richtigen Geschmacklosigkeit und saftigen Entgleisung zu ertappen, sie, die gewiß oft genug äußerlich und frech-virtuos sind, denen aber solche ganz schlimme Mißgeschicke im Bauen und Dekorieren, wie sie bei uns beinahe die Regel sind, doch nur selten passieren.

Durch die Tätowierung nicht abgeschreckt, ging ich in die Kapelle hinein, wo der venezianische General Colleoni samt seiner Tochter begraben liegt und wo heute noch, aus einer Millionenstiftung des frommen Feldherrn her, täglich Messen für ihn gelesen werden. Über seinem Sarge in tiefer Wandnische reitet der General, vergoldet auf einem vergoldeten Rosse, schön in etwas steifer Würde und Größe, und an der nächsten Wand liegt fein und klein in schmächtiger Zierlichkeit seine junge Tochter, in Stein gehauen, auf ihrem steinernen Kissen und schläft, vom unbekannten Künstler verewigt, in rührender Schönheit ahnungslos derselben Dauer und Berühmtheit entgegen wie ihr großer Vater.

Nun lief ich neugierig, an den säulentragenden rötlichen Löwen des Portals vorbei, der großen Kirche zu, trat ein und ward alsbald von einem frommfeierlichen Licht und Dufte umfangen, goldiges Zwielicht über dunklen Altarbildern und bleichen Fresken, in Nischen und Wänden allerlei Gemeißeltes und Geschnitztes, viel Pracht und Reichtum überall verschwendet. Man geht hindurch, atmet Glut und Selbstbewußtsein einer stolzen Vergangenheit, begrüßt in flüchtigem Erkennen ein steinernes Gesicht, eine gemalte oder gewirkte Landschaft, ein goldenes Ornament, geht weiter und vergißt noch im Gehen das kaum Gesehene, es bleibt nur ein

Klang von satter Pracht und würdigem Halbdunkel. Eines aber vergißt man nicht wieder, das sind die Chorstühle dieser merkwürdigen Kirche. Die sämtlichen Rükkenfelder dieser Stühle, es sind mehrere Dutzend, sind von eingelegter Holzarbeit, Bild an Bild, nach Zeichnungen von Lorenzo Lotto und anderen von Bergamasker Künstlern geschnitten und zusammengefügt; es haben Großvater, Söhne, Enkel daran geschaffen, mehr als hundertfünfzig Jahre ist an diesen Feldern gearbeitet worden.

Es ist wahrlich nicht schade um diese Zeit und Mühe. Man kann nichts Beglückenderes sehen als diese treue, feine und aparte Kunst: die Hölzer braun, gelb, grün, weiß, honigfarben, alle vom selben Duft und Altersgold, in satten, warmen Tönen leise leuchtend, den Augen ein laues, wohliges Bad. Da verstößt Abraham die Hagar und spricht Salomo sein Urteil, David spielt vor Saul die Harfe und erschlägt den Riesen, Judith tritt aus des Holofernes Zelt, Könige und Patriarchen wandeln und handeln in Zelten und Tempeln oder in schönen Landschaften mit ausdrucksvollen sehnsüchtigen Bäumen und felsigen Gebirgszügen. Da und dort ist eine Tafel von besonderem Glanz, eine feine zeichnerische Idee leuchtet beglückend auf, sonst aber sind alle diese vielen Bilder, an denen anderthalb Jahrhunderte gearbeitet worden ist, unentwegt vom selben Reiz der liebevollsten Arbeit, vom selben tiefsatten Ton, von derselben geduldigen Genauigkeit und klugen Anmut. Nur noch an mönchischen Miniaturen habe ich diese vornehme Einfalt wahrgenommen und diesen wohlig zum Ausmalen verlockenden Gedanken gehabt, es müssen stille, feine, geduldige Menschen gewesen sein, die da in unermüdlicher Kunst, vom Tage nichts wissend, sich in anmutigen Schilderungen sonnten und der eigenen Geschicklichkeit erfreuten. Man hat denselben Eindruck vor japanischen Holzarbeiten und chinesischen Stickereien.

Ich tat noch einen Blick in den Dom: Weiß und Gold und eine seltsam mit Nüchternheit vermählte Pracht.

Dann folgte ich der Lockung eines Sonnenstrahls auf ein schräg ansteigendes Plätzchen, wo zwischen den Pflastersteinen dünnes, spitzes lichtgrünes Gras wuchs, ein Riesenpalast dahinter ließ aus offenen Fenstern die leiernden Stimmen von Schulkindern heruntertönen. Ich kam weiter zu einem verschwiegenen Winkelchen, das großartig den Namen Piazza Terzi führte. Die eine Seite des Plätzchens war von einer hohen Terrassenmauer gebildet, und die rohe schwere Mauer war entzückend von einer großen Nische unterbrochen, darin stand überlebensgroß eine schöne weibliche Figur in weicher Anmut, etwa eine Ceres, und über dem Ganzen als Abschluß eine kleine Ziergalerie und zu beiden Seiten zwei Putten mit Füllhorn und Garben. Entzückt blieb ich stehen, das war ein Stück bestes Italien, eine von den vielen kleinen Überraschungen und Reisefreuden, um derentwillen das Reisen sich lohnt. Und als ich mich umwandte, stand der Figur gegenüber ein Palastportal offen, unter einem hohen reinen Bogen sah man einen Hof mit Pflanzen und hängender Laterne, dahinter standen traumhaft eine elegante Balustrade und zwei große Statuen mit scharfem Umriß in der Luft und weckten mitten in dem engen Mauerwinkel die Ahnung der unendlichen Ferne und Weite des Luftraumes über der Po-Ebene.

1913

SAN VIGILIO

Ich hatte in Bergamo manches Schöne gesehen, Erwartetes und Unerwartetes, ich hatte auch den Kinematographen besucht und mit dem Padrone eines kleinen Kaffeehauses Freundschaft geschlossen, der früher Musiker gewesen war und aus seinen Jünglingszeiten her ein Diplom über erfolgreiche Studien im Kontrapunkt an der Wand hängen hatte. Daneben waren hübsche alte Kupferstiche zu sehen, und oben im großen Familienschlafzimmer hing unter anderen, zum Teil schönen Malereien eines der schönsten Bilder, die ich in Bergamo gesehen habe, eine Madonna im Stil des Giovanni Bellini, vermutlich von einem Schüler. Ich hatte auch das Wohnhaus des Colleoni aufgesucht und darin einen köstlichen kleinen Speisesaal gesehen, stilvoll und apart mit kleinen edlen Zieraten in gesättigter Stimmung, ganz wie aus einer Novelle von Conrad Ferdinand Meyer.

Ich war ferner in der Talstadt unten gewesen und in der Carrara-Akademie, wo ein kleines Männerporträt von Pisanello und eine Madonna von Boltraffio über hundert schon wieder verblaßte andere Bilder hinweg mir lieb geworden ist, die Madonna erstaunlich als Frauentypus, eine Vereinigung von reifer Majestät mit süßer Anmut, verwandt mit dem Mailänder Lionardo-Typ, aber selbständig und voll Zauber. Nachher hatte ich vergeblich nach einer Photographie dieser Madonna gesucht und mich in der neuen Stadt einigermaßen gelangweilt, ich hatte meinen schwarzen Kaffee in einem wunderlichen Gewölbe aus neuester Zeit eingenommen, das aus nachgemachtem Tropfstein bestand und eine schauerliche Höhle darstellte, in deren finsteren Vertiefungen und Stufen tröstlich die Flaschen mit Vermouth, mit Marsala und all den italienischen Dessertschnäpsen standen. Ich hatte mir die Herstellungsart dieser Grotte erklären lassen und zwei Tassen Kaffee getrunken, eine für fünfzehn und eine für zwanzig Centesimi, und mich wieder darüber gewundert, wie die Italiener bei ihren Riesenzöllen für wenige Pfennige einen Kaffee kochen können, den man bei uns in vornehmen Lokalen vergebens sucht. Ich war schließlich wieder nach der Bergstadt zurückgekehrt und trieb mich schlendernd durch die Gassen, froh über das Ausbleiben des Regens, der vor einer Stunde noch gedroht hatte.

Durch den weiten Hof eines vierflügeligen Gebäudes, das ein Kollegium oder auch eine alte Kaserne sein konnte, kam ich zum oberen Stadttor, in dessen ehemaliger Wächterstube jetzt ein kleiner Gemüseladen Unterkunft gefunden hat. Durch den weiten Torgang blickten von der Höhe abendsonnige Häuser, rosig und grün gemalt, und kaum war ich jenseits ins Freie gekommen, so stand da schon wieder eine kleine Wartehalle, und eine zweite Drahtseilbahn führte nach San Vigilio hinauf, dem höchsten Villen- und Hügelvorort von Bergamo. Das war, was ich brauchte. Ich nahm den nächsten abgehenden Wagen, und schon nach Augenblicken eröffnete sich eine ganz neue, herrliche Aussicht: über der Stadt auf der Plattform des Wagens stehend, sah ich das steile alte Bergamo von oben, mit Türmen, Kuppeln, Festungsmauern und Dächern zwischen mir und der tief unten verschwimmenden grünen Ebene in der Silhouette stehen, geschlossen und trotzig. Über die Kuppeln floß schwache Abendsonne, von den Türmen tröpfelte mit unsicheren, spannenden Pausen das wahnsinnige mechanische Radgeläute, dem man in keiner oberitalienischen Stadt entrinnt und an das man sich schließlich gewöhnt wie an ein groteskes Riesenspielzeug.

Oben erkundigte ich mich, ob etwa weiter bergeinwärts noch weitere Seilbahnen bestünden, wurde aber beruhigt, hier sei es zu Ende und ich sei auf der obersten Höhe von Bergamo. Der Station gegenüber stand ein niederes Wirtshaus, ich blickte zur Glastüre hinein und quer durch das wenig tiefe Haus und ahnte drüben eine so herrliche Aussicht, daß ich einzukehren beschloß. Vorher aber ging ich ein wenig das Sträßlein den Hügelgrat entlang, blieb vor einer sauberen kleinen Villa stehen und hörte einem kindlich befangenen Klavierspiel zu, das aus dem Hause drang. Musik aus einem fremden Hause in einer fremden Stadt ist immer seltsam anziehend und weckt sehnsüchtige Vorstellungen von Glück und fremder Häuslichkeit. Ich blieb lange stehen und suchte mir vorzustellen, wer da drinnen spiele. Gewiß ein Mädchen, ich meinte es zu hören, vielleicht fünfzehn oder sechzehn Jahre alt, das drunten in der neuen Stadt zur Schule geht und seit kurzem bei Familienanlässen sich hören lassen darf.

Unvermutet tat sich das Haustor auf, ein freundlicher Herr kam heraus und fragte, was ich begehre. Ich sagte, ich hätte nur dem Klavierspiel zugehört, aber da er nun schon einmal geöffnet habe, wäre ich dankbar, wenn ich einen Blick in seinen Garten tun dürfe. Er lächelte und stellte sich vor, er war Professor und lehrte in einem technischen Institut, in demselben schönen Gebäude mit der langen, hohen Bogenhalle, das ich kürzlich bei meiner nächtlichen Ankunft als ersten wohlgefälligen Anblick beim Betreten der Piazza Garibaldi begrüßt hatte. Sogleich kam auch die Tochter, sie war erst zwölf Jahre alt und brachte zwei jüngere Geschwister mit, wir gingen in den Garten, der hoch und ohne jede Nachbarschaft stolz in seiner Höhe liegt und auf Bergamo hinuntersieht. Im Winter, erzählten sie, säßen sie hier oben oft in der Sonne, während weithin die ganze Ebene in einem Nebelmeer ertrunken sei. Auf der steinernen Gartenmauer standen zwei komische Steinfiguren aus dem siebzehnten Jahrhundert, zwei groteske zwerghafte Violinspieler, deren einer voll Empfindsamkeit und schmelzendem Gefühl, der andere voll munterer Laune musiziert. Ehe ich ging und dankend Abschied nahm, mußte das Mädchen noch ein Stück spielen, wir traten in die Stube und hörten den Tripolismarsch an.

Fröhlich kehrte ich zum Wirtshause zurück. Das Gefühl einsamen Herumstehens vor fremden Häusern war von mir genommen. Ich bestellte ein Getränk, sah mich nach einem schönen Sitzplatze um und entdeckte hinter dem Hause eine lange, schmale Veranda. Da setzte ich mich, vor mir blühten farbige Blumen in Blechdosen, ein kleines Zwischental mit smaragdgrün leuchtendem Grase schwang sich unter mir hinab und jenseits in zarter Welle wieder hügelan, dahinter standen die Berge bläulich dunkel, Kette um Kette bis zu hohen beschneiten Alpen, ein tiefes Gefühl von Raum und Ferne erweckend.

Über der nächsten, scharfgratigen Kette, neben einer riesigen düsteren Wolke von Drachengestalt, stand groß und milde im Duft die niedere Sonne, ihr Licht floß mit den parallelen Bergrücken abwärts in feinen Stufen und Sprüngen über Berge, terrassierte Hügel und Gartenhänge ins Land hinab, das ich nun erst in seiner Größe und mächtigen Würde liegen sah: die ungeheure Ebene Norditaliens, mächtig und ohne Ende wie ein Meer, die Nähen grün und leuchtend, die Ferne in hundert Tönen grau und bläulich und blau und blauer werdend, weiß getupft von tausend Städtchen, Dörfern, Klöstern, Weilern, Höfen, Türmen, Villen, in der Ferne tiefblau verschwimmend ohne Ende. Solche Sachen hat Turner gemalt, und so habe ich seit den Knabentagen mir Italien vorgestellt: Von Schneebergen und Felsstürzen abwärts in schönen Stufen mit Gärten und Landhäusern, reich und mannigfach und fruchtbar, und hinabwärts nach Süden die unendliche, grün und blaue, märchenhafte Ebene. Aber mit Augen gesehen hatte ich das niemals so schön und gewaltig wie hier. Auf diesen Hügeln sind deutsche Soldaten und Schweizer Landsknechte hundertmal gestanden und haben gierig und trunken hinuntergeblickt in die reiche, prangende Fruchtbarkeit und Größe des fremden Landes.

Ganz in der Ferne, schon vom blauen Luftmeer begrenzt, schien von einem Sonnenglanz gehoben ein kleines weißes Ding aus dem Dunst, unsäglich fern und wesenlos. Ungläubig schaute ich hin und strengte die Augen an; aber die Richtung stimmte, und es konnte dahinüber kein anderer Bau von solcher Größe liegen; es war, ein lichter, froher Punkt im Unendlichen, der weiße Dom von Mailand.

1913

INDIEN

NACHTS IM SUEZKANAL

Seit zwei Stunden wird das Schiff von Moskitos belästigt; es ist sehr warm, und die heitere Stimmung vom Mittelmeer hat sich erstaunlich rasch verloren. Viele fürchten sich einfach vor der berüchtigten Hitze im Roten Meer, die meisten aber kehren von kurzen Ferien und Besuchen in der Heimat zurück oder reisen zum ersten Male aus, und für sie alle beginnt jetzt erst die Heimat unterzusinken, und mit der Wärme, dem Sand, den frühen Sonnenaufgängen und den Moskitos überfällt sie der Osten, den sie alle nicht lieben, obwohl und weil sie draußen ihr Geld verdienen. Nur im Restaurant der zweiten Klasse zechen ein paar junge Deutsche, die meisten Passagiere sind schon in den Kabinen. Der ägyptische Quarantänebeamte, der unser Schiff seit Port Said begleitet, marschiert mißmutig auf und ab.

Ich versuche zu schlafen. Ich lege mich in meiner winzigen Kabine aufs Bett, über mir saust schnurrend der elektrische Fächer, im kleinen runden Fensterloch steht schwarzblau die heiße Nacht, knisternd singen die kleinen Stechmücken. Seit Genua war keine Nacht an Bord so still; seit Stunden kein Geräusch als das leise Rollen eines Eisenbahnzuges von Kairo, der auf dem langen öden Damm auftauchte, in gespenstischer Nachbarschaft vorüberschnob und wunderlich im Röhricht der weiten kahlen Landschaft verschwand.

Noch ehe der Schlummer kommt, schreckt mich das plötzliche Verstummen der Maschine auf. Wir liegen still. Ich kleide mich an und gehe aufs Oberdeck. Ringsum eine unerhörte Stille, vom Sinai her kommt der abnehmende Mond, bleiche Sandhaufen schauen im vorübergleitenden Blick entfernter Scheinwerfer tot und glanzlos auf, im unendlichen schwarzen Wasserstreifen blinken grelle giftige Reflexe, unterm schweren matten Mond zucken hundert Seen, Sümpfe, Lachen, Binsenteiche gelb und lieblos aus der traurigen Ebene. Unser Schiff fährt nicht mehr, kein Ruf oder Pfiff, es liegt regungslos, verzaubert, aber voll tröstender Wirklichkeit in der Wüste.

Auf dem Hinterdeck treffe ich einen kleinen eleganten Chinesen aus Schanghai. Er lehnt aufrecht an der Brüstung und verfolgt die Scheinwerfer mit seinen dunklen klugen Augen, und er lächelt dazu so hübsch wie immer. Er kann das ganze Schi-king auswendig, er hat alle chinesischen Examina gemacht und jetzt auch noch einige englische, er spricht über das Mondlicht über dem Wasser zart und nett in geläufigem Englisch und macht mir Komplimente über die schönen Landschaften Deutschlands und der Schweiz. Es fällt ihm nie ein, China zu rühmen, aber wenn er Lobendes über Europa zu sagen hat, klingt es bei aller Höflichkeit so überlegen, wie wenn der große Bruder nett ist und dem kleineren zu seinen starken Armen gratuliert. Wir wissen alle, daß in China gerade in diesen Tagen die große Revolution neu beginnt, die vielleicht dem Kaiser den Kopf kosten wird, und unser kleiner feiner Mann aus Schanghai weiß sicher weit mehr als wir und ist vielleicht gar nicht zufällig gerade jetzt unterwegs. Aber er ist still und arglos wie ein Berggipfel in der Sonne und strahlt in seiner höflich verschanzten Heiterkeit alle irgend unbequemen Fragen mit einer gewinnenden Sonnigkeit zurück, die uns alle verwirrt und mich entzückt.

Am Ufer erscheint ein lichter kleiner Fleck. Es ist ein weißer Hund, er läuft eine kleine Strecke weit den Strand entlang, streckt den mageren Hals lang aus und schaut zu uns herüber. Aber er bellt nicht. Er schaut eine Weile scheu und still herüber, riecht am trüben Wasser und trabt lautlos davon, immer der schnurgeraden Uferlinie nach.

Der Chinese redet von den europäischen Sprachen, er

rühmt die Bequemlichkeit des Englischen und den Wohllaut des Französischen, er bedauert entschuldigend, daß er nur ganz wenig Deutsch und gar kein Italienisch gelernt hat. Er lächelt dazu lieb und wohlgestimmt und folgt mit den feuchten klugen Augen den Bewegungen der Schiffslichter.

Unterdessen fahren zwei große Dampfer langsam und unendlich behutsam an uns vorüber. Unser Schiff ist am Ufer angebunden. Der große Kanal ist kostbar und gebrechlich und wird wie Gold geschont.

Ein englischer Beamter aus Ceylon tritt zu uns. Wir stehen lange und sehen ins tote Wasser, der Mond beginnt schon wieder zu sinken. Ich habe das Gefühl, ich sei seit Jahren von der Heimat fort. Nichts spricht zu mir, nichts ist mir nah und lieb, nichts tröstet mich als unser gutes Schiff. Die paar Bretter und Klammern und Lichter sind alles, was ich habe, und es macht mich unruhig, nach so viel Tagen plötzlich den vertrauten Herzschlag der Maschine nimmer zu hören und zu spüren.

Der Chinese redet mit dem englischen Beamten über Gummipreise, und ich höre immer wieder das Wort Rubber, das ich vor zehn Tagen noch nicht kannte und das mir jetzt so geläufig ist, das beherrschende Wort des Ostens. Er redet sachlich, hübsch und höflich, und er lächelt immerzu im fahlen elektrischen Licht, wie ein Buddha.

Der Mond hat seinen kleinen Bogen beschrieben, er neigt sich und versinkt hinter den grauen Schutthalden, und mit ihm versinken die hundert kühlen, übelwollenden Blinklichter der Sümpfe und Seen, die Nacht steht dick und schwarz, scharf durchschnitten von den Lichtbahnen der Scheinwerfer, die ebenso unheimlich und lautlos und unendlich geradlinig sind wie der Kanal selber.

1911

ABEND IN ASIEN

Abends Ankunft in Penang. Im Eastern and Oriental Hotel (dem schönsten Europäerhotel, das ich auf der hinterindischen Halbinsel traf) ward mir eine fürstliche Wohnung von vier Räumen angewiesen, vor der Veranda klatschte das braungrüne Meer an die Mauer, und im roten Sande standen groß und ehrwürdig die abendlichen Bäume. Die rotbraunen und gelben Segel vieler Boote, gebaut wie starksehnige Drachenflügel, leuchteten im letzten Tageslicht, dahinter der weiße Sandstreifen des Penangstrandes, die blauen siamesischen Berge und alle die winzigen dick bewaldeten Koralleninselchen der wundervollen Bucht.

Nach Wochen eines unbequemen Wohnens in der beängstigend schmalen Schiffskabine genoß ich vor allem eine gute Stunde lang die Weite meiner Räume; ich probierte die ausschweifend bequemen Liegestühle des luftigen Vorzimmers, wo alsbald ein kleiner Chinese mit Philosophenaugen und Diplomatenhänden lautlos Tee und Bananen auftrug, ich badete im Baderaum und wusch mich im Ankleidezimmer. Dann kostete ich im hübschen Speisesaal bei ganz guter Tafelmusik zum erstenmal mit leiser Enttäuschung das Essen eines englisch-indischen Hotels. Inzwischen war eine tiefe, schwarze Nacht ohne Sterne heraufgekommen, die großen unbekannten Bäume rauschten wohlig im lauen, schweren Winde, und große unbekannte Käfer, Zikaden und Hummeln sangen, schwirrten und schrien überall heftig mit den scharfen eigenwilligen Stimmen junger Vögel.

Ohne Hut und in leichten Schlafschuhen trat ich auf die breite Straße hinaus, rief einen Rikschamann heran, stieg mit frohem Abenteuergefühl in den leichten Wagen und sprach mit Kaltblütigkeit meine ersten malaiischen Worte, welche der flinke, starke Kuli sowenig verstand wie ich die seinen. Er tat, was jeder Rikschamann in diesem Falle tut, er lächelte mir mit seinem guten, kindlich bodenlosen Asiatenlächeln herzlich zu, wendete sich um und lief in frohem Trab davon.

Und nun erreichten wir die innere Stadt, und Gasse für Gasse, Platz für Platz, Haus für Haus glühte in einem erstaunlichen, unerschöpflichen, intensiven und doch wenig geräuschvollen Leben. Überall Chinesen, die heimlichen Herrscher des Ostens, überall chinesische Läden, chinesische Schaubuden, chinesische Handwerker, chinesische Hotels und Klubs, chinesische Teehäuser und Freudenhäuser. Dazwischen je und je eine Gasse voll Malaien oder Klings, weiße Turbane auf dunkelbärtigen Köpfen, blanke bronzene Männerschultern und stille, ganz mit Goldschmuck behängte Frauengesichter, rasch von einer Fackel beleuchtet, lachend oder aufheulend dunkelbraune Kinder mit dicken Bäuchen und wunderschönen Augen.

Hier scheint es keinen Sonntag, hier scheint es keine Nacht zu geben; ohne Ende und ohne sichtbare Pause geht die gelassene, gleichmäßige Arbeit weiter, nirgends nervös und übertrieben, überall fleißig und heiter. Klug und geduldig kauert auf hohem Brett der kleine Straßenhändler über seiner Bude, still und würdevoll arbeitet am Rande der brausenden Straße der Barbier, zwanzig Arbeiter klopfen und nähen in der Werkstatt eines Schuhmachers, freundlich breitet ein mohammedanischer Kaufmann auf niederen breiten Ladentischen seine schönen Tücher aus, die aber fast alle aus Europa stammen. Japanische Dirnen sitzen kauernd am Steinrand der Gosse und girren wie fette Tauben, aus chinesischen Freudenhäusern glänzt golden der wohlbestellte steife Hausaltar, hoch über der Straße in offenen Veranden hocken alte Chinesen mit kühlen Gebärden und heißen Augen beim aufregenden Glücksspiel, andere liegen und ruhen oder rauchen und hören der Musik zu, der feinen, rhythmisch unendlich komplizierten und exakten chinesischen Musik. Köche sieden und braten auf der Gasse, Hungrige speisen an langen Brettertischen gesellig und feinschmeckerisch und sicher für zehn Cents nicht schlechter, als ich im Gasthaus für drei Dollar gegessen habe, Fruchthändler bieten unbekannte Früchte an, phantastische Erfindungen einer müßigen, überreichen Vegetation, kleine Buden haben ihre ärmlichen Güter, eine Handvoll getrocknete Fische oder drei Häuflein Betel, sorgsam mit Kerzen beleuchtet. Hier wandeln im verschwenderischen Licht, das namentlich der Chinese liebt, unverändert alle Gestalten der östlichen Märchen, nur die Könige, Wesire und Henker sind zum Teil verschwunden, gleichwie vor Jahrhunderten arbeitet der geschickte Barbier, tanzt die geschminkte Dirne, lächelt ergeben der Diener und blickt stolz der Herr, wie immer kauern wartend die Träger und Arbeitsuchenden, kauen Betel und erzählen einander Geschichten.

Ich besuchte ein chinesisches Theater. Da saßen still und rauchend die Männer, still und teeschlürfend die Frauen, vor ihrer hohen Empore turnte gefährlich auf schwankem Brett der Teeschenk mit mächtigem Kupferkessel. Auf der geräumigen Bühne saß eine Schar Musikanten, das Drama begleitend und seinen Takt kunstvoll betonend; auf jeden betonten Schritt des Helden fiel ein betonter Schlag der weichtönenden Holztrommel. Es wurde in alten Kostümen ein altes Stück gespielt, von dem ich wenig verstand und nicht ein Zehntel sah, denn das Stück ist lang und wird durch Tage und Nächte fortgespielt. Da war alles gemessen, studiert, nach alten heiligen Gesetzen geordnet und in rhythmischem Zeremoniell stilisiert, jede Gebärde exakt und mit ruhiger Andacht ausgeführt, jede Bewegung vorgeschrieben und voll Sinn, studiert und von der ausdrucksvollen Musik geführt. Es gibt in Europa kein einziges Opernhaus, in dem Musik und Bewegungen des Bühnenbildes so tadellos, so exakt und harmonisch miteinandergehen wie hier in dieser Bretterbude. Eine schöne einfache Melodie kehrte häufig wieder, eine kurze monotone Weise in Moll, die ich mir trotz aller Bemühungen nicht einprägen konnte und die ich später tausendmal wieder hörte, denn es war gar nicht, wie ich meinte, stets dieselbe Tonfolge, sondern es war die chinesische Grundmelodie, deren zahllose Variationen wir zum Teil kaum wahrnehmen können, da die chinesische Tonleiter kleiner differierende Töne hat als unsere. Was uns dabei stört, ist der reichliche Gebrauch von Pauke und Gong; im übrigen ist diese Musik so fein und klingt abends von der Veranda eines festlichen Hauses so lebensfroh und oft so leidenschaftlich, lustbegierig, wie nur irgendeine Musik bei uns daheim es tun kann. Im ganzen Theater war außer der primitiven elektrischen Beleuchtung nichts Europäisches und Fremdes; eine alte, durch und durch stilisierte Kunst schwang ihre alten, heiligen Kreise weiter.

Leider ließ ich mich verführen, danach auch noch ein malaiisches Theater zu besuchen. Da prangten grelle, wahnsinnige Kulissen von grotesker Häßlichkeit, von dem Chinesen Chek May in wohlgeglückter Spekulation auf die Instinkte der Malaien gemalt, eine Parodie auf alle Entgleisungen europäischer Kunst, das ganze Theater von einer dummen Drolligkeit und Hoffnungslosigkeit, die nach kurzem, krampfhaftem Lachvergnügen unerträglich wird. In üblen Kostümen spielten, sangen und tanzten malaiische Mimen in varietéhafter Weise die Geschichte von Ali Baba. Hier wie später überall sah ich die armen Malaien, liebe, schwache Kinder, rettungslos an die bösesten europäischen Einflüsse verloren. Sie spielten und sangen mit oberflächlicher Geschicklichkeit, neapolitanerhaft heftig und manchmal improvisierend, und dazu spielte eine moderne Harmoniummaschine.

Als ich spät die innere Stadt verließ, klangen und glühten hinter mir die Gassen weiter, noch die halbe Nacht hindurch, und im Hotel ließ ein Engländer zu einsamem Nachtvergnügen ein Grammophon oberbayrische Jodlerquartette spielen.   1911

SPAZIERENFAHREN

Nichts Schöneres als bei gutem Wetter in Singapore spazierenzufahren! Man nimmt ein Rikschawägelchen, setzt sich hinein und hat nun außer der übrigen Aussicht immerzu den beruhigenden Blick auf den Rücken des ziehenden Kuli, der im Takt seines wiegenden Trabes auf und nieder hüpft. Es ist ein nackter, goldig gelbbrauner Chinesenrücken und darunter ein Paar nackte, starke, athletisch ausgebildete Beine von derselben Farbe, dazwischen eine verwaschene Badehose aus blauem Leinen, deren Farbe mit dem gelben Körper und der braunen Straße und mit der ganzen Stadt und Luft und Welt ganz delikat zusammenklingt. Daß auch die meisten Straßenbilder delikat und harmonisch aussehen, dafür müssen wir ebenfalls den Chinesen dankbar sein, die sich zu kleiden und zu tragen verstehen und deren hunderttausendköpfiges Gewimmel in Blau, Weiß und Schwarz die Gassen füllt. Dazwischen schreiten stolz und heldenhaft mit schwarzbraunen, hageren Gliedern und asketischen Augen hochgewachsene Tamilen und andere Indier, deren jeder auf den ersten Blick wie ein entthronter Radscha aussieht, die aber allesamt, nicht besser als die Malaien, hilflos auf jeden Importartikel hereinfallen und sich kleiden wie Dienstmägde am Sonntag. Man sieht da wunderschöne dunkle, nobel blickende Menschen genau in denselben schreienden, grellen, schonungslos farbigen Kostümen einhergehen, wie sie etwa auf heimatlichen Maskenbällen von jungen phantasievollen Ladengehilfen getragen werden – wahre Karikaturen von Trachten! Die klugen Kaufleute aus unserem Westen haben die indischen Seiden und Leinen entbehrlich gemacht, sie färbten Baumwolle und druckten Kattune viel greller, viel indischer, jubelnder, wilder, giftiger, als sie je in Asien gesehen worden waren, und der gute Indier samt dem Malaien ist ein dankbarer Kunde geworden und trägt um seine bronzenen Hüften die billigen, farbengrellen Stoffe aus Europa. Zehn solche indischen Figuren genügen, um eine belebte Straße farbig unruhig zu machen und in ein Stück unechten Orient zu verwandeln. Aber sie kommen hier nicht auf, sie mögen noch so königlich schreiten und noch so papageienhaft leuchten, sie werden umschlossen und erstickt und still zugedeckt von dem diskreten gelben Volk aus China, das in hundert Straßen dicht und fleißig haust und wimmelt, von der uniformen, ameisenartigen Menge der Chinesen, von denen keiner in Farben schwelgen und seine Person zum König oder Hanswurst herausputzen will, deren unendlicher Schwarm in Blau, Schwarz und Weiß die ganze Stadt Singapore erfüllt und beherrscht.

Den Chinesen verdanken wir auch die langen, ruhigen, wohltuend gleichmäßigen Straßenzüge, wo Haus an Haus blau und bescheiden in der blauen stillen Reihe steht und jedes das andere hält und gelten läßt und hebt, mindestens so fein und diskret wie in Paris. Den Engländern aber verdanken wir die breiten, schönen, reinen, bequemen Wege, die anmutvollen Gartenvorstädte und die herrlichen Baumpflanzungen, die vielleicht das Schönste von ganz Singapore sind.

Da ist gleich vorn am Meere, mitten zwischen den protzigen Gebäuden und weiten Sportplätzen, die mittags so leer und kahl und unwahrscheinlich groß in der unbarmherzigen Sonne glühen, die mächtige Esplanade, eine fürstlich breite Allee von alten, herrlichen Bäumen, eine immer kühle, immer schattige, ehrwürdige Riesenhalle aus Laub und Ästen. Hier ist es schön, am frühen Vormittag zu fahren, wenn über dem glänzenden Meer und über den ungezählten Schiffen und Segeln und schaukelnden Booten die heftige Sonne schräg herabbrennt und hinter Meer und Schiffen und Inseln den ganzen Horizont entlang phantastisch, in Form von Türmen und riesigen Bäumen, die steilen weißen Morgenwolken stehen. Und es ist schön am Mittag, wenn ringsum alles in der Hitze kocht und brütet. Da ist die Einfahrt aus der blendenden Glut in diese dunkle Baumkühle nicht anders als der Schritt von einem sommermittäglichen Marktplatz in einen kühlen Dom mit dunklen Gewölben. Am Abend aber ist das schräg einfallende Licht voll Gold und Wärme, vom Meer weht frisch der duftende Wind, aufatmende Menschen fahren vergnügt in weißen Kleidern spazieren und spielen Ballspiele auf grünen flachen Plätzen, deren Rasen im Abendlicht edelsteingrün leuchtet. Und nachts, da fährt man in die Esplanade ein wie in eine Zauberhöhle, in den kleinen Lücken zwischen den Baumkronen hängen grünfunkelnd die Sterne, im selben kühlen Feuer schimmern die Schwärme der Leuchtkäfer, und auf dem Meere schwimmt mit tausend roten Augen die geheimnisvolle Lichterstadt der Schiffe.

Ohne Ende sind die Gartenstraßen der äußeren Stadt. Da fährst du auf glatten, äußerst gepflegten Wegen immerzu, und überall zweigen stille Wege ab und führen durch grüne reiche Baumgärten zu stillen luftigen Landhäusern, deren jedes Heimweh weckt und Glück zu hegen scheint, und über dir und um dich her atmet ruhig und lebendig die wunderbare Baumlandschaft, stundenlang, ein Park ohne Ende, mit Bäumen, die an Eichen und an Buchen, an Birken und an Eschen erinnern, die aber alle ein wenig ausländisch und märchenhaft schauen und größer, höher, üppiger sind als unsere Bäume.

Plötzlich sind wieder Häuser da, man fährt an Werkstätten, Läden und ernsthaftem Chinesenbienenleben vorüber, vergoldetes Porzellan und hellgelbe Messingwaren glänzen in Schaufenstern, fette indische Händler sitzen auf niederen Ladentischen zwischen Haufen von Seidenstoffen oder lehnen neben Schaukasten voll Diamanten und grünen Jettsteinen. Das heftige Straßenleben erinnert wohlig an italienische Städte, entbehrt aber völlig des Gebrülls, mit dem in Italien jeder Streichhölzerbub seine Ware ausschreit.

Wieder kommen niedere Häuser, Bäume dazwischen, halbländliche Vorstadtluft, und plötzlich ist man unter Kokospalmen. Niedere Hütten, mit Palmblättern gedeckt, Ziegen, nackte Kinder, ein Malaiendorf und, so weit der Blick reicht, tausend und wieder tausend Palmen, streng und kahl, darunter flimmernd das weißlichgrüne Tageslicht.

Und kaum hat das Auge sich angepaßt, und kaum hat das Bewußtsein mit Genuß den heftigen Kontrast zwischen geradlinig stilisierter Palmenwelt und laubig weicher, wirrer Parklandschaft verzeichnet, da geht alles wankend auseinander, erschrocken fällt der Blick in eine ungeheure Weite, man ist am Meere, an einem ganz neuen, stilleren und weiten Meere mit flachem Palmenstrand und wenig Booten, und hinten im Bogen liegt mit blauen Hügelsilhouetten Insel an Insel, alles überragt und klein gemacht durch die große Form eines chinesischen Segels, das mit hundert feinen Rippen wie ein Drachenflügel in den Himmel sticht.

1911

AUGENLUST

Wenn aus der Flasche, die mein Boy eben öffnet, ein turmhoher Ifrit emporrauchte und mir die Erfüllung dreier Wünsche gewährte, so würde ich ohne Besinnen sagen: Gesund sein, eine schöne, junge Geliebte bei mir haben und über zehntausend Dollar verfügen.

Alsdann würde ich eine Rikscha nehmen und einen Extra-Rikschakuli für die Pakete und würde in die Stadt fahren, die ersten paar tausend Dollars lose in der Tasche. Ich würde nicht viel auf die bettelnden Kinder hören, die sich zum Entsetzen meiner Schönen mit dem leidenschaftlichen Ausruf: „O father, my father!" um mich drängen. Dem kleinen elfjährigen Chinesenmädchen hingegen, das täglich vor den Hotels seinen fliegenden Handel mit Spielsachen betreibt, würde ich einen Dollar schenken. Sie ist, wie gesagt, elf Jahre alt, und ihr Wuchs und Aussehen ist noch weit kindlicher und minderjähriger; dennoch geht sie ihrem Straßenhandel schon seit sechs Jahren nach. Sie hat mir das selbst erzählt, doch würde ich es nicht weiterberichten, wenn nicht ein alter Singapore es mir bestätigt hätte. Das kleine, schmächtige Mädel hat das süße Kindergesicht, das hübsche Chinesen oft bis zum Alter bewahren, aber sie hat gescheite, kühle Augen und ist vielleicht das hoffnungsvollste und smarteste Chinesenkind von Singapore, was sie auch sein muß, denn es leben seit Jahren fünf Personen von ihrer Arbeit, und ihre Mutter geht, sooft sie kann, sonntags zum Spielen nach Johore. Die Kleine trägt einen wundervollen Zopf, schwarze weite Hosen und eine verschossene blaue Bluse, und es wird dem ältesten Überseer nicht gelingen, sie beim Feilschen und Scherzen einen Augenblick in Verlegenheit zu bringen. Leider hat sie noch sehr wenig Kapital und noch keine Marktübersicht, aber das wird kommen, und vielleicht ist es auch reine Klugheit von ihr, daß sie gerade mit Kinderspielsachen handelt, solange ihr leichtes Kinderfigürchen und ihr glattes Kindergesicht diesen Handel suggestiv unterstützen. Später wird sie mit Gegenständen handeln, die wohlhabende junge Herren brauchen, dann wird sie heiraten und ihr Geschäft in Porzellan, Bronzen und Altertümern machen, und schließlich wird sie nur noch spekulieren und Geld verleihen und die Hälfte ihres Vermögens in ein wahnsinnig luxuriöses Privathaus verbauen, wo in viel zu vielen Zimmern viel zu viele Lampen brennen und wo der riesige Hausaltar von Gold funkeln wird.

Sie soll also ihren Dollar haben, und nachdem sie ihn ohne Erstaunen und ohne vielen Dank eingesteckt hätte, würden wir gegen die High Street hin fahren. Erst würde ich noch in einer Seitenstraße beim besten Rottangflechter halten lassen und für mich und meine Liebste je einige Liegestühle bestellen, die beste Arbeit aus dem fehlerlosesten und biegsamsten Material, jeder Stuhl unsern Körpermaßen bequem angepaßt und mit einem kleinen Teegestell, einem kleinen Bücherkästchen, einem Zigarettenbehälter und spaßeshalber mit einem schönen, feingeflochtenen Vogelkäfig versehen.

In der High Street würden wir zuerst bei einem indischen Juwelier vorfahren. Diese Leute haben zuviel Verbindung mit Europa und verstehen selten mehr, ihre Sachen so naiv und edel zu fassen wie früher, sie arbeiten nach englischen und französischen Dessins und beziehen aus Idar und Pforzheim, aber ihre Steine sind meistens schön, und mit Geduld und Sorgfalt würde ich sicher sein, mindestens ein edles goldenes Armband mit Rubinen und eine dünne, zarte Halskette mit bleichen, bläulichen Mondsteinen zu finden. Zeit hätten wir ja genug, und die Händler mögen in Asien sein wie sie wollen, jedenfalls ist ihre Zeit und Geduld und Höflichkeit unermessen, und du kannst ruhig zwei Stunden lang einen Laden besehen und nach allen Waren und Preisen fragen, ohne etwas zu kaufen.

Lachend würden wir dann einen chinesischen Laden betreten, wo vorn Blechkoffer und Zahnbürsten, im nächsten Raum Spiel- und Papiersachen, im nächsten Bronzen und Elfenbeinschnitzereien und im hintersten alte Götter und Vasen zu haben sind. Hier dringt der europäische Operettenstil nur bis in die Mitte des Ladens, weiter hinten gibt es wohl noch Imitationen und Fälschungen, aber die Formen sind echt, und sie drücken alles aus, was ein Chinese fühlen kann, von der eisigsten Würde bis zum tollen Vergnügen an wildester Groteskerie. Hier würden wir einen eisernen Elefanten mit erhobenem Rüssel kaufen, zwei oder drei alte Porzellanteller mit grün und blauen Drachen oder Pfauen und ein altes Teeservice, rotbraun und golden, mit Familien- und Kriegerszenen der alten Zeit.

Dann würden wir in einen von den japanischen Läden gehen. Der Schwindel ist hier am größten, und wir kaufen weder Silber noch Porzellan, weder Bilder noch Holzschnitte, aber eine Menge kleiner, spielerischer Sachen ohne Wert; kapriziöse Fächer aus dünnstem Holz, kleine duftende Holzschachteln mit hübschen eingelegten Verzierungen, die nur durch einen geheimen Fingerdruck zu öffnen sind, und hölzerne und beinerne Geduldspiele von raffiniert erfinderischer Zusammensetzung, Kugeln, die beim Anfassen in dreißig Teile zerfallen und mit deren Wiederherstellung man eine Ferienwoche hinbringen kann, und kleine Figuren von Menschen und Tieren, die hier für fünfzig Cents zu haben sind und die alle deutschen Kunstgewerbler zusammen nicht so einfach und ausdrucksvoll fertigbringen würden.

Nun aber kämen die javanischen und die Tamil-Geschäfte an die Reihe. Alte Batik-Sarongs mit Mustern von Vögeln und Blättern, Schnecken und Dreiecken, Sarongs aus reichem, schwerem Goldbrokat vom Süden Sumatras, satt leuchtend wie Sonnenuntergänge, und Kopftücher und Schärpen aus chinesischer und indischer Seide, viel Goldgelb und Rotbraun und Currygrün, und kleine steife Frauenschuhe, nadelspitz und gewölbt wie eine japanische Holzbrücke, mit Silber und Perlen gestickt. Und für mich selber will ich einen grünen Sarong und braune Saronghosen haben, dazu eine grüne Samtmütze und eine luftig dünne Schlaf- und Morgenjacke aus gelber Seide. Dann kämen die Spitzen dran und dann die schönen Elfenbeinschnitzereien: Elefanten und Tempel, Buddhas und Götzen, Jackenknöpfe und Stockgriffe, auch ganze Elefantenzähne und Würfel und Spielzeug, Figürchen und Dosen.

Nicht vergessen dürften wir, auch ins Chinesenviertel hinüberzufahren und weit draußen in der North Bridge Road auszusteigen, wo Laden an Laden die Geschäfte der Trödler und Antiquitätenhändler stehen. Da sind neben Stiefeln und silbernen Matrosentaschenuhren, neben abgelegten Herrenkleidern und messingenen Tabakspfeifen schöne alte bronzene Schalen und Vasen zu finden, manchmal auch altes Porzellan, wenn man Zeit und Geduld hat. Auf alle Fälle aber hängen und liegen dort in Glaskasten, geheimnisvoll im düsteren Ladenwinkel glühend, die schönsten chinesischen Schmucksachen: alte Fingerringe aus Gold oder Silber mit einfach und schön gefaßten Steinen oder Perlen, dünne lange Goldketten jeder Art, alles aus dem chinesischen hellgelben, freudig heiteren Gold, und dickere Ketten, an denen ein gelbgoldener Fisch hängt, ein grotesker schwänzelnder Fisch mit tausend zarten Schuppen und mit vorstehenden, glotzenden Augen aus Opalen, Armbänder aus Gold oder aus milchig-hellgrünem Jettstein, jedes Band aus einem Stück geschnitten, Broschen aus alten chinesischen Goldmünzen, alles ein wenig verblaßt und antiquiert und alles von derselben wunderbar exakten, kapriziös-spielerischen Arbeit. Das gemünzte Geld gilt hier wie bei allen naiven Völkern unbedingt als schmükkendes Wertstück; die Schwarzwälder Bauern trugen und tragen da und dort heute noch Silbertaler als Jackenknöpfe, zum selben Zweck werden alte silberne Tikals in Siam verwendet, ich selbst trage solche Tikalknöpfe an meiner weißen Jacke; chinesische und siamesische Goldmünzen mit den schönen dekorativen Schriftzeichen sieht man überall als Broschen und Manschettenknöpfe, und hier in einem Laden sah ich einmal eine ganze Kollektion von modernen billigen Broschen, die alle aus Geldmünzen der verschiedensten Länder gemacht waren; darunter war auch eine mit einem alten deutschen Zwanzigpfennigstück, mit einem jener dünnen, winzigen Silberstückchen, die längst abgeschafft und verschwunden sind.

Und wenn ich das alles gekauft hätte und ruiniert wäre und meine Geliebte mich verlassen hätte, dann würde ich immer noch zuweilen durch die Ladenstraße gehen. Ich würde vor den Auslagen stehen und durch die Schaufenster blicken, würde an feinen Hölzern riechen, zarte Gewebe betasten und meine Geschicklichkeit an den hunderterlei Geduldspielen und Schnurrpfeifereien üben, und ich hätte dabei die Augenlust, die der Osten bietet und auf die er gestellt ist. Alles, was man um Geld haben kann, ist hier in Asien zweifelhaft, vom Bett bis zum Essen, vom Diener bis zum Geldwechseln, aber ringsum glänzt unerschöpft der Reichtum und die Kunst Asiens, von allen Seiten her bedrängt, bestohlen, unterhöhlt und vergewaltigt, vielleicht schon arg geschwächt und vielleicht schon im Todeskampf, aber auch so noch reicher und vielfältiger, als wir im Westen es uns träumen können. Überall liegen Schätze zur Schau, und alle gehören dem, der seine Augenlust daran zu finden weiß, denn ob ich für hundert Dollar einkaufe oder für zehntausend, ich bekomme für alles Geld doch nur das hübsche Einzelne, das vielleicht bald enttäuscht, und vom Bild der gehäuften Schätze, von dem großen bunten asiatischen Basarglanz kann ich nichts mit nach Westen nehmen als einen Abglanz im Gedächtnis. Ob ich später zu Hause eine Kiste voll chinesischer und indischer Sachen auspacke oder zehn Kisten, das ist, als ob ich vom Meere eine oder zwanzig Flaschen voll Wasser mitbrächte. Brächte ich auch hundert Tonnen heim, es wäre doch kein Meer.

1911

DER HANSWURST

In Singapore besuchte ich wieder einmal ein malaiisches Theater. Ich tat es längst nicht mehr in der Hoffnung, hier etwas von Kunst und Volkstum der Malaien zu sehen oder sonst wertvolle Studien machen zu können, sondern lediglich in behaglicher Abendstimmung, wie man an einem müßigen Abend in einer fremden Seestadt nach dem Essen und Kaffee Lust bekommt, in ein Varieté zu gehen.

Die sehr geschickten Schauspieler, deren einer einen Europäer zu spielen hatte, stellten eine moderne Ehegeschichte aus Batavia dar, die ein Stückefabrikant auf Grund von Zeitungs- und Gerichtsnachrichten dramatisiert hatte. Die Gesangseinlagen mit Begleitung eines alten Klaviers, dreier Geigen, eines Basses, eines Horns und einer Klarinette waren von rührender Komik. Unter den Frauen eine wunderschöne junge Malaiin, wohl Javanin, mit hinreißend edlem Gang.

Das Merkwürdige aber war eine magere junge Schauspielerin in der seltsamen Rolle eines weiblichen Hanswurst. Die sehr sensible, überintelligente, allen andern unendlich überlegene Frau stak in einem schwarzen Sack, trug über ihrem schwarzen Haar eine fahlblonde scheußliche Wergperücke und hatte das Gesicht mit Kalk beschmiert, auf der rechten Wange einen großen schwarzen Klecks. In dieser toll-häßlichen Bettelmaske bewegte sich die nervös geschmeidige Person in einer Nebenrolle, die zum Stück nur äußerst flüchtige Beziehungen hatte, und war doch beständig auf der Bühne; denn sie spielte den vulgären Hanswurst. Sie grinste und fraß auf affenhafte Art Bananen, sie belästigte Mitspieler und Orchester, unterbrach die Handlung durch Witze oder begleitete sie stumm mit parodierender Nachäffung; dann wieder saß sie zehn Minuten lang teilnahmslos auf dem Fußboden, hielt die Arme verschränkt und blickte mit gleichgültigen, krankhaft klugen, kalt überlegenen Augen ins Leere oder fixierte uns Zuschauer der vordersten Reihe mit kühler Kritik. In dieser Abseitigkeit sah sie nicht mehr grotesk aus, eher tragisch, der schmale, brennend rote Mund teilnahmslos ruhend, vom vielen Lachen ermüdet, die kühlen Augen aus dem fratzenhaft bemalten Gesicht traurig, vereinsamt und erwartungslos blickend. Man hätte mit ihr reden mögen wie mit einem Shakespeareschen Narren oder wie mit Hamlet. Bis die Gebärde irgendeines Mitspielers sie reizte – dann stand sie auf, von Leben durchflossen, und parodierte diese Gebärde mit dem kleinsten Aufwande an Anstrengung in so hoffnungslos vernichtender Übertreibung, daß die Mitspieler hätten verzweifeln müssen.

Aber diese geniale Frau war nur Hanswurst: sie durfte nicht italienische Arien singen wie ihre Kolleginnen, sie trug das schwarze Kleid der Erniedrigung, und ihr Name stand weder auf dem englischen noch auf dem malaiischen Theaterzettel.

1911

ARCHITEKTUR

Große und prächtige Bauten sieht man in der malaiischen Welt eigentlich nirgends; die paar Fürsten sind ziemlich bescheiden, und die Bevölkerung hat nie das Bedürfnis gekannt, sich in Bauorgien an Tempeln und anderen Kultusbauten auszutoben. Die buddhistischen und Hindutempel sind ohne viel Variationen von Vorderindien übernommen, die Moscheen sind ohne Originalität, von der meist ganz stillosen modernen Prachtmoschee bis zur kleinen, idyllischen mohammedanischen Dorfkirche, deren Turm aus vier unbehauenen Baumstämmen besteht. Das Klima zerstört alles Menschenwerk hier sehr rasch, die Wohnungen sind nicht auf Stabilität und Dauer, sondern nur aus dem momentanen Bedürfnis nach Schatten, Kühle und Regenschutz angelegt.

Der ebene Boden der malaiischen Länder ist großenteils sumpfig und gärt in Fieberluft; Schlangen und Raubtiere sind zu fürchten; so ist heute wie vor viel tausend Jahren der Pfahlbau hier der herrschende Häusertyp. Der Fußboden ruht auf eingerammten oder auch einfach lebendig abgesägten Baumstämmen anderthalb bis zweieinhalb Meter über der Erde, mit ihr verbunden durch eine oder zwei leichte Holztreppen, die zum Schutz gegen Schlangen und anderes Getier möglichst steil angelegt und manchmal mühsam zu ersteigen sind. Der Fußboden besteht häufig aus Brettern, meistens aber nur aus einer losen Lage von Stangen, ist übrigens in allen Häusern mit reinen schönen Bastmatten belegt. Darüber ruht ein einfaches Giebeldach, dessen vordere Balken häufig wie beim niedersächsischen Bauernhaus kreuzweise überstehen, das Dachgerippe aus Bambusstäben ist mit Palmblättern dicht belegt, leicht, kühl und sehr wasserdicht. Ich habe mehrmals im Urwald bei rasenden Tropenregen nachts unter einem solchen Blätterdach gelegen, ohne naß zu werden. Neuerdings sieht man, auch schon auf dem Lande, viele Hohlziegeldächer.

Das ist der Typ des hinterindischen Wohnhauses. An manchen Orten sind die Dächer nach chinesischer Art elegant geschweift und mit Hörnerschmuck versehen. Eine auffallende malaiische Eigenart ist das Gliedern des Hauses und Bewerten der Räume durch Niveauverschiebung, so daß vom Eingang her jeder Raum des Hauses um zwei, drei Handbreiten höher liegt als der vorhergehende.

In den Städten, soweit sie trockenen und gesunden Boden haben, fällt der Pfahlunterbau weg; hier bestimmt der chinesische Typ das Straßenbild, das malaiische Fischer- und Bauernhaus ist in die Vorstädte verdrängt. Die Chinesenstraßen, alte wie neue, sind ohne Ausnahme zusammenhängende Reihen kleiner Häuser von zwei, seltener drei Stockwerken; das Erdgeschoß ist Werkstatt oder Laden, das Obergeschoß sieht, wenn die Fensterläden offenstehen, mit offenen, leicht vergitterten Räumen nach der Straße und gibt ihr eine feine Luftigkeit, die Bauten sind farbig verputzt, meist heftig waschblau, was im starken Licht der Tropen kühl und nobel aussieht. Die Vorderräume der Obergeschosse ruhen auf Pfeilern, und so entsteht auf beiden Seiten jeder Straßenflucht eine Kolonnade, fröhlich anzusehen und voll von Bildern des kleinen Lebens. Der reiche Chinese freilich hat sein Landhaus im Villenquartier, luxuriös und meist europäisch beeinflußt, darum her ein stiller, steifer, sonniger Garten, wo jede Pflanze erhöht und isoliert in einer Vase steht.

Die Europäer haben nun alle Städte ganz neu gestaltet und damit viel Hygiene und Bequemlichkeit, aber wenig Schönheit hereingebracht. Von allen Europäerbauten hier draußen sind einzig die Bungalows schön, die in den Villenvorstädten erquickend wohnlich und lieblich in der üppigen Parklandschaft stehen. Diese Bungalows sind darum schön, weil sie notgedrungen sich den Bedürfnissen des Klimas fügen und sich darum an den Urtyp des indischen Wohnhauses halten mußten. Alles andere, was die Weißen hier gebaut haben und bauen, wäre durchaus würdig, in einer deutschen Bahnhofstraße aus den achtziger Jahren zu stehen. Die Engländer tun Großes für ihre Kolonien, die Anlage vieler Geschäftsstraßen, Häfen, Villenviertel und Parkvorstädte samt Straßenbau, Bewässerung und Beleuchtung sind musterhaft und oft von glänzender Großzügigkeit, aber schöne Häuser (mit Ausnahme des Bungalowtyps) konnten auch sie nicht bauen. Und nun wütet falscher Marmor, Wellblech und Gewerbeschulrenaissance weiter und verseucht auch die modernen und wohlhabenden unter den einheimischen Bauherren. Japanische Zahnärzte und chinesische Wucherer bauen sich Häuser, die in die geschmacklosesten Straßen deutscher Mittelstädte passen würden. Entsprechend sind Brücken, Brunnen und Denkmäler. Das Übelste aber sind die Kirchen. Von einem feinen, stillen Palmenwalde, von einer weitern hübschen Malaiendorfgasse oder von einer tiefblauen, diskret uniformen Chinesenstraße aus auf eine Kirche zu blicken, die auf ödem Platz in entwurzelter und entgleister englischer Gotik das kulturelle Unvermögen des Westens predigt, das gehört weit mehr als Schmutz und Fieber zu den Peinlichkeiten einer indischen Reise; denn hier fühlt man sich im Innersten mitverantwortlich. Und diese Dinge sind alle, gleich einem deutschen Postgebäude, ebenso solide wie häßlich gemacht. Ein Malaienhaus, das gestern fertig wurde, wird in drei Monaten wetterfarben und angepaßt und völlig eingewachsen sein, als stände es fünfzig Jahre da; ein holländisches Residentenpalais aber, eine englische Kirche oder ein französisch-katholisches Schulhaus wird unser Auge nicht erfreuen können, ehe es seine schuldbeladene Existenz zu Ende gelebt und seine Bestandteile der Natur zurückgegeben hat.

1911

SINGAPORE-TRAUM

Den Vormittag hatte ich zwischen den Gärten der Europäer auf den grasbewachsenen, laubig umrahmten Wegen Schmetterlinge gefangen, war in der weißen Mittagsglut zu Fuß in die Stadt zurückgegangen und hatte den Nachmittag mit Spazierengehen, Lädenbesuchen und Einkaufen in den schönen, lebendig wimmelnden Straßen von Singapore hingebracht. Nun saß ich im hohen Säulensaal des Hotels mit meinen Reisegefährten beim Abendessen, die großen Flügel der Fächer surrten fleißig in der Höhe, die weißleinenen Chinesenboys schlichen still und gelassen durch den Saal und trugen das schlechte englisch-indische Essen auf, das elektrische Licht blitzte in den kleinen schwimmenden Eisstückchen der Whiskygläser. Müde und ohne Hunger saß ich meinen Freunden gegenüber, schlürfte kaltes Getränk, schälte kleine goldgelbe Bananen und rief frühzeitig nach Kaffee und Zigarren.

Die andern hatten beschlossen, in einen Kinematographen zu gehen, wozu meine von der Arbeit in voller Sonne überanstrengten Augen keine Lust hatten. Dennoch ging ich schließlich mit, nur um für den Abend versorgt zu sein. Wir traten barhaupt und in leichten Abendschuhen vor das Hotel und schlenderten durch die wimmelnden Straßen in gekühlter blauer Nachtluft; in ruhigern Seitengassen hockten bei Windlichtern an langen rohen Brettertischen Hunderte von chinesischen Kulis und aßen vergnügt und sittsam ihre vielerlei geheimnisvollen und komplizierten Speisen, die fast nichts kosteten und voll unbekannter Gewürze stecken. Getrocknete Fische und warmes Kokosöl dufteten intensiv durch die von tausend Kerzen flimmernde Nacht, Rufe und Schreie in dunkeln östlichen Sprachen hallten in den blauen Bogengängen wider, geschminkte hübsche Chinesinnen saßen vor leichten Gittertüren, hinter denen reiche goldene Hausaltäre düster funkelten.

Von der dunklen Brettertribüne des Kinotheaters blickten wir über unzählige langzopfige Chinesenköpfe hinweg auf das grelle Lichtviereck, wo eine Pariser Spielergeschichte, der Raub der Mona Lisa und Szenen aus Schillers „Kabale und Liebe", alle in derselben seelenlosen Anschaulichkeit, vorübergeisterten, doppelt gespensterhaft in der Atmosphäre von Unwirklichkeit oder peinlicher Zweifelhaftigkeit, welche diese westlichen Angelegenheiten hier zwischen Chinesen und Malaien annehmen.

Meine Aufmerksamkeit war bald erlahmt, mein Blick ruhte zerstreut in der Dämmerung des hohen Saales aus, und meine Gedanken fielen auseinander und blieben leblos liegen wie die Glieder einer Marionette, die man im Augenblick nicht braucht und weggelegt hat. Ich senkte den Kopf in die aufgestützten Hände und war alsbald allen Launen meines denkmüden und mit Bildern gesättigten Gehirns preisgegeben.

Es umgab mich zunächst eine schwach murmelnde Dämmerung, in der ich mich wohl fühlte und über welche nachzusinnen ich kein Verlangen trug. Allmählich begann ich zu merken, daß ich auf dem Deck eines Schiffes lag, es war Nacht, und nur wenige Öllaternen brannten, neben mir lagen viele andere Schläfer Mann an Mann, jeder am Boden auf seiner Reisedecke oder Bastmatte hingestreckt.

Ein Mann, der mir zur Seite lag, schien nicht zu schlafen. Sein Gesicht war mir bekannt, ohne daß ich seinen Namen wußte. Er bewegte sich, stützte die Ellbogen auf, nahm eine goldene Brille ohne Ränder von den Augen und begann sie mit einem weichen flanellenen Tüchlein sorgfältig zu reinigen. Da erkannte ich ihn; es war mein Vater.

„Wohin fahren wir?" fragte ich schläfrig.

Er putzte, ohne aufzublicken, an seiner Brille weiter und sagte ruhig: „Wir fahren nach Asien."

Wir redeten Malaiisch, mit Englisch vermischt, und dieses Englisch erinnerte mich daran, daß meine Kindheit lang vorüber sei, denn damals besprachen meine Eltern ihre Geheimnisse alle englisch, und ich verstand nichts davon.

„Wir fahren nach Asien", wiederholte mein Vater, und plötzlich wußte ich alles wieder. Jawohl, wir fuhren nach Asien, und Asien war nicht ein Weltteil, sondern ein ganz bestimmter, doch geheimnisvoller Ort, irgendwo zwischen Indien und China. Von dort waren die Völker und ihre Lehren und Religionen ausgegangen, dort waren die Wurzeln alles Menschenwesens und die dunkle Quelle alles Lebens, dort standen die Bilder der Götter und die Tafeln der Gesetze. Oh, wie hatte ich das nur einen Augenblick vergessen können! Ich war ja schon so lange Zeit unterwegs nach jenem Asien, ich und viele Männer und Frauen, Freunde und Fremde.

Leise sang ich unser Reiselied vor mich hin: „Wir fahren nach Asien!", und ich gedachte des goldenen Drachens, des ehrwürdigen Bo-Baumes und der heiligen Schlange.

Freundlich sah mich mein Vater an und sagte: „Ich lehre dich nicht, ich erinnere dich nur." Und indem er es sagte, war er nicht mein Vater mehr, sein Gesicht lächelte eine Sekunde lang genau so wie das Gesicht, mit welchem in den Träumen unser Führer, der Guru, zu lächeln pflegt, und im selben Augenblick erlosch das Lächeln, und das Gesicht war rund und still wie die Lotosblüte und glich genau dem goldenen Bildnis Buddhas, des Vollendeten, und wieder lächelte es, und es war das reife, schmerzliche Lächeln des Heilands.

Der neben mir lag und gelächelt hatte, war nicht mehr da. Es war Tag, und alle Schläfer hatten sich erhoben. Bestürzt raffte auch ich mich empor und irrte auf dem ungeheuren Schiff umher, zwischen fremden Menschen, und sah auf dem schwarzblauen Meere Inseln mit wilden, gleißenden Kalkfelsen und Inseln mit wehenden hohen Palmen und tiefblauen Vulkanbergen. Kluge braune Araber und Malaien standen mit vor der Brust gekreuzten mageren Händen, verneigten sich bis zum Boden und verrichteten die vorgeschriebenen Gebete.

„Ich habe meinen Vater gesehen", rief ich laut, „mein Vater ist auf dem Schiff!"

Ein alter englischer Offizier in einem geblümten japanischen Morgenkleide sah mich aus hellblauen Augen glänzend an und sagte: „Ihr Vater ist hier und ist dort, er ist in Ihnen und außer Ihnen, Ihr Vater ist überall."

Ich gab ihm die Hand und erzählte ihm, daß ich nach Asien fahre, um den heiligen Baum und die Schlange zu sehen und um in die Quelle des Lebens zurückzugehen, in welcher alles seinen Anfang nahm und welche die ewige Einheit der Erscheinungen bedeutet.

Aber ein Händler hielt mich eifrig an und nahm mich in Anspruch. Es war ein englischredender Singhalese, er zog aus einem Körbchen kleine Lappenbündel hervor, die er auseinanderwickelte und aus denen kleine und große Mondsteine zum Vorschein kamen.

„Nice moonstones, Sir", flüsterte er beschwörend, und da ich mich heftig abwenden wollte, legte jemand eine leichte Hand auf meinen Arm und sagte: „Schenken Sie mir ein paar Steinchen, sie sind wirklich hübsch." Die Stimme fing mein Herz alsbald ein wie eine Mutter ihr entlaufenes Kind, ich wandte mich glühend um und begrüßte Miß Wells aus Amerika. Unbegreiflich, daß ich sie so ganz hatte vergessen können!

„Oh, Miß Wells", rief ich erfreut, „Miß Annie Wells, sind Sie denn auch hier?"

„Wollen Sie mir einen Mondstein schenken, Deutscher?"

Ich griff schnell in die Tasche und zog den langen gestrickten Geldbeutel hervor, den ich als Knabe von meinem Großvater bekommen und als Jüngling auf meiner ersten Italienreise verloren hatte. Es war mir lieb, ihn wiederzuhaben, und ich schüttete eine Menge silberner

Ceyloner Rupien heraus; aber mein Reisekamerad, der Maler, von dem ich nicht gewußt hatte, daß er noch da sei und neben mir stehe, sagte lächelnd: „Die können Sie als Hosenknöpfe tragen, sie gelten hier keinen Cent."

Verwundert fragte ich ihn, wo er herkomme und ob er die Malaria wirklich überwunden habe. Er zuckte die Achseln und sagte: „Man sollte die modernen europäischen Maler alle einmal in die Tropen schicken, da könnten sie sich ihre Orangepalette wieder abgewöhnen. Gerade hier kommt man mit einer dunkleren Palette der Natur viel näher."

Es war klar, und ich stimmte lebhaft bei. Aber die schöne Miß Annie hatte sich inzwischen im Gedränge verloren. Beklommen ging ich auf dem riesigen Schiffe weiter, wagte jedoch nicht, mich an einer Gruppe von Missionsleuten vorbeizudrängen, die, im Kreise sitzend, die ganze Deckbreite versperrten. Sie sangen ein frommes Lied, in das ich bald einstimmte, da ich es von Hause her kannte:

> ... darunter das Herze sich naget und plaget
> Und dennoch kein wahres Vergnügen erjaget ...

Ich war damit einverstanden, und die schwermütig-pathetische Melodie stimmte mich traurig, ich dachte an die schöne Amerikanerin und an unser Reiseziel Asien und fand soviel Ursache zur Ungewißheit und Kümmernis, daß ich einen der Missionare fragte, wie denn das nun sei, ob sein Glauben denn wirklich gut und auch für einen Mann wie mich zu brauchen sei.

„Sehen Sie", sagte ich trostbegierig, „ich bin Schriftsteller und Schmetterlingssammler – –"

„Sie irren sich", sagte der Missionar.

Ich wiederholte meine Erklärung. Aber auf alles, was ich sagen mochte, gab er mit einem hellen, kindlichen, bescheiden triumphierenden Lächeln dieselbe Antwort: „Sie irren sich."

Verwirrt floh ich davon. Ich sah, daß ich hier nicht zurechtkam, und ich beschloß, auf alles zu verzichten und meinen Vater zu suchen, der würde mir gewiß helfen. Wieder sah ich das Gesicht des ernsten englischen Offiziers und glaubte seine Worte zu hören: „Ihr Vater ist hier und ist dort, er ist in Ihnen und außer Ihnen." Ich begriff, daß dies eine Mahnung war, und ich kauerte mich nieder, um mich zu versenken und meinen Vater in mir selbst zu suchen.

So saß ich still und versuchte zu denken. Allein es ging schwer, die ganze Welt schien auf diesem Schiffe versammelt, um mich zu stören. Auch war es furchtbar heiß, und ich hätte gern meines Großvaters gestrickten Geldbeutel für einen frischen Whisky-Soda hingegeben.

Von diesem Augenblicke an, wo sie mir zum Bewußtsein gekommen war, schien diese satanische Hitze beständig anzuschwellen wie ein furchtbarer, unerträglich gellender Klang. Die Menschen verloren alle Haltung, sie soffen aus Korbflaschen gierig wie Wölfe, sie machten es sich auf die seltsamsten Arten bequem, und es geschahen rings um mich her unbeherrschte und sinnlose Taten; das ganze Schiff war offenbar im Begriff, wahnsinnig zu werden.

Der freundliche Missionar, mit dem ich mich nicht hatte verständigen können, war zwei riesengroßen chinesischen Kulis zum Opfer gefallen und wurde von ihnen auf das schamloseste als Spielzeug benützt. Sie wußten ihn durch einen heillosen Kunstgriff echt chinesischer Mechanik dazu zu bringen, daß er auf einen Druck hin seine gestiefelten Füße zu seinem eigenen Mund herausstreckte. Auf einen anderen Druck hin hing er beide Augen lang wie Würste aus den Höhlen, und als er sie wieder zurückziehen wollte, sah er sich dadurch verhindert, daß sie ihm Knoten dareingeschlungen hatten.

Es war grotesk häßlich, aber es focht mich weniger an, als ich gedacht hätte, jedenfalls weniger als der Anblick, den Miß Wells mir bot, denn sie hatte sich ihrer Kleider entledigt und trug in überraschend draller Nacktheit nichts auf dem Leibe als eine wundervolle braungrüne Schlange, die sich rund um sie geringelt hatte.

Verzweifelt schloß ich die Augen. Ich hatte das Gefühl, unser Schiff fahre sehr rasch abwärts in einen glühenden Höllenrachen.

Da hörte ich, dem Herzen tröstlich wie Glockengeläut einem im Nebel verlaufenen Wanderer, vielstimmig ein feierliches Lied ertönen, das ich alsbald mitsang. Es war das heilige Reiselied: „Wir fahren nach Asien", und es klangen darin alle menschlichen Sprachen, es rauschte darin alle Ehrfurcht, alle müde Menschensehnsucht, die Not und das wilde Verlangen aller Kreatur. Ich fühlte mich von Vater und Mutter geliebt, vom Guru geleitet, von Buddha gereinigt und vom Heiland erlöst, und ob das, was nun käme, Tod sei oder Seligkeit, schien mir durchaus gleichgültig.

Ich erhob mich und tat die Augen auf. Um mich her waren sie alle, mein Vater, mein Freund, der Engländer, der Guru und alle, alle Menschengesichter, die ich je mit Augen gesehen. Sie schauten geradeaus, mit ergriffenen, schönen Blicken, und auch ich schaute, und vor uns tat ein vieltausendjähriger Hain sich auf, aus himmelhoher Wipfeldämmerung rauschte Ewigkeit, und tief in der Nacht des heiligen Schattens glänzte golden ein uraltes Tempeltor.

Da fielen wir alle auf die Knie nieder, unser Sehnen war gestillt und unsere Reise zu Ende. Wir schlossen die Augen, und wir beugten uns tief und schlugen unsere Häupter an die Erde, einmal und wieder und nochmals, in rhythmischer Andacht.

Hart schlug meine Stirn auf und schmerzte, Lichtfunken drangen in meine Augen, und mein Körper arbeitete sich mühsam aus tiefer Erstarrung. Meine Stirn lag auf der hölzernen Kante der Brüstung, unter mir dämmerten bleich die rasierten Schädel der chinesischen Zuschauer, die Bühne war dunkel, und Beifallgemurmel hallte in dem großen Kinematographentheater wider.

Wir standen auf und gingen. Es war quälend heiß und roch durchdringend nach Kokosöl. Draußen aber wehte uns nächtliche Meerluft, Lichtergeflimmer des Hafens und matter Sternenschein entgegen.

1911

ÜBERFAHRT

Von Singapore aus fuhr ich auf einem kleinen holländischen Küstendampfer über den Äquator weg nach Südsumatra. Die Sache begann mit Gepäckschwierigkeiten am Pier und wäre beinahe im ersten Anfang schon verunglückt, denn kaum war das kleine Motorbötchen, das uns und unsre vielen Kisten an Bord des Brouwer bringen sollte, vom Pier abgestoßen, so fuhr uns ein etwas größeres Boot in eiliger Konkurrenz so wild mitten in der Breitseite an, daß wir alle übereinanderfielen und schon ans Schwimmen dachten. Es war jedoch der Angreifer der Geschädigte; mit einem großen Loch im Bug mußte er abziehen.

Auf dem Brouwer waren wir zu dreien die einzigen Passagiere der ersten Klasse und hatten das Schiff für uns wie eine Privatjacht. Das kleine Hinterdeck ward mit holländischer Behaglichkeit für uns eingerichtet, ein weißgedeckter Tisch mit altväterischen Lehnstühlen, daneben vier von den nicht genug zu lobenden asiatischen Liegestühlen mit Holzgestellen zum Hochlegen der Beine, weiter zwei naive, biedere Kanapees mit weiß und rot gestreiften Bezügen. Die gesamte Bedienung war malaiisch, und alsbald wurde uns von drei aufmerksamen, geschickten hübschen Javanen eine erste Mahlzeit aufgetragen, ein überaus reichhaltiges, solides Reisessen, das ich nach den schlimmen Schaubroten der indischen Gasthöfe mit Dankbarkeit begrüßte. In den Hotels der Straits und Malay States wird man überall von chinesischen Boys bedient, die fast ebenso lieblos servieren wie europäische Kellner in einem Durchschnittshotel. Die Javanen hier waren dagegen um unser Wohlergehen mit der einschmeichelnden Treue guter Krankenschwestern bemüht, sie umkreisten uns beständig mit Aufmerksamkeit und kamen jedem kleinsten Bedürfnisse lächelnd zuvor; sie trugen uns Speisen auf, boten das Beste mit bescheidener Gebärde lobend an, schenkten jedes Trinkglas nach jedem Schluck wieder sorglich voll, verteilten den Rest der gemeinsamen Flasche mit liebevoller Gerechtigkeit zwischen uns dreien, schützten uns vor der Sonne und vor dem Winde, standen augenblicks mit brennendem Streichholz bereit, wenn eine Zigarre ausgegangen war, und alle ihre Mienen und Bewegungen drückten weder widerwilliges Diensttun noch feige Sklaverei aus, sondern freudige Dienerschaft und ergebenstes Wohlwollen.

Mittschiffs lagen drei Chinesen und spielten Karten, ohne zu sprechen, aber genau mit demselben leidenschaftlich hoffenden Auftrumpfen der guten und demselben resigniert ärgerlichen Hinschmeißen der schlechten Blätter, wie man es bei schwäbischen Soldaten, bayrischen Jägern und preußischen Matrosen sieht. Eine Malaienfamilie aus Tonkal lag auf ihrer Reisebastmatte: ein Großvater, ein Elternpaar, vier Kinder. Die Kinder hatten es gut, sahen wohlgehalten aus und trugen Halsketten und silberne Fußspangen. Beim Sonnenuntergang suchte sich der Großvater einen freien Raum, verneigte sich, kniete nieder, erhob sich wieder und vollzog mit langsamer Würde die Übungen des abendlichen Gebets. Sein alter Rücken krümmte und streckte sich in genauem Gleichtakt, sein roter Turban und sein spitzer grauer Bart standen scharf in der einbrechenden Dämmerung. Wir setzten uns mit den beiden Offizieren zu einem reellen holländischen Abendessen. Sterne kamen herauf, das Meer dunkelte tiefschwarz, und die zackigen Silhouetten der kleinen Berginseln waren kaum mehr zu erfühlen. Wir waren still geworden und wären gerne zu Bett gegangen, doch war es allzu heiß, wir saßen alle ruhig und waren naß vom unablässig rieselnden Schweiß.

Wir bestellten Whisky und hatten kaum danach gerufen, so sprang schon einer der längst auf Deck schlafenden Jonges auf und lief nach Schnaps und Sodawasser.

An hundert Inseln vorüber fuhren wir durch die brütende Nacht, manchmal von Leuchttürmen begrüßt, wir nippten am lauen Getränk, rauchten holländische Zigarren und atmeten langsam und unwillig unter dem heißen schwarzen Himmel. Wir sprachen hin und wieder ein Wort, über das Schiff oder über Sumatra, über Krokodile und Malaria, aber es war keinem wichtig, und manchmal stand einer auf, trat an die Reling, ließ die Asche seiner Zigarre ins Wasser fallen und suchte, ob in der Finsternis etwas zu sehen wäre. Und wir gingen auseinander und lagen, jeder für sich, an Deck oder in der Kabine, und der Schweiß rann beständig an uns nieder, und für diese Nacht waren wir alle reisemüde und verstimmt.

Am Morgen aber fuhren wir, schon jenseits des Äquators, in die breite kaffeebraune Mündung eines der großen Ströme von Sumatra ein.

1911

PELAIANG

Der Europäer, der mit anderen als geschäftlichen Absichten nach den malaiischen Inseln fährt, hat stets, und auch wenn er gar nicht auf Erfüllung hofft, als Hintergrund seiner Vorstellungen und Wünsche die Landschaft und die primitive Paradiesunschuld einer van Zantenschen Insel. Reine Romantiker werden diese Paradiese gelegentlich auch finden und eine Weile, bestochen von der gutartigen Kindlichkeit der meisten Malaien, Teilhaber an einem köstlichen Urzustande zu sein glauben.

Mir ist der volle Genuß einer solchen Selbsttäuschung nie geworden, aber einen kleinen weltfernen Kampong habe ich doch gefunden, wo ich eine Zeitlang im Urwalde zu Gaste war, wo mir wohl und heimisch wurde und der in meiner Erinnerung die ganze Wald- und Stromwelt von Sumatra kristallisiert und ausdrückt. Dieser kleine Kampong mit hundert Einwohnern heißt Pelaiang und liegt zwei Tagereisen weit von Djambi flußaufwärts im Innern des noch wenig bekannten Djambigebietes, das erst kürzlich pazifiziert wurde und zum größten Teil aus jungfräulichem Urwald besteht.

Dort wohnten wir zu vieren samt unsrem chinesischen Koch Gomok in einer Hütte aus Bambus, deren Dach und Wände aus Palmblättern geflochten waren und die auf hohen Pfählen ruhte. Da hingen wir in unsrem gelben, zierlich geflochtenen Käfig zweieinhalb Meter hoch in der Luft und lebten, wie es uns gefiel. Die beiden Kaufleute taxierten die im Walde ruhenden Kapitalien an Eisenholz, der Kunstmaler stieg mit dem Aquarellkasten am Ufer herum und ärgerte sich über die Malaienweiber, von denen gerade die hübschen sich durchaus nicht zeichnen und nicht einmal gern aus der Nähe anschauen ließen. Und ich ließ mich von Tageszeit und Wetter treiben und lief in der endlosen Waldwelt herum wie in einem fabelhaften Bilderbuch. Jeder ging seinen Weg und wurde auf seine Weise mit den Moskiten, mit den wilden Gewittern, mit dem Urwald, mit den Malaien und mit der ewig lastenden heißfeuchten Schwüle fertig. Am Abend aber, der in den Tropen allzu früh einbricht, kamen wir stets alle zusammen und saßen und lagen auf der Veranda beim Tisch und bei der Lampe. Draußen brüllte der Gewitterregen oder schrie das rasende Insektenkonzert des Urwalds, der uns in die Fensterlöcher schaute; wir aber waren dann der Wildnis satt, wir wollten es gut haben und der lästigen Tropenhygiene vergessen, wir wollten fröhlich sein und nichts von der Welt wissen, und so lagen und saßen wir und schöpften aus vier großen Kisten Flaschen mit Sodawasser und Whisky, mit Rotwein und Weißwein, mit Sherry und mit Bremer Schlüsselbier. Und dann schliefen wir unterm Mückennetz auf unseren guten Matratzen am Boden, jeder mit dem Talisman der wollenen Leibbinde versehen, oder wir lagen still und hörten dem Regen zu, wie er in Kübeln herabklatschte oder auch zart und singend übers Blätterdach lief, bis am frühen Morgen der Nashornvogel und die vielen unbekannten Singvögel ihr Lied begannen und die Affen mit wahnsinnigem Geheule den Tag begrüßten.

Dann ging ich an den sechs oder sieben Hütten vorbei in den Wald, vor den Blutegeln und Schlangen geschützt durch dieselben Lodengamaschen, die ich im Winter in Graubünden trage, und alsbald nahm das zähe Dickicht mich auf und lag zwischen mir und der Welt fremder und trennender als alle Meere. Da liefen stille schöne Eichhörnchen vor mir weg, schwarze mit weißem Bauch und roten Vorderbeinen, und große Vögel sahen mich aus starren Waldaugen unfreundlich an, und bald erschienen in zahlreichen Familien die Affen, rannten im grünen Astgeschlinge, durch das kein Himmel blickte, wildfröhlich hinauf und hinab oder hockten hoch im Gezweig und heulten toll in langgedehnten schmerzlichen Tonleitern. Schaukelnd flog manchmal einer von den großen schillernden Schmetterlingen über mich hin, und am Boden tat das kleine Gezücht seine Arbeit. Fußlange Tausendfüßler rannten in blinder Eile durchs Gedränge, und überall strebten in dichten dunklen Zügen mächtige Ameisenvölker, graue, braune, rote, schwarze, geordnet nach gemeinsamen Zielen. Dicke faulende Baumstämme liegen umher, tausendfach überwachsen von formenreichen Farnen und dünnem, zähem Dorngeschlinge. Hier gärt die Natur ohne Pause in erschreckender Fruchtbarkeit, in einem rasenden Lebens- und Verschwendungsfieber, das mich betäubt und beinahe entsetzt, und mit nordländischem Gefühl wende ich mich jeder Erscheinung dankbar zu, die inmitten des erstickenden Zeugungstaumels eine einzelne Form besonders ausgestaltet zeigt. Da steht zuweilen, vom dicken Gewirre umgeben und als herrlicher Sieger darüber emporgebrochen, ein einzelner Riesenbaum von unwahrscheinlicher Stärke und Höhe, in dessen Krone tausend Tiere leben und nisten können, und aus seiner fürstlichen Höhe hängen still und vornehm schnurgerade baumdicke Lianenfäden herab.

In diesem Walde wird seit kurzem auch von Menschen gearbeitet. Die Djambi-Maatschappij hat in dem noch völlig brachliegenden Lande die erste große Waldkonzession erworben und beginnt dort Eisenholzstämme zu holen. Ich ließ mich eines Tages zu einer Stelle führen, wo vor kurzem große Stämme gekappt und behauen worden waren, und sah eine Weile der mühseligsten Waldarbeit zu. Da wurden Stämme von zwanzig Meter Länge, schwer wie Eisen, von singenden und keuchenden Kulischaren mit Winden und Hebeln, an Tauen und Ketten aus tiefen, urweltlich dämmernden, sumpfigen Waldschluchten heraufgeschleppt, auf Holzrollen und auf primitiven Schlitten, über Sumpf und Dorngestrüppe, über Busch und fettes feuchtes Gekräut hinweg, Elle für Elle gezerrt, gehalten, unterstützt und wieder weitergeschleppt, jede Stunde ein kleines Stück weiter. Ein kleiner Ast von diesem Holze, den ich spielend mit einer Hand aufnehmen wollte, erwies sich als so schwer, daß ich ihn auch mit beiden Armen und voller Kraft nicht zu heben vermochte. Dieser Schwere wegen ist das Holz unendlich mühsam zu transportieren: Bahnen gibt es im Lande noch nicht, die einzige Straße ist der Strom, und das Eisenholz schwimmt nicht.

Es war großartig und merkwürdig zu sehen, aber es ist kein Vergnügen, der Arbeit von Menschen zuzusehen, wo sie noch Last und Fluch und Knechtung ist. Diese armen Malaien werden nie, wie es Europäer, Chinesen und Japaner tun, als Herren und Unternehmer solche Werke betreiben, sie werden immer nur Holzfäller und Schlepper und Säger sein, und was sie dabei verdienen, das geht fast alles für Bier und Tabak, für Uhrketten und Sonntagshüte wieder an die ausländischen Unternehmer zurück.

Unberührt von den paar winzigen Feinden, die da an seinem Reichtum zu zapfen versuchen, steht noch immer der Urwald. Am Flußufer sonnen sich die Krokodile, unerschöpflich glüht in der feuchten Hitze das Wachstum weiter, und wo die Eingeborenen ein Stückchen roden, um Reis darauf zu bauen, da steht in zwei Jahren schon wieder hoher Busch und in sechs Jahren schon wieder hoher Wald.

Ehe wir abfuhren, versenkten wir unsre leeren Flaschen in den braunen Fluß. Unsre Matratzen wurden in Bastmatten eingerollt und auf das Boot gebracht, und wir sahen unsre gelbe Bambushütte am schwarzen Rande des ewigen Waldes stehen und kleiner werden, bis mit der ersten Windung des Flusses alles versank.

1911

SOZIETEIT

Es war ein großer Kampong oder ein kleines junges Städtchen an einem der schönen breiten Ströme von Südsumatra. Vor drei, vier Jahren war hier noch Krieg, jetzt liegen nur noch etwa hundert holländische Soldaten im Städtchen und machen hie und da einen dekorativen Streifzug, um etwaigen rebellischen Einwohnern zu zeigen, daß man da ist und aufpaßt. Was man von Eingeborenen zu sehen bekommt, ist ein kindlich harmloses Gemisch von Urmalaien und Javanen, schattiert und gebrochen durch zwanzig wenig zuträgliche Einflüsse und Kreuzungen. Man sieht javanische Tagelöhner das Gras mit Schwertern abmähen, alle Viertelstunde eine Handvoll, und das Tragen eines Wasserkruges über die Gasse ist eine Mannesarbeit für einen Vormittag. Gearbeitet wird meist von den Frauen und dann von den Chinesen, die auch hier sich am kleinsten aufblühenden Örtchen alsbald einfinden und die genügsamste Pionierarbeit tun; sie halten Kaufläden, sie treiben Schiffahrt, sie kaufen Gummi und verkaufen Reis, Fische und deutsches Bier. Gearbeitet wird auch von den paar Europäern; es gibt eine Eisenholzunternehmung, deren Leiter ein überaus landeskundiger Schweizer ist, die übrigen Weißen sind ohne Ausnahme holländische Beamte.

Ich besuchte den Residenten und den Kontrolleur und bekam mit vieler Höflichkeit ein großes Papier zugestellt, von dessen Notwendigkeit ich zuvor gar nichts gewußt hatte und das eine Aufenthaltsbewilligung für Niederländisch-Indien darstellte.

Ich hatte mich viel im Kampf mit Moskitos, Dornen und Sumpfgras im Busch herumgetrieben, als ich nach dem Städtchen zurückkehrte. Alsbald ward ich eingela-

den, mich in der „Sozieteit" einzufinden, und ging also
abends in den Klub, des Kontrolleurs wegen, der ein feiner und zartsinniger Mensch war, wie sie seit Multatuli
je und je da draußen vorkommen.

Die Basarstraße, die Hauptdorfgasse, war schon dunkel. Die Malaien lehnten am Zaun und hatten ihre Kinder auf den Armen, die Chinesen werkelten geräuschlos
im erleuchteten Hintergrund ihrer Kaufläden. Mitten-
inne lag ein heftig erleuchtetes Bretterhaus, das war der
Klub, und beim Eintreten fand ich zwei Drittel der hiesigen Europäer versammelt. Viere standen um das Billard, drei ältere Herren und eine Dame saßen auf Schau-
kelstühlen vor den Fenstern nach der Flußseite, wandten der Sozieteit den Rücken zu und genossen
schweigend in ruhigen Atemzügen die schwach ge-
kühlte Luft der Abendstunde. Der Rest der Gesellschaft
saß in der Mitte des Raumes um einen großen runden
Tisch und spielte Karten. Zu ihnen setzte ich mich und
wurde mit Munterkeit begrüßt, und nachdem man mit
Enttäuschung vernommen, daß ich nicht Karten spielen
könne, lud man mich zu einem Würfelspiele ein. Es ging
um eine Runde Schnaps, und jeder ließ sich seine Ge-
tränke kommen, Whisky, Bitter und Bols, Gin und
Sherry, Wermut und Anis in den abenteuerlichsten Mischungen. Das Würfelspiel war so kompliziert und witzig, wie man es auf Schiffen und Leuchttürmen anzutreffen pflegt, wo die Leute Zeit haben.

Nun saßen wir, etwa zehn Männer und zwei Damen,
im grellen Licht zweier Glühlampen, von halb sieben bis
gegen halb zehn Uhr und würfelten fleißig, immer wieder um eine Runde. Einmal blickte ich empor und im
Raume herum und sah um die Lampen einen mächtig
großen Schmetterling flattern, größer als meine flache
Hand, mit gelb und grüner Zeichnung auf schwarzem
Grunde. Ich beschloß, ihn später zu fangen und mitzunehmen, um doch etwas von diesem Abend zu haben,
und nun tröstete und erheiterte es mich, hie und da aus
dem Kreis der Raucher und Würfelspieler heraus einen

Blick nach dem herrlichen Falter zu werfen, der in diese rauchende und trinkende Sozieteit sowenig paßte, wie diese guten Holländer in den Urwald passen.

Die letzte Runde verlor ein armer Leutnant, der höchstens zweihundert Gulden im Monat kriegt. Er wurde mächtig ausgelacht, wie überhaupt alle diese langen Stunden hindurch Gelächter und laute Freudigkeit nie aufgehört hatten, und ich erhob mich zum Abschiednehmen. Wir schüttelten einander die Hände, und man bedauerte sehr, daß ich schon weggehe, eben jetzt, wo es fidel zu werden anfange.

Der Riesenschmetterling war mehrmals gegen das Licht geflogen und hatte sich verbrannt. Ich suchte eine Weile nach ihm und fand ihn, scheinbar wenig verletzt, tot auf dem Fußboden liegen. Als ich ihn aufhob, war sein Leib schon halb verschwunden und wimmelte von jenen winzigen grauen Zwergameisen, die man hier draußen im Zucker, in den Schuhen und Strümpfen, in der Zigarrenasche und im Bett findet und über deren wilde Beutegier man geduldig die Achseln zucken lernt wie über die Grausamkeit der Chinesen, die Verlogenheit der Japaner, das Stehlen der Malaien und andre große und kleine Übel des Ostens.

1911

NACHT AUF DECK

Der zweite Abend einer Flußreise auf einem kleinen chinesischen Raddampfer den Batang Hari hinauf. Ein hübscher junger Javane, Schneidermeister, der den halben Tag fleißig mit seiner Singerschen Nähmaschine geklappert hatte, war mein Nachbar auf Deck. Er packte seine Maschine ein und seine Matratze aus, nahm langsam und gründlich alle Übungen seines mohammedanischen Abendgebetes vor und legte sich nieder. Er zog ein arabisch gedrucktes Erbauungsbüchlein aus dem Gürtel, las darin, sang halblaut ein paar Seiten daraus vor sich hin und schlief ein. Noch im schlaffen Einnicken verwahrte er sorglich das kleine Büchlein wieder im Gürtel. Hinter ihm, unter der rauchenden Laterne, spielten drei Chinesen Karten, daneben lag eine Malaiin mit vier Kindern schlafend auf der Bastmatte. Eins von den Kindern lag im schwachen roten Licht, ein sehr schönes, langhaariges Mädchen von neun oder zehn Jahren, sie trug noch keinen Ohrschmuck, aber dicke silberne Spangen an den Gelenken der zierlichen Hände und Füße und an der zweiten Zehe beider Füße je einen goldenen Ring. Sonst überall Schläfer und Halbschläfer, in den weichen, wohlig animalischen, elastischen Bewegungen der Naturvölker dem Boden angeschmiegt, einer auch im Hocken (auf beiden Fußsohlen) schlafend, dazwischen eine Männergruppe leise plaudernd. Hinten am Heck rauschte das große Rad wie in einer Mühle, und draußen war dicke, schwarze Finsternis, zuweilen durchflogen und noch schwärzer gemacht durch einen kurzlebigen Funkenregen aus dem mit Holz geheizten Maschinenofen.

Eine Stunde blieb ich noch munter, versuchte beim mageren Lichtschein in meinen Notizen zu lesen und mich geistig von dem Gestank zu isolieren, der mich umgab. Der Geruch des Kokos- oder Zitronellaöls, mit dem die Leute kochen und mit dem sie sich leider auch den Leib einreiben, ist von einer trüben, ekelhaften Zähigkeit, und während meines ganzen Aufenthaltes im Osten war dieser Geruch der einzige Punkt, in welchem meine Menschlichkeit sich von der Menschlichkeit der Eingeborenen ernstlich, ja widerwillig abwandte.

Ich ließ meine Matratze am Boden ausbreiten, putzte die Zähne mit Sodawasser, zog die Taschenuhr auf, nahm mein tägliches Quantum Chinin ein und verbarg Schlüssel und Geldbeutel unterm Kopfkissen. Dann stellte ich, um nicht nachts auf die Nase getreten zu werden, zwei Stühle überm Kopfende der Matratze auf, kleidete mich aus, schlüpfte ins Schlafkleid und legte mich nieder. Nun gaben auch die Chinesen ihr Kartenspiel auf und verhängten die Laterne mit einer Leinenjacke, und wir alle ruhten beim monotonen Geräusch der Schiffsmaschine in einer Dunkelheit, die beinahe ebenso dicht und zäh und schwer war wie der dicke, schlimme Kokosölgeruch. Manchmal lärmten unter uns die Matrosen, manchmal ließen sie mitten in der pechfinstern Wildnis mit Heftigkeit die heisere Dampfpfeife spielen, und da ich nach zwei Stunden den Schlaf noch nicht gefunden hatte, stand ich auf und ging aufs Vorderdeck, wo in vollkommener Finsternis der Steuermann stand und mit rätselhafter Sicherheit in die gleichmäßig schwarze, undurchdringliche Nacht hineinsteuerte. Er mußte Nachtaugen haben wie ein Tiger, und es war beinahe unheimlich, ihn am Steuer drehen zu sehen und zu wissen, daß wir in der schmalen Fahrtrinne eines Urwaldstromes mit hundert launischen Windungen unterwegs waren, während ich mit aller Anstrengung vom Ufer keinen Schimmer noch Schatten wahrnehmen konnte. Der Kapitän schlief zusammengekauert nebenan.

Wieder legte ich mich nieder. Es war sehr heiß, und auf meiner Schiffsseite ging kein Luftzug; immer wieder warf ich die Reisedecke ab, unter der ich die bloßen

Füße geschützt gehalten hatte, und immer wieder nötigten mich die Bisse der Moskitos, sie von neuem zu bedecken. Und endlich, etwa um Mitternacht, schlief ich doch noch ein und meinte lang geschlafen zu haben, als das oft wiederholte Geheul der Schiffspfeife mich weckte. Es war aber erst halb zwei Uhr. Da und dort richteten erschrockene Schläfer sich taumelnd auf, die meisten sanken alsbald wieder zurück und blieben ruhig, andre standen auf und zogen das Tuch von der Laterne, deren Licht ringsum einen ganzen Knäuel von Schlafenden enthüllte. Die Pfeife schrie weiter, die Maschine stoppte, das Schiff drehte sich; an die Reling tretend, sah ich plötzlich Land, ein Floß und eine Rohrhütte dicht neben uns, mit einem kleinen Stoß legten wir an. Wir hatten keine Feuerung mehr und mußten Holz einnehmen.

Die Treppe herab kamen vom hohen Ufer zwei dunkle Männer mit rauchenden Fackeln gestiegen, ihre Fackeln waren aus dürren Blättern gedreht und mit Baumharz getränkt. Auf dem Floß lagen große Haufen von Holzscheiten gestapelt, und nun begann das Holzfassen, dem ich zwei Stunden lang zuschaute und namentlich zuhörte. Beim Fackellicht standen die Matrosen und Holzkulis in zwei Ketten, ein Holzscheit nach dem andern ging von Hand zu Hand, im ganzen mehrere Tausend, und Scheit für Scheit wurde vom Ablieferer mit lautem Gesange gezählt. Mit seiner weichen, trägen, hübschen Malaienstimme sang er in freien, wunderlich feierlichen Melodien mit unaufhörlichen Variationen immerzu die Zahl der gelieferten Holzscheite in die schwarze Nacht und das Strömen des Flusses hinein: ampat – lima! lima – anam! anam – tujoh! So arbeitete er und sang gleichmäßig und gleichtönig zwei Stunden lang, und bei jedem neuen Hundert tat er einen melodischen Freudenschrei. Dann sang er weiter, bald schläfrig und klagend, bald hoffnungsvoll und tröstlich, immer dieselbe Grundmelodie mit kleinen, der Stimmung nachgehenden, kapriziösen Beugungen und Variationen. So singen die Arbeiter und Landleute hier alle, wenn sie abends im kleinen Einbaum unterwegs sind und die Nacht anbricht; dann werden sie ängstlich und unendlich trostbedürftig, dann fürchten sie das Krokodil und die Geister der Toten, die nachts überm Fluß unterwegs sind, und dann hört man sie mit Ergebung und mit Inbrunst, mit Schmerzen und mit Hoffnung singen, unbewußt, wie der Bambus im Nachtwind singt.

Ich lag wieder still und dämmerte ein, während die Maschine von neuem zu arbeiten begann. Es regnete jetzt, und manchmal sprühte ein Dutzend lauer Tropfen zu mir herein; ich wollte mir noch die Decke über die Knie ziehen, doch war ich schon zu müde, und nun schlief ich ein.

Als ich wieder die Augen auftat, war ein bleicher, kühler Nebelmorgen, mein Nachtkleid war durchnäßt, und ich fror, schläfrig griff ich nach der feuchten Reisedecke und zog sie an mich. Als ich dabei den Kopf drehte, sah ich jemand über mir stehen. Ich schaute empor, da stand mit den kleinen braunen ringgeschmückten Füßen neben meinem Kopf das hübsche langhaarige Malaienkind, hielt die Hände auf dem Rücken und betrachtete mich aufmerksam mit schönen ruhigen Augen und sachlichem Interesse, als könne sie vielleicht im Schlaf erlauschen, welcherlei Tier eigentlich der weiße Mann sei. Ich hatte dabei genau dasselbe Gefühl, wie wenn man auf einer Bergreise im Heu erwacht und die schönen neugierigen Augen einer Geiß oder eines Kalbes auf sich gerichtet findet. Das Mädchen blickte mir noch eine Weile fest in die Augen; als ich mich aufrichtete, ging sie davon und zur Mutter.

Auf Deck war schon Leben, nur wenige schliefen noch, einer davon zusammengerollt und in sich selbst verkrochen wie ein Hund in kalter Nacht. Die andern rollten ihre Bastmatten zusammen, zogen den Sarong um die Hüften, banden das Kopftuch oder den Turban auf und blickten blöde und nüchtern in den feuchten Morgen.

1911

WALDNACHT

Wir waren kurz vor Sonnenuntergang von einem Ausflug im kleinen Boot zurückgekehrt, müde nach der Schwüle und dem stundenlangen Plätschern auf dem breiten braunen Strom zwischen den ewigen Wäldern. Wir waren dem chinesischen Dampferchen begegnet, das jede Woche auf dem Batang Hari fährt und heimwärts nach Djambi unterwegs war. Wir hatten ein paar Tauben und einen Nashornvogel geschossen, eine Bambushütte photographiert, die als letzter Rest einer vorjährigen Reispflanzung in der Öde stand und wo sich ein alter Malaie mit seinem Weib sorglos vom hereinwachsenden Dschungel belagern läßt, wir hatten ein paar große grüne Schmetterlinge gefangen und uns schließlich beeilen müssen, um vor der Nacht zurückzukommen.

Als wir anlegten und steif vom langen engen Sitzen über den kleinen Ländefloß vor unserer Hütte stiegen, ging eben die Sonne dunstig über dem Walde unter, der Strom blinkte trüb herauf, und die Ufer wurden schon finster, als bräche der Wald von beiden Seiten herein und wolle die schmale schwache Lichtbahn erdrücken.

Ehe die Nacht und die Krokodile kamen, war es eben noch Zeit, sich am Ufer ein paar Eimer voll Flußwasser über den Kopf zu gießen, ein frisches Hemd anzuziehen und auf unsere große Veranda zu gehen, wo der dicke wohlwollende Chinese schon das Abendessen bereithielt. Ich blickte hinauf; es war schon dunkel geworden, und unsere Hütte stand mit der schwach erleuchteten Veranda schön und breit zwischen dem Urwald und dem steilen Flußufer, kaum hob sich noch das weiche Palmblätterdach vom schwarzen Himmel ab. Was Nacht ist, weiß man nur in den Tropen. Wie ist sie schön und fremd und feindlich, die tiefe, satte Dunkelheit, der schwere schwarze Vorhang, um soviel unergründlicher und finsterer, wie der Tropenmittag glühender und prahlender ist als der nordische.

Wir setzten uns um den großen unbeweglichen Eisenholztisch, wir aßen Fischchen in Öl und Zwieback, wir tranken von den vielen schweren, guten, ungesunden Getränken Holländisch-Indiens. Zu sagen hatten wir uns wenig, wir waren seit Tagen und Tagen beisammen, zu dreien, und wir waren müde und trotz des Bades schon wieder heiß und feucht. In der Finsternis schrien ringsum die hunderttausend großflügeligen Insekten, gläsern und schrill oder tief und dunkel surrend, lauter als ein Streichorchester. Wir halfen dem Chinesen den Tisch abräumen, nur die Flaschen blieben stehen, das schwache Lampenlicht floß matt an der geflochtenen Wand hin und in die offene Nacht hinaus. Die Flinten lehnten am Eingang, das Schmetterlingsnetz daneben. Einer legte sich in den Liegestuhl unter der Hängelampe und versuchte in einem Tauchnitzband zu lesen, der andere begann die Flinten abzureiben, und ich faltete kleine Tüten aus Zeitungspapier für die Schmetterlinge.

Früh, es war kaum halb zehn Uhr, sagten wir einander gut Nacht und gingen hinein. Ich warf die Kleider ab und schlüpfte rasch im Dunkeln unter das hohe Moskitonetz, streckte mich auf der guten Matratze aus und sank in den müden Zustand von Halbschlummer, in dem ich seit langem meine Nächte hinbrachte. Es war nicht nötig, die Augen zu schließen, nur mit Mühe vermochte ich das Viereck des offenen Fensterloches zu erkennen. Da draußen war es kaum um einen Schatten heller als zwischen meinen Bambuswänden und Bastmatten, aber man spürte die wilde Natur draußen gären und kochen in ihrem nie unterbrochenen geilen Treiben und Zeugen, man hörte hundert Tiere und atmete den krautigen Geruch von üppigem Wachstum. Das Leben ist hier wenig wert, die Natur schont nicht und braucht hier nicht zu sparen. Aber die Weißen sind schon dahinter her, haben schon einen kleinen Kampong mit fast hundert Malaien, die ihnen helfen müssen, den ewigen Urwald anzuzapfen, und seit kurzem klingt hier, zum erstenmal seit die Welt steht, Axtschlag und Arbeitsgetöse durch das Dickicht. Vor drei Jahren wurden hier noch in wilden schnöden Streifzügen die Ureinwohner niedergeschossen, die dunklen scheuen Kubus, die sich nicht so lange halten konnten wie die listig grausamen Atschi im Norden. Die Seelen der Gemordeten schweben nachts überm Fluß, aber sie werden nur von ihren Brüdern gefürchtet, und wir Weißen schreiten ruhig und herrisch durch die Wildnis, erteilen in unserem verdorbenen Malaiisch kalte Befehle und sehen die dunklen uralten Eisenholzbäume ohne Rührung fallen. Man braucht sie zum Werftenbau.

In blassen Halbgedanken dämmerte ich ein, hing müde schwüle Stunden zwischen Traum und Wirklichkeit. Ich war ein Kind und war am Weinen, und eine Mutter wiegte mich mit Gesumse, aber sie sang malaiisch, und wenn ich die bleischweren Augen öffnen und sie ansehen wollte, so war es das tausendjährige Angesicht des Urwaldes, das über mich gebeugt hing und mir zuflüsterte. Ja, hier war ich am Herzen der Natur; hier war die Welt nicht anders als vor hunderttausend Jahren. Man konnte Drahtseile an den Gaurisankar nageln und den Eskimos ihre Fischjagd mit Motorbooten verderben, aber gegen den Urwald würden wir noch eine gute Weile nicht aufkommen. Da fraß die Malaria unsere Leute, der Rost unsere Nägel und Flinten, da verwesten und vergingen Völker, und aus dem Aashaufen trieb eilends und immerzu neues Völkergemisch empor, geil und nicht umzubringen.

Eine mächtige Erschütterung weckte mich plötzlich; ich sprang unmittelbar aus dem Schlaf in die Höhe, fiel wieder um, stand wieder auf und zog, nun erwacht, den Mückenschleier auseinander. Ein wildes, weißes, furchtbar grelles Licht schlug mir blendend entgegen, und erst nach Augenblicken erkannte ich, daß es das Licht von vielen, ohne Pausen aufeinanderfolgenden Blitzen war. Der Donner rauschte mit Gekeuche hinterher, die Luft war seltsam bewegt und voll von Elektrizität.

Benommen taumelte ich zum Fensterloch, das im Licht der Blitze vor mir schwankte und seine Ränder verschob wie die Fensterreihe eines vorüberrasenden Eisenbahnzugs. Da schaute, auf zwei Schritt Entfernung, der Wald mich an, ein umgerührtes Meer von Formen, von Astgeschlinge, Laubmengen und Fasern, wogend und in Verzweiflung sich wehrend, von den Blitzen überflogen und jäh bis ins zuckende dunkle Herz hinein verwundet, krachend und empört. Ich stand am Fenster und starrte in das Unwesen, geblendet und betäubt, und fühlte mit überwachen Sinnen das rasende Leben der Erde sich ergießen und vergeuden und stand dazwischen und sah neugierig zu und dachte an viele Nächte und Tage meines Lebens, an alle die vielen, vielen Stunden, da ich so wie hier irgendwo auf Erden gestanden war und fremde Dinge und Erscheinungen betrachtet hatte, geführt und verlockt von dem seltsamen Trieb des Zuschauens. Es kam mir nicht einen Augenblick sinnlos vor, daß ich im Süden des Sumpfurwaldes von Sumatra stehe und einem tropischen Nachtgewitter zusehe, sondern ich fühlte voraus und sah mich noch hundertmal, an weit von hier entfernten Orten, einsam und neugierig stehen und dem Unbegreiflichen mit Verwunderung zusehen, dem das Unbegreifliche und Vernunftlose in mir selbst Antwort gab und sich verbrüderte. Genau mit demselben Gefühl von Ergriffenheit und unverantwortlicher Zuschauerschaft hatte ich als kleiner Knabe Tiere sterben oder Schmetterlingspuppen aufbrechen sehen, mit demselben Gefühl hatte ich in die Augen von Sterbenden und in die Kelche von Blumen gesehen – nicht mit dem Wunsche, diese Dinge zu erklären, nur mit dem Bedürfnis, dabeizusein und ja keinen der seltenen Augenblicke zu versäumen, in denen die große Stimme zu mir sprach und in denen ich und mein Leben und

Empfinden hinschwand und wertlos wurde, weil es nur ein dünner Oberton zu dem tiefen Donner oder noch tieferen Schweigen des unbegreiflichen Geschehens wurde.

Die Stunde war da, die seltene, lang erharrte, und ich stand und sah im weißen Licht der tausend Blitze den Urwald sein Geheimnis vergessen und in tiefer Todesangst erschauern, und was da zu mir sprach, das war genau dasselbe, was ich zehn- und hundertmal im Leben gehört hatte, beim Blick in eine Alpenschlucht, beim Fahren durch einen Meersturm, beim Sausen des einbrechenden Föhns auf einer Skihalde, und was ich nicht ausdrücken kann und doch immer wieder zu erleben trachten muß.

Und plötzlich war alles zu Ende, und das war sonderbarer und schauerlicher als der ganze Gewitterlärm. Kein Blitz, kein Donner mehr, nur namenlos dicke Finsternis und das Niederstürzen eines wilden, gierigen, selbstmörderisch wütenden Regens. Ringsum nichts mehr als das tiefe, wühlende Rauschen und der geile Geruch des aufgewühlten Urwaldbodens und eine so tiefe Müdigkeit und Schlafbereitschaft, daß ich noch im Stehen einschlief und auf meine Matratze taumelte und nicht wieder erwachte, bis beim Sonnenaufgang der Wald vom Gebrüll der Affen widerhallte.

1911

PALEMBANG

Palembang ist eine Pfahlbaustadt von etwa fünfund-
siebzigtausend Einwohnern im Südosten von Sumatra,
am sumpfigen Ufer eines großen Flusses gelegen, und
hat von oberflächlichen Reisenden den Namen des malaiischen Venedig erhalten, womit nichts gesagt ist, als
daß die Stadt an und auf dem Wasser liegt und hauptsächlich Wasserverkehr hat.

Palembang liegt von Mittag bis Mitternacht im Wasser, von Mitternacht bis Mittag im Sumpf, in einem
grauen, zähen Schmutz, der fabelhaft stinkt und dessen
Anblick und Geruch mich eine Woche lang und nach
der Abreise noch bis aufs offene Meer hinaus mit einem
leisen Schleier von Ekel und Fiebergefühl verfolgte. Dazwischen und durch diesen Schleier hindurch erlebte ich
die schöne, merkwürdige Stadt wie ein aufregendes
Abenteuer.

Der Fluß und die hundert stillen, kanalartigen Seitenflüßchen, an deren Ufern Palembang liegt, fließen am
Morgen alle in entgegengesetzter Richtung als am
Abend, denn die ganze völlig flache Gegend liegt nur
etwa zwei Meter über dem Meere, das siebzig oder achtzig Kilometer weit entfernt ist und dessen Flut jeden
Tag den weiten Weg heraufkommt, die Strömung um-
kehrt, die Sümpfe zu Seen, die Schmutzstadt zu einem
herrlichen Märchenort und das ganze Gebiet überhaupt
bewohnbar macht.

Während dieser Flutzeit, die mit den Tagen wechselt
und während meines Dortseins um Mittag begann, spiegeln sich die tausend Pfahlbauten zart und berückend in
dem bräunlichen, schwach bewegten Wasser, auf dem
kleinsten Kanal wimmeln hundert schlanke malerische

Boote mit stiller Lebendigkeit und verblüffender Geschicklichkeit durcheinander, nackte Buben und verhüllte Frauen baden am Fuß der steilen Holztreppen, die von jedem Haus ins Wasser führen, und die Laternen der schmucken, auf Flößen schwimmenden Chinesenkaufläden reißen wundervolle Ausschnitte eines asiatischen Abend- und Wasserlebens aus der Dunkelheit.

Zur Zeit der Ebbe aber ist dieselbe Stadt zur Hälfte eine schwarze Gosse, die kleinen Hausboote liegen schräg im toten Sumpf, braune Menschen baden harmlos in einem Brei von Wasser, Schlamm, Marktabfällen und Mist, das Ganze schaut blind und glanzlos in den unbarmherzig heißen Himmel und stinkt unsäglich.

Übrigens darf ich den Eingeborenen nicht unrecht tun. Sie können nichts dafür, daß ihr Fluß kein Gefälle und darum kein sauberes Wasser hat, daß der Abfall der Küchen und der Kot der Abtritte um die Häuser her stehenbleibt und daß die wilde Sonne den Schlamm so rasch zur Gärung bringt. Sosehr es dem Fremden manchmal graut, wenn er hiesige Reinlichkeitsverhältnisse betrachtet, so stolz er sich den Malaien überlegen fühlen mag, wenn er tagelang aufs Bad verzichtet und seine Zähne mit Sodawasser putzt, so bleibt doch die Wahrheit bestehen, daß der Ostasiate reinlicher ist als der Europäer und daß wir unsre ganze moderne europäische Reinlichkeit von den Indiern und Malaien gelernt haben. Diese moderne Reinlichkeit, die mit der Forderung des täglichen Bades beginnt, stammt von England, und sie kam in England auf unter dem Einfluß der vielen Angloindier und heimgekehrten Tropenleute, und diese hatten das Baden, das häufige Mundspülen und alle diese Reinlichkeitskünste in Indien, Ceylon und der malaiischen Welt gelernt. Ich sah einfache Weiber aus dem Volk nach jeder Mahlzeit die Zähne mit feinen Holzstäbchen und den Mund mit frischer Wasserspülung reinigen, was bei uns keine fünf oder zehn Prozent der Bevölkerung tun, und in Württemberg und Baden kenne ich Bauern genug, die allerhöchstens zwei- oder dreimal im Jahre baden, während die Malaien und Chinesen das mindestens einmal am Tage, meistens öfter, tun. Und sie tun es schon sehr lange, wenigstens findet man schon in uralten chinesischen Büchern gelegentlich solche Reinlichkeitsübungen als selbstverständlich erwähnt, zum Beispiel im „Buch vom quellenden Urgrund": „Als er zur Herberge kam und fertig war mit Waschen, Mundausspülen, Abtrocknen und Kämmen – –".

In Palembang, in dieser sonderbaren Stadt, wird mit Yeloton und Rubber, mit Baumwolle und Rottang, mit Fischen und Elfenbein, mit Pfeffer, Kaffee, Baumharzen, mit einheimischen Geweben und Spitzen gehandelt; eingeführt werden imitierte Sarongstoffe aus England und der Schweiz, Bier aus München und Bremen, deutsche und englische Trikotwaren, sterilisierte Milch aus Mecklenburg und Holland, eingemachte Früchte aus Lenzburg und aus Kalifornien. In der holländischen Buchhandlung sind Übersetzungen der Kolportageromane aller Sprachen zu haben, Multatulis „Havelaar" aber nicht. Für den Gebrauch der Weißen sind die abgelegtesten Geschenkartikel der europäischen Kleinstadtläden da, die Eingeborenen werden durch japanische Schundgeschäfte mit deutscher und amerikanischer Talmiware versehen. Tausend Meter davon entfernt holt sich der Tiger Ziegen und wühlt der Elefant die Stangen der Telegraphenleitung zuschanden. Über dem sumpfigen, von herrlichen Wasservögeln, Reihern und Adlern wimmelnden Lande und unter den Kanälen durch fließt unsichtbar und still, Hunderte von Meilen weit her, immerzu das rohe Petroleum in Eisenröhren nach den Raffinerien der Stadt. Einen alten chinesischen Seidenschal kaufte ich für das Anderthalbfache der Summe, die der Händler für eine Zwölfdutzendschachtel europäischer Stahlfedern verlangte. Und komischerweise lebt man in den zollfreien englischen Hafenstädten Penang und Singapore oder Colombo fast doppelt so teuer als hier bei den hohen holländischen Zöllen, die den Handel lahmlegen, wie denn überall der holländische Kolonialbetrieb ein wenig den Eindruck einer kurzsichtigen Ausbeutung macht. Hingegen ist die niederländisch-indische Reistafel zwar nicht immer glänzend, aber sie ist noch im schlimmsten Falle ein Paradies im Vergleich mit dem Essen, das die Engländer in den teuren Prachthotels ihrer Kolonien sich vorsetzen lassen. Schade, die Engländer wären weitaus das erste Volk der Erde, wenn ihnen nicht zwei elementare und für ein Kulturvolk kaum zu entbehrende Talente fehlten: der Sinn für feine Küche und der Sinn für Musik. In diesen beiden Punkten erwarte man in englischen Kolonien das Geringste; alles andere ist erster Klasse.

Das Volk hat hier eine furchtsam kriechende Unterwürfigkeit. Indessen ist der geknechtete Malaie äußerst flink im Übernehmen europäischer Bequemlichkeiten, Genüsse und Herrenmanieren. Der Kuli, den du vor einer Stunde in seiner dienstbaren Dürftigkeit tief bedauert hast, begegnet dir stolz im weißen Anzug (der vielleicht dir gehört und den dein Wäscher ihm vermietet hat) auf dem gemieteten Zweirad, die Stunde für zehn Cents, und tritt herrisch als Habitué in gelben Schuhen und mit brennender Zigarette in den Billardsaal. Nachher geht er in seine Hütte zurück, zieht den Sarong wieder an, macht sich's bequem und putzt auf der hölzernen Treppe am Ufer seine Zähne im Kanalwasser an derselben Stelle, an der er zuvor seine Notdurft verrichtet hat.

1911

WASSERMÄRCHEN

Mit einer geliebten Frau möchte ich den Weg noch einmal machen, den ich gestern von Palembang aus in der kleinen, schmalen Prauw gefahren bin.

Wir fuhren in dem schwankenden Bötchen, das keine Handbreite Tiefgang hat und darum das kleinste Rinnsal noch befahren kann, eines der schmalen braunen Seitenflüßchen hinauf, gegen Abend, noch mit der Flut. Da war zwischen den Pfahlhütten das gewohnte unschuldig bewegte Leben, Netzfischerei jeder Art, worin die Malaien wie im Vogelfangen und im Rudern wahre Meister sind, nacktes, schreiendes Kindergewimmel, kleine schwimmende Händler mit Sodawasser und Sirup, leise rufende Verkäufer von Koranen und winzigen mohammedanischen Andachtsbüchlein, badende Buben. Streitende sieht man hier selten, Betrunkene nie, und der Reisende aus dem Westen schämt sich, daß dies ihm auffällt.

Wir fuhren gemächlich weiter, der Bach ward schmal und seicht, die Hütten hörten auf, Sumpf und Busch umgab uns grün und schweigend, Bäume standen da und dort am Ufer und im Wasser selbst. Sie wurden unmerklich zahlreicher, streckten tausendfältige Wurzelstelzen nach uns aus, und über uns hing dichter und dichter ein grünes Netz und Gewölbe von Laub und Geäst. Bald war kein Baum mehr einzeln zu erkennen, jeder hing mit Wurzeln und Luftwurzeln, mit Ästen, Zweigen und Schlingpflanzen in die anderen verstrickt und verwoben, alle von hundert Farnen, Lianen und andren Schmarotzerpflanzen gemeinsam umarmt und verbunden.

In dieser stillen Wildnis flog zuweilen farbenblitzend ein Eisvogel auf, die hier in Menge nisten, oder grau huschend eine kleine Schnepfe oder schwarz und weiß wie eine Elster der fette, amselartige Singvogel des Urwaldes, sonst war kein Laut und kein Leben da als das innige Wachsen, Atmen und Ineinanderdrängen des dikken Baumgewölbes. Der Bach, oft kaum noch breiter als unser Boot, beschrieb in jeder Minute einen neuen launenhaften Bogen, jedes Gefühl für die Maße und Entfernungen ging vollständig unter, wir fuhren betroffen und still durch eine wirre grüne Ewigkeit dahin, vom Baumgewirre dicht überwölbt, von großblättrigen Wasserpflanzen umdrängt, und jeder saß stumm und staunte, und keiner dachte daran, ob und wann und wie dieser Zauber wieder könnte gebrochen werden. Ich weiß nicht mehr, ob er eine halbe Stunde oder eine Stunde oder zwei Stunden gedauert hat.

Er wurde unversehens gebrochen durch ein wildes, vielstimmiges Gebrüll über unseren Köpfen und durch heftiges Wipfelschwanken, und alsbald glotzte eine Familie von großen grauen Affen uns an, beleidigt und gestört durch unser Eindringen. Wir hielten an und blieben regungslos, und die Tiere begannen wieder zu spielen und sich zu jagen, und eine zweite Familie kam dazu, und wieder eine, bis über uns das Dickicht von großen langschwänzigen grauen Affen wimmelte. Zuweilen schauten sie wieder erbost und mißtrauisch herunter, schnoben zornig und knurrten wie Kettenhunde, und als wohl über hundert von den Tieren da über uns saßen und wieder zu schnauben und aus nächster Nähe die Zähne zu fletschen anfingen, da gab unser Palembanger Freund uns lautlos ein warnendes Zeichen mit dem Finger. Wir hielten uns behutsam still und hüteten uns, auch nur an einen Ast zu streifen, denn in Busch und Sumpf eine Stunde von Palembang von einem Affenvolk erwürgt zu werden, hätte jedem von uns doch ein unrühmliches Ende geschienen.

Vorsichtig tauchte unser Malaie sein kurzes, leichtes Ruder ein, und still und geduckt fuhren wir sorgsam zurück, unter den Affen und unter den vielen Bäumen durch, an den Hütten und Häusern vorüber, und als wir den großen Strom wieder erreicht hatten, war die Sonne schon untergegangen, und aus der rasch einbrechenden Nacht glänzte die zauberhafte Stadt zu beiden Seiten des gewaltigen Wassers mit tausend kleinen schwachen Lichtern her.

1911

DIE GRÄBER VON PALEMBANG

An jedem schönen Vormittag verließ ich die Stadt gleich nach dem Frühstück und blieb zwei, drei Stunden im Freien draußen, um reine Luft zu atmen, Grün zu sehen und gelegentlich einen Schmetterling zu fangen. Alle diese Städte, auch das große Singapore, liegen ganz von Dörfern, Weilern, Höfen und primitivster Ländlichkeit umgeben und lösen sich still und ohne Umriß in die fruchtbare grüne Wildnis auf. Eben erst warst du noch in einer dröhnenden Straße mit Geschäftshäusern, Lastwagen, ausrufenden Händlern und zigarettenrauchenden Lausbuben, du bist in einen stilleren Seitenweg eingebogen, wo helle, freundliche Bungalows vereinzelt weitab von der Straße in Gärten stehen, und unversehens fühlst du dich, wunderlich erwachend, vollkommen auf dem Lande, wirst von weidenden Ziegen oder Kühen beschnobert oder hörst im wilden Gehölz die Sprünge der Affen rauschen.

In Palembang führte mein Spazierweg meistens am Fischmarkt vorbei, vorüber am grausigen Anblick lebend umherliegender Fische jeder Art und in Massen aufgehäufter abgehauener Fischköpfe, und an den Häusern und Magazinen der Großhändler hin bis zu einer alten Moschee, immer parallel mit dem Flusse, und von da rechtwinklig landeinwärts, und schon hier begann die typische Mischung von Dorfleben und Buschwildnis. Schönes kleines Rindvieh weidet überall, kreuzt sorglos die Fahrstraße und ist sehr zutraulich. Auf der Straße geht zu manchen Stunden ein starker Verkehr, Fußgänger und Lastträger, sehr viele Zweiräder, Ponywagen und auch schon Automobile. Zehn Meter davon, im dichten Busch, ist man in vollkommener Urwildnis, von

Eichhörnchen und Vögeln in Menge umschwärmt, von Affen beknurrt und gelegentlich durch ungeheure, zum Teile giftige Tausendfüßler und Skorpione erschreckt. Wer sich auskennt, kann hier auch häufig Tigerspuren finden.

Nirgends aber kann man hundert Meter gehen, ohne auf Gräber zu stoßen. Überwachsen und vergessen liegen überall die Malaien- und Arabergräber, den unseren ganz ähnlich, die neueren mit welken Grasbüscheln geschmückt, die von den Mohammedanern am Freitag dort niedergelegt werden. Manchmal ist eine kleine Begräbnisstätte von einer Mauer umgeben, deren Portal mit edlem Bogen und fein profilierten Pfeilern, von hohen Gräsern umwachsen und von riesigen Bäumen überhangen, schattig und vereinsamt in seiner romantischen Verwahrlosung steht, so schön und nobel wie nur irgendein feiner, stiller Ruinenwinkel in Italien.

Dazwischen kommt immer wieder, riesig und mit großen goldenen Buchstaben an den Pfeilern leuchtend, ein Chinesengrab, eine ummauerte Halbkreisterrasse am Abhang von fünf, zehn, zwanzig Metern Durchmesser, je nach Bedeutung und Reichtum des Beerdigten, in der schön emporgeschweiften Mauer blau und golden die Inschrift, das Ganze kostbar, feierlich und schön wie alles Chinesenwerk, ein wenig kühl und leer vielleicht, und überall rechts und links darum her und in den Lüften darüber aufgeschossen dicke Busch- und Baumwirre.

Manche von den mohammedanischen Grabanlagen werden früheren Sultanen zugeschrieben, dort sind einige der Mauerportale so schön und in sich abgewogen wie die allerbeste Renaissance. Man ist erstaunt, das auf Sumatra zu finden, aber man erstaunt noch mehr, wenn man hört, daß eine verschwommene alte Palembanger Sage behauptet, hier liege Alexander der Große begraben. Bis hierher sei er gekommen, und hier sei er gestorben. Mir fiel dabei das Gespräch ein, das ein Freund von mir in Italien am Trasimener See mit einem Fischer hatte. Der Fischer erzählte Ungeheuerliches von der blutigen Schlacht, die hier vor langen Zeiten der große General Hannibal geschlagen habe, und als mein Freund weiter fragte, gegen wen denn Hannibal damals gefochten habe, wurde der Mann unsicher, meinte dann aber ziemlich bestimmt, es werde wohl Garibaldi gewesen sein.

Bei den Gräbern vor Palembang habe ich schöne wunderliche Stunden hingebracht, allein in dem krausen grünen Busch, von den großen Schillerfaltern umflogen, auf die vielen Rufe der Waldtiere und die wilden, phantastischen Gesänge großer Insekten horchend. Ich saß, ausruhend und von der Hitze erschöpft, auf den niederen Mauern der Chinesengräber, die so groß und fest und reich gebaut sind und doch vom wilden Leben und Wachstum dieses Bodens alle bald überholt, bezwungen und zugedeckt werden. Ich wurde von schwarzen und weißen Ziegen und von kleinen sanften rotbraunen Kühen besucht und betrachtet oder von Rast haltenden Affen still beäugt oder von umherschwärmenden Malaienkindern mit Scheu und Neugierde umringt. Ich kannte nur wenige von den Bäumen und Tieren, die ich um mich sah, mit Namen, ich konnte die chinesischen Inschriften nicht lesen und konnte mit den Kindern nur zehn Worte reden, aber ich habe mich nirgendwo in der Fremde so unfremd und so von der Selbstverständlichkeit und vom klaren Fluß alles Lebens umschlossen gefühlt wie hier.

1911

„MARAS"

Wer eine Zeitlang in Palembang war und auf der Rückseite des Hotels Nieukerk nach dem schwärzlichen Kanälchen hinaus gewohnt hat, vom Gestank und von den Moskitos verfolgt und ohne die Möglichkeit, in reinem Wasser zu baden, der verfällt schließlich einem brennenden Verlangen nach Abreise, einerlei, wohin, und beginnt die Stunden bis zum nächsten Schiffstermin zu zählen. Seit einem Monat ohne Post, fiebernd von Schlaflosigkeit, ermüdet vom Leben der sonderbaren Stadt, von der Hitze und dem Mangel an Bädern erschlafft, hatte ich mir einen Platz auf dem chinesischen Dampfer „Maras" bestellt, der am Freitag früh ankommen und im Laufe des Sonnabends wieder nach Singapore abgehen sollte, und nun lag ich hoffend unterm Moskitonetz und wartete den Freitagmorgen ab. Zu lesen hatte ich längst nichts mehr, eine große Kiste stand in Singapore, die Nachrichten von Hause blieben Woche um Woche aus, ich konnte nichts tun, als mich täglich in der Stadt herumtreiben, bis ich ermüdet war, und dann viele Stunden liegen und warten, im Notizbuch blättern und malaiische Vokabeln lernen. Aber nun war ein Schiff in Aussicht, noch einen Tag oder zwei, dann würde ich abfahren können, und bald würde, wie tröstliche Erfahrungen uns lehren, alles Widerwärtige dieser Tage in der Erinnerung einschrumpfen und vergehen und nur das viele Schöne, Bunte, freudig Erlebte bleiben.

Allein der Freitagmorgen und auch der Nachmittag verging, ohne daß die „Maras" kam, auch während der Nacht zum Sonnabend lauschte ich vergeblich alle die vielen Stunden lang auf das Pfeifen eines einlaufenden

Schiffes, und der ganze Sonnabend verging ebenso, und erst am Sonntagmorgen kam die Nachricht, es sei nun da, und wenn es nicht zu viel regne, werde man vielleicht morgen abfahren.

Am Sonntag war ich von früh bis abends auf dem Flusse unterwegs. Ich hatte mich einer Krokodiljagd angeschlossen und saß mit einem schweren alten holländischen Militärgewehr auf den Knien, die Augen von Hitze und dem Sonnenreflex des Stromes brennend, im kleinen Boot auf der Lauer. Aber an solchen Tagen hat man kein Glück; wir kamen nie zum Schuß und mußten bei dem viel zu hohen Wasserstande froh sein, daß wir wenigstens einige Krokodile zu sehen bekommen hatten.

Einerlei, morgen ging mein Schiff, und dann konnten mir alle Krokodile von Sumatra –. Bei der Rückkehr nach der Stadt erfuhr ich, die „Maras" würde vielleicht morgen früh abfahren, vielleicht auch nachmittags oder abends, und ich packte meine Koffer mit suggestiver Gründlichkeit und Liebe. Die „Maras", die am Morgen nicht gefahren war, fuhr auch am Nachmittag nicht, aber es wurde mir mitgeteilt, ich könnte abends an Bord gehen und müsse spätestens um zehn Uhr da sein, wenn ich mitreisen wolle.

An mir sollte es nicht fehlen, ich fuhr um neun Uhr durch die dicke Nacht (wir haben in Europa gar keine Ahnung von richtiger Nachtfinsternis!) nach dem Schiff, suchte und fand, in der laternenlosen Dunkelheit tastend, über fremde Boote und schlafende Ruderkulis hinweg für mich und mein Gepäck einen Weg zur unbeleuchteten Falltreppe und turnte hoffnungsvoll empor. Das Schiff war stark geladen, die Innenräume alle voll Yeloton und Baumwolle, aber es lagen noch zwanzig und mehr Lastboote voll Rottang beim Schiff, und so wurde weiter geladen, hundert Kulis schwärmten auf dem überfüllten dunklen Deck, wo ich über Kisten und Balken klettern mußte, und wenn sie einer von den wenigen Laternen nahe kamen, glänzten ihre nackten gelben schweißbedeckten Körper warm aus dem finsteren Getümmel.

Es war ein holländischer Kapitän da, und ich bekam eine Kabine, aber sie war so heiß wie ein Dampfbad, und als ich die Stiefel auszog, merkte ich alsbald die Ursache: der Fußboden war von den benachbarten Heizräumen her so heiß, daß mir die Sohlen schmerzten. Die Luke war ein wenig größer als das Zifferblatt einer Taschenuhr. Dagegen war ein elektrischer Ventilator und elektrisches Licht da, die aber seit Jahren nicht mehr funktionierten, und der Raum wurde durch eine kleine rußende Erdölampel erleuchtet.

Von einer Stunde zur andern wurde die Abfahrt erwartet und verheißen, ich blieb bis nach ein Uhr, steif vor Müdigkeit, auf einem Stuhl am Oberdeck sitzen und schaute betäubt aus geschwollenen Augen in das Schiff, ging dann in die Kabine und legte mich nieder, hörte den Schweiß in schweren Tropfen von meiner herabhängenden Hand zu Boden fallen, stand wieder auf und rauchte eine Zigarre draußen im Regen zwischen den Kulis, irrte im dunklen Schiff umher, fiel über Schlafende, warf einen Käfig mit lebenden Affen um, stieß mich an Kistenecken und fand mich bei Tagesanbruch zerstört und erschöpft am Oberdeck wieder.

Früh um sechs Uhr hatte ich noch niemals in meinem Leben Bordeaux getrunken und starke indische Zigarren geraucht. Heute tat ich es, und nun kann ich schon wieder die Augen offenhalten.

Jetzt, wo ich diese Notizen aufschreibe, fährt das Schiff. Es fährt seit einer Stunde, seit Mittag, und ich täte gern irgend etwas anderes als schreiben, wenn das nicht eben das einzige wäre, was mir übrigbleibt. Die Kabine ist unmöglich, mehr als ein Stuhl steht mir an Deck nicht zur Verfügung, und höre ich mit Schreiben auf, so kommt der Kapitän und will mich in eine Unterhaltung ziehen. Er ist ein sympathischer Mann und hat seine Frau mit an Bord. Sie wohnen am Oberdeck in der Kapitänskabine. Er hat eine ungeheure Briefmarkensammlung und einen räudigen chinesischen Hund, der leider untreu ist und sich zu mir hält, und die Frau hat fünf junge Katzen und zehn oder elf Singvögel in Käfigen. Außerdem haben wir vier lebendige Affen (dieselben, die ich in der Nacht umgeworfen habe) an Bord, von denen der kleinste ganz zahm ist und sich von mir anfassen und streicheln läßt. Leider stinken sie teuflisch.

Wir fahren langsam flußabwärts und werden abends die See erreichen und vielleicht in etwa zweiunddreißig Stunden in Singapore sein.

Nachtrag am Abend . . .

Ich nehme alles zurück. Als ich zu schreiben aufhörte, ward ich von niemand belästigt, vielmehr zu einem recht guten Mittagessen aufgefordert. Nachher machte mir die Kapitänsfrau vorn am Oberdeck ein Feldbett zurecht, wo ich zwei Stunden ruhen konnte. Da sah alles gleich wieder besser aus. Der chinesische Hund ist, glaube ich, nicht räudig; er hat nur, wie fast alle Hunde in den Tropen, den Haarschwund, wird von hinten her kahl, was schade ist, denn er muß früher, den Resten nach zu schätzen, ein ganz hübscher rotblonder Kerl gewesen sein. Die Kabinenluke ist beinahe so groß wie das Zifferblatt einer bescheidenen Wanduhr; die Taschenuhr war eine Übertreibung.

Ich habe mich tüchtig eingeseift und mit Flußwasser begossen, das erste frische Bad seit zehn Tagen! Nun kann ich wieder ohne Mühe aus den Augen sehen. Es ist abends fünf Uhr und schon dämmrig, wir sind in der weiten Flußmündung angekommen, vor uns liegt hellgelb das seichte Meer, der Pilot arbeitet am Steuer und kann uns nun bald verlassen. Gegenüber steht mit langen hohen Bergketten schön und ganz tiefblau die Insel Banca.

Nachtrag nachts zehn Uhr . . .

Der Hund ist doch räudig. Außer ihm, den Katzen, Vögeln und Affen sind noch zwei Gürteltiere, ein Stachelschwein und ein junger schöner Jaguar an Bord, alle lebend. Sie sind in Käfige gesperrt, aber sie haben weit mehr Luft als ich in meiner Kabine. Das Abendessen war sehr gesellig, die Kapitänin besitzt ein großes, heftig wirkendes Grammophon, das wurde mir zur Ehre losgelassen, „Dollarprinzessin" und Caruso. Alle Europäer in den Tropen haben Grammophone, und so bin ich denn schon vor der Rückkehr nach Singapore wieder von der operettenhaften Atmosphäre umgeben, die mir als das Charakteristikum des Europäerlebens im Osten erscheint.

1911

SPAZIERGANG IN KANDY

Das berühmte Kandy liegt in einem engen Tal an einem künstlichen See und hat außer seinem alten Tempel und seinem freilich wunderbar schönen Baumwuchs keine Verdienste, wohl aber alle Laster und Mängel eines von allzureichen Engländern systematisch verdorbenen Fremdenstädtchens. Dafür aber führen von Kandy weg nach allen Seiten die schönsten Spazierwege der Welt in eine wundervolle Landschaft hinaus. Leider sah ich dies alles trotz einem längeren Aufenthalt nur halb, die Regenzeit hatte sich verspätet, und Kandy lag beständig in einem tiefen Regengrau und Nebelbrei, wie ein Schwarzwaldtal im Spätherbst.

Im leise strömenden Regen schlenderte ich eines Nachmittags durch die ländliche Malabar Street und hatte mein Vergnügen am Anblick der halbnackten singhalesischen Jugend. Ein atavistisches Behagen und Heimatgefühl, das ich zu meiner Enttäuschung der typisch tropischen Landschaft gegenüber nie empfunden habe, empfand ich doch jedesmal beim Anblick unbekümmert primitiven Naturmenschentums; das gedeiht und vegetiert hier in Indien noch weit schöner und ernsthafter als etwa in Italien, wo wir sonst die „Unschuld des Südens" suchen. Namentlich fehlt hier im Osten völlig die wahnsinnige Wichtigtuerei und Freude am brutalen Lärm, mit der in den mittelländischen Küstenstädten jeder Zeitungsjunge und Streichholzhausierer sich als schallenden Mittelpunkt der Welt kundgibt. Die Indier, Malaien und Chinesen füllen die unzähligen Straßen ihrer volkreichen Städte mit einem intensiven, bunten, starken Leben, das dennoch mit fast ameisenhafter Geräuschlosigkeit vor sich geht und damit unsere südeuropäischen

Städte alle beschämt. Speziell die Singhalesen, so wenig sie sonst imponieren, gehen allesamt durch ihr einfaches, leichtes, wenig differenziertes Leben mit einer liebenswürdigen Sanftmut und einem stillen, rehartigen Anstand, die man im Westen nicht findet.

Vor jeder Hütte hing, schwebend zwischen Hauswand und Straßenbord, ein ganz kleines, naives Gärtchen, und in jedem blühten ein paar Rosen und ein Bäumchen mit Temple flowers, und vor jeder Schwelle trieben sich ein paar hübsche schwarzbraune langhaarige oder auch drollig rasierte Kinder herum, die Kleineren völlig nackt, aber auf der Brust mit Amuletten, an Fuß- und Handgelenken mit Silberspangen geschmückt. Sie sind, was mir als Kontrast zu den Malaien auffiel, ohne jede Scheu vor Fremden, kokettieren sogar sehr gerne und lernen den bettelnden Ruf nach Money als erste englische Vokabel, oft noch ehe sie Singhalesisch können. Die Mädchen und ganz jungen Frauen sind oft wunderschön, und schöne Augen haben sie alle ohne Ausnahme.

Ein steil ins dicke wirre Grün verschwindender Seitenweg zog mich an, ich stieg hinab durch eine betäubend pflanzenreiche Schlucht, die wie ein Treibhaus gärend duftete. Dazwischen lagen auf zahllosen winzigen Terrassen schlammige Reisfelder, in deren Morast die nackten Arbeiter und die grauen Wasserbüffel pflügend wühlten.

Plötzlich, nach einem letzten Absturz des Pfades, stand ich überm Ufer des Mahawelli. Der schöne, vom Regen geschwollene Bergfluß strömte in raschem Fall am dunklen Urgestein der engen Felsenufer hin, kleine wilde Steininseln und Klippen standen schwarz und blank, wie aus glatter Bronze, im bräunlichen Wasserschaum.

An einer breiten Felsenbank legte eben eine floßartige Fähre an, ein alter blinder Mann ward ans Land geführt und tastete mit geduldigem Gesicht und mit welken gelben Händen, von denen ihm das Regenwasser in die Kleider rann, empor nach dem steilen Ufersteig. Rasch betrat ich das kleine Floß und fuhr hinüber, durch die rötliche felsige Uferlandschaft, und stieg jenseits über die Felsstufen einen Weg durch neue Buschfinsternis hinan, wieder an Hütten und Reisterrassen vorüber. Die Leute haben soeben geerntet und pflügen nun den Sumpf ungesäumt wieder um, um sofort wieder auszusäen, denn in diesem Klima und auf diesem Urbrei von Boden wächst jahraus, jahrein Ernte nach Ernte. Das enge Tal mit roter Erde und überquellend dichtem Wachstum strömte im rauschenden Regen einen Geruch von heißer Fruchtbarkeit aus, als koche überall der weiche Erdschlamm in geheimnisvoller Urzeugung.

Zwei Meilen weiter oben sollte ein buddhistischer Felsentempel stehen, der älteste und heiligste von Ceylon, und bald sah ich das Klösterchen und den kleinen Hausgarten der Priester über mir am steilen Bergabhang kleben. Nun kam der Tempel, davor der ausgehöhlte Felsenboden voll Regenwasser stehend, eine schäbige Vorhalle mit nackten Mauerbögen aus neuerer Zeit, alles verlassen, dunkel und grämlich. Ein Junge lief und holte einen Priester herbei, die erste Tür des Heiligtums ward erschlossen, zwei winzige Stümpfe von Wachskerzen in der Hand des Priesters flimmerten ängstlich und konnten die schwarzen stillen Räume nicht erhellen, es schwamm nur der greise schlichte Kopf des Priesters in einem dünnen roten Lichtschimmer, der da und dort an den Wänden ein Stück uralter Malerei auferweckte. Ich wollte die Wände besehen, und wir leuchteten nun mit den beiden schwachen rußenden Lichtlein Zoll für Zoll die Wand entlang und bis zum Boden hinab, als wäre die mächtige Freskenwand eine Briefmarkensammlung. In alten primitiven Konturen, schwach gelb und rot gefärbt, kamen unzählige schöne, liebliche, auch lustige Darstellungen aus der Buddhalegende zum Vorschein: Buddha, das Vaterhaus verlassend, Buddha unter dem Bo-Baume, Buddha mit den Jüngern Anada und Kaundinya. Unwillkürlich fiel mir Assisi ein, wo in der großen leerstehenden Oberkirche von San Francesco Giottos Franzlegenden die Wände bedecken. Es war genau derselbe Geist, nur war hier alles klein und zierlich, und in der Zeichnung der Bildchen war wohl Kultur und Leben, aber keine Persönlichkeit.

Aber nun schloß der alte Mann die innerste Tür auf. Hier war es völlig finster, im Hintergrunde schloß sich die Felsenhöhle. Dort war etwas Ungeheuerliches zu ahnen, und da wir mit den Kerzen näher kamen, entstand aus Glanzlichtern und Schatten schwankend eine riesige Form, größer als der Kreis unserer schlechten Lichter, und allmählich erkannte ich mit einem Schauder das liegende Haupt eines kolossalen Buddha. Weiß und riesig glänzte das Gesicht des Bildes her, und unser bißchen Licht ließ nur die Schultern und Arme noch erfühlen, das andere verlor sich in der Dunkelheit, und ich mußte viel hin und her gehen und den Priester bemühen und mit den zwei Kerzen Versuche machen, ehe ich dämmernd die ganze Figur zu sehen bekam. Der liegende Buddha, den ich erblickte, ist zweiundvierzig Fuß lang, er füllt die Höhlenwand mit seinem Riesenleib, auf seiner linken Schulter ruht der Fels, und wenn er aufstünde, fiele der Berg über uns zusammen.

1911

TAGEBUCHBLATT AUS KANDY

Es ist Abend; ich liege im Hotelzimmer. Seit einigen Tagen lebe ich von Rotwein und Opium und bin elend darmkrank. Zum Stehen und Gehen reicht heute abend der Mut und die Kraft nimmer recht, auch haben wir Regenzeit, und draußen liegt eine verregnete, tiefschwarze Nacht, obwohl es kaum erst Abend wurde. Ich muß irgendwie von der Gegenwart abstrahieren; so will ich denn zu notieren versuchen, was ich vor zwei Stunden gesehen habe.

Es war etwa sechs Uhr und schon fast Nacht; der Regen floß; ich war vom Bett aufgestanden und ausgegangen, schwach vom Liegen und Fasten und betäubt von den Opiaten, mit denen ich gegen die Dysenterie ankämpfe. Ohne viel Überlegung bog ich in der Finsternis in den Tempelweg ein und stand nach einer Weile überm dunklen Wasser am Eingang des alten Heiligtums, in welchem der schöne, lichte Buddhismus zu einer wahren Rarität von Götzendienst gediehen ist. Eine traumhaft dumpfe Musik scholl mir entgegen; hier und da knieten dunkle Beter tief gebückt und murmelnd; ein süßer, heftiger Blumenduft überfiel mich betäubend; durchs Tempeltor sah ich in düster-nächtliche Räume, in denen viele einzelne dünne Kerzen irrlichthaft und verwirrend brannten.
Ein Führer hatte sich meiner sofort bemächtigt und schob mich vorwärts; zwei Jünglinge in weißen Kleidern mit guten, sanftäugigen Singhalesengesichtern eilten herbei, jeder mit zwei brennenden Kerzchen in der Hand, um mich führen zu helfen. Vorausschreitend beleuchteten sie eifrig, im Gehen tief gebückt, jede klein-

ste Stufe und jeden Pfeilervorsprung, an den ich stoßen konnte; und benommenen Sinnes stieg ich in das Abenteuer hinein wie in eine arabische Märchen- und Schatzhöhle.

Eine Messingschale ward mir vorgehalten und eine Eintrittsgabe für den Tempel gefordert, ich legte eine Rupie hinein und ging weiter, die Kerzenträger vor mir her. Weiße süßduftende Tempelblumen wurden mir geboten, ich nahm einige zu mir, gab dem Darbietenden Geld und legte die Blüten in verschiedenen Nischen und vor verschiedenen Bildern als Opfer nieder. Dem Führer folgend, während vor meinen Augen die Finsternis mit hundert kleinen goldenen Kerzenpunkten flammend tanzte, kam ich an kleinen steinernen Löwen und vielen Lotosblumenbildern, an geschnitzten und bemalten Säulen und Pfeilern vorbei und eine dunkle Treppe empor und stand vor einem großen gläsernen Schrein, der war an den Scheiben und Stäben voll von Schmutz und innen voll von Buddhabildern, von goldenen und messingenen, silbernen und elfenbeinernen, granitenen und hölzernen, alabasternen und edelsteingezierten, von Bildern aus dem nördlichen und südlichen Indien, aus Siam und aus Ceylon. In einem üppig ornamentierten Silberschrein aber saß still und fein und unendlich apart ein schöner alter Buddha, der war aus einem einzigen riesigen Kristall geschnitten, und das Kerzenlicht, das ich dahinter hielt, schien farbig durch seinen gläsernen Leib; und von allen diesen vielen Bildern des Vollendeten war dies kristallene das einzige, das ich nicht vergesse und das den schlackenlosen Erlösten wahrhaft ausdrückt.

Hier und überall waren Priester, Tempeldiener und Handlanger in Menge da; Hände streckten sich mir entgegen, und feierliche messingene und silberne Schalen wurden mir allenthalben vorgehalten. Ich gab, um es kurz zu sagen, mehr als dreißig Trinkgelder. Doch tat ich dies, wie auch alle Fragen an die Priester, nur in einem unzulänglichen Traumzustand und Halbbewußtsein. Ich hatte keinerlei Achtung vor den miserablen Priestern, ich verachtete die Bilder und Schreine, das lächerliche Gold und Elfenbein, das Sandelholz und Silber, aber ich fühlte tief und mitleidend mit den guten, sanften indischen Völkern, die hier in Jahrhunderten eine herrlich reine Lehre zur Fratze gemacht und dafür einen Riesenbau von hilfloser Gläubigkeit, von töricht herzlichen Gebeten und Opfern, von rührend irrender Menschentorheit und Kindlichkeit errichtet haben. Den schwachen, blinden Rest der Buddhalehre, den sie in ihrer Einfalt verstehen konnten, den haben sie verehrt und gepflegt, geheiligt und geschmückt, dem haben sie Opfer gebracht und kostbare Bilder errichtet – was tun dagegen wir klugen und geistigen Leute aus dem Westen, die wir dem Quell von Buddhas und von jeder Erkenntnis viel näher sind? –

Weiter ward ich an Altären und Säulen vorübergeschleppt. Da und dort glänzten Gold und Rubinen auf, mattes altes Silber in Menge, und neben dem phantastischen Reichtum dieser Tempelschätze war die Schäbigkeit der Diener und Priester, die Armut der Holzverschläge und Glaskästchen, die bettelhafte Dürftigkeit der Beleuchtung ganz wunderlich anzusehen. Priester zeigten die alten heiligen Bücher des Tempels vor, die in Silber reich gebunden sind und deren heilige Texte in Sanskrit und Pali sie vermutlich selber nicht mehr lesen können; und was sie selber gegen ein Trinkgeld auf Palmblätter schrieben, war kein schöner Spruch oder Name, sondern das Datum des Tages und der Ortsname; eine nüchterne, schäbige Quittung.

Schließlich ward mir der Altarschrein und das Behältnis gezeigt, worin der heilige Zahn Buddhas verwahrt wird. Wir haben das alles in Europa auch; ich gab meinen Obolus hin und ging weiter. Der Buddhismus von Ceylon ist hübsch, um ihn zu photographieren und Feuilletons darüber zu schreiben; darüber hinaus ist er nichts als eine von den vielen rührenden und grotesken Formen, in denen hilfloses Menschenleid seine Not und seinen Mangel an Geist und Stärke ausdrückt.

Und nun zerrten sie mich unversehens in die Nacht hinaus; in der wohligen Dunkelheit strömte immerzu der heftige Regen, unter mir spiegelten die Kerzen der Jünglinge sich im heiligen Schildkrötenteich. Man zog und schob mich, der ich in der Dunkelheit mich blind fühlte und willenlos mitlief, in Eile über einige Treppenstufen und über nasses Gras hinweg ins Freie, wo plötzlich als rotes Viereck in der Nacht die erleuchtete Türöffnung eines zweiten, kleineren Tempels vor uns stand. Ich trat ein, opferte Blumen, ward zu einer inneren Tür gedrängt und sah plötzlich erschreckend nahe vor mir einen großen liegenden Buddha in der Wand, achtzehn Fuß lang, aus Granit und grell mit Rot und Gelb bemalt. Wunderlich, wie noch aus der glatten Leere all dieser Figuren ihre herrliche Idee hervorstrahlt, die faltenlos heitere Glätte im Angesicht des Vollendeten.

Nun waren wir fertig; ich stand wieder im Regen und sollte noch den Führer, die Kerzenträger und den Priester des kleineren Tempels bezahlen, aber ich hatte all mein Geld weggegeben und sah nun, auf die Uhr blickend, mit Befremdung, daß diese ganze nächtliche Tempelreise nur zwanzig Minuten gedauert hatte. Rasch lief ich zum Hotel zurück, hinter mir im Regen die kleine Schar meiner Gläubiger vom Tempel. Ich erhob Geld an der Hotelkasse und teilte es aus; es verneigte sich vor seiner Macht der Priester, der Führer, der erste und der zweite Kerzenjüngling; und fröstelnd stieg ich die vielen Treppen zu meinem Zimmer hinauf.

1911

PEDROTALLAGALLA

Um in der Stille einen schönen und würdigen Abschied von Indien zu feiern, stieg ich an einem der letzten Tage vor der Abreise allein in einer kühlen Regenmorgenfrische auf den höchsten Berggipfel von Ceylon, den Pedrotallagalla. In englischen Fuß ausgedrückt, klingt seine Höhe sehr respektabel, in Wirklichkeit sind es wenig über zweieinhalbtausend Meter, und die Besteigung ist ein Spaziergang.

Das kühle grüne Hochtal von Nurelia lag silbrig in einem leichten Morgenregen, typisch englisch-indisch mit seinen Wellblechdächern und seinen verschwenderisch großen Tennis- und Golfgründen, die Singhalesen lausten sich vor ihren Hütten oder saßen fröstelnd in wollene Kopftücher gewickelt, die schwarzwaldähnliche Landschaft lag leblos und verhüllt. Außer wenigen Vögeln sah ich lange Zeit kein Leben als in einer Gartenhecke ein feistes, giftig grünes Chamäleon, dessen boshafte Bewegungen beim Insektenfang ich lange beobachtete.

Der Pfad begann in einer kleinen Schlucht emporzusteigen, die paar Dächer verschwanden, ein starker Bach brauste unter mir hin. Eng und steil stieg der Weg eine gute Stunde lang gleichmäßig herauf, durch dürres Buschdickicht und lästige Mückenschwärme, nur selten ward an Wegbiegungen die Aussicht frei und zeigte immer dasselbe hübsche, etwas langweilige Tal mit dem See und den Hoteldächern. Der Regen hörte allmählich auf, der kühle Wind schlief ein, und hin und wieder kam für Minuten die Sonne heraus.

Ich hatte den Vorberg erstiegen, der Weg führte eben weiter über elastisches Moor und mehrere schöne Bergbäche. Hier stehen die Alpenrosen üppiger als daheim, in dreimal mannshohen starken Bäumen, und ein silbriges, pelzig weißblühendes Kraut erinnerte sehr an Edelweiß; ich fand viele von unsern heimatlichen Waldblumen, aber alle seltsam vergrößert und gesteigert und von alpinem Charakter. Die Bäume aber kümmern sich hier um keine Baumgrenze und wachsen kräftig und laubreich bis in die letzten Höhen hinauf.

Ich näherte mich der letzten Bergstufe, der Weg begann rasch wieder zu steigen, bald war ich wieder von Wald umgeben, von einem sonderbar toten, verzauberten Wald, wo schlangenhaft gewundene Stämme und Äste mich blind mit langen dicken weißlichen Moosbärten anstarrten; ein nasser, bitterer Laub- und Nebelgeruch hing dazwischen.

Das war alles ganz schön, aber es war nicht eigentlich das, was ich mir heimlich ausgedacht hatte, und ich fürchtete schon, es möchte zu manchen indischen Enttäuschungen heute noch eine neue kommen. Indessen nahm der Wald ein Ende, ich trat warm und etwas atemlos auf ein graues ossianisches Heideland hinaus und sah den kahlen Gipfel mit einer kleinen Steinpyramide nahe vor mir. Ein harter, kalter Wind drang auf mich ein, ich nahm den Mantel um und stieg langsam die letzten hundert Schritte hinan.

Was ich da oben sah, war vielleicht nichts typisch Indisches, aber es war der größte und reinste Eindruck, den ich von ganz Ceylon mitnahm. Soeben hatte der Wind das ganze weite Tal von Nurelia klargefegt, ich sah tiefblau und riesig das ganze Hochgebirge von Ceylon in mächtigen Wällen aufgebaut, inmitten die schöne Pyramide des uralt-heiligen Adams-Pik. Daneben in unendlicher Ferne und Tiefe lag blau und glatt das Meer, dazwischen tausend Berge, weite Täler, schmale Schluchten, Ströme und Wasserfälle, mit unzählbaren Falten die ganze gebirgige Insel, auf der die alten Sagen das Paradies gefunden haben. Tief unter mir zogen und donnerten mächtige Wolkenzüge über einzelne Täler hin, hin-

ter mir rauchte quirlender Wolkennebel aus schwarzblauen Tiefen, über alles weg blies rauh der kalte
sausende Bergwind. Und Nähe und Weite stand in der
feuchten Luft verklärt und tief gesättigt in föhnigem Far-
benschmelz, als wäre dieses Land wirklich das Paradies
und als stiege eben jetzt von seinem blauen umwölkten
Berge groß und stark der erste Mensch in die Täler nieder.

Diese Urlandschaft sprach stärker zu mir als alles, was
ich sonst von Indien gesehen habe. Die Palmen und die
Paradiesvögel, die Reisfelder und die Tempel der reichen Küstenstädte, die von Fruchtbarkeit dampfenden
Täler der tropischen Niederungen, das alles, und selbst
der Urwald, war schön und zauberhaft, aber es war mir
immer fremd und merkwürdig, niemals ganz nah und
ganz zu eigen. Erst hier oben in der kalten Luft und dem
Wolkengebräu der rauhen Höhe wurde mir völlig klar,
wie ganz unser Wesen und unsre nördliche Kultur in
rauheren und ärmeren Ländern wurzeln. Wir kommen
voll Sehnsucht nach dem Süden und Osten, von dunkler,
dankbarer Heimatsahnung getrieben, und wir finden
hier das Paradies, die Fülle und reiche Üppigkeit aller
natürlichen Gaben, wir finden die schlichten, einfachen,
kindlichen Menschen des Paradieses. Aber wir selbst
sind anders, wir sind hier fremd und ohne Bürgerrecht,
wir haben längst das Paradies verloren, und das neue,
das wir haben und bauen wollen, ist nicht am Äquator
und an den warmen Meeren des Ostens zu finden, das
liegt in uns und in unsrer eignen nordländischen Zukunft.

1911

RÜCKREISE

Wieder fahre ich Tage und Nächte, Tage und Wochen auf dem blauschwarzen Meer dahin, wohne in einem winzigen Kabinenloch und stehe zur Abendzeit stundenlang an die Reling gelehnt, sehe die kahle schwarze Fläche im Abendlicht hell werden, sehe über dem grünen Späthimmel die wunderlich verschobenen Sternbilder flammen und den gleißend blanken Halbmond waagerecht wie ein Boot in der Schwärze schwimmen. Die Engländer liegen in Deckstühlen und lesen alte englische Magazine und Reviews, die Deutschen würfeln im Rauchzimmer mit Lederbechern, ich tue oft mit, und von Zeit zu Zeit entsteht Stille und Spannung an Deck, wenn die wunderbar gewachsene braunschwarze tigerhafte Frau aus Honolulu vorübergeht, bei jedem Schritt federnd und von Lebenskraft und animalischem Selbstgefühl gewiegt. Niemand ist in sie verliebt, niemand fühlt sich ihr gewachsen; man sieht ihr nach wie einem schönen, aber übermächtigen Naturereignis, einem Gewitter oder Erdbeben. Verliebt aber sind viele von uns in das zarte, überschlanke, zwei Meter hohe Fräulein aus England, das ein Knabengesicht hat und lächeln kann wie ein Engel. Sie hat in China Verwandte besucht, sie fuhr über Wladiwostok hin und fährt nun über Suez zurück, sie trägt tagsüber feine, diskrete, praktische Reisekleider und abends große Toiletten, und sie verbringt offenbar ihre ganze lächelnde Jugendzeit mit nichts anderem als damit, ihre eigene Lieblichkeit durch alle Meere und Länder der Erde spazierenzuführen.

Meine Wünsche und Gedanken sind schon alle in der Heimat, die trotzdem in ihrer unendlichen Ferne noch halb unwirklich bleibt, während eine Menge von Eindrücken der letzten Monate mich in junger, sinnlicher Frische umgibt. Wenn ich über sie nachdenke, so stellt sich heraus, daß nur ganz wenige richtig „exotische" dabei sind; die meisten sind von rein menschlicher Art und wurden mir nicht durch das fremde Kostüm, sondern durch ihre Verwandtschaft mit meinem eigenen und jedem Menschenwesen wichtig und lieb.

Zu den exotischen Bildern, die mich beständig noch in voller Frische bedrängen, gehört der Palmenstrand von Penang mit dem weißen Sandstreifen und den gelben Fischerhütten, die leuchtendblauen Chinesenstraßen der Städte in den Straits und den Malay States, das hügelige Inselgewimmel des malaiischen Archipels, die Affenzüge im Urwald, die Krokodilflüsse von Sumatra. Der letzte solche Eindruck war oben in Nuwara Elia. Da war alles fast heimatlich einfach, rauh und grau, kein Tempel, keine Palmen. Aber als ich den ersten Ausgang machte, sprach plötzlich eine schöne weiße Blume zu mir, die rührte bis zu jenem Schatz von frühesten und stärksten Eindrücken hinab, die wir als Kinder aufnehmen und denen es später kein Meer und Gebirge der Welt mehr gleichtun kann. Ich fühlte, nach einem wochenlangen Leben in neuen, fremden, oberflächlicheren Eindrücken, mich von dieser Blume im Innersten berührt und erinnert, und als ich suchte, fand ich bald, daß es dieselbe weiße großkelchige Kalla war, die zu meinen Knabenzeiten im Zimmer meiner Mutter blühte. Und im Weiterschreiten fand ich diese selbe weiße große Blume, die als Liebling und stolze Rarität in meinem Vaterhaus im Schwarzwald gepflegt worden war, zu Hunderten und zu Tausenden stehen und blühen wie bei uns die Butterblumen im April. Es war schön und üppig zu sehen, aber es gefiel mir und freute mich doch nur halb, hier auf Ceylon als mißachtetes Unkraut wachsen zu sehen, was einst meiner Mutter Stolz und liebe Sorge gewesen war.

Von der langen Seereise war das Schönste und Eindringlichste vielleicht die Insel Sokotra, von Norden gesehen, mit den bleichen, toten Sandhängen und dem wilden, jäh zerklüftet starrenden Kalkgebirge, dann das Südende von Kalabrien mit den tausendjährig vereinsamten Steinstädten in den rauhen Felsbergen. Nicht zu vergessen das Sinaigebirge, mit den edlen Umrissen gläsern im weichen rosigen Lichte stehend, und den Suezkanal, den ich auf der Rückfahrt im vollen Farbenleuchten ägyptischer Lüfte sah.

Weit stärker noch als alle diese schönen Bilder steht mir der Anblick vieler kleiner menschlicher Dinge im Gedächtnis. Der magere stille chinesische Diener, der auf dünner Bastmatte am Fußboden vor der Türschwelle seines Herrn schläft. Er wird, einer Kleinigkeit wegen, mitten in der Nacht vom Herrn wachgebrüllt. Müde wendet er den Kopf, einen Augenblick zittern seine Lider, dann blickt er mit den klugen, geduldigen braunen Augen auf und erhebt sich, wach und resigniert, mit dem ergebenen leisen Ruf: „Tuan!"

Oder der malaiische Anführer der Waldarbeiter am Batang Hari, ein Verwandter der früheren Rajahs, aus adliger Familie, mager, mit einem schönen traurigen Gesicht. Ich sah ihn eines Abends lautlos unsre Veranda betreten, seine Laterne löschen und sich beim Hausherrn melden, mit einem Anstand und Adel der Gebärde, wie wir es kaum bei einem adligen Offizier daheim sehen können.

Dann die schwärzlichen Kinderscharen der Urwalddörfer, die der Ankunft unseres Bootes mit starrender Neugierde und Spannung zusahen und beim ersten Schritt, den wir an Land taten, entsetzt und lautlos von dannen flohen und wie Tierchen im Wald verschwanden.

Und wie schön war es, in Chinesenstädten am Abend junge Freundespaare spazierengehen zu sehen. Feine schlanke Jünglinge mit schönen braunen Augen und lichten, heiteren, geistigen Gesichtern, ganz weiß oder ganz schwarz gekleidet, mit schmalen, vergeistigten Händen. Zart und fröhlich ging einer mit dem andern, seine linke Hand lose in die rechte Hand des Freundes oder den Arm auf dessen Schulter gelegt.

Und überall im Archipel die gutmütigen hübschen Malaien, von den Holländern streng gehalten, höflich und ergeben, und auf Ceylon die sanften, zarten Singhalesen. Man schilt sie, und sie machen betrübte Kindergesichter, man befiehlt ihnen, und sie beginnen die Arbeit mit geheucheltem, heftigem Eifer, man wirft ihnen ein Scherzwort zu, und sie lachen breit und selig übers ganze Gesicht. Sie haben alle dieselben schönen, flehenden Augen, und sie haben alle einen Rest von wilder Unschuld und Rechenschaftslosigkeit im leichtbewegten Gemüt. Sie vergessen wichtige Dinge über einer Mahlzeit, und sie verlieren sich im Spiel so maßlos, daß sie manchmal Ernst daraus machen und einander totschlagen, wozu sie im wirklichen Ernst und um wichtige Dinge viel zu feige sind. In Nurelia sah ich einen Arbeiter, der vom Bauplatz weggejagt und vom Aufseher vertrieben und immer wieder geschlagen wurde. Er hatte irgendeine Gaunerei begangen, und er war bereit, eine Strafe zu tragen, aber er wollte durchaus nicht fortgehen, er wollte dableiben, nur dableiben bei seiner Arbeit und bei seinem Brot, bei seiner Ehre und bei der Gemeinschaft mit den andern. Der junge, kräftige Mann ließ sich ohne Widerstand stoßen und mit einem Strickende hauen, langsam wich er der Gewalt, er heulte dazu laut und unbeherrscht wie ein verwundetes Tier, und über sein dunkles Gesicht liefen dicke Tränen.

Schön und nachdenklich war es auch, alle diese Menschen bei ihren religiösen Übungen zu sehen, Hindu, Mohammedaner und Buddhisten. Sie haben alle, vom reichen städtischen Häuserbesitzer bis zum Kuli und Paria, Religion. Ihre Religion ist minderwertig, verdorben, veräußerlicht, verroht, aber sie ist mächtig und allgegenwärtig wie Sonne und Luft, sie ist Lebensstrom und magische Atmosphäre, und sie ist das einzige, um was wir diese armen unterworfenen Völker ernstlich beneiden dürfen. Was wir Nordeuropäer in unserer intellektualistischen und individualistischen Kultur nur selten, etwa beim Anhören einer Bachmusik, empfinden dürfen, das selbstvergessene Gefühl der Zugehörigkeit zu einer ideellen Gemeinschaft und des Kräfteschöpfens aus unversieglich magischer Quelle, das hat der Mohammedaner, der am fernsten Winkel der Welt abends seine Verbeugungen und Gebete verrichtet, und hat der Buddhist in der kühlen Vorhalle seines Tempels jeden Tag. Und wenn wir das, in einer höheren Form, nicht wiedergewinnen, dann werden wir Europäer bald kein Recht auf den Osten mehr haben. Die Engländer, die in ihrem Nationalitätsgefühl und in ihrer strengen Pflege der eigenen Rasse eine Art von Ersatzreligion besitzen, sind denn auch die einzigen Westländer, die es da draußen zu einer wirklichen Macht und Kulturbedeutung gebracht haben.

Mein Schiff fährt und fährt. Vorgestern brannte noch die unbändige Sonne Asiens auf unser Deck, wir saßen luftig in weißen dünnen Kleidern und tranken eisgekühlte Sachen; jetzt sind wir schon nahe am europäischen Winter, der uns mit Kühle und Regenschauern schon bald nach Port Said empfing. Dann werden die heißen Küsten der östlichen Inseln und die glühenden Mittage von Singapore in der Erinnerung noch an Glanz gewinnen; aber dies alles wird mir nie so lieb und wertvoll werden wie das starke Gefühl von der Einheit und nahen Verwandtschaft alles Menschenwesens, das ich unter Indiern, Malaien, Chinesen und Japanern gewonnen habe.

1911

REISENDE ASIATEN

Eines fiel mir, seit ich die erste indische Hafenstadt sah und solange ich im Osten unterwegs war, täglich stärker auf: Wie viel die Asiaten reisen! Im Westen, in Europa und Amerika, hält man das Reisen und den „modernen Verkehr" für eine Art westlicher Spezialität. Dabei gilt dem Durchschnittsbürger in ganz Europa eine Eisenbahnfahrt von mehr als sechs oder acht Stunden schon für eine bemerkenswerte Reise, und ein Handlungskommis oder Portier, der etwa in Paris, in Genf oder Nizza oder gar in Neapel war, steht im Ruf eines weltläufigen Mannes, der weit herumgekommen ist. Das ist in Asien anders. In Indien, Hinterindien, dem Archipel und einem großen Teil von China reist das Volk unendlich viel mehr als bei uns, für einfache Leute der niederen Klassen gelten Reisen von zwei, drei, sechs, zehn Tagen für gar nichts Besonderes. Unsereiner, wenn er zwischen Colombo und Batavia unterwegs ist, kommt sich schon unternehmend vor und ist erstaunt, zu sehen, daß eine Seereise von drei Wochen, eine Eisenbahnreise von Tagen für Asiaten gar nichts bedeutet.

Der Kuli, der dir in Singapore den Koffer an Land trägt, stammt aus Hankau. Der kleine Händler, dem du in Penang oder Kuala Lumpur eine Badehose oder Leibbinde abkaufst, ist in Peking zu Hause. Der malaiische Kaufmann, der dir auf Sumatra Hosenträger und Stiefel verkauft, ist Hadschi und hat die Pilgerfahrt nach Mekka gemacht, was eine Hin- und Rückreise von je etwa zwanzig Tagen bedeutet, das Dreifache einer Fahrt von Europa nach Amerika und zurück.

Wenn bei uns ein Bauer seine Kartoffeln oder Äpfel

in der nächsten größeren Stadt persönlich verkauft und dahin drei Stunden mit der Bahn zu fahren hat, so ist das für ihn eine große Sache. Arme, halbwilde Natives auf einer malaiischen Insel fahren mit ihrer Ladung Rottang oder ihrem bißchen Baumwolle vier, sechs, zehn Tage ihren Urwaldfluß hinab bis zur nächsten Hafenstadt und brauchen doppelt so lange zurück. Von Nordindien gehen einzelne indische Händler alle paar Jahre auf wilden, anstrengenden und gefährlichen Zügen durch Tibet nach China oder bis zum Baikalsee, ja bis Moskau. In Pelaiang bei Djambi (Südsumatra) hatten wir einen chinesischen Koch, der seine Familie bei Schanghai leben hat und sie öfters besucht! Die chinesischen Großhändler in den Straits, auf Java und so weiter haben fast alle auch noch daheim in China Besitzungen, oft auch Frauen und Kinder, und reisen häufig zwischen beiden Orten hin und her, über Entfernungen wie zwischen Neapel und Moskau. Es gibt auch indische und arabische Händler, welche Filialen von Colombo oder Bombay an bis nach Peking hin haben und für die eine Seereise von drei Wochen nur eine kleine, oft wiederholte Geschäftsfahrt ist.

Dazu alle die vielen Pilgerfahrten! Leute aus Siam und Burma pilgern nach Ceylon, Gläubige aus Java und Sumatra nach Mekka, Fromme aus dem untersten Südindien hinauf nach Benares. Dagegen ist die Pilgerfahrt eines armen Bäuerleins vom Bodensee nach Lourdes eine Bagatelle.

Die letzten asiatischen Reisenden dieser Art, die ich sah, waren zwei Mohammedaner aus Java. Sie bestiegen unser Schiff in Singapore und fuhren als Beauftragte einer mohammedanischen Gemeinschaft bis Suez, von wo aus sie Tripolis erreichen, zuverlässige Berichte vom Krieg einsammeln und über die beste Art, die kriegführenden Glaubensgenossen moralisch und finanziell zu unterstützen, nach Hause berichten sollten.

1911

IN KANDY

Kandy soll der hübscheste Ort auf der schönen Insel Ceylon sein, und die Eisenbahnfahrt dahin von Colombo aus ist eine tolle Folge von Überraschungen und Schönheiten. Kandy selbst aber ist der Rest einer sehr alten Königs- und Priesterstadt, und neuerdings ist es dem Gelde der Engländer gelungen, ein bequemes, sauberes, verdorbenes Hotel- und Fremdennest daraus zu machen. Trotzdem ist Kandy schön; denn mit allem Gelde und allem Zement der Welt läßt sich das strotzende Wachstum dieser Landschaft nicht kaputtmachen. Da sieht man an grünen Hügelhängen den ganzen überschwenglichen Busch- und Baumwuchs noch viel überschwenglicher von Schlingpflanzen überwachsen, abenteuerlich großblumige Winden und Klematis blühen und duften in ganzen Kaskaden ins Tal herab, wo der künstliche See unheilbar an seinem grotesk unorganischen Zuschnitt leidet. Mutige Engländer gehen an diesem See spazieren, wo alte Frauen mit rostigen Schwertern den Rasen abmähen, und die englischen Spaziergänger fühlen sich nicht belästigt von dem unablässigen Zudrängen der Kutscher, Rikschakulis, Händler und Bettler, die sich kriechend und schamlos anbieten; denn die Engländer sind reich und sind geniale Kolonisatoren, und es macht ihnen ein Hauptvergnügen, dem Untergang der von ihnen erdrückten Völker zuzuschauen. Denn dieser Untergang geht überaus human, freundlich und fröhlich vor sich, er ist kein Totschlagen und nicht einmal ein Ausbeuten, sondern ein stilles, mildes Korrumpieren und moralisches Erledigen. Immerhin, dieser englische Betrieb hat Stil, und Deutsche oder Franzosen würden es viel schlimmer und viel dümmer machen, wie ja überhaupt der Engländer der einzige Europäer ist, der draußen unter den Naturvölkern nicht komisch wirkt. Ich ließ mich denn auch nicht abschrecken, sondern versuchte gleich am ersten Tage möglichst viel von Kandy zu sehen. Leicht ist dies nicht, wenn man offene Ohren und ein etwas zartes Gemüt hat; denn ein Spaziergang durch die Stadt bedeutet ein anstrengendes und empörendes Spießrutenlaufen zwischen den Hyänen der Fremdenindustrie, wie man es auch in Europa nur an den vom englischen Gelde beglückten Fremdenplätzen erleben kann. Schließlich ist man froh, sich zu dem grinsenden Rikschakuli zu flüchten, der einem zwanzigmal mit seiner Wagendeichsel den Weg versperrt und den man zwanzigmal weggejagt hat; er hatte recht, er wußte genau, daß er und alle seine Kollegen jeden Versuch eines Neulings, in Kandy spazierenzugehen, stets mit der Flucht in einen Wagen enden lassen.

Nun, man kann sich an vieles gewöhnen. Ich hatte mich mit der Hitze von Singapore und Colombo, mit den Moskiten des Urwalds, mit indischen Mahlzeiten, mit Durchfall und Kolik abgefunden, so mußte es auch hier gehen. Ich lernte, an den schönsten kleinen Mädchen mit den traurigsten schwarzen Inderaugen vorbeizusehen, wenn sie bettelten, ich lernte die weißhaarigsten Urgroßväter, die wie Heilige aussahen, mit kalten Blicken zurückweisen, ich gewöhnte mich an ein treues Gefolge von käuflichen Menschen jeder Art, das ich durch feldherrnhafte Handbewegungen und grobe Zurufe in Schranken zu halten wußte. Ich lernte sogar, mich über Indien lustig zu machen, und ich schluckte die scheußliche Erfahrung, daß der seelenvolle, suchende Beterblick der meisten Indier gar nicht ein Ruf nach Göttern und Erlösung ist, sondern einfach ein Ruf nach Money.

Als ich aber beinahe soweit war, beging ich in meinem Übermut die Tollheit, eines Nachmittags mit meinem Schmetterlingsnetz in der Hand auszugehen. Daß das die Neugierde und vielleicht den Spott der Straßenjugend provozieren würde, hatte ich im voraus bedacht – dagegen war ich von den sonst so gutmütigen Malaien her abgehärtet –, und wirklich riefen sämtliche Gassenbuben mit Gelächter mir etwas gurgelnd Singhalesisches nach. Ich fragte einen singhalesischen studierenden Jüngling, der mir mit Büchern unterm Arm begegnete, was der Ausruf bedeute; er lächelte höflich und sagte leise: „Oh, master, they are telling that you are an Englishman who is trying to catch butterflies!" Die Buben sahen freilich drein, als hätten sie weniger harmlose Sachen gerufen. Zufrieden ging ich weiter und war auch dadurch nicht zu überraschen, daß zahlreiche andere Jungen sich mir anschlossen, die mir gute Schmetterlingsplätze zeigen wollten, mich mit Eifer auf jede vorüberschwirrende Fliege aufmerksam machten und dabei jedesmal die Hand um einen Penny ausstreckten. Dies alles konnte mich kaum mehr stören, und als die Straße stiller wurde und ein naher schmaler Waldweg Einsamkeit verhieß, schlug ich aufatmend mit einem Rest von Humor die letzten Peiniger in die Flucht und bog rasch in den rettenden Pfad ein.

So geht der Mensch verblendet seinen Weg und glaubt zu siegen, wo er der elend Geschlagene ist. Während ich stolz dahinschritt und mir einbildete, ich habe es wieder einmal sehr schlau gemacht, war schon das Verhängnis über mir und eine Angel nach mir ausgeworfen, die ich nicht ahnte und an der ich lange zu schlukken haben sollte. Die ganze Zeit her war dreißig Schritte hinter mir ein schöner stiller Mann oder Herr gegangen, mit krausem tiefschwarzem Haar, mit braunen traurigen Augen und einem schönen schwarzen Schnurrbart. Er hieß, wie ich später erfahren sollte, Victor Hughes, und es war mir vom Schicksal bestimmt, dieses Mannes Opfer zu werden.

Mit ehrerbietigem Gruße trat er zu mir heran, lächelte mit feiner Höflichkeit und erlaubte sich, mich in tadellosem Englisch darauf aufmerksam zu machen, daß dieser Weg in einen Steinbruch führe und daß hier keinerlei Ausbeute an Schmetterlingen zu hoffen sei. Dort drüben

hingegen, mehr rechts, sei keine üble Gegend, und dort
südlich, auf der andern Talseite, sei einer der allerbesten
Plätze. Ehe ich viel mehr als Ja und Nein und Danke-
schön gesagt hatte, waren wir in einer Art von Konversa-
tion und persönlicher Verbindung; aus den klugen be-
kümmerten Augen des schönen Menschen sah mich ein
altes, vornehmes, unterdrücktes Volkstum mit stillem
Vorwurf an, aus seinen Worten und Gebärden sprach
eine alte Kultur wohlgepflegter Höflichkeit und zarter
buddhistischer Sanftmut. Ich begann alsbald diesen
Mann mit einer Mischung von Mitleid und Hochachtung
zu lieben. Als weißer Fremdling im Tropenhut war ich
der Herr, der Master und Sahib, vor dem er als armer
Eingeborener sich neigte; seine aristokratische Erscheinung aber, seine Orts- und Sachkenntnis und sein vortreffliches Englisch gaben ihm eine Überlegenheit, die
ich alsbald empfand. Denn Victor Hughes verstand auch
von Schmetterlingen unendlich viel mehr als ich; er
nannte mit kollegialem Lächeln ganze Reihen von lateinischen Namen, die ich nie gehört hatte, zu denen ich
aber gönnerhaft nickte, um meinen kindlichen Dilettan-
tismus zu verbergen. Ich sagte auch ein paarmal zwischenhinein mit verlegen väterlichem Ton (dem Ton,
den der Engländer dem Eingeborenen gegenüber eingeführt hat): „Yes, yes, my dear man, I know all about
Kandy-butterflies!" Er sprach mit mir über indische
Schmetterlinge, wie etwa der erfahrene Obergärtner
eines Palmengartens mit einem fremden Besucher
spricht, den er für einen Botaniker hält. Mein schlechtes
Englisch, mit dem ich möglichst sparsam umging, ließ
mich nicht zu Erklärungen kommen, so daß ich unversehens mich immer tiefer in die Lüge verstrickte und, fast
ohne etwas zu sagen, mit stummem Spiel, immer mehr
die Rolle des Kenners und wissenschaftlichen Sammlers
übernahm.

Als wir soweit miteinander waren, als ich Herrn Victor Hughes schweigend das Recht zuerkannt hatte, mich
als eine Art von wenig höherstehendem Kollegen anzu-

sehen und mir Interessen und Absichten zuzutrauen, die ich gar nicht hatte, da zauberte er, völlig überraschend, aus seinen Gewändern plötzlich eine hübsche kleine Holzkiste hervor, auf seinem edeln Gesicht erschien, meinen sofort emporgeschnellten Argwohn bestätigend, ein schmeichelndes Hausiererlächeln, er öffnete die Truhe mit einer einladenden Gebärde, und ich sah auf weißem Grunde eine wundernette, tadellos präparierte Sammlung von Schmetterlingen und Käfern ausgebreitet, die er mir für die Kleinigkeit von fünfzehn Rupien zum Kauf anbot.

Ich sah sofort den ganzen Umfang der Gefahr; aber ich war wehrlos. Es war mir unmöglich, diesem höflichen und beinahe gelehrten Singhalesen gegenüber plötzlich den Standpunkt zu wechseln, ja, die Enthüllung seiner Absichten, seiner heimlichen Bedürftigkeit steigerte beinahe meine Sympathie oder mindestens mein Mitleid für ihn, und doch hatte ich keinerlei Lust zu kaufen, ich war sogar genötigt, mit dem Rest meiner Reisekasse sehr sparsam umzugehen.

So stimmte ich denn meinen Ton um einen Schatten kühler und erklärte bedauernd, daß ich zwar ein Sammler, nicht aber ein Käufer von Schmetterlingen sei, daß überdies fertig präparierte Exemplare für mich ganz ohne Interesse seien.

Mr. Hughes begriff das vollständig. Gewiß, solche Sammler wie ich kauften ja niemals aufgespannte Falter, er habe sich das gleich gedacht und mir nur eine kleine Probe zeigen wollen. Selbstverständlich würde ich nur frische Exemplare in Papiertüten kaufen, die er mir heute abend zu zeigen gedenke. Er wisse, daß ich im Queens Hotel wohne: ob ich dort um sechs Uhr zu finden sei?

Das wisse ich nicht, antwortete ich kurz, und jetzt sei es mein Wunsch, meinen Spaziergang ungestört fortzusetzen. In bester Form zog er sich zurück, und wieder glaubte ich entronnen zu sein und Ruhe zu haben. Aber nun war Hughes zu meinem Schicksal geworden. Er stand am Abend in der Halle des Hotels, er begrüßte mich anspruchslos, und wir wechselten ein paar Worte übers Wetter, da zauberte er hinter einer Säule des Vestibüls hervor eine ganze Anzahl von Schachteln, Dosen und Kistchen, und ich sah mich im Augenblick von einer reichen, geschickt ausgebreiteten Schaustellung indischer Falter umgeben. Zuschauer kamen an den Tisch, Victor Hughes zeigte eine Reihe von englischen, amerikanischen, deutschen Anerkennungsschreiben und Bestellbriefen vor, und je mehr Publikum sich einfand, desto weniger mochte ich mich mit meinem übeln Englisch zur Schau stellen. Ich stand plötzlich auf, als falle mir etwas Wichtiges ein, ließ Hut und Mantel liegen und eilte zum Lift, mit dem ich in das dritte Stockwerk entfloh. Mit dieser Flucht hatte ich das Heft vollends aus der Hand gegeben.

Von da an sah ich in Kandy nichts anderes mehr als meinen Herrn Hughes. Er stand an jeder Straßenecke, die ich zu Fuß passierte, er hob den Mantel auf, der mir vom Wagen glitt, er kannte meine Zimmernummer im Hotel und die Zeit meiner Ausgänge und Mahlzeiten. Wartete ich morgens mit dem Ausgehen bis acht Uhr, so stand er an der Treppe, verließ ich andern Tages das Haus schon um halb sieben, so war er auch da. Wenn ich sorglos in einem Kaufladen ausruhte und Ansichtskarten auswählte, erschien er lächelnd am Ladeneingang, eine kleine Kiste unterm Arm, und wenn ich draußen im Walde einen Fehlschlag mit dem Schmetterlingsnetz tat, so bog Hughes um die Ecke, deutete dem entkommenen Falter nach und nannte seinen lateinischen Namen. „Ich habe gute Exemplare davon, auch Weibchen; ich bringe sie um sieben Uhr ins Hotel!"

Nach einigen Tagen hatte er es erreicht, daß ich kein höfliches Wort mehr mit ihm sprach, ihm aber etwas für zehn Rupien abkaufte. Nun hatte ich mir das Recht erworben, ihn zu ignorieren, ihn anzuschnauzen, ihn mit barscher Gebärde von mir zu weisen. Er war aber immer da, war immer schön und höflich, blickte traurig aus braunen Augen, sprach mich freudig an und ließ ergeben die mageren braunen Hände sinken, wenn ich schalt, und immer trug er in der Tasche oder im Lendentuch verborgen ein Kästchen, eine Schachtel, eine Dose bei sich, früh und spät, und immer neue Sachen, bald einen riesigen Atlasfalter, bald ein „Lebendes Blatt", bald einen Goldkäfer oder Skorpion. Er trat aus dem Schatten eines Pfeilers hervor, wenn ich den Speisesaal verließ, er war verwandt mit dem Händler, bei dem ich Zahnpulver kaufte, und befreundet mit dem Wechsler, bei dem ich mein Geld wechselte. Er begegnete mir am See und beim Tempel, im Wald und auf der Gasse, er begrüßte mich frühmorgens nach dem Bade und stand spätabends, wenn ich vom Billardsaal herüberkam, müde und vorwurfsvoll im Vestibül, mit höflich geneigtem Kopf und stillen, wartenden Augen und mit irgendeinem verborgenen Schatz im Gewande. Ich gewöhnte mich daran, ihn von weitem im Gedränge der Straße zu erkennen und zu fliehen, ihn plötzlich nahen zu fühlen und meine Blicke zu versteinern, ich lernte auf Ausflügen jeden Seitenpfad mit Mißtrauen nach seiner Gestalt absuchen und das Hotel heimlich, wie ein Zechpreller, verlassen. Er erschien mir mehrmals im Traum, und ich wäre nicht erstaunt gewesen, ihn abends unter meiner Bettstatt verborgen zu finden ...

Niemals kann ich mehr an Kandy denken, ohne ihn zu sehen, sein Bild ist mir stärker eingeprägt als alle Palmen und Bambusse, Tempel und Elefanten. Und als ich Ceylon längst verlassen hatte und seit vielen Tagen auf dem Wasser war, passierte es mir noch gelegentlich, daß ich morgens beim Gang von der Kabine aufs Deck mit einem Gefühl von Bangigkeit und Beschämung um mich blickte, ob nicht an einer Türe, hinter einem Pfeiler, in einem Korridor Victor Hughes auf mich lauere ...

1912

DIE NIKOBAREN

Eine Reiseerinnerung

Viele lange Tage hatten wir kein Land gesehen, nichts als rings die ewige blauschwarze Scheibe des Indischen Ozeans, die silbern und rosig vor dem Flug hinwegstiebenden Scharen der fliegenden Fische und den sonnenglühenden Himmel ohne Dunst, ohne Wolke und nachts die ungeheure Weite des Sternenraums, strahlend in sattem Dunkelblau. Dann war Colombo gekommen, eine weißzischende Brandung und rotes Land dahinter: staubwirbelnde rote Straßen, farbige Häuser und, sonnenbrandzitternd, mit fliehenden Umrissen, schöne schwarzbraune Singhalesen, traurig aus mageren Prinzengesichtern und edel ergebenen Rehaugen blickend, weithin wehende Palmenwelt, von Vögeln und Schmetterlingen farbig umschwirrt, ferne, blaue Gebirge, phantastisch schön und hochragend. Es war wie ein schöner, unwahrscheinlicher Traum dagewesen und verschwunden, dieses farbige Ceylon, unwirklich und märchenhaft in der grellen Farbenfülle seiner Erscheinungen. Diese heftigen und etwas theaterhaften Eindrücke waren plötzlich wieder untergesunken und weg, wir fuhren wieder auf dem unendlichen Meere dahin, Tag um Tag, Nacht um Nacht.

Wenn man nicht gerade bei Tische saß oder in abendlicher Gesellschaft beisammen war, lag auf allen Gesichtern eine traurige Öde und Gedämpftheit, jener Ausdruck von Welke und müder Apathie, den man bei allen Menschen trifft, die sehr viel auf Reisen sind, vereinigt mit der Mattigkeit und nervösen Unfrische, die den Weißen in den Tropen anhaftet. Still und gesittet lagen sie alle in ihren Deckstühlen, die weißbeschuhten Füße gegen die Reling gekehrt, die Engländer und Amerikaner mit ihren Frauen, die deutschen Kaufleute und Geologen, die halbfarbigen Damen aus Manila. Alle lagen sie still und beherrscht, und niemand klagte; aber alle Gesichter waren unheimlich erloschen, nur ein paar Kinder, Portugiesen, liefen munter umher. Einige junge Deutsche brachten unter der Führung eines alten Australienkapitäns den halben Tag im Rauchsalon zu, und es war ihre Schuld, daß wir schon vor Penang kein deutsches Bier mehr an Bord hatten, alles soffen sie weg; das beinerne Klappern ihrer Würfel tönte geheimnisvoll und diskret stundenlang durch die Luken wie das Geräusch eines unbekannten Gewerbes. Drüben in der zweiten Klasse, wo man schlechter vor der Sonne geschützt war und enger beieinander hockte, sah man lauter ermüdete, feindselige Gesichter leer und gelangweilt in die ewige Meeresöde starren. Nur wenn der junge Schiffsarzt lachend seine Runde machte oder einer der Offiziere mit dem frischen Gesicht und dem etwas ironischen Blick durch die Reihen ging, strahlte für Augenblicke etwas wie Munterkeit und Interesse auf. Diese Offiziere und Matrosen waren nicht in den Tropen, sie waren nicht wie wir mit ihren Gedanken und Sorgen müßig in der Einöde unterwegs, verloren, untätig; sie waren hier zu Hause, sie waren auf ihrem Schiff, in ihrer Heimat, da wehte norddeutsche Zucht und Sauberkeit. Für die Schiffsleute waren die fernen dunklen Küsten und die grellen Hafenstädte Asiens nicht Orte der Hoffnung, der Sorge oder Gefahr, sondern lediglich exotische Schmutzwinkel, deren Berührung ihr reinliches Schiff kaum dulden mochte und deren Spuren man bei jeder Ausfahrt eiligst mit Lappen und Wasserströmen von Bord fegte. Wir andern aber, wir waren bloß Passagiere, uns war das Schiff nicht Heimat und Arbeitsstätte, uns lockten und bedrohten jene dunklen Küsten, jene schimmernden Städte, jene fieberbleichen Waldsäume der Inseln.

Eines Vormittags lehnte ich an der Reling, melancholisch an die Weite und Trauer des ungeheuren leeren Horizonts hingegeben: nichts als das dunkle kreisrunde

Meer in seiner grausigen Unendlichkeit, darüber die einsame, feindlich brennende Sonne und inmitten, verloren und sinnlos hinschleichend, unser Schiff! Mochte da drüben, wohin unser Blick nicht reichte, Indien oder China, Amerika oder Honolulu liegen, es war ohne Bedeutung; unsere Wirklichkeit bestand einzig darin, daß wir wie ein verirrter kleiner Weltkörper klein und einsam in vollkommener Einöde dahinschwebten.

Da legte mir jemand die Hand auf die Schulter, eine braune behaarte Hand mit dünnen, zähen Fingern und zwei blanken Goldringen; mein Freund Stevenson lächelte mir zu, der unruhvollste und doch beherrschteste Weltreisende, den ich kenne. Nie vergesse ich mein erstes Bekanntwerden mit ihm: wie er, ein sehniger, dunkelbraun verbrannter Mensch in einem verbleichten und verflickten Tropenanzug, eines Tages von einer Segelbarke aus unser Schiff im Roten Meer angerufen und um Aufnahme gebeten hatte, wie er, einen Kuli mit kleinem Gepäck hinter sich, schlank und flink unsere Falltreppe hinangeklettert und mit seinem fleckigen und verbeulten Tropenhut, zerrissen und abgemagert, nach ganz Afrika duftend, in unsere müßiggängerische, elegante, weißgekleidete Globetrottergesellschaft getreten war! – Nun schob er seinen Arm unter meinen, zog mich weg und führte mich nach Backbord hinüber, wo schon ein Dutzend Reisender mit dem übertriebenen Interesse tödlich gelangweilter Menschen auf Auslug standen.

„Sehen Sie?“ fragte Stevenson und deutete ins Weite, und als ich eine Weile mit Anstrengung hingestarrt hatte, sah ich wirklich etwas, sah etwas Unbekanntes, Formloses, Unwesenhaftes, aber etwas, das ohne Zweifel nicht Meer war.

„Land?“ fragte ich überrascht.

„Die Nikobaren“, nickte er.

Die Nikobaren? Das war ein Klang, der mich plötzlich in die trübe Klassenstube unserer kleinstädtischen Lateinschule zurückversetzte, wo ich vor Jahrzehnten einmal als kleiner Knabe vom Lehrer gescholten worden bin, weil ich das Wort „Nikobaren" nicht wußte, den Namen jener höchst uninteressanten Inselgruppe, die nördlich von Sumatra und südlich vom Golf von Pegu als eine Reihe winziger Spritzer auf der Landkarte lag.

Niemals seither hatte ich an diese verlorenen Inseln gedacht, vermutlich niemals mehr ihren Namen gehört oder ausgesprochen; wären die Scheltworte jenes längst verstorbenen Lehrers nicht gewesen, so wüßte ich ihn heute überhaupt nicht mehr. So aber sah ich nun plötzlich ein entlegenes, unbekanntes Stückchen fremdester Erde, dessen verwischtes Bild auf unserer Schulwandkarte ich mir noch vorzustellen vermochte, in zweifelloser Wirklichkeit vor mir liegen, ferne zwar und klein, aber mit allmählich sich verstärkenden Umrissen, Insel an Insel, unten ineinander verfließend, oben in Bergzüge und zarte, steile Gipfel gespalten, und dort wohnten Menschen, vermutlich eine Art Malaien und ein paar Engländer, und wir würden sie vielleicht ein paar Stunden lang im Auge behalten können. Also das waren die Nikobaren!

„Sind Sie dort gewesen?" fragte ich meinen Freund.

„Nein, es gab bisher dort nichts für mich zu tun."

„Ja", sagte ich, „ist es nun nicht eigentlich etwas recht Dummes und Trauriges, so viel zu reisen? Sie waren ja überall, Sie haben mir von Texas und von Borneo erzählt, von Madras und von Sachalin. Ist das nicht im Grunde scheußlich, immer wieder solche Reihen von Tagen auf Schiffen zu liegen und ins Meer zu spucken, neben müden und schlaffen Menschen, zwischen fremden Küsten, immer rund um den Erdball, der einem schließlich klein und wertlos werden muß?"

„Ja", meinte er lächelnd, „es ist manchmal langweilig. Aber man hat ja seine Arbeit. Ich habe schon in allen Erdteilen Petroleum, Blei und Zinn aufgefunden. Was dazwischenliegt, diese Reisetage, sind natürlich immer dasselbe. Aber wenn ich auf Borneo mit zwanzig, dreißig Kulis eine Expedition antrete oder in Südafrika so zwei, drei Wochen hintereinander zu reiten habe, dann hört die Langeweile schon auf. Es wird ja wohl allen Menschen ähnlich gehen. Sie zum Beispiel sind Literat, haben Sie mir gesagt. Nun, da arbeiten Sie sich also in etwas hinein, was Ihnen wichtig scheint, toben sich darin aus, erschöpfen sich daran; die Arbeit ist fertig, Sie sind ermüdet und leer, das gespannte Interesse ist weg, die Welt ist weit und grau, und Sie sitzen da und warten und fragen sich, ob dies ganze Leben eigentlich die Mühe lohne. Genauso machen es die Reisenden hier auf dem Schiff, solange sie unterwegs und müßig sind. Warten Sie aber einmal bis Penang oder Singapore, dann sehen Sie diese selben Leute plötzlich gespannt und straff vor gepackten Koffern stehen, nach Trägern und Booten rufen, Telegramme annehmen und aufgeben und plötzlich wieder wundervoll funktionieren."

„Mag sein", gab ich zu, „aber heimatlos sind sie dennoch; sie haben Eltern und Frauen, Kinder und Freunde in London und Amsterdam, und in Singapore haben sie nur das Kapital liegen, das sie bindet, weil es sich verzinsen muß."

Stevenson lächelte. „Sie sind noch Anfänger, und es scheint Ihnen jetzt so, als sei diese tropische Schiffsmüdigkeit eine Art von spezieller Krankheit. Aber das ist nicht so. Es ist einfach die Muße, an die kein gesunder Mensch sich gewöhnen kann, wenn er sie auch zu ersehnen vorgibt. Man darf das nicht ernst nehmen."

„Es ist doch auch die Heimatlosigkeit", sagte ich.

Er zog die Mütze tiefer in die braune Stirn und sagte: „Sie täuschen sich. Heimat ist etwas, was es nicht gibt. Auch zu Hause und mitten unter den Ihren werden Sie oft genug dies Gefühl von Entwurzeltsein wieder spüren, das Sie jetzt kennengelernt haben. Ein Mann hat seine Heimat immer nur da, wo er arbeitet und Wertvolles leistet, ohne das fühlt er sich nirgends wohl. Und wo er etwas Gutes leistet, da tut er es um der Sache willen, und wenn er auch vielleicht glaubt, er tue es für seine Familie und für seine Nation, so sind das eben Einbildungen. Was wir tun, tun wir für die Menschen, und unsre Belohnung besteht darin, daß das Tun uns oft viel Spaß macht. Wir, wir Männer, die etwas tun, sind alle Kollegen und Brüder, auf der ganzen Erde. Wenn Sie, wie ich hoffe, ein guter Schriftsteller sind, so sind Ihre Brüder alle jene, die irgendwo und irgendwann am gleichen Werk gearbeitet haben wie Sie, an der Vergeistigung der Menschen oder wie Sie das nun nennen wollen. Solange Sie zu dieser Gemeinschaft gehören, solange haben Sie Heimat um sich. Wenn Sie aber diese Gemeinschaft verlassen, dann sind Sie heimatlos, auch wenn Sie dem Parlament Ihres Landes präsidieren sollten. Auch ich, wenn Sie erlauben, empfinde mich als Ihren Kameraden. Sie helfen Ideen reifen und umsetzen, ich helfe die Materie bewegen und Arbeitsfelder schaffen. Zu Ihrer Arbeit gehört es wohl auch, daß Sie Gefühle pflegen und veredeln helfen. Davon müssen Sie mehr als ich verstehen. Aber sehen Sie, Freund: dieses Schiffsheimweh da, das ist kein Gefühl, von dem man reden sollte; ich glaube, es ist überhaupt kein Gefühl, sondern bloß eine Sentimentalität."

Er hatte mir nichts Neues gesagt, aber die Lektion war im rechten Augenblick gekommen.

Stevenson verließ uns schon in Penang. Ich sehe ihn noch, wie er noch vom Schiff aus seine englischen und malaiischen Befehlsworte an Land rief und dann, den zerbeulten Tropenhelm auf dem schwarzen Sperberkopf, im Galopp auf einer Rikscha in der wimmelnden Chinesenstadt verschwand.

1913

ERINNERUNG AN ASIEN

Wenn ich mich jetzt, drei Jahre nach meiner malaiischen Reise, an den Osten erinnere, so sehe ich die Einzelbilder jener Reise in ihrer Gegenständlichkeit leicht getrübt und verallgemeinert, es ist Colombo von Singapore, Ippoh von Kuala-Lumpur, der Batang Hari vom Moesi nicht mehr so scharf in umrissener Individualität abgetrennt und verschieden. Dafür treten einige große Zusammenhänge deutlicher hervor. Wenn man mich heute nach genauen sichtbaren Einzelheiten aus Palembang oder Penang oder Djambi fragt, so muß ich suchen und habe einige Mühe, Greifbares hervorzubringen; wenn man mich aber nach dem Wert und den Haupteindrücken meiner ganzen Reise fragt, so weiß ich besser und rascher Bescheid als damals gleich nach der Heimkehr.

Von den Wochen, die ich in Städten und Wäldern der Malakka-Halbinsel und Sumatras zugebracht habe, sind mir folgende Haupteindrücke als Erlebnisse geblieben, zusammengeschmolzen und kombiniert aus hundert kleinen gesehenen Einzelheiten.

Der erste und vielleicht stärkste äußere Eindruck, das sind die Chinesen. Was ein Volk eigentlich bedeute, wie sich eine Vielzahl von Menschen durch Rasse, Glaube, seelische Verwandtschaft und Gleichheit der Lebensideale zu einem Körper zusammenballe, in dem der einzelne nur bedingt und als Zelle mitlebt wie die einzelne Biene im Bienenstaat, das hatte ich noch nie wirklich erlebt. Ich hatte Franzosen von Engländern, Deutsche von Italienern, Bayern von Schwaben, Sachsen von Franken zu unterscheiden gewußt, schließlich aber doch nur von den Engländern den Eindruck einer in ihrer Eigenart gepflegten, auf Rasse und Geschichte stolzen Volksgemeinschaft bekommen, und daran war das niedere Volk unbeteiligt. Bei den Chinesen sah ich zum erstenmal die Einheit eines Volkswesens so absolut herrschen, daß alle Einzelerscheinungen darin ganz und gar untergehen. Äußerlich und malerisch kann man von Malaien, Hindus oder Negern denselben Eindruck haben, Farbe, Kostüm und Lebensführung uniformieren alle diese Massen zu höchst sichtbaren Einheiten. Aber bei den Chinesen war von allem Anfang an der Eindruck eines Kulturvolkes da, eines Volkes, das in langer Geschichte geworden und gebildet ist und im Bewußtsein der eigenen Kultur nicht nach rückwärts, sondern in eine tätige Zukunft blickt.

Etwas völlig anderes ist der Eindruck, den die Naturvölker machen. Zu ihnen rechne ich die Malaien, trotz ihres Handels, ihres Mohammedanismus und ihrer äußeren Zivilisationsfähigkeit, durchaus mit. Den Chinesen gegenüber war mein Gefühl zwar stets eine tiefe Sympathie, aber gemischt mit einer Ahnung von Rivalität, von Gefahr; mir schien, das Volk von China müssen wir studieren wie einen gleichwertigen Mitbewerber, der uns, je nachdem, Freund oder Feind werden, jedenfalls aber uns unendlich nützen oder schaden kann. Nichts davon bei den primitiven Völkern. Auch sie erwarben sofort meine Liebe, aber es war die Liebe des Erwachsenen zu jüngeren, schwachen Geschwistern, zugleich auch erwachte das Schuldgefühl des Europäers, der an diesen Völkern bis heute nur Dieb, Eroberer und Ausbeuter geworden ist, noch nicht helfender und führender Bruder, mitleidiger Freund, helfender Führer. Daß aus diesen braunen gutartigen Völkern große Gefahren oder Gewinne für unsere Kultur zu erwarten seien, ist ohne jede Wahrscheinlichkeit. Daß aber die Seele Europas ihnen gegenüber voll von Schuld und ungebüßter Sünden starrt, läßt sich nicht leugnen. Die unterdrückten Völker der Tropenländer stehen unserer Zivilisation als Gläubiger mit älteren und gleichbegründeten Rechten gegenüber wie etwa die Arbeiterklasse in

Europa. Wer im eigenen Automobil im Pelz an Arbeitern vorüberfährt, die müde und frierend nach Hause gehen, kann keine ernsteren Gewissensfragen an sich stellen als wer auf Ceylon oder Sumatra oder Java als Herr zwischen lautlos bedienenden Farbigen lebt.

Der dritte starke Eindruck meiner Reise war der Urwald. Ich kenne die neuesten Theorien über die Urheimat der Menschen nicht; für mich bleibt, zumindest symbolisch, der tropische Urwald die Heimat des Lebens, der einfache, primitive Tiegel, in dem aus Sonne und nasser Erde lebendige Formen gebraut werden. Wir, die wir alle in Ländern leben, deren natürliche Produktionskräfte fast bis zur Grenze ausgebeutet, zumindest gekannt und gemessen sind, wir stehen mit unserem an Zahlen und Maße gewöhnten Denken inmitten des Urwaldes wie an der Wiege des Lebens und ahnen dort mit Staunen, daß die Erde noch kein erkalteter Stern in späten schwachen Zuckungen ist, sondern noch zeugenden Urschlamm kennt. Eine Flußfahrt zwischen Krokodilen, Reihervölkern, Adlern und großen Katzen oder ein Waldmorgen, wenn im gelb durchsonnten Geäst der filzigen Waldwildnis große Affenfamilien den Tag mit Gebrüll begrüßen, das ist für den an scharf begrenzte Felder, sorgsam gezogenen Wald und regulierte Revierjagd Gewöhnten ein wunderbares und mächtiges Erlebnis. Dazu der Geruch von Gefahr und das Gefühl von der Wertlosigkeit des Einzellebens, wenn man im feuchten dampfenden Dschungel nach Vögeln oder Schmetterlingen geht, Geheimnis und mögliche Gefahr auf allen Seiten, geiles Pflanzenwachstum und üppig brütendes Tierleben auf jedem Quadratfuß. Und die alte, selbstverständliche, in Europa doch tausendmal vergessene Herrschaft der Sonne! Das elementare Einbrechen der Nacht, die alles bis zum Grunde verwandelt, und das Aufglühen des raschen Morgens, der das Leben wiederbringt, das unendlich rasche und heftige Entstehen und Austoben der Regen und Gewitter, der warme, leicht animalische Geruch der nassen fruchtbaren Erde, dies alles ist für uns wie eine geheimnisvolle und lehrreiche Rückkehr an die Quelle unseres Lebens.

Schließlich aber ist doch ein menschlicher Eindruck der stärkste. Es ist der der religiösen Ordnung und Gebundenheit all dieser Millionen Seelen. Der ganze Osten atmet Religion, wie der Westen Vernunft und Technik atmet. Primitiv und jedem Zufall preisgegeben scheint das Seelenleben des Abendländers, verglichen mit der geschirmten, gepflegten, vertrauensvollen Religiosität des Asiaten, er sei Buddhist oder Mohammedaner oder was immer. Dieser Eindruck beherrscht alle anderen, denn hier zeigt der Vergleich eine Stärke des Ostens, eine Not und Schwäche des Abendlandes, und hier fühlen sich alle Zweifel, Sorgen und Hoffnungen unserer Seele bestärkt und bestätigt. Überall erkennen wir die Überlegenheit unserer Zivilisation und Technik, und überall sehen wir die religiösen Völker des Ostens doch ein Gut genießen, das uns fehlt und das wir eben darum höher stellen als alle jene Überlegenheiten. Es ist klar, daß kein Import aus Osten uns hier helfen kann, kein Zurückgehen auf Indien oder China, auch kein Zurückflüchten in ein irgendwie formuliertes Kirchenchristentum. Aber es ist ebenso klar, daß Rettung und Fortbestand der europäischen Kultur nur möglich ist durch das Wiederfinden seelischer Lebenskunst und seelischen Gemeinbesitzes. Ob Religion etwas sei, das überwunden und ersetzt werden könne, mag Frage bleiben. Daß Religion oder deren Ersatz das ist, was uns zutiefst fehlt, das ist mir nie so unerbittlich klargeworden wie unter den Völkern Asiens.

1914

ERINNERUNG AN INDIEN

Zu Bildern des Malers Hans Sturzenegger

Wenn ich die Bilder und Zeichnungen sehe, die Hans Sturzenegger aus Indien mitgebracht hat, dann drängen die Tage unserer gemeinsamen indischen Reise sich in der Erinnerung mit einem Schwall von kräftigen, festeingeprägten Bildern hervor. Mich erinnern diese Werke an erlebnisreiche Monate einer Reise, die für den Maler wie für mich bedeutungsvoll war und auf welcher wir in dem langen engen Zusammenleben an Bord und zu Lande einander gründlich kennenlernten. Vermutlich, ja wahrscheinlich ist es ihm auf jener Reise ähnlich ergangen wie mir, der ich nicht nur ein fremdes, exotisches Land kennenlernte, sondern im Erleben des Fremden vor allem in mir selbst Entdeckungen zu machen und Proben zu bestehen fand.

Im heißen Sommer 1911 fuhren wir zusammen durch die Schweiz und das versengte Oberitalien nach Genua und von da ohne Pause zur See bis zu den Straits Settlements. In Penang schlug uns, an einem heißfeuchten glanzvollen Abend, zum erstenmal das quellende Leben einer asiatischen Stadt entgegen, zum erstenmal sahen wir das indische Meer zwischen den unzählbaren Koralleninseln spiegeln und blickten mit Erstaunen den bunten Erscheinungen des Gassenlebens in der Hindustadt, der Chinesenstadt, der Malaienstadt nach. Wildes, farbiges Menschengewimmel in den immer vollen Gassen, nächtliches Kerzenmeer, stille Kokospalmen, in der See gespiegelt, scheue nackte Kinder, rudernde dunkle Fischer in urweltlichen Booten! Von diesen ersten Eindrücken der schon etwas europäisierten Hafenstädte bis in den stillen pfadlosen Urwald im Südosten Sumatras häuften und verstärkten sich die Bilder, bis jeder von uns sein Indien, sein Asien gefunden hatte und in sich trug. Auch diese Vorstellungen haben sich später noch geändert, ihre Werte und Deutungen verschoben. Geblieben ist das Erlebnis eines Traumbesuches bei fernen Vorfahren, einer Heimkehr zu märchenhaften Kindheitszuständen der Menschheit, und eine tiefe Ehrfurcht vor dem Geiste des Ostens, der in indischer oder chinesischer Prägung mir seither immer und immer wieder nahe kam und zum Tröster und Propheten wurde. Denn niemals können wir, gealterte Söhne des Westens, zu Urmenschentum und Paradiesunschuld der primitiven Völker zurückkehren; wohl aber winkt uns Heimkehr und fruchtbare Erneuerung bei jenem „Geist des Ostens", der von Laotse bis zu Jesus führt, der die alte chinesische Kunst hervorgebracht hat und heute noch aus jeder Gebärde des echten Asiaten spricht.

Während unserer Reise dachten wir indessen selten an solche Dinge und sprachen noch weniger davon. Die sinnlichen Eindrücke jeder Stunde nahmen uns ganz in Anspruch. Ich lief chinesischen Tempeln und Theatern, Riesenbäumen, Schmetterlingen und anderen schönen Raritäten nach, während mein Reisekamerad die ersten Schwierigkeiten des Malers in einer exotischen Stadt auskostete. Ich sehe ihn noch, hoch auf einem gemieteten Rikschawagen, einsam das Gedränge einer Chinesenstraße in Singapore überragen und in Staub und Glut skizzieren, bis die zudringlich werdende Menge ihn vertrieb.

Wieviel wunderbare, nicht festzuhaltende Bilder, welche herrliche, reiche Fülle der Erscheinungswelt, die uns umgab! Wieviel davon Hans Sturzenegger in seinen Blättern hat mitnehmen können, ist mir noch immer erstaunlich und beneidenswert. Aber Hunderte solcher Bilder, im Moment unmöglich darzustellen oder auch nur zu notieren, finde ich in der Erinnerung wohlerhalten wieder.

Etwa ein Nachmittag in Johore, der großen Spielhölle Hinterindiens, wo in engen, düsteren Räumen an rohen

Tischen, dicht in Knäueln und Trauben von Körpern zusammengepreßt, Hunderte von chinesischen Kulis standen, auf den Erfolg ihres Einsatzes harrend, atemlos, still, bleich, alles Leben in die gierig wartenden Augen zusammengedrängt.

Oder ein Abend an Bord, stilles Stehen an der Brüstung, weite blaue Nacht voll von Sternen, Phosphorzukken im bleichen Kielwasser.

Opernabend in einem malaiischen Theater: affenhaft geschickte, unendlich begabte Schauspieler mit fabelhafter Technik hoffnungslos und eifrig am Werk, eine karikierte (leider nicht ironisch gemeinte) Imitation europäischen Theaterspiels hervorzubringen.

Und wie war das spannend und geheimnisvoll, im Boot auf einem Urwaldstrom sich einem Malaiendorf zu nähern! Von ferne schon zeigt sich der kleine bebaute Uferstrich, statt der ewig gleichen Pflanzenmauer des Urwalds ragen Kokospalmen und niedere, fette, saftige Pisangbäume. Dann tauchen die Schilfdächer der Hütten auf, ein kleines Reisfeld, eine primitive Schifflände. Neugierig steht die schwarze nackte Jugend noch beim Ufer, aber kaum sieht man sie recht, kaum nimmt das Boot den Kurs zur Lände hin, so schmelzen die Figuren lautlos hinweg und sind im Nu verschwunden, und beim Aussteigen sieht man nur da und dort, in sicherer Entfernung hinterm Palmenstamm, ein paar schwarze spähende Augen glänzen.

Wir sahen Städte auf Pfählen im Wasser gewaltiger Ströme stehen, von tausend Booten geräuschlos befahren, schwimmende Händler, schwimmende kleine Läden mit Teppichen, mit Früchten, mit mohammedanischen Gebetbüchern, mit Fischen.

Wir sahen Inseln, Inseln aus Felsen, aus Erde, aus Korallen, aus Schlamm, Inseln, so groß wie ein Pilz, und Inseln, so groß wie die Schweiz, wir sahen sie fern und tiefblau im Sonnenuntergang liegen oder im brennenden Mittag mit unerhörten Farben prahlen oder grau und geisterhaft im dichten Schleier der mächtigen Gewitterregen verschwinden. Und welche phantastischen Ungeheuer von Gewittern, von Donnerschlägen, von rasenden Platzregen haben wir zu sehen und zu spüren bekommen!

Wir wurden bedient von Chinesen, von Malaien, von Singhalesen, von Männern mit schwarzen glänzenden Zöpfen und von Männern, deren Haar über prachtvoll ernsten Gesichtern hoch aufgebaut und mit breiten Metallkämmen festgesteckt war.

Und die Tiere! Was für Tiere haben wir gesehen! Weder wilde Elefanten (wir sahen nur gezähmte) noch Tiger, aber welche Menge von schönen, seltsamen, unvergeßlichen Gestaltungen! Wir sahen Affen, große und kleine, einzeln und in Familien und zuweilen auch in großen wimmelnden Heerzügen. Wir sahen die wilden Affen ihre ergreifend triebhaften, phantastischen, geräuschvollen Reisen unternehmen, ganze Familien und Stämme hoch im Geäst der dämmernden Wälder unterwegs. Und wir sahen gezähmte Hausaffen, am Strick festgebunden, auf den Befehl ihres Herrn am Kokosstamm emporlaufen und Nüsse holen. Und die Krokodile im Fluß, die spielenden Haifische im Meer, hinterm Heck des Schiffes her, den urtümlichen Leguan, den bleichrosigen Wasserbüffel, das große rote Eichhorn von Sumatra. Vielleicht das Schönste waren die Vögel, die weißen Reiher im Fluß, die vielen Adler, die riesigen kreischenden Nashornvögel, die edelsteinfarbenen Zwergvögel. Aber vielleicht noch köstlicher waren die Käfer, Libellen, Schmetterlinge, die handgroßen grauseidenen Falter, die Goldkäfer, die Eidechsen, auch einzelne Schlangen. Und was für erschreckende Abenteuer von Blumen, weiße blasse Riesenkelche im feuchten giftigen Walddunkel und zinnoberrote Blütenbüschel an hohen Bäumen, Palmblüten, weißgrün in Rispen und größer als ein Mensch!

Aber schöner noch als dies alles war doch immer das, was wir von den Menschen sahen. Der träumerische Gang eines Hindu, der sanfte, traurigschöne Rehblick des zarten Singhalesen, das grelle Weiß im Augapfel des schwarzen bronzenen Tamilkuli, das Lächeln eines vornehmen Chinesen. Das Stammeln eines Bettlers in gurgelnd fremder Mundart, das Verstandenwerden ohne Worte unter Menschen von zehn verschiedenen Völkern und Sprachen, das Mitleid mit Unterdrückten, der Spott über eitle Unterdrücker und überall das eigentümlich glückliche Gefühl, daß diese alle Menschen sind, unseresgleichen, Brüder, Schicksalsgenossen! Jeder in seiner Fremdheit, Art und Rasse leicht verhüllt, gingen sie an uns vorüber, stolz und selbstbewußt der vorderindische Mohammedaner, würdig und heiter der gelassen schreitende Chinese, scheu und mädchenhaft der kleine schlanke Ceylonmensch, geschickt und dienstfertig der hübsche Malaie, klein und klug der betriebsame Japaner. Sie alle hatten etwas Gemeinsames, so verschieden an Farbe und Gestalt sie waren – sie alle waren Asiaten, ebenso wie wir Fremden, einerlei ob aus Berlin oder Stockholm, Zürich oder Paris oder Manchester kommend, die alle auf eine geheimnisvolle, aber ganz unverkennbare Weise zusammengehörten und Europäer waren.

Schon dies war schön und oft überraschend zu sehen, wie über allen Europäern etwas Gemeinsames und Verbindendes stand, ebenso wie über allen Asiaten, auch wo sie einander nicht verstanden und einer den andern verachtete. Noch schöner und mir unendlich wichtiger aber war die je und je in aller Sinnlichkeit und Frische wiederholte Erfahrung, daß nicht nur der Osten und der Westen, nicht nur Europa und Asien Einheiten sind, sondern daß es darüber hinaus eine Zugehörigkeit und Gemeinschaft gibt, die Menschheit. Jeder weiß das, und jedem ist es doch unendlich neu und köstlich, wenn er es nicht in Büchern liest, sondern Aug in Auge mit ganz fremden Völkern erlebt.

Diese kleine uralte Binsenwahrheit, daß es über die Völkergrenzen und Erdteile hinweg eine Menschheit gibt, ist für mich das letzte und größte Ergebnis jener

Reise gewesen, und sie ist mir seit dem großen Kriege immer wertvoller geworden.

Erst von hier aus wieder, vom Gefühl der Brüderschaft und inneren Gleichheit aus, bekommt das Fremde, Unterschiedene, bekommt die Buntheit der Länder und Menschen ihren innigsten und höchsten Reiz und Zauber. Wie oftmals habe ich, gleich tausend andern Reisenden, Menschen und Städte exotischer Völker nur als Kuriosität betrachtet, nur hineingeblickt wie in eine Menagerie, wo alles interessant ist, uns aber im Grunde nichts angeht! Erst wo ich diesen Standpunkt verlassen und in Malaien, Indern, Chinesen, Japanern Menschen und nahe Verwandte sehen konnte, erst da begannen die Erlebnisse, die jener Reise den Wert und Sinn gaben.

Über all das habe ich mit Hans Sturzenegger selten gesprochen. Aber wenn ich seine indischen Werke ansehe, so blickt mir aus den dunklen langgeschlitzten Augen keinerlei Kuriosität entgegen, sondern verständliches, verwandtes, liebenswertes Menschentum. Sprechen können wir mit diesen Menschen nicht oder wenig, aber ihre Seelen sind wie die unsern, völlig wie die unsern, und tragen Träume und Wünsche durchs Leben, die von den unsern weniger verschieden sind als die Blätter eines Baumes voneinander.

1916

BESUCH AUS INDIEN

Unreif gebrochene Früchte nützen uns nichts. Mehr als die Hälfte meines Lebens war ich mit indischen und chinesischen Studien beschäftigt – oder, um nicht in den Ruf eines Gelehrten zu kommen, war ich gewohnt, den Duft indischer und chinesischer Dichtung und Frömmigkeit zu atmen. Aber als ich vor elf Jahren eine Reise nach Indien machte, da sah ich wohl die Palmen und Tempel stehen, roch den Weihrauch und das Sandelholz, aß die herben Mango und die zarten Bananen; aber zwischen alledem und mir war noch ein Schleier, und mitten in Kandy unter den Buddhapriestern hatte ich nach dem wahren Indien, nach Indiens Geist, nach einer lebendigen Berührung mit ihm dasselbe ungestillte Heimweh wie vorhin in Europa. Indiens Geist gehörte noch nicht mir, ich hatte noch nicht gefunden, ich suchte noch. Darum floh ich damals auch Europa, denn meine Reise war eine Flucht. Ich floh es und haßte es beinahe, in seiner grellen Geschmacklosigkeit, seinem lärmigen Jahrmarktbetrieb, seiner hastigen Unruhe, seiner rohen, tölpelhaften Genußsucht.

Mein Weg nach Indien und China ging nicht auf Schiffen und Eisenbahnen, ich mußte die magischen Brücken alle selber finden. Ich mußte auch aufhören, dort die Erlösung von Europa zu suchen, ich mußte aufhören, Europa im Herzen zu befeinden, ich mußte das wahre Europa und den wahren Osten mir im Herzen und Geist zu eigen machen, und das dauerte wieder Jahre um Jahre, Jahre des Leidens, Jahre der Unruhe, Jahre des Krieges, Jahre der Verzweiflung.

Dann kam die Zeit, es ist noch nicht sehr lange her, da hatte ich keine Sehnsucht nach dem Palmenstrand von

Ceylon und den Tempelstraßen von Benares mehr und wünschte mir nicht mehr, ein Buddhist oder Taoist zu sein und einen Heiligen und Magier zum Lehrer zu haben. Dies alles war unwichtig geworden, und auch der große Unterschied zwischen dem verehrten Osten und dem kranken, leidenden Westen, zwischen Asien und Europa, war mir nicht mehr eben wichtig. Ich legte keinen Wert mehr auf das Eindringen in möglichst viele östliche Weisheiten und Kulte, ich sah, daß tausend heutige Verehrer des Laotse weniger von Tao wußten als Goethe, der das Wort Tao nie gehört hat. Ich wußte, daß es, in Europa wie in Asien, eine unterirdische, zeitlose Welt der Werte und des Geistes gab, die nicht durch die Erfindung der Lokomotive und nicht durch Bismarck umgebracht worden war, und daß es gut und richtig war, in dieser zeitlosen Welt, in diesem Frieden einer geistigen Welt zu leben, an der Europa und Asien, Veden und Bibel, Buddha und Goethe gleichen Teil hatten. Hier begann meine Schule der Magie, und sie dauert noch an; hier gibt es kein Ende des Lernens. Aber mit der Indiensucht und der Europaflucht war ich fertig, und jetzt erst klang mir Buddha und das Dhammapaddam und das Tao-teh-king rein und heimatlich und hatte keine Rätsel mehr.

Nun war diese Frucht reif geworden, und nun fiel sie vom Baum meines Lebens. Ich verschweige den Anlaß und die Namen; ich erzähle nicht, wie alles zustande kam, wie es geschah, daß ich aus meinem Eremitenleben einmal wieder für Tage in die Welt hineingespült wurde, wie plötzlich neue Menschen, neue Beziehungen meinen Weg kreuzten. Ich erzähle nur die indische Episode daraus.

Kürzlich, an einem schönen, etwas verschleierten Abend, erschien bei mir in meinem Dorf ein schöner bräunlicher Mann, ein gelehrter Hindu aus Bengalen, ein Schüler und Freund von Tagore. Er erschien und sagte gleich unter der Tür meines Zimmers: „Oh, das ist ganz wie in Indien", und fühlte sich sogleich daheim. Er sprach englisch und französisch und hatte außerdem noch eine Dolmetscherin mitgebracht. Er hatte eine Vorlesung von mir gehört, hatte sich alles genau übersetzen lassen und kam nun, um mir zu sagen, daß er erstaunt und erfreut sei, in Europa einen Mann zu finden, dem das östliche Denken nicht bloß durch gelehrtes Studium intellektuell bekannt, sondern im Herzen vertraut und heimisch sei. Ich sagte ihm, es gebe mehr solcher Europäer, als er wisse; ich erzählte ihm von einigen Freunden, ich erzählte ihm von jenem unsichtbaren, unmodernen, weder nationalisierten noch militarisierten Europa des Geistes, erzählte ihm, daß auch Goethe (von dem er meinte, daß er das Indertum abgelehnt habe) ein Gläubiger und Mitverkünder jener anonymen west-östlichen Lehre sei.

Schön und freundlich lächelte der Inder, schnell wurden wir Freunde, schnell schlossen wir uns auf und gaben uns einer dem andern zu erkennen. Seit langem hatte ich diesen Genuß nicht mehr gekostet. Es gibt einen Menschen, einen Europäer zwar, aber einen, der beinah sein ganzes Leben in Japan verbracht hat und auch jetzt wieder dort lebt, mit dem war ich in ähnlicher Weise verbunden, mit dem stand ich auf demselben gemeinsamen Boden eines magischen Verstehens, eines Verstehens auch ohne Worte, durch Zeichen, durch Lächeln, durch Schweigen. Nun erlebte ich dasselbe mit diesem Mann aus Bengalen; vom ersten Augenblick an waren wir einverstanden, teilten einander nur Dinge mit, zu denen der andre lächeln und nicken konnte.

Er war sogleich in die offene Balkontüre getreten. „Auch dies erinnert mich an Indien", sagte er, „diese schönen Bäume, diese Stille, dieses Konzert der Zikaden, diese blaue Dämmerung im Gebirge. Im Himalaja haben wir buddhistische Klöster, die liegen in unendlicher Stille, in unendlichem Frieden solchen Bergen, solchen Dämmerungen gegenüber, dorthin sollten Sie kommen, lieber Herr, Sie sollten für einige Monate oder Jahre zu mir nach Bengalen kommen."

Ich dankte ihm für die Einladung und erinnerte ihn daran, daß ja er selbst den indischen Frieden auch in meinem Zimmer, auch auf meinem Balkon gefunden habe und daß dies mir genüge. Ich zeigte ihm über dem Berge jenseits des dunkelnden Wiesentals den aufsteigenden ersten Stern.

Da legte mein Gast seine flachen Hände ineinander, sammelte sich einen Augenblick mit geschlossenen Augen und sprach dann ein bengalisches Lied, ein Gedicht, in dem eine kleine Lampe, von einer liebenden Mutter im Stübchen angezündet, mit dem Stern am Himmel spricht. Lange hatte ich keine indischen Laute mehr gehört; sie haben für mich einen Zauber, mehr als für andre, denn sie sind mir (ohne daß ich die Sprachen doch verstünde) von der frühesten Kindheit an vertraut.

Das Geheimnis aller ostasiatischen Wort- und Tonkunst sprang auch hier mir sofort wieder verblüffend entgegen, wie ich es einst in indischen Gedichten, in chinesischer Musik, in chinesischen Theatern empfunden hatte: die strenge, kultisch festgeprägte, komplizierte, ja fast kapriziöse Rhythmik. Ich bat meinen Freund, mir auch ein Lied zu singen, und er sang zwei Volkslieder, den Takt mit leisem Fingerschnalzen angebend. Die Melodien waren für unser Ohr unbedeutend, unscharf, verwehend, aber auch in diesen Liedern herrschte eine Gespanntheit und Schärfe, eine straffe, saubere Akzentuiertheit und Rhythmik, eine Zucht und ein Sinn für Struktur, den unsre Dichtung, wenigstens die neuere, in keiner europäischen Sprache kennt.

Der Stern war aufgegangen, und andre kamen. Wir standen Stunden auf dem kleinen Balkon, sprachen von Upanischaden, sprachen von China und Japan; mein Gast, ein Gelehrter, gab mir einen Überblick über die Geschichte Indiens, jene Geschichte, die nicht aus Kriegen, Verträgen und fürstlichen Heiraten besteht, sondern aus Liedern, Gebeten, Philosophien, Jogamethoden, Religionen, Tempelbauten. Und ich erzählte ihm vom unsichtbaren Europa, vom Mittelalter, von Goethe und von all dem, worauf es beruhte, daß meine Tessiner Klause ihn an Indien und den Himalaja erinnern konnte.

Als wir endlich, schon zum Abschied, ins Zimmer zurücktraten, nahm er eine kleine indische Bronzefigur in die Hand, die ich besitze, einen flötenspielenden Krischna, und begann von den Göttern zu sprechen, von Indra, von Krischna, von Rudra-Shiwa, und von ihrer Verwandlung und Durchdringung, ihrem ewigen Auf- und Untergang. Dann ging er, lächelnd, freundlich, verlor sich in die Nacht, und ich wußte einen Augenblick nicht mehr, ob er „wirklich" gewesen sei.

Aber er kam wieder, wir haben uns, bei mir und bei ihm, seither manchmal gesehen und manche Stunden miteinander gesprochen, und wenn er nun wieder geht, so wird jeder von uns eine Bestätigung, einen Trost und einen Antrieb aus diesen Stunden mitnehmen. Wir sind Freunde geworden.

Einst, als er meine Aquarelle betrachtete, bat ich ihn, sich eines davon auszusuchen. Er wählte eines, in dessen Mitte eine Brücke über ein Gewässer führt, daneben stehen hohe Bäume, und er sagte: „Dies Bild wähle ich mir, weil Sie gleich mir die Bäume kennen und lieben und weil diese Brücke mir ein Sinnbild ist für die Brücke zwischen Ost und West, die in unseren Tagen neu entsteht."

1922

SEHNSUCHT NACH INDIEN

Wer einmal nicht nur mit den Augen, etwa als Luxusreisender auf einem Touristendampfer, sondern mit der Seele in Indien gewesen ist, dem bleibt es ein Heimwehland, an welches jedes leiseste Zeichen ihn mahnend erinnert. Wieviel tausendmal, seit ich vor vierzehn Jahren in Indien war, haben Kleinigkeiten auf dem Umweg über die Sinne mich erinnert, mich gemahnt, mir Heimweh geweckt! Einmal war es die blecherne Palme im Ladenfenster eines Tabakhändlers, unter der ein rauchender Schwarzer stand, ein andermal war es der Geruch von Gewürzen, der Geschmack von Curry oder Ingwer oder der Duft von Sandelholz, der indischste aller Gerüche. Aber auch jedes schwelende Holzfeuer im Freien, das seinen Rauch über die Erde wehen läßt, mahnt an Südasien, mahnt an die Küsten des Meeres und die Ufer der großen Urwaldströme, wo überall den ankommenden Fremden als erster Gruß der leis duftende Rauch dörflicher Feuer empfängt. Einmal war es der Mundwinkel eines alten Professors, der irgendwie Ähnlichkeit mit dem Maul eines Chamäleons hatte, und mir fiel jenes kleine grüne Chamäleon wieder ein, mit dem ich einst hoch oben auf Ceylon, schon nah am Gipfel des Pedrotallagalla, ein merkwürdiges Gespräch über Tiere und Menschen, über Europa und Indien hatte und von dem ich in einer Viertelstunde mehr gelernt habe, als ich vorher in zehn fleißigen Jahren hatte erwerben können.

Und erst kürzlich noch, auf einer Reise, in Nürnberg, im alten gotischen Nürnberg, das so verzaubert, traurig und phantastisch inmitten seiner Fabriken und seines Automobilgerassels steht und vielleicht morgen schon eingestürzt sein kann – in Nürnberg also, da lief ich durch die alte Stadt, und hundert und tausend hübsche, merkwürdige und ungewöhnliche Dinge schlüpften durchs Auge in mein inneres Bilderbuch, und zu diesen tausend Bildern gehörte auch das eines schönen festen alten Hauses, einer Apotheke, welche den Namen „Zur Kugel" trug und in deren Schaufenster ich, unter andern entzückenden Dingen, ein neugeborenes Krokodil entdeckte, leider nicht lebend, sondern präpariert, mitsamt dem Ei, aus dem es gekrochen war. Oh, wie fiel der Tag in Djambi auf Sumatra mir wieder ein, wo mir von einem Gastfreund sechs junge lebende Krokodile als Geschenk angeboten wurden, etwa fünf Wochen alt, herrliche phantastische Wesen, denen ich meinen Finger ins Maul stecken konnte, denn sie waren noch zahnlos und kauten an meinem Finger herum wie Säuglinge an ihrem Stück Veilchenwurzel! Und wieder fühlte ich das Heimweh, die alte, schöne und törichte Sehnsucht, noch einmal zu reisen, noch einmal von Europa weg und in die Tropen, unter die Palmen und zu den Affen zu kommen, in die Wärme der feuchten Urwälder und in die Dämmerung der goldenen Tempel.

Diesmal nun, nach der Heimkehr von der Nürnberger Reise und dem aus seinem hübschen Ei gekrochenen Krokodil, heimgekehrt in die angenehme Helligkeit meines Südens, finde ich mich durch andere Zeichen an Indien erinnert. Unter dem Gebirge von Büchern, das die Post während meiner Reisewochen in meine Wohnung getragen und mit dem sie mir mein Zimmer verbaut hat, finde ich einige Grüße aus Asien, und wenn es auch nur bedrucktes Papier ist, das mir diesmal den Dienst des Boten aus Osten leistet, ich nehme diese Sachen doch mit Ehrfurcht in die Hand.

Da sind zwei schöne Bücher mit Bildern, bei denen ich lange verweile. Das eine heißt „Sunda", darin schildert Martin Borrmann, ein junger Dichter, eine Reise durch die Insel Sumatra. Sumatra! Ja, junger Mann, dort sind auch wir einst gewesen, haben am Batang Hari die Affen brüllen hören und am Moesi die Krokodile im

Sand liegen sehen, und in seinem Buch über Sumatra sind für unsereinen schon die Namen, mit den sanften malaiischen Endungen, eine erwünschte Musik. Borrmanns Buch, erschienen in der Frankfurter Sozietätsdruckerei, ist ein großer dicker Band auf herrlichem Papier, mit einer großen Zahl von farbigen Bildern geschmückt, ein hübsches und appetitmachendes Werk für Hand und Auge. Der junge Dichter ist durch Sumatra nicht bloß gereist, um Stimmungen zu empfinden und Gedichte zu machen, er hat viel gesehen und erfragt, und wenn man die Mühen des Tropenreisens kennt und die ewige Verführung des Ostens zum Nichtstun, dann bekommt man Respekt vor der Leistung dieser Reise. Man wird aber auch traurig, denn noch selten hat ein Gruß aus Indien mir so deutlich gezeigt, wie rasch die Eroberung der primitiven Völker durch die Maschinenkultur vor sich geht. Das Sumatra von 1911, das ich gesehen habe, war von dem heutigen sehr verschieden, ebenso wie die Stimmung, in der ich damals reiste, tief verschieden war von der, in welcher dieser junge Deutsche von heute seine erste Weltfahrt unternahm. Das kluge schöne Buch verdient aufmerksam gelesen zu werden, es bringt nicht bloß eine Menge sachlicher Feststellungen und Beobachtungen und erfreut überall durch die Aufrichtigkeit seiner Gesinnung, es gibt darüber hinaus auch einen Hauch von moderner Weltstimmung. Aber es handelt von einer untergehenden Welt. In Bälde wird es kein primitives Volk in Asien mehr geben und keinen Malaien, der nicht den kleinen Amerikaner spielte, und keinen Urwald, durch den nicht in Zement gefaßte korrigierte Flüsse gingen. – Die hübschen farbigen Zeichnungen des Buches sind von Siegfried Sebba.

Das andere Indienbuch, das ich aus meinem Büchergebirge hervorzog und bei dem ich zuweilen des Abends blätternd sitze, gehört zu der Buchreihe „Der indische Kulturkreis" im Verlag Georg Müller (München) und handelt von Ceylon. Den Text hat F. M. Trautz geschrieben, und ich werde ihn später einmal lesen. Der schöne Quartband enthält 128 ganzseitige Abbildungen nach guten Photographien, und es ist eine Lust, in diesen vielen Bildern spazierenzugehen. Ein Teil der Bilder gehört zum alten eisernen Bestand der Ceyloner Fremdenindustrie, es sind Bilder, die seit Jahrzehnten jeder Reisende auf Ansichtskarten und in Albums überall zu kaufen bekommt. Doch sind zum Glück auch recht viele neue, originelle Bilder dabei. Ach, da fand ich den Schatten des Adams-Pik und fand den Pedro wieder, die Heimat meines Chamäleons, und fand den Mahawelli mit seinen badenden Elefanten und die Heiligtümer von Kandy, auch verschiedene der dortigen Buddhas, nicht aber jenen kleinen aus Bergkristall, der dort auf einem Weihaltar steht und mir der unvergeßlichste geblieben ist. Auch der Riesenbambus von Peradeniya fehlte nicht, das schönste Stück Pflanzenwuchs, das ich auf Erden kenne. Einiges aber, was zum Schönsten auf Ceylon gehört, scheint sich auch heute noch den Apparaten der Fremden zu entziehen, so vor allem die heilige Dämmerung der Höhlentempel und der darin schlafenden Buddha-Riesen, von denen der Besucher nur einen traumhaft unbestimmten Schimmer mitnehmen darf. Wer Indien liebt und gelegentlich Sehnsucht dahin hat, dem kann dies Ceylonbuch mit seinen Bildern ein lieber Kamerad und Tröster werden.

Auf Ceylon soll es noch einige Weddas geben, primitive Waldmenschen. Bald werden sie ausgestorben oder gegen Eintrittsgeld zu sehen sein. Es gibt keine Primitiven mehr. Es wird vielleicht einmal auch keinen Urwald mehr geben und keine Krokodile. Aber wenn es für moderne Menschen mit Feuerwaffen und Kaufmannsgeist ziemlich leicht ist, primitive Völker auszurotten und naive Heiligtümer zu zerstören – viel schwerer ist es, alte Kulturen zu zerstören. Die hält, wenn auch entartet und krank, über die Jahrhunderte weg, man sieht das bei den Chinesen und noch mehr bei den Indern des Nordens. Dort, in Bengalen, herrscht eine hohe Geistigkeit,

vielfach europäisch infiziert oder auch durch alte In-
zucht geschwächt, aber in Denken und Kunst noch
heute produktiv und voll eines guten, friedlichen, auf
Einheit gerichteten Geistes. Ein Zeugnis dieses Geistes
fand ich, froh überrascht, ebenfalls in meinem großen
Bücherberge vor. Es waren zwei dicke Bände aus Kal-
kutta, und sie enthielten eine Menge von Heften der
Kalkuttaer „Modern Review", einer ausgezeichneten
Monatsschrift. Einer meiner indischen Freunde hat sie
mir geschenkt. Ich finde in diesen Blättern, die von
Ramananda Cyatterjee herausgegeben werden, zwar in
der äußeren Aufmachung und Stoffansammlung Einflüsse des amerikanisch-europäischen Magazintyps, dahinter aber überall eine Gesinnung, Frische und Geistigkeit, dabei eine friedliche Internationalität, wie sie
kaum eine europäische Monatsschrift hat. Seid gegrüßt,
liebe indische Freunde drüben, ich blättere in euren
Heften, sehe die Bilder von Tagores Malerbrüdern und,
mir noch lieber, die Bilder eurer Maler Kalasala und Sri-
mati Sukumari Debi und glaube eure Stimmen aus der
Ferne zu hören, eure singenden, lieben, ebenso feierlichen wie kindlichen Stimmen.

Nun aber ist es Zeit, mich loszumachen und das In-
dien-Heimweh abzuschütteln. Heimweh ist eine schöne
Sache, und ich bin der letzte, der sich darüber als über
eine Sentimentalität lustig machen würde. Aber Gefühle
und Phantasien haben das an sich, daß sie bis zu einer
gewissen Steigerung an Macht und Schönheit und Wert
gewinnen, darüber hinaus aber wieder flau und faul werden – dann ist es Zeit, andere Phantasien, andere Emp-
findungsreihen aufsteigen zu lassen aus der unerschöpflichen Schlucht unserer Seele. Weg dann mit dem In-
dien-Spiel, weg mit der Indien-Sehnsucht, sie wird
ohnehin bald genug in irgendeiner Form wiederkehren.

1925

TESSIN

SOMMERTAG IM SÜDEN

Ich stecke mir ein Stück Brot in die Tasche und ein Buch und einen Bleistift und die Badehose und verlasse mein Dorf, um einen langen Sommertag im Wald und See zu Gast zu sein. Der Wald hat abgeblüht und hängt schon voll kleiner stachliger Früchte, die Heidelbeeren sind schon vorüber, und die Brombeeren fangen an, deren die Welt hier voll ist.

Viele liebe kleine Blumen, Gräser, Moose und Pilze begegnen mir wieder, die ich nicht kenne und deren Namen kennenzulernen ich mir immer und immer wieder vorgenommen habe. Mit einem kleinen guten Botanikbuch in Ruhe mich unter diese lieben Blumen zu setzen und sie zu studieren, das ist ein Entschluß von mir, ähnlich wie der Vorsatz, später einmal still in einem kleinen Garten zu leben, Gemüse zu bauen und nie mehr über meinen Gartenzaun hinweg zu denken. Sie sind schön, diese Vorsätze, und machen uns Freude, aber um sie einzuhalten, ist das Leben, wie es scheint, zu kurz. Jedenfalls der Sommer. In diesem Süden hier, wo man mehrere Monate des Jahres tatsächlich nicht an Frieren und Kohlen zu denken braucht, fliehen diese unglaublichen goldenen Sommertage hin mit einer Fieberhast, mit einem kurzen, gierigen Flügelschlag, als wittre auch Sonne, Stern und Mond etwas von Untergang und Weltnot und eile sich, noch einmal sich umzudrehen. So tun auch wir, wir arme Menschen, und singen unser Lied und tanzen unsern Tanz mit in dieser raschen, vergänglichen Glut. Tief in den Wäldern, schön und geheimnisvoll, liegen unsre Schatzkammern, die kühlen kleinen Weinkeller der Bauern, wo am Feiertag und etwa auch am Abend bei der Bocciabahn freundliche Menschen ein

Glas Landwein trinken, ein Stück Brot essen und miteinander plaudern. Hier verglühen mir manche warme, stille, nachdenkliche Abende voll Torheit und Sommerduft, voll Wehmut und Einsamkeit, voll Gedanken und Kinderei.

Im Waldschatten, nach der Mittagsrast, im Heidelbeerkraut und den Spiräen liege ich lang, singe die Lieder, die ich weiß, die deutschen und die welschen, und lese zwischenein in einem kleinen schwarzen Buch, das ich mithabe und das für den Augenblick für mich das schönste Buch der ganzen Welt ist. Es heißt „Almaide" und ist geschrieben von dem Franzosen Francis Jammes. Ein Buch aus Arkadien, selig und voller Liebe.

Gegen den Abend aber wird es Zeit, irgendwo den See aufzusuchen, ein Stück Sandstrand mit Gehölz dahinter, etwas Schilf und etwas Gras. Der See leckt mit warmer Zunge am abendlich verglühenden Sand, die Angler stehn mit langen Ruten träumerisch auf dünnen Waden in den Bachmündungen, die Berge nehmen abendliche Färbungen an, der goldene Abendzauber geht über die Welt, und das Weh im Herzen wird für Stunden süß und wohlschmeckend. Auf den braunen Rücken brennt mir die Sonne, bis sie hinter einem der vielen, allzu vielen Berge vergeht, den hungrigen Leib kühlt mir der gute See, die Füße der Bach. Wie viel hätte man zu wünschen, und doch eigentlich nichts. Wie traurig ist uns das Leben geworden – und wie dumm sind wir, wenn wir es so traurig nehmen!

Im Dorf ein Teller Reis oder Makkaroni oder im Grotto ein Stück Brot mit Wein, dann wird es Zeit, sich zu besinnen, wo man ist, und langsam den Heimweg über die hellen, nachleuchtenden Landstraßen einzuschlagen, die Fußwege bergauf durch den dunkelnden Wald, in dem die eingefangene Wärme des Tages wie Honig hängt, schwer und berauschend, die Wiesenwege an schon geschnittenem Korn und dick hängenden grünen Trauben vorbei, an den Gärten der Landhäuser hin, wo die reichen Milanesen wohnen und wo im aufgehenden Mond die vielen Hortensienbüsche zauberhaft in bleichen holden Farben scheinen. Man kommt in sein Dorf zurück, es ist fast Mitternacht, der Mond sieht aus den streifigen Wolken her, die großen Sommermagnolien in den schwarzen hohen Bäumen riechen heftig nach Zitronen, unten am See glitzern die Lichter der Dörfer.

Der Mond läuft und läuft am Himmel, wie gehetzt, wie das Werk einer Uhr, die man wieder zum Gehen bringen wollte und in die man mit einer Stricknadel gestochen hat, es läuft dann auf einmal rasselnd ab, und der Zeiger rennt besessen übers Blatt wie ein Schnelläufer. Das Leben ist kurz, und wir haben es uns mit vieler Mühe, mit vielen Schlauheiten, mit vielem Aufwand verdorben und schwer gemacht. Die paar guten Zeiten, die paar warmen Sommertage, die paar warmen Sommernächte wenigstens wollen wir austrinken, wollen wir genießen. Schon blühen die Rosen zum zweitenmal und die Glyzinien, schon nehmen die Tage wieder ab, Vergänglichkeit seufzt hinter jedem Baum und Blatt.

Nachtwind rauscht in den Gipfeln vor meinem Fenster auf, Mondlicht fällt herein auf den roten Steinboden. Freunde in der Heimat, was machet ihr? Habt ihr Blumen in den Händen oder Handgranaten? Lebet ihr noch? Schreibet ihr liebe Briefe an mich oder wieder Schmähartikel? Liebe Freunde, tut, was ihr wollt, aber denket je und je einen Augenblick daran, wie kurz das Leben ist!

1919

WINTERBRIEF AUS DEM SÜDEN

Liebe Freunde in Berlin!

Ja, im Sommer war es hier anders. Da saßen die Landsleute, welche die eleganten Hotels von Lugano füllen, beklommen in den kleinen Schattenkreisen der Platanen am See und dachten bekümmert an Ostende, während unsereiner mit einem Stück Brot im Rucksack den herrlichen Sommer genoß. Und wie liefen damals die glühenden Tage weg, wie waren sie flüchtig und vergänglich!

Immerhin, auch jetzt noch gibt es Sonne hier, und auch jetzt noch sind wir bei ihr zu Gast. Ich schreibe diese Zeilen an einem der letzten Dezembertage, vormittags elf Uhr, im dürren Laub an einer windgeschützten Waldecke an die Sonne gestreckt. Das dauert so bis drei Uhr, auch vier Uhr, aber dann wird es kalt, die Berge hüllen sich in Lila, der Himmel wird so dünn und hell wie nur im Winter hier, und man friert elend, man muß Holz in den Kamin stecken und ist für den Rest des Tages an den Quadratmeter vor der Kaminöffnung gebannt. Man geht früh zu Bett und steht spät auf. Aber diese Mittagsstunden an sonnigen Tagen, die hat man doch, die gehören uns, da heizt die Sonne für uns, da liegen wir im Gras und Laub und hören dem winterlichen Rascheln zu, sehen an den nahen Bergen weiße Schneerinnen niederlaufen, und manchmal findet sich im Heidekraut und welken Kastanienlaub auch noch ein wenig Leben, eine kleine verschlafene Schlange, ein Igel. Auch liegen da und dort noch letzte Kastanien unter den Bäumen, die steckt man zu sich und legt sie am Abend ins Kaminfeuer.

Jenen Schiebern, die im Sommer so bekümmert an Ostende dachten, scheint es recht gut zu gehen. Das

Blatt hat sich gewendet, jetzt sind sie obenauf. Ich hatte neulich Gelegenheit, mir das ein wenig anzusehen. Ich war in eines der großen Hotels zum Mittagstisch geladen.

Also ich kam in das große Hotel. Es war herrlich. Ich zog meinen besten Anzug an, meine Wirtin hatte mir schon tags zuvor das kleine Loch im Knie mit etwas blauer Wolle zugestochen. Ich sah gut aus und wurde tatsächlich vom Portier ohne Schwierigkeiten eingelassen. Durch gläserne lautlose Flügeltüren floß man sanft in eine riesige Halle wie in ein luxuriöses Aquarium, da standen tiefe, ernste Sessel aus Leder und aus Samt, und der ganze riesige Raum war geheizt, wohlig warm geheizt, man trat in eine Atmosphäre wie einst im „Galle Face" auf Ceylon. In den Sesseln da und dort saßen gutgekleidete Schieber mit ihren Gattinnen. Was taten sie? Sie hielten die europäische Kultur aufrecht. In der Tat, hier war sie noch vorhanden, diese zerstörte, vielbeweinte Kultur mit Klubsesseln, Importzigarren, unterwürfigen Kellnern, überheizten Räumen, Palmen, gebügelten Hosenfalten, Nackenscheiteln, sogar Monokeln. Alles war noch da, und vom Wiedersehen ergriffen, wischte ich mir die Augen. Freundlich lächelnd betrachteten mich die Schieber, sie haben das schon gelernt, unsereinem gerecht zu werden. In der Miene, mit der sie mich betrachteten, war Lächeln und leiser Spott sehr diskret mit Artigkeit, Schonung, sogar Anerkennung gemischt. Ich besann mich, wo ich diesen seltsamen Blick schon einmal gesehen habe? Richtig, ich fand es wieder. Diesen Blick, mit dem der Kriegsgewinner das Kriegsopfer betrachtet, hatte ich während des Krieges in Deutschland oft gesehen. Es war der Blick, mit dem damals die Kommerzienrätin auf der Straße den verwundeten Soldaten betrachtete. Halb sagte er „Armer Teufel!", halb sagte er „Held!". Halb war er überlegen, halb war er scheu.

Mit der Heiterkeit und dem guten Gewissen des Besiegten betrachtete ich mir die Reihen der Schieber. Sie sahen prächtig aus, besonders die Damen. Man dachte an prähistorische Zeiten, an Zeiten vor 1914, wo wir alle diesen elegant-saturierten Zustand für den selbstverständlichen und einzig wünschenswerten hielten.

Mein Gastgeber war noch nicht erschienen. So näherte ich mich einem der Schieber, um ein wenig zu plaudern.

„Grüß Gott, Schieber", sagte ich. „Wie geht's?"

„Oh, recht gut, nur ein wenig langweilig zuzeiten. Manchmal könnte ich Sie beneiden mit Ihrem blauen Flicken auf dem Knie. Sie sehen aus wie ein Mann, der nichts von Langeweile weiß."

„Ganz richtig. Ich habe unheimlich viel zu tun, da vergeht die Zeit schnell. Jeder hat eben seine Rolle."

„Wie meinen Sie das?"

„Nun, ich bin Arbeiter, und Sie sind Schieber. Ich produziere, und Sie telefonieren. Letzteres bringt mehr Geld ein. Dafür ist das Produzieren weit lustiger. Gedichte zu machen oder Bilder zu malen ist ein Genuß; wissen Sie, eigentlich ist es gemein, dafür auch noch Geld zu verlangen. Ihr Beruf ist, angebotene Waren mit hundert Prozent Aufschlag weiter anzubieten. Das ist gewiß weniger beglückend."

„Ach Sie! Sie haben immer so etwas Mokantes, wenn Sie mit mir reden. Geben Sie nur zu, Männeken, im Grunde beneiden Sie uns sehr, Sie mit Ihren geflickten Hosen!"

„Gewiß", sagte ich, „ich bin oft neidisch. Wenn ich gerade Hunger habe und sehe euch hinterm Schaufenster Pasteten fressen, dann beneide ich euch. Ich halte viel von Pasteten. Aber sehen Sie, kein Genuß ist so flüchtig, ist so lächerlich vergänglich wie der des Essens. Und so ist es im Grunde auch mit den schönen Kleidern, den Ringen und Broschen, den ganzen Hosen! Es macht ja Spaß, einen schönen Anzug anzuziehen. Aber ich zweifle, ob dieser Anzug Sie den ganzen Tag beschäftigt, erfreut und beglückt. Ich glaube, ihr denkt oft ganze Tage lang an eure Bügelfalten und Brillantknöpfe geradesowenig wie ich an mein geflicktes Knie. Nicht? Also was habt ihr schon davon? Die Heizung allerdings, um die sind Sie zu beneiden. Aber wenn die Sonne scheint, auch jetzt im Winter, weiß ich eine Stelle bei Montagnola, zwischen zwei Felsen, da ist es dann so windstill und so warm wie hier in Ihrem Hotel und viel bessere Gesellschaft und kostet nichts. Oft findet man sogar noch eine Kastanie unterm Laub, die man essen kann."

„Na, mag sein. Aber wollen Sie davon leben?"

„Ich lebe davon, daß ich produziere, daß ich Werte in die Welt setze, seien es noch so kleine. Ich mache zum Beispiel Aquarelle, ich wüßte niemand, der hübschere macht. Man kann von mir für eine Kleinigkeit Gedichtmanuskripte kaufen, die ich selber mit farbigen Zeichnungen schmücke. Ein Schieber kann nichts Klügeres tun, als solche Sachen kaufen. Wenn ich übers Jahr tot bin, sind sie das Dreifache wert."

Ich hatte es im Scherz gesagt. Aber den Schieber ergriff die Angst, daß ich Geld von ihm haben wolle. Er wurde zerstreut, hustete viel und entdeckte plötzlich am fernsten Ende des Saals einen Bekannten, den er begrüßen mußte.

Liebe Freunde in Berlin, erspart es mir, das Mittagessen zu schildern, das ich nun mit meinem Gastgeber genoß! Weiß und gläsern leuchtete der Speisesaal, und wie hübsch wurde serviert, wie gut aß man, und was für Weine! Ich schweige davon. Es war ergreifend, die Schieber essen zu sehen. Sie legten Wert auf Haltung, sie beherrschten sich schön. Sie aßen die delikatesten Bissen mit Gesichtern voll ernster Pflichterfüllung, ja lässiger Verächtlichkeit, sie schenkten sich Gläser aus alten Burgunderflaschen voll mit gelassenen und etwas leidenden Mienen, als nähmen sie Medizin. Ich wünschte ihnen dies und jenes, während ich zusah. Eine Semmel und einen Apfel steckte ich mir ein, für den Abend.

Ihr fragt, warum ich denn nicht nach Berlin komme? Ja, es ist eigentlich komisch. Aber es gefällt mir tatsächlich hier besser. Und ich bin so eigensinnig. Nein, ich will nicht nach Berlin und nicht nach München, die Berge sind mir dort am Abend zu wenig rosig, und es würde mir dies und jenes fehlen.

1920

GANG IM FRÜHLING

Jetzt stehen wieder die kleinen klaren Tränen an den harzigen Blattknospen, und erste Pfauenaugen tun im Sonnenlicht ihr edles Samtkleid auf und zu, die Knaben spielen mit Kreiseln und Steinkugeln. Die Karwoche ist da, voll und übervoll von Klängen und beladen mit Erinnerungen, an grelle Ostereierfarben, an Jesus im Garten Gethsemane, an Jesus auf Golgatha, an die Matthäuspassion, an frühe Begeisterungen, erste Verliebtheiten, erste Jünglingsmelancholien. Anemonen nicken im Moos, Butterblumen glänzen fett am Rand der Wiesenbäche.

Einsamer Wanderer, unterscheide ich nicht zwischen den Trieben und Zwängen meines Innern und dem Konzert des Wachstums, das mich mit tausend Stimmen von außen umgibt. Ich komme aus der Stadt, ich bin nach sehr langer Zeit wieder einmal unter Menschen gewesen, in einer Eisenbahn gesessen, habe Bilder und Plastiken gesehen, habe wunderbare neue Lieder von Othmar Schoeck gehört. Jetzt weht der frohe leichte Wind mir übers Gesicht, wie er über die nickenden Anemonen weht, und indem er Schwärme von Erinnerungen in mir aufweht wie Staubwirbel, klingt mir Mahnung an Schmerz und Vergänglichkeit aus dem Blut ins Bewußtsein. Stein am Weg, du bist stärker als ich! Baum in der Wiese, du wirst mich überdauern, und vielleicht sogar du, kleiner Himbeerstrauch, und vielleicht sogar du, rosig behauchte Anemone.

Einen Atemzug lang spüre ich, tiefer als je, die Flüchtigkeit meiner Form und fühle mich hinübergezogen zur Verwandlung, zum Stein, zur Erde, zum Himbeerstrauch, zur Baumwurzel. An die Zeichen des Vergehens klammert sich mein Durst, an Erde und Wasser und verwelktes Laub. Morgen, übermorgen, bald, bald bin ich du, bin ich Laub, bin ich Erde, bin ich Wurzel, schreibe nicht mehr Worte auf Papier, rieche nicht mehr am prächtigen Goldlack, trage nicht mehr die Rechnung des Zahnarztes in der Tasche, werde nicht mehr von gefährlichen Beamten um den Heimatschein gequält, schwimme Wolke im Blau, fließe Welle im Bache, knospe Blatt am Strauch, bin in Vergessen, bin in tausendmal ersehnte Wandlung getaucht.

Zehnmal und hundertmal noch wirst du mich wieder einfangen, bezaubern und einkerkern, Welt der Worte, Welt der Meinungen, Welt der Menschen, Welt der gesteigerten Lust und der fiebernden Angst. Tausendmal wirst du mich entzücken und erschrecken, mit Liedern, am Flügel gesungen, mit Zeitungen, mit Telegrammen, mit Todesnachrichten, mit Anmeldeformularen und all deinem tollen Kram, du Welt voll Lust und Angst, holde Opfer voll melodischen Unsinns! Aber niemals mehr, gebe es Gott, wirst du mir ganz verlorengehen, Andacht der Vergänglichkeit, Passionsmusik der Wandlung, Bereitschaft zum Sterben, Wille zur Wiedergeburt. Immer wird Ostern wiederkehren, immer wieder wird Lust zu Angst, Angst zu Erlösung werden, wird ohne Trauer mich das Lied der Vergänglichkeit auf meinen Wegen begleiten, voll Ja, voll Bereitschaft, voll Hoffnung.

1920

KIRCHEN UND KAPELLEN IM TESSIN

Zu den Zaubern des Südens, die den protestantischen Nordländer in den Gegenden südlich der Alpen begrüßen, gehört auch der Katholizismus. Mir ist es unvergeßlich, wie auf meiner ersten jugendlichen Italienfahrt dies auf mich wirkte, den Sohn eines streng protestantischen Hauses, wie erstaunt und bezaubert ich das mit ansah, dies selbstverständliche, naive Wohnen eines Volkes in seinen Tempeln, in seiner Religion, diese Zentralkraft Kirche, von welcher beständig ein Strom von Farbe, Trost, Musik, von Schwingung und Belebung ausstrahlte. Mag der Katholizismus in Italien und in den Alpenländern auch im Rückgang begriffen sein (im Tessin ist er es sichtlich, und die Mehrzahl der schönen alten Kirchenbauten wäre heute nicht mehr möglich), so ist doch immer noch, im Vergleich mit dem Norden, die Kirche in ihrer Sichtbarkeit vorhanden und mächtig-mütterlicher Mittelpunkt des Lebens. Und nichts wirkt auf den in Protestantismus und Gewissensplage aufgewachsenen Menschen stärker und rührender als der Anblick naiver, sich zeigender, sich schmückender Frömmigkeit. Einerlei, ob in einem Tempel Ceylons oder Chinas oder in einer Kapelle des Tessins, immer wirkt dieser Anblick auf unsereinen wie eine Erinnerung an verlorene Kindheiten der Seele, an ferne Paradiese, an eine selige Primitivität und Unschuld des religiösen Lebens, und nichts fehlt uns geistig unersättlichen Europäern mehr als eben diese Lust und Unschuld.

Beim Übergang über die Alpen fand ich mich jedesmal, wie vom Anhauch des wärmeren Klimas, den ersten Lauten der klangvolleren Sprache, den ersten Rebenterrassen, so auch vom Anblick der zahlreichen schönen Kirchen und Kapellen zart und mahnend berührt, wie von Erinnerung an einen sanfteren, milderen, mutternahen Zustand des Lebens, an kindlicheres, einfacheres, frömmeres, froheres Menschentum. Und mehr und mehr wurde es mir unmöglich, im Gefühl die katholische Frömmigkeit von der antiken zu trennen. Genau ebenso wie die uralte römisch-mittelländische Art der Bodenkultur, der Terrassenbau mit Wein, Maulbeere, Olive, unzerstört in den alten, festen Formen hier unten weiterbesteht, so besteht etwas vom heidnisch-frommen, augenfrohen, bildergläubigen, gesunden Kult und Glauben der Antike in den Ländern südlich der Alpen noch heute fort. Wo in Römerzeiten ein Tempel stand, steht jetzt eine Kirche, wo damals die kleine primitive Steinsäule für einen Feldgeist oder Waldgott stand, steht jetzt ein Kreuz, wo damals das kleine ländliche Heiligtum einer Nymphe, einer Quellgöttin, eines Flurgottes stand, steht heute der Bildstock oder die Nische eines Heiligen. Wie vor alters spielen vor dieser Nische die Kinder, wie vor alters schmücken sie sie mit Blumen. Wanderer und Hirt rastet an diesem Ort, eine Zypresse oder Eiche steht dabei, und irgendeinmal an einem Sommersonntag kommt im schönen Zug mit blau und goldenen Kleidern der Bischof vorbei und segnet und weiht das kleine Heiligtum, daß es nicht vergessen werde, daß weiterhin Trost und Freude, Mahnung an das Göttliche und Erinnerung an unsre höchsten Ziele von diesem Ort ausgehen möge.

Im Tessin habe ich das immer besonders stark empfunden. Daß man am Südfuß der Alpen ist, daß man das Land der Sonne und der ältesten europäischen Kultur betritt, davon spricht nicht nur die Wärme der Sonne, der Klang der schönen Sprache, der kluge Terrassenbau der Weinberge, sondern ebensosehr all die frommen Bauten, alte und neue, all die Kirchen, Kapellen, Bildstöcke. Alle sind schön, ganz ohne Ausnahme, denn die Tessiner sind vorzügliche Architekten und Maurer von alters her und haben ja auch in Italien manche der größten Bauten errichten helfen. Schön ist auch immer und ausnahmslos der Standort einer Kirche, man denke an Lugano, an Tesserete, an Ronco, an St. Abbondio bei Gentilino, an Breganzona, an die Madonna del Sasso. Schön und wohlüberlegt ist auch immer der Zugang zum Heiligtum. Straße oder Brücke führt zwischen Mauern mit sanftem Zwang auf die Kirche zu, und immer empfängt uns vor dem Eintritt ein Vorplatz, man kommt nicht atemlos vom Steigen oder rennend vom Bergablaufen in eine Kirche hinein, erst nimmt ein ebener, wenn auch noch so kleiner Vorplatz den Pilger auf, ein paar Bäume stehen da, und meistens überschattet und schützt den Eingang eine Vorhalle. Von weitem schon ruft und ladet oft diese Vorhalle, mit drei oder fünf Bögen, schattig und ehrwürdig herüber.

Wie alle Gebäude in diesem steinreichen und holzarmen Lande sind die Kirchen und Kapellen ganz aus Stein. In kleinen Bergdörfern steht das Kirchlein roh und unverputzt, nackte Mauern, auch das Dach aus rohen Gneisplatten, ausgezeichnet nur durch den Giebel und den Glockenturm. An andern Orten ist der Bau verputzt und bemalt, nicht selten wunderschön, obwohl das Klima den Wandmalereien an Außenwänden nicht eben günstig ist. Man sieht wohl arme und schlichte Kirchen, aber kaum jemals eine verfallene.

Wie nun inmitten einer Stadt oder eines Dorfes die Kirche den stärksten Akzent bildet und der Campanile die Silhouette stempelt, so strahlt uralte Frömmigkeit überall ins Land und bis in verlassene und schwer zugängliche Täler und Berge hinein. Auch im entlegensten Gebiet, soweit noch Geißen weiden und Menschen ihren Unterhalt suchen, steht da und dort noch ein kleines Heiligtum, eine Kapelle an der Wegbiegung, unter deren Vordach die Straße durchläuft und wo sich im Regen rasten läßt, ein Bildstock, kindlich und hübsch, zwischen altem Gemäuer unterm Steindach eine winzige Bildwand, bemalt mit alten, verblaßten Farben. Im Frühling steht vor jedem ein Glas, ein Becher, eine alte Blechbüchse, von Kindern mit Blumen gefüllt.

Auch ohne je eines der Gotteshäuser zu betreten, findet man sich doch überall an sie gemahnt. Wer am steinigen Bergkamm eine Rast halten will, wer von brennender Landstraße in den Schatten begehrt, der genießt dankbar diese Bauten. Rein als Schmuck der Landschaft, als Rastorte, als Wegweiser, als Ruhepunkte des Auges im Auf und Ab des bergigen Landes kommen sie jedem zugute, sind jedem willkommen. Im Innern aber sind sie oft reich an schönen und seltenen Dingen. Von den Luini-Bildern in Lugano bis in unbekannte kleine Bergkapellen findet man überall in den Tessiner Kirchen irgendein Bild, ein Fresko, ein Altar-Relief, einen Taufstein, eine Stuckfigur, die vom innigen Zusammenhang dieses Berglandes mit der Kultur des klassischen Italien reden und von der alten Begabung der Tessiner für die bildende Kunst. Ich könnte hundert Beispiele nennen, aber ich möchte mit diesen Zeilen nicht auf dies und jenes einzelne hinweisen und den Führer spielen. Es ist viel schöner, ohne Führer zu gehen, und wer im Tessin wandert, wird bald die beglückende Erfahrung machen, wie überall mitten in den herrlichsten Landschaften noch stille, köstliche Funde an alter Kunst zu machen sind.

Liebe Kirchen im Tessin, liebe Kapellen und Kapellchen, wieviel gute Stunden habt ihr mich bei euch zu Gast gehabt! Wieviel Freude habt ihr mir gegeben, wieviel guten kühlen Schatten, wieviel Beglückung durch Kunst, wieviel Mahnung an das, was not tut, an eine frohe, tapfere, helläugige Lebensfrömmigkeit! Wie manche Messe habe ich in euch gehört, wie manchen Gemeindegesang, wie manche farbige Prozession sah ich aus euren Portalen quellen und in die lichte Landschaft sich verlieren! Ihr gehört zu diesem Lande wie Berge und Seen, wie die tiefgeschnittenen wilden Täler, wie das launisch spielerische Geläut eurer Glockentürme, wie der schattige Grotto im Wald und der alte Roccolo auf dem Hügel. Es lebt sich gut in eurem Schatten, auch für Menschen anderen Glaubens.

1920

DER KLEINE WEG

Ein kleiner Weg führt vom Dorf an den See hinunter, ein kleiner Fuß- und Geißenweg; den gehe ich oft, den Sommer über viele hundertmal und manchmal auch im Winter.

Der Weg ist nicht ganz leicht zu finden. Er biegt von der Fahrstraße ab an einer Stelle, wo niemand es vermutet, und sein Eingang ist in der grünen Zeit des Jahres ganz mit Gestrüpp verwachsen, Brombeergerank und Farnkräutern. Man biegt durch diese Wildnis ein, dann fällt der Weg schnell, schnell, fast senkrecht durch einen dünnen und doch dichten Wald hinab, durch ein Gehölz von jungen Kastanienbäumchen, lauter dünnen, schlanken Stangen. Vielmehr, es sind nicht junge Bäume, sondern uralte, aber die sind seit Jahrzehnten abgeholzt, und was jetzt den Wald bildet und so struppig, lustig und launisch aussieht, das sind die vielen tausend junger, eiliger Triebe, die aus den alten mächtigen Wurzelstöcken kommen. Wunderbar sind sie im Mai und Anfang Juni, im ersten jungen Laub; sie haben riesig große Blätter, und ebenso wie diese sämtlichen jungen Kastanienstangen alle in einer und derselben Richtung wie gekämmt in den Himmel hinaufstechen, so gehen auch diese Blätter, mit denen die Stangen zu beiden Seiten befiedert sind, alle in einer Richtung, und der ganze lichte Wald wird zu einem Netz von hunderttausend Strichen, die sich alle im gleichen Winkel schneiden.

Nach Minuten ist man schon um eine Bergterrasse tiefer, und hier stehen, am Rande des Gehölzes, noch ein paar alte Kastanien, große, väterliche, edle Bäume, mit Moos am Fuß und Efeu um den Stamm, mit gewaltigen Kronen, und unter ihnen liegen, in Haufen zusammengefegt, die Reste der letztjährigen Früchte, die stachligen Schalen der Kastanien vom vergangenen Herbst. Daneben wächst Gras, ein dünnes, sehr kurzes, trockenes Gras, eine kleine, steil abfallende Wiese, oben von den Kastanien beschattet, unten in der Sonne, und auf dieser kleinen trockenen und oft staubigen Wiese gibt es im allerersten Frühjahr stets etwas Hübsches zu sehen, nämlich Hunderttausende von ganz kurzen, ganz feinen und kleinen weißen Krokus, deren Schar wie ein Silberpelz, wie ein feiner weißer Hauch oder Schimmel den runden Grasrücken hinabläuft.

Jenseits beginnt gleich wieder der Wald. Zuerst wieder dünnes Kastaniengestrüpp, dann Akazien, die im Mai duften wie ein tropischer Traumgarten, dazwischen viel Stechpalmen, deren blechernes Laub so fett und beruhigend glänzt und deren rote Beeren im Winter durch den kahlen kleinen Wald leuchten. Der kleine Weg ist hier wieder sehr steil, und in Regenzeiten rennt hier ein wilder Bach talabwärts; darum ist das Wegchen hier so tief ausgespült. Man geht wie in einer tiefen Rinne, wie in einem Schützengraben, und hat die Wurzelstöcke der Kastanien vor den Augen, und neben ihnen, an Farbe gleich dem welken Laub, findet man da und dort im Herbst einen schönen Steinpilz. Man muß aber zeitig gehen und muß gut suchen, denn die Leute vom Dorf gehen fleißig auf die Jagd, und mit dem Ende des Sommers rücken sie an günstigen Tagen bei zunehmendem Monde oft gesellig in ganzen Familien aus und haben ein bewundernswertes Geschick im Finden der Pilze, die sich doch so gut verstecken können.

Im Juni ist es hier voll von Heidelbeeren, und eine weite Lichtung, wo sie alles kahlgeschlagen haben, duftet bei sonnigem Wetter das ganze Jahr hindurch heimlich nach Heidelbeeren und Erika. Hier fliegen im Spätsommer auch die vielen farbigen Falter, die Spanische Flagge und der Distelfalter.

Jetzt wird der Weg weniger steil, er läuft eine Weile fast eben hin, und der Wald wird zugleich hoch und voll; alte schöne Bäume stehen hier noch geschont beisammen, auch einige Eschen darunter; an dieser Stelle bleibt vom Bach bis in den Sommer hinein ein Rest und kleiner Tümpel übrig, und es wachsen ein paar Blumen, die man sonst an userm Berge nicht findet. Der kleine schmale Weg erholt sich; auch er wird breiter, stellenweise verdoppelt er sich und hat einen kleinen Zwilling, einen fratello neben sich laufen. Und unversehens tut der alte Wald sich auf; unter seinen letzten Bäumen steht eine Hütte, ein Stall oder Schuppen, von warmem Gelbbraun mit rotem Dach, und wie man aus ihrem Schatten tritt, ist man auf einer kleinen grünen Terrasse angekommen, wo in kurzen Reihen Reben stehen, junge Pfirsichbäumchen dazwischen, und alte Maulbeerbäume, hundertmal beschnitten und mit ehrwürdigen Kröpfen. Auf einer kurzen Leiter, unten breit und oben spitz, sieht man hier fast immer einen alten Mann stehen und an diesen Bäumen schnipfeln. Sein Leben lang hat der alte Mann sich bemüht, sie zurückzuschneiden, damit die Maulbeerblätter hübsch nahe bei der Erde bleiben und leicht gepflückt werden können. Und alle diese Jahre und Jahrzehnte hindurch haben die Bäume, Jahr für Jahr abgezwickt und abgeschnitten, neu getrieben und sind neu gewachsen, und mit der Zeit haben sie es doch gewonnen, sie sind doch höher geworden, und der alte Mann mit dem Messer und seiner Säge wird sterben, ohne daß er sie richtig bewältigt hätte.

Wenn man über diese kleine grüne Terrasse geht, aus dem Walde kommend, den Reben und Pfirsichen entlang und wieder dem Wald entgegen, dann kommt ein schöner Augenblick, wo durch den unteren Wald etwas Rotes und Weißes und Blaues schimmert, mehr oder weniger, je nach der Jahreszeit und der Belaubung. Dann sieht man, allmählich erkennend, steil unter sich rote Dächer brennen, ein Dörfchen, und hört die Hähne heraufkrähen; dahinter ist ein rosiger Strand und der blaue See mit weißen Rändern und ein matter wehender Schilfgürtel dazwischen. Hier bleibe ich immer einen

Augenblick stehen, halte mich an den Stämmen fest und schaue hinab, fast senkrecht, dem eilig wegstürzenden Weglein nach, über die roten Dorfdächer, die aufgehängte Wäsche und eine rötliche Bocciabahn hinweg zum See und Schilf hinüber. Dann sind es ein paar Sprünge, wieder durch enge Rinnen und dicht durchwurzelte Höhlungen, unter vereinzelten alten Bäumen hin ins Freie. Brombeergestrüpp verhüllt eine alte Mauer; man steigt drüber weg und hat die weiße blendende Straße erreicht, und jenseits der Straße liegt der See, wiegt sich Schilf und schwimmen Boote und stehen Buben auf braunen Beinen mit ihren Angelruten aus Bambus im seichten Wasser.

1921

TESSINER SOMMERABEND

Nach langer Glut und Dürre ist ein Regen gekommen, Donner hat den ganzen Nachmittag gekracht, ein paar Hagelkörner haben geknallt, nach dem ersten erstickend schwülen Dampf hat sanfte Kühle sich verbreitet, weithin riecht es nach Erde, Steinen und bitterem Laube, es ist Abend geworden.

Im Wald, an der Schattenseite des Berges, liegen die Grotti, die Weinkeller des Dorfes, ein kleines, zwerghaft phantastisches Märchendorf im Walde, lauter Stirnseiten kleiner steinerner Giebelhäuser, die keine Rückseite haben, denn Dach und Haus verliert sich im Boden, und tief in den Berg hinein sind die Felsenkeller gebohrt. Da liegt der Wein in grauen Fässern, Wein vom vorigen Herbst und auch noch Wein vom vorvorigen, älteren gibt es nicht. Es ist ein sanfter, sehr leichter, traubiger Wein, von roter Farbe, er schmeckt kühl und sauer nach Fruchtsaft und dicken Traubenschalen.

Wir sitzen bei einem Grotto am steilen Waldhang auf kleiner Terrasse, die man auf ungefügen Stufen erklimmt und die Raum für einen oder zwei Tische hat. Ungeheuer steigen die Stämme der Bäume empor, alte, riesige Bäume, Kastanie, Platane, Akazie. Sie streben hoch hinan, durch ihr Gezweige blickt wenig Himmel, oft bin ich bei fallendem Regen hier gesessen, im Freien im Walde, stundenlang, und bin von keinem Tropfen berührt worden. Wir sitzen im Dunkel, schweigend, ein paar fremde Künstler, die hier wohnen. In kleinen irdenen Tassen, weiß und blau gestreift, steht der rosige Wein.

Unter unserer kleinen Terrasseninsel, senkrecht unter uns, schimmert rötliches Licht in der Vorhalle des Kellers, durchs dichte Laubgitter alter Buchsbäume blicken wir hinab. Messing blinkt dort freudig am Lampenlicht: ein Horn liegt auf den Knien eines Mannes, der die kleine Weintasse vor sich stehen hat. Er setzt das Horn an. Einer neben ihm, nur halb sichtbar, nimmt die Baßtrompete, und wie sie zu spielen anfangen, klingt auch noch eine dritte Stimme mit, ein zartes Holzinstrument, an das Fagott erinnernd. Sie spielen sachte, zurückhaltend, klug, wohl wissend, daß sie in kleiner, enger Vorhalle sitzen und wenig Zuhörer haben. Ihr gedämpftes Spiel ist ländlich, frohmütig, herzlich, nicht ohne Rührung und nicht ohne Humor, im Takt vollkommen sicher, ja beschwingt, die Stimmung aber nicht völlig rein. Diese Musik ist von ebenderselben Art wie der Wein, den wir trinken: gut, unschuldig, ländlich, zuverlässig, ohne heftige Reize und ohne Tücken.

Kaum haben die Klänge uns erreicht, kaum haben wir auf unserem schmalen Bankbrett uns umgewendet, um alle hinabzuschauen, so sind schon Tänzer da. In dem Rest von Tageslicht, der auf dem Plätzchen vor dem Kellereingang noch zögert, in dem Rest von Lampenlicht, der aus der Vorhalle sickert, tanzen drei Paare. Wir sehen sie durch das dichte Gitter der Buchsbäume, das sie oft ganz verdeckt.

Das erste Paar sind zwei kleine Mädchen, eine Zwölfjährige, eine Siebenjährige. Die Größere ist ganz schwarz, schwarze Schürze, schwarze Strümpfe, schwarze Schuhe. Die Kleine ist ganz hell, weiße Schürze, bloße Beine, bloße Füße. Die Zwölfjährige tanzt sehr richtig, taktstreng und gewissenhaft, sie kann es gut, unfehlbar schreitet sie im Takt, eilt und zögert am rechten Ort, ernst ist ihr Gesicht, ganz ernst, wie ein bleiches Blumenblatt schwimmt es, kaum kenntlich in der feuchten lauen Dunkelheit von Abend und Wald. Die Siebenjährige kann noch nicht richtig tanzen, sie will es erst lernen, ihre Schritte sind feierlich lang, sie blickt unverwandt auf die Füße ihrer Partnerin, die sie leise unterweist, die volle Unterlippe hält sie leicht mit den Zähnen emporgezogen. Beide Mädchen sind von Ernst und Glück erfüllt, kindliche Würde atmet ihr Tanz.

Das zweite Paar besteht aus zwei Jünglingen. Zwanzigjährigen. Einer, der größere, ist barhaupt und hat kurze krause Locken, der andere trägt den Filzhut schief auf dem Kopfe. Beide lächeln ein wenig, beide geben sich dem Tanze mit etwas angestrengtem Willen hin und sind sehr bemüht, jede Bewegung nicht nur richtig zu machen, sondern sie auch mit dem irgend Möglichen an Ausdruck und Verzierung zu füllen. Sie strecken die vereinten Hände weit von sich ab, sie legen die Köpfe weit in die Nacken, sie gehen zuweilen tief in die Knie, und beide machen den Rücken hohl und versuchen das Äußerste im Schweben und in der Feinheit. Ihr eifriger Tanz befeuert den Bläser des Holzinstrumentes, er spielt zarter, bläst schwellender, schmachtender. Beide Tänzer lächeln: der große hingegeben, selig, in sich selbst und seinen Tanz verliebt, hoch über der Welt; der andere halb schelmisch, auch leicht verlegen, ebenso bereit, sich ein wenig belächeln zu lassen wie Lob zu ernten. Der große wird glatter durchs Leben gehen.

Die zwei Mädchen, die das dritte Paar bilden, sind Luigina und Maria, ich habe sie beide vor zwei Jahren noch in die Schule gehen sehen. Luigina ist vom südlichen Typ, leicht, sehr schlank, sehr mager, ihre hohen zarten Beine und der lange dünne Hals sind voll herber Lieblichkeit. Anders, weicher und viel schöner ist Maria, die ich vor kurzem noch geduzt habe und jetzt nicht mehr recht zu duzen wage. Sie hat ein kräftiges Gesicht von frischer Farbe, mit kräftigem Wangenrot, hellblaue stählerne Augen, braunes volles Haar und ist schon voll und jungfrauenhaft in Formen und Bewegungen, scheint etwas träge, hat aber den Blick voll Kraft und Rasse. Wenn ich ein junger Bursch aus dem Dorfe wäre, ich würde keine andere nehmen als Maria. Sie trägt ein rotes Kleid, immer trägt sie Rot oder Rosa. Maria tanzt mit Luigina, ihr rotes Kleid erscheint da und dort und verschwindet wieder im Buchsbaumlaube. Diese beiden tanzen sehr schön, sie sind voll von Glück, nicht mehr vom tiefen Ernst der Kindlichkeit gebannt wie die Kleinen, noch nicht losgebunden und eitel wie die beiden Burschen. Zu diesen beiden, zu Maria und Luigina, paßt am besten der holde, zärtliche Ton des Bläsers, die frohe, an Vorschlägen und Kapriolen reiche Musik. Über ihre Scheitel spielt die grüne Walddämmerung, an ihren Stirnen glänzt ein kleiner Widerschein vom Lampenlicht der Halle, ihre Beine schreiten taktfest, eng und elastisch.

Dort unten, hinterm schwarzen Gewölk der Buchsbäume, fließt noch Licht, dort fließt Musik, dort tanzen die jungen Menschen, und andre lehnen am Pfeiler der Halle oder am Baumstamm, sehen zu, loben, nicken, lachen. Hier oben im Dunkel aber sitzen wir, wir Fremde und Künstler, in einem anderen Licht, in einer anderen Luft, von einer anderen Musik umflossen. Uns entzückt und begeistert, was jene dort nicht achten: ein Blattschatten auf dem Stein, ein verschossenes Blau an einer Bluse, der kleine ernste Knick im Knie der Siebenjährigen. Wir ersehnen und beneiden, was denen drüben wertlos und selbstverständlich ist. Sie aber sehen bei uns kuriose Dinge und Sitten, die sie ebenso beneiden und deren wir längst überdrüssig sind. Wir können, wenn wir wollen, zu jenen hinübergehen; es ist uns nicht verboten, uns unter sie zu mischen, uns zu ihrer Musik zu setzen, mit ihnen zu tanzen. Wir bleiben jedoch im Dunkel unter den alten Platanen sitzen, hören die Melodien der drei Bläser, beobachten das süße sterbende Licht auf den hellen Gesichtern, lauschen dem Rot Marias, wie es noch im einsinkenden Dunkel klingt und kämpft, atmen dankbar den Zauberhauch der Dämmerung und den holden Frieden einer kleinen ländlichen Welt, deren Spiel nur unser Auge berührt, deren Not nicht unsere ist, deren Glück nicht unseres ist.

Wir schenken rosigen Wein in die blauen Tonschalen, während unten die tanzenden Figuren mehr und mehr zu Schatten werden. Auch dein rotes Kleid, Maria, geht nun unter, ertrinkt in der Finsternis. Auch die hellen, blumenblassen Gesichter löschen aus und sinken dahin. Nur das warme rote Licht in der Vorhalle atmet stärker, und wir gehen davon, ehe auch dies zerrinnt.

1921

STRAND

Dieser Sommer ist von indischer Glut. Auch der See ist längst nicht mehr kühl, aber am Spätnachmittag weht jeden Tag ein Wind gegen unsern Strand, dann ist es Erfrischung, in den Wellen zu baden und dann nackt im Winde zu stehen. Um diese Zeit steige ich häufig den Berg hinab zum Strande. Manchmal nehme ich Zeichenblock und Wasserfarben mit und Proviant und eine Zigarre, um den ganzen Abend da zu bleiben.

Der Pfad führt schmal und jäh hinab, der Sonne entgegen, die von Mittag an auf diese Seite des Berges brennt. Im dünnen Leinenzeug renne ich hinab, Eidechsen stieben überall ins verbrannte Gras, schon stehen hier und da einzelne Akazienzweige goldgelb, alles brennt, alles neigt fiebernd schon dem Tod und Herbst entgegen, schweigt, wartet, dürstet, senkt das Haupt. Durch die kochende Luft renne ich hinabwärts, halte mich am zähen Ginster fest, sehe die Lüfte überm nahen Maisfeld silbrig zittern, fühle den Sand und Stein durch die Sohlen brennen, fühle den Schweiß über Wangen und Hals hinabrinnen. O wie werde ich an diese Stunde denken, wenn es Herbst, wenn es Winter sein wird, wenn die letzten lila Blumen fahl im Novembergras stehen, wenn der erste Schnee am kahlen Hügel blaßt!

Glühend breche ich durch Laub und Brombeergerank aus dem Gehölz gegen die Seestraße, biege um die Mauer, atme heranwehenden Duft von Wasser, Fisch und Schilf. Unter hohen Platanen und niederen wehenden Silberweiden auf kurzen dicken violetten Stämmen gehe ich den farbigen Strand entlang, auf glühendem Kiesgeröll blau und tiefgrün kommt Welle um Welle heran, leckt am rot und orangenen Strand, rückt am

Steingeschiefer, spielt mit dem Schwemmholz, knistert im dünnen Schilf. In hellblauem Dunst jenseits der kristallenen Wasserbläue steht Berg hinter Berg, jeder fernere um einen leisen Ton heller, um einen leisen Gedanken duftiger, darüber hoch und grimmig die Sonne. Ich hänge den Rucksack an einen Ast, ich reiße die Kleider ab, kaum ertragen die nackten Fußsohlen den durchglühten Kies. Das seichte Wasser, in das ich trete, ist warm wie die Luft, erst draußen beim Schwimmen empfinde ich eine Ahnung von Kühle, tief tauche ich in den dunklen blauen Abgrund hinab. Ich lege mich auf den Rücken, treibe lang, jede Welle schlappt mir launaß über Augen und Mund, aber der Wind kühlt, langsam, mit leisem Saugen zieht er die Hitze aus meiner aufatmenden Haut. Gestillt kehre ich zurück, rolle mich eine Weile im seichten Strandwasser, springe hoch und werfe mich in den brennenden Sand an die Sonne, liege lange tot, um nochmals heiß zu werden und das Spiel noch einmal zu spielen. Zweimal, dreimal spiele ich es, lasse mich braten, lasse mich kühlen. Alle Leidenschaft, alle Mühsal und aller Reiz des Lebens ist in diesem Spiel gespiegelt, alles Rennen und Ruhen, Brennen und Erlöschen, Rasen und Erschlaffen.

Tiefe Müdigkeit wäscht mir den Staub von der Seele, weht mir die Sorgen aus dem Gedächtnis. Faul und brummend liege ich hingestreckt, nicht mehr heiß, nicht mehr kühl, nur müde, nur sehr müde. Zuweilen höre ich einen Vogel flattern, einen Fisch springen, einen stärkeren Wind im Schilf aufrauschen, zuweilen höre ich sprechen, lachen, höre Wasser spritzen, höre nackte Füße im Sande laufen, manche gehen über mich hinweg. Buben und Jünglinge aus den nahen Dörfern sind zum Bad gekommen. Ich blinzle nur und brumme. Einmal schaue ich eine Weile auf. Der schöne Jüngling mit dem Hund ist da. Ein junger Athlet, stark, schön und braun, wunderbarer Schwimmer, ein rotes Tuch ums schwarze Haar, kommt jeden Tag, mit einem langhaarigen kleinen Hund, es muß eine Art Wachtelhund sein. Er schwimmt wie ein Fischotter, den Kopf fast immer unter Wasser, und überall schwimmt sein Hund ihm nach. Ich blicke ihm nach, sehe ihn wegschwimmen, sehe ihn untertauchen, laut bellend sucht ihn sein Hund, weit weg taucht er wieder empor, hänselt das Tier, spritzt und balgt sich mit ihm.

Die Sonne ist tiefer gesunken, viel Zeit ist vergangen, vielleicht habe ich geschlafen. Ich richte mich auf, wische mir Steinchen und Muschelscherben von den Schenkeln, bald werde ich Hunger spüren und gehen. Mit Mißvergnügen denke ich an den steilen Heimweg den Berg hinan. Und dann ist man wieder „zu Hause", wieder in der Welt und Zeit, Abendbrot wartet, Post liegt da, Zeitungen, Briefe, unnütze Briefe, Bücher, unnütze Bücher, und all der Tand und Kram. Muß es denn sein?

Jenseits der kleinen Schilfbucht, zweihundert Schritte vielleicht entfernt, sehe ich am Ufer, bei der Bootshütte, etwas Blaues erscheinen, einen Flecken reines schönes Hellblau mitten im braunen, grünen, rosigen Farbengewühl des Strandes. Wie trinkt das Auge diese reine Farbe gierig! Weit reiße ich die trägen Augen auf, das Blau zu kosten, hold klingt es neben der grauen Rindenhütte und dem fahlen Schilfgrün auf. Und siehe, über dem Blau ist sanftes Weiß, darüber nochmals ein kleiner Fleck Blau, ein Kopftuch, eine Mütze. Das ist eine badende Frau.

Wie warm und köstlich geht das jedesmal durchs Blut! Selten sieht man hier Frauen baden, sie sind scheu, und ihre Scheu wird heilig gehalten. Niemand in diesem Lande hätte Sinn für den nackten Menschenmarkt eines Seebades. Nun baden sie da drüben, ein paar Dorfmädchen, versteckt und vorsichtig, ich kann nur etwas Blau und Rot sehen und eine Schulter glitzern und einen Haarbusch sich schütteln. Ich bleibe ruhig sitzen, ich darf nicht näher gehen. Ich blicke scharf hinüber. Warum ist das so schön und erregend und Liebe weckend? Ein paar badende Mädchen? Vielleicht sind sie ja gar nicht schön, vielleicht ist keine dabei, der ich auch nur einen Kuß geben möchte, wenn ich sie von nahem sähe. Aber diese paar kleinen, fernen Figuren, halb vom Schilf verborgen, dieser winzige Schimmer von Fleisch und Haar, diese paar kleinen Farbflecke von blauem Kleid, weißem Hemd, rotem Kopftuch, sie reißen mich hin, sie machen mich froh und verliebt. Eine flämische Sage fällt mir ein, von einem Ritter Halewijn, der konnte ein Lied singen, daß jedes Mädchen, wenn es das Lied hörte, sofort zu ihm hinlaufen mußte. Gerne sänge ich Halewijns Lied. Ich sänge es, und die Blaue müßte alsbald zu mir herüberschwimmen, gerissen von Sehnsucht. Aber möglicherweise wäre ich dann in Verlegenheit, wie leicht konnte es sein, daß sie mir gar nicht gefiel – ich bin so heikel! –, daß sie plump und grob und gewöhnlich war. Und dann müßte ich ihr sagen: „Kind, schwimm wieder fort, mein Lied war nicht für dich gesungen." Ich könnte nicht hinzufügen: „Dein blaues Hemdchen war von weitem so hübsch, daß ich dachte, es müsse die Richtige drinstecken."

Inzwischen haben die Mädchen drüben sich ins Wasser gewagt und ihre Spiele begonnen. Laut hallt ihr gellender Aufschrei herüber, sie spritzen einander ins Gesicht, werfen sich mit Wasserpflanzen, aus denen man Kränze machen kann, suchen einander zu Fall zu bringen, streiten sich um ein schwimmendes Schilfrohr. Wie sind diese Menschen doch vergnügt, fabelhaft und urweltlich vergnügt! Bin ich jemals in meinem Leben so toll und dummvergnügt gewesen? Ja, ich war es, und ich werde es wieder sein, vielleicht nicht mehr so oft, nicht mehr so leicht, aber ich werde es wieder sein.

Wenn wir jetzt auf Ceylon wären, so würden diese Mädchen nach dem Bade Lotosblumen mitnehmen und sie zum Tempel bringen, und sie würden nichts als Lendentücher tragen, daß man ihre schmalen braunen Schultern und Brüste sehen könnte.

Plötzlich sehe ich Wasser, Strand und Badende mit einem Ruck verändert, entfärbt, verschattet. Ich wende mich um. Die Sonne ist weggegangen. Still ist sie hinter dem Berg von Agno hinabgefallen, und der Wind ist abgeflaut. Ich stehe auf und greife nach meinen Kleidern. Und die Mädchen drüben sind stumm geworden und steigen alle aus dem Wasser – auch sie hat der Schauer berührt. In der Bootshütte verschwinden sie, und jetzt könnte ich hinübergehen und bei der Hütte warten, bis sie heimgehen. Ich will aber nicht, ich will sie nicht sehen, wie sie sind, in Alltagskleidern, mit Alltagsgesichtern.

Da ich an der Hütte vorbeigehe, höre ich sie drinnen zwitschern. Wenn ich einen Stock hätte, würde ich an die Wand klopfen. Ich habe aber keinen; ich werde mir, für den Aufstieg, erst im Walde einen schneiden.

1921

DAS SCHREIBENDE GLAS

Mit Balmelli und Emmy stieg ich durch den steilen Wald nach dem Bergdorf, wo meine Freunde wohnen. Am glühenden Hang pflückten wir warme glänzende Brombeeren, aßen Brot, saßen im spärlichen dürren Gras unterm Waldschatten, tranken Wasser am kleinen steinernen Brunnen, stiegen weiter durch verwachsene Fußwege und leergetrocknete Bachläufe. Müde kamen wir auf der kühleren Höhe an, es ging Wind, und Regentropfen wehten schräg. Im Haus der Freunde waren nur die Frauen da, der Vater verreist. Wir ruhten und wurden gespeist, es gab Wein, Kaffee, Zigaretten.

So hatte ich nun Balmellis mit Frau Lisa zusammengebracht, wie sie es sich gewünscht hatte. Stets ein wunderlicher Augenblick, wenn zwei uns nahestehende, unter sich fremde Lebenskreise und Freundesgruppen sich berühren. Selten werden Erwartungen erfüllt, noch seltener wird uns der holde Trost, unsere „Persönlichkeit" bestätigt und aufs neue als Einheit sehen zu dürfen: meistens erscheint in diesen Lagen das Ich lediglich als leichtes Zelt, als vergänglicher Schnittpunkt vieler Beziehungen, ohne Dauer, ohne An-Sich, ohne Eigenwert. Heut und hier indessen war es hübsch, Frau Lisa befreundete sich sichtlich mit Emmy, die ihr so nahe verwandt und doch ihr Gegenpol im Leben ist. Balmelli, wie immer aufgeschlossen, rücksichtsvoll, ritterlich, vortrefflicher Zuhörer, war bald mit Rebekka und Maria im Gespräch. Es ging gut. Es war geglückt. Und ich wunderte mich wieder, wieviel Glück ich seit Jahren, seit dem Beginn meiner Schicksalsjahre habe, wie wenig kleines Malheur mir passiert, wieviel freundliche kleine

Erfüllungen und Erleichterungen es für mich gibt, während das Ganze so dunkel und tödlich ist.

Wir hatten geruht und gegessen, nun wollten wir „eigentlich" in den Garten gehen. Man tut ja aber niemals das, was man eigentlich wollte, und so taten auch wir es nicht, sondern sprachen nur davon, blieben aber im Hause, tippten am Klavier, betrachteten den alten Kamin und die Barockportale, sprachen dies und das, sahen unten auf der Schattenseite der Piazza schöne Mädchen und viele kleine Kinder stehen und wandeln, fremd und ernsthaft. Wo, dachte ich, war nun das Leben, wo war Wirklichkeit? War sie bei jenen schönen stillen Puppen drüben, die ihren Gang gingen und in eine Folge immer gleicher, gesicherter Tage hineinlebten? War sie bei Balmellis, in der glühenden Stille geistiger Arbeit und geistlicher Weihe? War sie bei mir, in dem fernen, unterirdischen Schicksalsdonner, der mich nun schon so lange umtönte, in dem bangen heißen Warten vor dem Vorhange, der noch immer nicht aufging? Sie war nirgends, auch nicht bei Frau Lisa, auch nicht bei der schönen Rebekka. Wirklichkeit ist ein Blitz, der in jedem Steine gefangen zuckt. Weckst du ihn nicht, so bleibt der Stein ein Stein, die Stadt eine Stadt, die Schönheit schön, die Langeweile langweilig, und alles schläft den Traum der Dinge, bis du, aus deinen hochgespannten Strömen her, sie mit dem Gewitter „Wirklichkeit" überflutest.

Man sprach auch von spiritistischen Techniken, von Kristallsehen, von Psychographie. Frau Lisa erzählte von einer sehr einfachen Methode magnetischen Schreibens, dem Tischrücken ähnlich. Wir wurden lebhafter, wir beschlossen, diese Methode zu versuchen. Sie wurde, ebenso wie das Tischrücken, als eine Art Gesellschaftsspiel geübt, man konnte sich Fragen beantworten lassen, konnte Urteile über Personen verlangen, auch Aufsätze oder Gedichte machen. Dies wollten wir also nun versuchen.

Es wurde ein großes Blatt Papier auf den Tisch gelegt,

ein weiter Kreis darauf gezeichnet, rund um den Kreis die Buchstaben des Alphabets geschrieben. Um Raum zu gewinnen, ließen wir zwei oder drei entbehrlich scheinende Buchstaben weg, darunter das Ypsilon. In den Kreis wurde ein Wasserglas gesetzt, umgedreht, den Boden nach oben. Auf dem Boden dieses Glases mußten die Mitspieler je einen oder zwei Finger lose auflegen. Vom Vibrieren der Fingerspitzen sollte dann das Glas sich in Bewegung setzen. Jeder Buchstabe, den es berührte, sollte notiert werden.

Wir begannen, Neulinge und ungeschickt, indem wir alle unsre Finger an das Glas legten. Eine Weile blieb es regungslos stehen, dann begann es sich zu rühren, zuckte taumelnd dahin und dorthin, stockte, stand, sprang aufs neue. Die Buchstaben aber, die das Glas bezeichnete, gaben keinen Sinn. Das einzige erkennbare Wort, das herauskam, war „Rhythmus", aber statt des Ypsilon standen ein I und ein E, als wolle das Glas uns wegen der weggelassenen Zeichen höhnen oder mahnen.

Ich habe alle solche Spielereien stets gemieden und mich oft über sie lustig gemacht. Die heutige war mir willkommen. Sie schien mir geeignet, uns sechs Menschen, die sich zum Teil noch kaum kannten, in einer gemeinsamen Stimmung zu einigen. Auch war ich, weil unter diesen mir befreundeten Menschen alle ernst zu nehmen und weder Betrug noch Leichtfertigkeit zu befürchten waren, neugierig auf die Ergebnisse. Auch war ich sehr schweren Herzens, Schicksal lauerte auf mich, schwül lag mein Lebenssommer über verbrannten Fluren, hinter jeder Nähe grollte der stille wartende Donner. In der Beklemmnis und tiefen Bangigkeit einer schicksalvollen Zeit war ich durchaus geneigt, auf jede magische Stimme zu hören. Daß ich keine andere Geisterstimme zu hören bekommen würde als zurückkehrende Klänge meines eigenen Innern, wußte ich natürlich wohl.

Von uns sechsen nahmen nur fünf an dem Spiele teil;

Frau Maria war müde und lag nebenan auf dem Diwan. Von uns fünf Mitspielenden, drei Frauen und zwei Männern, machten drei (Balmelli, Emmy und ich) das Spiel zum erstenmal, nur Frau Lisa und Rebekka kannten es schon. Am besten gelangen die Versuche, wenn die drei Frauen allein sie machten, doch ging es kaum weniger leicht, wenn auch nur zwei von ihnen spielten. Wir Männer hemmten; es brauchte nur einer von uns mitzutun, so blieb das Glas entweder stehen oder zuckte ängstlich und sinnlos hin und wider. Emmy, entsprechend meinen Erwartungen, zeigte sich als ein höchst sensibles Medium; das Glas kaum berührend, fühlte sie jede Schwingung, Bewegung und Hemmung heftig mit und war glücklich und begeistert. Rebekka war die einzige, welche ich zuzeiten im Verdacht hatte, das Glas unbewußt zu schieben, jedoch nur in Augenblicken, wo allen der Buchstabe bekannt war, der jetzt kommen mußte. Daß Frau Lisa die stärkste Kraft besitze und daß ihre Sinnesart auch die Antworten des Orakels färbe, schien uns allen gewiß. Doch saß sie nicht immer mit am Glas; ihre Seele schwang mit, auch wenn ihre Finger das Glas nicht berührten.

Im Anfang also kam nichts zustande, außer jenem „Rietmus". Aber schon nach wenigen Versuchen lief das Glas oft so rasch, daß das Nachschreiben Mühe machte. Nach den ersten Mißerfolgen schlug ich vor, dem Glas die Frage zu stellen, warum es nicht spreche. Jetzt kamen die ersten deutlichen und fehlerlosen Worte: „Keine Frage". Ich deutete es so, daß das Glas nicht sprechen könne, wenn man ihm nicht Fragen vorlege.

Heimlich für mich dachte ich nun, daß ich die Frage wohl wüßte, die ich dem Orakel am liebsten stellen möchte, äußerte aber nichts davon. Gleichzeitig spielten die andern weiter, und das Glas schrieb das Wort: „Lebensfrage".

Wieder kamen schlechte Resultate, teils sinnlose Buchstabenreihen, teils banal ausgedrückte Allgemeinheiten, wie: „Männer sind schwer verständlich."

Ich hatte jedoch gespürt, daß das Glas meinen stillen Fragen nicht verschlossen war. Oft schien es mir Antworten zu schreiben, die mein eigenes Ahnungsvermögen diktierte, obwohl es stets andere Worte wählte, als ich getan hätte. Über mich und die Personen, die mir am nächsten standen, sagte das Glas stets in einem Sinne aus, der mir bedeutsam, ermunternd, warnend, stets aber wohlwollend schien. Ich selbst spielte nur ganz wenige Male am Glase mit, und immer gab es dann Störungen.

Ich bekam, während ich heimlich mein schon vorgeschrittenes Alter mit dem der beiden jungen Frauen verglich, vom Orakel den Spruch: „Jung sein und alt sein ist gut, schön sein ist gut, gut sein ist das beste."

Balmelli, welcher zur Zeit mit einer großen wissenschaftlichen Arbeit kämpft, stellte die Frage, wann diese fertig werden würde. Er war erstaunt und betroffen, als das Glas die Antwort gab: „Wenn du weißt, was du willst." Auf die Frage, welches die schlechteste Tat seines Lebens gewesen sei, erhielt er die Antwort: „Rückwärts gegangen."

Bei dieser selben Frage, die wir für uns alle stellten, war mir bange. Ich dachte an eine Tat, vielmehr an ein Versäumnis, das mich aus der Vergangenheit her zuweilen quälend ansieht, und ich erwartete, diese Wunde berührt zu sehen. Im Augenblick, wo die Antwort bevorstand, war ich bereit, mit der Faust nach dem Glase zu schlagen, falls es mich verraten würde. Aber es war mir nicht gegeben, Gläser zu zerschlagen und Wirklichkeit zu schaffen, der Bann ging weiter, unter dem ich lebte. Und das Orakel gab mir eine ausweichende und schonende Antwort mit dem Spruch: „Verstehst du Wahrheit, so verstehst du dich, traust du dir, so traust du andern." Die Schlußworte konnte ich wieder auf meine „Lebensfrage" beziehen.

Eigentümlich schelmisch-hübsch beantwortete das Glas die Frage nach dem getanen Bösen für Rebekka, die Jüngste von uns, das hübsche Kind. Sie bekam den Trost: „Zwergengleich ist deine Sünde." Ausdrücke wie dies „zwergengleich" waren mir besonders merkwürdig, da keiner von uns sie im bewußten Reden und Schreiben gebraucht hätte.

Schön waren die Antworten auf unsere Frage: „Welches ist meine beste Tugend?" Sie waren alle schlagend deutlich und wahr, nur ich bekam die vertröstende Auskunft: „Noch in der Knospe." Dagegen hieß die Antwort für Rebekka „Schicksalsglaube", für Emmy „Begeisterung", für Balmelli „Rücksicht" und für Frau Maria „Dienen andren".

Balmelli stellte noch eine verschwiegene Frage und bekam die Antwort: „Dein Weg war falsch." Auch Frau Maria tat noch eine Frage, und ihr wurde der Bescheid: „Du warst nicht du, du warst niemand." Und sie sagte still: „Das ist es, damit ist alles gesagt", und mir schien, als sei auch ihr Irrsal und Schatten über alle Wirklichkeit gefallen.

Es war schon nahezu Nacht geworden, als wir nun doch noch in den Garten gingen. Bald kamen schon die ersten Sterne aus der Dämmerung, und bald war es dunkel geworden, wir saßen in einer Laube, hoch überm nächtigen Seetal, alle etwas nachdenklich, alle etwas ermüdet. Eine Weile war alles still, niemand sagte ein Wort. Da fing Rebekka mit hoher Stimme zu singen an.

1922

MADONNA D'ONGERO

Von Carona am Monte Salvatore ging ich sommerabends, gleich nach Sonnenuntergang, zur Madonna hinüber. Aus den letzten patrizisch stolzen Häusern des
Dorfes steigt der steinige Weg etwas bergan, ein paar
Gärten liegen zu beiden Seiten, Feigenbäume über ok-
kerfarbne Mauer hängend, im fetten Laub die fetten, satten Früchte schwellend, rückwärts sieht man bald das
Dorf gelagert, Dach in Dach gedrängt, uniform, einfar-
big, primitiv und schön wie eine Negersiedlung, hier
und dort Polentarauch aus einem Kamin, das Ganze ein
brauner großer Steinhaufen, in dem die gespeicherte
Wärme des Julitages lang noch nachglüht.

Die Gärten hören auf, Fußwege verlieren sich überall
launig, spielerisch, vielstrahlig in die Haine, ins gelbe
Gerstenfeld, in die dunklen Pyramidenreihen der Boh-
nenäcker. Ein Grotto liegt am Sträßchen, stets geschlossen außer am Sonntagabend, er heißt Del pan perdu,
Zum verlorenen Brot, eine leere Bocciabahn, darüber die
Terrassenmauer, aus dem schön rosigen Stein dieses Berges, warm, schmelzend von Farbe, sanft im Grünen
brennend, so wie bei Renoir die rosigen Frauen aus dem
Grün hervorschimmern, warme Edelsteine auf unterge-
legtem Samt. Eine alte Skulptur schaut edel aus dem Ge-
mäuer, von klassischer Haltung, aber durch Alter und
Verwitterung hinüber ins Frühe, Gotische, Wildere und
Innigere verwandelt, eine Gottesmutter mit dem toten
Sohn im Schoß. Der Weg steigt, unter den Sohlen rollt
das lose Gestein. Wunderlich schweigsam ist dieser
Weg, so alt, so anders als gewohnt, so aus einer andern
Zeit, einem andern Weltalter, einer andern Lebensstim-
mung. Um Lugano findet man selten solche Wege, so

ernste, so in sich gekehrte, eingeschlafene, an welchen nichts von heute ist und an heute erinnert. Eher noch findet man solche Streifen, solche verlorene Stücke Urwelt oder Mittelalter in den Gegenden um Locarno, am Onsernone, im Gebiet zwischen Losone und Golino, in Arcegno.

Dieser abendliche Weg tut wohl, er erregt die Seele nicht, noch erheitert er sie, er ruft ihr nichts zu, er ist schweigsam wie sie, dämmernd wie sie, fromm wie sie. Frömmigkeit, Vertrauen, Kindersinn spricht hier mich an, kindlich ist der bald breite, bald wieder schmale, launenvoll schweifende Weg, kindlich sind die Mäuerchen an seinem Rande, kindlich die kleinen, wie im Spiel angelegten Maisfelderchen, Rebenreihen, Bohnengärtchen. Überall verliert sich Feld und Wiese sachte ins Gehölz, überall kommt der Wald, licht und zum Hain gemildert, mir entgegen, mit einzelstehenden alten Kastanien, Bäumen voll Individualität und Schicksal, mit jung umgrünten Strünken, mit ginsterüberwehten kleinen Felsblökken, neben denen sich Klee und Gras, Wicken und Esper unvermerkt in die Wald-Pflanzenwelt, in Maiblumenstengel, Ginster, Tausendgüldenkraut, Farren, Spiräen verlieren. Heu liegt da und dort gehäuft, der dritte Schnitt des Jahres, und neben frischgemähten, winzig kleinen Kornfeldern das sauber aufgehäufte, ausgeraufte Stoppelstroh, mit den sorgfältig ausgeschüttelten Wurzeln dran. Wie würde ein rumänischer, ein amerikanischer, kanadischer oder kalifornischer Landwirt lachen, wenn er diese arme, winzige, ganz und gar von Hand betriebene Zwergenwirtschaft sähe, diese von Hand mit dem Spaten geackerten, von Hand besäeten, mit der Sichel geernteten Kornfeldchen – mit wieviel Überlegenheit, mit wieviel gutem Recht, wieviel gutem Unrecht würde er lächeln! Mir aber, dem Rückwärtsgewandten, dem Romantiker, dem Infantilen, ist dies von Hand gerodete Stroh sehr lieb, ebenso lieb wie die unkorrigierten Bachläufe und irrationell beforsteten Wälder dieses Landes, wie die verfallenden, aber immerhin noch stehenden Bildstöcke und halbheidnischen Wald- und Feldkapellen mit dem abgebröckelten Verputz und den zartfarbigen Resten alter gemalter Engel und Heiliger, die primitiven Feuerstätten und die Gesichter, Hände und Gebärden, die man hierzulande bei allen alten Leuten und sogar noch bei manchen Jungen findet und welche kindlich, fromm und innig sind wie alle diese zarten, alten, etwas hilflosen, etwas unzeitgemäßen Dinge hier am Wege. Ich liebe dies alles sehr, und ohne mich gegen den „Fortschritt" irgend zu wehren, ohne die lebendige Flut der Veränderungen anzuklagen, bedaure ich doch im Herzen jede neue Autostraße, jeden Betonbau, jeden korrigierten Lineal-Flußlauf, jeden eisernen Leitungsmast, die auch in diese zurückgebliebene Welt sich eindrängen und deren Geist längst schon die Wurzeln dieses Idylls bloßgelegt hat. Auch hier geht es zu Ende mit dieser alten Welt, es wird auch hier bald vollends die Maschine über die Hand, das Geld über die Sitte, die rationelle Wirtschaft über die Idylle siegen, mit gutem Recht, mit gutem Unrecht.

Uns Schwärmer wird das betrüben, es wird uns aber nicht hindern, unser ebenso gutes Recht, unser ebenso gutes Unrecht weiter zu üben, und mancher von uns weiß auch, mit dem Verstand oder mit dem Herzen, daß es sich hier nicht um Fortschritt und Romantik, um Vorwärts oder Rückwärts handelt, sondern um Außen und Innen, daß wir nicht die Eisenbahn und das Auto scheuen, nicht das Geld und die Vernunft, sondern nur das Vergessen Gottes und das Verflachen der Seelen, und daß erst hoch über all diesen Gegensatzpaaren von Maschine und Herz, Geld und Gott, Vernunft und Frömmigkeit der Himmel wahren Lebens, echter Wirklichkeit sich wölbt. Manche von uns wissen mit Lächeln, daß dem Mangel unseres Sinnes für Rentabilität und Unternehmerlust bei unsern Antipoden, den Unternehmern und Rentablen, der Mangel einer seelischen Dimension entspricht und daß unsere romantisch-poetische Infantilität nicht infantiler ist als die kinderstolze

Zuversicht des welterobernden Ingenieurs, der an seinen Rechenschieber glaubt wie wir an unsern Gott und der in Zorn oder Angst gerät, wenn die Unbedingtheit seiner Weltregeln durch Einstein erschüttert wird. Wir Romantiker und Sentimentalen, als die wir von der großstädtischen Literatur meist verspottet werden, wir sind ja nicht alle bloß dumme Fanatiker, die wegen eines zum Fall verurteilten alten Gemäuers die Öffentlichkeit bemühen und die Heimatschutzgarden mobilisieren, manche von uns sind nahezu ebenso klug wie mancher von der Rentabilitätspartei und sind im Herzen vielleicht zukunftsgläubiger und nach der Zukunft begieriger als viele von den Frommen des Fortschritts. Denn wir glauben an die Vergänglichkeit der Maschine und die Unvergänglichkeit Gottes.

Ich bin abgeschweift. Es dämmert. Hinter den krummen, sehnigen Stämmen, den Waldvorboten, Waldvorhallen, ist alle Farbe schon in bleiches Dunkel geschmolzen. Am Himmel glüht noch Überfülle von Licht, manche Mauer strahlt noch edelsteinhaften Schein aus. Rechts überm Sträßchen hinter stillen, alten Bäumen still und alt steht Santa Marta, aus rotem Stein, Turm und Giebel noch vom Licht umspült, mit schiefgesunkenem Kreuz auf dem Turmdach. Links vom Wege durch das Gittertor einer Mauer sieht der Friedhof heraus, die Gräber umgeben von hohem Gras, hinten, an die Rückmauer geklebt, ein paar phantastisch blöde Bauten, Grabkapellen wohlhabender Familien aus jüngster Zeit, späte, entartete Frucht am absterbenden Baum eines Glaubens, bei Tage Gift fürs Auge, jetzt aber mit in den Zauber der Abendstunde getaucht, ihre Flächen und Kanten dem spielenden letzten Tageslicht zum Spielzeug dienend. Vorüber. Auch euch liebt Gott, marmorne und blecherne Grabdummheiten, auch euer törichtes, euer verstimmtes Lied ist Gesang, ist kindliche Klage, kindliche Bitte für sein Ohr.

Ein Kauz ruft oben im Walde. Hier und da flüstert das feiste, glänzende Maislaub mit schilfenem Klang. Toll gebärden sich die Bohnengärten. All die am Stock emporgerankten Bohnenpflanzen, all diese hohen Kegel und Pyramiden beginnen für die kurze Zeit der Dämmerung phantastisch zu leben, bilden Kreuze, Haken, Fragezeichen, stehen steif und stolz wie gestelzte Eitelkeit, hängen schief und matt wie müdes Alter, gleichen Giraffen, gleichen alten Hexen, recken barockes irres Geranke scharfschwarz gegen den lichten Himmel.

Nun geht es durch Wald, schon am Geräusch des Laubes beim Vorüberstreifen fühle ich, daß hier zwischen den Kastanien auch Buchen stehen, hierzulande selten und schon darum stets willkommen und begrüßt. Plötzlich mündet der Weg in eine breite, stolze Rampe, die zwischen zwei Reihen von Stationenhäuschen zur Madonna hinaufführt. Feierlich leitet der begraste Anstieg zur Kirche empor, einer in hellem warmem Rotgelb dämmernden Vorhalle entgegen, und hinter Kirche und Bäumen blendet Himmelshelle und durchglänzte westliche Ferne ahnungsvoll herein, und aufatmend steh ich oben. Da steht die alte Marienkirche schlafend mitten im schweigenden Walde, einsam am endlosen waldbewachsenen Berghang, und vor der bedachten Vorhalle ist Raum geblieben für eine halbrunde Schanze, eine von niederer Mauer umfaßte Pfalz, und von da fällt der Blick unendlich leicht, beschwingt und frei, unendlich erstaunt, gespannt, beglückt und sehnlich immer weiter gezogen über eine grenzenlos weitgebreitete Berglandschaft mit vielen hundert Gipfeln hin und darüber in eine noch weitere, noch mächtigere, noch lockendere Himmelslandschaft hinein. Es gibt viel Schönes auf der Erde, Schöneres als dies gibt es nicht. Zu Füßen, vor der kleinen Mauer, stürzt der waldige Berg steil in ein kleines, friedevolles, schon nächtiges Wiesental hinab, am jenseitigen Hang dieses nahen Tales kleben ein paar helle Dörfer und Kirchen, nach Südwest öffnet das schwarzgrüne Tal sich gegen den See, mitten im silberspiegelnden, abendblassen See steht thronend ein steiler runder Kuppelberg, um den zu beiden Seiten das blaßschimmernde Wasser die Arme schließt, dort liegt Caslano, und hinter See und Kuppelberg steigen andere Berge auf, italienische und Schweizer Berge, Höhe hinter Höhe, Kette hinter Kette, zuhinterst und zuhöchst Monte Rosa und blasse Walliser Gipfel, dazwischen Täler mit Dörfern, Höhenzüge mit Kapellen, Waldrücken und Hütten, auf sanften Hügelwellen schwebend, die herrliche Bergreihe des Lema, Gambarogno und Tamaro, und nach links und nach rechts, den ganzen sichtbaren Halbkreis füllend, blaue, schwarze, graue, rosige, luftige Berge und Bergzüge, endlos hintereinander aufgestellt, alles klar gegen den noch rot und golden leuchtenden Himmel gehoben, dessen Wölkchenflammen langsam erlöschen. Hier und da in der Talschwärze glimmen vertraulich kleine Lichter auf, unten im Tal, ganz tief und kaum mehr hörbar, bellt ein Hund. Und während am Himmel die Feuerspiele dunkler werden und versinken und am Turm der Kirche vorbei der Abendstern ins erkaltende Nachtblau tritt, spielen vor dem hingegebenen Auge die eindunkelnden tausend Formen der Gebirgszüge, Bergprofile und Kämme ein Riesen-Schöpfungstheater mit Drachen, Riesen und Walfischen, umschlingen sich Seeschlangen, wälzen sich Riesenschildkröten. Und das letzte, was dem Nachtwerden noch widersteht und magisch aus der Schwärze geistert, ist die bleiche Fassade der Madonna.

Während meiner Rückkehr ist der Wald schwarz geworden, ein uralter, wasserloser Brunnen am Weg, mit Tierfratzen, kaum mehr erkennbar. Wo der Pfad aus dem Wald in die Pflanzungen zurückführt, geistert über den Wiesen erschreckend eine fremde, kühle Helligkeit, und während ich noch hinüberstaune, erklärt sich das Wunder, jenseits zwischen den Baumwipfeln kommt der runde, strahlende Mond heraus, ein sanfter Nordwind hält den ganzen Himmel klar und musiziert leise in den Bäumen, über deren dicken, klumpigen Schatten ein paar blühende Stauden silbern schweben. Auch im Friedhof scheint der Mond, und die schrecklichen Grabkapellen legen lange, schwere Schattenklüfte um das sanft wehende hohe Gras. Dies Gras vom Friedhof darf nicht genützt und keinem Tier gefüttert werden, es wird vom Mesner mit der Sichel geschnitten und dann verbrannt. Schlafend liegt der Grotto überm Dorf, die steinerne Maria blickt leer in den Mond, den toten Sohn auf den Knien. Nun stechen vom auftauchenden Dorfe da und dort scharfe weißbestrahlte Wände und Lichtkanten hervor, starr zeichnen die Gartenmauer und der Feigenbaum ihre Schatten auf den Weg, und noch jeder unter den Füßen abrollende Stein rollt seinen Schatten mit. Aus einem dunklen Haus klagt laut eine eingesperrte Ziege, Katzen steigen hochbeinig über den Dorfplatz, tief in alle Winkel und Höfe hinein dringt das Licht- und Schattenspiel. Kein Mensch ist mehr unterwegs.

1923

MADONNENFEST IM TESSIN

Hoch am Monte Arbostora, aus den endlosen Kastanienwäldern weiß hervorleuchtend, steht eine alte kleine Kirche, der Muttergottes geweiht, eine Wallfahrtskirche, deren Glocken man nur wenigemal im Jahre läuten hört. Von vielen Zaubern und Geheimnissen umgeben, liegt diese Kirche, mit ihrem hellen Turm und der freundlichen Vorhalle, weit abgelegen an einem schwer aufzufindenden Waldpfade, nur ein einziges Dorf liegt in der Nähe, auch dies eine halbe Stunde von ihr entfernt. Diese Wald- und Wallfahrtskirche sucht die Menschen nicht und will nicht gekannt sein, das ist es, was ich an ihr so sehr liebe, sie sucht nicht Ruhm, sondern Verborgenheit, sie strebt nach Anonymität, im Gegensatz zum Kram und Markt der Geschäfte, der Kunst, der Wissenschaft, der Literatur und all dieser Kinderbetriebsamkeiten, und darin ist sie den vollendeten Menschen, den Weisen und Heiligen, verwandt. Seit manchen Jahren kenne ich dies Heiligtum genau und habe oft meine Freude an den Spielen und Geheimnissen, mit denen es sich umgibt. In den Sommermonaten, und namentlich zur Zeit der Kastanienblüte, spielt die Kirche in ihrem Wald Verstecken, an manchen Tagen sucht das Auge sie den ganzen Vormittag vergeblich, sie ist weg, sie hat sich verloren und taucht erst später, wenn Westsonne auf ihre Mauern fällt, wieder empor, und nie ist man sicher, ob sie wieder genau am alten Orte steht. Vom nächsten Dorfe aus ist sie leicht zu erreichen, aber dies Dorf selber will erst erreicht sein, es gehört zu den armen, rauhen Bergnestern der Gegend. Wer aber von einer anderen Seite her die Madonna besuchen will, und zwar gerade von der Seite her, von der man sie, vom

Tale aus, so weiß und freundlich locken sieht, der mache sich auf lange rauhe Wege und auf Enttäuschungen gefaßt: auf steilen Ziegenpfaden muß er durch den Wald, und oben, schon in großer Höhe, läuft der kleine Pfad in drei, vier noch kleinere auseinander, und keiner ist der rechte, und am Ende hört, wenn man nicht besonderes Glück hat, jeder Weg auf, und man hat sich durch Schluchten mit Steingeröll und Ginstergestrüpp und Brombeergeranke zu schlagen, und die Kirche, die vom Tale aus so hell und deutlich zu sehen war und so leicht zu erreichen schien, duckt sich verkürzt hinter die Wipfel und ist nicht zu finden. Oft bin ich dort gewesen, und die meisten Male bin ich fehlgegangen, einige Male aber zog sie mich zu sich, ohne daß ich sie gesucht hätte, und ich stand verwundert auf einer einsamen Waldstreife plötzlich vor der rötlichen Stützmauer und der lichten Fassade mit dem friedevollen Vorbau und schaute durchs vergitterte Fensterchen neben der Almosenschale in die Dämmerung des heiligen Raumes hinein und sah hinten etwas Goldenes leise und ahnungsvoll glänzen und wußte, daß das die goldene Madonna war. An Sommerabenden um die Zeit des Sonnenuntergangs ist der kleine Platz vor der Waldkirche der schönste Platz in der ganzen weiten Gegend. Aber es geschieht sehr selten, daß um diese Stunde noch ein Mensch dort oben anzutreffen ist.

Hundertmal habe ich diese Madonna belauscht, tausendmal sie von ferne gesehen, manche Dutzend Male ihren grünen Vorplatz und ihre Mauerbrüstung mit der unglaublichen Aussicht besucht und durch das Fensterlein zu dem goldenen Bilde hineingeäugt. Sie wäre so recht ein Heiligtum für Menschen von meiner Art, und es ist eigentlich schade, daß ich gar nicht Katholik bin und gar nicht richtig zu ihr beten kann. Was ich indessen dem heiligen Antonius und dem heiligen Ignatius nicht zutraue, das traue ich doch der Madonna zu: daß sie auch uns Heiden verstehe und gelten lasse. Ich erlaube mir mit der Madonna einen eigenen Kult und eine eigene Mythologie, sie ist im Tempel meiner Frömmigkeit neben der Venus und neben dem Krischna aufgestellt; aber als Symbol der Seele, als Gleichnis für den lebendigen, erlösenden Lichtschein, der zwischen den Polen der Welt, zwischen Natur und Geist, hin und wider schwebt und das Licht der Liebe entzündet, ist die Muttergottes mir die heiligste Gestalt aller Religionen, und zu manchen Stunden glaube ich sie nicht weniger richtig und mit nicht kleinerer Hingabe zu verehren als irgendein frommer Wallfahrer vom orthodoxesten Glauben.

So verbindet vieles mich mit der kleinen Kirche am Berge, und am meisten liebe ich ihre Verborgenheit und magische Stille, ihr Sichverstecken, ihr Bestreben nach Unsichtbarkeit, ihre scheue Abwehr gegen Lärm und Menge, lauter Züge, in denen ich sie ganz und gar zu verstehen glaube. Aber einen Sonntag im Jahr gibt es, an dem gibt sie sich lächelnd her, lädt alle zu sich ein und segnet alle. Das ist ihr Jahresfest. Die goldene Madonna hat ihr Jahresfest nicht im Madonnenmonat, sondern jedes Jahr an einem Sonntage im September, um die Zeit, wo Grün und Fülle des Jahres zu Dunst und zartem Goldschimmer wird, wo in Traube und Apfel die Fruchtbarkeit und Lebensfreude sich siegreich ausdrückt und zugleich im gilbenden Laub das Lied der Vergänglichkeit so flehend klingt. In dieser Zeit des Jahres sind die Frommen der Gegend zur Madonna im Walde geladen, den ganzen Tag, an diesem Tag verläßt sie ihre dämmrige Kirche und kommt in den Wald zu den Menschen und Vögeln und Schmetterlingen heraus. Dies jährliche Fest muß vorzeiten, vor Jahrzehnten noch, unendlich schön und würdig gewesen sein. Heute ist es ein Jahrmarkt, mit Lärm, Klimbim und Spielerei, und die Menschen knien nicht mehr vor der Madonna im Gras und Farnkraut, sie stehen in modernen Sonntagskleidern und kommen sich schon duldsam vor, wenn sie beim Erscheinen der Madonna den Hut vom Kopfe nehmen. Nun, das ist nicht zu ändern, und ein Rest von Würde und Frömmigkeit ist immerhin noch da. Mir jedenfalls ist das Jahresfest dieser Madonna, trotz dem und jenem, ein echtes Fest. Einmal habe ich dort den Bischof empfangen helfen und eine zarte Rede von ihm angehört, ein andermal war es bei kühlem, feuchtem Wetter ein stilles Fest mit sehr wenigen Besuchern, aber schön war es immer, und jedesmal habe ich irgendein Bild, einen Klang, einen Duft mitgenommen und habe jedesmal den Augenblick des Festes, der für mich der große ist, dankbar und ergriffen mitgefeiert.

Auch dieses Jahr war ich drüben, stieg am Morgen durch den feuchten Wald hinauf, schreckte viele Eidechsen aus dem Heidekraut, fand im feuchten Moos noch eine späte Zyklame blühen und kam gegen Mittag zur Kirche, wo mich fröhlicher Lärm empfing. Im Walde waren Buden aufgeschlagen, Fahnen wehten, und rote Luftballons, Kränze und Girlanden schmückten den Kirchenaufgang. Eine Musikkapelle war da und Händler mit Backwerk und Spielzeug, ein Wirt schenkte Wein und Kaffee, viele Familien lagerten im Grase und aßen Mittag, packten aus Körben, Säcken und Papieren ihr Brot, ihren Käse, ihre Trauben. Für die richtig Frommen war der Hauptteil des Festes schon vorüber: die vormittäglichen Messen. Für mich stand der hohe Augenblick des Festes noch bevor.

Ich traf Freunde, wir saßen im Walde, bekamen Wein, Brot, kaltes Fleisch, Kuchen, Pfirsiche. Fröhlichkeit umgab uns und Töne und Gestalten, die mir seit Jahren von allen ländlichen Festen der Gegend her vertraut waren. Mario mit der Gitarre war da, der in allen Sprachen der Welt singen kann; auch das Mädchen war da, das mit dem Munde die Töne einer Mandoline zum Täuschen nachahmen kann, und viele bekannte Figuren, auch Leute aus meinem Dorfe, denen gleich mir der Weg nicht zu weit gewesen war. Bei schallender Musik und im Lärm der Kindertrompeten tafelten wir unter den schon gelblich behauchten Bäumen, auf dieser schönen Waldterrasse, wo sonst das ganze Jahr eine so verzauberte Stille herrscht. Die meisten von diesen fröhlichen

Menschen, welche da unter den Kastanien lagern, haben diesen Ort niemals in seiner Stille und Ewigkeit gesehen, sie kennen nur, Jahr um Jahr, diesen einen lauten Tag hier oben. Aber auch für mich bringt dieser Tag etwas Einziges, das Jahr um Jahr denselben tiefen Zauber hat.

Als die Tafelfreuden vorüber waren und die Menschen etwas stiller geworden, ordnete sich eine Prozession von Mädchen mit angehefteten Engelsflügeln. Ein großes Kreuz mit dem Heiland wird vorangetragen. Und nun kommt aus der Kirche hervor, aus dem Portal, das sie beinahe streift, und unter der aufstrahlenden Vorhalle hindurch, die Madonna gegangen, sie selber, die große Goldene, die sonst nur als warmer Goldschein im Kirchendämmer zu erblicken ist. Sie kommt gegangen, auf den Schultern der Träger leise schwankend, golden von der Krone im Haar bis zu den Füßen, aufleuchtend in der Herbstsonne, den kleinen Sohn auf den Armen, eine milde, schöne, innige Figur, Anmut und Würde, Hoheit und Zartheit strahlend. Dieser Augenblick ist mein Kirchenfest und Gottesdienst fürs ganze Jahr. Sie schwebt aus ihrem Hause, sie schwebt über den kleinen freien Platz, strahlt gleißend auf, daß es bis zum fernen See und den fernsten Schneebergen hinüberblitzt, und wendet sich, über all den entblößten Köpfen und Frauenkopftüchern, dem Walde zu, biegt unter den Girlanden hindurch auf den Farnkräutern waldeinwärts und entschwindet, goldglänzend, still in den Bäumen, die ihr heilig sind. Wir stehen, sehen sie verschwinden, halten die Hüte in der Hand und warten auf ihr Wiederkommen, und bald taucht sie wieder auf, von einer anderen Richtung her, kommt, samt Musik, Engeln, Priestern, Fahnen, strahlend aus dem Walde hervor und kehrt zu ihrem Heiligtum zurück. Strahlend lächelt sie im goldnen Mantel, unter der goldenen Krone, und im Sonnenlicht und blendenden Goldschimmer macht sie es ebenso, wie ihr Gehäuse es so oft getan hat, sie erscheint bald, verschwindet bald, ist bald übernah und überdeutlich in goldener Pracht vor unseren Sinnen, bald im Geflimmer verschwunden und unsichtbar geworden. Ehe sie in die Kirche zurückkehrt, wird sie auf dem Rasen aufgestellt und verehrt, erst von Osten, dann von Süden, dann von Westen, dann von Norden. Und nun schwebt sie wieder hoch über den Menschen, biegt durch die Vorhalle ein, streift mit ihrer zitternden Goldkrone das Portal und taucht zurück in ihre Stille und heimatliche Dämmerung. Die jungen Mädchen lächeln, und wir Älteren sehen zu Boden und denken, während der goldene Wald nach Vergänglichkeit duftet: Werden wir dich noch einmal wiedersehen, Goldene?

Damit ist für mich das Fest zu Ende, nun ist es gut, sich auf den kleinen, schmalen Ziegenpfad zu machen und heimzukehren, ehe die Dämmerung kommt, welche diese Wege ungangbar macht. Durch den Wald hinabsteigend, höre ich noch eine ganze Weile die Musik mir nachklingen, und im Zurückschauen sehe ich über den Baumwipfeln einen roten Kinderballon entfliegen, mit brennendem Rot am Himmel glühend.

1924

ABENDWOLKEN

An der Ostwand meines Wohn- und Arbeitszimmers ist eine schmale Balkontüre, die steht vom Mai bis tief in den September hinein Tag und Nacht offen, und davor hängt ein winziger Steinbalkon, einen Schritt breit und einen halben Schritt tief. Dieser Balkon ist mein bester Besitz. Seinetwegen habe ich mich vor manchen Jahren entschlossen, mich hier niederzulassen, seinetwegen kehre ich nach allen Reisen immer wieder mit einer gewissen Dankbarkeit hierher in meine Tessiner Wohnung zurück. Es ist immer mein Stolz und meine Kunst gewesen, schön zu wohnen und eine ausgesucht schöne, weite Aussicht vor meinen Fenstern zu haben; so schön wie hier aber ist kaum eine meiner früheren Aussichten gewesen. Mag dafür der Kalk von den Wänden bröckeln, die Tapete in Fetzen hängen, mag es an vielen Bequemlichkeiten fehlen – dieser Aussicht wegen bleibe ich hier wohnen. Vor dem Balkon fällt ein alter südlicher Baumgarten steil den Berg hinunter: Palmen mit dicken Fächerkronen, Kamelien, Rhododendren, Mimosen, Judasbaum, dazwischen einige hohe Eiben, von Glyzinien ganz überklettert, und schmale schwebende Rosenterrassen. Dieser verschlafene alte Garten hängt zwischen mir und der Welt, er und ein paar stille Bachschluchten, mit Kastanienwald bestanden, auf dessen Wipfel ich hinabblicke. Ihre Kronen rauschen mir Tag und Nacht, aus ihnen tönt am Abend der traurige Eulenschrei herüber, sie schützen mich vor der Welt, vor den Häusern und Menschen, vor Lärm und Staub. So bin ich leidlich geschützt, wenn ich auch der Welt nicht ganz und gar entronnen bin noch entrinnen will. Es kommt immerhin eine Straße zu unserem Dorf herauf und auf ihr jeden

Tag ein Postauto, das bringt viele entbehrliche Briefe und manche entbehrliche Besucher hier herauf, doch mitunter auch willkommene.

In den Stunden, in denen ich meine Haustür geschlossen halte, kann kein Anruf der Welt mich erreichen. Es sind die Stunden am Nachmittag und meist auch die des Abends. Dann ist das Haustor geschlossen, eine Glocke ist nicht da, und wenn ich nun auf meinem Zwergbalkon sitze, die vielen Terrassen des Gartens unter mir, dann kann kein Mensch mich stören. Dann sehe ich, über Garten und Waldschlucht hinweg, den Salvatore und hinter ihm den Generoso stehen, sehe den blitzenden Seearm von Porlezza und die hohen Berge jenseits des Comer Sees, die bis weit in den Frühsommer hinein noch Schnee in ihren Scharten liegen haben.

Manchmal, wenn ich so am Abend sitze und zu den Abendwolken hinüberschaue, die drüben gerade in meiner Höhe schwimmen, dann bin ich nahezu zufrieden. Ich sehe die Welt da unten liegen und denke: du kannst mir gestohlen werden. Ich habe kein Glück in dieser Welt gehabt, ich habe nicht gut zu ihr gepaßt, und sie hat mir meine Abneigung reich erwidert und vergolten. Aber umgebracht hat sie mich nicht. Ich lebe noch, ich habe ihr Trotz geboten und habe mich gehalten, und wenn ich auch kein erfolgreicher Fabrikant oder Boxer oder Filmstern geworden bin, so bin ich doch das geworden, was zu werden ich mir als Knabe von zwölf Jahren in den Kopf gesetzt habe: ein Dichter, und ich habe unter anderem gelernt, daß die Welt, wenn man nichts von ihr will und sie nur still und aufmerksam mit seinen Augen betrachtet, uns manches zu bieten hat, wovon die Erfolgreichen, die Lieblinge der Welt, nichts wissen. Zuschauenkönnen ist eine vortreffliche Kunst, eine raffinierte, heilsame und oft sehr vergnügliche Kunst.

Ich habe diese Kunst an den Abendwolken gelernt. Immer, wenn ich so am Abend meine Stunde auf dem Balkönchen sitze, habe ich es mit den Wolken zu tun, denn mein hochgelegenes Vogelnest blickt ja mitten in die Wolken hinein. Bei Regenwetter, bei den wilden, leidenschaftlichen Unwettern dieses Klimas, kommen die Wolken bis in meine Stube herein, hängen in weißgrauen Fetzen am Balkongitter, kriechen mir bis um die Schuhe und winden sich draußen hinauf und hinab, in die grünen triefenden Bergtäler, die bei jedem Blitz so erschrocken aufleuchten, in den frostigen schwarzen See, in die blasse saugende Himmelshöhe hinauf. Bei gutem Wetter aber, wenn der See blau blitzt und violette Abendschatten hat, wenn in den fernen Dörfern die Fensterscheiben golden aufbrennen und die Westkante der Berge wie aus durchscheinendem, rosigem Edelstein glüht, dann sind auch die Wolken sehr farbig und guter Laune und spielen stundenlang ihre absichtslosen, schweifenden Kinderspiele.

Einst, als Jüngling, hatte ich zu den Wolken ein frommes und etwas feierliches Verhältnis. Heute, im Altwerden, nehme ich sie nicht mehr so ernst, ohne sie doch weniger zu lieben. Sie sind Kinder, und Kinder werden nur von ihren Eltern ernst genommen, sonst von niemand. Die Großeltern, die Alten, die schon selbst wieder mit dem Kindwerden beschäftigt sind, nehmen die Kinder nicht ernst, sowenig als sie sich selber ernst nehmen. Pathos ist eine schöne Sache, und jungen Menschen steht es oft wundervoll. Für ältere Leute eignet sich besser der Humor, das Lächeln, das Nichternstnehmen, das Verwandeln der Welt in ein Bild, das Betrachten der Dinge, als seien sie flüchtige Abendwolkenspiele.

Um aber die Hauptsache nicht zu vergessen, wegen der ich die Feder zur Hand genommen habe – gestern abend, am ersten schönen, feuchtklaren Tag nach einer Regenzeit, da war es mit den Wolken geradezu närrisch. Eben noch waren sie in langen Bänken über dem Himmel gelegen, in Wülsten niedergehangen, langsam vom auffrischenden Winde in sich selber aufgerollt und zusammengedreht, so daß sie allmählich alle zu langen, still in sich arbeitenden Walzen wurden. Eben war dies noch gewesen, eben noch war der ganze Himmel, soweit er nicht schon vom scharfen, kühlen Grünblau des klaren Abends erobert war, ein System von Bändern und Wülsten gewesen, von langsam sich windenden, langsam an Körper und Dichtigkeit zunehmenden Riesenschlangen – und nun plötzlich, ich hatte kaum eine Minute weggeschaut, war der ganze Himmel in der Höhe frei und blitzend kühlklar, und alle Wolken waren klein und belanglos geworden, an den Horizont gedrückt, oben weiß und golden, mit blauen Bäuchen, alle langgezogen, Figuren wie Luftschiffe und wie Walfische, alle sehr plastisch, sehr fest zusammengepreßt und formig. Gerade in dieser Minute verließ das letzte Rosenrot und Gold die edelsteinernen Berggipfel, und die ganze Erde war erloschen, nur am Himmel strahlte der Tag noch flüchtig nach. Die Wolkenschiffe lagerten, trotzdem ein scharfer Wind ging, scheinbar regungslos und unentschlossen dicht über den Bergrücken und hatten noch ein wenig Rot und Kupferbraun in ihre erkaltenden Farben gemischt, mit den Nasen gegen den Wind, aber man mußte sie gut im Auge behalten, um sie von Minute zu Minute noch wiederzuerkennen, denn während sie solide und träg zu sein und sich kaum zu rühren schienen, flossen von innen her ihre Formen immerzu um- und ineinander. Scheinheilig trieben sie ihren Feierabend-Schabernack, ganz wie die Knaben, die an der Schulmauer stehen und den Lehrer mit gezogenen Mützen grüßen, und kaum sieht er sich um, sind sie weg, und hinter den Zäunen schwirrt Gelächter.

Inzwischen war nun eine von den langen Wolken über die andern hinaufgeschwommen, schwebte (auch sie scheinbar regungslos und wie aus Metall gegossen) rosig allein im Himmelsgrün, ward plötzlich ganz und gar durchglüht, heller Zinnober, nahm gleichzeitig eine entzückende Fischform an und schwamm, ein riesiger leuchtender Goldkarpfen mit einer kleinen bläulichen Bauchflosse, lächelnd und überaus vergnügt dem Tod entgegen, denn das Licht war im letzten Schwinden begriffen, und mein Goldfisch hatte keine Minute mehr zu leben. Schon wurde er vom Schwanze her brauner und schwerer, vom Bauche her blauer, schon brannte der lichte Zinnober und das Gold bloß noch am obersten Rande seines Rückens. Da zog er blitzschnell den Schwanz ein, blies den Kopf auf, daß er ganz rund wurde, und während er schon erlosch und sein letztes Gold verlor, ballte er sich zur Kugel zusammen, blies aus der Kugel heraus – als wollte er seine Seele ausblasen – zwei Fäden grauer Wolkenschleier, blies und blies, löste sich verwehend in die immer dünner werdenden Schleier auf und war hinweg und verschwunden.

Nie hatte ich eine so witzige Art von Selbstmord gesehen. Duckt dieser Bursche von Goldfisch da sich zur Qualle zusammen, bläst seine eigene Seele, bläst seine eigene Substanz mit eigener Kraft durch einen Mund, durch einen Schlund, durch ein Loch und bläst sich selber weg ins Wesenlose. Einst, als ich noch drunten in der Welt lebte und sie und mich ernst nahm, hatte ich mancherlei erlebt und mit angesehen, manches schwer zu Verstehende, manches schwer zu Erleidende, darunter einen Weltkrieg – aber etwas so Verblüffendes, so Kindisch-Spielerisches an Benehmen hatte ich noch nie an einem Menschen, einer Nation oder einem Parlament gesehen. Und es war doch nicht wenig, was ich einst, solang ich sie ernst nahm, draußen in der Welt gesehen hatte.

Fort war der Goldfisch, und meine Freude war für heute erloschen. Es wartete zwar drinnen ein schönes Buch auf mich, aber viel lieber wäre ich noch eine Stunde mit meinem Goldfisch geschwommen.

1926

AQUARELL

Heute gegen Mittag sah und fühlte ich es schon, daß es heute einen Mal-Abend geben würde. Es war ein paar Tage windig gewesen, abends immer kristallklar, morgens bedeckt, und nun war diese weiche, etwas graue Luft gekommen, diese sanfte, träumende Verhüllung, oh, die kannte ich genau, und gegen Abend, wenn das Licht schräg fiel, würde es wunderschön werden. Es gab auch noch andere Mal-Wetter, natürlich, und schließlich konnte man bei jedem Wetter malen, schön war es immer, selbst bei Regen, selbst in der unheimlichen, glasigen Durchsichtigkeit eines Föhnvormittags, wenn man in einem Dorf, vier Stunden von hier, die Fenster zählen konnte. Aber Tage wie heute, das war etwas anderes und Besonderes, an diesen Tagen *konnte* man nicht malen, sondern *mußte* malen. Da blickte jedes Fleckchen Rot oder Ocker so klangvoll aus dem Grün, jeder alte Rebenpfahl mit seinem Schatten stand da so nachdenklich, schön und in sich versunken, und noch im tiefsten Schatten sprach jede Farbe klar und kräftig.

In meiner Kindheit kannte ich solche Tage in den Ferien. Da handelte es sich allerdings nicht ums Malen, sondern ums Angeln. Und auch angeln konnte man ja zur Not immer. Aber da gab es Tage mit einem gewissen Wind, einem gewissen Geruch, einer gewissen Feuchtigkeit, einer gewissen Art von Wolken und Schatten, da wußte ich schon gleich am Morgen genau und gewiß, daß es heute nachmittag am untern Steg Barben geben würde und daß am Abend bei der Walkmühle die Barsche beißen würden. Die Welt hat sich seither verändert und mein Leben auch, und die Freude und satte Glücksfülle eines solchen Angeltages in der Knabenzeit ist etwas Sagenhaftes und kaum mehr Glaubliches geworden. Aber der Mensch selbst ändert sich wenig, und irgendeine Freude, irgendein Spiel will er haben, und so habe ich heute statt des Angelns das Aquarellmalen, und wenn die Wetterzeichen einen schönen, guten Maltag versprechen, dann spüre ich im alt gewordenen Herzen wieder einen fernen, kleinen Nachklang jener Knaben-Ferienwonne, jener Bereitschaft und Unternehmungslust, und alles in allem sind das dann meine guten Tage, deren ich von jedem Sommer eine Anzahl erwarte.

So ging ich denn am Spätnachmittag aus, den Rucksack mit dem Malzeug auf dem Rücken, den kleinen Klappstuhl in der Hand, an den Platz, den ich mir schon um Mittag ausgedacht hatte. Es ist ein steiler Abhang über unserem Dorfe, früher von dichtem Kastanienwald bedeckt, im letzten Winter aber kahlgeschlagen, dort zwischen den noch ein wenig duftenden Baumstrünken hatte ich schon mehrmals gemalt. Von hier aus sah man die Ostseite unseres Dorfes, lauter dunkle, alte Dächer aus Holzziegeln, auch ein paar hellrote, neue, ein Gewinkel von nackten, unverputzten Mauern, überall Bäume und Gärtchen dazwischen, da und dort hing ein wenig weiße oder farbige Wäsche an der Luft. Jenseits die großen blauen Bergzüge, einer hinter dem andern, mit rosigen Spitzen und violetten Schattenzügen, rechts unten ein Stück See, jenseits winzig ein paar helle, schimmernde Dörfchen.

Nun hatte ich gegen zwei Stunden Zeit, während die Sonne langsam sank und das Licht über den Dächern und Mauern langsam wärmer, tiefer, goldener wurde. Ehe ich zu zeichnen begann, überblickte ich eine Weile das ganze vielfältige Tal bis zum See hinab, die fernen Dörfer, den Vordergrund mit den an der Schneide noch lichten Baumstümpfen, aus denen schon meterhohe, üppig grüne Seitensprossen trieben, dazwischen das rote, trockene Erdreich mit dem glimmerigen Gestein, mit den tief eingefressenen Wasserläufen aus der Regenzeit, und dann betrachtete ich unser Dorf, dies kleine, warme Genist von

Mauern, Giebeln, Dächern, worin jede Linie und Fläche mir so lang und wohl bekannt ist, Formen, die ich manches Dutzendmal mit dem Auge studiert, mit dem Stift nachgezeichnet hatte. Ein großes Dach, früher dunkelbraun, mit Caput mortuum zu malen, war neu gedeckt; es war das Haus von Giovanni, mit dem breiten offenen Söller unterm Dach, wo im Herbst die goldgelben Maiskolben aufgehängt werden. Da hat er nun sein ganzes großes Dach neu decken lassen! Vor einigen Monaten ist sein Vater gestorben, der älteste Mann im Dorf, nun hat er geerbt und ist reich und legt sich ins Zeug, verbessert und baut, streicht und malt. Und weiter hinten das Häuschen des kleinen Cavadini ist neu angemalt, wenigstens auf einer Seite. Er will heiraten, der kleine Kerl, und gegen den Garten hat er eine Tür herausgebrochen.

Ja, es muß Leute geben, die Häuser haben und Häuser bauen, die heiraten und Kinder in die Welt setzen, die am Abend vor ihren Türen sitzen und rauchen, am Sonntag in die Grotti gehen und Boccia spielen und in den Gemeinderat gewählt werden. Alle diese Häuser und Hütten gehören irgend jemand, sind von jemand gebaut, jemand wohnt darin, ißt und schläft und sieht die Kinder heranwachsen, verdient oder macht Schulden. Und auch alle die Gärtchen und jeder Baum und jede Wiese, jeder Weinberg und Lorbeerstrauch und jedes Stückchen Kastanienwald gehört irgendeinem, wird verkauft, wird geerbt, macht Freude, macht Sorgen. In das große neue Schulhaus geht die Jugend, lernt das Notwendigste, hat im Sommer drei Monate Ferien und geht dann tapfer und hungrig auf das Leben los, baut, heiratet, reißt Mauern ein, pflanzt Bäume, macht Schulden, schickt neue Kinder ins Schulhaus.

Was diese Menschen an ihren Häusern und Gärten sehen, das sehe ich nicht oder wenig davon. Daß Wasser im Keller ist und der Speicher voll Ratten, daß der Kamin nicht zieht und daß im Garten die Bohnen zuviel Schatten haben, das sehe ich alles nicht, es freut mich nicht, es macht mir keine Sorgen. Aber das, was ich hier an unserem Dorfe sehe, das sehen nun wieder die Leute nicht. Keiner sieht, wie die bleiche bröcklige Kalkwand dort hinten den Ton des Blau aus dem Himmel herüberzieht und auf Erden weiterschwingen macht. Keiner sieht, wie sanft und warm das verschossene Rosa jenes Giebels zwischen dem wehenden Grün der Mimosen lächelt, wie feist und prall das dunkle Ockergelb am Haus der Adamini vor dem schweren Blau des Berges steht, und wie witzig die Zypresse im Garten des Sindaco das Laubgekräusel überschneidet. Keiner sieht, daß die Musik dieser Farben gerade in dieser Stunde ihre reinste, bestgespannte Stimmung hat, daß das Spiel der Töne, die Stufenfolge der Helligkeiten, der Kampf der Schatten in dieser kleinen Welt zu keiner Stunde die gleichen sind. Keiner sieht, wie unten in der bläulichen Muschel des Tales der abendliche Goldrauch einen dünnen Streifen zieht und die jenseitigen Berge tiefer in den Raum zurücktreibt. Und wenn es Menschen geben muß, welche Häuser bauen, Häuser einreißen, Wälder pflanzen, Wälder abhauen, Fensterläden anstreichen und Gärten besäen, dann wird es wohl auch einen Menschen geben müssen, der dies alles sieht, der all diesem Tun und Treiben ein Zuschauer ist, der diese Mauern und Dächer in sein Auge und Herz einläßt, der sie liebt, der sie zu malen versucht.

Ich bin kein sehr guter Maler, ich bin ein Dilettant; aber es gibt keinen einzigen Menschen, der in diesem weiten Tal die Gesichter der Jahreszeiten, der Tage und Stunden, der die Falten des Geländes, die Formen der Ufer, die launigen Fußwege im Grün so kennt und liebt und hegt wie ich, der sie so im Herzen hat und mit ihnen lebt. Dazu ist der Maler mit dem Strohhut da, mit seinem Rucksack und seinem kleinen Klappstuhl, der zu allen Zeiten diese Weinberge und Waldränder abstreift und belauert, über den die Schulkinder immer ein wenig lachen und der die anderen Leute zuweilen um ihre Häuser und Gärten, Frauen und Kinder, Freuden und Sorgen beneidet.

Ich habe ein paar Bleistiftstriche auf mein weißes Blatt gemacht, die Palette herausgeholt und Wasser eingeschenkt. Und nun setze ich mit einem Pinsel voll Wasser und wenig Neapelgelb den hellsten Fleck meines Bildchens hin; es ist der bestrahlte Giebel dort zuhinterst über dem fetten, saftigen Feigenbaum. Und jetzt weiß ich nichts mehr von Giovanni und nichts von Mario Cavadini und beneide sie nicht und kümmere mich um ihre Sorgen sowenig wie sie sich um die meinigen, sondern kämpfe mich gespannt und angestrengt durch die Grün, durch die Grau, wische naß über den fernen Berg, tupfe Rot zwischen das grüne Laub, tupfe Blau dazwischen, sorge mich sehr um den Schatten unter Marios rotem Dach, mühe mich um das Goldgrün des runden Maulbeerbaumes über der schattigen Mauer. Für diese Abendstunde, für diese kurze glühende Malstunde am Hang über unserem Dorf bin ich dem Leben der anderen kein Beobachter und Zuschauer mehr, beneide es nicht, beurteile es nicht, weiß nichts von ihm, sondern bin in mein Tun verbissen und in mein Spiel verliebt genauso hungrig, genauso kindlich, genauso tapfer wie die anderen in das ihre.

1926

SOMMERS ENDE

Es war ein schöner, glänzender Hochsommer hier im Süden der Alpen, und seit zwei Wochen habe ich jeden Tag jene heimliche Angst um sein Ende gespürt, die ich als Beigabe und geheime stärkste Würze alles Schönen kenne. Vor allem fürchtete ich jedes leiseste Anzeichen eines Gewitters, denn von der Mitte des August an kann jedes Gewitter leicht ausarten, kann tagelang dauern, und dann ist es zu Ende mit dem Sommer, selbst wenn das Wetter sich wieder erholt. Gerade hier im Süden ist es beinah die Regel, daß dem Hochsommer durch ein solches Gewitter das Genick gebrochen wird, daß er rasch, lodernd und zuckend erlöschen und sterben muß. Dann, wenn die tagelangen wilden Zuckungen eines solchen Gewitters am Himmel vorüber sind, wenn die tausend Blitze, die unendlichen Donnerkonzerte, das wilde, rasende Sichergießen der lauen Regenströme verrauscht und vergangen sind, blickt eines Morgens oder Nachmittags aus dem verkochenden Gewölk ein kühler, sanfter Himmel, von seligster Farbe, alles voll Herbst, und die Schatten in der Landschaft sind ein wenig schärfer und schwärzer, haben an Farbe verloren und an Umriß gewonnen, so wie ein Fünfzigjähriger, der gestern noch rüstig und frisch aussah, nach einer Krankheit, nach einem Leid, nach einer Enttäuschung plötzlich das Gesicht voll kleiner Fäden und in allen Falten die kleinen Zeichen der Verwitterung sitzen hat. Furchtbar ist solch letztes Sommergewitter und grauenvoll der Todeskampf des Sommers, sein wilder Widerwille gegen das Sterbenmüssen, seine tolle schmerzliche Wut, sein Umsichschlagen und Bäumen, das doch alles vergeblich ist und nach einigem Toben hilflos erlöschen muß.

Dieses Jahr scheint der Hochsommer nicht jenes wilde, dramatische Ende zu nehmen (obwohl es noch immer möglich ist), er scheint diesmal den sanften, langsamen Alterstod sterben zu wollen. Nichts ist für diese Tage so charakteristisch, bei keinem andern Anzeichen empfinde ich diese besondere, unendlich schöne Art von Sommer-Ende so innig wie am späten Abend bei der Heimkehr von einem Gang oder von einem ländlichen Abendmahl: Brot, Käse und Wein in einem der schattigen Waldkeller. Das Eigene an diesen Abenden ist die Verteilung der Wärme, das stille, langsame Zunehmen der Kühle, des nächtlichen Taues und das stille, unendlich biegsame Fliehen und Sichwehren des Sommers. In tausend feinen Wellen macht dieser Kampf sich spürbar, wenn man zwei oder drei Stunden nach Sonnenuntergang unterwegs ist. Dann sitzt in jedem dichten Walde, in jedem Gebüsch, in jedem Hohlweg die Tageswärme noch gesammelt und verkrochen, hält sich die ganze Nacht hindurch zäh am Leben, sucht jeden Hohlraum, jeden Windschutz auf. An der Abendseite der Hügel sind zu diesen Stunden die Wälder lauter große Wärmespeicher, rundum benagt von der Nachtkühle, und jede Bodensenkung, jeder Bachlauf nicht bloß, nein, auch jede Art und Dichtigkeit der Bewaldung drückt sich dem Wandernden genau und unendlich deutlich in den Abstufungen der Wärme aus. Genau so wie ein Skiläufer beim Durchfahren eines Berggeländes die ganze Bildung des Landes, jede Hebung und Senkung, jede Längs- und Seitenrippe der Gebirgsstruktur rein sinnlich in seinen wiegenden Knien spüren kann, so daß er nach einiger Übung aus diesem Kniegefühl das gesamte Bild eines Berghanges während der Abfahrt ablesen kann, so lese ich hier in der tiefen Dunkelheit der mondlosen Nacht aus den zarten Wärmewellen das Bild der Landschaft ab. Ich trete in einen Wald, schon nach drei Schritten von einer rasch zunehmenden Wärmeflut wie von einem sanft glühenden Ofen empfangen, ich finde diese Wärme mit der Dichtigkeit des Waldes anschwellen und abnehmen; jeder leere Bachlauf, der zwar längst kein Wasser mehr, aber doch in der Erde noch einen Rest von Feuchtigkeit bewahrt hat, kündigt sich durch ausstrahlende Kühle an. Zu jeder Jahreszeit sind ja die Temperaturen verschiedener Punkte eines Geländes verschieden, aber nur in diesen Tagen des Übergangs vom Hochsommer zum Frühherbst spürt man sie so stark und deutlich. Wie im Winter das Rosenrot der kahlen Berge, wie im Frühling die strotzende Feuchtigkeit von Luft und Pflanzenwuchs, wie beim ersten Sommerbeginn das nächtliche Schwärmen der Glühwürmer, so gehört gegen das Ende des Sommers dies merkwürdige nächtliche Gehen durch die wechselnden Wärmewogen zu den sinnlichen Erlebnissen, die am stärksten auf Stimmung und Lebensgefühl wirken.

Wie doch gestern nacht, als ich vom Waldkeller nach Hause ging, dort bei der Mündung des Hohlweges gegen den Friedhof von Sant' Abbondio mir die feuchte Kühle der Wiesen und des Seetals entgegenschlug! Wie die wohlige Waldwärme zurückblieb und sich scheu unter den Akazien, Kastanien und Erlen verkroch! Wie der Wald sich gegen den Herbst, wie der Sommer sich gegen das Sterbenmüssen wehrte! So wehrt sich der Mensch in den Jahren, wo sein Sommer sinkt, gegen das Welken und Sterben, gegen die eindringende Kühle des Weltraums, gegen die eindringende Kühle im eigenen Blut. Und mit erneuter Innigkeit gibt er sich den kleinen Spielen und Klängen des Lebens hin, den tausend holden Schönheiten seiner Oberfläche, den zärtlichen Farbenschauern, den huschenden Wolkenschatten, klammert sich lächelnd und angstvoll an das Vergänglichste, sieht seinem Sterben zu, schöpft Angst und schöpft Trost daraus und lernt schaudernd die Kunst des Sterbenkönnens. Hier liegt die Grenze zwischen Jugend und Alter. Mancher hat sie schon mit vierzig Jahren oder früher überschritten, mancher spürt sie erst spät in den Fünfzigern oder Sechzigern. Aber es ist immer dasselbe: statt der Lebenskunst beginnt jene andere Kunst uns zu interessieren, statt der Bildung und Verfeinerung unserer Persönlichkeit beginnt deren Abbau und Auflösung uns zu beschäftigen, und plötzlich, beinah von einem Tag auf den andern, empfinden wir uns als alt, empfinden wir die Gedanken, Interessen und Gefühle der Jugend als fremd. Diese Tage des Übergangs sind es, in welchen solche kleine zarte Schauspiele wie das Verglühen und Hinsterben eines Sommers uns ergreifen und bewegen können, uns das Herz mit Staunen und Schaudern erfüllen, uns zittern und lächeln machen.

Schon auch hat der Wald das Grün von gestern nicht mehr, und die Rebenblätter beginnen gelber zu scheinen, unter ihnen werden die Beeren schon blau und purpurn. Und die Berge haben gegen Abend das Violett und der Himmel die smaragdenen Töne, die zum Herbst hinüberführen. Was dann? Dann wird es wieder zu Ende sein mit den Abenden im Grotto und zu Ende mit den Badenachmittagen am See von Agno und zu Ende mit dem Draußensitzen und Malen unter den Kastanienbäumen. Wohl dem, der dann eine Heimkehr zu geliebter und sinnvoller Arbeit, zu geliebten Menschen, zu irgendeiner Heimat hat! Wer das nicht hat, wem diese Illusionen zerbrochen sind, der kriecht alsdann vor der beginnenden Kälte ins Bett oder flieht auf Reisen und sieht als Wanderer hier und dort den Menschen zu, welche Heimat haben, welche Gemeinschaft haben, welche an ihre Berufe und Tätigkeiten glauben, sieht ihnen zu, wie sie arbeiten, sich anstrengen und mühen, und wie über all ihrem guten Glauben und all ihrer Anstrengung langsam und ungesehen sich die Wolke des nächsten Krieges, des nächsten Umsturzes, des nächsten Untergangs zusammenzieht, nur den Müßiggängern, nur den Ungläubigen und Enttäuschten sichtbar – den Altgewordenen, die an Stelle des verlornen Optimismus ihre kleine, zärtliche Altersvorliebe für bittere Wahrheiten gesetzt haben. Wir Alten sehen zu, wie unterm Fahnenschwenken der Optimisten jeden Tag die Welt vollkommener wird, wie jede Nation sich immer göttlicher, immer fehlerloser, immer berechtigter zu Gewalt und frohem Angriff fühlt, wie in der Kunst, im Sport, in der Wissenschaft die neuen Moden und neuen Sterne auftauchen, die Namen glänzen, die Superlative aus den Zeitungen tropfen, und wie das alles glüht von Leben, von Wärme, von Begeisterung, von heftigem Lebenswillen, von berauschtem Nichtsterbenwollen. Woge um Woge glüht auf wie die Wärmewogen im Tessiner Sommerwald. Ewig und gewaltig ist das Schauspiel des Lebens, ohne Inhalt zwar, aber ewige Bewegung, ewige Abwehr gegen den Tod.

Manche gute Dinge stehen uns noch bevor, ehe es wieder in den Winter hineingeht. Die bläulichen Trauben werden weich und süß werden, die jungen Burschen werden bei der Ernte singen, und die jungen Mädchen in ihren farbigen Kopftüchern werden wie schöne Feldblumen im vergilbenden Reblaub stehen. Manche gute Dinge stehen uns noch bevor, und manches, was uns heute noch bitter scheint, wird uns einst süß munden, wenn wir erst die Kunst des Sterbens besser werden gelernt haben. Einstweilen warten wir noch auf das Reifwerden der Trauben, auf das Fallen der Kastanien und hoffen, den nächsten Vollmond noch zu genießen, und werden zwar zusehends alt, sehen aber den Tod doch noch recht weit in der Ferne stehen. Wie ein Dichter gesagt hat:

> Herrlich ist für alte Leute
> Ofen und Burgunder rot
> Und zuletzt ein sanfter Tod –
> Aber später, noch nicht heute!

1926

MAI IM KASTANIENWALD

Jetzt, in den ersten Maitagen und dann wieder im Spätherbst, hat die südliche Berglandschaft ihre schönsten Tage. Den ganzen Sommer hindurch sind alle Hügel und niedrigen Berge mit Wald bedeckt. Das ganze Land ist um diese Zeit grün, grün, grün, und wenn nicht überall die farbigen, blank hervorleuchtenden Dörfer dazwischen lägen und von weitem ein paar Schneeberge in die Landschaft hereinblickten, so wäre es beinahe langweilig. Jetzt dagegen, wo die Kastanien eben erst beginnen Blätter zu bekommen, wo der ganze Wald noch leicht durchsichtig ist, wo die letzten wilden Kirschbäume verblühen und die ersten Akazien zu blühen anfangen, jetzt ist der südliche Wald entzückend mit seinem brennend frischen, ins Rötliche spielenden Grün, das noch so dünn und schwebend ist und noch den Himmel und die Sterne und die fernen Gebirge überall hereinblicken läßt.

König des Waldes ist um diese Zeit der Kuckuck, überall in den stillen, einsamen Tälern, auf den sonnigen Waldkuppen, in den schattigen Schluchten hört man seine tiefe Stimme werben. Sein Ruf bedeutet Frühling, sein Lied singt Unsterblichkeit, nicht umsonst ist er es, den man um die Zahl der Lebensjahre fragt. Warm und tief klingt seine Stimme durch die Wälder, sie klingt hier im Alpensüden nicht anders, als sie einst zu meinen Kinderzeiten im Schwarzwald und im Rheintal geklungen hat, nicht anders, als sie einst in den Jahren am Bodensee klang, wo meine Söhne sie als Kinder zum erstenmal hörten. Sie ist die gleiche geblieben wie die Sonne, wie der Wald, wie das Grün der jungen Blätter und das Weiß und Violett der ziehenden Maiwolken.

Jahr um Jahr ruft der Kuckuck, und niemand weiß, ob es noch der vom vorigen Jahr sei und was aus den Kuckukken geworden ist, die wir als Kinder, als Knaben, als Jünglinge einst gehört haben. Diese holde tiefe Stimme klang einst wie Verheißung und Zukunft, wie Liebeswerben, wie Sturmruf, dem Glück entgegen, und klingt jetzt wie Vergangenheit; und dem Kuckuck gilt es gleich, ob wir es sind, denen er seine Mahnung zuruft, oder schon unsere Kinder und Enkel, ob er uns mit seinem Schrei in der Wiege weckt oder ob er über unsern Gräbern singt. Selten sieht man ihn, den scheuen Bruder, schon darum liebe ich ihn. Er zeigt sich nicht leicht, er will für sich bleiben. Für die allermeisten Menschen ist der Kuckuck nichts als diese schöne, tiefe, lockende Stimme im Grünen – gehört haben sie ihn viele tausendmal, gesehen haben sie ihn nie. Ich habe gestern ein ganzes Rudel von etwa zwölfjährigen Schulknaben gefragt, ob sie den „Kück" schon gesehen hätten, und bloß ein einziger sagte ja.

Ich aber habe ihn oft gesehen, den scheuen Bruder, meinen frohen Waldvetter, der den meisten unsichtbar bleibt und von dem so entzückend frische und heimatlose Geschichten erzählt werden. Unsichtbar, beherrscht er doch zwei Monate lang den ganzen Wald als König. Ein tönender, herausfordernder Herold der Liebe, hält er von Ehe, Heim und Kinderzucht wenig. Rufe weiter, Bruder Kuckuck, du gehörst zu meinen Lieblingstieren. Ich stehe ja mit allen Tieren gut, obwohl ich selbst zu den Raubtieren gehöre, ich komme mit allen gut aus, kenne viele, habe an vielen meinen Spaß, auch an scheuen und wenig bekannten, sogar das kleine, angstvolle und doch so freche Hochlandfüchschen ist mir nicht entgangen. Und dieser Tage ist es mir wieder einmal geglückt, den Kuckuck zu sehen, und nicht einen allein, sondern ein Paar, ihn und sie. Ich sah sie vom Grunde eines Tobels aus, in dem ich Maiblumen pflückte, und ich stand eine gute Weile still wie ein verdorrter Baum, sie merkten mich nicht. Spielend jagten sie sich in den hohen Wipfeln (es stehen dort zwischen dem Kastanienwald auch hohe Eschen) auf und ab, in jubelnden Girlanden ging ihr froher, geschmeidiger Flug, langgestreckt sausten die großen dunklen Vögel von Baum zu Baum, in immer überraschenden, plötzlichen, wilden Wendungen, plötzlich senkrecht zur Erde, plötzlich wie Raketen in die Wipfel, und alle Augenblicke saßen sie ab, kürzer als eine Sekunde, und stießen scharf und erregt ihren Schrei hervor.

Nicht in jedem Jahr meines Lebens habe ich den Kukkuck zu Gesicht bekommen, alles in allem vielleicht ein dutzendmal, und nun wird er mir nicht mehr oft begegnen, die Beine wollen nicht mehr so recht, bald wird der scheue Bruder Kück nur noch meinen Söhnen und Enkeln singen. Hört ihm gut zu, ihr Enkel, er weiß viel, lernt von ihm! Lernt von ihm den kühnen, freudebebenden Frühlingsflug, den werbenden, warmen Lockruf, das schweifende Wanderleben, die Verachtung des Philisters, das Füchslein vom Hochland einbegriffen!

Jeden Tag bringe ich einige Stunden im Walde zu, schon blühen neben Anemone und Lungenkraut auch Salomonsiegel und Maiblume und die fleckige Orchis. Ich male zuweilen im Walde, zuweilen liege ich im Gras und schlafe, zuweilen liege ich und lese. Als Frühlingsfutter für diese schönen Tage habe ich mir aus dem Bücherhaufen, den die Verleger bei mir abladen, einige Goldkörner gepickt, die liegen bereit, häufig nehme ich eins dieser lieben Bücher mit zu den Maiblumen, zur Orchis und zum Kuckuck.

Dazu gehört „Im Schatten der jungen Mädchen“ von Marcel Proust, deutsche Ausgabe im Verlag „Die Schmiede“ in Berlin. Vor drei Jahren noch, als Proust endlich anfing, auch in Deutschland beachtet zu werden, sprachen unsere Kritiker von ihm flüsternd und geheimnisvoll wie von einem vergrabenen Schatz – heut sind sie schon wieder mit ihm fertig und finden, er sei doch eben nur ein schwächlicher, entnervter Mensch mit Gefühlen zweiten Ranges. Möge den Kerls Schimmel auf der Zunge wachsen! Ich kümmere mich den Teufel um sie, ich bin froh, daß es etwas so beseelt Schönes, etwas so Warmes, Blumiges und Liebenswertes gibt wie die Gespinste dieses zarten Dichters, der nun schon lange den Kuckuck nicht mehr rufen hört.

Ich las auch mehrere Novellen von Gorki wieder, in der schönen Gesamtausgabe des Dichters, die im Malik Verlag in Berlin erscheint und der schon acht Bände herausgebracht hat. Gorki ist mir nicht seiner proletarischen Herkunft wegen lieb, noch auch wegen seines schönen und edlen Gesinnungsprogramms – das alles kann man haben, auch ohne ein Dichter zu sein –, sondern wegen einiger unvergeßlicher Bilder, die so brennend gesehen, so schmerzvoll sprechend hingezeichnet sind, wie nur die Großen es können.

Dicht daneben stelle ich die Bilderbücher von Frans Masereel, die der Münchener Verlag Kurt Wolff jetzt zum Teil auch in billigen kleinen Volksausgaben gebracht hat. „Mein Stundenbuch" oder „Die Sonne", das sind lebendigere, echtere Zeugen unserer Zeit und des Menschentums in seiner heutigen Not und heutigen Ekstase als tausend Dichtungen und Schilderungen, ihr Schwung und frohes Pathos, ihre Nachdenklichkeit und Mahnung spricht zu Tausenden, denen Worte nicht beikommen. Kein anderer Künstler spricht das Lebensgefühl unserer Zeit so kräftig und so allgemeinverständlich aus.

Eine glänzende Novelle fand ich in dem Buch „Ein Pfeil vom Himmel" von Chesterton (deutsch im Verlag „Die Schmiede" in Berlin). Ein ganz famoser Kopf, dieser Chesterton, es ist jedesmal eine Freude, ihm zu begegnen. Aber so ein klein wenig schade ist es vielleicht doch, daß ein solcher Mann nichts anderes macht als solche geistvolle Scherze. Nun, möge es das Spiel einer Arbeitspause sein!

Gerne lese ich zuzeiten auch einige Seiten der kleinen Prosa von Polgar, die so scheinbar anspruchslos in ihrem kleinen Format daherkommt und so voll guter Rasse ist.

Es ist von ihm ein neuer Band, „Orchester von oben", erschienen, bei E. Rowohlt in Berlin.

Zwei Nachmittage verbrachte ich auch, im Moos unter einer alten, noch kahlen Kastanie, mit den „Künstlerbriefen über Kunst", einer Auswahl von Briefen von Malern und anderen Künstlern aus fünf Jahrhunderten, die Uhde-Bernays zusammengestellt hat (Verlag von Wolfgang Jeß, Dresden), von den fünf Jahrhunderten hat allerdings das neunzehnte den Löwenanteil abbekommen. Ich werde dies schöne Buch voll von Künstlerbekenntnissen einem jungen Maler schenken, als Begleiter auf seine erste Reise nach Paris.

Und dann habe ich da noch „Das Schloß" von Franz Kafka, einen Roman aus dem Nachlaß dieses verkannten Dichters, eine Dichtung voll tiefen, magischen Spiels (bei Kurt Wolff, München). Es soll in Deutschland noch immer einige Personen geben, welche fähig sind, einer Dichtung genießend gerecht zu werden – mag es auch nur eine Legende sein, ich wende mich an diese legendäre Gemeinde und verspreche ihr, sie werde in Kafkas „Schloß" einen echten Edelstein finden. Sollten jene paar echten Leser wirklich noch existieren, so werden sie in diesem Roman nicht bloß den Zauber und Beziehungsreichtum eines Traumes, mit echter Traumlogik, finden, sondern auch eine deutsche Prosa von ganz einziger Sauberkeit und Strenge.

Bald wird es hier Sommer sein. Bald wird der Wald dichtgrün zusammenwachsen, und in den Lichtungen wird das dünne, zarte Waldgras hochschießen, und nachts werde ich die Eulen rufen hören – und auch die Eule ist ein Vogel, vor dem ich große Hochachtung habe, nicht minder als vor dem Kuckuck. Auch sie ist scheu und selten sichtbar und versteht so weich und traumhaft lautlos zu fliegen wie eine Wolke, außerdem ist sie ein Raubvogel, mit scharfem, festem Fang und Schnabel, und gescheiter als viele andere Tiere, von Menschen gar nicht zu reden. Bald wird es Sommer sein, neue Töne werden den Wald erfüllen, neue Düfte, neue

Farben, und was heut grün und klein und keimend aus dem Boden ragt, wird dann alt und starr und braun geworden sein. Und auch der Kuckuck wird verstummen, auch er, und nur die Sonne scheint weiter, und die Sterne, und auch die Verleger schicken nach wie vor ihre vortrefflichen Bücher.

1927

WIEDERSEHEN MIT NINA

Wenn ich nach Monaten der Abwesenheit auf meinen Tessiner Hügel zurückkehre, jedesmal wieder von seiner Schönheit überrascht und gerührt, dann bin ich nicht ohne weiteres einfach wieder zu Hause, sondern muß mich erst umpflanzen und neue Saugwurzeln treiben, muß Fäden wieder anknüpfen, Gewohnheiten wiederfinden und da und dort erst wieder Fühlung mit der Vergangenheit und Heimat suchen, ehe das südliche Landleben wieder zu munden beginnt. Es müssen nicht bloß die Koffer ausgepackt und die ländlichen Schuhe und Sommerkleider hervorgesucht werden, es muß auch festgestellt werden, ob es während des Winters tüchtig ins Schlafzimmer geregnet hat, ob die Nachbarn noch leben, es muß nachgesehen werden, was sich während eines halben Jahres hier wieder verändert hat und wieviel Schritte der Prozeß vorwärtsgegangen ist, der allmählich auch diese geliebte Gegend ihrer lang bewahrten Unschuld entkleidet und mit den Segnungen der Zivilisation erfüllt. Richtig, bei der unteren Schlucht ist wieder ein ganzer Waldhang glatt abgeholzt, und es wird eine Villa gebaut, und an einer Kehre ist unsere Straße verbreitert worden, das hat einem zauberhaften alten Garten den Garaus gemacht. Die letzten Pferdeposten unserer Gegend sind eingegangen und durch Autos ersetzt, die neuen Wagen sind viel zu groß für diese alten, engen Gassen. Also nie mehr werde ich den alten Piero mit seinen beiden strotzenden Pferden sehen, wie er in der blauen Postillionsuniform mit der gelben Kutsche seinen Berg heruntergerasselt kommt, nie mehr werde ich ihn beim Grotto del Pace zu einem Glas Wein und einer kleinen außeramtlichen Ruhepause verführen.

Ach, und niemals mehr werde ich über Liguno an dem herrlichen Waldrand sitzen, meinem liebsten Malplatz: ein Fremder hat Wald und Wiese gekauft und mit Draht eingezäunt, und wo die paar schönen Eschen standen, wird jetzt seine Garage gebaut.

Dagegen grünen die Grasstreifen unter den Reben in der alten Frische, und unter den welken Blättern hervor rascheln wie immer die blaugrünen Smaragdeidechsen, der Wald ist blau und weiß von Immergrün, Anemonen und Erdbeerblüte, und durch den junggrünen Wald schimmert kühl und sanft der See herauf. Ich habe die Koffer ausgepackt, habe mir die Dorfneuigkeiten erzählen lassen, habe der Witwe des verstorbenen Cesco kondoliert und der Ninetta zu ihrer schwarzäugigen Bambina Glück gewünscht, ich habe auch meine Malsachen herausgesucht und bereitgelegt, den Rucksack, das Stühlchen, das hübsche körnige Aquarellierpapier, die Bleistifte, die Farben. Das ist immer das hübscheste bei dieser Arbeit: alle die kleinen Vertiefungen meiner Palette mit den frischen, froh leuchtenden Farben anzufüllen, dem beglückenden Kobaltblau, dem lachenden Zinnober, dem zarten Zitrongelb, dem durchsichtigen Gummigutt. Das wäre nun getan. Aber mit dem Wiederbeginn des Malens ist es so eine Sache, ich schiebe es gern noch ein wenig hinaus, bis morgen, bis zum Sonntag, bis zur nächsten Woche. Wenn man nach sechs Monaten zum erstenmal wieder im Grünen sitzt und seinen Pinsel ins Wasser taucht und sich jetzt wieder daranmachen will, ein Stück vom Sommer aufs Papier zu bringen, dann sitzt man mit dem entwöhnten Auge und der ungeübten Hand recht hilflos und traurig da, und Gras und Stein, Himmel und Gewölk sind schöner, als sie jemals waren, und unmöglicher und gewagter als je scheint es, sie malen zu wollen. Nein, ich warte damit noch ein wenig.

Immerhin, ein ganzer Sommer und Herbst liegt vor mir, noch einmal hoffe ich es ein paar Monate lang gut zu haben, lange Tage im Freien dahinzuleben, die Gicht wieder ein wenig loszuwerden, mit meinen Farben zu spielen und das Leben etwas fröhlicher und unschuldiger zu leben, als es im Winter und in den Städten möglich ist. Schnell laufen die Jahre weg – die barfüßigen Kinder, die ich vor Jahren bei meinem Einzug in dies Dorf zur Schule laufen sah, sind schon verheiratet oder sitzen in Lugano oder Mailand an Schreibmaschinen oder hinter Ladentischen, und die damaligen Alten, die Dorfgreise, sind inzwischen gestorben.

Da fällt mir die Nina ein – ob die noch am Leben ist? Lieber Gott, daß ich erst jetzt an sie denke! Die Nina ist meine Freundin, eine der wenigen guten Freundinnen, die ich in der Gegend habe. Sie ist achtundsiebzig Jahre alt und wohnt in einem der hintersten kleinen Dörfchen der Gegend, an welches die neue Zeit noch nicht die Hand gelegt hat. Der Weg zu ihr ist steil und beschwerlich, ich muß in der Sonne einige hundert Meter den Berg hinab- und jenseits wieder hinaufsteigen. Aber ich mache mich sofort auf den Weg und laufe erst durch die Weinberge und den Wald bergab, dann quer durchs grüne schmale Tal, dann steil jenseits bergan über die Hänge, die im Sommer voll von Zyklamen und im Winter voll von Christrosen stehen. Das erste Kind im Dorf frage ich, was denn die alte Nina mache. Oh, wird mir erzählt, die sitze am Abend noch immer an der Kirchenmauer und schnupfe Tabak. Zufrieden gehe ich weiter: Sie ist also noch am Leben, ich habe sie noch nicht verloren, sie wird mich lieb empfangen und wird zwar etwas brummen und klagen, mir aber doch wieder das aufrechte Beispiel eines einsamen alten Menschen geben, der sein Alter, seine Gicht, seine Armut und Vereinsamung zäh und nicht ohne Spaß erträgt und vor der Welt keine Faxen und Verbeugungen macht, sondern auf sie spuckt und gesonnen ist, bis zur letzten Stunde weder Arzt noch Priester in Anspruch zu nehmen.

Von der blendenden Straße trat ich, an der Kapelle vorbei, in den Schatten des uralten finsteren Gemäuers, das da verwinkelt und trotzig auf dem Fels des Bergrükkens steht und keine Zeit kennt, kein anderes Heute als die ewig wiederkehrende Sonne, keinen Wechsel als den der Jahreszeiten, Jahrzehnt um Jahrzehnt, Jahrhundert um Jahrhundert. Irgendeinmal werden auch diese alten Mauern fallen, werden diese schönen, finstern, unhygienischen Winkel umgebaut und mit Zement, Blech, fließendem Wasser, Hygiene, Grammophonen und andern Kulturgütern ausgestattet sein, über den Gebeinen der alten Nina wird ein Hotel mit französischer Speisekarte stehen oder ein Berliner seine Sommervilla bauen. Nun, heute stehen sie noch, und ich steige über die hohe Steinschwelle und die gekrümmte steinerne Treppe hinauf in die Küche meiner Freundin Nina. Da riecht es wie immer nach Stein und Kühle und Ruß und Kaffee und intensiv nach dem Rauch von grünem Holz, und auf dem Steinboden vor dem riesigen Kamin sitzt auf ihrem niederen Schemel die alte Nina und hat im Kamin ein Feuerchen brennen, von dessen Rauch ihr die Augen etwas tränen, und stopft mit ihren braunen gichtgekrümmten Fingern die Holzreste ins Feuer zurück.

„Hallo, Nina, grüß Gott, kennt Ihr mich noch?"

„Oh, Signor poeta, caro amico, son content di rivederla!"

Sie erhebt sich, obwohl ich es nicht dulden will, sie steht auf und braucht lange dazu, es geht mühsam mit den steifen Gliedern. In der Linken hat sie die hölzerne Tabaksdose zittern, um Brust und Rücken ein schwarzes Wolltuch gebunden. Aus dem alten schönen Raubvogelgesicht blicken traurig-spöttisch die scharfen gescheiten Augen. Spöttisch und kameradschaftlich blickt sie mich an, sie kennt den Steppenwolf, sie weiß, daß ich zwar ein Signore und ein Künstler bin, daß aber doch nicht viel mit mir los ist, daß ich allein da im Tessin herumlaufe und das Glück ebensowenig eingefangen habe wie sie selber, obwohl ohne Zweifel wir beide ziemlich scharf darauf aus waren. Schade, Nina, daß du für mich vierzig Jahre zu früh geboren bist. Schade! Zwar scheinst du nicht jedem schön, manchen scheinst du eher eine alte Hexe zu sein, mit etwas entzündeten Augen, mit etwas gekrümmten Gliedern, mit dreckigen Fingern und mit Schnupftabak an der Nase. Aber was für eine Nase in dem faltigen Adlergesicht! Was für eine Haltung, wenn sie sich erst aufgerichtet hat und in ihrer hagern Größe aufrecht steht! Und wie klug, wie stolz, wie verachtend und doch nicht böse ist der Blick deiner schöngeschnittenen, freien, unerschrockenen Augen! Was mußt du, greise Nina, für ein schönes Mädchen, was für eine schöne, kühne, rassige Frau gewesen sein! Nina erinnert mich an den vergangenen Sommer, an meine Freunde, an meine Schwester, an meine Geliebte, die sie alle kennt, sie späht dazwischen scharf nach dem Kessel, sieht das Wasser sieden, schüttet gemahlenen Kaffee aus der Lade der Kaffeemühle hinein, stellt mir eine Tasse her, bietet mir zu schnupfen an, und jetzt sitzen wir am Feuer, trinken Kaffee, spucken ins Feuer, erzählen, fragen, werden allmählich schweigsam, sagen dies und jenes von der Gicht, vom Winter, von der Zweifelhaftigkeit des Lebens.

„Die Gicht! Eine Hure ist sie, eine verfluchte Hure! Sporca puttana! Möge sie der Teufel holen! Möge sie verrecken. Na, lassen wir das Schimpfen! Ich bin froh, daß Ihr gekommen seid, ich bin sehr froh. Wir wollen Freunde bleiben. Es kommen nicht mehr viele zu einem, wenn man alt ist. Achtundsiebzig bin ich jetzt."

Sie steht nochmals mit Mühen auf, sie geht ins Nebenzimmer, wo am Spiegel die erblindeten Photographien stecken. Ich weiß, jetzt sucht sie nach einem Geschenk für mich. Sie findet nichts und bietet mir eine der alten Photographien als Gastgeschenk an, und als ich sie nicht nehme, muß ich wenigstens noch einmal aus ihrer Dose schnupfen.

Es ist in der verrauchten Küche meiner Freundin nicht sehr sauber und gar nicht hygienisch, der Boden ist vollgespuckt, und das Stroh am Stuhl hängt zerrissen herunter, und wenige von euch Lesern würden gern aus dieser Kaffeekanne trinken, dieser alten blechernen

Kanne, die schwarz von Ruß und grau von Aschenresten ist und an deren Rändern seit Jahren der vertrocknete, eingedickte Kaffee eine dicke Kruste gebildet hat. Wir leben hier außerhalb der heutigen Welt und Zeit, etwas ruppig und schäbig zwar, etwas verkommen und gar nicht hygienisch, aber dafür nahe bei Wald und Berg, nahe bei den Ziegen und Hühnern (sie laufen gackernd in der Küche herum), nahe bei den Hexen und Märchen. Der Kaffee aus der krummen Blechkanne schmeckt wundervoll, ein starker, tiefschwarzer Kaffee mit einem leisen aromatischen Anflug vom bittern Geschmack des Holzrauches, und unser Beisammensitzen und Kaffeetrinken und die Schimpfworte und Koseworte und das tapfere alte Gesicht der Nina sind mir unendlich viel lieber als zwölf Tee-Einladungen mit Tanz, als zwölf Abende mit Literaturgespräch im Kreise berühmter Intellektueller – obwohl ich gewiß auch diesen hübschen Dingen ihren relativen Wert nicht absprechen möchte.

Draußen geht jetzt die Sonne weg, Ninas Katze kommt herein und ihr auf den Schoß gesprungen, wärmer leuchtet der Feuerschein an den gekalkten Steinwänden. Wie kalt, wie grausam kalt muß der Winter in dieser hohen, schattigen, leeren Steinhöhle gewesen sein, nichts drin als das winzige offene Feuerchen, im Kamin flackernd, und die alte einsame Frau mit der Gicht in den Gelenken, ohne andere Gesellschaft als die Katze und die drei Hühner.

Die Katze wird wieder fortgejagt. Nina steht wieder auf, groß und gespenstisch steht sie im Zwielicht, die hagere, knochige Gestalt mit dem weißen Schopf über dem streng blickenden Raubvogelgesicht. Sie läßt mich noch nicht fort. Sie hat mich eingeladen, noch eine Stunde ihr Gast zu sein, und geht nun, um Brot und Wein zu holen.

1927

KLAGE UM EINEN ALTEN BAUM

Seit bald zehn Jahren, seit dem Ende des frischen, fröhlichen Krieges, hat meine tägliche Gesellschaft, mein dauernder vertraulicher Umgang nicht mehr aus Menschen bestanden. Zwar fehlt es mir nicht an Freunden und an Freundinnen, aber der Umgang mit ihnen ist eine festliche, nicht alltägliche Angelegenheit, sie besuchen mich zuweilen, oder ich besuche sie: das dauernde und tägliche Zusammenleben mit anderen Menschen habe ich mir abgewöhnt. Ich lebe allein, und so kommt es, daß im kleinen und täglichen Umgang an die Stelle der Menschen für mich mehr und mehr die Dinge getreten sind. Der Stock, mit dem ich spazierengehe, die Tasse, aus der ich meine Milch trinke, die Vase auf meinem Tisch, die Schale mit Obst, der Aschenbecher, die Stehlampe mit dem grünen Schirm, der kleine indische Krischna aus Bronze, die Bilder an der Wand und, um das Beste zuletzt zu nennen, die vielen Bücher an den Wänden meiner kleinen Wohnung, sie sind es, die mir beim Aufwachen und Einschlafen, beim Essen und Arbeiten, an guten und bösen Tagen Gesellschaft leisten, die für mich vertraute Gesichter bedeuten und mir die angenehme Illusion von Heimat und Zuhausesein geben. Noch sehr viele andere Gegenstände zählen zu meinen Vertrauten. Dinge, deren Sehen und Anfühlen, deren stummer Dienst, deren stumme Sprache mir lieb ist und unentbehrlich scheint, und wenn eines dieser Dinge mich verläßt und von mir geht, wenn eine alte Schale zerbricht, wenn eine Vase herunterfällt, wenn ein Taschenmesser verlorengeht, dann sind es Verluste für mich, dann muß ich Abschied nehmen und mich einen Augenblick besinnen und ihnen einen Nachruf widmen.

Auch mein Arbeitszimmer mit seinen etwas schiefen Wänden, seiner alten, ganz erblaßten Goldtapete, mit den vielen Sprüngen im Bewurf der Decke gehört zu meinen Kameraden und Freunden. Es ist ein schönes Zimmer, ich wäre verloren, wenn es mir genommen würde. Aber das Schönste an ihm ist das Loch, das auf den kleinen Balkon hinausführt. Von da aus sehe ich nicht nur den See von Lugano bis nach San Mamette hin, mit den Buchten, Bergen und Dörfern, Dutzenden von nahen und fernen Dörfern, sondern ich sehe, und das ist mir das Liebste daran, auf einen alten, stillen, verzauberten Garten hinab, wo alte, ehrwürdige Bäume sich im Wind und im Regen wiegen, wo auf schmalen, steil abfallenden Terrassen schöne, hohe Palmen, schöne, üppige Kamelien, Rhododendren, Magnolien stehen, wo die Eibe, die Blutbuche, die indische Weide, die hohe immergrüne Sommermagnolie wächst. Dieser Blick aus meinem Zimmer, diese Terrassen, diese Gebüsche und Bäume gehören noch mehr als die Zimmer und Gegenstände zu mir und meinem Leben, sie sind mein eigentlicher Freundeskreis, meine Nächsten, mit ihnen lebe ich, sie halten zu mir, sie sind zuverlässig. Und wenn ich einen Blick über diesen Garten werfe, so gibt er mir – nicht nur das, was er dem entzückten oder gleichgültigen Blick jedes Fremden gibt, sondern unendlich viel mehr, denn dies Bild ist mir durch Jahre und Jahre zu jeder Stunde des Tages und der Nacht, zu jeder Jahreszeit und Witterung vertraut, das Laub jedes Baumes sowie seine Blüte und Frucht ist mir in jedem Zustande des Werdens und Hinsterbens wohlbekannt, jeder ist mein Freund, von jedem weiß ich Geheimnisse, die nur ich und sonst niemand weiß. Einen dieser Bäume zu verlieren heißt für mich einen Freund verlieren.

Wenn ich vom Malen oder vom Schreiben, vom Nachdenken oder vom Lesen müde bin, ist der Balkon und der Blick in die zu mir heraufblickenden Wipfel meine Erholung. Hier las ich neulich, mit Bedauern, daß das herrliche Buch schon ein Ende nahm. „Die chymische

Rose" von Yeats (deutsch bei J. Hegner in Hellerau), diese zauberhaften Erzählungen aus der gälischen Welt, so voll von alter halbheidnischer Mythik, so geheimnisvoll und dunkelglühend. Hier durchblätterte ich Joachim Ringelnatzens „Reisebriefe eines Artisten" (bei Rowohlt) und freute mich an diesem Mann und seinem Humor, der so gar nicht golden ist, sondern echter Galgenhumor, schwebend zwischen Spaß und Not, zwischen Rausch und Verzweiflung. Sei gegrüßt, Bruder Ringelnatz! Und hier blättere ich auch zuweilen eine halbe Stunde in den zwei Bänden der „Sittengeschichte Griechenlands" von Hans Licht (bei P. Aretz in Dresden erschienen), wo zwischen all den erstaunlichen Bildern, und am meisten durch die Bilder selbst, viel Wissenswertes und viel Beneidenswertes vom Liebesleben der Griechen erzählt wird.

Im Frühling gibt es eine Zeit, da ist der Garten brennend rot von der Kamelienblüte, und im Sommer blühen die Palmen, und hoch in den Bäumen klettern überall die blauen Glyzinien. Aber die indische Weide, ein kleiner fremdartiger Baum, der trotz seiner Kleinheit uralt aussieht und das halbe Jahr zu frieren scheint, die indische Weide traut sich erst spät im Jahre mit den Blättern hervor, und erst gegen Mitte August fängt sie an zu blühen.

Der schönste jedoch von allen diesen Bäumen ist nicht mehr da, er ist vor einigen Tagen durch den Sturm gebrochen worden. Ich sehe ihn liegen, er ist noch nicht weggeschafft, einen schweren alten Riesen mit geknicktem und zerschlissenem Stamm, und sehe an der Stelle, wo er stand, eine große, breite Lücke, durch welche der ferne Kastanienwald und einige bisher unsichtbare Hütten hereinschauen.

Es war ein Judasbaum, jener Baum, an dem der Verräter des Heilands sich erhängt hat, aber man sah ihm diese beklommene Herkunft nicht an, o nein, er war der schönste Baum des Gartens, und eigentlich war es seinetwegen, daß ich vor manchen Jahren diese Wohnung hier gemietet habe. Ich kam damals, als der Krieg zu Ende war, allein und als Flüchtling in diese Gegend, mein bisheriges Leben war gescheitert, und ich suchte eine Unterkunft, um hier zu arbeiten und nachzudenken und die zerstörte Welt mir von innen her wieder aufzubauen, und suchte eine kleine Wohnung, und als ich meine jetzige Wohnung anschaute, gefiel sie mir nicht übel, den Ausschlag aber gab der Augenblick, wo die Wirtin mich auf den kleinen Balkon führte. Da lag plötzlich unter mir der Garten Klingsors, und mitten darin leuchtete, hellrosig blühend, ein riesiger Baum, nach dessen Namen ich sofort fragte, und siehe, es war der Judasbaum, und Jahr für Jahr hat er seither geblüht, Millionen von rosigen Blüten, die dicht an der Rinde sitzen, ähnlich etwa wie beim Seidelbast, und die Blüte dauerte vier bis sechs Wochen, und dann erst kam das hellgrüne Laub nach, und später hingen in diesem hellgrünen Laube dunkelpurpurn und geheimnisvoll in dichter Menge die Schotenhülsen.

Wenn man ein Wörterbuch über den Judasbaum befragt, dann erfährt man natürlich nicht viel Gescheites. Vom Judas und vom Heiland kein Wort! Dafür steht da, daß dieser Baum zur Gattung der Leguminosen gehört und Cercis siliquastrum genannt wird, daß seine Heimat Südeuropa sei und daß er da und dort als Zierstrauch vorkomme. Man nenne ihn übrigens auch „falsches Johannisbrot". Weiß Gott, wie da der echte Judas und der falsche Johannes durcheinandergeraten sind! Aber wenn ich das Wort „Zierstrauch" lese, so muß ich lachen, noch mitten in meinem Jammer. Zierstrauch! Ein Baum war es, ein Riese von einem Baum, mit einem Stamm, so dick, wie ich es auch in meinen besten Zeiten nie gewesen bin, und sein Wipfel stieg aus der tiefen Gartenschlucht beinahe zur Höhe meines Balkönchens herauf, es war ein Prachtstück, ein wahrer Mastbaum! Ich hätte nicht unter diesem Zierstrauch stehen mögen, als er neulich im Sturm zusammenbrach und einstürzte wie ein alter Leuchtturm.

Ohnehin schon war die letzte Zeit nicht sehr zu rühmen. Der Sommer war plötzlich krank geworden, und man fühlte sein Sterben voraus, und am ersten richtig herbstlichen Regentag mußte ich meinen liebsten Freund (keinen Baum, sondern einen Menschen) zu Grabe tragen, und seither war ich, bei schon kühlen Nächten und häufigem Regen, nicht mehr richtig warm geworden und trug mich schon sehr mit Abreisegedanken. Es roch nach Herbst, nach Untergang, nach Särgen und Grabkränzen.

Und nun kommt da eines Nachts, als späte Nachwehe irgendwelcher amerikanischer und ozeanischer Orkane, ein wilder Südsturm geblasen, reißt die Weinberge zusammen, schmeißt Schornsteine um, demoliert mir sogar meinen kleinen Steinbalkon und nimmt, noch in den letzten Stunden, auch noch meinen alten Judasbaum mit. Ich weiß noch, wie ich als Jüngling es liebte, wenn in herrlichen romantischen Erzählungen von Hauff oder Hoffmann die Äquinoktialstürme so unheimlich bliesen! Ach, genauso war es, so schwer, so unheimlich, so wild und beengend preßte sich der dicke warme Wind, als käme er aus der Wüste her, in unser friedliches Tal und richtete da seinen amerikanischen Unfug an. Es war eine häßliche Nacht, keine Minute Schlaf, außer den kleinen Kindern hat im ganzen Dorf kein Mensch ein Auge zugetan, und am Morgen lagen die gebrochenen Ziegel, die zerschlagenen Fensterscheiben, die geknickten Weinstöcke da. Aber das Schlimmste, das Unersetzlichste, ist für mich der Judasbaum. Es wird zwar ein junger Bruder nachgepflanzt werden, dafür ist gesorgt; aber bis er auch nur halb so stattlich werden wird wie sein Vorgänger, werde ich längst nicht mehr dasein.

Als ich neulich im fließenden Herbstregen meinen lieben Freund begraben habe und den Sarg in das nasse Loch verschwinden sah, da gab es einen Trost: er hatte Ruhe gefunden, er war dieser Welt, die es mit ihm nicht gut gemeint hatte, entrückt, er war aus Kampf und Sorgen heraus an ein anderes Ufer getreten. Bei dem Judasbaum gibt es diesen Trost nicht. Nur wir armen Menschen können, wenn einer von uns begraben wird, uns zum schlechten Troste sagen: „Nun, er hat es gut, er ist im Grunde zu beneiden." Bei meinem Judasbaum kann ich das nicht sagen. Er wollte gewiß nicht sterben, er hat bis in sein hohes Alter hinein Jahr für Jahr überschwenglich und prahlend seine Millionen von strahlenden Blüten getrieben, hat sie froh und geschäftig in Früchte verwandelt, hat die grünen Schoten der Früchte erst braun, dann purpurn gefärbt und hat niemals jemand, den er sterben sah, um seinen Tod beneidet. Vermutlich hielt er wenig von uns Menschen. Vielleicht kannte er uns, schon von Judas her. Jetzt liegt seine riesige Leiche im Garten und hat im Fallen noch ganze Völker von kleineren und jüngeren Gewächsen zu Tode gedrückt.

1927

RÜCKKEHR AUFS LAND

Gott sei Dank, ich bin der Stadt entflohen, ich habe das Kofferpacken und das Reisen hinter mir und bin wieder zu Hause, nach einer Abwesenheit von sechs Monaten. Es war hübsch, wieder durch den Gotthard zu fahren – ich mag diese Fahrt wohl mehr als hundertmal gemacht haben und kann sie noch immer genießen. Es war sehr hübsch, in Göschenen noch einmal tüchtig schneien zu sehen, in Airolo vom Schnee Abschied zu nehmen, in Faido die ersten Wiesenblumen, vor Giornico die ersten blühenden Aprikosenbäume und Birnbäume zu erblicken.

Die Ankunft in Lugano allerdings war nicht entzükkend. Die Übervölkerung der Erde hat mir seit langem nicht mehr so übel entgegengeschrien wie hier, wo um die Zeit der Ostern sich die Fremden zusammenscharen wie die Heuschrecken. In dem kleinen Lugano sind ein Viertel der Einwohner von Berlin, ein Drittel von Zürich, ein Fünftel von Frankfurt und Stuttgart anzutreffen, auf das Quadratmeter kommen etwa zehn Menschen, täglich werden viele erdrückt, und dennoch spürt man keine Abnahme, nein, jeder ankommende Schnellzug bringt 500 bis 1000 neue Gäste. Es sind selbstverständlich reizende Menschen, sie nehmen mit unendlich wenigem vorlieb, zu dreien schlafen sie in einer Badewanne oder auf dem Ast eines Apfelbaumes, atmen dankbar und ergriffen den Staub der Autostraßen ein, blicken durch große Brillen aus bleichen Gesichtern klug und dankbar auf die blühenden Wiesen, welche ihretwegen mit Stacheldraht umzäunt sind, während sie noch vor einigen Jahren frei und vertraulich in der Sonne lagen, von kleinen Fußwegen durchzogen. Es sind reizende Menschen, diese Fremden, wohlerzogen, dankbar, unendlich bescheiden, sie überfahren einander gegenseitig mit ihren Autos, ohne zu klagen, irren tagelang von Dorf zu Dorf, um ein noch freies Bett zu suchen, vergebens natürlich, sie photographieren und bewundern die in längst verschollene Tessiner Trachten gekleideten Kellnerinnen der Weinlokale und versuchen italienisch mit ihnen zu reden, sie finden alles reizend und entzückend und merken gar nicht, wie sie da, Jahr um Jahr mehr, eine der wenigen im mittlern Europa noch vorhandenen Paradiesgegenden eiligst in eine Vorstadt von Berlin verwandeln. Jahr um Jahr vermehren sich die Autos, werden die Hotels voller, auch noch der letzte gutmütigste alte Bauer wehrt sich gegen die Touristenflut, die ihm seine Wiesen zertritt, mit Stacheldraht, und eine Wiese um die andre, ein schöner stiller Waldrand um den andern geht verloren, wird Bauplatz und eingezäunt. Das Geld, die Industrie, die Technik, der moderne Geist haben sich längst auch dieser vor kurzem noch zauberhaften Landschaft bemächtigt, und wir alten Freunde, Kenner und Entdecker dieser Landschaft gehören mit zu den unbequemen altmodischen Dingen, welche an die Wand gedrückt und ausgerottet werden. Der letzte von uns wird sich am letzten alten Kastanienbaum des Tessins, am Tag eh der Baum im Auftrag eines Bauspekulanten gefällt wird, aufhängen.

Einstweilen allerdings genießen wir noch einen bescheidenen Schutz. Erstens gibt es im Lande noch einige Gegenden, in welchen der Typhus häufig auftritt (im vorigen Jahr ist ein Freund von mir samt seiner Frau in seinem Tessiner Dorf daran gestorben), und zweitens geht noch immer die Sage, die Luganer Landschaft sei am schönsten im April (wo meistens die alljährliche Regenzeit ist), und im Sommer sei es hier vor Hitze nicht auszuhalten. Nun, den Sommer mit seiner schönen Hitze gönnt man uns vorerst noch, und wir sind dessen froh. Jetzt aber, im Frühling, drücken wir ein Auge zu, oft auch beide, halten unsre Haustüren gut verschlossen und sehen hinter geschlossenen Läden hervor der schwarzen Menschenschlange zu, die sich, ein fast ununterbrochener Heerwurm, Tag für Tag durch alle unsre Dörfer zieht und ergreifende Massenandachten vor den Resten einer einst wahrhaft schön gewesenen Landschaft begeht.

Wie voll es doch auf der Erde geworden ist! Wohin ich blicke, neue Häuser, neue Hotels, neue Bahnhöfe, alles vergrößert sich, überall wird ein Stockwerk aufgebaut; irgendwie auf Erden eine Stunde lang zu spazieren, ohne auf Menschenscharen zu stoßen, scheint nicht mehr möglich. Auch nicht in der Wüste Gobi, auch nicht in Turkestan.

Ach, und ebenso geht es mir im Kleinen, in meinem kleinen, engen Junggesellenhaushalt; alles ist voll und wird immer voller, nirgend ist Platz! Die Wände habe ich längst vollgemalt, es ist kein Platz mehr für Bilder. Die Bücherschäfte krachen und hängen schief, so sehr sind sie mit doppelten Bücherreihen überlastet. Und immer kommen neue dazu, immer wieder liegt mein Studierzimmer voll von Paketen, vorsichtig und langbeinig muß ich zwischen ihnen meinen Weg suchen. Und, das ist das Komische, auf einige Pakete Schund kommt immer wieder ein Treffer, die guten Bücher sterben nicht aus; immer wieder wird mein Entschluß, überhaupt nichts Neues mehr zu lesen, umgeworfen durch Sendungen von Verlegern, die ich nur bewundern kann. So bleiben auch jetzt, nachdem ich einige hundert Bände Ballast entfernt habe, eine Anzahl ganz wundervoller Bücher übrig, die ich trotz allem eben doch liebe und bei mir behalten möchte, und so werden sie denn mit Gewalt in die krachenden Bücherborde gezwängt.

In diesen köstlichen Büchern lese ich, in meiner Klause eingeschlossen, während draußen die Primeln und Anemonen blühen und der dunkle Schwarm der Fremden sich durchs Gefilde bewegt. Weil es heute Mode ist, zu Ostern in Lugano zu sein, sind sie hier. In zehn Jahren werden sie in Mexiko oder Honduras sein.

Wenn es Mode wäre, schöne Gedichte und Geschichten zu lesen und zu kennen, würden sie sich auf die obengenannten Bücher stürzen. Das überlassen sie jedoch mir, ich funktioniere als stellvertretender Leser für Millionen. Dafür werde ich dann im Sommer, wenn hier die berüchtigte Hitze ausbricht, auf unsern kleinen Wald- und Wiesenwegen wieder Raum haben und gehen und atmen können. Dann sind die Fremden zu Hause in Berlin oder im Hochgebirge oder weiß Gott wo, immer aber da, wo sie sich mit ihresgleichen ums letzte leere Bett streiten und im Staub ihrer eignen Autos husten und blinzeln müssen. Sonderbare Welt!

1928

MALFREUDE, MALSORGEN

Lange saß ich heute auf einer der grünen Bänke am Quai, auf einer von diesen steifen blöden Ruhebänken, die da im staubigen Kies umherstehen, in gleichen Abständen, und auf denen abends die Bummler und Fremden sitzen. Viele Jahre kenne ich nun diese Stadt am See, habe oft monatelang in ihr gelebt, aber niemals war es mir eingefallen, mich einmal zu den Bummlern auf eine dieser langweiligen Bänke zu setzen. Jetzt habe ich es gelernt, und heute saß ich eine ganze Stunde dort, um Mittag, beinahe ganz allein. Durch die Blendung blinzelnd, sah ich hinter der Ufermauer den blauen See mit lichten und mit tief blaugrünen Streifen schimmern, zwei ferne Segel wiegten sich schwebend darüber, wie in der Luft ruhend, die grünen Ufer griffen mit festen Armen um den See, und im Süden schwammen zwischen lichtem Sommergewölk hier und dort halbverwischte Umrisse von Schneebergen.

Es war sehr ruhig um diese Stunde; blinzelnd und zuweilen halb schlummernd, saß ich in meine Bankecke gekauert, manchmal den Bewegungen der fernen Segel folgend. In der Nähe war wenig Leben. Einmal kam ein junger Bursch gegangen, im wollenen Sweater, mit sportlicher Schneidigkeit, ein schöner Junge, dem der sanfte Wind im langen bloßen Haar wehte. Und einmal kam ein kleiner Knabe, ein Stöpsel von sieben oder acht Jahren, der mochte nicht auf dem langweiligen Kies gehen, sondern lief auf der Brüstung der Quaimauer stolz dahin, und in der rechten Hand hatte er eine Kinderpistole, die er beständig lud und die er genau bei jedem fünften Schritt abschoß. Irgendein Kriegshelden- oder

Indianertraum mochte ihn so rhythmisch über die endlose Mauer dahinführen.

Als der Umriß seiner kleinen Figur undeutlich zu werden begann und nur noch ein verlaufener kleiner Farbfleck davon blieb, fing ich plötzlich an zu beachten, daß es ein gutes Malwetter sei, ein richtig malerischer Tag, an welchem Luft und Wasser, Erde und Gewächse wie von einem Zauberhauch umhüllt und in eine holde Einheit gebannt erscheinen, einer jener Tage, an denen die Maler sich in ihre Objekte verlieben, wo alles so magisch und unwiederbringlich schön aussieht, wo alles zur Darstellung lockt, wo auch noch das Geringste und Nüchternste einen Duft und Reiz um sich weben hat wie einen stillen Heiligenschein.

Oh, wie lange, wie unendlich lange hatte ich nicht mehr gemalt! Wie viele Monate hatte ich dies Glück entbehrt! In der Nüchternheit und winterlichen Lichtarmut einer Stadtwohnung, in dem Gedränge und der Eile vieler Reisen, im Studieren und Arbeiten hatte ich, mehr als ein halbes Jahr lang, nie mehr gemalt, nie mehr mich von einem berückenden Eindruck fesseln lassen, nie mehr den stillen erregenden Kampf gekämpft. Auf Reisen und in der Stadt konnte ich nicht malen; zum Malen gehörte für mich Landleben, viel Zeit, viel einsames Schweifen in der Landschaft, viel Stille und Versunkenheit. Oh, wie sehnte ich mich nun, als mich plötzlich diese malerische Luft anwehte und erweckte, nach dem Malerglück vergangener Sommer! Wie töricht war ich gewesen, mich so lange in der Stadt, fern meiner Werkstatt, zu versäumen – wieviel Frühlingstage hatte ich nun schon ungenutzt und ungenossen verstreichen lassen!

Plötzlich sah ich alles malerisch. Der Kiesboden zu meinen Füßen hatte einen zarten Rosaschimmer, auf den Segeln im See leuchtete Ocker und Orange, die gekräuselten Spiegelbilder am Ufer sahen aus wie Stücke einer weggelegten, reich mit Farbenhaufen und ineinander zerfließenden Farbenmischungen bedeckten Palette.

Hell und kühl sang, wie ein hoher, metallener Ton, das kristallene Blaugrün des Wassers, warm und werbend sprachen die besonnten Häuserwände aus dem lichten Baumgrün, unter dem die Schatten so satt und dick sich häuften.

Aber hier war ja an Malen nicht zu denken, hier in der Stadt, auf dem kahlen Quai, inmitten der Menschen. Oh, säße ich doch zu Hause im Tessin unterm Schattendach eines Kastanienwaldes und hätte mein Malzeug bei mir! Aber das waren unnütze Wünsche. Ich war in der Stadt, auf Reisen, und hatte zu Hause in meinem Absteigquartier nur eine kleine, dürftige Aquarellpalette liegen, die seit Monaten vertrocknet und verstaubt war.

Betrübt ging ich nach Hause. Wenn ich auch mit dem eigentlichen Malen mich noch eine Weile gedulden mußte, so wollte ich doch inzwischen ein wenig mit den Aquarellfarben spielen, etwa ein kleines Manuskript zusammenstellen für einen Freund oder für einen Sammler, ein illustriertes Märchen oder einige Gedichte mit Landschaften und Blumen dazu.

Ich kam nach Hause, sehnsüchtig, voll schwingender Töne, voll Verlangen nach Farben. Aus der hellen Sonne trat ich in die kühle Schattenkluft der Haustür, der Treppe, in die Finsternis der Flure und fand in meinem Zimmer ein stilles, etwas kühles Licht und graue perlige Schatten sanft und schön gegen die besonnte Bläue draußen stehen. Und mitten im Zimmer, mitten auf dem Tisch stand etwas Wunderbares, stand eine lebendige Woge holdester Farben, ein Konzert innigster Töne. Es war ein Magnolienzweig mit drei Blüten: einer überreifen, die schon nahe am Entblättern war, einer frisch offenen und einer noch knospenhaft geschlossenen. Die drei großen Blüten, außen rotviolett, innen seidenweiß mit zartesten Reflexen, schwebten zauberhaft schön und beseelt in dem schattigen grauen Raum, wo nur wenige schattengedämpfte Farben von den Bildern an der Wand ihren Klängen Antwort gaben.

Überrascht und entzückt stand ich vor der Blume. Ich

hatte sie vergessen gehabt. Wohl hatte ich sie gestern mit Freude im Garten eines Freundes abgeschnitten und mitgenommen, froh, etwas Lebendiges und Farbiges mit in mein Zimmer zu nehmen, hatte ihr sorgfältig Wasser gegeben und sie gut gestellt. Aber wie schön sie war, wie sie von seligen Farbenschwingungen überfloß, wie die große, weit offene Blüte sich leise in rührender Todesahnung über die fette, saftige Knospe beugte, wie die sanft gebogenen, leise eingerollten Blattränder das Violett übers Rosa bis zum stillen kühlen Weiß führten, wie einmalig, kurzlebig, verwehend diese Schönheit war – und daß man sie malen konnte, malen mußte, eiligst und gierigst malen mußte, das hatte ich Idiot weder gestern noch heute morgen gesehen, das entdeckte ich erst in diesem Augenblick der Heimkehr.

Schon hatte ich den Hut auf einen Stuhl geworfen, ein Glas Wasser geholt und die Aquarellpalette hervorgesucht, schon wusch ich mit einem nassen Lappen die stumpfen, verstaubten Farbenhäufchen wieder frisch, sah Chromgelb, sah Veronesergrün, sah Krapplack und Ultramarin feucht und schmelzend hervorleuchten. Schon saß ich und hatte ein Blatt Papier, italienisches Zeichenpapier, aufgespannt, hatte einen Pinsel eingetaucht und fuhr suchend mit nassen, dünnsten Farben über die Fläche, wischte das verrinnende Violett mit Pinsel und Finger ins Rosa und ins Weiß hinüber, war verbissen in die Palette, verloren an die drei schönen, schweigenden Blüten, kämpfte mit dem zu rasch benetzten, sich werfenden Papier, riß es weg und nahm ein neues Blatt.

Auf dem Tisch neben den Blumen lag wartende Post, lag eine Einladung für den Abend, lag eine Karte aus Fiesole, lagen zwei neue Bücher in ihrer Pappe und Verschnürung – ich sah es nicht, nichts war vorhanden außer der Magnolie und meinem Blatt Papier, nichts war wichtig als das Erwischen dieses lachend hellen Grüns an den Blattspitzen, das rasche Andeuten der Dunkelheiten im Hintergrund. Naß in Naß, fiebernd vor Glück, fiebernd vor Spannung, strich ich gierig über das Papier, blickte gierig in die schmelzenden Abgründe der Blumenkelche, tauchte hastig den Pinsel ins blaurot gefärbte Wasserglas. Einmal lief ich hinaus, um frisches Wasser zu holen, einmal stand ich auf und holte eine Tube Weiß aus dem Schreibtisch, weil ich leider ohne Weiß nicht auskam; sonst gab es eine gute Stunde lang keine Unterbrechung, keine Pause, keine Vernunft, kein Zusichkommen. Ich strich und wischte, tauchte ein und drückte aus, gab etwas Blau, etwas Gelb zu, verdünnte es sogleich wieder mit nassem Pinsel. Oh, es gab auf der Welt nichts Schöneres, nichts Wichtigeres, nichts Beglückenderes als Malen, alles andre war dummes Zeug, war Zeitverschwendung und Getue. Herrlich war das Malen, köstlich war das Malen!

Schließlich versuchte ich, auch den Hintergrund etwas bestimmter zu geben, stieß auf Widerstände, geriet mit dem Pinsel voll Graugrün auf eine zu wäßrige Stelle, es begann zu verlaufen und trübe Farbfäden zu ziehen, verzweifelt wischte ich ab; plötzlich war an allen Ecken zugleich der Teufel los; hier entdeckte ich einen hart und häßlich stehengebliebenen Farbbrand, dort sah ich entsetzt eine der kleinen ausgesparten Helligkeiten mit Grau besudelt, hastiger tauchte ich ein, ängstlicher setzte ich an. War nicht überhaupt das ganze Blatt viel zu rot, viel zuwenig blau und kühl? War es nicht eine große Dummheit gewesen, daß ich nicht auf das Weiß verzichtet hatte? Ach, und wie hatte ich dieses gleiche Ultramarin zum Blattschatten und zum Hintergrund verwenden können? Fehler um Fehler fiel mir auf, während ich immer noch wischte und schmierte. Nein, ich hatte mich vergaloppiert, ich mußte aufhören. Ich legte den Pinsel fort und beschloß zu warten, bis das Blatt ganz trocken wäre, dann würde man ja sehen.

Ach ja, und als das Blatt trocken war, da wurde ich allerdings plötzlich sehend. Pfui Teufel, was hatte ich aus diesen wunderbaren Blumen gemacht: ein wüstes Gekleckse stand da auf dem verschandelten Papier, schade war es um das Papier, um die Farbe, schade noch um das

Wasser, das ich mit meiner Schmiererei verunreinigt hatte!

Langsam riß ich das beschmierte Papier in Stücke, langsam ließ ich sie in den Papierkorb sinken. Gab es etwas Gefährlicheres, etwas Schwereres, etwas Enttäuschenderes als Malen? Gab es etwas Heikleres und Hoffnungsloseres? War es nicht eine Kleinigkeit, ein Kinderspiel, einen Don Quichotte oder einen Hamlet zu schreiben, verglichen mit dem vermessenen Unternehmen, eine Magnolie malen zu wollen?

Während ich diese heftigen Gedanken dachte, heftete ich mechanisch ein neues Papier auf meine Unterlage, wusch die beiden Pinsel hübsch aus, holte nochmals reines Wasser und begann langsam und ängstlich meine Malerei von neuem.

1928

GEGENSÄTZE

Es ist hoher Sommer, und seit Wochen schon steht der große Sommermagnolienbaum vor meinen Fenstern in Blüte; er ist ein Sinnbild des südlichen Sommers in seiner scheinbar lässigen, scheinbar gleichmütig langsamen, in Wirklichkeit aber rapiden und verschwenderischen Art zu blühen. Von den schneeweißen riesigen Blütenkelchen stehen immer nur ein paar, höchstens acht oder zehn, zugleich offen, und so zeigt der Baum während der zwei Monate seiner Blüte eigentlich im großen immer den gleichen Anblick, während doch diese herrlichen Riesenblüten so sehr vergänglich sind: keine von ihnen lebt länger als zwei Tage. Aus der bleichen, grünlich angeflogenen Knospe öffnet sich diese Blüte meist am frühen Morgen, rein weiß und zauberhaft unwirklich schwebt sie, das Licht wie schneeiger Atlas widerspiegelnd, aus den dunkelglänzenden harten immergrünen Blättern, schwebt einen Tag lang jung und glänzend und beginnt dann sachte sich zu verfärben, an den Rändern zu gilben, die Form zu verlieren und mit einem rührenden Ausdruck von Ergebung und Müdigkeit zu altern, und auch dies Altern dauert nur einen Tag. Dann ist die weiße Blüte schon verfärbt, sie ist hell zimtbraun geworden, und die Blütenblätter, gestern wie Atlas, fühlen sich heute an wie feines, zartes Wildleder: ein traumhafter, wunderbarer Stoff, zart wie ein Hauch und doch von fester, ja derber Substanz. Und so trägt mein großer Magnolienbaum Tag für Tag seine reinen, schneeigen Blüten, und es scheinen immer dieselben zu sein. Ein feiner, erregender, köstlicher Duft, an den von frischen Zitronen erinnernd, aber süßer, weht von den Blüten herüber in mein Studierzimmer. Der große Sommermagnolienbaum (nicht zu verwechseln mit der auch im Norden bekannten Frühlingsmagnolie) ist nicht immer mein Freund, so schön er auch sei. Es gibt Jahreszeiten, in denen ich ihn mit Bedenken, ja mit Feindschaft ansehe. Er wächst und wächst, und in den zehn Jahren, in denen er mein Nachbar war, hat er sich so gestreckt, daß die spärliche Morgensonne in den Herbst- und Frühlingsmonaten meinem Balkon verlorengeht. Ein Riesenkerl ist er geworden, oft kommt er mir in seinem heftigen, saftigen Wuchs so vor wie ein derber, rasch emporgeschossener, etwas schlaksiger Junge. Jetzt aber, während seiner hochsommerlichen Blütezeit, steht er feierlich, voll zarter Würde, klappert im Winde mit seinen steifen, glänzenden, wie lackierten Blättern und trägt behutsam Sorge um seine zarten, allzu schönen, allzu vergänglichen Blüten.

Diesem großen Baum mit seinen bleichen Riesenblüten steht ein andrer gegenüber, ein Zwerg. Er steht auf meinem kleinen Balkönchen, in einen Topf gepflanzt. Es ist ein gedrungener Zwergbaum, eine Zypressenart, keinen Meter hoch, aber schon bald vierzig Jahre alt, ein kleiner knorriger und selbstbewußter Zwerg, ein wenig rührend und ein wenig komisch, voll von Würde und doch kauzig und zum Lächeln reizend. Ich habe ihn erst neuerdings geschenkt bekommen, zum Geburtstag, und nun steht er da, reckt seine charaktervollen, wie von jahrzehntelangen Stürmen geknorrten Äste, die aber nur fingerlang sind, und schaut gleichmütig zu seinem Riesenbruder hinüber, von welchem zwei Blüten genügen würden, um den würdigen Zwerg zuzudecken. Ihn stört das nicht, er scheint den großen feisten Bruder Magnolie gar nicht zu sehen, von dem ein Blatt so groß ist wie bei ihm ein ganzer Ast. Er steht in seiner merkwürdigen kleinen Monumentalität, tief nachdenklich, ganz in sich versunken, uralt aussehend, so wie auch die menschlichen Zwerge oft so unsäglich alt oder zeitlos aussehen können.

Bei der gewaltigen Sommerhitze, die uns seit Wochen belagert, komme ich sehr wenig hinaus, ich lebe in meinen paar Zimmerchen, hinter geschlossenen Läden, und die beiden Bäume, der Riese und der Zwerg, sind meine Gesellschaft. Die Riesenmagnolie erscheint mir als Sinnbild und Lockruf alles Wachstums, alles triebhaften und naturhaften Lebens, aller Sorglosigkeit und geilen Fruchtbarkeit. Der schweigsame Zwerg dagegen, daran ist nicht zu zweifeln, gehört zum Gegenpol: er braucht nicht soviel Raum, er vergeudet nicht, er strebt nach Intensität und nach Dauer, er ist nicht Natur, sondern Geist, er ist nicht Trieb, sondern Wille. Lieber kleiner Zwerg, wie wunderlich und besonnen, wie zäh und uralt stehst du da!

Gesundheit, Tüchtigkeit und gedankenloser Optimismus, lachende Ablehnung aller tiefern Probleme, feistes feiges Verzichten auf aggressive Fragestellung, Lebenskunst im Genießen des Augenblicks – das ist die Parole unsrer Zeit – auf diese Art hofft sie die lastende Erinnerung an den Weltkrieg zu betrügen. Übertrieben problemlos, imitiert amerikanisch, ein als feistes Baby maskierter Schauspieler, übertrieben dumm, unglaubhaft glücklich und strahlend („smiling"), so steht dieser Mode-Optimismus da, jeden Tag mit neuen strahlenden Blüten geschmückt, mit den Bildern neuer Filmstars, mit den Zahlen neuer Rekorde. Daß alle diese Größen Augenblicksgrößen sind, daß alle diese Bilder und Rekordzahlen bloß einen Tag dauern, danach fragt niemand, es kommen ja stets neue. Und durch diesen etwas allzu hochgepeitschten, allzu dummen Optimismus, welcher Krieg und Elend, Tod und Schmerz für dummes Zeug erklärt, das man sich nur einbilde, und nichts von irgendwelcher Sorge oder Problematik wissen will – durch diesen überlebensgroßen, nach amerikanischem Vorbild aufgezogenen Optimismus wird der Geist zu ebensolchen Übertreibungen gezwungen und gereizt, zu verdoppelter Kritik, zu vertiefter Problematik, zu feindseliger Ablehnung dieses ganzen himbeerfarbenen Kinder-Weltbildes, wie es die Modephilosophien und die illustrierten Blätter spiegeln.

So zwischen meinen beiden Baumnachbarn, der wundervoll vitalen Magnolie und dem wunderbar entmaterialisierten und vergeistigten Zwerge, sitze ich und betrachte das Spiel der Gegensätze, denke darüber nach, schlummere in der Hitze ein wenig, rauche ein wenig und warte, bis es Abend wird und etwas kühle Luft vom Walde weht.

Und überall in dem, was ich tue, lese, denke, überall begegnet mir derselbe Zwiespalt der heutigen Welt. Täglich kommen ein paar Briefe zu mir, Briefe von Unbekannten meistens, wohlmeinende und gutherzige Briefe meistens, manchmal zustimmende, manchmal anklagende, und alle handeln vom gleichen Problem, alle sind sie entweder von einem hanebüchenen Optimismus und können mich, den Pessimisten, nicht genug tadeln oder auslachen oder bedauern – oder sie geben mir recht, geben mir fanatisch und übertrieben recht, aus tiefer Not und Verzweiflung heraus.

Natürlich haben beide recht, Magnolie und Zwergbaum, Optimisten und Pessimisten. Nur halte ich erstere für gefährlicher, denn ich kann ihr heftiges Zufriedensein und sattes Lachen nicht sehen, ohne mich an jenes Jahr 1914 zu erinnern und an jenen angeblich so gesunden Optimismus, mit welchem damals ganze Völker alles herrlich und entzückend fanden und jeden Pessimisten an die Wand zu stellen drohten, der daran erinnerte, daß Kriege eigentlich ziemlich gefährliche und gewaltsame Unternehmungen seien und daß es vielleicht auch betrüblich enden könnte. Nun, die Pessimisten wurden teils ausgelacht, teils an die Wand gestellt, und die Optimisten feierten die große Zeit, jubelten und siegten jahrelang, bis sie sich und ihr ganzes Volk gründlich müde gejubelt und müde gesiegt hatten und plötzlich zusammenbrachen und nun von den einstigen Pessimisten getröstet und zum Weiterleben ermuntert werden mußten. Ich kann jene Erfahrung nie ganz vergessen.

Nein, natürlich haben wir Geistigen und Pessimisten

nicht recht, wenn wir unsre Zeit nur anklagen, verurteilen oder belächeln. Aber sollten nicht am Ende auch wir Geistigen (man nennt uns heute Romantiker und meint damit nichts Freundliches) ein Stück dieser Zeit sein und ebensogut das Recht haben, in ihrem Namen zu sprechen und eine Seite von ihr zu verkörpern, wie die Preisboxer und die Automobilfabrikanten? Unbescheiden bejahe ich mir diese Frage.

Die beiden Bäume in ihrem wunderlichen Gegensatz stehen, wie alle Dinge der Natur, unbekümmert um Gegensätze, jeder seiner selbst und seines Rechtes sicher, jeder stark und zäh. Die Magnolie schwillt vor Saft, ihre Blüten duften schwül herüber. Und der Zwergbaum zieht sich tiefer in sich selbst zurück.

1928

ZINNIEN

Mein lieber Freund!

Auch dieser wunderliche und etwas exzentrische Sommer muß einmal zu Ende gehen, schon jetzt haben die Berge jenes edelsteinerne Licht, jene überklare Modellierung und jenes luftige, dünne, süße Kobaltblau, das eigentlich für den September charakteristisch ist. Schon wieder sind am Morgen die Wiesen so schwer naß, und im Laub der Kirschbäume fängt schon ganz sachte der Purpur, im Akazienlaub das Goldgelb an, spürbar zu werden. Da es in diesem Sommer sogar dort oben in Ihren Eskimoländern nördlich des Mains ganz hübsch warm gewesen ist, können Sie sich denken, daß wir hier unten im Süden auch nicht zu frieren brauchten. Es ist ein ungewöhnlicher Sommer, auch hier im Süden, wir haben ganz außerordentliche Gewitter gehabt, darunter eines, das vier Tage gedauert hat, und viel Sturm, und so schön es oft fürs Auge war, bekömmlich war es nicht, ich habe mich schlecht befunden.

Verloren aber habe ich den Sommer keineswegs. Ich habe jenes Glück genossen, das aus lauter Sorgen zu bestehen scheint und doch so heftig und erregend ist, unzerstörbar durch Wetter und durch körperliche Schmerzen, das beste und eigentlich einzige Glück für unsereinen: mit Leidenschaft an der Arbeit zu sitzen, etwas zu schaffen, produktiv zu sein. Näheres über diese Arbeit kann ich Ihnen nicht sagen, in ein paar Jahren werden wir dann darüber reden. Ich beneide immer jene Dichter und bin erstaunt über sie, von welchen Jahr für Jahr die wohlunterrichtete Presse zu melden weiß: Herr X, unser großer Dramatiker, arbeitet zurzeit auf seinem Landgut am Rhein an einer Komödie, deren höchst aktueller

Stoff usw. Wenn mir das einmal geschähe, daß Name und Inhalt einer Dichtung, noch während ich an ihr arbeite, schon von den Zeitungen gewußt und verkündet würden, ich glaube, dann würde ich meine ganzen Papiere in den Kamin stecken und anzünden. Ohnehin geschieht es mir allzuleicht, daß eine Arbeit, die mir wochen- und monatelang wichtig und lieb war, plötzlich ihren Zauber für mich verliert, oder daß ich plötzlich meine Unzulänglichkeit an ihr bis zur Verzweiflung erkenne, so daß ich sie liegenlasse und schließlich vernichte.

Neben der Arbeit her habe ich auch einiges Schöne gelesen, das Schönste von allem war ein friedliches Wiederlesen von Stifters „Feldblumen" an einigen warmen Juliabenden. Lieber Freund, was ist das für ein holdes, bezauberndes kleines Buch!

Sie begreifen, daß ich mir nach den heißen und arbeitsvollen Wochen des Sommers jetzt einige Beschaulichkeit und Ruhe gönne. Sie besteht zwar leider nicht im Nichtstun – zu diesem Glück fehlt mir alles Talent –, aber doch in einem gewissen Langsamerleben, in einem Bedürfnis, dem Ausklingen des Sommers mit einer gewissen Andacht beizuwohnen.

Es gibt um diese Zeit des allmählich sich neigenden Sommers in der Luft eine gewisse Klarheit, die ich „malerisch" nennen würde, wenn die Maler nicht unter „malerisch" das verstehen würden, was leicht zu malen ist. Diese Klarheit aber wäre außerordentlich schwer zu malen und reizt doch unendlich dazu, sie mit dem Pinsel zu bewältigen und zu verherrlichen, denn nie haben die Farben diese tiefe magische Leuchtkraft, dies Juwelenhafte, niemals sonst haben die Schatten diese Zartheit, ohne doch dünn zu werden, nie auch sind in der Pflanzenwelt schönere Farben vorhanden als jetzt, wo alles schon von Herbstahnungen gestreift ist und doch noch nicht die etwas grelle und harte Farbenfreude des eigentlichen Herbstes begonnen hat. Aber in den Gärten stehen jetzt die leuchtendsten Blumen des Jahres, es blühen da und dort noch brennrot die Granaten und dann die Dahlien und Georginen, die Zinnien, die Frühastern, die zauberhaften Korallenfuchsien! Aber der Inbegriff hochsommerlicher und vorherbstlicher Farbenfreude sind doch die Zinnien! Diese Blumen habe ich jetzt immer im Zimmer stehen, sie sind ja zum Glück sehr haltbar, und ich verfolge die Verwandlungen eines solchen Zinnienstraußes von seiner ersten Frische bis zur Welke mit einem Gefühl von Glück und Neugierde ohnegleichen. Strahlenderes und Gesünderes gibt es nicht in der Blumenwelt als ein Dutzend frisch geschnittener Zinnien von lauter verschiedenen Farben. Das knallt nur so von Licht und jauchzt von Farbe. Die grellsten Gelb und Orange, die lachendsten Rot und die wunderlichsten Rotviolett, die oft wie die Farben an Bändern und Sonntagstrachten naiver Landmädchen aussehen können – und man kann diese heftigen Farben nebeneinanderstellen und miteinander vermengen, wie man will, immer sind sie entzückend schön, immer sind sie nicht bloß heftig und leuchtend, sondern nehmen auch einander an, halten Nachbarschaft, reizen und steigern einander.

Ich erzähle Ihnen ja damit nichts Neues. Ich bilde mir nicht ein, der Entdecker der Zinnien zu sein. Ich erzähle Ihnen bloß von meiner Verliebtheit in diese Blumen, weil sie zu den angenehmsten und bekömmlichsten Gefühlen gehört, von denen ich seit langem heimgesucht worden bin. Und zwar entzündet sich diese vielleicht etwas senile, aber keineswegs schwächliche Verliebtheit ganz besonders am Verwelken dieser Blumen! An den Zinnien, die ich in der Vase langsam erblassen und sterben sehe, erlebe ich einen Totentanz, ein halb trauriges, halb köstliches Einverstandensein mit der Vergänglichkeit, weil eben das Vergänglichste das Schönste, weil das Sterben selbst so schön, so blühend, so liebenswert sein kann.

Betrachten Sie einmal, lieber Freund, einen acht oder zehn Tage alten Zinnienstrauß! Und betrachten Sie dann, während er noch manche Tage darüber hinaus weiter sich verfärbt und immer noch schön bleibt, betrachten Sie ihn jeden Tag einigemal recht genau! Sie werden sehen, daß diese Blumen, die in ihrer Frische die denkbar grellsten, trunkensten Farben hatten, jetzt die delikatesten, müdesten, zärtlichst abgetönten Farben bekommen haben. Das Orange von vorgestern ist heute ein Neapelgelb geworden, übermorgen wird es ein mit dünner Bronze überhauchtes Grau sein. Das frohe bäurische Blaurot wird langsam wie von einer Blässe, wie vom Gegenteil eines Schattens überzogen, die müde werdenden Blattränder der Blüten biegen sich da und dort mit sanfter Falte um und zeigen ein gedämpftes Weiß, ein unaussprechlich rührendes, klagendes Graurosa, wie man es an ganz verbleichten Seidensachen der Urgroßmutter oder an alten erblindenden Aquarellen sieht. Und achten Sie, Freund, auch sehr auf die untere Seite der Blütenblätter! An dieser Schattenseite, die beim Einknicken der Stiele oft plötzlich überdeutlich sichtbar wird, vollzieht sich das Spiel dieses Farbenwandels, vollzieht sich diese Himmelfahrt, dies Hinübersterben ins immer Geistigere noch duftiger, noch erstaunlicher als an den Blütenkronen selbst. Hier träumen verlorene Farben, die man sonst in der Blumenwelt nicht findet, seltsam metallische, mineralische Töne, Spielarten von Grau, Graugrün, Bronze, die man sonst nur an den Steinen des Hochgebirges oder in der Welt der Moose und Algen finden kann.

Sie wissen ja solche Dinge zu schätzen, ebenso wie Sie den besondern Dufthauch eines edlern Weinjahrgangs oder das Flaumspiel auf der Haut eines Pfirsichs oder einer schönen Frau zu schätzen wissen. Von Ihnen werde ich nicht, weil ich feinere Sinne und beseeltere Erlebnismöglichkeiten habe als ein Boxer, als sentimentaler Romantiker belächelt, sei es nun, daß ich für dahinwelkende Zinnienfarben, sei es, daß ich für die holden, verwehenden Töne in Stifters „Feldblumen" glühe. Aber wir sind wenige geworden, Freund, unsere Art droht auszusterben. Versuchen Sie es einmal und geben Sie einem amerikanischen Gegenwartsmenschen, dessen Musikalität im Handhaben eines Grammophons besteht, für den ein gut lackierter Kraftwagen schon zur Welt des Schönen zählt – geben Sie einmal einem solchen vergnügten und genügsamen Halbmenschen versuchsweise Unterricht in der Kunst, das Sterben einer Blume, die Verwandlung eines Rosa in ein Lichtgrau, als das Lebendigste und Aufregendste, als das Geheimnis alles Lebens und aller Schönheit mitzuerleben! Sie werden sich wundern!

Wenn Sie über dies und andres, woran mein Sommerbrief Sie erinnern mag, ein wenig meditieren, so werden Sie wohl auch jenen Gedanken wieder einmal in sich erwachen fühlen: daß die Krankheiten von heute die Gesundheiten von morgen sein können und umgekehrt. Wenn jene anscheinend so robusten und verflucht gesunden Geld- und Maschinenmenschen glücklich noch eine Generation lang weiter vertrottelt sind, dann werden sie vielleicht Ärzte, Lehrer, Künstler und Magier halten und hoch bezahlen, welche sie wieder in die Geheimnisse des Schönen und der Seele einführen.

1928

SPAZIERGANG IM ZIMMER

Sonderbar und unheimlich, wie auch der schönste und glühendste Sommer vergeht, wie plötzlich der Augenblick da ist, wo man fröstelnd und noch etwas verwundert in seinem Zimmer sitzt, auf den Regen draußen horcht und von einem grauen, schwachen, kühlen, strahlenlosen Licht umgeben ist, das man allzu gut wiedererkennt. Eben noch, gestern abend noch, war eine andere Welt und Luft um uns her, schwang warmes, rosiges Licht über sanfte Abendwolkengefilde, sang tief und summend das Lied des Sommers über den Wiesen und Weinbergen – und plötzlich erwachst du nach einer schwer durchschlafenen Nacht, blinzelst verwundert in einen grauen, matten Tag, hörst kühl und stetig den Regen auf die Blätter vorm Fenster schlagen und weißt: Jetzt ist es vorüber, jetzt ist es Herbst, jetzt ist es bald Winter. Eine neue Zeit, ein anderes Leben beginnt, ein Leben in den Stuben und bei Lampenlicht, mit Büchern und zuweilen mit Musik, ein Leben, das auch sein Schönes und Inniges hat, nur ist der Übergang dazu schwer und lustlos, es beginnt mit Frieren, mit Trauer und innerer Abwehr.

Mein Zimmer ist mit einem Male verwandelt. Einige Monate lang war es ein luftiges Obdach für die Stunden der Ruhe und der Arbeit, ein Unterstand mit offenen Türen und Fenstern, durch die der Wind und der Geruch der Bäume und der Mondschein ging, ich war in diesem Zimmer nur zu Gast, nur zu dem bißchen Ruhen und Lesen, das eigentliche Leben spielte sich nicht hier ab, sondern draußen, im Walde, am See, auf den grünen Hügeln, mit Malen, Spazieren, Wandern, in leichter, sorgloser Kleidung, in dünner Leinenjacke mit offenem Hemd. Und jetzt ist dies Zimmer plötzlich wieder wichtig, ist Heimat – oder Gefängnis, ist unentrinnbarer Aufenthalt.

Wenn erst einmal der Übergang vollzogen und der Dauerbrenner angezündet ist, wenn man sich darein ergeben und wieder daran gewöhnt hat, eingesperrt zu sein und ein Stubenleben zu führen, dann kann es ja wieder ganz hübsch werden. Für den Augenblick ist es nicht hübsch, ich schleiche von Fenster zu Fenster, sehe die Berge (über denen gestern noch die klare Mondnacht lag) in Wolken verhüllt, sehe und höre den kalten Regen ins Laub fallen, gehe hin und wider, friere kläglich und empfinde dennoch die warmen festen Kleider, die ich angezogen habe, als lästig. Ach, wo sind die Zeiten, da man halbe Nächte in Hemdärmeln auf der Terrasse oder im Wald unter den hohen, sanft wehenden Bäumen saß!

Es ist nun Zeit, sich wieder an sein Zimmer zu gewöhnen, die Wolken und den Regen draußen als Nebensache und die Stube als Hauptsache zu betrachten. Ich werde sie morgen heizen oder vielleicht noch heute, es bedarf nur dazu so vieler lästiger, langweiliger und ärgerlicher Verrichtungen. Den Dauerbrenner anzuzünden würde eine zu große Konzession an das Wetter, ein völliges Sichergeben und allzu frühes Sicheinwintern bedeuten. Dazu ist es noch nicht Zeit. Ich will mich vorerst noch so behelfen, mit Aufundabgehen, Händereiben, ein paar kleinen Turnübungen. Und dann, fällt mir ein, besitze ich von früheren Wintern her noch einen kleinen Petroleumofen, so eine runde rostige Blechkanone, die muß ich suchen und mobil machen. Es wird nicht angenehm sein, das Ding wird verrußt und verharzt und mit eingetrocknetem altem Öl verklebt sein, und bis man es wieder installiert und gefüllt und einigermaßen zum Brennen gebracht hat, wird es Ärger und Gestank und dreckige Finger geben. Aber es wird eben sein müssen, morgen oder am Ende noch heute, wenn die Kälte nicht nachläßt. Aber ehe ich an diese Prozeduren gehe, friere ich doch lieber noch eine

Weile, drücke mich im Zimmer herum, schaue durch die Fenster, rücke an den Büchern, blättere in meinen Aquarellmappen vom Sommer. Und allmählich wird mir bewußt, daß ich in diesen letzten Monaten meine alte Stube eigentlich sehr wenig angeschaut und beinahe vergessen habe, wie sie aussieht. Ich sehe sie mir nun wieder an, ich muß mich wieder mit ihr vertraut machen und befreunden.

Man sieht wohl, daß hier eine ganze Weile nur provisorisch gelebt und nicht richtig gewohnt worden ist. Es hängen oben in den Stubenecken, überm alten Spiegel, über den Bücherschränken manche große, mit dunklem Staub gefüllte Spinnweben, die wird man gelegentlich entfernen müssen. Es liegt Staub auf Tischen und Stühlen, und überall liegen Sachen herum, die irgend einmal für den Augenblick weggelegt, aber dann nie mehr weggenommen wurden. Es liegen Mappen mit Skizzen und Zeichnungen herum und Kartons und Haufen von Briefschaften (vielleicht werde ich noch ungelesene darunter finden), es stehen Fläschchen mit Leim, mit Zeichentinte, mit Fixativ herum, leere Zigarrenschachteln, vergessene Schutzkartons von gelesenen Büchern. Erst hinter dieser Schicht von Unordnung erkenne ich allmählich die alte Stube wieder und die alten Sachen, und alles gewinnt wieder Bedeutung und verlangt Beachtung.

In dunkler Höhe zwischen zwei Fenstern hängt die kleine altitalienische Madonna, die ich einst, vor sehr vielen Jahren, auf einer Reise in Brescia bei einem Trödler gekauft habe, eins der wenigen Stücke, die mich durch lange Zeiten und viele Wechsel meines Lebens begleitet haben. Sie und die alten Bücher und der große Schreibtisch sind die hergebrachten alten Stücke meiner Einrichtung. Die andern Möbel gehören der Hausfrau. Auch sie sind in zehn Jahren mir vertraut geworden, und man sieht ihnen allmählich das Altwerden an. Der kleine Polsterstuhl am Schreibtisch ist durchgesessen, unterm alten grünen Stoff beginnen die Gurten sichtbar zu werden, und das hübsche Kanapee ist auch etwas hart und löcherig geworden. An den Wänden hängen meine Aquarelle, dazwischen ein Kopf von Greco, das schöne Bildnis des jungen Novalis, das Bild des elfjährigen Mozart. Auf dem Bibliotheksschemel steht eine große fatale Kiste mit Zigarren, noch halb voll, es war ein Gelegenheitskauf, und sie bewährten sich nicht, ich bin damit hereingefallen, und sie werden jetzt für den Postboten verwendet, und zuweilen fällt auch einmal ein Besucher herein, nimmt sich eine davon, zündet sie an und legt sie während der Unterhaltung unauffällig in den Aschenbecher.

Aber es gibt auch hübschere und liebenswertere Dinge in dieser Stube, es hat sich allerlei mit den Jahren angesammelt, was mir wert geworden ist. Ein Fabeltier aus Stoff steht geheimnisvoll auf einem Gesimse, ein Tier, halb Reh, halb Giraffe, mit verlorenem Märchenblick. Es ist ein Werk von Sascha, einer Malerin, sie hatte vor Jahren einmal mit mir zugleich in einer Schweizer Stadt ein Kabinett voll kleiner Arbeiten ausgestellt, und als sich am Schluß der Ausstellung zeigte, daß wir beide nichts verkauft hatten, machten wir wenigstens einen Tausch, sie bekam von mir eine kleine Malerei und ich von ihr die stille schlanke Gazelle oder das Reh oder wie man es nun nennen mag; es ist mir sehr lieb, es dient mir seit Jahren als einziges Haustier, ersetzt mir Pferd, Hund und Katze.

Auch aus Indien sind Erinnerungen da, vor allem ein kleiner grell bemalter Holzgötze und ein winziger Flöte spielender Krischna aus gelber Bronze, der hat mir an manchem verregneten Winterabend indische Musik gemacht und mir geholfen, die schwierige Außenseite des Lebens nicht ernster zu nehmen, als die flüchtige Erscheinungswelt es verdient. Ferner steht, etwas verborgen, ein merkwürdiges kleines Heiligtum aus Ceylon bei mir, ein sehr altes Stück, ebenfalls aus Bronze. Es ist ein Eber, und dieser bronzene Eber tat in dem primitiven Tempelchen, in dem er einst auf Ceylon stand, denselben Dienst wie im Alten Testament der Sündenbock. In diesen Eber wurden die Sünden, Krankheiten und bösen Dämonen der Gemeinde gebannt, einmal im Jahre. Er trägt den Fluch vieler mit sich, er wurde für viele geopfert. Ich denke, wenn ich ihn betrachte, nicht viel an Indien und an alte Kulte, mehr an ewige Symbole, und er ist mir nicht eine Kuriosität, sondern ein Symbol, er ist für mich ein Bruder von uns Gezeichneten, von den paar Sehern, Narren, Dichtern, die in ihrer Seele stigmatisiert sind und den Fluch eines Zeitalters tragen, während die Zeitgenossen tanzen und Zeitungen lesen. Auch der Eber ist mir ein liebes Stück.

Auf dem zerlegenen Kanapee liegen viele Kissen, und eins von ihnen gehört auch zu den Dingen, die mir lieb sind. Da ist auf schwarzem Grund ein hellfarbiges Bild gestickt: Tamino und Pamina, wie sie durch die Flammen der Feuerprobe gehen. Tamino hält sich schlank und hoch und hat die Zauberflöte am Munde. Eine Frau hat es gestickt, die mich einst liebte, und wie mir ihr schönes Kissen mit dem holden Sinnbild geblieben ist und viel bedeutet, so möge auch ihr von mir irgendein kleiner Besitz in der Seele geblieben sein!

Von den Dingen, die mir erst in neuester Zeit zugekommen sind, schätze ich besonders eine schöne gläserne Vase in alter Kelchform, ein Geschenk meiner Freundin. Meistens stehen in diesem durchsichtigen Kelch ein paar einzelne Blumen, Zinnien oder Nelken oder kleine sanfte Feldblumen. Als ich den Kelch zum erstenmal sah und geschenkt bekam, stand ein Strauß von hellblauem Rittersporn in ihm, ich habe ihn noch wohl im Gedächtnis, so luftig und unirdisch stand das Blau überm blanken Glase. Damals war strahlender Sommer, und man ging abends den Wäldern entlang neben den Weinbergen, die kaum verblüht waren, und blau wie der Rittersporn hing der Sommerhimmel über uns.

Es wird zu kalt, und der Regen nimmt zu. Es regnet in die Blumen, in die blauen Trauben, in die verfärbten Wälder. Ich muß auf den Estrich steigen und den Petrol-

ofen suchen und vor diesem garstigen kleinen Götzen
niederknien und ihm schöntun, damit er vielleicht wieder brennt und warm gibt. Die kleine Blumenvase ist
leer. O wie blau und sommerlich waren einst ihre Blumen!

1928

WENN ES HERBST WIRD

Schon wieder ist ein Sommer hingewelkt, der tägliche Bogen der Sonne ist kleiner geworden, und aus den Nachtnebeln des Tales tauchen jeden Morgen die Wälder ein wenig gelber, ein wenig kahler auf. Da und dort steht noch mitten im gelben Kastanienwald ein blaugehauchter Fleck, dunkel und sommerlich anzusehen: Das sind Akazien auf feuchtem Boden, die halten sich lange grün. Dafür welken sie dann, wenn es auch sie trifft, erschreckend rasch ab, über Nacht werden die kleinen, zu zwei und zwei gereihten Blätter gelb und fallen schön und müde, wehende Goldtropfen, ins große Grab.

Das ist die Zeit, in der für mich das Reisen beginnt. Vom Frühling bis zu den ersten kalten Nächten sitze ich fest, da vermag mich nichts von meinem ländlichen Wohnort wegzulocken, da lebe ich in Wald und Gebirge, sehe den Blumen und den Eidechsen zu, belausche die Schmetterlinge und die Schlangen, zeichne die alten Tessiner Dörfer und male die blauen Seeblicke hinter den vielfarbigen, raupig feisten Waldrücken. Die braune Mauereidechse und die große blaugrüne Smaragdeidechse mit dem tiefblau schillernden Pfauenhals sind mir vertraut und die glasflügeligen Libellen, die kleine zimtbraune Würfelnatter am Bach und die dicke lange Äskulapnatter im Steingeröll der sonnigen Abhänge, ich weiß, wo die Häher nisten und die Grünspechte, und kenne die Lieblingsorte der Schwalbenschwänze, der Nachtpfauenaugen, der „spanischen Flaggen". Wandernd, rastend, malend, müßiggängerisch und doch fleißig, habe ich Jahr um Jahr dieses schöne Land, von dem die Fremden auf ihren dummen, nutzlosen Massenreisen nichts zu sehen bekommen als die Ansichtskartenseite, recht gut kennengelernt, von Monat zu Monat, den Wald ebenso wie die Felder und Weinberge, die Menschen ebenso wie die Wiesenblumen. Aber mit den Jahren wurden mir die Winter hier im Süden unerträglich, trotz der schönen lieben Sonne. Die Regenzeiten sind bedrückend; in vier durchgefrorenen Wintern, während der Inflationszeit, habe ich hier vor einem winzigen Kaminfeuerchen gesessen und meine Gesundheit für immer verdorben. Seither und seit der Geldbeutel es wieder erlaubt, gehe ich über den Winter fort, nicht um schönere Gegenden zu sehen, denn die gibt es nicht, noch um Abwechslung zu suchen, denn Langeweile ist etwas, was die Natur nicht kennt, sie ist eine Erfindung der Städter – aber ich reise zu den warmen Bädern, ich reise in Städte, wo es gutschließende Türen und Fenster, warme Holzböden, gute Öfen, wo es einen Arzt und einen Masseur gibt, und während ich mit ihrer Hilfe die Winterschmerzen zu ertragen suche, fällt dies und jenes Schöne mir in den Schoß: Besuch bei Freunden, gute Musik, Stöbern in Bibliotheken und Galerien. Ich wohne dann in der Stadt, und es kommen da, obwohl ich schwer zu finden bin, allerlei Leute zu mir. Es kommen verkannte Maler mit Mappen voll toller Entwürfe, es kommen junge selbstbewußte Leute, die Philologie studiert haben und jetzt eine Doktorarbeit über mich machen wollen; sie machen sie auch, reißen mich und das, was ich in dreißig Jahren gearbeitet habe, unerschrocken in Fetzen und bekommen dafür von ihrer Fakultät den Doktorhut auf die klugen Köpfe gesetzt. Es kommen versoffene Kunstzigeuner, die oft gute Geschichten wissen und jedenfalls ergiebiger sind als alle „gute Gesellschaft", und es kommen die Kometen und Exzentriker des Geistes, Genies mit Verfolgungswahn, Religionsgründer, Magier. Es kam, bis vor kurzem, je und je der liebe arme Dichter Klabund, voll von Geschichten, voll von Neugierde, mit dem jungen, immer ein wenig fiebrigen Gesicht, oder es erscheint, flüchtig und nur für Stunden, ohne Gepäck und mit der Bahn fehlgefahren, die blonde Fee Emmy Hennings, und früher zeigte sich manchmal auch der hagere Gnom Hans Morgenthaler, der wenig sprach, viel vor sich hin kicherte, zuweilen furchtbar verzweifelte Gedichte aus der Tasche zog und todkrank war, auch er ist dies Jahr gestorben. Für sie alle bin ich eine Art Onkel, wir haben einander gern, sie sehen mich mit Verwunderung scheinbar mitten im bürgerlichen Leben stehen und doch zugleich ihrer Welt angehören, sie rechnen mich nicht ganz zu sich, zur Zunft der Heimatlosen, und wissen doch, daß ich nicht nur Mozart und die Florentiner Madonnen liebe, sondern ebensosehr die Entgleisten, die gehetzten Steppenwölfe. Wir tauschen Gedichte und Zeichnungen, geben einander Redaktionsadressen, leihen einander Bücher und trinken manche Flasche Wein miteinander. Manchmal lasse ich mich auch zu einer Reise in irgendeine schöne, bildungshungrige Stadt verleiten, jedes Jahr einmal, da bekomme ich Reisegeld und Honorar, werde von einem Kenner durch die Altertümer und Sehenswürdigkeiten der Stadt geführt und muß dafür einen Abend lang fremden Menschen in irgendeinem unsympathischen Saal meine Gedichte vorlesen und tue es jedesmal mit dem Gefühl: Nie wieder!

Aber ehe dies Stadt- und Reise- und Zigeunerleben wieder beginnt, muß ich hier Abschied nehmen, muß die Wurzeln aus der Erde ziehen, muß Koffer packen, muß Natalina und Marie und Annunziata die Hand schütteln, muß mit dem Gepäck nach Lugano fahren und mich in einen Zug setzen, und auch dann noch bin ich zu Hause, bin gebunden und hörig, und erst wenn die letzten rosigen Berghänge verschwinden und die Tannenwälder zum Gotthard hinführen, ist plötzlich Fremde und Freiheit um mich, und ich bin wieder eine Pflanze ohne Wurzeln, ein Zigeuner.

Seit drei Tagen steht in meiner Stube, offen gähnend, der große Koffer, und ich soll wieder einmal packen. Es muß gut überlegt werden, denn es ist für mindestens sechs Monate. Kleider, Stiefel und Wäsche, das ist einfach, das zieht man aus den Laden, legt es in den Koffer, sitzt darauf und drückt zu. Aber alles andere, alle die kleinen Sachen, die man zum Arbeiten, zum Vergnügen braucht! Bücher muß man mitnehmen und Malzeug und Skizzenbücher und das eine oder andere Bild, um damit ein Hotelzimmer umzuzaubern, und so noch manches, und meistens nimmt man das Verkehrte mit. Man ist beim Packen immer viel zu praktisch und pedantisch.

Gerade auf die „praktischen" Sachen kommt es ja gar nicht an, die kriegt man überall, und sie sind überall gleich. Aber dies und jenes Unpraktische, richtig ausgewählt, kann das ganze Gepäck sinnvoll und lustig machen: ein Talisman, ein ausgestopfter Vogel, ein Haufen alter Briefe. Emmy versteht das wunderbar, sie reist los und hat weder Schuhe noch Wäsche mit, wohl aber ein Madonnenbild und eine runde Spieldose, die hat drei Lieder auf der Walze und hat schon manchen hoffnungslosen Bruder für eine Stunde froh gemacht.

Ich nehme Abschied von vielem. Ich räume die Bücher weg, die ich zuletzt gelesen habe: schöne Bücher diesmal! Es war „Der arme Chatterton" von E. Penzoldt (Insel-Verlag), ein überaus liebenswertes Buch, ein Buch für Zigeuner und Zaungäste des Lebens. Es war des lieben Klabund nachgelassener Roman „Borgia" (Phaidon-Verlag, Wien), ein schönes Werk, wie alle Bücher Klabunds, eine gewisse strotzende Kraft vortäuschend, die aber in Wirklichkeit Fieber ist, die beständige Übertemperatur des Kranken, aber voll von seiner biegsamen, spielenden Phantasie und melodiösen Sprachkunst. Sehr des Lesens wert schien mir auch „Jahrgang 1902" von Ernst Glaeser (Verlag Kiepenheuer), vielleicht mehr Zeitdokument als Dichtung, aber was liegt daran, das Buch trifft uns manchmal mitten ins Herz. Nun, alle diese Bücher, so schön sie sind, müssen hier bleiben. Ich nehme anderes mit, etwas von Hugo Ball, etwas von Stifter, einen Band Goethe. Dabei fällt mir der Kofferdeckel zu; er scheint genug zu haben, der alte Koffer. Er ist in manchen Ländern gewesen, er hat manche Sprache gehört, riesenstarke chinesische Lastträger haben ihn in den malaiischen und indischen Häfen von Schiff zu Schiff, von Schiff zu Hotel getragen, auf kleinem Boot ist er tagelang einen der Urwaldströme in Holländisch-Indien hinaufgefahren. Hoffentlich hält er noch manches Jahr, ich möchte ihn nicht gern überleben.

Bald werde ich reisefertig sein. Hoffentlich finde ich in Zürich eine Mozart-Oper oder Othmar Schoecks „Penthesilea" auf dem Spielplan, dann bleibe ich ein paar Tage dort. Hoffentlich sind die Badehotels in Baden jetzt leer geworden, dann lasse ich mich für eine Weile dort nieder, lege mich in die Bäder, richte mir einen Tisch zum Malen und Schreiben ein und verdöse den Winteranfang hygienisch. Vielleicht finde ich jemand, der mir für die paar Wochen ein Glas mit Goldfischen leiht, damit ich Zeitvertreib habe und nicht so allein bin. Meine Freundin ist auf Reisen, dieser Tage muß sie aus Wien oder Krakau schreiben. Komm bald wieder, lieber Zugvogel! Schon habe ich die Reiseunruhe in den Gliedern, ich mag nicht mehr in meinem Zimmer sitzen, ich mag nicht mehr spazierengehen. In Gottes Namen stopfe ich all die Wäsche in den Koffer. Ein grünes Hemd ist dabei, das hat meine Freundin mir einmal geschenkt. Wohin wirst du mit mir reisen, grünes Hemdchen? Wir werden drauflosfahren, wir werden vergängliche Heimaten beziehen, in Hotels, in Mietzimmern, wir werden uns immer wieder ein bißchen aufrappeln und erneuern, mit etwas Waschen und Bügeln, bis eben die Falten brüchig werden und unsere Form aus den Fugen geht. Dann werden wir uns verwandeln, mein Hemdchen, du wirst kein Hemd mehr sein, sondern ein Lumpen, und wirst vielleicht einmal ein schönes weißes Stück Papier, auf dem schreibt ein Liebender seinem Mädchen aus der Fremde. Und ich werde kein reisender Patient und Literat mehr sein, sondern in anderen Kreisen mitkreisen, in andere Wirbel geweht werden. Vielleicht komme ich wieder, studiere Philologie und schreibe eine Dissertation oder treibe sonst irgendein

Spiel. Vielleicht auch habe ich das Fegefeuer des Menschseins nun zu Ende erlitten und komme nicht mehr zurück oder komme als schlanker roter Fuchs, als kluger, flinker Marder, als stille dunkle Ringelnatter auf die Erde, die ich noch immer liebe.

1928

WAHLHEIMAT

Mir das Leben leicht und bequem zu machen, habe ich leider niemals verstanden. Eine Kunst aber, eine einzige, ist mir immer zu Gebote gestanden: die Kunst, schön zu wohnen. Seit der Zeit, da ich meinen Wohnort mir selbst wählen konnte, habe ich immer außerordentlich schön gewohnt, habe ich immer eine charakteristische, große, weite Landschaft vor meinen Fenstern gehabt. Nie aber habe ich so schön gewohnt wie im Tessin, und noch keinem meiner Wohnorte bin ich so viele Jahre treu geblieben wie meinem jetzigen; seit elf Jahren schon wohne ich hier und denke noch nicht ans Weggehen. Die Tessiner Landschaft, die ich im Jahr 1907 zum erstenmal gründlicher kennenlernte, hat mich stets wie eine vorbestimmte Heimat oder doch wie ein ersehntes Asyl angezogen. In vielen meiner Dichtungen kommt sie vor, in einigen spielt sie die Hauptrolle, namentlich in der „Wanderung", die nichts ist als ein Lobgesang an die Tessiner Landschaft.

Seit Jahren ist es mein Wunsch, ein Häuschen und ein wenig Land in der Luganeser Gegend zu besitzen und meine Tage hier zu beenden. Denn auch die Tessiner liebe ich sehr, nicht nur ihre Landschaft und ihr Klima. Es hat in den elf Jahren, seit ich unter ihnen wohne, noch nie ein böses Wort zwischen uns gegeben.

Ich habe es oft ausgesprochen: ein Dichter ist in vielen Beziehungen das anspruchsloseste Wesen der Welt, aber in andern Beziehungen wieder verlangt er viel und stirbt viel lieber, als daß er verzichten würde. Mir zum Beispiel wäre es unmöglich, zu leben, ohne daß die Umgebung meinen Sinnen wenigstens ein Minimum an echter Substanz, an wirklichen Bildern böte. In einer modernen Stadt, inmitten von kahler Nutzarchitektur, inmitten von Papierwänden, inmitten von imitiertem Holz, inmitten von lauter Ersatz und Täuschung zu leben wäre mir vollkommen unmöglich, ich würde da sehr bald eingehen. Hier im Tessin aber finde ich manche Dinge, die nicht nur schön und wohlig anzusehen, sondern auch voll tausendjähriger Tradition sind. Der nackte steinerne Tisch bei der steinernen Bank unterm Kirschlorbeer oder Buchsbaum, der Krug und die tönerne Schale voll Rotwein, das Brot und der Ziegenkäse dazu – das alles war zur Zeit des Horaz auch nicht anders.

1930

ZWISCHEN SOMMER UND HERBST

Ein gutes Stück von diesem Sommer habe ich verloren, durch schlechtes Wetter, durch Kranksein, durch dies und das; aber diese Zeit zwischen Sommer und Herbst, die Zeit der letzten heißen Nächte und der ersten Astern, sauge ich mit allen Poren ein, sie ist für mich die Höhe und Erfüllung des ganzen Jahres, und wenn ich im Winter oder Frühling an sie denke, so weckt das Gedächtnis lauter schöne, holde und vergängliche Bilder: das Bild einer voll aufgeblühten Rose, wie sie sich schwer auf dem Stiele neigt und ganz in ihrem süßen Dufttraume bezaubert ist, oder das Bild eines Pfirsichs, eines purpurn angeflogenen reifen Pfirsichs, wie man ihn im rechten Augenblicke vom Spalier pflückt, in dem Augenblick nämlich, wo er der eigenen Süße und schweren Reife so gesättigt ist, daß er nicht mehr leben will, sich nicht mehr wehrt, wo er ergeben uns in die Hand fällt, sobald wir ihn nur berühren. Oder das Bild einer schönen Frau auf der Höhe des Lebens und der Liebefähigkeit, mit den gelassenen Zügen, den würdigen Bewegungen der Reife, des Wissens und der Machtfülle und mit dem rosenhaften Hauch von Schwermut, dem stillen Ergebensein in die Vergänglichkeit.

In diesen Tagen, welche höchstens bis zur Mitte des Septembers dauern können, in diesen spätsommerlich glühenden Tagen, wo im hart gewordenen Laub die Trauben blau zu werden beginnen, wo nachts um die Lampe meines Arbeitszimmers die tausend kleinen juwelenschimmernden Falterchen, Glasflügler und Käfer summen, wo am Morgen in den großen mattglänzenden Spinnennetzen des Gartens die Tautropfen schon so herbstlich funkeln, während doch eine Stunde später

Erde und Pflanzenwelt in stumm brütender Hitze dampft – in diesen Tagen zwischen Sommer und Herbst, die ich von Kind an besonders geliebt habe, kommt mir alle Empfänglichkeit für die zarten Stimmen der Natur wieder, alle Neugierde auf die flüchtigen Farbenspiele, alles jägerhafte Belauschen und Belauern der winzigen Vorgänge: wie ein vorzeitig welkendes Rebenblatt sich in der Sonne dreht und einrollt, wie eine kleine goldgelbe Spinne sich an ihrem Faden schwebend vom Baume sinken läßt, sanft wie Flaum, wie eine Eidechse auf besonntem Stein rastet und sich ganz flach macht, um die Strahlung vollkommen auszukosten, oder wie am Zweige eine blaßrote Rose sich auflöst und nach dem lautlosen Dahinsinken ihrer Last der erleichterte Zweig ein klein wenig emporschnellt. Dies alles spricht dann wieder zu mir mit der Schärfe und Wichtigkeit, die es einst für meine Knabensinne hatte, und tausend Bilder aus vielen lang vergangenen Sommern werden in mir wieder lebendig, erscheinen hell oder behaucht auf der launisch spiegelnden Tafel der Erinnerung: Knabenstunden mit Schmetterlingsnetz und Botanisierbüchse, Spaziergänge mit den Eltern und die Kornblumen auf dem Strohhut meiner Schwester, Wandertage mit Blicken von schwindelnden Brücken in brausende Gebirgsflüsse hinab, unerreichbar auf bespritzten Felsklippen schaukelnde Steinnelken, bleichrosa blühender Oleander am Gemäuer italienischer Landhäuser, bläulicher Höhenrauch über heidebewachsenen Hochflächen im Schwarzwald, Gartenmauern am Bodensee, überm sanft klatschenden Wasser hängend, in der gebrochenen Spiegelfläche ihre Astern, Hortensien und Geranien beschauend. Es sind mannigfache Bilder, aber allen ist gemeinsam die gedämpfte Glut, der Duft von Reife, etwas Mittägliches und Wartendes, etwas vom zärtlichen Flaum des Pfirsiches, etwas von der halbbewußten Schwermut schöner Frauen auf der Höhe ihrer Reife.

Wenn man jetzt durchs Dorf und die Landschaft geht, findet man in den Bauerngärten zwischen den glühenden Kapuzinern die blauen und rotvioletten Astern blühen, und unter den Korallenfuchsien liegt die Erde voll von süßroten gefallenen Blüten. Man findet in den Rebgängen auf manchen Blättern schon den ersten Klang der Herbstfarben, jenes metallische, braun-bronzene matte Schimmern, und an den noch halbgrünen Trauben sind erste blaue Beeren zu sehen, manche sind schon dunkelblau und schmecken süß, wenn man sie probiert. In den Wäldern klingt aus dem edlen Blaugrün der Akazien da und dort wie ein Hornsignal hell und rein das goldgelbe Getüpfel eines abgewelkten Zweiges, und von den Kastanienbäumen fällt da und dort verfrüht eine grüne stachlige Frucht. Die zähe grüne Stachelschale ist schwer zu öffnen, die Stacheln scheinen so geschmeidig und dringen doch im Augenblick durch die Haut, heftig wehrt sich die kleine derbe Frucht ihres bedrohten Lebens. Und hat man sie herausgeschält, so hat sie die Konsistenz halbreifer Haselnüsse, schmeckt aber bitterer als diese.

Trotz der drückenden Wärme dieser Tage bin ich viel draußen. Ich weiß allzu gut, wie flüchtig diese Schönheit ist, wie schnell sie Abschied nimmt, wie plötzlich ihre süße Reife sich zu Tod und Welke wandeln kann. Und ich bin so geizig, so habgierig dieser Spätsommerschönheit gegenüber! Ich möchte nicht nur alles sehen, alles fühlen, alles riechen und schmecken, was diese Sommerfülle meinen Sinnen zu schmecken anbietet; ich möchte es, rastlos und von plötzlicher Besitzlust ergriffen, auch aufbewahren und mit in den Winter, in die kommenden Tage und Jahre, in das Alter nehmen. Ich bin sonst nicht eben eifrig im Besitzen, ich trenne mich leicht und gebe leicht weg, aber jetzt plagt mich ein Eifer des Festhaltenwollens, über den ich zuweilen selber lächeln muß. Im Garten, auf der Terrasse, auf dem Türmchen unter der Wetterfahne setze ich mich Tag für Tag stundenlang fest, plötzlich unheimlich fleißig geworden, und mit Bleistift und Feder, mit Pinsel und Farben versuche ich dies und jenes von dem blühenden und schwindenden

Reichtum beiseite zu bringen. Ich zeichne mühsam die morgendlichen Schatten auf der Gartentreppe nach und die Windungen der dicken Glyzinenschlangen und versuche die fernen gläsernen Farben der Abendberge nachzuahmen, die so dünn wie ein Hauch und doch so strahlend wie Juwelen sind. Müde komme ich dann nach Hause, sehr müde, und wenn ich am Abend meine Blätter in die Mappe lege, macht es mich beinahe traurig, zu sehen, wie wenig von allem ich mir notieren und aufbewahren konnte.

Dann esse ich mein Abendmahl, Obst und Brot, und sitze dabei in dem etwas düstern Zimmer schon ganz im Dunkeln, bald werde ich schon vor sieben Uhr das Licht anzünden müssen, und bald noch früher, und bald wird man sich an Dunkelheit und Nebel, an Kälte und Winter gewöhnt haben und kaum mehr wissen, wie die Welt einmal einen Augenblick lang so durchleuchtet und vollkommen war. Eine Viertelstunde lese ich dann, um auf andere Gedanken zu kommen, doch kann ich zu dieser Zeit nur auserlesen Gutes lesen.

Wie es im Zimmer dunkel wird, draußen aber noch der Tag ausatmend nachleuchtet, stehe ich auf und gehe auf die Terrasse hinaus, dort blickt man über ziegelgedeckte und efeubewachsene Brüstungsmauern gegen Castagnola, Gandria und San Mamette hinüber und sieht hinter dem Salvatore den Monte Generoso rosig verglühen. Zehn Minuten, eine Viertelstunde dauert dies Abendglück.

Ich sitze im Lehnstuhl, mit müden Gliedern, mit müden Augen, aber nicht satt oder verdrossen, sondern voll Empfänglichkeit, und ruhe und denke an gar nichts, und auf der noch sonnenwarmen Terrasse stehen meine paar Blumen im letzten Abendlicht, mit schwach leuchtendem Laube, langsam einschlummernd, langsam vom Tage Abschied nehmend. Fremd steht und etwas verlegen in ihrer exotischen Starre die große Opuntie mit den goldenen Stacheln, sie bleibt ganz allein für sich; meine Freundin hat mir diesen Märchenbaum geschenkt, er hat einen Ehrenplatz auf meiner Dachterrasse. Neben ihr lächeln die Korallenfuchsien und dunkeln die violetten Kelche der Petunien, aber Nelke und Wicke, Türkenbund und Sternblume sind längst verblüht. Zusammengedrängt in ihren paar Töpfen und Kistchen stehen die Blumen, und mit dem Dunkelwerden ihres Laubes beginnen ihre Blütenfarben heftiger zu glühen, ein paar Minuten lang leuchten sie so tiefbrennend wie Glasfenster in einem Dom. Und dann erlöschen sie langsam, langsam und sterben den täglichen kleinen Tod, um sich auf den großen einmaligen vorzubereiten. Unmerklich entschwindet ihnen das Licht, unmerklich wird ihr Grün ins Schwarze verwandelt, und ihre frohen Rot und Gelb sterben in gebrochenen Tönen zur Nacht hinüber. Manchmal kommt noch spät ein Falter zu ihnen geflogen, ein Schwärmer mit träumerisch schwirrendem Flug, bald aber ist der kleine Abendzauber vergangen, dunkel steht und plötzlich schwer geworden die Reihe der Berge drüben; aus dem hellgrünen Himmel, an dem man noch keinen Stern sehen kann, zucken in hastigem Flug die Fledermäuse und verschwinden blitzschnell. Tief unter mir im Tal geht ein Mann in weißen Hemdärmeln durchs Gras der Wiese und mäht, aus einem der Landhäuser am Dorfrand weht halbverwischt und einschläfernd ein wenig Klavierspiel herüber.

Da ich ins Zimmer zurückkehre und Licht anzünde, flügelt ein großer Schatten durchs Zimmer, und leise rauschend schwebt ein großer Nachtfalter gegen den grünen Glaskelch über dem Licht. Er setzt sich, hell bestrahlt, auf dem grünen Glase nieder, schlägt die langen schmalen Flügel zusammen, zittert mit dünn befiederten Fühlern, und seine schwarzen kleinen Augen glänzen wie feuchte Pechtropfen. Über seine geschlossenen Flügel läuft eine vielfach geäderte zarte Zeichnung wie Marmor, da spielen alle matten, gebrochenen, gedämpften Farben, alle Braun und Grau, alle Farbtöne welkender Blätter durcheinander und klingen sammetweich. Wenn ich ein Japaner wäre, so hätte ich von den Vorfahren her eine ganze Anzahl von genauen Bezeichnungen für diese Farben und ihre Mischungen geerbt und vermöchte sie zu benennen. Aber auch damit wäre nicht viel getan, so wie mit dem Zeichnen und Malen, dem Nachdenken und Schreiben nicht viel getan ist. In den braunroten, violetten und grauen Farbflächen der Falterflügel ist das ganze Geheimnis der Schöpfung ausgesprochen, all ihr Zauber, all ihr Fluch, mit tausend Gesichtern blickt das Geheimnis uns an, blickt auf und erlischt wieder, und nichts davon können wir festhalten.

1930

TESSINER HERBSTTAG

In manchen Jahren kann sich unser Tessiner Sommer nicht zum Abschiednehmen entschließen. Während er sonst, in heißen und gewittrigen Jahren, oft zu Ende des August oder zu Anfang des September plötzlich in einem mehrtägigen wilden Gewitter mit Wolkenbrüchen sich austobt und dann plötzlich gebrochen und alt ist und sich matt und verlegen verliert, hält er sich in diesen anderen Jahren viele Wochen lang immer und immer wieder, ohne Gewitter, ohne Regen, freundlich, still, ein Stifterscher Nachsommer, ganz blau und gold, ganz Frieden und Milde, unterbrochen nur zuweilen vom Föhn, der dann ein, zwei Tage lang an den Bäumen rüttelt und die Kastanien in den grünen Stachelhülsen vorzeitig herunterwirft und das Blau noch etwas blauer, das helle warme Violett der Berge noch etwas lichter, die Durchsichtigkeit der glasigen Luft noch um einen Grad klarer macht. Langsam, langsam und auf viele Wochen verteilt, färben sich die Blätter, wird die Rebe gelb und braun oder purpurn, der Kirschbaum scharlachrot, der Maulbeerbaum goldgelb, und im bläulich dunklen Laub der vielen Akazien flimmern die verfrüht vergilbten ovalen Blättchen wie versprengte Sternfunken.

Viele Jahre lang, zwölf Jahre lang habe ich diese Spätsommer und Herbste hier miterlebt, als Wanderer, als stiller Betrachter, als Maler, und wenn die Weinlese begann und zwischen den braungoldenen Weinblättern und schwarzblauen Trauben die roten Kopftücher der Weiber und die Jubelschreie der Burschen aufklangen, oder wenn ich an einem windstillen und leicht bedeckten Tage in der weiten Landschaft unseres Seetales überall die kleinen blauen Rauchsäulen der ländlichen Herbstfeuer emporsteigen und die Nähe einhüllend mit der Ferne verbinden sah, dann fühlte ich nicht selten einen Neid und eine Wehmut, wie sie der Wanderer im Herbst und im Altern empfindet, wenn er über die Zäune weg zu den anderen hinüberschaut, den Seßhaften, die ihre Trauben ernten, ihren Wein keltern, ihre Kartoffeln zu Keller bringen, ihre Töchter verheiraten, ihre kleinen launigen Gartenfeuerchen brennen lassen und die ersten Kastanien vom Waldrande darin braten. Merkwürdig schön, beneidenswert und vorbildlich erscheinen die Bauern und Seßhaften dem Wanderer, wenn es Herbst wird und sie ihre halb festlichen Arbeiten tun, ihre bukolischen und georgischen Bräuche begehen, ihre Lieder singen, ihre Trauben pflücken, ihre Fässer flicken, ihre Unkrautfeuer anzünden, um dabeizustehen, Kastanien zu braten und dem blauen zarten Rauche nachzublicken, wie er langsam sich verspielt und verliert und die allzu klare, glasige Landschaft heimlicher, versteckter, wärmer und versprechender macht. Zu nichts anderem scheinen diese Feld- und Gartenfeuer ja zu brennen. Angeblich dienen sie dazu, die störenden Brombeerpflanzen und das Kartoffelkraut zu vernichten, dem Boden Asche zu geben, die stachligen Kastanienschalen zu verbrennen, die nicht im Grase bleiben dürfen, weil sie für das Vieh gefährlich sind. Aber jeder Bauer, der da irgendwo zwischen den Rebstangen und Maulbeerstämmchen träumerisch sein Feuer schürt, scheint es doch nur zu tun um ebendieser Träumerei willen, dieses kindlich hirtenhaften Müßigganges, und um das Blau der Ferne mit den gelben, roten, braunen Klängen der farbigen Nähe zarter, inniger und musikalischer zu verbinden durch den träumerisch und launisch hinschleichenden Rauch, der um diese Jahreszeit tage- und wochenlang vom Morgen bis zum rosigen Abend unsere farbige Landschaft erfüllen und verschleiern hilft.

Oft hatte ich dem Rauche und den beim Feuer hockenden Männern und Buben zugesehen, wie sie ihre letzten Feldarbeiten träg und lässig besorgten, mit einer

Sattheit und leisen Schläfrigkeit, die mich an die Bewegungen der Schlangen und der Eidechsen und auch der Insekten erinnerte, welche, wenn es Herbst und kühl zu werden beginnt, so schlafsüchtig und leise taumelnd, so langsam und gelassen ihre gewohnten Gänge und Arbeiten verrichten, satt vom Sommer, müde von der Sonne, gewillt zu Ruhe und Winter, zu Schlaf und Dämmerung. Und immer hatte ich sie ein wenig beneidet, den Kuhhirten Felice und den reichen Bauern Franchini, den man „il barone" (sprich: barong) nennt, die Kastanienbrater an den Feldfeuern, wie sie herumstehen und mit rauchenden Gerten den Braten aus der Glut hervorkitzeln, die singenden Kinder, die schläfrig über die Blumen kriechenden Bienen, die ganze friedevolle, zur Winterruhe bereite, problemlose, angstlose, einfache und gesunde Welt der Natur und des primitiven, bäurischen Menschenlebens. Ich hatte Gründe für meinen Neid, denn ich kannte das vegetative Glück dieser Hingabe an Feldfeuerchen und herbstliche Trägheit recht wohl, ich hatte selber einst manche Jahre meinen Garten bestellt und meine eigenen Feuerchen brennen gehabt, und immer um diese herbstliche Zeit tat es mir leid darum und sah ich das Verlorene im verklärenden Licht eines nicht verzehrenden, aber doch tiefen Heimwehs. Irgendwo heimisch zu sein, ein Stückchen Land zu lieben und zu bebauen, nicht bloß zu betrachten und zu malen, teilzuhaben am bescheidenen Glück der Bauern und Hirten, am vergilischen, in zweitausend Jahren unveränderten Rhythmus des ländlichen Kalenders, das schien mir ein schönes, zu beneidendes Los, obwohl ich selbst es einstmals gekostet und erfahren hatte, daß es nicht genüge, um mich glücklich zu machen.

Und siehe, dies holde Los war mir jetzt noch einmal zugedacht, es war mir in den Schoß gefallen, wie eine reife Kastanie dem Wanderer auf den Hut fällt, er braucht sie nur zu öffnen und zu essen. Ich war, wider alles Erwarten, noch einmal seßhaft geworden und besaß, nicht als Eigentum, aber doch als lebenslänglicher

Pächter, ein Stück Land! Eben erst hatten wir unser Haus darauf gebaut und waren eingezogen, und jetzt begann für mich, aus vielen Erinnerungen her vertraut, noch einmal ein Stückchen bäuerlichen Lebens. Ich hatte es damit nicht mehr leidenschaftlich und heftig im Sinn, ich würde es mehr läßlich betreiben, mehr die Muße suchen als die Arbeit, mehr am blauen Herbstfeuerrauche träumen als Wälder roden und Pflanzungen anlegen. Immerhin, ich hatte eine schöne Weißdornhecke gepflanzt und Sträucher und Bäume und viele Blumen, und jetzt brachte ich diese Spätsommer- und Herbsttage, die unvergleichlichen, beinahe ganz im Gras und Garten hin, mit kleinen Arbeiten, mit dem Schneiden der jungen Hecke, dem Vorbereiten eines Gemüsegartens für den Frühling, dem Säubern der Wege, dem Reinigen der Quelle – und bei allen diesen kleinen Arbeiten hatte ich ein Feuer auf der Erde brennen, ein Feuer aus Unkraut, aus dürrem Gezweig und Dörnicht, aus grünen oder braunwelken Kastanienschalen.

Zuweilen im Leben, mag es im übrigen sein, wie es wolle, trifft doch etwas wie Glück ein, etwas wie Erfüllung und Sättigung. Gut vielleicht, daß es nie lange währen darf. Für den Augenblick schmeckt es wundervoll, das Gefühl der Seßhaftigkeit, des Heimathabens, das Gefühl der Freundschaft mit Blumen, Bäumen, Erde, Quelle, das Gefühl der Verantwortlichkeit für ein Stückchen Erde, für fünfzig Bäume, für ein paar Beete Blumen, für Feigen und Pfirsiche.

Jeden Morgen lese ich vor dem Atelierfenster ein paar Hände voll Feigen auf und esse davon, dann hole ich Strohhut, Gartenkorb, Hacke, Rechen, Heckenschere und begebe mich ins herbstliche Gelände. Ich stehe an der Hecke, befreie sie aus dem meterhohen Unkraut, das sie bedrängt, häufe in großen Haufen die Winden und den Knöterich, den Schachtelhalm und den Wegerich, entzünde ein Feuerchen am Boden, nähre es mit etwas Holz, decke es mit etwas Grünem, daß es langsam schmore, sehe den blauen Rauch sanft und stetig wie eine Quelle fluten und zwischen den goldenen Maulbeerkronen hinüber ins Blau des Sees, der Berge und des Himmels schwimmen. Es kommt allerlei nachbarliches, vertrauliches Geräusch zu mir von meinen Mitbauern, es stehen am Wasser meiner Quelle zwei alte Weiber und waschen Wäsche und schwatzen und beteuern ihre Erzählungen mit schönen Redewendungen, mit „magari" und „santo cielo!". Es kommt vom Tal herauf ein hübscher barfüßiger Knabe, das ist Tullio, Alfredos Sohn, ich erinnere mich an das Jahr seiner Geburt, ich war damals schon Montagnolese, jetzt ist er elf Jahre alt. Sein violettes zerwaschenes Hemdchen steht schön vor der Seebläue, er bringt vier graue Kühe mit zur Herbstweide, mit rosigen und flaumigen Mäulern atmen sie prüfend den Streifen Feuerrauch, der ihre Nasen erreicht hat, reiben die Köpfe aneinander oder an den Maulbeerstämmen, traben zwanzig Schritt weit, bleiben vor einer Rebenzeile stehen, werden vom kleinen Hirten ermahnt, wenn sie an den Reben zerren, und läuten im Hinschreiten stetig mit den kleinen Halsglocken. Ich rupfe den Knöterich aus, es tut mir leid um ihn, aber meine Hecke ist mir lieber, und am feuchten Boden tritt allerlei Pflanzentum und Tierleben unter meinen säubernden Händen zutage: eine lichtbraune schöne Kröte, sie weicht ein wenig vor meiner Hand zur Seite, bläht den Hals und schaut mich an, die Augen sind Edelsteine. Heuschrecken fliegen auf, aschgraue Tiere, die im Fliegen blaue und ziegelrote Flügel entfalten. Erdbeersträucher wachsen mit winzigen, sorgfältig gezahnten Blättern, und eine davon trägt eine winzige weiße Blüte mit gelbem Stern. Tullio schaut seinen Kühen zu. Er ist ein Knabe von elf Jahren und keine Schlafmütze, aber auch er schon in seinem drangvollen Knabenfrühling spürt die Luft der Jahreszeit, spürt die Sattheit nach dem Sommer, die Trägheit nach der Ernte, das träumerische Ruhebedürfnis, dem Winter entgegen. Er schlendert still und träge, bleibt oft viertelstundenlang regungslos, schaut aus den klugen braunen Augen in das blaue Land, zu den fernen weißleuchtenden Dörfern an den violetten Berghängen, nagt manchmal eine Weile an einer rohen Kastanie und wirft sie wieder weg. Endlich legt er sich nieder ins kurze Gras, zieht eine Weidenflöte heraus, fängt leise zu blasen an und probiert, was für Melodien sich auf ihr spielen lassen: sie hat nur zwei Töne. Die zwei Töne genügen zu vielen Melodien, sie genügen, mit ihrem Ton von Holz und Rinde, um die blaue Landschaft, den feurigen Herbst, den schläfrig ziehenden Rauch, die fernen Dörfer und den matt spiegelnden See zu besingen und die Kühe und die Weiber am Brunnen samt den braunen Schmetterlingen und den roten Steinnelken. Auf und ab geht seine Urmelodie, so hat sie schon Vergil gehört und auch schon Homer. Sie dankt den Göttern, sie preist das Land, den herben Apfel, die süße Traube, die kernige Kastanie, sie lobt dankbar das Blau, das Rot und das Gold, die Heiterkeit des Seetales, die Ruhe der fernen hohen Gebirge und beschreibt und preist ein Leben, von dem die Städter nichts wissen und das weder so roh noch so lieblich ist, wie sie es sich denken, ein Leben, das nicht geistig und nicht heroisch ist und das doch jeden geistigen und jeden heroischen Menschen im Tiefsten anzieht wie eine verlorene Heimat, denn es ist das Leben der ältesten und langlebigsten Menschengattung, der einfachsten und der frömmsten, das Leben des Landbebauers, ein Leben voll Fleiß und Mühe, aber ohne Hast und ohne eigentliche Sorge, denn sein Grund ist Frömmigkeit, ist Vertrauen zu den Gottheiten der Erde, des Wassers, der Luft, zu den Jahreszeiten, zu den Kräften der Pflanzen und der Tiere. Ich höre dem Liede zu und decke eine Schicht Laub auf mein herabgebranntes Feuer und möchte ohne Ende so stehen, so wunschlos und ruhig, und über die goldenen Maulbeerkronen hinweg in die farbenerfüllte, reiche Landschaft blicken, die so beruhigt und so ewig scheint, obwohl sie noch vor kurzem von den glühenden Strömen des Sommers durchwühlt war und bald von den Schneefällen und Stürmen des Winters heimgesucht sein wird. 1932

DER PFIRSICHBAUM

Heut nacht ging der Föhn gewaltig und erbarmungslos über das geduldige Land, über die leeren Felder und Gärten, durch die dürren Reben und den kahlen Wald, zerrte an jedem Ast und Stamm, heulte fauchend vor jedem Hindernis, klapperte knöchern im Feigenbaum und trieb die Wolken welken Laubes in Wirbeln bis in alle Höhen. Sauber in große Haufen hingestrichen lag es am Morgen plattgedrückt und geduckt hinter jeder Ecke und jedem Mauervorsprung, die einen Windschutz boten.

Und als ich in den Garten kam, war ein Unglück geschehen. Der größte von meinen Pfirsichbäumen lag am Boden, nahe über der Erde abgebrochen und über die steile Böschung des Rebbergs hinabgestürzt. Sie werden ja nicht sehr alt, diese Bäume, und gehören nicht zu den Riesen und Helden, sie sind zart und anfällig, gegen Verletzungen überempfindlich, ihr harziger Saft hat etwas von altem, überzüchtetem Adelsblut. Es war kein besonders edler oder schöner Baum, der da gefallen war, aber er war eben doch der größte meiner Pfirsichbäume gewesen, ein alter Bekannter und Freund, schon länger als ich auf diesem Grundstück heimisch. Jedes Jahr hatte er bald nach der Mitte des März seine Knospen geöffnet und seine rosig blühende, schaumige Krone kraftvoll vom Blau des Schönwetterhimmels und unendlich zart vom Grau eines Regenhimmels abgehoben, hatte in den launigen Böen frischer Apriltage geschaukelt, durchflogen von den goldenen Flammen der Zitronenfalter, hatte sich gegen den bösen Föhn gestemmt, war still und wie träumerisch im nassen Grau der Regenzeiten gestanden, leicht gebeugt zu seinen Füßen niederblickend, wo mit jedem Regentag das Gras der steilen Rebhänge grüner und fetter wurde. Manchmal hatte ich einen kleinen blühenden Zweig von ihm mit ins Haus und Zimmer genommen, manchmal ihm zur Zeit, wo die Früchte schwer zu werden begannen, mit einer Stütze geholfen, manchmal auch hatte ich in frühern Jahren, frech genug, ihn in seiner Blütezeit zu malen versucht. In allen Jahreszeiten hatte er da gestanden, seinen Ort in meiner kleinen Welt gehabt und mit dazu gehört, hatte Hitze und Schnee, Sturm und Stille miterlebt, hatte seinen Ton zum Liede, seinen Klang zum Bilde beigetragen, war allmählich hoch über die Rebenpfähle hinausgewachsen und hatte Generationen von Eidechsen, Schlangen, Schmetterlingen und Vögeln überdauert. Er war nicht ausgezeichnet, nicht besonders beachtet, aber unentbehrlich gewesen. Zur Zeit der beginnenden Reife hatte ich jeden Morgen den kleinen Abstecher vom Treppenwegchen zu ihm hinüber gemacht, die in der Nacht gefallenen Pfirsiche aus dem feuchten Grase gelesen und sie in der Tasche, im Korb oder auch im Hut mit zum Hause hinaufgebracht und auf die Terrassenbrüstung an die Sonne gelegt.

Nun war am Ort, der diesem alten Bekannten und Freund gehört hatte, ein Loch entstanden, die kleine Welt hatte einen Riß, durch den das Leere, das Finstre, der Tod, das Grauen hereinblickte. Traurig lag der gebrochene Stamm, das Stammholz sah mürbe und etwas schwammig aus, die Äste waren im Sturz geknickt, in zwei Wochen vielleicht hätten sie wieder einmal ihre rosenrote Frühlingskrone getragen und den blauen oder grauen Himmeln entgegengehalten. Nie mehr würde ich einen Zweig, nie mehr eine Frucht von ihm pflücken, nie mehr die eigenwillige und etwas phantastische Struktur seiner Verästelung nachzuzeichnen versuchen, nie mehr am heißen Sommermittag vom Treppenweg zu ihm hinübergehen, um einen Augenblick in seinem dünnen Schatten zu rasten. Ich rief Lorenzo, den Gärtner, und wies ihn an, den Gestürzten zum Stall zu tragen. Da würde er am nächsten Regentag, wenn es gerade keine andre Arbeit gab, zu Brennholz zersägt werden. Unmutig sah ich ihm nach. Ach, daß auch auf Bäume kein Verlaß ist, daß auch sie einem abhanden kommen, einem wegsterben, einen eines Tages im Stich lassen und ins große Dunkel hinüber verschwinden können!

Ich sah Lorenzo nach, der schwer an dem Stamm zu schleppen hatte. Leb wohl, mein lieber Pfirsichbaum! Wenigstens bist du, und dafür preise ich dich glücklich, einen anständigen, einen natürlichen und richtigen Tod gestorben, hast dich gestemmt und gehalten, bis es nicht mehr ging und dir der große Feind die Glieder aus den Gelenken drehte. Du hast nachgeben müssen, bist gestürzt und von deiner Wurzel getrennt worden. Aber du bist nicht von Fliegerbomben zersplittert, nicht von teuflischen Säuren verbrannt, nicht wie Millionen aus der heimatlichen Erde gerissen, mit blutenden Wurzeln wieder flüchtig eingepflanzt und bald aufs neue gepackt und heimatlos gemacht worden, du hast nicht Untergang und Zerstörung, Krieg und Schändung um dich her erleben und im Elend absterben müssen. Du hast ein Schicksal gehabt, wie es deinesgleichen zukommt und ansteht. Dafür preise ich dich glücklich; du bist besser und schöner alt geworden und bist würdiger gestorben als wir, die wir uns in unsern alten Tagen gegen das Gift und Elend einer verpesteten Welt zu wehren haben und jeden Atemzug sauberer Luft der ringsum fressenden Verderbnis abkämpfen müssen.

Als ich den Baum hatte liegen sehen, hatte ich wie immer bei einem solchen Verluste an Ersatz gedacht, an Neupflanzen. An der Stelle des Gestürzten würden wir ein Loch graben und es eine gute Weile offenstehen lassen, der Luft, dem Regen und der Sonne ausgesetzt, in das Loch würden wir mit der Zeit etwas Mist, etwas Dung vom Unkrauthaufen und allerlei mit Holzasche gemischte Abfälle tun und dann eines Tages, womöglich bei einem sanften, lauen Regen, ein neues, junges Bäumchen pflanzen. Es würde auch diesem Jungen, diesem

Baumkind, Erde und Luft hier leidlich behagen, auch es würde zum Kameraden und guten Nachbarn der Reben, der Blumen, der Eidechsen, der Vögel und der Schmetterlinge werden, würde in ein paar Jahren Früchte tragen, würde jeden Frühling in der zweiten Hälfte des März seine lieben Blüten treiben und, wenn das Schicksal ihm wohlwollte, einmal als ein alter, müd gewordener Baum irgendeinem Sturm oder Erdrutsch oder Schneedruck zum Opfer fallen.

Aber ich konnte mich diesmal nicht zum Nachpflanzen entschließen. Ich hatte ziemlich viele Bäume in meinem Leben gepflanzt, es kam auf den einen nicht an. Und es wehrte sich etwas in mir dagegen, auch hier und diesmal wieder den Kreislauf zu erneuern, das Rad des Lebens aufs neue anzutreiben, dem gefräßigen Tode eine neue Beute heranzuzüchten. Ich mochte nicht. Die Stelle soll leer bleiben.

1945

APRILBRIEF

Die eigentliche Blumenzeit dieses Frühlings war regenlos, von den ersten Primeln bis zu den ersten Anemonen und Kamelien war die Erde dürr und staubig und immer wieder vom beharrlichen Nordföhn bestrichen, nachts sah man zuweilen Waldbrände in langen Feuerzeilen die Berge hinankriechen, und es war rührend und mitleiderregend, wie trotz allem aus dem harten, starren Boden die Tausende und Tausende von Veilchen, der Krokus, der Blausterne, des Augentrost, der Taubnessel hervorkamen, wie sie die kleinen zarten Köpfchen dem erbarmungslosen Nordwinde hinhielten, trotz allem lachend und üppig in ihrer zahllosen Menge. Nur das Grün hielt sich zurück, im Wald wie auf den Wiesen, einzig der Bambus am Rand meines kleinen Gehölzes wehte mit lichtem jungem Grün.

Der Frühling ist für die meisten alten Leute keine gute Zeit; er setzte auch mir gewaltig zu. Die Pülverchen und ärztlichen Spritzen halfen wenig; die Schmerzen wuchsen üppig wie die Blumen im Gras, und die Nächte waren schwer zu bestehen. Dennoch brachte beinahe jeder Tag in den kurzen Stunden, die ich draußen sein konnte, Pausen des Vergessens und der Hingabe an die Wunder des Frühlings und zuweilen Augenblicke des Entzückens und der Offenbarung, deren jede des Festhaltens wert wäre, wenn es nur eben ein Festhalten gäbe, wenn diese Wunder und Offenbarungen sich beschreiben und weitergeben ließen. Sie kommen überraschend, dauern Sekunden oder Minuten, diese Erlebnisse, in denen ein Vorgang im Leben der Natur uns anspricht und sich uns enthüllt, und wenn man alt genug ist, kommt es einem dann so vor, als sei das ganze lange

Leben mit Freuden und Schmerzen, mit Lieben und Erkennen, mit Freundschaften, Liebschaften, mit Büchern, Musik, Reisen und Arbeiten nichts gewesen als ein langer Umweg zur Reife dieser Augenblicke, in welchen im Bilde einer Landschaft, eines Baumes, eines Menschengesichtes, einer Blume sich Gott uns zeigt, sich der Sinn und Wert alles Seins und Geschehens darbietet. Und in der Tat: Haben wir auch vermutlich in jungen Jahren den Anblick eines blühenden Baumes, einer Wolkenformation, eines Gewitters heftiger und glühender erlebt, so bedarf es für das Erlebnis, das ich meine, doch eben des hohen Alters, es bedarf einer unendlichen Summe von Gesehenem, Erfahrenem, Gedachtem, Empfundenem, Erlittenem, es bedarf einer gewissen Verdünnung der Lebenstriebe, einer gewissen Hinfälligkeit und Todesnähe, um in einer kleinen Offenbarung der Natur den Gott, den Geist, das Geheimnis wahrzunehmen, den Zusammenfall der Gegensätze, das große Eine. Auch Junge können das erleben, gewiß, aber seltener und ohne diese Einheit von Empfindung und Gedanke, von sinnlichem und geistigem Erlebnis, von Reiz und Bewußtsein.

Noch während unseres trockenen Frühlings, ehe die Regenfälle und die Reihe von Gewittertagen kamen, hielt ich mich öfters an einer Stelle meines Weinbergs auf, wo ich um diese Zeit auf einem Stück noch nicht umgegrabenen Gartenbodens meine Feuerstelle habe. Dort ist in der Weißdornhecke, die den Garten abschließt, seit Jahren eine Buche gewachsen, ein Sträuchlein anfangs aus verflogenem Samen vom Walde her, mehrere Jahre hatte ich es nur vorläufig und etwas widerwillig stehenlassen, es tat mir um den Weißdorn leid, aber dann gedieh die kleine zähe Winterbuche so hübsch, daß ich sie endgültig annahm, und jetzt ist sie schon ein dickes Bäumchen und ist mir heute doppelt lieb, denn die alte mächtige Buche, mein Lieblingsbaum im ganzen benachbarten Wald, ist kürzlich geschlagen worden, schwer und gewaltig liegen drüben noch wie

Säulentrommeln die Teile ihres zersägten Stammes. Ein Kind jener Buche ist wahrscheinlich mein Bäumchen.

Stets hat es mich gefreut und mir imponiert, mit welcher Zähigkeit meine kleine Buche ihre Blätter festhält. Wenn alles längst kahl ist, steht sie noch im Kleide ihrer welken Blätter, den Dezember, den Januar, den Februar hindurch, Sturm zerrt an ihr, Schnee fällt auf sie und tropft wieder von ihr ab, die dürren Blätter, anfangs dunkelbraun, werden immer heller, dünner, seidiger, aber der Baum entläßt sie nicht, sie müssen die jungen Knospen schützen. Irgendeinmal dann in jedem Frühling, jedesmal später, als man es erwartete, war eines Tages der Baum verändert, hatte das alte Laub verloren und statt seiner die feucht beflognen zarten neuen Knospen aufgesetzt. Diesmal nun war ich Zeuge dieser Verwandlung. Es war, bald nachdem der Regen die Landschaft grün und frisch gemacht hatte, eine Stunde am Nachmittag, um die Mitte des April, noch hatte ich in diesem Jahr keinen Kuckuck gehört und keine Narzisse in der Wiese entdeckt. Vor wenigen Tagen noch war ich bei kräftigem Nordwind hier gestanden, fröstelnd und den Kragen hochgeschlagen, und hatte mit Bewunderung zugesehen, wie die Buche gleichmütig im zerrenden Winde stand und kaum ein Blättchen hingab; zäh und tapfer, hart und trotzig hielt sie ihr gebleichtes altes Laub zusammen.

Und jetzt, heute, während ich bei sanfter windstiller Wärme bei meinem Feuer stand und Holz brach, sah ich es geschehen: es erhob sich ein leiser, sanfter Windhauch, ein Atemzug nur, und zu Hunderten und Tausenden wehten die so lang gesparten Blätter dahin, lautlos, leicht, willig, müde ihrer Ausdauer, müde ihres Trotzes und ihrer Tapferkeit. Was fünf, sechs Monate festgehalten und Widerstand geleistet hatte, erlag in wenigen Minuten einem Nichts, einem Hauch, weil die Zeit gekommen, weil die bittere Ausdauer nicht mehr nötig war. Hinweg stob und flatterte es, lächelnd, reif, ohne Kampf. Das Windchen war viel zu schwach, um die so leicht und dünn gewordenen kleinen Blätter weit weg zu treiben, wie ein leiser Regen rieselten sie nieder und deckten Weg und Gras zu Füßen des Bäumchens, von dessen Knospen ein paar wenige schon aufgebrochen und grün geworden waren. Was hatte sich mir nun in diesem überraschenden und rührenden Schauspiel offenbart? War es der Tod, der leicht und willig vollzogene Tod des Winterlaubes? War es das Leben, die drängende und jubelnde Jugend der Knospen, die sich mit plötzlich erwachtem Willen Raum geschaffen hatte? War es traurig, war es erheiternd? War es eine Mahnung an mich, den Alten, mich auch flattern und fallen zu lassen, eine Mahnung daran, daß ich vielleicht Jungen und Stärkeren den Raum wegnahm? Oder war es eine Aufforderung, es zu halten wie das Buchenlaub, mich so lang und zäh auf den Beinen zu halten wie nur möglich, mich zu stemmen und zu wehren, weil dann, im rechten Augenblick, der Abschied leicht und heiter sein werde? Nein, es war, wie jede Schauung, ein Sichtbarwerden des Großen und Ewigen, des Zusammenfalls der Gegensätze, ihres Zusammenschmelzens im Feuer der Wirklichkeit, es bedeutete nichts, mahnte zu nichts, vielmehr es bedeutete alles, es bedeutete das Geheimnis des Seins, und es war schön, war Glück, war Sinn, war Geschenk und Fund für den Schauenden, wie es ein Ohr voll Bach, ein Auge voll Cézanne ist. Diese Namen und Deutungen waren nicht das Erlebnis, sie kamen erst nachher, das Erlebnis selbst war nur Erscheinung, Wunder, Geheimnis, so schön wie ernst, so hold wie unerbittlich.

Am selben Ort, bei der Weißdornhecke und nahe der Buche, nachdem inzwischen die Welt saftig grün geworden und am Ostersonntag der erste Kuckucksruf in unserem Walde erklungen war, an einem der laufeuchten, wechselvollen, windbewegten Gewittertage, die schon den Sprung vom Frühling in den Sommer vorbereiten, sprach in einem nicht minder gleichnishaften Augenerlebnis das große Geheimnis mich an. Am schwer bewölkten Himmel, der dennoch immer wieder grelle Sonnenblicke in das keimende Grün des Tales warf, fand großes Wolkentheater statt, der Wind schien von allen Seiten zugleich zu wehen, doch wog die Südnordrichtung vor. Unruhe und Leidenschaft erfüllten die Atmosphäre mit starken Spannungen. Und mitten im Schauspiel stand, meinem Blick sich plötzlich aufdrängend, wiederum ein Baum, ein junger schöner Baum, eine frisch belaubte Pappel im Nachbargarten. Wie eine Rakete schoß sie empor, wehend, elastisch, mit spitzem Wipfel, in den kurzen Windpausen straff geschlossen wie eine Zypresse, bei wachsendem Winde mit hundert dünnen, leicht auseinandergekämmten Zweigen gestikulierend. Hin und her wiegte und bäumte sich mit zart blitzendem Flüsterlaub der Wipfel des herrlichen Baumes, seiner Kraft und grünen Jugend froh, mit leisem sprechendem Schwanken wie das Züglein einer Waage, jetzt wie im Neckspiel nachgebend, jetzt eigenwillig zurückschnellend (viel später erst fiel mir ein, daß ich schon einmal, vor Jahrzehnten, dies Spiel mit offenen Sinnen an einem Pfirsichzweig beobachtet und in dem Gedicht „Der Blütenzweig" nachgezeichnet hatte).

Mit Freude und furchtlos, ja mutwillig überließ die Pappel Zweige und Laubgewand dem stark anschwellenden feuchten Winde, und was sie in den Gewittertag hineinsang und was sie mit spitzem Wipfel in den Himmel schrieb, war schön, war vollkommen, war so heiter wie ernst, so Tun wie Erleiden, so Spiel wie Schicksal, es enthielt wiederum alle Gegensätze und Gegensinne. Nicht der Wind war Sieger und stark, weil er den Baum so zu schütteln und zu biegen vermochte, nicht der Baum war Sieger und stark, weil er aus jeder Beugung elastisch und triumphierend zurückzuschnellen vermochte, es war das Spiel von beidem, der Einklang von Bewegung und Ruhe, von himmlischen und irdischen Mächten: der unendlich gebärdenreiche Wipfeltanz im Sturme war nur noch Bild, nur noch Offenbarung des Weltgeheimnisses, jenseits von Stark und Schwach, von Gut und Böse, von Tun und Leiden. Ich las, eine kleine

Weile lang, eine kleine Ewigkeit lang, in ihm das sonst Verhüllte und Geheime rein und vollkommen dargestellt, reiner und vollkommener, als läse ich den Anaxagoras oder den Laotse. Und auch hier wieder schien es mir, als habe es, um dieses Bild zu schauen und diese Schrift zu lesen, nicht nur des Geschenkes einer Frühlingsstunde bedurft, sondern auch der Gänge und Irrgänge, Torheiten und Erfahrungen, Lüste und Leiden sehr vieler Jahre und Jahrzehnte, und ich empfand den lieben Pappelbaum, der mich mit dieser Schau beschenkte, durchaus als Knaben, als Unerfahrenen und Ahnungslosen. Ihn mußten noch viele Fröste und Schneefälle zermürben, noch manche Stürme rütteln, noch manche Blitze streifen und verletzen, bis vielleicht auch er des Schauens und des Horchens fähig und auf das große Geheimnis begierig sein würde.

Nicht nur in Garten und Wald, auch in meiner Werkstatt und Bibliothek brachten diese Tage um die Mitte des April mir einen überraschenden und schönen Fund. Es war wenige Tage, nachdem Wind und Pappel mir ihr Wechselspiel gezeigt hatten, da sprachen wir abends in der Bibliothek – es war ein Wiener Gast dabei – von Büchern und von Dichtern und namentlich von Hugo von Hofmannsthal, dessen wir mit dankbarer Liebe und Verehrung gedachten. Wir kamen zu Ende unserer Unterhaltung auf ein bestimmtes kleines Prosastück von ihm zu sprechen, das wir in schöner Erinnerung bewahrt, aber viele Jahre nicht mehr gelesen hatten. So beschlossen wir denn, es alsbald wieder zu lesen, und ich machte mich daran, den Band zu suchen, in dem es vermutlich zu finden war. Nun hat meine Bücherstube den Fehler aller lebenslang gepflegten Bibliotheken, sie leidet sehr an Raummangel, und in gewissen besonders überstopften Abteilungen stehen schon seit langen Jahren die Bücher in zwei Reihen hintereinander. Daraus entstehen viele Unbequemlichkeiten, und für mich, dem die Hände nicht mehr gehorchen, wäre es unmöglich gewesen, den gesuchten Band herauszuklauben. Doch half meine Frau, und zu zweien gelang es uns, der lang nicht mehr gelesene Band wurde nach dem Abbau der vorderen Bücherreihe gefunden und herausgeholt, im Inhaltsverzeichnis fand sich richtig der Essay, den zu lesen wir solche Lust hatten, ich übergab ihn meiner Frau, sie rückte sich die Leselampe zurecht und öffnete das Buch. Wir warteten darauf, daß sie vorzulesen beginne, aber plötzlich stutzte sie, machte große Augen, zog ein zusammengefaltetes Quartblatt aus dem Buche und rief: „Aber da liegt ja ein Brief von Hofmannsthal drin!" Ich schüttelte ungläubig den Kopf und konnte mich an einen solchen Brief nicht erinnern. Aber es war wirklich so, ein Briefblatt mit leicht gebleichter Handschrift lag als Lesezeichen ins Buch gelegt. Es stammte aus dem Jahr 1924, und mit ihm will ich meinen heutigen Rundbrief beschließen. Der Brief lautet:

Bad Aussee in Steiermark, 15. September 1924

Lieber Herr Hesse,

Ihre Anzeige des „Lesebuches" ist mir vor Augen gekommen, und es hat mich sehr gefreut, daß Sie als einer der ganz wenigen ernsten und gewissenhaften Schriftsteller, die wir haben, es der Mühe wert gefunden haben, auf das Buch hinzuweisen. Alles, was Sie darüber sagen, gerade von Ihnen ausgesprochen zu hören, war mir lieb, ganz besonders das, womit Sie schließen: daß Sie über die Darbietung des sprachlich Schönen hinaus noch eine andere Absicht erkennen: der Nation ihren Gehalt, verteilt in die Individuen, zu Gefühl zu bringen.

Ich glaube, man darf nicht ruhen in der Bemühung, dieser zerklüfteten, ja zerrissenen Nation innere Einigung zu bringen, nicht durch Programme, sondern indem man eine Art geistiger Mitte herstellt.

Ich habe Verschiedenes im Laufe der Jahre in diesem Sinne unternommen, auch die Herausgabe einer bescheidenen Zeitschrift, die Ihnen vielleicht einmal in die Hand gekommen ist. – Es gibt viele bekannte Autoren,

viele geistreiche und scheinbar geistreiche Männer –
aber wenige, die darauf bedacht sind, wo denn das alles
hinaus soll und wie man es denn anfangen müßte, damit
ein Zusammenhang und eine Harmonie in dem Ganzen
fühlbar werde – worauf denn am Ende alles ankommt
und wodurch das geistige Leben erst lebenswert würde.

Ich grüße Sie mit vielen freundlichen Gedanken
Hofmannsthal

1952

KAMINFEGERCHEN

Am Karnevalsdienstag nachmittag mußte meine Frau rasch nach Lugano. Sie redete mir zu, ich möchte mitkommen, dann könnten wir eine kleine Weile dem Flanieren der Masken oder vielleicht einem Umzug zusehen. Mir war es nicht danach zumute, seit Wochen von Schmerzen in allen Gelenken geplagt und halb gelähmt, spürte ich Widerwillen schon beim Gedanken, den Mantel anziehen und in den Wagen steigen zu müssen. Aber nach einigem Widerstreben bekam ich doch Courage und sagte zu. Wir fuhren hinunter, ich wurde bei der Schifflände abgesetzt, dann fuhr meine Frau weiter, einen Parkplatz zu suchen, und ich wartete mit Kato, der Köchin, in einem dünnen und doch spürbaren Sonnenschein, inmitten eines lebhaft, aber gelassen flutenden Verkehrs. Lugano ist schon an gewöhnlichen Tagen eine ausgesprochen fröhliche und freundliche Stadt, heute aber lachte sie einen auf allen Gassen und Plätzen übermütig und lustig an, die bunten Kostüme lachten, die Gesichter lachten, die Häuser an der Piazza mit menschen- und maskenüberfüllten Fenstern lachten, und es lachte heut sogar der Lärm. Er bestand aus Schreien, aus Wogen von Gelächter und Zurufen, aus Fetzen von Musik, aus komischem Gebrüll eines Lautsprechers, aus Gekreische und nicht ernst gemeinten Schreckensrufen von Mädchen, die von den Burschen mit Fäusten voll Konfetti beworfen wurden, wobei die Hauptabsicht offenbar die war, den Beschossenen möglichst einen Haufen der Papierschnitzel in den Mund zu zwingen. Überall war das Straßenpflaster mit dem vielfarbigen Papierkram bedeckt, unter den Arkaden ging man darauf weich wie auf Sand oder Moos.

Bald war meine Frau zurück, und wir stellten uns an einer Ecke der Piazza Riforma auf. Der Platz schien Mittelpunkt des Festes zu sein. Platz und Trottoirs standen voll Menschen, zwischen deren bunten und lauten Gruppen aber außerdem ein fortwährendes Kommen und Gehen von flanierenden Paaren oder Gesellschaften lief, eine Menge kostümierter Kinder darunter. Und am jenseitigen Rande des Platzes war eine Bühne aufgeschlagen, auf der vor einem Lautsprecher mehrere Personen lebhaft agierten: ein Conférencier, ein Volkssänger mit Gitarre, ein feister Clown und andre. Man hörte zu oder nicht, verstand oder verstand nicht, lachte aber auf jeden Fall mit, wenn der Clown wieder einen wohlbekannten Nagel auf den wohlbekannten Kopf getroffen hatte, Akteurs und Volk spielten zusammen, Bühne und Publikum regten einander gegenseitig an, es war ein dauernder Austausch von Wohlwollen, Anfeuerung, Spaßlust und Lachbereitschaft. Auch ein Jüngling wurde vom Conférencier seinen Mitbürgern vorgestellt, ein junger Künstler, Dilettant von bedeutenden Gaben, er entzückte uns durch die virtuose Nachahmung von Tierstimmen und anderen Geräuschen.

Höchstens eine Viertelstunde, hatte ich mir ausbedungen, wollten wir in der Stadt bleiben. Wir blieben aber eine gute halbe Stunde, schauend, hörend, zufrieden. Für mich ist schon der Aufenthalt in einer Stadt, unter Menschen, und gar in einer festlichen Stadt, etwas ganz Ungewohntes und halb Beängstigendes, halb Berauschendes, ich lebe wochen- und monatelang allein in meinem Atelier und meinem Garten, sehr selten noch raffe ich mich auf, den Weg bis in unser Dorf oder auch nur bis ans Ende unsres Grundstücks zurückzulegen. Nun auf einmal stand ich, von einer Menge umdrängt, inmitten einer lachenden und spaßenden Stadt, lachte mit und genoß den Anblick der Menschengesichter, der so vielartigen, abwechslungs- und überraschungsreichen, wieder einmal einer unter vielen, dazugehörig, mitschwingend. Es würde natürlich nicht lange dauern, bald würden die kalten schmerzenden Füße, die müden schmerzenden Beine genug haben und heimbegehren, bald auch würde der kleine holde Rausch des Sehens und Hörens, das Betrachten der tausend so merkwürdigen, so schönen, so interessanten und liebenswerten Gesichter und das Horchen auf die vielerlei Stimmen, die sprechenden, lachenden, schreienden, kecken, biederen, hohen, tiefen, warmen oder scharfen Menschenstimmen mich ermüdet und erschöpft haben; der heiteren Hingabe an die üppige Fülle der Augen- und Ohrengenüsse würde die Ermattung und jene dem Schwindel nah verwandte Furcht vor dem Ansturm der nicht mehr zu bewältigenden Eindrücke folgen. „Kenne ich, kenne ich", würde hier Thomas Mann den Vater Briest zitieren. Nun, es war, wenn man sich die Mühe nahm, ein wenig nachzudenken, nicht allein die Altersschwäche schuld an dieser Furcht vor dem Zuviel, vor der Fülle der Welt, vor dem glänzenden Gaukelspiel der Maja. Es war auch nicht bloß, um mit dem Vokabular der Psychologen zu sprechen, die Scheu des Introvertierten vor dem Sichbewähren der Umwelt gegenüber. Es lagen auch andre, gewissermaßen bessere Gründe für diese leise, dem Schwindel so ähnliche Angst und Ermüdbarkeit vor. Wenn ich meine Nachbarn ansah, die während jener halben Stunde auf der Piazza Riforma neben mir standen, so wollte es mir scheinen, sie weilten wie Fische im Wasser, lässig, müde, zufrieden, zu nichts verpflichtet; es wollte mir scheinen, als nähmen ihre Augen die Bilder und ihre Ohren die Laute so auf, als säße nicht hinter dem Auge ein Film, ein Gehirn, ein Magazin und Archiv und hinterm Ohr eine Platte oder ein Tonband, in jeder Sekunde beschäftigt, sammelnd, raffend, aufzeichnend, verpflichtet nicht nur zum Genuß, sondern weit mehr zum Aufbewahren, zum etwaigen späteren Wiedergeben, verpflichtet zu einem Höchstmaß an Genauigkeit im Aufmerken. Kurz, ich stand hier wieder einmal nicht als Publikum, nicht als verantwortungsloser Zuschauer und Zuhörer, sondern als Maler mit dem Skizzenbuch in der Hand, arbeitend, angespannt. Denn ebendies war ja unsre, der Künstler Art von Genießen und Festefeiern, sie bestand aus Arbeit, aus Verpflichtung und war dennoch Genuß – soweit eben die Kraft hinreichte, soweit eben die Augen das fleißige Hin und Her zwischen Szene und Skizzenbuch ertrugen, soweit eben die Archive im Gehirn noch Raum und Dehnbarkeit besaßen. Ich würde das meinen Nachbarn nicht erklären können, wenn es von mir verlangt würde, oder wenn ich es versuchen wollte, so würden sie vermutlich lachen und sagen: „Caro uomo, beklagen Sie sich nicht zu sehr über Ihren Beruf! Er besteht im Anschauen und eventuellen Abschildern lustiger Dinge, wobei Sie sich angestrengt und fleißig vorkommen mögen, während wir andern für Sie Feriengenießer, Gaffer und Faulenzer sind. Wir haben aber tatsächlich Ferien, Herr Nachbar, und sind hier, um sie zu genießen, nicht um unsern Beruf auszuüben wie Sie. Unser Beruf aber ist nicht so hübsch wie der Ihre, Signore, und wenn Sie ihn gleich uns einen einzigen Tag lang in unseren Werkstätten, Kaufläden, Fabriken und Büros ausüben müßten, wären Sie schnell erledigt." Er hat recht, mein Nachbar, vollkommen recht; aber es hilft nichts, auch ich glaube recht zu haben. Doch sagen wir einander unsre Wahrheiten ohne Groll, freundlich und mit etwas Spaß; jeder hat nur den Wunsch, sich ein wenig zu rechtfertigen, nicht aber den Wunsch, dem andern weh zu tun.

Immerhin, das Auftauchen solcher Gedanken, das Imaginieren solcher Gespräche und Rechtfertigungen war schon der Beginn des Versagens und Ermüdens; es würde gleich Zeit sein, heimzukehren und die versäumte Mittagsruhe nachzuholen. Ach, und wie wenige von den schönen Bildern dieser halben Stunde waren ins Archiv gelangt und gerettet! Wieviel Hunderte, vielleicht die schönsten, waren meinen untüchtigen Augen und Ohren schon ebenso spurlos entglitten wie denen, die ich glaubte als Genießer und Gaffer ansehen zu dürfen!

Eins der tausend Bilder ist mir dennoch geblieben und soll für die Freunde ins Skizzenbüchlein gebracht werden.

Beinahe die ganze Zeit meines Aufenthalts auf der festlichen Piazza stand mir nahe eine sehr stille Gestalt, ich hörte sie während jener halben Stunde kein Wort sagen, sah sie kaum einmal sich bewegen, sie stand in einer merkwürdigen Einsamkeit oder Entrücktheit mitten in dem bunten Gedränge und Getriebe, ruhig wie ein Bild und sehr schön. Es war ein Kind, ein kleiner Knabe, wohl höchstens etwa sieben Jahre alt, ein hübsches kleines Figürchen mit unschuldigem Kindergesicht, für mich dem liebenswertesten Gesicht unter den Hunderten. Der Knabe war kostümiert, er steckte in schwarzem Gewand, trug ein schwarzes Zylinderhütchen und hatte den einen seiner Arme durch ein Leiterchen gesteckt, auch eine Kaminfegerbürste fehlte nicht, es war alles sorgfältig und hübsch gearbeitet, und das kleine liebe Gesicht war ein wenig mit Ruß oder andrem Schwarz gefärbt. Davon wußte er aber nichts. Im Gegensatz zu allen den erwachsenen Pierrots, Chinesen, Räubern, Mexikanern und Biedermeiern und ganz und gar im Gegensatz zu den auf der Bühne agierenden Figuren hatte er keinerlei Bewußtsein davon, daß er ein Kostüm trage und einen Kaminfeger darstelle, und noch weniger davon, daß das etwas Besonderes und Lustiges sei und ihm so gut stehe. Nein, er stand klein und still auf seinem Platz, auf kleinen Füßen in kleinen braunen Schuhen, das schwarzlackierte Leiterchen über der Schulter, vom Gewoge umdrängt und manchmal ein wenig gestoßen, ohne es zu merken, er stand und staunte mit träumerisch entzückten hellblauen Augen aus dem glatten Kindergesicht mit den geschwärzten Wangen empor zu einem Fenster des Hauses, vor dem wir standen. Dort im Fenster, eine Mannshöhe über unsern Köpfen, war eine vergnügte Gesellschaft von Kindern beisammen, etwas größer als er, die lachten, schrien und stießen sich, alle in bunten Vermummungen, und von Zeit zu Zeit ging aus ihren Händen und Tüten ein Regen von Konfetti über uns nieder. Gläubig, entrückt, in seliger Bewunderung blickten die Augen des Knaben staunend empor, gefesselt, nicht zu sättigen, nicht loszulösen. Es war kein Verlangen in diesem Blick, keinerlei Begierde, nur staunende Hingabe, dankbares Entzücken. Ich vermochte nicht zu erkennen, was es sei, das diese Knabenseele so staunen und das einsame Glück des Schauens und Bezaubertseins erleben ließ. Es mochte die Farbenpracht der Kostüme sein oder ein erstmaliges Innewerden der Schönheit von Mädchengesichtern oder das Lauschen eines Einsamen und Geschwisterlosen auf das gesellige Gezwitscher der hübschen Kinder dort droben, vielleicht auch waren die Knabenaugen nur entzückt und behext von dem sacht rieselnden Farbenregen, der von Zeit zu Zeit aus den Händen jener Bewunderten herabsank, sich dünn auf unsern Köpfen und Kleidern und dichter auf dem Steinboden sammelte, den er schon wie feiner Sand bedeckte.

Und ähnlich wie dem Knaben ging es mir. So wie er weder von sich selbst und den Attributen und Intentionen seiner Verkleidung noch von der Menge, dem Clownstheater und den das Volk wie in Wogengängen durchpulsenden Schwellungen des Gelächters und Beifalls etwas wahrnahm, einzig dem Anblick im Fenster hörig, so war auch mein Blick und mein Herz mitten im werbenden Gedränge so vieler Bilder immer wieder dem einen Bilde zugehörig und hingegeben, dem Kindergesicht zwischen schwarzem Hut und schwarzem Gewand, seiner Unschuld, seiner Empfänglichkeit für das Schöne, seinem unbewußten Glück.

1953

REISELUST

ÜBER DAS REISEN

Als mir nahegelegt wurde, etwas über die Poesie des Reisens zu schreiben, schien es mir im ersten Augenblicke verlockend, einmal von Herzen über die Scheußlichkeiten des modernen Reisebetriebes zu schimpfen, über die sinnlose Reisewut an sich, über die öden modernen Hotels, über Fremdenstädte wie Interlaken, über Engländer und Berliner, über den verschandelten und maßlos teuer gewordenen badischen Schwarzwald, über das Geschmeiß von Großstädtern, die in den Alpen leben wollen wie zu Hause, über die Tennisplätze von Luzern, über Gastwirte, Kellner, Hotelsitten und Hotelpreise, verfälschte Landweine und Volkstrachten. Aber als ich einmal in der Bahn zwischen Verona und Padua einer deutschen Familie meine diesbezüglichen Ansichten nicht vorenthielt, wurde ich mit kühler Höflichkeit ersucht zu schweigen; und als ich ein andermal in Luzern einen niederträchtigen Kellner ohrfeigte, wurde ich nicht ersucht, sondern tätlich gezwungen, das Haus mit unschöner Eile zu verlassen. Seither lernte ich mich beherrschen.

Auch fällt mir ein, daß ich doch im Grunde auf allen meinen kleinen Reisen überaus vergnügt und befriedigt war und von jeder irgendeinen großen oder kleinen Schatz mitgebracht habe. Wozu also schimpfen?

Über die Frage, wie der moderne Mensch reisen solle, gibt es viele Bücher und Büchlein, aber meines Wissens keine guten. Wenn jemand eine Lustreise unternimmt, sollte er doch eigentlich wissen, was er tut und warum er es tut. Der reisende Städter von heute weiß es nicht. Er reist, weil es sommers in der Stadt zu heiß wird. Er reist, weil er im Wechsel der Luft, im Anblick anderer Umgebungen und Menschen ein Ausruhen von ermüdender Arbeit zu finden hofft. Er reist in die Berge, weil eine dunkle Sehnsucht nach Natur, nach Erde und Gewächs ihn mit unverstandenem Verlangen quält; er reist nach Rom, weil es zur Bildung gehört. Hauptsächlich aber reist er, weil alle seine Vettern und Nachbarn auch reisen, weil man nachher davon reden und damit großtun kann, weil das Mode ist und weil man sich nachher zu Hause wieder so schön behaglich fühlt.

Das alles sind ja begreifliche und honette Motive. Aber warum reist Herr Krakauer nach Berchtesgaden, Herr Müller nach Graubünden, Frau Schilling nach Sankt Blasien? Herr Krakauer tut es, weil er so viele Bekannte hat, die auch immer nach Berchtesgaden gehen, Herr Müller weiß, daß Graubünden weit von Berlin liegt und in Mode ist, und Frau Schilling hat gehört, in Sankt Blasien sei die Luft so gut. Alle drei könnten ihre Reisepläne und Routen vertauschen, und es wäre ganz dasselbe. Bekannte kann man überall haben, sein Geld kann man überall loswerden, und an Orten mit guter Luft ist Europa unermeßlich reich. Warum also gerade Berchtesgaden? Oder Sankt Blasien? Hier liegt der Fehler. Reisen sollte stets Erleben bedeuten, und etwas Wertvolles erleben kann man nur in Umgebungen, zu welchen man seelische Beziehungen hat. Ein gelegentlicher hübscher Ausflug, ein fideler Abend in irgendeinem Wirtsgarten, eine Dampferfahrt auf einem beliebigen See sind an sich keine Erlebnisse, keine Bereicherungen unseres Lebens, keine mit stetiger Kraft fortwirkenden Anregungen. Sie können dazu werden, aber kaum für die Herren Krakauer und Müller.

Vielleicht gibt es für diese Leute überhaupt keinen Ort auf der Erde, zu welchem sie tiefere Beziehungen haben. Es gibt für sie kein Land, keine Küste oder Insel, keinen Berg, keine alte Stadt, von der sie mit Ahnungskraft gezogen werden, deren Anblick ihnen Lieblingsträume erfüllt und deren Kennenlernen ihnen ein Schätzesammeln bedeutet. Trotzdem könnten sie glücklicher und schöner reisen, wenn doch einmal gereist sein muß. Sie müßten vor der Reise, sei es auch nur auf der Landkarte, sich wenigstens flüchtig über das Wesentliche des Landes und Ortes, wohin sie fahren, unterrichten, über das Verhältnis, in welchem seine Lage, seine Bodengestalt, sein Klima und Volk zur Heimat und gewohnten Umgebung des Reisenden steht. Und während des Aufenthaltes am fremden Orte müßten sie versuchen, sich in das Charakteristische der Gegend einzufühlen. Sie müßten Berge, Wasserfälle, Städte nicht nur im Vorbeigehen als Effektstücke anstaunen, sondern jedes an seinem Orte als notwendig und gewachsen und darum als schön erkennen lernen.

Wer hierzu den guten Willen hat, kommt leicht von selber auf die schlichten Geheimnisse der Reisekunst. Er wird nicht in Syrakus Münchener Bier trinken wollen und es, wenn er es je dort bekommt, schal und teuer finden. Er wird nicht in fremde Länder reisen, ohne deren Sprache einigermaßen zu verstehen. Er wird nicht Landschaft, Menschen, Sitten, Küche und Weine der Fremde nach dem Maßstabe seiner Heimat messen und den Venezianer schneidiger, den Neapolitaner stiller, den Berner höflicher, den Chianti süßer, die Riviera kühler, die Lagunenküste steiler wünschen. Er wird versuchen, seine Lebensweise dem Brauch und Charakter des Ortes anzupassen, er wird in Grindelwald früh und in Rom spät aufstehen usw. Und er wird namentlich überall versuchen, sich dem Volke zu nähern und es zu verstehen. Er wird also nicht in internationaler Reisegesellschaft verkehren und nicht in internationalen Hotels wohnen, sondern in Gasthöfen, deren Wirte und Angestellte Einheimische sind, oder noch besser bei Privatleuten, in deren häuslichem Leben er ein Bild des Volkslebens hat.

Man würde es unsäglich lächerlich finden, wenn ein Reisender in Afrika sich mit Gehrock und Zylinder aufs Kamel setzen wollte. Aber man findet es selbstverständlich, in Zermatt oder Wengen Pariser Kostüme zu tragen, in französischen Städten deutsch zu reden, in Göschenen Rheinwein zu trinken und in Orvieto dieselben Speisen zu essen wie in Leipzig. Wenn du diese Art von Reisenden nach dem Berner Oberland fragst, so sprechen sie entrüstet über die hohen Fahrpreise der Jungfraubahn, und wenn du sie auf Sizilien zu sprechen bringst, so erfährst du, daß es dort keine heizbaren Zimmer gebe, daß man aber in Taormina eine vorzügliche französische Küche antreffe. Fragst du nach dem dortigen Volk und Leben, so erzählen sie dir, man trage daselbst unendlich komische Trachten und rede einen völlig unverständlichen Dialekt.

Genug davon. Ich wollte ja von der Schönheit des Reisens reden, nicht von der Unvernunft der meisten Reisenden.

Die Poesie des Reisens liegt nicht im Ausruhen vom heimischen Einerlei, von Arbeit und Ärger, nicht im zufälligen Zusammensein mit anderen Menschen und im Betrachten anderer Bilder. Sie liegt auch nicht in der Befriedigung einer Neugierde. Sie liegt im Erleben, das heißt im Reicherwerden, im organischen Angliedern von Neuerworbenem, im Zunehmen unseres Verständnisses für die Einheit im Vielfältigen, für das große Gewebe der Erde und Menschheit, im Wiederfinden von alten Wahrheiten und Gesetzen unter ganz neuen Verhältnissen.

Dazu kommt das, was ich speziell die Romantik des Reisens nennen möchte: das Mannigfache der Eindrücke, das beständige heitere oder bängliche Warten auf Überraschungen, vor allem aber das Köstliche des Verkehres mit Menschen, die uns neu und fremd sind. Der musternde Blick des Portiers oder Kellners ist in Berlin derselbe wie in Palermo, aber den Blick des rhätischen Hirtenknaben, den du auf einer abseitigen Graubündener Weide überraschtest, vergißt du nicht. Du vergißt auch nicht die kleine Familie in Pistoja, bei der du einmal zwei Wochen gewohnt hast. Vielleicht entfallen dir die Namen, vielleicht erinnerst du dich der kleinen

Schicksale und Sorgen jener Menschen nimmer deutlich, aber du wirst nie vergessen, wie du erst den Kindern, dann der blassen kleinen Frau, danach dem Manne oder dem Großvater in einer glücklichen Stunde näherkamst. Denn du hattest mit ihnen nicht über wohlbekannte Dinge zu reden, nicht an Altes und Gemeinsames anzuknüpfen, du warst ihnen so neu und fremd wie sie dir, und du mußtest das Konventionelle ablegen, aus dir selbst schöpfen und auf die Wurzeln deines Wesens zurückgehen, um ihnen etwas sagen zu können. Du sprachst mit ihnen vielleicht über Kleinigkeiten, aber du sprachst mit ihnen als Mensch zu Menschen, tastend und fragend, mit dem Wunsche, diese Fremden ein wenig verstehen zu lernen, dir ein Stück ihres Wesens und Lebens zu erobern und mit dir zu nehmen.

Wer in fremden Landschaften und Städten nicht lediglich dem Berühmten, Auffallendsten nachgeht, sondern Verlangen trägt, das Eigentliche, Tiefere zu verstehen und mit Liebe zu erfassen, in dessen Erinnerung werden meistens Zufälligkeiten, Kleinigkeiten einen besonderen Glanz haben. Wenn ich an Florenz denke, sehe ich als erstes Bild nicht den Dom oder den alten Palast der Signorie, sondern den kleinen Goldfischteich im Giardino Boboli, wo ich an meinem ersten Florentiner Nachmittag ein Gespräch mit einigen Frauen und ihren Kindern hatte, zum erstenmal die Florentiner Sprache vernahm und die mir aus so viel Büchern vertraute Stadt zum erstenmal als etwas Wirkliches und Lebendes empfand, mit dem ich reden und das ich mit Händen fassen konnte. Der Dom und der alte Palast und alles Berühmte von Florenz ist mir darum nicht entgangen; ich glaube es besser erlebt und mir herzlicher zu eigen gemacht zu haben als viele fleißige Baedekertouristen, es wächst mir aus lauter kleinen, nebensächlichen Erlebnissen sicher und einheitlich heraus, und wenn ich ein paar schöne Bilder der Uffizien vergaß, so habe ich dafür die Erinnerung an Abende, die ich mit der Hauswirtin in der Küche, und an Nächte, die ich mit Burschen und Männern in kleinen Weinschenken verplauderte, und an den gesprächigen Vorstadtschneider, der mir unter seiner Haustüre die zerrissenen Hosen auf dem Leibe flickte und mir dazu feurige politische Reden, Opernmelodien und fidele Volksliedchen zum besten gab. Solche Bagatellen werden oft zum Kern wertvoller Erinnerungen. Dadurch, daß ich dort einen Faustkampf mit einem in die Wirtstochter verliebten Burschen bestand, ist mir das hübsche Städtchen Zofingen trotz der Kürze meines Dortseins – es waren zwei Stunden – unvergeßlich. Das reizende Dorf Hammerstein, südlich vom badischen Blauen, stände mir nicht mit allen Dächern und Gassen so klar und schön vor der Erinnerung, wenn ich es nicht einst spät am Abend nach einer langen, schlimmen Irrwanderung im Wald unvermutet erreicht hätte. Ich sah es ganz plötzlich und unvermutet, da ich um einen Bergvorsprung bog, in der Tiefe unter mir liegen, still und schläfernd und Haus an Haus geschmiegt, und dahinter stand der eben aufgehende Mond. Wäre ich auf der bequemen Landstraße hingekommen und durchgewandert, so wüßte ich nichts mehr davon. So war ich nur eine Stunde dort und besitze es als ein schönes, liebes Bild für Lebenszeit. Und mit dem Bilde dieses Dörfleins besitze ich die lebendige Vorstellung einer ganzen, eigenartigen Landschaft.

Wer je in jungen Jahren mit wenig Geld und ohne Gepäck ein gutes Stück gewandert ist, kennt diese Eindrücke wohl. Eine im Kleefeld oder im frischen Heu verbrachte Nacht, ein in entlegener Sennhütte erbetteltes Stück Brot und Käse, ein unvermutetes Eintreffen im Wirtshaus bei einer dörflichen Hochzeit, zu deren Mitfeier man eingeladen wurde, das bleibt fest im Gedächtnis. Allein es soll über dem Zufälligen nicht das Wesentliche, über der Romantik nicht die Poesie vergessen werden. Sich unterwegs treiben lassen und auf den lieben Zufall vertrauen, ist gewiß eine gute Praxis, aber einen festen, bestimmten Inhalt und Sinn muß jede Reise haben, wenn sie erfreulich und im tieferen Sinn ein Erlebnis sein soll. Aus Langeweile und fader Neugierde in Ländern umherzubummeln, deren inneres Wesen einem fremd und gleichgültig ist und bleibt, ist sündlich und lächerlich. Ebenso wie eine Freundschaft oder Liebe, die man pflegt und der man Opfer bringt, wie ein Buch, das man mit Bedacht auswählt und kauft und liest, ebenso muß jede Vergnügungs- oder Studienreise ein Liebhaben, Lernenwollen, Sichhingeben bedeuten. Sie muß den Zweck haben, ein Land und Volk, eine Stadt oder Landschaft dem Wanderer zum seelischen Besitz zu machen, er muß mit Liebe und Hingabe das Fremde belauschen und sich mit Ausdauer um das Geheimnis seines Wesens bemühen. Der reiche Wursthändler, der aus Protzerei und Bildungsmißverstand nach Paris und Rom fährt, hat nichts davon. Wer aber lange, heiße Jugendjahre lang die Sehnsucht nach den Alpen oder nach dem Meere oder nach den alten Städten Italiens in sich getragen und endlich Reisezeit und Reisegeld sich knapp erspart hat, der wird jeden Meilenstein und jede sonnige, von Kletterrosen überhangene Klostermauer und jeden Schneegipfel und Meeresstrich der Fremde mit Leidenschaft an sich reißen und nicht vom Herzen lassen, ehe er die Sprache dieser Dinge verstand, ehe ihm das Tote lebendig und das Stumme redend geworden ist. Er wird in einem Tage unendlich viel mehr erleben und genießen als ein Modereisender in Jahren, und er wird für Lebenszeit einen Schatz von Freude und Verständnis und beglückender Sättigung mitbringen.

Wer Geld und Zeit nicht zu sparen braucht und Lust am Reisen hat, dem müßte es ein treibendes Bedürfnis sein, die Länder, in welchen er für sein Auge und Herz Begehrenswertes ahnt, Teil für Teil sich zu eigen zu machen und in langsamem Lernen und Genießen sich ein Stück Welt zu erobern, in vielen Ländern Wurzel zu schlagen und aus Ost und West Steine zum schönen Gebäude eines umfassenden Verständnisses der Erde und ihres Lebens zu sammeln.

Ich verkenne nicht, daß die Mehrzahl unserer heutigen Lustreisenden aus ermüdeten Städtern besteht, die kein anderes Verlangen haben, als für eine Weile die erfrischende und tröstende Nähe des Naturlebens zu fühlen. Von „Natur" reden sie gern und haben eine gewisse halb ängstliche, halb gönnerhafte Liebe zu ihr. Aber wo suchen sie sie, und wie viele finden sie?

Es ist ein sehr verbreiteter Irrtum, zu meinen, man brauche nur an einen schönen Ort zu reisen, um der „Natur" nahe zu sein und ihre Kräfte und Tröstungen zu kosten. Es ist ja klar, daß dem seinen heißen Straßen entlaufenen Großstädter die Kühle und Reinheit der Luft am Meer oder in den Bergen wohltun muß. Damit begnügt er sich. Er fühlt sich frischer, atmet tiefer, schläft besser und kehrt dankbar heim, im Glauben, er habe die „Natur" nun so recht genossen und in sich gesogen. Er weiß nicht, daß er nur das Flüchtigste, Unwesentlichste davon aufgenommen und verstanden hat, daß er das Beste unentdeckt am Wege liegenließ. Er versteht nicht zu sehen, zu suchen, zu reisen.

Der Glaube, es sei viel einfacher und leichter, ein Stück Schweiz oder Tirol oder Nordsee oder Schwarzwald in sich aufzunehmen als etwa eine gediegene Vorstellung von Florenz oder Siena zu erwerben, ist grundfalsch. Die Leute, welchen von Florenz nichts als der Turm des palazzo vecchio und die Domkuppel in der Erinnerung haftenblieb, werden auch von Schliersee nur den Umriß des Wendelstein und von Luzern nichts als ein Bild des Pilatus und einen Dunst von Seebläue mitnehmen und nach wenig Wochen an echtem Seelenbesitz so arm sein wie zuvor. Die Natur wirft sich einem sowenig vor die Füße wie Kultur und Kunst und fordert gerade vom ungeschulten Stadtmenschen unendliche Hingabe, ehe sie sich entschleiert und ihm zu eigen gibt.

Es ist schön, mit der Bahn oder im Postwagen über den Gotthard, Brenner oder Simplon zu reisen, und es ist schön, die Riviera entlang von Genua bis Livorno oder im Lagunenschiff von Venedig nach Chioggia zu fahren. Aber ein sicherer Besitz bleibt von solchen Eindrücken selten zurück. Nur hervorragend feine und durchgebildete Menschen sind fähig, das Charakteristische einer größeren Landschaft im flüchtigen Vorüberstreifen zu erfassen und festzuhalten. Den meisten bleibt nur ein allgemeiner Eindruck von Meerluft, Wasserblau und Uferumrissen, und auch der ist bald verwischt wie die Erinnerung an ein Theaterbild. Fast allen Teilnehmern an den beliebten Gesellschaftsreisen durchs Mittelmeer geht es so.

Man muß nicht alles sehen und kennen wollen. Wer zwei Berge und Täler der Schweizer Alpen gründlich durchstreift hat, kennt die Schweiz besser als wer mit einer Rundkarte in derselben Zeit das ganze Land bereiste. Ich war wohl fünfmal in Luzern und Vitznau und hatte den Vierwaldstätter See noch immer nicht innig begriffen und erfaßt, bis ich nicht sieben Tage einsam im Ruderboot auf ihm zubrachte, jede Bucht befuhr und jede Perspektive ausprobte. Seither gehört er mir, seither kann ich in jeder beliebigen Stunde, ohne Bilder und Karten jeden seiner kleinsten Teile mir untrüglich vorstellen und von neuem lieben und genießen: Form und Vegetation der Ufer, Gestalt und Höhe der Berge, jedes einzelne Dorf mit Kirchturm und Schifflände, die Farben und Spiegelungen des Wassers zu jeder Tagesstunde. Auf Grund dieser sinnlich deutlichen Vorstellung erst ward es mir dann möglich, auch die dortigen Menschen zu verstehen, Gehaben und Mundarten der Uferdörfer, typische Gesichter und Familiennamen, Charakter und Geschichte der einzelnen Städtchen und Kantone zu unterscheiden und zu verstehen.

Und die venezianische Lagune wäre mir, trotz meiner eifrigen Liebe für Venedig, noch heute eine fremde, sonderbare, unbegriffene Kuriosität, wenn ich nicht einst, des blöden Hinstarrens müde, für acht Tage und Nächte das Boot und Brot und Bett eines Fischers von Torcello geteilt hätte. Ich ruderte an den Inseln entlang, watete mit dem Handnetz durch die braunen Schlammbänke, lernte Wasser, Gewächs und Getier der Lagune kennen, atmete und beobachtete ihre eigentümliche Luft, und seither ist sie mir vertraut und befreundet. Jene acht Tage hätte ich vielleicht für Tizian und Veronese verwenden können, aber ich habe in jenem Fischerboot mit dem goldbraunen Dreiecksegel Tizian und Veronese besser verstehen gelernt als in der Akademie und im Dogenpalast. Und nicht nur die paar Bilder, sondern das ganze Venedig ist mir nun kein schönes banges Rätsel mehr, sondern eine viel schönere, mir zugehörende Wirklichkeit, an die ich das Recht des Verstehenden habe.

Vom trägen Anschauen eines goldenen Sommerabends und vom lässig wohligen Einatmen einer leichten, reinen Bergluft bis zum innigen Verständnis für Natur und Landschaft ist noch ein weiter Weg. Es ist herrlich, auf einer sonnenwarmen Wiese hingestreckt, träge Ruhestunden zu verliegen. Aber den vollen, hundertmal tieferen und edleren Genuß davon hat nur der, dem diese Wiese samt Berg und Bach, Erlengebüsch und fernragender Gipfelkette ein vertrautes, wohlbekanntes Stück Erde ist. Aus einem solchen Stücklein Boden seine Gesetze zu lesen, die Notwendigkeit seiner Gestaltung und Vegetation zu durchschauen, sie im Zusammenhang mit der Geschichte, dem Temperament, der Bauart und Sprechweise und Tracht des dort heimischen Volkes zu fühlen, das fordert Liebe, Hingabe, Übung. Aber solche Mühen lohnen sich. In einem Lande, das du dir mit Eifer und Liebe vertraut und zu eigen gemacht hast, gibt dir jede Wiese und jeder Fels, an dem du rastest, alle seine Geheimnisse her und nährt dich mit Kräften, die er anderen nicht gönnt.

Ihr sagt, es könne doch nicht jedermann den Fleck Erde, auf dem er eine Woche lebt, als Geolog, Historiker, Dialektforscher, Botaniker und Ökonom studieren. Natürlich nicht. Es liegt am Fühlen, nicht am Namenwissen. Wissenschaft hat noch niemand selig gemacht.

Wer aber das Bedürfnis kennt, keine leeren Schritte zu tun, sich beständig im Ganzen lebend und im Weben der Welt einbegriffen zu fühlen, dem gehen überall schnell die Augen auf für das Charakteristische, Echte, Bodenständige. Er wird überall in Erde, Bäumen, Bergformen, Tieren und Menschen eines Landes das Gemeinsame herausfühlen und sich an dieses halten, statt Zufälligkeiten nachzulaufen. Er wird finden, daß dieses Gemeinsame, Typische sich noch in den kleinsten Blumen, in den zartesten Luftfärbungen, in den leichtesten Nuancen der Mundart, der Bauformen, der Volkstänze und Lieder äußert, und je nach seiner Veranlagung wird ihm ein volkstümliches Witzwort oder ein Laubgeruch oder ein Kirchturm oder ein kleines rares Blümlein zur Formel werden, welche für ihn das ganze Wesen einer Landschaft knapp und sicher umschließt. Und solche Formeln vergißt man nicht.

Hiemit genug. Nur das möchte ich noch sagen, daß ich an ein spezielles „Talent zum Reisen", von dem man oft reden hört, nicht glaube. Die Menschen, denen auf Reisen Fremdes schnell und freundlich vertraut wird und die ein Auge fürs Echte und Wertvolle haben, das sind dieselben, welche im Leben überhaupt einen Sinn erkannt haben und ihrem Stern zu folgen wissen. Ein starkes Heimweh nach den Quellen des Lebens, ein Verlangen, sich mit allem Lebendigen, Schaffenden, Wachsenden befreundet und eins zu fühlen, ist ihr Schlüssel zu den Geheimnissen der Welt, welchen sie nicht nur auf Reisen in ferne Länder, sondern ebenso im Rhythmus des täglichen Lebens und Erlebens begierig und beglückt nachgehen.

1904

DIE BLAUE FERNE

In den Jahren meiner ersten Jugend bin ich oft auf hohen Bergen allein gestanden, und mein Auge hing lange an der Ferne, an dem verklärten Duft der letzten zarten Hügel, hinter denen die Welt in tiefe blaue Schönheit versank. Alle Liebe meiner frischen, begehrlichen Seele floß in eine große Sehnsucht zusammen und trat mir feucht ins Auge, das mit verzaubertem Blick die milde ferne Bläue trank. Die heimatliche Nähe erschien mir so kühl, so hart und klar, so ohne Duft und Geheimnis, und dort jenseits war alles so mild getönt, so überflossen von Wohllaut, Rätsel und Lockung.

Ich bin seither ein Wanderer geworden und bin auf allen jenen duftig fernen Hügeln gestanden. Sie waren kühl, hart und klar, aber jenseits, weiter hinaus, lag wieder jene in Ahnung aufgelöste, selig blaue Tiefe – noch edler und sehnsuchtweckender.

Noch oft sah ich sie verlockend liegen. Ich widerstand ihrem Zauber nicht, ich ward heimisch in ihr und ward fremd auf den Hügeln der Nähe und Gegenwart. Und das nenne ich nun das Glück: sich hinüberneigen, blaue Gefilde in weiter Abendferne erblicken und die kühle Nähe für Stunden vergessen. Das ist das Glück, etwas anderes, als meine Jugend meinte, etwas Stilles und Einsames, schön, doch nicht fröhlich.

Aus meinem stillen Einsiedlerglück lernte ich die Weisheit, allen Dingen den Flaum des Fernen zu lassen, nichts in das kühle, grausame Licht der alltäglichen Nähe zu rücken und alles so zu berühren, als wäre es vergoldet, so leicht, so leise, schonend und hochachtend.

Kein kostbarstes Kleinod ist so unanfechtbar schön, daß ihm nicht Gewöhnung und Lieblosigkeit den Glanz des Wertvollen rauben könnte; kein Beruf ist so edel, kein Dichter so reich, kein Land so gesegnet. Darum erscheint es mir eine erstrebenswerte Kunst: die Andacht und Liebe, die wir gern den fernstehenden, entrückten Schönheiten gönnen, auch den nahen und gewohnten zu schenken. Ohne die Morgensonne und die ewigen Sterne minder heiligzuhalten, können wir unserem Nächsten und Kleinsten einen zarten Duft und Schimmer verleihen, indem wir es schonen, sanft berühren und ihm die Poesie nicht rauben, die allem Bestehenden doch irgendwie eigen ist. Was man roh genießt, wird bitter und entwürdigt den Genießenden. Was man genießt, als sei man ein zu Gast geladener Fremder, bleibt uns wert und macht uns edler.

Das lernt man in keiner Schule so gut wie in der des Entbehrens. Du bist in deinem Lande nicht zufrieden? Du weißt von schöneren, reicheren, wärmeren? Und du reisest deiner Sehnsucht nach. Du wanderst in andere Länder, die schöner und sonniger sind. Dein Herz geht dir weit auf, mildere Himmel überspannen dein neues Glück. Das ist nun dein Paradies – aber warte noch, ehe du es lobst! Warte wenige Jahre, nur ein wenig über die erste Freude und die erste Jugend hinaus! Und die Zeit kommt, da du Berge ersteigst, um von dort die Stelle des Himmels zu suchen, unter welcher deine alte Heimat liegt. Wie waren dort die Hügel weich und grün! Und du weißt und du fühlst, dort steht noch das Haus und der Garten deiner ersten Kinderspiele, und dort träumen alle heiligen Erinnerungen deiner Jugend, und dort liegt das Grab deiner Mutter.

So ist dir die alte Heimat ungewollt lieb und fern geworden und die neue Heimat fremd und allzu nah. Und so ist es mit allem Besitze und mit allen Gewöhnungen unseres armen unruhigen Lebens.

1904

421

KASTANIENBÄUME

Zu jenem Bilde, das eine Stadt oder ein Dorf in unserer Erinnerung hinterläßt, gehören viele Dinge, für mich aber besonders die Bäume. Sie sind nicht nur an sich schön und liebenswert und stellen inmitten der Stadtmauern dem Menschenwesen die ewige Unschuld und Würde der Natur entgegen. Man kann außerdem auch vieles aus ihnen ersehen über Art und Alter des Bodens und der Kultur, über Klima und Gestein und über den Sinn der Menschen. Das Dorf am Bodensee, in dem ich manche Jahre gelebt habe, kann ich mir ohne Pappeln nicht vorstellen, sowenig wie den Gardasee ohne Oliven und die Toskana ohne Zypressen. Andere Orte sind mir undenkbar ohne ihre Nußbäume oder Linden.

Eine richtige Kastanienstadt habe ich schon lange nicht mehr gesehen. Eine kannte ich einst, eine kleine alte Stadt im Schwäbischen, eine Stadt mit exemplarisch schönen Roßkastanien. In ihrer Mitte liegt die alte Burg, ein weitläufiges Geschachtel von massivem Mauerwerk, und um die ganze weitläufige Burg herum führt ein breiter, längst vertrockneter Graben, und um den Graben herum im weiten Ring läuft eine prächtige Straße, die hat auf der einen Seite lauter niedrige alte Häuser und kleine Gärten, auf der Grabenseite aber einen mächtigen Kranz von großen Kastanienbäumen.

Auf der einen Seite dieser Ringstraße hängen Ladenschilder und Wirtsschilder, hier klopfen Schreiner und hauen Spengler dröhnend auf ihr Blech, hier dämmern die Höhlenwerkstätten der Schuster und stinken geheimnisvoll die Lohgerbereien. Auf der andern Seite der breiten Straße aber, die dem ganzen Städtchen etwas Herrschaftliches gibt, herrscht Stille und Schatten, Laubgeruch und grünes Lichterspiel, Bienengesang und Schmetterlingsflug. So haben alle die fleißigen Klopfer und Bastler ihren Fenstern gegenüber einen ewigen Feiertag und Frieden liegen, nach dem sie häufig mit Sehnsucht schielen und den sie an warmen Abenden im Sommer nicht zeitig genug aufsuchen können.

Acht Tage habe ich einmal in dieser kleinen Stadt gewohnt und dann niemals wieder, und obwohl ich eigentlich in Geschäften dort war, machte ich mir doch eine Lust daraus, den Kaufleuten und Handwerkern gönnerhaft in die Fenster zu schauen und mich recht oft und langsam, vornehm spazierengehend, auf der schattigen Feiertagsseite der Straße und des Lebens zu zeigen. Das schönste aber war, daß ich am Graben wohnte, in der Wirtschaft Zum Adler, und abends und die ganze Nacht die vielen blühenden Kastanien, rote und weiße, vor meinem Fenster hatte. Zwar genoß ich diese Augenlust nicht ungestraft, denn der scheinbar längst ausgetrocknete Wallgraben war noch feucht genug auf seinem moosgrünen Grunde, um täglich hunderttausend hungrige Stechmücken zu entsenden. Aber ein junger Mensch auf Reisen schläft in solchen heißen Sommernächten ohnehin nicht viel, und wenn mir die Mücken gar zu frech wurden, rieb ich mich mit Essig ein und setzte mich ohne Licht mit einer Zigarre ans Fenster.

Was für wunderliche Abende und Nächte waren das! Sommerduft und leichter warmer Straßenstaub, Mückengeschwirr und feine elektrische Schwüle in der Luft verteilt und leise zuckend!

Jetzt, nach allen den vielen Jahren, blicken mich diese warmen Abende am Kastaniengraben so köstlich und ergreifend an wie eine verlorene Jugend. Sie schauen so tief schattig und flüstern so betörend süß und heiß und machen so wunderbar traurig wie die Sage vom Paradies und wie das verschollene Lied von Avalun.

Noch am Nachmittag war ich meistens mit meinen Geschäften fertig. Alsdann promenierte ich mit dem herrenmäßigen Hochmut des Nichtstuers ein- oder zweimal den ganzen runden Weg um die Burg herum und genoß die Freiheit und den Müßiggang, zu dem ich damals in mir viel Talent entdeckte. Wenn ich es je im Leben noch zu etwas Rechtem bringen wollte, dann mußte ich ja doch noch so bitter viel arbeiten, daß ich mir jetzt die paar geschenkten Tage wohl gönnen durfte! Ja, und am Ende war es vielleicht gar nicht unerläßlich und vorbestimmt, daß einmal etwas aus mir werde, vielleicht ging es auch ohne das. Mir sollte es lieb sein.

Sodann schlenderte ich zur Stadt hinaus und durch die Vorstadtgärten hügelan auf irgendeine hochgelegene duftende Sommerwiese oder an einen dämmernden Waldrand. Seit den Knabenzeiten hatte ich nie mehr so müßig und hingegeben den blitzenden Eidechsen und den taumelnden Schmetterlingen zugesehen. Im Bach nahm ich ein Bad oder tauchte doch den heißen Kopf ins Wasser, und dann zog ich an verborgenen Örtern ein kleines Notizbuch heraus und schrieb mit dem spitzesten Bleistift Dinge hinein, deren ich mich schämte und die mich doch unglaublich froh, ja stolz machten. Vermutlich sind meine Verse nicht viel wert gewesen, und vielleicht würde ich lachen, wenn ich sie heute wieder zu Gesicht bekäme. Aber nein, ich würde nicht lachen, gewiß nicht. Ich möchte noch einmal im Leben, eine einzige Stunde lang, so närrisch froh sein wie damals bei meinen geheimen Schreibereien.

So wurde es Abend, und ich ging in das Städtlein zurück. Bei einem Garten nahm ich eine Rose mit und trug sie in der Hand davon, denn wie leicht hätte es geschehen können, daß ich in Lagen kam, in denen man froh ist, eine Rose zur Hand zu haben. Beispielsweise gesprochen, wenn die Tochter des Zimmermanns Kiderlen am Markt mir in einem günstigen Augenblick begegnet wäre und ich hätte den Hut gezogen und sie hätte vielleicht nicht bloß genickt, sondern es auch auf ein Gespräch ankommen lassen, hätte ich da Bedenken getragen, ihr mit passenden Worten die Rose anzubieten? Oder es hätte auch die Martha sein dürfen, die im

„Adler" bediente und die immer so von oben herunter mit mir war. Vielleicht war sie gar nicht so.

Und so kam ich wieder in die Stadt zurück und lief hin und her durch die paar Gassen, um dem Zufall die Hand zu bieten, und endlich kehrte ich in den „Adler" zurück. Im Gang vor der Wirtshaustüre steckte ich meine Rose ins Knopfloch und ging dann hinein, bestellte höflich Schinken mit Senf oder ein paar Eier und ließ mir ein Vaihinger Bier dazu geben.

Bis das Essen kam, las ich noch einmal flüchtig in meinem Versbüchlein, machte schnell noch irgendwo einen Strich oder ein Fragezeichen, und dann aß ich und trank und nahm mir für das Reden und Benehmen die älteren und feineren von den Herren Stammgästen zum Vorbild. Es kam vor, daß der Wirt oder die Wirtin mir nicht bloß guten Appetit wünschten, sondern sich auch ein wenig mir gegenübersetzten und ein Gespräch eröffneten. Dann gab ich mit höflicher Leutseligkeit Bescheid, und es konnte vorkommen, daß ich auch einen kräftigen Spruch, eine politische Meinung oder einen Witz zum besten gab. Schließlich bezahlte ich mein Abendessen, nahm eine Flasche Helles mit hinauf und stieg in meine Schlafkammer, wo die Mücken fleißig summten und wo ich mein Bier zum Kühlhalten ins Waschwasser stellte.

Und dann kamen die merkwürdigen Abendstunden. Da saß ich allein auf dem Fenstersims und fühlte halbbewußt, wie schön die Sommernacht und die leichte Schwüle und das geisterhaft bleiche Leuchten der großkerzigen Kastanienblüten war. Und da sah ich beklommen und schwermütig im Dunkel unter den großen Bäumen die Liebespaare gehen, langsam und aneinandergedrängt, und nahm traurig meine Rose aus dem Knopfloch und warf sie zum Fenster hinaus auf die leicht stäubende, weißschimmernde Straße, wo die Wagen und Wirtshausgäste und Liebespaare darübergingen.

Und heute, so viele Jahre später, zeichne ich diese Erinnerung auf, um das Lied jener Sommernächte wieder zu hören, um mich der alten Stadt und der Burg und des

Grabens noch einmal zu erinnern und der fernen Jugend. Ich sitze und denke an jenes Mückengesumme, an mein damaliges Versbüchlein und an dies und jenes, was alles nicht wiederkommt und was vielleicht nur darum so schön, so wunderbar erscheint, weil es nicht wiederkommt.

Unglaublich aber scheint es mir, daß das damals nur acht Tage und acht Nächte gewesen sein sollen. Mir ist, ich hätte mehr als hundert Gänge nach dem Walde getan und mehr als hundert Rosen abgebrochen und sie an hundert Abenden den schönen Mädchen der Kastanienstadt im Herzen zugedacht und sie nachher ins eigene Knopfloch gesteckt und in der Nacht betrübt auf die Straße hinabfallen lassen, weil niemand sie haben wollte. Freilich, die Rosen waren gestohlen, aber das wußten ja die Mädchen nicht. Und wenn eine von ihnen die gestohlene Rose von mir hätte haben wollen, ich hätte ihr ja gerne hundert gekaufte dazu geschenkt.

1904

SOMMERREISE

I

Am Mittagstisch in Preda war von nichts anderem die Rede als von Alpenbären.

„Seit fünf Tagen suche ich den Alpenbär und habe noch keinen!"

„Ich habe schon zwei, einer ist ein Weibchen."

„Gestern sah ich einen, aber er war nicht zu erwischen."

Einer der Herren wandte sich zu mir: „Haben Sie vielleicht schon einen angetroffen?"

„Einen Alpenbären?"

„Nun ja."

Ich überlegte einen Augenblick. Es beschämte mich nicht wenig, daß ich vom Vorkommen des Bären in diesem Teil Graubündens absolut nichts gewußt hatte. Ich beschloß lieber zu leugnen, als mir eine Blöße zu geben.

„Gesehen habe ich noch keinen", antwortete ich gleichmütig, „aber brummen gehört hab ich sie schon öfter."

Der Herr riß die Augen auf, starrte mich an, schüttelte den Kopf und brach dann in ein Gelächter aus.

„Sie sind nicht Entomolog?" fragte er noch lachend.

„Nein, was ist das?"

„Schmetterlingsammler, meine ich. Der Alpenbär, auch Flavia, ist ein hier in der Gegend vorkommender alpiner Falter. Wir sind alle hinter ihm her."

„So? Ich dachte, das sei ein Sport für kleine Buben."

„Doch nicht. Aber, wenn ich fragen darf – was suchen Sie eigentlich in Preda, wenn Sie nicht Entomolog sind?"

Die Frage schien mir naiv, denn Preda liegt wunderbar schön und hoch in den Bergen des Albulagebiets, drei Stunden von der Paßhöhe, und jeder einzelne Berg der Umgebung verlockt zum Steigen, namentlich der Piz Val Lung und der nahe Piz Moulix. Aber es zeigte sich nach wenigen Tagen, daß der Schreckliche recht gehabt hatte. Preda besteht lediglich aus einem kleinen Stationsgebäude und zwei Gasthäusern, und in beiden Gasthäusern sitzen Entomologen. Schmetterlingsnetze, Ätherfläschchen, Azetylenlaternen stehen herum, auf jeder Matte flattert ein Netz, auf jedem Geröllfeld stehen ernste Männer und drehen Stein um Stein um, da die Flavia dort ihre Eier legt. Es sind Sammler da, die seit fünf und mehr Jahren jeden Sommer kommen, manche haben von den seltenen Alpenschmetterlingen schon dreißig und mehr Exemplare zusammengeräubert, andere sehen resigniert und nervös aus, denn sie suchen gewisse Falter schon seit Jahren vergebens.

Es gibt ohne Zweifel unter ihnen Leute, mit denen im täglichen Leben angenehm zu verkehren wäre, aber hier auf dem Tummelplatz ihrer Leidenschaft werden sie fanatisch und unmöglich. Jeder lechzt nach Beute, jeder kontrolliert den anderen. Wer ein seltenes Tier erbeutet hat, gibt dem Kollegen einen falschen Fundort an, weiß aber nicht, daß mindestens einer von ihnen ihm heimlich auf den Fersen war und sich den Ort gemerkt hat. Jeder glaubt Plätze zu kennen und Erfahrungen zu haben, die er bis in den Tod geheimhalten muß. Und wenn einmal ein gefürchteter Konkurrent über ein Wändchen stürzt und die Knochen bricht, vernehmen es die anderen mit nur schlecht geheucheltem Bedauern.

Dies alles macht den Aufenthalt in Preda einigermaßen peinlich. Noch schlimmer aber ist die Ansteckungsgefahr. Nach etwa acht Tagen geschah es, daß ich einem Freunde, mit dem ich die Reise unternommen hatte, auf einer kühlen Bergwanderung mitteilte, ich sei entschlossen, nach meiner Heimkehr eine Schmetterlingsammlung anzulegen, und zwar werde ich zum Töten der gefangenen Tiere nicht Zyankali, sondern Äther verwenden. Mein Begleiter sah mich sonderbar an, und plötzlich erkannte ich das Gefährliche meines Zustandes. Sofort beschloß ich abzureisen. Am Abend aber gelüstete es mich doch, noch einen Blick in das Treiben der Entomologen zu tun; ich schloß mich einer von ihren Touren an und bereute es nicht. Es war meine schönste Nacht in Preda.

Nach der Abendmahlzeit brachen wir auf, zwei Schmetterlingsjäger, mein Freund und ich. Es war noch hell, und wir wanderten langsam die schöne Straße bergan, an Palpuogna und an dem wundervollen kleinen Alpensee vorbei, der mitten in seiner glasig grünen Fläche ein großes tiefblaues Auge hat.

„Sehen Sie, die paar wunderbaren schwarzen Bäume dort am See! Wie ein Märchen."

„Ja, das sind Lärchen. Dort könnten jetzt leicht ein paar Spanner fliegen. Gehen wir hinunter?"

„Um Gottes willen nicht."

„Also weiter. Dort ist der Weißenstein."

Der Weißenstein ist ein früher vielbesuchtes, seit der Eröffnung der Albulabahn aber geschlossenes Gasthaus und der Hauptausgangspunkt für die Beutezüge der Entomologen, nur noch eine knappe Stunde vom Flaviafelsen, dem berühmtesten Fundort des Alpenbären, entfernt.

Ein bequemer Fußweg biegt links von der Paßstraße ab und führt an einem Wasserfall und mehreren großen öden Geröllhalden vorüber direkt zum Hospiz. Langsam stiegen wir und wendeten unterwegs alle größeren Steine um, darunter Blöcke in Mannesgröße, in der Hoffnung, Eier oder Puppen des Alpenbären zu finden. Doch fiel uns nur eine leere Puppenhülse in die Hände. Wir verloren uns bergaufwärts ins Geröll und mußten an steilen Stellen viel Mühe und Vorsicht anwenden, um mit den gewendeten Steinblöcken einander nicht zu erschlagen. Einen weiteren Reiz erhielt diese an sich wenig interessante Tätigkeit noch durch die Mitteilung eines Sennen, es gebe unter diesen losen Steinen Massen von Kreuzottern. Aber auch von diesen bekamen wir nichts zu sehen; alles schien wüst und ausgestorben, nur von der Höhe her ertönte zuweilen der grelle, fast höhnische Pfiff eines Murmeltieres.

Die erfolglose Mühe begann mich zu verdrießen, auch wurde es rasch dunkler, und das Arbeiten im Steinschutt wurde fast unmöglich. Jenseits unseres Geröllfeldes stieß ich auf einen beinahe steinfreien Mattenstreifen, auf dem ich ohne Mühe in die Höhe kam. Ich ließ die drei zurück und stieg eine Weile gedanken- und ziellos steil bergan, in die zunehmende Finsternis hinein. Kleine Steine glitten leise unter mir weg, zuweilen schrillte die Spitze meines Bergstocks in einer Felsritze, sonst war nichts zu hören als das schwache Reiben meiner Schuhnägel am Boden.

Mittlerweile gingen, von mir ungesehen, über den jenseitigen Gipfeln die ersten Sterne auf, und als ich mich ausruhend umwandte, wurde mir ein unerwartet mächtiger Anblick. Vor mir fiel der kahle Berg in ununterbrochener steiler Schräge tief ins Albulatal hinab, das in brauner Öde lag. Zwischen Moorstrecken und Steinwüsten glänzten blaß die vielen winzigen Quellseen, und in jedem schwamm das Spiegelbild eines Sterns. Jenseits des breiten großartigen Hochtales stiegen die Zwillinge, der Piz Loleis und das Albulahorn, mit scharfen Umrissen in den Nachthimmel. Alles lag in dem ungewissen grünlichen Sternenlicht und sah verlassener, wilder und größer aus als am Tage. Nächst dem feuchten, fließenden Silberlicht eines windigen Nebelmorgens weiß ich keine Stimmung und Beleuchtung, die den eigentümlich grandiosen Charakter des prächtigen Hochpasses so eindringlich und rein vor Augen bringen könnte wie dies graugrüne kalte schleierartige Licht einer klaren, aber mondlosen Nacht.

Einen halb gespenstischen, halb komischen Anblick boten von hier aus die beiden Entomologen, die tief unter mir im Geröll ihrer Jagd oblagen. Jeder hatte eine stark leuchtende Blendlaterne aufgestellt, deren Licht auf ein ausgespanntes weißes Leinentuch fiel. Um diese leise zuckenden Lichtstreifen sah ich die beiden Jäger eilig, doch vorsichtig an der Steinhalde hin und wider tanzen, die weißen Schmetterlingsnetze in hastigen Bogen und Kreisen schwingend, um die vom Licht angelockten Nachtfalter einzufangen. Bald erschienen sie undeutlich als irrende Flecken, wenn sie sich vom Licht entfernten, bald kehrten sie in die Helle zurück und waren plötzlich scharf zu sehen; zuweilen stürzte einer ausgleitend zu Boden oder kniete nieder, um eine Beute zu bergen. Es sah aus wie der nächtliche Tanz von Wilden. Und das ganze Bild, dies ungeheuer in der Nacht ausgedehnte, von riesigen Bergen umschlossene Alpental mit den beiden leidenschaftlich bewegten, winzigen, einer harmlos tollen Begierde frönenden Menschen, gab mir einen unvergeßlichen Eindruck.

Zurückkehrend fand ich die eine Laterne erloschen und ihren Besitzer in mühsam gedämmter Wut, während der zweite ruhig und lächelnd seine Jagd fortsetzte. Doch ließ er sich bestimmen, nun auch ein Ende zu machen, und beim Schein seines Lichtes gingen wir heimwärts. Ich erkundigte mich nach den Ergebnissen des Falterfangs; der eine von den Sammlern hatte Glück gehabt und war zufrieden, der andere, dessen Laterne versagt hatte, schimpfte halblaut vor sich hin.

„Ihr Kollege hat, scheint's, mehr Glück gehabt als Sie?" sagte ich zu ihm.

„Ja", knurrte er zornig, „das haben die Dummen ja immer."

Der andere hörte es wohl, lachte aber nur vergnügt vor sich hin. Einen Alpenbären aber hatte auch er nicht gefangen. Ich allein war so glücklich, einen zu sehen. Er flog, als ich nach der späten Heimkehr im Gasthaus Licht machte, gegen mein Fenster. Doch habe ich ihn weder gefangen noch einem der Sammler verraten. Es war ein schönes Tier, schwarz und gelbbraun, mit starkem behaartem Rumpf. Ich nickte ihm zu, löschte mein Licht und sah ihn rasch flatternd in die bläuliche Nacht verschwinden.

II

An einem wolkenlos blauen Hochsommermorgen verließ ich Preda und wanderte ohne Eile die schöne, sanft steigende Straße nach dem Hospiz hinan. Der letzte Teil des Weges ist von einer wuchtig ernsten Schönheit, nicht unähnlich dem St. Gotthard, und doch anders, kahl und ganz Form, ohne alles Kleine, Zierliche, Zufällige. Auf der Höhe liegt nur sehr wenig Schnee, ein paar kleine graue Felder in runden Schattenmulden, aber wie überall in dieser Gegend ist Wasser genug vorhanden. Das urweltlich Kolossale der Steinlandschaft reinigt die Phantasie, schon indem es für eine Weile alle menschlich kleinen Beziehungen zum Schweigen bringt und mit schlichter Gewalt gleich den ersten Worten der Genesis auf die Geburtszeit der Erde und ihre Einheit mit dem Kosmos deutet, die uns sonst selten so klar und nachhaltig zum Bewußtsein kommt.

Von der erreichten Paßhöhe einfach weiter straßabwärts zu gehen hätte mir leid getan; statt dessen stieg ich vom Hospiz an höher und brachte zwei Stunden damit zu, oben an den Rändern der Wände und Schutthalden einen Strauß Edelweiß zu sammeln. Die dort sehr zahlreich hausenden Murmeltiere bekam ich leider nur zu hören, nicht zu sehen. Als ich bald nach Mittag meinen Weg auf der Paßstraße fortsetzte, war es trotz der Höhe schon sehr warm, und je tiefer die Straße führte, desto heißer glühte der sonnige, mit fern heranziehenden Gewitterwolken drohende Tag. Große Viehherden, deren Hirten auffallenderweise fast alle deutsch sprachen, waren auf den ausgedehnten Mattenhängen verstreut. Es tauchten Gesträuche, dann Bäume auf, und die bisher fast vegetationslose Landschaft ward grün und immer waldiger, bis unten das Inntal sich öffnete. Freudig schritt ich den schönen Dörfern mit den schönen Namen Ponte, Camogask, Madulain und Guardaval entgegen, wo an jeder Gasse stattliche alte Bündnerhäuser mit Vortreppen, spitzen Erkern und reichen Balkongittern von schöner Schmiedearbeit stehen. Häuser, Gassen, große steinerne Brunnen, ehrbare alte Gasthäuser deuten auf Wohlstand und ältere Kultur, Wagen und Pferde erfüllen die lebhafte Talstraße mit Getöse, Staub und Leben, und unter Männern, Frauen und Kindern sieht man zahlreiche wundervolle bräunliche Schönheiten. Allerdings beginnt hier auch, namentlich von Bevers an aufwärts, der berühmte Engadiner Fremdenbetrieb, der das Vergnügen des Wanderns zwischen hier und Sankt Moritz stark beeinträchtigt.

In Bevers machte ich Rast, vom Gehen und von der Hitze ziemlich mitgenommen. Dabei erlebte ich eine Ermüdungserscheinung, die mir noch nie passiert war. Im Wirtshaus, wo ich eine Flasche Bier getrunken und ein Brot gegessen hatte, zahlte ich die geringe Zeche mit einem großen Geldstück und ging, während die Kellnerin im Nebenzimmer die Münze wechselte, gedankenlos davon. Nach fünfzig Schritten holte das Mädchen mich auf der Straße ein und drückte mir zu meinem Erstaunen eine Menge Kleingeld in die Hand, was mich sehr fröhlich stimmte, da ich mein Anrecht darauf innerhalb zweier Minuten vollkommen vergessen hatte.

In Sankt Moritz hielt ich es nur eine Stunde aus. Immerhin sah ich viel; es war Sonntag, Musik und Kurpromenade. Unter den vielen Läden sind einzelne Italienerbuden mit Silbersachen, Seide und Stickereien, bei denen man köstliche Sachen sehen kann, bei nicht allzu übertriebenen Preisen. Die Promenade wimmelt von Toiletten, Figuren und Physiognomien, die sich am Boulevard des Italiens, in Ostende oder auch in Monte Carlo besser machen würden. Man sieht Lebemänner, internationale Dirnen, Mütter mit mannbaren Töchtern, Herumtreiber und Gauner mit den bekannten konfiszierten Gesichtern, halb Casanova, halb Frank Wedekind. Wenn man die Aussicht hat, in Bälde wieder allein zwischen Bergen und Wäldern zu sein, ist eine solche Stunde Aufenthalt in Sankt Moritz ein munteres, komödienhaftes Vergnügen. Übrigens klagen die Hoteliers, die Saison sei mäßig.

Kaum hat man dies farbige Theater und die letzten künstlich gewundenen und geglätteten Spazierwege hinter sich, so sieht man plötzlich das eigentliche Oberengadin, von dem Sankt Moritz noch keinen Eindruck gibt. Eine unsäglich kräftige, kühle, herbe Bergluft gibt allen Farben eine emailartige Frische, namentlich das Wasser des Flusses und der Seen hat einen Glanz und eine glasklare Tönung wie kaum in einem anderen Tale der Schweiz. Ein schöner Waldweg führt über dem Wasser hin, jenseits von Silvaplana am See vorbei nach Sils Maria. Und von hier sieht man über den zweiten See hinweg in die Berge und auf herrlich steile Gelände, und am Horizont liegt breit und fürstlich als Tor zum Süden das alte Maloja, das Bergell und die Wunderstraße nach Italien verbergend.

Eine Halbinsel im See, leider sehr kultiviert, trägt den wenig schönen Nietzschestein. Damen mit Sonnenschirmen stehen davor, und in Sils Maria, das für seine Einsamkeit und Stille berühmt ist, sind die teuren Hotels für Wochen hinaus bis aufs letzte Bett und den letzten Platz am Tisch besetzt. Freilich ist der Ort verlockend und nicht nur zum Rasten schön, sondern auch für mehrere Bergtouren günstig gelegen. Es tat mir leid darum, aber auf Reisen ist die erste Kunst die des Verzichtenkönnens, und ich hatte keinerlei Ausrüstung bei mir, nicht einmal den Bergstock.

Es muß an jenem Sonntag im Tiefland maßlos heiß gewesen sein, da sogar hier oben trotz eines kräftigen, kühlen Schneewindes das Gehen warm machte. Hinter Maloja stand dunkles Gewölk unbeweglich wie ein abenteuerlich hoher, frech gezackter Gebirgszug. Die Wanderung dieser bläulich verschleierten Ferne entgegen war verlockend schön. Bei Isola rastete ich kurz an einem versteckten, tief in einer schmalen Schlucht wühlenden Wassersturz, dann kamen mir in langen Zügen mit Geläute die heimkehrenden Kuhherden entgegen, und langsam legte ich, während der zunehmende Abendwind Kühlung brachte, den herrlich gewundenen Strandweg nach Maloja zurück. Dort hatte ich auf der großen Holzlaube eines vortrefflichen Gasthauses einen behaglichen Feierabend bei gutem Veltliner, ließ mir von der Wirtin die Schauergeschichte des Attentäters Orsini erzählen und sah die Schneefelder der Margna und des Lunghin verglühen.

Mein Plan war, hier zu übernachten, vielleicht einen kleinen Abstecher in die Höhe zu machen und dann zu Fuß oder mit der Post denselben Weg durchs Engadin zurück zu nehmen, um dann über den Julier heimzugehen. Mein Reisegeld war in Preda stark geschmolzen, und zu Hause wartete Arbeit genug auf mich. Nun wollte ich wenigstens noch einen hungrigen Blick talabwärts ins Bergell tun. Bei den letzten Häusern von Maloja, wo die Straße sich biegt und zu fallen beginnt, öffnet sich die Aussicht, und man blickt der phantastisch gewundenen Straße nach in das herrliche Tal hinein. Ich hatte nicht lange hinuntergeblickt, da ließ ich den Julier, die Heimkehr und den Gedanken an die Arbeit fallen und gab der Verlockung nach, auf diesem prachtvollen Wege schnell nach Italien zu streifen, Chiavenna zu sehen, den Comer See wieder einmal zu grüßen und einen Abend bei Chianti und Italienerliedern zu verschlemmen. Mit diesem Entschluß ging ich zu Bett und träumte die halbe Nacht von lauter welschen, farbigen, wohlschmeckenden Dingen.

Am folgenden Morgen war es früh schon warm. Die berühmte Poststraße einhaltend, kam ich in zahlreichen Bogen und Kehren talwärts. Aus dem rauhen, spärlich bewachsenen Alpenhochtal ging es, als flögen Kulissen an mir vorüber, rapid in eine immer reichere Vegetation hinein: erst Kartoffeln und schöner Baumwuchs, dann Korn und Gärten, dann Wein und Mais, Kastanien, Maulbeerbäume, Feigen, Oleander, alles hintereinander in wenigen Stunden. Das hatte etwas so aufreizend Frohmachendes, daß ich trotz des vielen Staubes und der großen, immer zunehmenden Hitze vergnügt dahinwanderte, mit den Dorfleuten scherzte und jedem der ungezählten Postwagen und Droschken zujodelte und Grüße nachrief. In den Dörfern kaufte ich Brot, das ich unterwegs verzehrte. Was für Dörfer! Jedes eine fast römisch-romantische Vedute, mit alter Kirche und altem Kastell am Berghang trotzend, der reißende Bach an altem Burggemäuer und unter hohen rundbogigen Steinbrücken hinschäumend.

Erstaunlich ist der Unterschied in den Farben der Landschaft, wenn man vom Engadin ins Bergell hinabsteigt. Dort alles hart, blank, metallisch klar und kühl, hier alles warm, weicher, abgetönter, samtener. Namentlich trägt das Wasser zu diesem auffallenden Eindruck bei: oben ist es rein, eisig, geklärt, an tiefen Stellen von leuchtendem Grün und Blau; hier ist der rasch und reißend abstürzende Fluß durchaus stumpf grau, zuweilen mattsilbern, nie grün und auch an den schäumendsten Stellen nie ganz weiß. Das rührt von dem feinen Mineral her, das der Bach aus den Bergen herbringt, einem sehr zarten, glimmerartigen, feinkörnigen Silbersand, auf welchem barfuß herrlich zu gehen ist. Ich erprobte das unterhalb Vicosoprano bei einem Bade.

Noch nie hatte ich Italien auf einem schöneren Wege erreicht; auch der Sprachübergang durch das rhätische Romanisch hat eine besondere Schönheit. An der Grenze nickten die Zollsoldaten mir zu, ohne mich anzuhalten, ich hatte nicht einmal Mantel, Schirm oder Stock, von Gepäck gar nicht zu reden. Ich hatte auch keine Landkarte und lief durch alle die malerischen Dörfer und an allen den hohen, zackig wilden Fels- und Schneebergen vorbei, ohne mich um ihren Namen zu kümmern. Wieder stand am Ende meines Weges, heute aber viel näher und drohender, das dunkel ansteigende Gebirge von Wetterwolken, und ein schwüler Wind trieb mir streckenweise den dichten weißen Landstraßenstaub entgegen. Und genau bei meinem Einmarsch in Chiavenna begann Regen zu stürzen.

Die platt gepflasterten Gassen des eng gebauten Städtchens wurden rasch zu kleinen Bächen, und die Menge von Herumtreibern, fliegenden Händlern, Barbieren, Weibern und Kindern, die zur Ausstattung jeder italienischen Gasse gehören, verschwand nach allen Seiten in die Häuser. Im Tore eines kleinen primitiven Ladens für Wein, Tabak und Lebensmittel saß ein schönes Mädchen mit Stickerei beschäftigt und sah mich mitleidig an, da ich nach dem stundenlangen staubigen Wandern nicht eben frisch und sauber aussah. Ich trat bei ihr ein und fragte, ob es kein Nachtquartier im Hause gäbe. Sie holte ihre Mutter her, und diese führte mich über den Hof und gewundene brüchige Steintreppen hoch in den obersten Stock zu einem guten und billigen Stüblein, das mir gerne für die Nacht überlassen wurde. Und während ich dann ausruhend im Lädchen saß, mit der Schönen und ihren vier ebenfalls hübschen Schwestern plauderte und dem Regen zuschaute, kochte mir die Mutter über dem offenen Feuer im Hängekessel eine große Schüssel Makkaroni mit Fleisch, die ich bis auf den letzten Faden verzehrte. Ich bin kein Esser, aber für einen Teller Maccheroncini al sugo würde ich jederzeit freudig den weitesten Gang tun. Der von meiner Wirtin verzapfte und als Vero Vecchio empfohlene Chianti hingegen war nicht ganz glaubwürdig, ich gab ihn zurück und bekam statt seiner einen vorzüglichen Piemontesen.

Der Regen hatte nicht lang gedauert, das eigentliche Gewitter hing noch wartend über der Stadt. Satt und heiter bummelte ich durch die eindämmernden Gäßlein und hatte meine Freude an dem vielfältigen Abendleben der Kleinstadt. Auf einer Brücke über dem laut tosenden Fluß, inmitten altmodisch winkeliger Häuser, ruhte ich aus und atmete die feuchte Kühle mit wahrem Durst, denn über der engen, finsteren Stadt brütete eine infernalische Schwüle. Das Glück ließ mich unterwegs unverhofft einen Bekannten antreffen, einen Basler Maler, der müde, einsam und nervös durch Chiavenna schlenderte und für den es höchste Zeit war, daß ein besorgter Freund ihn mitnahm und um ein paar Flaschen Wein leichter machte. Wir suchten lange und vorsichtig nach einer guten Osteria und gerieten schließlich an einen ganz hervorragenden Grumello, nach dem mir noch jetzt der Mund wässert.

Da wir beide über den Gotthard heimkehren wollten und da uns bei dem höchst unsicheren Wetter der sehr weite Weg über den Splügen und St. Bernhard doch gewagt erschien, beschlossen wir, am nächsten Morgen über den Comer See nach Lugano und von da nach Bellinzona oder Airolo zu fahren. Wir verlangten ein Kursbuch und stellten einen annehmbaren Plan zusammen, dann leerten wir still die letzte Flasche und hatten einander kaum gute Nacht gesagt, als ein wütender Wolkenbruch losging, die Straßen überschwemmte und ein Gewitter eröffnete, das die ganze Nacht hindurch anhielt. Auch in den hohen Bergen habe ich selten ein solches Unwetter erlebt. Der Donner schrie fast ohne Pause dröhnend und polternd bis zur Morgenfrühe, Blitze loderten blendend jeden Augenblick durch die Finsternis, und der Regen goß in leidenschaftlichen Strömen auf die Dächer und in die widerhallenden engen steinernen Gassen. Schlafen war unmöglich, ich saß im Hemd auf dem Bettrand, schlenkerte mit den Beinen, fing Schnaken und hörte dem Wetter zu.

Der Maler, den ich nach dem Frühstück wieder traf, hatte natürlich auch nicht geschlafen. Wir waren froh, daß wir heute nichts zu leisten brauchten, nahmen einen Vermouth und gingen zur Eisenbahn, um unsere wohlausgerechnete Tagesreise abzufahren. Der Zug ging ab, und wir kamen zur rechten Zeit nach Bellano, einem hübschen Nest am Comer See. Dort aber erfuhren wir, daß der Fahrplan seit acht Tagen geändert sei; damit fiel unser schöner Plan ins Wasser, und wir standen in Bellano vor dem Bahnhof, während es eben wieder kräftig zu regnen anfing. Beim unentschlossenen Weiterschlendern entdeckten wir ein herrliches Gasthaus, über schmalen Terrassengärten und grünen Laubengängen hoch überm Seeufer hängend. Dort richteten wir uns ein – wir waren die einzigen Gäste – und warteten, während vor den Fenstern das Laub im Regen tropfte und die entfernteren Ufer in Nebelwolken verschwanden. Nebenan stand eine kleine Villa, die ein italienischer Institutsbesitzer gemietet hatte, und aus den offenstehenden Fenstern schmachteten siebzehnjährige Mädchen in hellen Sommerkleidern gelangweilt und melancholisch herüber. Uns aber bereitete die Wirtin ein vortreffliches Essen, und als nach einigen Stunden die Zeit der Weiterreise da war, kam sie uns beinahe zu früh. Das Wetter hatte sich etwas aufgehellt, und wir legten ohne längere Aufenthalte den Weg über Menaggio und Porlezza nach Lugano zurück.

Ich hatte nun, nach der schönen Dampferfahrt an den Bergdörfern, Villen und Zypressengärten vorbei, für diesmal vom Süden genug. Die laue Schwüle der Luft und die gesprächige Lebhaftigkeit der Italiener ist, wenn man aus den Alpen kommt und nicht Zeit zu längerem Aufenthalt und Einleben hat, verwirrend und ermüdend. So drängte ich zum raschen Weiterfahren, und mein Kamerad gab gerne nach. Wir hatten am Bahnhof nur Zeit, einen raschen Trunk zu nehmen, dann stiegen wir ein und fuhren im Schnellzug dem Gotthard entgegen. So sehr es mir leid tat, diesmal ohne Aufenthalt durch das Tessin zu fahren, war ich doch froh, rasch wieder in höhere, kühlere Lüfte zu kommen. Darum stiegen wir in Bellinzona nicht aus, sondern fuhren durch das halb in Nebeln verborgene Tal weiter bis Airolo, wo wir bei einbrechender Dunkelheit ankamen.

III

Als ich morgens in der Frühe erwachte, war es ziemlich kühl und regnete so heftig, daß wir noch zwei Stunden liegenblieben. Auch da sah das Wetter noch schlecht aus, doch versprachen wir einer dem anderen, den Humor nicht zu verlieren, komme, was da wolle. So rückten wir aus und verließen gleich hinter Airolo die

Straße, um direkt bergan zu gehen. Im Tal hingen weißlich trübe Wolkenlappen, und über uns war Straße, Berg und Himmel dicht verhüllt; aus dem Nebel sickerte die Nässe in staubfeinen Tropfen, so daß wir anfangs froren. Doch wurden wir schnell warm bis zum Schwitzen, da das Steigen an den nassen bröckelnden Halden einige Mühe machte. Dabei hatte ich, wie immer am Gotthard, meine Freude an dem schönen edlen Gestein, dessen Bruchflächen silberig und goldbraun schillern – ein Anblick, dessen man stundenlang nicht müde wird.

Als wir die Straße wieder erreichten, hatten wir mehr als eine halbe Stunde Wegs erspart. Aber jetzt fingen die Wolken sich zu lösen an, und nach wenigen Minuten waren wir im dichten Regen und konnten die Straße nur höchstens zwanzig Schritte weit vor uns erkennen. Mäntel oder Kapuzen hatten wir nicht, und obwohl meine Kleidung aus gutem Loden ist, war ich schon nach einer Viertelstunde vollkommen durchnäßt. Das Wasser lief in kühlen schmalen Bächen am Nacken herein, den Rücken hinunter und aus den Ärmeln, Hosen und Stiefeln wieder hinaus. Taschentuch, Geldbeutel, Briefschaften, die ich bei mir trug, wurden weich und breiig und schwammen trostlos in den mit Wasser gefüllten Taschen herum. Unangenehm war namentlich die Reibung an dem nassen Kleiderstoff, wobei Ellbogen, Schultern und Knie wund wurden. Da ich Kniehosen trug, konnte ich mir durch Ausziehen der lästigen hohen Strümpfe Erleichterung schaffen.

Als ich das letzte Mal am Gotthard war, war es Januar, und ich hatte über dem tiefen Schnee wundervoll blaue, lichte, sonnige Tage gehabt, an denen jede Felsspalte und jeder ferne Gipfel klarer und schärfer zu sehen war als je im Sommer. Nun hatte ich nichts dagegen, das alles auch einmal in Wolken und Regenschleiern zu sehen. An Abkürzungen war nicht mehr zu denken, rennen konnten wir in den vom Wasser schweren Kleidern und Schuhen auch nicht, so schritten wir, da doch einmal nichts zu bessern war, ohne Eile gleichmäßig weiter, anfangs still und geduldig, dann aber vergnügt und heiter. Je weiter wir kamen, desto mehr genossen wir die graue, schwere Stimmung der Luft und den sagenhaft phantastischen Anblick der Landschaft. Ziehende Wolken umgaben uns von allen Seiten, und wo sie sich vorschoben, drohte plötzlich eine Steinwand, eine tief gerissene Bachschlucht, ein Felsgipfel überraschend nah und mächtig auf, um bald wieder spurlos zu verschwinden. Die schöne, aber bequeme und harmlose Straße war geheimnisvoll und abenteuerlich geworden. Natürlich begegneten wir keinem Menschen.

Im Wandern fiel mir die Erzählung eines jungen Berliner Kaufmanns ein, der einmal über den Gotthard gegangen war und den ich nachher in der Eisenbahn getroffen hatte. Mit der einer gewissen, meist dem Norden angehörenden Menschenklasse eigenen Naivität gab er mir, dem Einheimischen, merkwürdige Aufschlüsse über die Natur der Berge und Bergstraßen. Er sprach von dem Gang über die Gotthardstraße wie von einer Hochtour, betonte namentlich wiederholt, daß er die „Tour" ganz allein gemacht habe, und stützte sich dabei mit der Sicherheit eines greisen Bergführers auf seinen unverhältnismäßig langen Bergstock, den er nirgends im Coupé unterbringen konnte. Am meisten war mir damals aufgefallen, daß er den Gotthard für eine räubergefährliche Gegend hielt; freilich sah er jeden mit einem großen alten Hut versehenen Tessiner Hirten für „so einen gefährlichen Bruder" an. Schließlich hatte ich ihn gefragt, ob er denn einmal angefallen oder bedroht worden sei.

„Nicht direkt", sagte er, „aber begegnet bin ich solchen Burschen wiederholt. Einmal ging einer, ein großer schwarzer Mensch, ganz nah an mir vorbei. Keine Seele in der Nähe natürlich. Da hab ich denn meinen Stock ordentlich feste gefaßt und den Kerl mal so angesehen, daß er gleich wußte, wo er dran war. Herangewagt hat er sich dann nicht mehr."

Beinahe drei Stunden hatten wir so im Regen zu gehen. Da die Bewegung uns warm hielt, hatten die kleinen Beschwerden nichts zu sagen, und wir kamen allmählich in jene angenehme träumerische Regenstimmung, in der man aus dem Rhythmus des Tropfenfalls Melodien hört und gerne alten Erinnerungen nachgeht. Wir erzählten einander von früheren Fußreisen, von früheren Wandergenossen und Wandererlebnissen und kamen schließlich in der besten Stimmung oben an, wo eben das Mittagessen serviert wurde und eine Menge von Gästen und eingeregneten Touristen an den Tischen saß.

In unseren triefenden Kleidern konnten wir freilich den überfüllten, behaglich ofenwarmen Gästeraum nicht in Anspruch nehmen. Nach einem sorgenvollen Blick in den Geldbeutel bestellten wir ein besonderes Zimmer, wo wir die Kleider ablegten und uns in Bettücher wikkelten. So saßen wir zu Tisch und wärmten uns mit einem guten Wein. Unsere Kleider und Hemden wurden zum Trocknen aufgehängt, wir bekamen Hausschuhe, und ich konnte mir sogar ein Paar lange Damenstrümpfe kaufen. Mein Freund trocknete seine breiweichen Zigaretten, dann rauften wir ein wenig zur Erwärmung und wären am liebsten gleich weitergegangen. Doch schien es mir schade, den herrlichen Talweg so im Regendunkel zu machen, und wir beschlossen, ein paar Stunden zu warten. Draußen klatschte der immer noch heftig stürzende Regen in den grauen See, nebenan im alten Hospiz wurde gebaut, und die italienischen Maurer sangen zur Arbeit. Wein und Speise wurden uns von der Kellnerin durch den Türspalt hereingereicht.

Nach etwa drei Stunden wurde der Regen schwächer, und gegen Andermatt hin öffnete sich die Aussicht, nur einzelne kleinere Gipfel blieben im Gewölk verborgen. Wir zogen unsere Kleider wieder an; trocken waren sie in der kurzen Zeit und bei der kühlen Witterung nicht geworden, und es war nicht behaglich, in die nassen, sich kalt anlegenden Hemden zu schlüpfen. Doch konnten wir uns ja schnell wieder warm laufen, und da es aussah, als wolle der Regen bald ganz aufhören, hatten wir Aussicht, unterwegs rascher trocken zu werden als im Hause. Also brachen wir auf, zündeten uns eine feuchte Zigarette an und gingen weiter, während ein leichter Wind talaufwärts kam und besseres Wetter brachte. Es fiel nur noch ein dünnes, schwaches Geriesel, die Luft schien wärmer zu werden, und in der Ferne trat sogar ein kleines Stücklein Himmelsblau hervor.

Die Gotthardstraße bis zu dem trotzig malerischen Hospenthal hinabzugehen ist immer eine besondere Lust. Namentlich der höhere Teil des Passes mit den unvergleichlich kühnen, massigen Formen der Felsberge, den kleinen Seebecken und dem aus vielen kleinen Rinnsalen entstehenden Bach gehört zum Gewaltigsten, was man auf gebahnten Bergstraßen sehen kann. Über Hospenthal, wo man den Zusammenhang der drei großen Paßstraßen (Gotthard, Oberalp und Furka) überschaut und am Ende des fast ebenen Tales die Reuß gegen die Schöllenen zu verschwinden sieht, hat man den letzten großen Eindruck. Dann wird die Straße eben und verliert den Gebirgscharakter, von Andermatt her spazieren elegante Kurgäste, Hotelomnibusse knattern einher, und man hat plötzlich das Gefühl, fünfhundert Meter tiefer zu sein, als man in Wirklichkeit ist. Protzige Gasthäuser verderben Andermatt, das sonst ein sehr hübscher Ort wäre, und alles nimmt wieder den Charakter der Durchschnittsschweiz an: Ansichtskartenhandel, Läden mit Holzschnitzereien, Berliner Familien, Hotellivreen usw.

Mein Begleiter, der morgen noch über die Furka wollte, blieb für die Nacht in Andermatt. Mich duldete es dort nicht länger, ich nahm Abschied und ging mit langen Schritten weiter bis zu der wunderbaren Stelle, an der das Tal sich nahezu schließt, die Straße als Tunnel unterm Berge durchschlüpft und die wilde Reuß sich mit einem brausenden Sturz in die finstere Schlucht hinunterwirft. Hier mögen Wagen fahren und Touristen gehen, Photographen ihre Apparate stellen und Backfische ihre Skizzenbücher aufmachen, man sieht es nicht, es verschwindet und geht unter neben der Gewalt der Felsen und Wasser. Im vergangenen Winter war ich hier im Schlitten vorbeigefahren und früher zweimal an schönen sonnigen Tagen da gewesen. Jetzt hingen Nebel um die Höhen, und eine verfrühte Dämmerung brach ein, kühl und düster, und ich stieg langsam talabwärts. Alle Eindrücke meiner Reise waren vergessen, ich war glücklich, wieder diese Wunderstraße gehen zu dürfen, schaute an jedem Felsen empor und in jeden Strudel hinab und war nicht weniger benommen als an jenem Sommertag, da ich vor Jahren zum erstenmal diesen Weg gegangen war.

Übrigens mußte ich, sooft ich hier vorüberkam, jedesmal nicht an Goethe und nicht an Suwarow und nicht an Böcklin denken, sondern an das erste Kapitel des Vischerschen „Auch Einer".

In Göschenen dunkelte es schon, als ich dort ankam, und den Blick durchs Göschenental auf den Dammagletscher mußte ich auf den anderen Morgen verschieben.

Und als es soweit war, reichte mein Geld gerade noch zur direkten Heimfahrt, und ich saß im Zuge mit dem Gefühl des Verurteilten, der an hundert verlockenden Gassen und Türen vorbei in den Kerker geführt wird. Die Göschenenalp, das Maderanertal, die Axenstraße und der zu wenig bekannte schöne Zuger See blieben alle unbesucht liegen, und meine Reise endete, wie jede von meinen Reisen, mit dem drängenden Verlangen, bald wieder zu wandern, so bald und so weit wie möglich.

1905

AM GOTTHARD

Sooft ich schon in den Bergen war, so habe ich doch bis heute nur viermal einen Steinadler gesehen. Das erstemal, da war ich noch fast ein Knabe, und als ich hoch in silbernen Lüften den sicheren, schönen Bogenflug des großen Vogels wahrnahm und als man mir sagte, das sei ein Adler, da schlug mir das Herz, und ich sah in dem königlich Schwebenden ein Lied und ein Sinnbild, folgte ihm mit durstendem Blick und behielt ihn für immer im Gedächtnis. Seither besuchte ich die Berge nie ohne eine stille Sehnsucht, ihn wieder zu sehen, und hundertmal hob ich auf Höhenwegen die Augen in halber Hoffnung. Selten hat sie sich erfüllt, und sie blieb unvermindert in mir lebendig. Es gibt Dinge und Wünsche, an die ich alle atemlose Lebenslust und die Vorstellung der sehnlichsten Erdenwonne knüpfe; zu diesen gehören vor allen anderen die drei: eine sternklare Winternacht im Hochgebirge, eine abendliche Barkenfahrt auf der Lagune vor Venedig und dann das Erspähen eines Adlers über den Bergen. Sooft Enttäuschung und Sorge mich müde machten, sooft ein leerer und unschöner Tag mich verdrießt und lähmt, flüchte ich zu diesen Bildern, und wenn sie auch zumeist Wünsche und unerfüllbar bleiben, so hat doch mein Verlangen darin ein festes und reines Ziel gefunden, und das ist schon halbe Genesung.

Kürzlich war ich eine Woche in Zürich, um den langen Winter zu unterbrechen und einmal wieder Kultur zu atmen, Menschen zu sehen und mich als Zeitgenossen zu fühlen. Es waren schöne, ausgefüllte Tage; ich sah neue Bilder, hörte Beethoven, Mozart und Hugo Wolf, verkehrte mit befreundeten Malern, Dichtern, Redakteuren, sah bevölkerte Straßen, rasche Wagen und schön gekleidete Frauen, trank nachts meinen Wein bei lebhaften Gesprächen. Ich genoß das Vergnügen, in guten Läden gut bedient zu werden, ließ mich wieder einmal bequem und fein rasieren, nahm ein köstliches Dampfbad und saß gegen Abend in einem vielbesuchten Café, wo es französische und italienische Journale, elegante Gäste, eifrige Kellner und gute Billards gab. Zugleich war ich mir mit Vergnügen bewußt, das alles herzlich und innig zu genießen, was den Stadtleuten längst schal und alltäglich war, und wahrscheinlich bin ich in diesen Tagen der zufriedenste Mensch in der ganzen Stadt gewesen.

Am Ende der Woche wollte es mir scheinen, es sei nun für diesmal genug und es wäre jetzt gut, wieder daheim zwischen See und Wald zu sitzen, im gewohnten Bett zu schlafen und auch wieder ans Arbeiten zu denken. Die Menschen fingen an, mir weniger zu imponieren, mir weniger lebendig und geistreich vorzukommen, auch fühlte ich ein Bedürfnis, die täglichen Kunstgenüsse nun in Ruhe nachzugenießen, denn sie begannen schon sich ein wenig zu verwirren und ein wenig blaß zu werden. Also nach Hause!

Aber nun hatte ich acht Tage lang über den Zürichsee hinweg die bleichen, stillen Alpen gesehen, und mit dem allmählichen Müdewerden und Sattwerden war das lang nicht mehr gehörte Lied vom Steinadler und von der Winternacht im Hochgebirge mächtig in mir aufgewacht. Mein Reisegeld reichte noch für zwei, drei Tage aus, und ich beschloß, noch eine rasche Fahrt an den Gotthard zu tun, den ich im Winter noch nie gesehen hatte, außer im eiligen Durchreisen. Schneegamaschen und das übrige Winterzeug hatte ich bei mir, so brauchte ich nur noch ein Billett zu kaufen und einzusteigen.

Es war ein grauer Tag, vom Wagenfenster aus konnte man außer den zunächst stehenden Bäumen, Hügeln und Häusern nichts unterscheiden, alles zerrann in blassem Nebelbrodem, der nur durch den noch frischen, reinen Schnee Licht erhielt. Der Zuger See wollte sich zu meinem Erstaunen nicht zeigen, bis ich entdeckte, daß er gefroren und eingeschneit war. Mit Ungeduld wartete ich auf ein Zeichen von Sonne und auf das Reißen der Nebel. In Arth, in Brunnen, in Flüelen erwartete ich es, und als wir Erstfeld passiert hatten – es ging schon gegen Mittag – und noch immer in Wolken und Dämmerung dahinfuhren, begann ich den Glauben zu verlieren und machte mich enttäuscht darauf gefaßt, oben Schneefall und Trübe anzutreffen. Selten bin ich mit so gespannter Aufmerksamkeit die wundervolle Gotthardbahn hinaufgefahren, aber Amsteg lag im Nebel, Gurtnellen lag im Nebel, die kühnen Reußbrücken lagen im Nebel, und als ich durch Wassen fuhr und auch dort noch keine Sonne antraf, gab ich die Hoffnung auf und sank in die Bank zurück. Die Berge sind ja immer schön, und auch den Nebel genieße ich zuzeiten gerne, aber wenn man weiß, wie ein Sonnentag in den Alpen aussieht, und wenn man nur zwei bis drei Tage übrig hat, fällt es doch schwer, vergebens auf blauen Himmel zu warten.

Da fuhr der Zug oberhalb Wassen aus dem Kehrtunnel, und in dem Dunst und grauweißen Schneelicht glaubte ich plötzlich eine Ahnung von Bläue und Sonne zu spüren. Eilig sprang ich auf, öffnete das Fenster und spähte himmelwärts. Da drang langsam und unsicher eine hohe Felsenschroffe mit schrägen Schneeritzen rötlich aus dem Gewölk und wurde klarer und kam näher und hinter ihr noch eine und darüber eine dritte; ein schwerer Windstoß fegte aus der Höhe herab, Wolkenfetzen zerstoben dünn und geisterhaft, und in wenigen Augenblicken entschleierte sich das ganze Bergland, lag lachend und sonneglänzend in einer durchsichtigen milden Luft und hatte einen reinen, stillen, fast veilchenblauen Himmel über sich. Ein tiefes Lustgefühl kam über mich, hundert ähnliche Bergwintertage wachten in meiner Erinnerung auf, golden und strahlend und jeder ein Kleinod. Nun dachte ich nicht an den Adler und nicht an die Mondnacht mehr; leicht wie ein Knabe sprang ich in Göschenen aus dem Wagen und lief in die blaue Herrlichkeit hinein.

Alle Grate und Gipfel standen so wunderlich klar und nah, wie man sie nur an auserlesenen Wintertagen sehen kann, mit langen violetten Schatten und gleißenden Schneefeldern. Es ging ein mäßiger Föhn, und die durchsonnte Luft war frühlinghaft warm. Wieder wie an manchen früheren Wandertagen stand ich häufig still und hatte im Umherblicken ein Gefühl, als sei alles ein Zauber und könnte plötzlich verschwinden. Und wieder hatte ich das seltsam selige, fast bange Wandergefühl: So verklärt siehst du die Erde nicht wieder! Auf der von Holzschlitten aufgewühlten, vom Winde bald blankgefegten, bald ganz zugewehten, mit etwa meterhohem gefrorenem Schnee bedeckten Straße stieg ich langsam gegen den brausenden Wind bergan, den Schöllenen und der Teufelsbrücke entgegen. Die berühmte, herrliche Straße und dieser ganze Teil des wilden Reußtals sind im Winter viel schöner, als ich sie im Sommer sah. Und wie ein Märchen ist die junge, tosende Reuß, die in ihrer verschneiten Klamm unter bläulichen, häufig durchbrochenen Eisrinden hinabrollt, das einzige Leben in der weißen Todesstille. Der kleine Wasserfall oberhalb der Teufelsbrücke war von einem scheinbar freischwebenden, aus dem Sprühstaub entstandenen Eisbaldachin mit hundert grotesken Spitzen überwölbt.

Die Wetterscheide vor Andermatt war ein Erlebnis. Aus der wilden, rauhen, vom Winde durchpfiffenen Schlucht trat ich durch den kurzen Tunnel, der dort die Straße deckt, in ein weißes, blendendes Sonnenland. Das breite Hochtal glänzte warm, die abschließende Höhenwand war bläulich verschattet, das stille Hospenthal mit dem schwarzen Langobardenturm schlief klein und dunkel zwischen hohen Schneemauern, links suchte mein Auge die verwehte und für Monate vom Schnee gesperrte Furkastraße. Merkwürdig sahen in Andermatt die leeren, geschlossenen Fremdenhotels aus, bis an die Parterrefenster im Schnee begraben, aus dem nur noch die Spitzen der eisernen Gartenzäune hervorragten. In der „Krone" trank ich einen Kaffee und wärmte mich auf dem steinernen Sitzofen, den vor etwa siebzig Jahren der damalige Besitzer Kolumban Camenzind erbaut hat. Sein und seiner Frau Namen stehen in altmodischer Schrift auf der mittleren Platte.

Es ging gegen Abend, und der Schnee begann rötlich zu scheinen, da kehrte ich um, und da geschah es, daß ich hoch am Berge, noch über der obersten Windung der Oberalpstraße, einen Vogelflug wahrnahm. Es war ein großer, still und langsam kreisender Steinadler, und ich blieb stehen und sah ihm lange zu, seltsam von dieser Erfüllung meines fast vergessenen Wunsches betroffen. Und nun wußte ich, daß mir auch eine klare Mondnacht nicht fehlen würde, denn der Föhn hielt in mäßiger Stärke noch immer an, und gegen Süden war der Himmel so rein blau wie der offene Kelch des Frühlingsenzians.

Der Rückweg talabwärts nach Göschenen war keine Arbeit mehr. Im „Rößli" ließ ich mir Wein und Essen geben und ruhte eine Weile, bis nachts gegen ein Uhr über den steilen Grat der fast noch völlige Mond herauskam. Da band ich die Gamaschen um, zog Fausthandschuhe an und wanderte durch das schlummernde Dorf und an dem alten Fruttkirchlein vorüber den wunderbar stillen Weg durch das enge Seitental, dem Dammagletscher und der Göschenenalp entgegen. Ich schritt ohne Ziel und ohne Mühe, soweit der Pfad es erlaubte, und kehrte, als ich müde ward, langsam wieder um. Auf dem weichen Schneeweg hörte ich meine Schritte nicht, und auch sonst war kein Ton zu hören, in der Höhe gegen den nachtblauen Himmel glänzte matt der überschneite Gletscher, das weiße Mondlicht erfüllte das Tal und war so hell, daß ich bei der Frutt die knapp aus dem Schnee ragende Tafel lesen konnte, die man einem dort von der Lawine erschlagenen Knaben gesetzt hat.

Groß und flimmernd standen viele Sterne in der Nacht, und ihr Leuchten und das weißschimmernde Mondland und das Schweigen der matten Gipfel will ich nie vergessen.

1905

HERBST

Ein satter, leise glühender Oktobertag. An den Hügeln leuchteten die Weinberge goldgelb, die Wälder spielten in den kräftigen, bräunlich metallischen Farben der Laubwelke, in den Bauerngärten blühten Astern von allen Arten und Farben, weiße und violette, einfache und gefüllte. Es war eine Lust, durch die Dörfer zu schlendern. Ich tat es, Arm in Arm mit meinem damaligen Schatz, ein paar unvergeßliche Tage lang.

Überall roch es nach reifen Trauben und jungem Wein. Jedermann war draußen beim Lesen oder Keltern; in den steilen Weinbergen sah man Männer in Hemdärmeln und Weiber und Mädchen in farbigen Röcken und weißen oder roten Kopftüchern arbeiten. Alte Leute saßen vor den Häusern, sonnten sich, rieben die braunen, runzligen Hände ineinander und lobten den schönen Herbst.

Freilich, in vergangenen Zeiten hatte es noch ganz andere Herbste gegeben! Man mußte nur die Siebzigjährigen hören. Sie sprachen ernsthaft und belehrend von fabelhaften Jahrgängen, in denen der Wein so reichlich und so honigsüß gewesen sei, wie es heutzutage gar nimmer vorkomme. Man muß sie reden lassen, die Alten, und in der Stille die Hälfte daran abziehen. Wenn wir selber einmal siebzig und achtzig sind, werden wir, meine ich, vom heurigen Jahr geradeso reden. Wir werden es im unsäglich köstlichen Gold der unerreichbaren Ferne sehen und werden unsere Dankbarkeit und unser Altersleid und unser Jugendheimweh in unsre Erinnerungen mischen.

Wir beiden jungen Leute liefen lachend und staunend mit großen Augen in dem Glanze und der Fülle herum, sahen von Berghöhen jauchzend und schweigend in das reiche grüne Elsaß und auf den ruhig strömenden Rhein hinab und legten manchen Wiesenweg und manches gute Stück der ebenen Landstraßen Hand in Hand im Tanzschritte zurück. Ernteböller krachten hinter frisch geleerten Obstbäumen, Herbstjuchzer und langgezogene Jodler tönten prächtig durch das fröhlich belebte Land.

Wir bekamen hier eine blaue Traube, dort eine gelbe geschenkt, hier einen Apfel und dort einen Hut voll Walnüsse, dazu führten wir das landesübliche herb duftende Schwarzbrot im Rucksack bei uns, so daß wir abends in den Gasthäusern außer dem Wein und der Nachtherberge kaum noch eine Suppe oder eine Rauchwurst begehrten. Und unterwegs, im langsamen, bequemen Dahinwandern, sangen wir alle Lieder, die wir wußten, und von jedem alle Verse durch, lustige und traurige, und erzählten einander alle guten und alle dummen Geschichten, die uns einfallen wollten. Mein Mädchen ahmte im Übermute das drollige Elsässer Französisch nach, und ich hatte ein altes Büchlein Handwerksburschenlieder im Sack, aus dem ich an Rastorten gelegentlich ein wenig vorlas:

> Zu Frankreich in Paris,
> Wo ich mir meine Stiefel sohlen ließ,
> Allda gibt's viel Freud,
> Aber auch viel Leid,
> Weil der Bruder Straubinger gestorben hat.

In der Nähe von Colmar sahen wir am Wege einen vergnügten alten Mann sitzen, mit dem wir ins Gespräch gerieten. Er war im Weinberge draußen gewesen, wo sein Sohn und seine drei Enkelkinder die Lese besorgten; nun kehrte er zufrieden, mit langen Ruhepausen dazwischen, auf seinen alten Beinen durch den goldigglühenden Oktoberabend in sein Dorf und Haus zurück. Er war offenbar auf seine alten Tage beredt und gesprächslustig geworden. Und wir Jungen hörten ihm gerne zu, denn er wußte vielerlei, er kannte die alten volkstümlichen Namen von Fluren, Wegen, Hügeln, Brücken, dazu eine Menge Geschichten, alte und neue, Sagenhaftes und Heutiges.

Als ich ihn um sein Urteil über die diesjährige Ernte fragte, kniff er ein Auge ein und meinte:

„Nicht schlecht, Herr, gar nicht schlecht. Sogar ganz gut, möchte man sagen. Aber so ein Herbst, wie der vom Flieger einer war, ist's doch keiner."

„Was ist das", fragte ich, „der Flieger?"

„Kennen Sie die Geschichte nicht, Sie beide? Und die Fliegerkapelle am Ende auch nicht?"

„Nein. Was ist damit?"

„Gut denn. Also drüben, hinter dem nächsten Wingert dort, steht eine kleine alte Kapelle, die heißt man ‚zum Flieger'. Sie kommen vielleicht noch dort vorbei."

„Ja, das wollen wir tun. Und die Geschichte?"

„Es ist halt so eine Sage, wissen Sie. Dort drüben sind schon in ganz alten Zeiten immer Weinberge gewesen. Und da war vor ein paar hundert Jahren ein Weingärtner, dem gehörte der Rebberg dort, wo jetzt die Kapelle steht. Selbiger war ein rechter Mann, fleißig und fromm, er zog die beste Traube in der ganzen Gegend und ging jeden Tag in seine Reben und besorgte jeden Stock so treulich wie ein Vater seine Kinder. Es ging ihm auch gut, und er lebte rechtschaffen und in gutem Wohlstand. Es hieß auch, die heilige Muttergottes sei ihm besonders wohlgesinnt und habe immer extra ein Auge auf seinen Weinberg.

So trieb er es sein Leben lang und wurde allmählich alt, vielleicht so alt wie ich, wenn ich mich auch sonst ja nicht ihm vergleichen darf.

Und wie er ganz alt, aber noch bei Kräften war und alles Wingertgeschäft noch allein ohne Hilfe tat, da kam einmal ein Jahr, das war so gut, wie zuvor und auch später nie mehr eins gewesen ist. Im Frühjahr keinen Frost, im Sommer keine Dürre, im Herbst Sonne genug und wenig Regen. Alles gedieh ganz wunderlich, aber am meisten die Reben, und am besten gediehen sie im Rebberg dieses alten Mannes.

Er tat auch redlich das Seinige dazu, war früh und spät im Geschirr und sparte keine Sorge und Mühe, bis jeden Tag alles richtig besorgt und in guter Ordnung war. Dabei sah er mit Erstaunen dem ungewöhnlichen Wachstum zu, wie mit jedem Monat Sonne und Regen und alle Witterung so ganz zur rechten Zeit da war und wie unter dem gesunden Laub die Beeren langsam groß wurden.

Im Herbst ging dann der alte Mann tagtäglich auf seinem Grundstück von Rebe zu Rebe, die hingen voll von großen, vollkommenen Trauben, und keine einzige Beere fiel vor der Zeit vom Stiel oder wurde faul. Da betete er oft und dankte der Heiligen Jungfrau, betrachtete seine Weinstöcke andächtig, und manchmal sagte er, bei seinen hohen Jahren wäre es ihm das Beste, in einem solchen Wunderherbst zu sterben, denn schöner werde er doch kein Jahr mehr sehen.

Das dauerte, bis die Trauben Farbe bekamen und dann allmählich anfingen, reif zu werden. Der Winzer wartete fröhlich und geduldig die volle Reife ab, vorher pflückte er nicht ein Beerlein weg. Aber wie es dann soweit war und jedermann in die erste Lese ging, da stieg er in seinen Weinberg hinauf, beschwerlich und langsam, mit der großen Butte auf dem Rücken. Und droben nahm er zuerst seine Kappe ab und dankte Gott und der Jungfrau.

Dann suchte er sich freudig den vollsten Rebstock und an dem die schwerste und reifste Traube aus. Die schnitt er bedächtig ab und hob sie ins Licht. Alsdann brach er eine große goldige Beere heraus und kostete sie.

Sie schmeckte so süß und feurig, wie ihm in seinem langen Leben keine geschmeckt hatte, und als ihn diese Süßigkeit durchdrang, hob eine geheimnisvolle Freudenkraft den Alten in die Lüfte. Er schwebte hinan, war im Luftreiche verschwunden und wurde nie mehr gesehen. An derselben Stelle hat man jene Kapelle erbaut, und so heißt sie ‚zum Flieger‘."

Wir nahmen dankend Abschied und gingen weiter, der Herbstgeschichte nachdenkend. Nach einer Stunde, im letzten milden Abendfeuer, erreichten wir die Kapelle, standen umschauend davor und legten vor dem Weitergehen ein paar Blumen auf die Schwelle hin.

Wir sagten nichts, aber im Herzen dachten wir beide an den Flieger und taten den heimlichen Wunsch um ein so reines, köstliches Leben und um einen so süßen, leichten, gottgeschenkten Tod.

1905

WINTERTAGE IN GRAUBÜNDEN

Von Klosters aus stieg ich an einem sonnenklaren kalten Morgen die verschneiten Gassen und Matten hinan. Die Gipfel sprangen, einer nach dem anderen, ins milde Goldlicht des aufsteigenden Tages und lachten rosig in der milchig-sanften Himmelsbläue. Im Dorfe war wenig Leben, die Engländer schliefen noch im Grand Hotel, die Kinder waren in der Schule; man sah nur da und dort einen Bauern mit Schlitten und Kuhgespann bergaufwärts fahren, um aus den hochgelegenen braunen Holzschuppen Heu zu holen, oder einen anderen, der ins Holz ging und seinen schweren Handschlitten an den hohen Hörnern nachschleppte. Sonst kein Leben und kein Ton als das Knirschen meiner Sohlen auf dem gefrorenen Schnee und weit unten im Tal das kaum hörbare, entfernte Schnauben der Davos-Landquartier-Eisenbahn.

Langsam kam ich empor, über das Dorf hinaus und der Sonnengrenze näher, die mir unmerklich entgegenkam und nach der ich allmählich sehnlich begehrte, da mir Ohren und Hände steif und rot gefroren waren und weh taten. Der Weg war, obwohl nicht gepfadet, angenehm und wenig anstrengend, da der harte Schnee mich bequem trug und doch so viel nachgab, daß ich sicher und ohne Gleiten direkt aufwärts steigen konnte. Zwei Raubvögel, vermutlich Turmfalken, kreisten hoch und feierlich umeinander, sonst war außer mir nichts Lebendiges mehr am Berge sichtbar.

Aufatmend erreichte ich die höheren, von der Sonne beschienenen Schneematten. Hier herrschte kein Frost mehr, während ich noch vor einer Stunde in einer Kälte von zwölf Grad gegangen war. Aber nach kurzer Zeit war die Blendung so stark, daß ich die Schneebrille aufsetzen mußte. Über die steil geneigten, von der leuchtenden Schneedecke weich abgerundeten Hänge flutete das Licht des jungen Tages diamanten und festlich, spielte in jähen Irisfarben, lachte eisig und unerträglich auf glatten Flächen, füllte Mulden und Hangränder mit zarten, schön blauen Schatten. Reif und Eis schmolzen mir vom Schnurrbart, die Luft begann sich leise zu erwarmen, und ich hielt eine erste kurze Rast, um diese Herrlichkeit zu begrüßen und die beginnenden Freuden der Wintersonne vorauszukosten.

Denn es gibt in der weiten Welt nichts Wunderbareres, Edleres und Schöneres als die Hochgebirgssonne im Winter. Von Schnee und Eis und Stein zurückgeworfen, spielt Licht und Wärme schwelgerisch in den unbeschreiblich durchsichtigen winterklaren Lüften – ein Licht und ein Strahlen feiner, zarter, trockener Wärme, von dem das Tiefland auch an den glänzendsten Tagen keine Ahnung hat.

Der lichte Himmel nahm allmählich tiefe Farben an, von Gipfel zu Gipfel gespannt, ruhte er tief und strahlend ohne jeden kleinsten Dunst, blau bis zur Farbe der Veilchen. Zugleich nahm die Wärme zu, und ich rastete oft auf dem Schnee, um nicht in Schweiß zu kommen. Den Rock trug ich längst überm Arm und die Handschuhe in der Tasche.

Hinter den obersten einsamen Heuhütten begann Tannenwald, und hinter dem Tannenwald stiegen unzugänglich senkrechte Steinwände in den Himmel mit fast gewaltsam scharfen, grellen Umrissen. Rückwärts übersah ich nun das tiefe und weite Tal, ungezählte Gipfel, berühmte und namenlose, und im Schnee verlorne winzige Dörfer, ganz unten die dunkel fließende Landquart. Inzwischen hatte ich die Mütze abgelegt und das Hemd aufgeknöpft. Dann suchte ich mir zwischen Wald und Felsen einen geschützten Ort, wo verdorrtes Moos und Heidekraut schneefrei und trocken in der Sonne brannte. Dort legte ich mich hin, aß ein Stück Schokolade und ruhte gründlich aus.

Ich lag wie im Sommer, fühlte die Dezembersonne auf Nacken und Arme brennen und dachte mit Behagen an meine Heimat am Bodensee, wo jetzt feuchte Kühle und Nebel herrschten. Dann begann ich mir Hände und Arme mit Schnee zu waschen. Und da dies köstlich wohltat, warf ich eilig Schuhe und Strümpfe und alle Kleider ab, tat einen Freudenschrei und badete mich erschauernd im körnigen Schnee. Als ich wieder in den Kleidern war und in der Sonne lag, fühlte ich unter der erfrischten Haut mein Blut wohliger und wärmer und lebendiger kreisen als je nach dem raffiniertesten Dampfbad.

Einen Teil des Rückweges konnte ich, auf meiner Lodenjacke sitzend, über den Schnee abrutschen, den Rest legte ich zu Fuß zurück und kam gerade zur rechten Zeit nach Klosters, um bei einem guten Mittagessen meinen inzwischen scharf gewordenen Hunger zu stillen.

Im Hotel waren außer mir nur Engländer, und die Ruhestunden und langen Winterabende wurden mir einigermaßen zur Qual. Ich hatte zum Glück ein gutes Buch mit; es heißt „Maria-Himmelfahrt" und ist von einem Arzt in Bozen geschrieben und erlebt. Aber immer konnte ich nicht lesen, und die Unterhaltung mit den Engländern hatte Schwierigkeiten, da sie wenig mehr Deutsch und Französisch konnten als ich Englisch. Überdies ließ man mich fühlen, daß ich nur ein Einheimischer war und daß ich im Touristenkleid zu den feierlichen Mahlzeiten kam.

So blieb mir nichts übrig, als zu lesen, mich zu mopsen und die Gäste zu beobachten. Sie fühlten sich offenbar im Hause schon ganz heimisch und trieben es nach ihrer Art fröhlich, laut und rücksichtslos. Der eine pfiff mit ausdauerndem Atem schöne Lieder, der andere knackte im Salon Haselnüsse mit den Stiefelabsätzen auf, ein Mädchen spielte auf dem Billard mit der weißen Hauskatze. Wer von schüchterner Gemütsart ist, hat es so zwischendrin nicht leicht, er muß verzweifeln oder sich an den Wein halten, und das tat notgedrungen auch ich. Graubünden ist ja erstaunlich reich an guten Weinen, und im obersten Rheintal wachsen einige Trauben, die sich vor denen des mittleren Rheines nicht zu schämen brauchen.

Ein merkwürdig gesegnetes Weinnest ist Malans, ein schönes Dorf zuunterst im Landquarttale, an dessen oberem Ende ich jetzt sitze. Neben vorzüglichen, pikanten, leicht prickelnden Rotweinen wächst dort ein vorzeiten von den Spaniern angepflanzter goldener und schwerer Weißwein. Er heißt Completer und ist nur in seiner Heimat erhältlich, da er die schnurrige Eigenschaft hat, blau zu werden, wenn er in der Flasche geschüttelt wird. Es wäre besser, die Weinhändler würden blau, die sich bemühen, diesem „Übelstande" abzuhelfen.

Zu meinem Glück kam abends manchmal der hiesige Arzt ins Hotel zu einem Billard. Er spielte so schlecht wie ich und erzählte mir von seiner Landpraxis, der er auf Schneeschuhen nachgeht.

Die Straße von hier nach Davos führt über Laret und Wolfgang in großen Kehren und Schlingen bergauf, zum Teil durch Tannenwald. Oben im Davoser Tal ist es noch sonniger, aber nachts und bei trübem Wetter auch viel kälter als in Klosters; Nachttemperaturen von dreißig Grad und mehr sind dort nicht selten. Die beiden Orte Davos-Dorf und Davos-Platz sind als Hoteldörfer das Grauenhafteste, was es in den Alpen gibt, aber das Tal ist wunderbar, überall der Sonne geöffnet und von reichgezackten herrlichen Bergen umgeben. Für Schlitteln, Skisport und Eislauf kann man sich nichts Verlockenderes denken, und es ist auch eine Menge englischer und anderer Sportleute dort. Ich begreife das, ohne mitzumachen; mir ist beim Anblick der vielen Riesenhotels und Sanatorien und beim Anblick der bis weit in die Landschaft hinaus aufgestellten Tafeln, die den

Schwindsüchtigen das Ausspucken verbieten, die Lust an Davos so ziemlich vergangen.

Die Art, wie in Davos der Wintersport betrieben wird, ist flott und imponierend. Man sieht prächtige Menschen jeden Alters mit geübten Gliedern sich bewegen. Die Schlittschuhplätze sind groß und glashart, ringsum ist das Land für Skitouren wie geschaffen, und die Schlittenbahnen sind die besten, die ich gesehen habe. Immerhin ist der Ton solcher internationaler Sportplätze für empfindsame Reisende nicht lange erträglich, und auch ich nahm nach einigen Stunden gern wieder Abschied, um auf meinem Bergschlitten nach Klosters zurückzukehren.

Nie habe ich eine schönere Schlittenpartie gemacht. Die Fahrt auf dem gut gebahnten, genügend steilen Weg ging rasch und flott, ohne übermäßig anzustrengen, und ich fuhr, auf dem niederen Schlitten zurückgelehnt, beinahe flach auf dem Rücken liegend, durch Wald und an schönen weiten Ausblicken vorbei, das Auge bald auf den Weg gerichtet, bald im hohen reinen Himmel ruhend, während feine, vom Schlitten aufgerissene Schneestaubwolken mir kalt und prickelnd übers Gesicht stoben. Unterwegs holte ich einen Bobsleigh, einen langen Sportschlitten mit fünf Fahrern, ein. Er hatte umgeworfen und war völlig zerbrochen, und die fünf Fahrer standen dabei, rieben sich schmerzende Glieder und wären in der Eile beinahe von mir nochmals umgerannt worden.

Den Weg, den man in etwa anderthalb Stunden bergauf gestiegen ist, legt man rückwärts auf dem Schlitten in knapp zehn Minuten zurück. Im Dahinfahren durch den weißen Bergwinter, tausend Meter über dem gewohnten Leben, vergißt man alles, was des Vergessens wert ist, und reitet sausend talab, aus dem Gipfelglanz und der Sonnenwärme der Höhe in die strenge Kühle des totenstillen Bergtales hinunter. Der Geist der Berge geht mit, der große Tröster –

Und manches Mal, wenn ich im Herzen litt,
Ging er auf Gletscherwegen leise mit
Und legte gütig seine kühle Hand
Auf meine Stirne, bis ich Frieden fand.

1906

FASTNACHT

Am Fastnachtsdienstag kamen wir in ein altes Städtchen am Oberrhein, mein damaliger Wanderkamerad und ich. Von der Vorfrühlingsluft ermüdet, suchten wir in einem still gelegenen Wirtshause Rast und saßen ein paar Stunden trinkend und wenig redend auf der schweren altmodischen Gastbank. Es war in der zweiten Märzwoche, der Föhn schrie in den noch völlig kahlen Wäldern und wühlte im hellgrünen Bodensee, dazwischen stob strichweise ein barscher Gegenwind mit plötzlichen Schauern von Schnee und Hagel. Die Allgäuer Höhen waren noch tief herunter weiß, und einige von den föhnblauen schönen Hegaubergen hatten blanke Felder von Neuschnee.

Es war ein schönes, doch mühsames Wandern gewesen, und fröhlich waren wir beide nicht. Worüber auch? Mein Freund hatte ohnehin kein heiteres Wesen, und mir war nach einem langen sorgenvollen Winter auf dieser ersten Fußreise des zögernd anhebenden Frühlings auch mehr nachdenklich als lustig zumute. Wenn die Märzstürme vom Gebirg herfahren und im Moos und Waldgesträuch das erste braune Knospen beginnt, treibt es mich jedes Jahr mit stummer Nötigung hinaus, zu laufen und zu atmen. Aber es gibt da noch kein Rasten auf warmen Steinen und trockenen Wiesen zwischen Wandern und Weiterwandern; man wird müde, und zugleich wächst die Sehnsucht, nachwehende Winterängste bedrängen das Herz, und es kann keinen jungen Trieb am Weidenbusch und keine erste Bachblume sehen, ohne daß es zweifelnd fragt: Wird nun auch dir ein Frühling kommen? Und das Leben der Erde und der Pflanzen, das unsichtbare Quellen unter der Oberfläche erfüllt die

Luft mit Ahnung von Kampf und gärender Gewalt. Es ist nicht, wie die Frühlingsdichter sagen, ein Lächeln und süßes Augenaufschlagen aus Wonneträumen, was jetzt die Ackerscholle und den Moosboden und die Waldränder bewegt und lebendig macht, sondern ein verzweifeltes Gebären unter stummen Schmerzen. Und es redet so deutlich zu uns, daß auch wir nur in Schmerzen und nur nach bitteren Werdenöten uns im Innern erneuern und junge Sprossen treiben können. – Darüber hatten wir gesprochen und waren bald wieder still geworden, und jeder hatte vor sich hin gedämmert und langsam seine Flasche herben Wein geleert.

Vom Fastnachtstreiben hatten wir anfänglich kaum etwas bemerkt, ab und zu war auf der Straße Lärm und Gelächter, Schellengerassel und Klappern von Clownsknarren erklungen, und wenige Male war ein Maskierter in unser Schanklokal getreten, um sogleich unbefriedigt wieder fortzugehen. Nur einer hatte uns angeredet und uns fade Trauerwedel gescholten, aber wir hatten unfreundlich geschwiegen und ihn abfahren lassen. Nun aber, da es schon gegen Abend ging, zogen öfters ganze Gruppen und Züge von Kostümierten durch die Kneipe, und wenn sie auch in der entlegenen Bude kaum haltmachten und bald enttäuscht davonliefen, brachten sie doch einen Klang von Lust und Tollheit mit, ihre Stimmen tönten erregt und heiß, ihre Bewegungen waren nicht mehr einstudiert und dem Kostüm künstlich angepaßt, sondern ausgelassen und stürmend. – Mich, der ich neben meinem wortkargen Begleiter im bespritzten Reisekleid dasaß und fremd in die vorüberziehenden Maskengesichter starrte, überkam allmählich jene unleidlich sentimentale Melancholie des ungebetenen Festzuschauers. Man fühlt sich dem kindischen Getriebe ohne Befriedigung überlegen und schämt sich doch seines Ernstes; denn man weiß wohl, daß nur ein gewisser momentaner Mut dazu gehört, sich hineinzustürzen, um selber mittendrin zu sein, und diesen Mut hat man nicht. Allmählich wurde diese törichte und nutzlose

Traurigkeit, da ich mich selber über sie ärgerte, zu einem schnell wachsenden Zorn, ich stieß das Glas auf den Tisch, daß es zerbrach, und war bereit, mit dem nächsten, der mich anreden oder berühren würde, Raufhändel anzufangen. Am meisten ärgerte mich mein Kamerad, der immer finsterer schwieg und den längst schal gewordenen Rest seines Weines im Glase schaukelte.

„Zum Donnerwetter, lassen Sie jetzt dieses verfluchte Schlenkern bleiben!" schrie ich ihn an und nahm ihm das Glas weg.

Da stand er auf und sah mich komisch an.

„Sind Sie auch so weit?" sagte er ruhig. „Dann bleibt uns nichts übrig, als daß wir einander verprügeln, oder . . ."

„Oder?"

„. . . daß wir uns maskieren und den ganzen Senf mitmachen, aber dann gründlich."

„Gut, los denn!"

Die Sache war leicht zu machen, wir hatten beide Bekannte in der Stadt. Noch ehe es in den Straßen völlig dunkel geworden war, steckten wir schon im Domino und schwangen die Pritsche. In einem Gasthaus, wo es drunter und drüber ging, nahmen wir ungefragt am Abendessen eines Familientisches teil, dann an einem Ball im „Hirschen", dann an einem Ball im „Sternen", dann an einer kleinen Keilerei im Freien, bei der mir mein Kamerad abhanden kam.

Das war etwa um Mitternacht. Ich hatte gesungen, getanzt, geschrien, geflirtet und gehauen; ich hatte Weißwein, Bier, Rotwein, Tee, Grog, Champagner und Limonade getrunken, geschwitzt und gefroren. Ich war einem flüchtigen Luftballon nach an den Plafond eines Tanzsaales geklettert und heruntergefallen, hatte einer Zigeunerin ein Gedicht ins Tamburin gemacht, von einem Biertisch herunter eine Rede über die Kultur der Zukunft gehalten, zwei blonde Mädchen zu einer Reise nach Venedig eingeladen und bei einem Maler ihre Porträts in Tempera und Lebensgröße bestellt. Nun kam eine heitere Ruhe über mich, und leise singend wanderte ich durch die Gassen, in denen Schnee und Regen im Winde trieb, nach einem berühmten Weinkeller, um mich nun zu pflegen und bei einer guten Flasche auf neue Abenteuer zu warten. Auch hoffte ich dort meinen Gefährten anzutreffen.

Im Sebastianskeller war ein prächtiges Leben. Alle Tische waren besetzt, zumeist von Masken. Es ging nicht so toll und schreiend her wie in den großen modernen Biersälen, aber es waren die eigentlichen Genießer da. Denn nicht nur gab das vom Maskenleben erfüllte niedere Gewölbe des alten Kellers ein erfreuliches Bild, sondern es wurden dort auch nur gute, solide Weine ausgeschenkt. Und ich war nun der geschwefelten Faßweine und geschmierten Flaschenweine satt. – Ein Faunsgesicht mit Denkerfalten und Kinderaugen glänzte weinselig am hintern Tisch. Das war ein Bildhauer, ein herzenslieber Mensch, und ich nahm die Maske ab und setzte mich zu ihm. Wir schüttelten einander die Hände und spielten das Fingerstreckspiel um eine Flasche Bocksbeutel. Dann saßen wir bei dem kühlen, reinen, milden Wein, unter allerlei fröhlich buntscheckigem Volk, sangen viele von den ringsum angestimmten Liedern mit und trieben gedankenlos auf der breiten flutenden Woge der allgemeinen Lustbarkeit dahin. Ich hatte seit Monaten nicht mehr gezecht und manchmal ein philisterhaft trübes Gefühl gehabt, als sei mir die rechte Freude am Trinken mit all den anderen Jugend- und Junggesellenkünsten allmählich abhanden gekommen und fremd geworden. Nun fühlte ich mich im sanften Becherschwung wie ehemals vom Erdgeist kühl und gut umarmt, und aus hundert verschollenen Jugendnächten her klang mir Gesang und Gläsergeläute und heiliger Taumel herauf. Langsam entglitt mir das drückend stetige Gefühl der Gegenwart, und ich lebte nicht mehr im Heute, sondern im Ewigen und Niegewesenen, in allen Augenblicken meines Lebens. Ich saß mit Freunden am Tübinger Neckar unter den Linden der Allee, mit anderen Freunden in den liebgewordenen Kneipen von München, Zürich, Stuttgart, Basel, Bern. Ich lag auf der Wandbank einer Kellertrattoria in Florenz und in der winzigen Trinkzelle von Giacomuzzi in Venedig beim gelben Zyperwein.

Mein Nachbar, der Bildhauer, war freilich ein wundervoller Zechkamerad. Ihm schlug der Wein in die Knie, und er hätte längst nicht mehr zu gehen vermocht, aber er saß aufrecht und schlank, und sein rotblonder Kopf, halb Kind, halb Faun, lachte mit klaren Augen in die närrische Welt.

Männer nickten uns zu und Frauen und Jünglinge; sie gingen im lauen Gewölk vorüber, waren froh und riefen uns fröhliche Dinge zu, die wir fröhlich erwiderten. Ein Gymnasiast trug uns ein Gedicht vor, und ich schenkte ihm ein Glas Wein dafür. Ein bleicher Mensch saß da und trank Mineralwasser, und wir hänselten ihn und lachten ihn aus. Dazwischen schwiegen wir lang und kosteten ohne Gedanken das wunderbare Gefühl, fern von der sorgenvollen Welt auf einer schwebenden Wolkeninsel dahinzufahren.

Und einmal, als ich aufblickte, sah ich am anderen Ende unseres Tisches eine junge Frau mit einem roten Hut sitzen. Ich weiß nicht, ob sie schon lange da war und ich sie übersehen hatte oder ob sie erst so spät hier Platz gefunden oder ob sie vorher anders ausgesehen und erst jetzt diese Züge angenommen hatte. Sie saß neben ihrem eleganten Mann, der heftig mit anderen redete, und sie schaute gleichmütig um sich in das Treiben der Masken, Redner, Sänger und Trinker. Und sie war einem Mädchen, um das ich in schönen, bangen Jugendjahren viel Leid gelitten hatte, ähnlich wie eine Schwester. Ein kleines Gesicht mit fast knabenhaften Formen, bräunlich bleich, und ein sehr schlanker Hals, schmale Schultern und lange zarte Hände.

Als ihr Blick mich zufällig traf, nickte ich ihr zu und hob mein Glas, um ihr zuzutrinken. Sie lachte und stieß mit mir an. Ich schwieg aber und wollte kein Gespräch mit ihr anfangen, sie war ja nur ein Bild für mich. Und ich sah sie an, wie sie lachte und wie sie den kecken Bubenkopf so aufrecht und wehrhaft auf dem schmalen Halse trug, und hinter ihr stieg mir die Landschaft von Erlenhof auf: hohe Parkbäume in satten Wiesen, grüne Bergzüge und glühende Sommerhimmel. Und ich ward noch einmal Jüngling. Ich litt noch einmal köstliche Sehnsucht und wundervolle Leiden beim Anblick einer schönen, heißbegehrten, unerreichbaren Frau. Ich glaubte noch einmal an die Ewigkeit der Liebe und träumte noch einmal von jenem tiefen, seligen, völligen Hingeben und Einswerden und Zusammengehören, von dem jeder Jüngling träumt und das noch niemand erlebt hat. Ich wußte nicht mehr, daß jenes Mädchen mit dem kecken, fast knabenhaften Gesicht nicht gut gewesen war, daß sie mich ohne Worte belogen und auf eine unedle Art mit mir gespielt hatte. Das alles war nicht gewesen; ich sah wieder in ihr kluges Gesicht und liebte sie wieder, und ich tat es mit derselben herzlichen, wortlosen, redlichen Liebe von damals.

Es ging schon gegen vier Uhr. Ich sah, daß die Frau mit ihrem eleganten, jetzt stumm und verdrießlich gewordenen Manne zum Aufbruch rüstete, und ich spürte, daß ich von diesem Fest nun das Innigste und Beste genossen habe und daß es Zeit sei, ein Ende zu machen. Schnell bezahlte ich meinen Wein, ohne über die hohe Zeche zu erschrecken, ließ den Domino zurück und trat noch vor der Fremden auf die Straße hinaus. Da blies ein kühler lärmender Sturm und trieb dünne, schnell schmelzende Schneeschleier über die Stadt.

Meinen Wandergenossen hatte ich nicht wieder gesehen, und da ich nicht wußte, wo ich hätte schlafen sollen, knöpfte ich den Mantel zu und marschierte zum Marktbrunnen, an Münsterplatz und Tor vorüber allein zur Stadt hinaus, in der die letzten ausgelassen lustigen Festklänge des Kehraus allmählich entschliefen. Bald konnte ich beim Zurückschauen nur noch den schwarzen Münsterturm sehen und bald auch den nicht mehr; mit den Tönen des Windes vermischte sich das laute Strömen des nächtlichen Rheins, und schon nach einer Stunde raschen Wanderns schien es mir, als läge der ganze Lärm dieser verjubelten Nacht Tage und Wochen weit zurück. Nur das bräunlich blasse junge Frauengesicht und das tiefe leise Klingen eines alten Jugend- und Liebesliedes verließen mich nicht und blieben bei mir, bis ich in der kühlen Morgenhelle, von frisch beschneiten Hügeln aus, durch die beweglichen Risse verstürmter Wolkenzüge die blassen Gipfel der Appenzeller Alpen schimmern sah.

1906

REISEBILDER

Abfahrt

Der Untersee und unser kleines Dorf lag tief im dikken Herbstmorgennebel, als ich mit meinem Reisegefährten am flachen Ufer in den Kahn stieg. Wir ruderten dem Kompaß nach rasch durch den milchig schimmernden Dunst über das dunkle regungslose Wasser, und bald stieg mit spitzen Türmchen und langer Dächerflucht das gegenüberliegende Uferstädtchen undeutlich und verschlafen aus dem leise brodelnden Gewölk. Es war eine kühle Morgenstille in den sauberen Gassen, nur ein Bäckerladen hatte Licht brennen und wartete auf Zuspruch aus den behaglichen Häusern, die mit nebelfeuchten Erkern und geschlossenen Toren ohne Ungeduld den Tag erwarteten. Späte Dahlien, weiße und gelbe Buschastern blühten noch in einigen Gärten, und beim Bahnhof ließen einige Vogelbeerbäumchen ihre hellroten Fruchtbüschel leuchten.

Der Zug kam an und nahm uns mit, wir fuhren seelängs, doch ohne den See oder die schönen Hügel zu sehen, durch ein fremdes Nebelland und hatten nichts dagegen. Denn durch einen dichten Nebel der erwarteten Bergklarheit entgegenzureisen ist ebenso ahnungsvoll schön und köstlich spannend, wie durch einen mächtigen Tunnel in ein fremdes Land einzufahren. Der Schaffner rief die Namen wohlbekannter Seedörfer, von denen wir nichts sahen, er rief Konstanz und Kreuzlingen und schließlich Arbon und Romanshorn, und wären die Bahnhöfe und die einsteigenden Menschen nicht gewesen, so hätten wir vom Wechsel der Landschaft nichts bemerkt. So aber spürten wir ihn wohl.

Es ist merkwürdig: Wenn ich vom Untersee her weiter in die Ostschweiz hinein reise, habe ich stets das Gefühl, in ländlichere Gegenden zu kommen, obwohl eigentlich das Gegenteil wahr ist. Unsere Unterseedörfer sind so still wie möglich, und schließlich ist auch Konstanz keine Großstadt, während von Arbon bis St. Gallen der Eindruck von Stadtnähe, Bahnverkehr und Industrie beständig zunimmt. Und doch erscheint es mir umgekehrt, und das liegt an den Menschen. Etwa von Romanshorn an fühlt man, daß andere Leute einsteigen, und diese Leute machen – Ausnahmen zugegeben – einen behaglichen und wohltuend phäakenhaften Eindruck. Sie steigen langsam ein, sie rufen noch auf der Treppe draußenstehenden Bekannten etwas zu, und im Wagen grüßen sie und sind mit dem Schaffner oder mit den Reisenden schon im Gespräch, noch ehe sie Platz genommen haben.

So war es auch diesmal wieder. Ohne daß der Zug weniger rasch fuhr und obwohl Publikum und Land eigentlich keinen agrarischen Eindruck machten, fühlte man eine freundliche Verlangsamung des Tempos, lediglich aufgrund des Dialekts, der Gestalten, Gesichter und Gesten. Etwas Munteres und Lebensfrohes klang auf, aber ohne jede Heftigkeit. Zwischen den Rorschachern, St. Gallern und Rheintälern tauchten auch schon manche Appenzeller auf, und je mehr ihrer wurden, desto behaglicher und frohsinniger wurde es in unserem Wagen. Es dauerte nicht lange, so waren wir mit ins Gespräch gezogen und wurden über Herkunft und Reiseziel freundlich und ohne lästige Neugierde befragt. Scherze und gute Wünsche wurden uns nachgerufen, als der Zug schließlich in St. Gallen hielt und alle auseinandergingen.

Hier begannen wir uns die Weiterreise zu überlegen. Wir wollten ohne feste Route ein paar Tage schön verschlendern, und da gerade die Straßenbahn nach Trogen zur Abfahrt bereitstand, stiegen wir ein und fuhren in einem schönen, bequemen und hellen Wagen durch die Stadt und langsam bergauf.

Noch immer steckten wir tief in Nebeln, doch drang

aus der Höhe schon wärmeres Licht und eine Ahnung von blassem Blau uns entgegen, und im Berganfahren erlebten wir das alte freudige Spiel, das Wogen und Verzagen der weißen Massen, das Auflachen und Versteckspielen eines blauen Stückleins Himmel, den Kampf der Sonne mit der Trübe und ihren stillen, herrlichen Sieg. Oben beim Vögelinsegg erreichten wir endgültig die klare Höhe, sahen einen glänzend blauen Mittagshimmel über herbstklare Fluren lachen und atmeten frische, durchsonnte Luft. Und nun fuhren wir rasch und fröhlich ins Appenzell hinein, durch ein reinliches und fröhliches Land mit lichten, sauberen Häusern und heiteren Menschen, bis zur Station Trogen, wo die Straßenbahn ein Ende hat und wo wir unsere Wanderschaft beginnen wollten.

Im Appenzell

Oft hatte ich im Appenzellerlande den Eindruck, auf einem besonders gesegneten Boden zu wandern und bei einem feiertäglich fröhlichen Volke zu Gast zu sein. Wenigstens erinnere ich mich nicht, jemals anderswo auf einem so kleinen Stücklein Erde so viele tüchtige und lebensfrohe Menschen gesehen zu haben, so heiter, herzlich und munter empfangen worden zu sein, so viele lustige Worte, Lieder und Jodler gehört zu haben. Das Land hat mich immer sonntäglich angemutet, und so war ich nicht erstaunt, als mir auch diesmal gleich am ersten Ort, in Trogen, Musik und Festlichkeit entgegentönte. Es war ein Jahrmarkt, Händlerbuden und Lebkuchenstände in den Gassen, und am liebsten hätte ich mich sogleich darin verloren und mitgefeiert. Aber wir wollten wandern, die grünen Höhen des Gäbris lagen verlockend vor uns, so nahmen wir nur einen Imbiß im Gasthof und wanderten dann auf guten Wegen bergauf. Das ganze hügelige Land ist üppig grün und besteht ausschließlich aus Weiden, dazwischen steht je und je ein kleines schwarzes Tannengehölz und am Fuß der höheren Berge schöne Laubwälder. Und überall liegen saubere Höfe, einer wie der andere einladend, wohnlich, gepflegt, vielfenstrig, mit vorspringender Holzschutzwand auf der Windseite und mit ein paar schönen Bäumen (meistens Eschen) davor. Darumher Weide an Weide, niedrig umzäunt, mit hölzernen Tränken und stattlichem Vieh.

Das Wandern in diesem hundertfach gefalteten Hügelland hat etwas Spannendes und Erwartungsvolles, das beständige Bergauf und Bergab öffnet von Augenblick zu Augenblick neue Bilder. Wir stiegen plaudernd die Matten hinan, an feisten Kühen und weißen graziösen Ziegen vorbei, in einer mäßigen Sonnenwärme. Der Himmel war ganz wolkenlos, und die sattgrünen Hügelköpfe mit ihren Tannen, Hofstätten, Kühen und Hägen leuchteten wie Kleinode. Im Höherkommen sahen wir da und dort klare und strenge Alpengipfel auftauchen, rötlich-warme Felswände, scheckige Rinnen, mildweiße Schneefelder.

Seit langer Zeit hatte ich kein so reines Wanderglück mehr genossen, und als allmählich unser Gespräch langsam wurde und schließlich aufhörte, besuchte mich ungerufen eine Erinnerung aus frühen Kinderzeiten. Damals, als kleiner Knabe, besaß ich ein Bilderbuch, darin waren Berge und Ströme, Ährenfelder und Alpenwiesen abgebildet, und ihre Farben waren so frisch und satt und herrlich, daß ich daran zweifelte, ob irgendwo auf Erden wirklich so lachend schöne Gegenden zu finden wären. Und lange Zeit hielt ich mein Bilderbuch allen Ernstes für schöner als jede Wirklichkeit. Bis einmal an einem föhnblauen, warmen Frühlingstag mein Vater mich auf einen Ausflug mitnahm. An jenem Tage geschah es, daß mir die Augen aufgingen, ich sah Berge und Wald verklärter und prächtiger als auf den schönsten Bildern und faßte zum erstenmal eine erstaunte, zärtliche Liebe zur Erde, die mir erst in späteren Jahren wiederkehrte und mich seither oft und oft mit unwiderstehlichem Wanderheimweh ergriffen hat.

So ging es mir heute wieder. In manchen trüben Zeiten war mir das wahre Schauen abhanden gekommen, ich hatte sogar manchmal ein skeptisches Gefühl, als hätte ich in meinen eigenen Aufzeichnungen und Wandererinnerungen zu flott gemalt und allzuviel Wesens von der Schönheit der Erde gemacht. Und nun schritt ich wieder freudig ergriffen über Gras und Gestein und hatte wieder die Empfindung eines edleren, erhöhten Lebens und sah wieder jeden Tannenschatten und jede ferne Alp mit jener zärtlich-frohen Liebe an, die mir eine Zeitlang beinahe verlorengegangen war.

Indessen hatten wir die Höhe des Gäbris erreicht. Der nahe Säntis stand mit bläulichen Schatten uns gegenüber, weiter jenseits des Rheintales die Tiroler und Graubündener Berge und das Vorarlberg. Mit Befriedigung sahen wir die ganze Gegend um unseren Wohnort her in trübem Dunst verborgen, während wir, in die Bergklarheit entronnen, schleierlose Fernen sahen und Sonnenlüfte atmeten. Vom Bodensee sahen wir nur je einen schmalen Streifen durch Nebelwolken blinken, nach allen anderen Seiten aber war die Weite hell.

Obwohl es ein Werktag und schon spät im Herbst war, blieben wir auf unserem Berg keineswegs einsam. Die Appenzeller sind gute Fußgänger und haben eine Freude an ihrem Land, und wenn ein sonniger Herbsttag leuchtet, machen sie sich kein Gewissen daraus, ein paar Stunden an einen Ausflug zu wenden. Wir trafen Alte und Junge, darunter ein wohl siebzigjähriges Ehepaar und eine Menge von Kindern, denn es waren Schulferien. Buben und Mädchen aus Gais, aus Heiden, aus Bühler und aus Appenzell liefen barfuß und unermüdlich von einer Matte und einer Höhe zur anderen, eine kleine Schar schloß sich uns an und begleitete uns plaudernd wohl zwei Stunden weit, wobei sie uns Berge, Täler und Städte der Ferne mit Namen nannten und unter anderem ausführlich und lebhaft die Geschichte der Schlacht von Stooß erzählten.

Mit dem einbrechenden Abend schritten wir durch

das wohlhabende, schön gebaute Gais und erreichten noch vor der Nacht die Stadt Appenzell, deren hübsche Gassen mit dem prächtigen alten Schloß und dem stattlichen Rathaus mich wieder vertraut und wohlig anmuteten.

Unter Bauern

Im Gasthause, wo wir Nachtlager nahmen und uns ein Abendessen geben ließen, ging es behäbig und freundlich zu, doch war es recht still, und wir wären doch gern noch unter Leute gekommen. So drückten wir uns bald aus dem Haus und suchten ein anderes Wirtshaus, wo der Wein zwar vortrefflich, die Stube aber ebenso leer und ungesellig war. Endlich erfuhren wir, es sei heute Preisviehschau hier gewesen und alles sei jetzt bei der Verteilung. Wir fragten, wo die stattfinde, doch wußte die Wirtin das nicht. Dagegen meinte sie, wenn wir ein paar Gassen ablaufen wollten, würden wir es bald finden, wir sollten nur auf das Kuhglockengeläut hören. Wir dankten und gingen auf die Suche, und schon in der dritten Gasse hörten wir über uns Glockengeläute und Lärm. Da saßen in einem mächtigen Wirtshaussaal die Gäste, wohl über zweihundert Bauern aus der nächsten Gegend. Wir wurden freundlich zugelassen und bekamen sogar in dem überfüllten Saal noch Sitzplätze angeboten. An vier ungeheueren, parallel durch die ganze Länge des Saales stehenden Tafeln saßen die Bauern, Burschen von zwanzig und Alte von siebzig Jahren, doch kaum ein Dutzend Frauen dabei.

An der mittleren Tafel war für die Vorstände und Preisrichter ein Ehrenessen gedeckt, die Wirtin servierte dort selber in einer funkelneuen Tracht. Obenan saß der Präsident und drunten die beiden Sennen, die bei der Viehschau als eine Art Aufwärter gedient hatten. Beide waren ausgesucht schöne, mächtige junge Burschen und trugen ihre glänzende Tracht: rote Westen, weiße hochgekrempelte Hemdärmel, Gürtel mit silbernen Beschlägen und im rechten Ohr einen goldenen Ohrring. Gang um Gang wurde aufgetragen und verzehrt, wobei mir ein weißbärtiger Alter auffiel, der seine kleine silberbeschlagene Tabakspfeife während der ganzen Mahlzeit nicht ausgehen ließ.

Kaum war der letzte Kuchen abgetragen, so gebot der Präsident Stille und eröffnete die Preisverteilung mit einer kräftigen, zum Teil witzigen Rede. Er verlas auch die an die Preise geknüpften Bedingungen. Die hauptsächlichste war, daß jedes preisgekrönte Haupt Vieh nach halbjähriger Frist noch gesund im Stalle stehe und nicht außerhalb des Kantons verkauft worden sei. Darum wurde von jedem Preis nur die Hälfte ausbezahlt. Die zweite Hälfte konnte erst nach Ablauf jener Frist und nur, wenn alle Bedingungen erfüllt waren, erhoben werden.

Und nun las der Aktuar die Preise ab, zuerst die für Jungvieh, dann die für Zuchtstiere und so weiter, eine unendliche Reihe. Neben mir saß ein alter Bauer aus Brülisau, der schien von den mehr als dreihundert zugetriebenen Tieren jedes im Gedächtnis behalten zu haben, denn bei jedem Preis gab er halblaut eine Kritik ab. Meistens war er einverstanden und nickte, manchmal auch fand er „Das ist zu wenig", oder auch „Das wär nicht nötig gewesen". Die Preise betrugen zwischen zehn und dreihundert Franken, und sobald ein Preis verlesen war, trug einer von den beiden Parade-Sennen die Hälfte des Geldes in blanken Fünffrankenstücken auf einem Teller dem Gewinner zu.

Mein Nachbar aus Brülisau war eben mit mir und einigen Umsitzenden im Gespräch, da wurde sein Name ausgerufen, und der Senn schob ihm den Teller mit einem Diplom und fünfzig Franken zu. Ich freute mich und sah ihn mit Spannung an, er beherrschte sich jedoch vollkommen. Ohne eine Falte im Gesicht zu verziehen, setzte er unser Gespräch fort und steckte Geld und Diplom ruhig und unbesehen in die Tasche. Als er nach einer kurzen Weile nochmals ausgerufen ward und einen zweiten Preis von dreißig Franken erhielt, konnte ich nicht anders, als ihm bewundernd gratulieren. Da warf er mir einen kurzen, still triumphierenden Seitenblick zu, aus dem Winkel des Auges, sagte aber kein Wort.

Mittlerweile hatte die Verlesung nahezu eine Stunde gedauert, und allenthalben wurden die privaten Tischgespräche wieder lauter, so daß der Aktuar nur mit äußerster Mühe sich noch hörbar machen konnte. Mehrmals bat der Präsident ohne viel Erfolg um Ruhe, einmal mit den Worten: „Sagt, wollt ihr unseren Aktuar töten?" Da auch das nur wenig half, kündigte der Präsident eine viertelstündige Pause an, damit die Leute sich vom Schweigen und der Aktuar sich vom Reden erholen könne. Das wurde mit Beifall aufgenommen.

Sogleich entstand in dem großen Saale das summende Getöse einer Volksversammlung, Witze und lautes Gelächter klangen auf. Da entstand am hintersten Tische eine Bewegung. Ein halbes Dutzend junger Leute rückte dort näher zusammen. Plötzlich begann einer zu jodeln. Er sang nur einen einzigen hohen Ton, stark und lang angehalten, ein zweiter fiel tiefer ein, und beide sangen nun langgezogene Töne in choralähnlichen Folgen und Akkorden, eine einfache Urmusik, ergreifend schwermütig. Ein dritter fiel ein, und die anderen stießen in ungleichen Zwischenräumen seltsame Jodler aus – kurze, raubvogelartige, überraschende und aufregende Schreie. Die Stimmen, an Berghöhen und unendliche Räume gewohnt, klangen machtvoll beherrschend, und das Ganze mit seiner Schwermut und naiven Klage mutete mich an, als habe dies fröhliche und kraftvolle Volk ein instinktives Bedürfnis, zuzeiten in ahnungsvollen Tönen den verborgenen dunklen Lebensmächten zu huldigen.

Ehe der Aktuar von neuem vorzulesen begann, nahmen wir von unseren Nachbarn Abschied, tranken unseren Wein aus und gingen still in die Herberge zurück, wo mir das klagende Lied der Jodler noch bis in den Schlaf hinein nachtönte. Die jungen Burschen, die es sangen, waren vergnügte Leute, die den Rotwein nicht sparten und vielleicht diese Nacht noch irgendwo Mutwillen verübten; aber ihr Gesang hatte geklungen wie aus Urtiefen der Menschenseele her.

Ebenalp

Der Weg zum Weißbad, der im Sommer so lebhaft ist, lag still und leer vor uns. Es war ein starker Tau gefallen, und die kühle, reine Luft versprach ein leichtes Steigen. Von Weißbad, dessen alte Bäume noch im Morgenschatten standen, ging es über prächtige Matten bequem bergan.

So schöne Herbstwälder hatte ich in meinem Leben nicht gesehen. Die dichten Laubwaldungen, die überall hügelan wachsen und manche Vorberge fast bis zum Gipfel bedecken, leuchteten in der morgendlichen Sonnenfrische so farbig und tief wie Glasmalereien. Von der Höhe gesehen, erschien das ganze grüne Vorland, mit diesen lebhaft roten und braunen Farbeninseln durchsetzt, wie eine große bunte Stickerei.

Der Gang zur Ebenalp hat den Reiz einer angenehmen Spannung, indem man beständig einer hohen, senkrechten Felswand entgegenwandert, deren Unersteigbarkeit man immer klarer erkennt, bis der letzte Augenblick die verblüffende Lösung durch eine unterirdische Verbindung bringt. Der von weitem beinahe gefährlich aussehende Weg erweist sich schließlich als ein Spaziergang, auf den man jedes Kind mitnehmen kann.

Wundervoll ist die letzte Wegstrecke vor dem Wildkirchli. Aus dem Geröll und Niederholz um die Bergecke biegend, kommt man ganz auf Felsboden, wandelt auf bequemem Pfad an einer hohen schönen Felswand hin und hat das tiefe tannenschwarze Seealptal zu Füßen.

Das Wildkirchli selber, bisher durch Scheffels „Ekkehard", neuerdings durch wichtige Funde aus der Höhlenbärenzeit berühmt, ist eine niedere breite Höhle, eigentlich nur eine horizontale Felsspalte in der hohen Wand, mit einem kleinen Altar und einigen einfachen Holzbänken zum Gottesdienste eingerichtet. Von den Höhlenbären, deren Gebeine hier in Mengen gefunden werden, bekam ich leider gar nichts zu sehen. Desto deutlicher ward ich an den „Ekkehard" und an Scheffel erinnert, denn mitten an der in der Sonne leuchtenden jähen Felswand hing wohlbefestigt eine dicke rechteckige Bronzetafel mit dem Reliefbildnis und Namen des Dichters, der wohl schon von manchen jüngeren Kollegen um seine großen Erfolge, aber gewiß noch von keinem um seine Denkmäler beneidet worden ist.

In soundsoviel Jahren, wenn die geplante Eisenbahn auf den Säntis ausgeführt sein wird, erhält die grotesk geschmacklose Tafel vielleicht die Plakate der Toilettenartikel- und Schokoladefabriken zu Nachbarn.

Neben dem Wildkirchli ist eine zweite natürliche Höhle, und diese führt nicht nur in den Felsen hinein, sondern in seinem Innern aufwärts bis an die Ebenalp. Hier waren wir nun völlig allein und lagen eine Stunde im kurzen trockenen Gras. Diese Stunde hat uns für mehr als für die Stunde Steigens und den Bronze-Scheffel entschädigt. Hinter uns lag das grüne Weideland mit seinen vielen Hügeln bis zum Bodensee, dicht vor uns stand rötlich leuchtend, mit schmalen blanken Schneescharten das Hochgebirge, wohin aus den Tälern der Menschen kein Ton und kein Staub zu dringen vermag und zwischen dessen mächtigen Felseneinöden schließlich auch die großartigste Eisenbahn nur ein kleiner Pfad sein kann, den wohl Schnee und Föhn und Steinschlag auch wieder einmal vernichten und auslöschen werden.

Der Dorfabend

Von der Ebenalp waren wir auf einem steilen und steinigen Pfad zum Seealpsee hinabgestiegen und hatten nach einem Fußbad in dem kalten grünen Wasser den Rückweg durchs Tal über Wasserau, Schwendi und Weißbad nach Appenzell genommen. Und da wir am nächsten Tag eine andere Seite des Säntis besuchen wollten, waren wir noch am gleichen Abend nach Urnäsch gefahren.

Bei Beginn der Dunkelheit waren wir eingetroffen und hatten im Gasthause Betten bestellt. Nun schlenderten wir in dem feierabendlichen Dorfe langsam gaßauf, gaßab, guckten den Leuten in die Erdgeschoßfenster, hörten dem Brunnen zu, wie er tönend in sein gewaltiges Steinbecken floß, und sahen in dem Becken rote, lampenerleuchtete Fenster sich spiegeln. Wir beredeten für den kommenden Tag eine Tour am Säntis, und während des Redens und Taumelns bemerkte mein Kamerad mit plötzlichem Schrecken, daß sein Schuhwerk nicht mehr im besten Zustand war. Und da auch ich nichts dagegen hatte, mir noch ein paar gute Bergnägel in die Sohlen schlagen zu lassen, gingen wir zusammen auf die Suche nach einem Schuster.

Eigentlich verstieß das gegen meinen Grundsatz, den Schuhmachern an vielbesuchten Gebirgsorten nichts zu verdienen zu geben. Auf einer Graubündener Tour nämlich war es mir früher einmal ärgerlich gegangen. Ich fand, ein tüchtiges neues Benageln könne meinen Stiefeln nicht schaden, obwohl es nicht durchaus notwendig war. Und da mein Weg mich gerade durch das schöne Städtchen Bergün führte, zog ich dort in einem Wirtshause meine Stiefel aus und schickte sie zum nächsten Schuhmacher hinüber, er solle sie mir recht schnell und gut beschlagen.

Da saß ich nun und sog immer langsamer und unfroher an meinem Schoppen Malanser, denn der Schuster beeilte sich nicht, sondern ließ mich volle zwei Stunden warten. Dann erschien er endlich, ein kleiner, verdruckter Kerl mit einer roten Nase, und gab mir die Stiefel zurück, die er recht sparsam mit wenigen Nägeln von der billigsten Sorte beschlagen hatte. Nun, ich war froh, daß er überhaupt wiederkam, darum unterdrückte ich meine Meinung über sein Spätkommen und fragte nur, was ich schuldig sei. Da heischte der Unhold nicht weniger als zweieinhalb Franken, was ich zuerst für einen Scherz hielt, denn das ist etwa das Fünffache, was man sonst dafür bezahlt. Es war aber Ernst, und mein Schelten und Vorstellen half nichts, ich mußte zahlen. Und während ich die Stiefel anzog und dazu fluchte, setzte der Schuster sich mir gegenüber und vergnügt an den Wirtstisch und bestellte, obwohl es am hellen Nachmittag war, eine Flasche guten Rotwein, damit ich auch sähe, wohin mein Geld kam.

Obwohl ich also damals beschlossen hatte, mich solchen Überraschungen nicht mehr auszusetzen, ging ich doch jetzt mit meinem Begleiter, um einen Schuster zu suchen. Grundsätze muß man haben, man muß sie aber auch gelegentlich übertreten können. Bald hatten wir eine Adresse erfragt und bald auch das Haus gefunden, aber die Frau Meisterin teilte uns mit, der Herr sei heute bei einer Festlichkeit in Gonten. Dagegen gebe es noch einen Schuhmacher, der heiße so und so und wohne da und da. Wir gingen dorthin und fanden eine alte Mutter, die uns weitläufig erzählte, ihr Sohn sei bei einer Festlichkeit in Gonten und käme erst spät wieder und dann nagle er keine Sohlen mehr. Hingegen gäbe es noch einen anderen Schuhmacher, der wohne da und da.

Es nahm uns nun wunder, ob wohl der dritte auch zu der Festlichkeit gegangen sei, und wir suchten sein Haus auf. Da war aber Licht in der Werkstatt, die Frau führte uns hinein, und wir fanden den Meister mit einem Gesellen bei der Arbeit sitzen. Wir brachten unser Anliegen vor und wurden freundlich auf zwei Dreibeine genötigt, damit wir die Stiefel ablegen und auf das Fertigwerden warten könnten. Der Geselle sprach die

Mundart des Landes und der Meister auch, dieser aber hatte einen Tonfall im Reden, der mir nicht unbekannt klang, und es stellte sich heraus, daß er ein Landsmann von mir war, aber schon seit dreißig Jahren hier wohnte.

Nun gab er mir erfreut die Hand und ging mit doppeltem Eifer an die Arbeit. Während er in dem feinen hellen Lichtschein seiner Glaskugel die Nägel aussuchte und einschlug, fragte er mich nach der Heimat und nach alten Freunden aus, auch nach einigen, von denen ich nichts wußte, als daß sie seit Jahren tot waren. „Ist's möglich? Ei, ei!" sagte er und schlug stärker auf den Nagel. Dann schmierte er uns die Stiefel mit feinem Fett ein, verlangte eine Kleinigkeit und begleitete uns an die Tür. Wir gaben dem Gesellen ein Trinkgeld, drückten dem Alten die Hand und gingen durch das mittlerweile völlig eingeschlafene Dorf in den Gasthof zurück. Der große Dorfbrunnen rauschte laut durch die kühle Oktobernacht, und die Sterne leuchteten groß und klar am reinen Himmel.

Vaduz

Ein paar Tage hatten wir im Säntisgebiet verwandert, und allmählich schien es uns Zeit, an die Heimkehr zu denken. Da sah ich von einem schönen Berge aus wieder einmal das Rheintal liegen und studierte dazu die Landkarte und las den Namen Vaduz. Der klang mir schön und merkwürdig, und es fiel mir ein, daß ich von Vaduz schon je und je Rühmliches gehört hatte, auch erinnerte ich mich, einmal im Seehof in Zürich einen Vaduzer Rotwein getrunken zu haben, der sehr gut war. Und wie? Hatte nicht in Vaduz einst der scheintote Siebenkäs seine Zuflucht gefunden?

Mein Freund hatte nichts dagegen, und so gingen wir am nächsten Morgen früh über Gais und über den Stooß mit der Schlachtkapelle nach Altstätten. Das Rheintal lag voll weißen Nebels, in den wir nach einem schönen Morgengang im Klaren immer tiefer eindrangen, bis Altstätten erreicht war, von wo wir bis Buchs die Eisenbahn benutzten.

Vaduz erreichten wir nach Mittag, als der Nebel längst gelöst und vom Winde verblasen war. Wir fanden ein freundliches, sauberes Städtlein mit einem soliden alten Wirtshaus; über dem Städtchen hing der steile Berg mit wundervollem Laubwalde, der in frohen Farben leuchtete, und auf halber Höhe sahen wir einsam und steil das alte Schloß stehen, das mir Erinnerungen an südtirolische Burgen weckte. Aber es ist nicht meine Absicht, Vaduz und seine Lage und sein Schloß zu beschreiben, so schön sie sind. Ich will von einer Mittagsrast und von einem Fischweiher erzählen.

Die Mittagsrast hielten wir in der Nähe des alten Schlosses am Waldesrande. Das alte Schloß wird ein wenig repariert, und es soll eine Gastwirtschaft hineinkommen. Das neue Herrenhaus steht oberhalb im Walde und ist seit Jahren nicht mehr bewohnt worden. Wir sprachen davon, wie es wäre, wenn so ein leerstehendes Herrenhaus einmal für eine Weile ein paar landfahrenden Dichtern oder Musikanten oder Malern eingeräumt würde, und fanden es im Grunde doch richtiger, daß in den Schlössern die Herren oder die Kastellane hausen und daß die Dichter und Spielleute daran vorüberwandern und neidlose Träume mitnehmen, statt selber drinzusitzen und das schöne Heimweh der Heimatlosen zu verlieren. Dennoch nahmen wir wenigstens für ein paar Stunden gern vom Park und Walde Besitz. Wir waren in den weiten Waldungen ganz allein und lagen rastend in Hemdärmeln auf dem weichen Rasen, dem Wolkenflug und den Elstern zuschauend, den letzten Tag einer schönen Wanderung genießend. Vom alten Schloß hallte hie und da ein Hammerschlag herüber, sonst war alles still, nur der Wald rauschte leis und ließ rote und gelbe Blätter von den Zweigen fallen.

Weiter waldeinwärts fanden wir abseits der Straße unter hohen alten Tannen einen großen dunkelgrünen Weiher liegen. Wasserpflanzen und Tannennadeln schwammen auf der stillen dunklen Fläche. Wir legten uns am Ufer nieder, dessen altes Mauerwerk sich im Wasser spiegelte, und fanden den Ort verwunschen und einsam-schön genug, um eine Stunde dazubleiben und auf ein Märchen zu warten. Und das Märchen kam bald.

Es begann damit, daß ein paar winzige, ganz junge Goldfischchen erschienen und an der Oberfläche des Weihers spielten. Da wir regungslos blieben, wurden es bald mehr und mehrere, schließlich schwärmten und schwänzten die kleinen rotgoldenen Tierlein zu Hunderten an uns vorbei. Dann schwammen sie davon, und eine kurze Zeit blieb der Spiegel leer; nun aber erschien ein großer alter Goldfisch und noch einer und fünf und zehn, und am Ende war es ein großer feierlicher Zug, der zwischen den Wassergewächsen und den Spiegelbildern der überhängenden Tannenkronen langsam und glänzend hin und wider schwamm. Es waren prachtvolle große, nahezu armlange Fische, und die rote lautlose Prozession ging durch das unbewegte dunkelgrüne Wasser wie ein Traum.

Wir haben es versäumt, die Sehenswürdigkeiten der Gegend aufzusuchen. Wir haben das Innere des alten Schlosses, die Aussicht von der Berghöhe, die Neubauten und Anlagen nicht gesehen. Wir brachten den Nachmittag damit zu, die großen Goldfische zu betrachten und den König mit dem Krönlein zu entdecken und uns darüber zu besinnen, welcherlei Festlichkeit oder Trauerzug diese stille Prozession bedeute.

1906

VOM NATURGENUSS

In unsrer gebildeten Zeit des allgemeinen Schwindels haben die Künstler, noch mehr aber die Kunstliteraten, einen erstaunlichen Einfluß auf die Stadtbewohner bekommen. Beispielsweise ist es zur Mode und Pflicht geworden, Landschaften „malerisch" zu betrachten. Der Sommerfrischler oder Tourist freut sich, im Farbenspiel der Wolken ein Lila oder Grau zu entdecken, das ihn an bestimmte Bilder oder Stickereien erinnert, und er findet das Graugrün des Kiefernwaldrandes wundervoll auf den zartblauen Himmel und den feuchtbraunen Acker „abgestimmt". Ist er noch raffinierter, so streitet er sogar über „Tonwerte" in der Natur und sucht zu ergründen, ob der Himmel oder eine beleuchtete Hauswand „heller im Ton" stehe. Er glaubt in diesen Gedanken- und Wortübungen die Natur recht innig und durchtrieben zu erfassen und zu genießen. Er lacht über den Bauern, der sich nur um naß und trocken, warm oder kalt bekümmert, er lacht über den Botaniker, der Pflanzen, und über den Genüßling, der Schwammerln einsammelt. Und doch tut auch er nichts andres, als eine an sich wertlose Spezialistenkunst ausüben. Er sieht die Natur an, entweder als sei sie ein gemaltes Bild oder als müßte er sie abmalen und als wäre sie eigens und vor allem dazu da. Er glaubt fein und überlegen zu sein und steht doch nicht höher als der Bauer. Dieser beschränkt sich auf praktische Witterungskunde und sieht dabei sehr vieles, was der Städter nie sieht, und der Städter treibt angewandte Ästhetik und sieht dabei allerdings wieder vieles, wofür der Bauer keinen Sinn hat. Aber beide sind darin gleich naiv und gleich unkultiviert, daß sie eine unendlich vielseitige Sache einseitig betrachten und auf einen beschränkten Leisten zu passen versuchen. Beide lachen übereinander, und beide haben den Stolz und die geistige Enge dessen, der nur als Egoist zu sehen und zu denken gewohnt ist. Es ist Egoismus, bei einem Regenwetter nur an seinen Kartoffelacker zu denken, und es ist ebenso Egoismus, dem Meer oder Wald gegenüber sich an einer (oft wohlfeil erworbenen) ästhetischen Kritik zu vergnügen und vor sich selbst oder andern den feinen Genießer zu spielen.

Gewiß kann man von den Malern im Sehen vieles lernen, und die Maler haben das gute Recht, nach ihrer Art und für ihre Zwecke zu schauen. Aber die landschaftliche Natur lediglich als ein Objekt für die Malerei oder gar wie ein Gemälde anzusehen – dazu liegt für Nichtmaler kein Grund vor. Das „malerische" Betrachten, von Nichtmalern ausgeübt, ist meines Erachtens einfach eine Mode und steht an sich nicht höher als die Betrachtung vom Standpunkt des Bauern, Jägers, Manöveroffiziers oder Geologen aus. Übrigens soll das Landschaftssehen des Dichters, soweit es nur im Sehen und Wählen des in Worten Darstellbaren besteht, selbstverständlich auch um nichts höher eingeschätzt werden.

Wer nämlich auf solche Weise schaut, kritisiert stets die Natur und sucht sie irgendwelchen, einerlei, ob praktischen oder ästhetischen oder wissenschaftlichen, Zwecken dienstbar zu machen. Und das ist, von einem höheren Standpunkt aus, falsch und kleinlich. Wir sollen die Natur nicht nur fruchtbar und nützlich, sondern auch schön finden, aber wieder nicht nur schön, sondern auch unergründlich und über schön und häßlich erhaben. Wir sollen nicht suchen, sondern finden; wir sollen nicht urteilen, sondern schauen und begreifen, einatmen und das Aufgenommene verarbeiten. Es soll vom Wald und von der Herbstweide, vom Gletscher und vom gelben Ährenfeld her durch alle Sinne Leben in uns strömen, Kraft, Geist, Sinn, Wert. Das Wandern in einer Landschaft soll das Höchste in uns fördern, die Harmonie mit dem Weltganzen, und es soll weder ein Sport noch ein Kitzel sein. Wir sollen nicht mit irgendwelchen Interessen den Berg und den See und den Himmel beschauen und begutachten, sondern uns zwischen ihnen, die gleich uns Teile eines Ganzen und Erscheinungsformen einer Idee sind, mit klaren Sinnen bewegen und heimisch fühlen, jeder mit den ihm eigenen Fähigkeiten und mit den seiner Bildung zugehörigen Mitteln, der eine als Künstler, der andre als Naturwissenschaftler, der dritte als Philosoph. Wir sollen unser eigenes Wesen, und nicht nur das körperliche, dem Ganzen verwandt und eingeordnet fühlen. Erst dann haben wir wirkliche Beziehungen zur Natur.

Es ist zum Beispiel das „malerische" Naturgenießen schon darum arm und einseitig, weil es einzig nur auf den Gesichtssinn gestellt ist. Gar oft ist aber der stärkste und eigenartigste Eindruck eines Ganges oder Aufenthaltes im Freien kein Gesichtseindruck. Es gibt Stunden und Orte, wo alles dem Auge Erreichbare nichts ist im Vergleich mit dem, was das Ohr berührt, mit dem Grillenzirpen, dem Vogelgesang, dem Meeresbrausen, dem Tönen der Winde. Ein andres Mal hat der Geruchssinn die stärksten Eindrücke: Lindenblütenduft, Heugeruch, Geruch feuchter, frischgepflügter Äcker, Duft von Salzwasser, Teer und Seetang. Und schließlich sind vielleicht die stärksten Natureindrücke die des Gefühls, der Nerven: Schwüle, Elektrizität der Luft, Temperatur, Härte oder Weichheit, Trockenheit oder Nässe der Luft, Nebel. Diese Nerveneindrücke, denen übrigens oft sehr robuste Menschen stark unterliegen, spielen eine große, vielleicht dominierende Rolle in der Dichtung, schon weil sie großen und direkten Einfluß auf das seelische Befinden, die Gemütsstimmung, haben. (Mörike, Stifter, Storm.) Aber weder Dichtung noch Malerei können das Vielerlei und das Zusammenwirken dieser Eindrücke darstellen; sogar für die Darstellung des einzelnen reichen die Mittel nicht hin, es versagt zum Beispiel die ausgebildetste Sprache bei dem Versuch, in Worten deutliche Begriffe von Gerüchen zu geben.

Man hört manchmal Leute sagen, die „Natur" gebe ihnen nichts, sie hätten kein Verhältnis zu ihr. Dieselben Leute werden bei der Frühjahrssonne fröhlich, bei der Sommersonne träge, bei Schwüle schlaff und bei Schneewind frisch. Das ist immerhin schon ein Verhältnis, und man braucht dessen nur bewußt zu werden, so ist man schon reif zum Naturgenuß. Denn unter diesem verstehe ich nicht ein rechenschaftsloses Wohlbefinden, sondern im Gegenteil ein bewußtes Mitleben und Zusammenhängen mit der Natur. Ist dies einmal vorhanden, so spielt die sogenannte „Schönheit" der Gegend und des Wetters keine große Rolle mehr. Denn diese Schönheit ist zwar wohl vorhanden, aber sie ist lediglich aus Gesichtseindrücken abstrahiert, und diese sind nicht allein maßgebend. Die Natur ist überall schön oder nirgends.

Aber dann brauchte man eigentlich nicht zu reisen und zu wandern? Allerdings nicht, wenn wir überall gesunde und ausgebildete Menschen wären. Da wir dies nicht sind, hat das Reisen uns immerhin viel zu bieten: körperlich den hygienischen, die Sinne anregenden Wert der Orts- und Luftveränderung, geistig den Reiz des Vergleichens und den Triumph des erobernden Sichanpassens. Vielleicht gibt es für jeden Menschen eine Art von Landschaft, in der er sich am wohlsten fühlt, und mancher kann rein körperlich das Meer, die Hochalpen, die Tiefebene nicht ertragen. Aber bedauernswert arm ist ein Mensch, dem jedes neue Stück Erde fremd und unverdaulich auf die Seele drückt. Ihm fehlt nicht nur das äußerliche, meinetwegen affenartige Anpassungsvermögen des Reisenden, sondern vor allem der höhere Standpunkt. Einer, der keine fremde Landschaft sich zu eigen machen, in keinem fremden Lande warm werden, nach keiner einmal flüchtig erfaßten Gegend später wieder eine Art Heimweh bekommen kann – dem fehlt es im Innersten, und er steht nicht höher als der, der über die Kinderstube und Vetternschaft hinaus keine Menschen begreifen, behandeln und lieben kann.

Der wertvolle Mensch fühlt sich nicht nur seiner Familie und Umgebung, sondern jedem Menschen- und Naturleben verwandt. Antipathien sind kein Beweis dagegen: sie beruhen auf Kenntnis, Ahnung, ja Teilnahme, nicht auf Gleichgültigkeit. Was mir zuwider ist, existiert für mich nicht minder als das, was ich liebe. Aber was ich nicht kenne und nicht kennen mag, was mir gleichgültig ist, was keine Beziehung zu mir, keinen Ruf an mich hat, das existiert für mich nicht – und je mehr dessen ist, desto niedriger stehe ich selber.

Nun ist jedes Spezialistentum eine solche Verarmung, ein solcher Verzicht, und es ist traurig genug, daß im tätigen, beruflichen Leben das Vielseitigsein immer schwerer und seltener wird. Mancher ganz gute Maler ist so sehr nur Maler, daß er sich ohne Skrupel ein häßliches Haus bauen läßt, und mancher gute Architekt wieder so sehr Spezialist, daß er um sein schönes Haus herum einen geschmacklosen Gärtner wirtschaften läßt, und so weiter. Ist es nicht schade, wenn wir nun auch in den seltenen, schönen, freien Zeiten des Draußenseins und Wanderns, statt aufzugehen und groß zu werden, kleine Gesichtspunkte und Interessen pflegen? Der Wald gehört sowenig dem Maler wie dem Förster, die Wolke sowenig dem Wetterpropheten wie dem Luftschiffer, sondern der Natur gegenüber hat jeder soviel Rechte, wie er sich zu nehmen getraut, und für den Umgang mit ihr braucht sich niemand einen Lehrmeister zu suchen. Man kann vom Maler und Dichter lernen, aber ebenso vom Bauern und Förster. Und in jedem Menschen, er sei noch so einseitig gebildet, schlummert eine vergessene Brüderschaft mit Sonne und Erde. Sie braucht nur einmal zu erwachen, so lacht er über Dichter, Maler und Förster, öffnet seine Sinne und Seele weit und läßt den Atem der Schöpfung herein.

Das ist es, was wir von Spaziergängen und Ausflügen, Reisen und Sommerfrischen haben können, das ist mehr als Hygiene und mehr als Ästhetik. Wir sind im täglichen Leben gewohnt, einseitig zu leben, zu arbeiten und zu denken; aber vor der Natur sind wir frei und ganz, dürfen alle Sinne und alle Seelenkräfte spielen und arbeiten lassen, gleichzeitig und gleichberechtigt. Keiner kann es in jeder beliebigen Stunde, jeder hat Ketten nachzuschleppen; aber je öfter und intensiver wir uns, von allen Zwecken befreit, dem Weltganzen verwandt fühlen, desto lockerer werden die Ketten und desto mehr geben uns Sonne und Sterne, Wald, Meer und Gebirge, Sturm und Frost, Vogel und Wild von ihrem Leben, desto kleiner wird der Kreis der Dinge, zu welchen wir ohne Beziehungen sind. Und damit allein können wir wachsen und unser Leben zu Bedeutung, Wert und Weite erheben.

1908

GRINDELWALD

Der Schwindsucht zum Trotz hatte mein Freund Petrus Ogilvie fast die ganze Erde bereist, und ich, der ich mein Zigeunerleben auf Europa beschränkte, hatte ihn oftmals auf Reisen angetroffen. Kennengelernt habe ich ihn, wenn ich nicht irre, in der Bahn zwischen Nürnberg und München, einen hageren Engländer von internationalen Manieren mit einem klugen, etwas bissigen Habichtsprofil und stillen, gutmütig ironischen Augen. Er gehörte zu den Unbefriedigten und trieb sich, da er wohlhabend war, als bescheidener Reisender in der Welt herum, erwarb sich gute Kenntnisse der Länder und Sprachen und hatte Sinn für die schönen kleinen Abenteuer, die man nicht in Hotels und Bahnhöfen, sondern nur abseits im Volk, in Fischerhütten und Gebirgsherbergen erleben kann. Darin paßte er zu mir, und es traf sich, daß wir uns fast jedes Jahr einmal irgendwo unvermutet wiedersahen. Wir begegneten uns sommers in Zermatt, wir fuhren einmal zusammen von Venedig nach Fiume, wir haben am Lido und in Rapallo miteinander gebadet und gerudert.

Nun war es über ein Jahr her, daß ich ihn nicht mehr gesehen hatte; ich wußte nicht, ob er noch lebe, und hatte ihn fast vergessen. Da traf mich jenen Winter in Basel ein Briefchen von ihm:

Grindelwald, Hotel Bär

„Mein Bester! Ich höre, Sie seien in Basel. Wenn das wahr ist und Sie noch der alte sind, besuchen Sie mich doch für ein paar Tage oder Wochen! Ich war das ganze letzte Jahr so krank, daß der Arzt mir für diesen Winter nur die Wahl zwischen Davos, Grindelwald und dem

Tode lassen wollte. Davos ist schrecklich, der Tod ist bitter; also fuhr ich im November hierher, und jetzt befinde ich mich seit Wochen so wohl wie Gott in Frankreich. Ich mache die tollsten Bergschlittenfahrten und bin eine der besseren Nummern auf dem Eisplatz. Aber es fehlt mir Gesellschaft. Hier sind ausschließlich Engländer, und Sie wissen, wie sehr ich meine Landsleute liebe. Die romanische Rasse fehlt durchaus; seit zwei Monaten habe ich kein Wort Französisch oder Italienisch gehört. Deutsch natürlich auch nicht. Also wollen Sie kommen? Wir werden schlitteln und eislaufen und uns amüsieren wie früher manchmal. Mich verlangt sehnlich nach Ihren philosophischen Gesprächen. Ihr
Petrus Ogilvie."

Ich besann mich nicht lange. Zwei Tage später saß ich morgens im Zug und fuhr so eilig, als es der behagliche Winterfahrplan erlauben wollte, dem Berner Oberland entgegen. Erst von Interlaken an fand ich die Landschaft beschneit.

An einem bleichen Nachmittag mit starkem Schneefall kam ich in dem tief eingeschneiten Bergnest an. Gerade über der obersten schartigen Schroffe des Eiger hing hinter Schneewehen die Sonne weißlich fahl wie ein trüber Mond. Sonst war nichts zu sehen als ein blendendes Schneetreiben, das die Häuser und Hotels von Grindelwald nur wie hinter schweren Schleiern erkennen ließ, verwaschen und wesenlos wie Schatten ... Trotz dieses Wetters fand ich Ogilvie nicht im „Bären". Er sei wohl schlitteln gegangen. Ich nahm ein Zimmer und versuchte vergebens, mich in dem pompösen Riesenhotel heimisch zu fühlen. Auch ein Gang über die nächste Dorfstraße war unbefriedigend und langweilig. Es waren da, gerade wie im Sommer, die wohlbekannten scheußlichen Holzbudiken, in deren Schaufenstern Gemshörner, Photographien, Bergstöcke, Holzschnitzereien und Bände der Tauchnitz-Edition auslagen. Dieser ganze bunte und ärmliche Trödel sah in der weißen Einsamkeit des Gebirgswinters doppelt affektiert und langweilig aus. In einem dieser Läden wurde meine deutsch vorgebrachte Frage nach einer gewissen Zigarrensorte englisch beantwortet.

Als ich gegen Abend ins Hotel zurückkehrte, war mir der berühmte Sports- und Winterkurort gründlich verleidet. Im „Bären" war großer Ball angesagt, und ich hatte die heitere Aussicht, die halbe Nacht Tanzmusik, Lärm und Treppengepolter als Wiegenlied hören zu müssen. Wieviel lieber hätte ich die Nacht, gleich so vielen früheren, auf Stroh in einem stillen Bauernhause zugebracht.

Ich hatte gebeten, mich beim Diner neben Ogilvie zu setzen. Und kaum hatte ich Platz genommen, da erschien mein Freund mit seinem gewohnten raschen Schritt neben mir, grunzte mir ein saures „Bon soir" entgegen und erkannte mich erst, als ich lachend seine Hand ergriff. Ein froher Blick aus seinen schönen klugen Habichtsaugen dankte mir und goß einen Hauch von Seele und Güte über sein scharf gefaltetes, herbes Abenteurergesicht.

„Sie da, Hesse?" rief er erfreut und vergaß fast zu essen vor Aufregung und Redeeifer, er sah nicht übel aus, entsetzlich mager zwar, aber zufrieden und frisch. Als ich auf meine unerfreulichen Grindelwalder Eindrücke zu sprechen kam, lachte er lustig.

„Warten Sie bis morgen, wo wir vermutlich gutes Wetter haben werden! Und Schlitten gefahren sind Sie auch noch nicht. Übrigens, haben Sie Schlittschuhe mitgebracht?"

Nach der Mahlzeit kamen wir bei einer Partie Billard und später bei einer Flasche Bordeaux zu ruhigerer Aussprache. Nach seiner Gesundheit durfte ich, das wußte ich schon, nicht fragen. Dafür erhielt ich Auskunft über seine vorjährige Reise, über Wanderungen und Ritte auf Sizilien und Korsika, über einige Bekannte, über berühmte Frauen und Pferde. Und dann fing er ganz plötzlich an, vom Sterben zu sprechen.

„Wissen Sie, ich lernte hier allmählich ein paar von den Schwerkranken kennen. Mein Gott, die Leute leben und husten so hin, als stünde nichts dahinter. Aber einer davon ist anders. Ein englischer Pfarrer, lungenkrank, aber noch lange nicht im letzten Stadium. Er leidet an einer unglaublichen Todesfurcht, und jetzt, wo es mir selbst wieder so gut geht, habe ich ordentlich Mitleid mit ihm. Na! Genug von ihm. Aber den Gedanken ans Sterben bin ich diese ganze Zeit her nie völlig losgeworden. Deshalb bat ich Sie auch zu kommen. Vous comprenez, n'est-ce pas? Sie haben mich ja früher gekannt -- wann habe ich je an den Tod gedacht? Jamais de la vie! Es muß von dem friedlichen Leben herkommen. Unter unsicheren Kameltreibern oder bei Seestürmen – Sie sind ja einmal mit gewesen – hab ich das nie gefühlt, und bei allerhand Revolverchosen war ich doch auch dabei."

„Ich weiß noch nicht recht", sagte ich, „wovon Sie reden. Ist es ein Angstgefühl oder . . ."

„Angst? O nein! Außerdem bin ich meiner Gesundheit wieder sicher, wohl für Jahre hinaus. Wie soll ich es ausdrücken? Etwa so: ich muß mir von Zeit zu Zeit vorstellen, daß eines schönen Tages der Eiger und das Wetterhorn wie sonst heruntersehen werden, ich aber bin nicht mehr da. Das ist es: nicht mehr da! Was heißt das eigentlich? Ich bin ja wohl noch da, im Sarg unterm Boden, aber der ganze Petrus Ogilvie, der ganze lustige Satan, der ich war – was ist's damit?"

„Herrgott, Ogilvie, machen Sie sich wirklich darüber Gedanken? Soll ich Ihnen wieder einmal die ganze hübsche Leier vom Werden und Vergehen und Wiederwerden vorsingen? Sie sind doch kein Schuljunge mehr!"

„Allerdings nicht, Sie verstehen mich falsch. Übrigens – ist Ihre ganze schöne Naturphilosophie denn etwas anderes als Phrasendrescherei? Der Zellenstaat löst sich auf – oder: die Würmer fressen mich, das ist doch tout à fait la même chose! Ihr Philosophen müßt eine rührende Liebe zum Universum haben, dem ihr im Sterben euch so freundlich übergebt. Ich fühle nur: Herr Ogilvie, der ein flotter Mensch war und zu leben verstand, soll eines Tages nicht mehr leben dürfen."

„Was heißt: nicht mehr leben?"

„Ei, was wird das heißen! Ich weiß wohl, daß die in Herrn Ogilvie vorhandene Summe von Leben und Stoff auch nach seiner Auflösung irgendwie dasein und wirken wird – aber wo ist Herr Ogilvie selbst geblieben?"

„Er ist ein Präteritum geworden, wie König Artus oder Julius Cäsar. Einen mehr als subjektiven Todestrost hat übrigens kein Philosoph je gehabt, auch kein moderner!"

„Aber bester Ogilvie, es lebe das Präsens! Vor dem Schlafengehen wäre vielleicht noch ein letztes Glas Wein am Platz."

Wir bestellten noch eine Flasche und trennten uns gegen Mitternacht in der besten Stimmung.

Am nächsten Morgen genoß ich einen Anblick, dessen Schönheit selbst mein durch unzählige Wanderfreuden verwöhntes Auge sättigte und beglückte. Der ganze Himmel war klar und von einem tiefen, fast veilchenfarbenen Blau, in welchem die reinen Umrisse der entferntesten Gipfel scharf und leuchtend hervortraten. Von den Wetterhörnern bis zur Schynigen Platte stand Berg an Berg klar und rein in der frischen, kräftigen Schneeluft; zwischen Wetterhorn und Mettenberg stand die Morgensonne, die niederen Schneefelder zur Rechten vergoldend, während die atlasweißen Mulden und Flächen des Männlichen im kühlen Silberglanz lagen. An dem prachtvollen schwarzen Kegel des Tschuggen glaubte man die Felsritzen zählen zu können. Ich stieg im Dorfe bergauf, den laublosen schönen Ahornen der Villa Bellary entgegen, denn von dort aus genießt man die morgendliche Bergaussicht schöner als irgend sonstwo.

Bald sah ich denn auch hinter der riesigen Nordwand des Eiger die schlanke, elegante Pyramide des Silberhorns vortreten, die östliche Seite blendend goldig von der Sonne beschienen. Bald darauf sprang der abenteuerliche Tschuggengipfel plötzlich ins Licht, dann folgten die milden, weichen Schneefelder des Männlichen. Diamantlichter blitzten da und dort mit jähem Glanz auf, blasse bläuliche Schatten liefen wie lebendige Adern über den Schnee. Das war der Hochgebirgswinter – Schnee, Felsen, Tannen und Hütten von einem strahlendschönen Himmel überblaut und von intensivem Licht überflutet. Das Licht feierte prahlende Feste auf dem reinen, fleckenlosen seidig weichen Schnee, es glitt mit flüchtigen Blitzen über geründete Anhöhen, lief mit blankem Lachen über breite Flächen hinweg, schmiegte sich mild in weiche Mulden, drang scheu und spielend in die Tannenhaine und zeichnete lange Reihen von schlanken, spitzen Wipfeln als graublaue Schatten auf den weißen Grund. Das ganze Bild war von einem zarten Anhauch reiner Frische überflogen, der mir in die Seele hinein wohltat. Wer hat in der Stadt oder überhaupt im Tieflande eine Ahnung von diesen weltfernen Winterschönheiten?

Auf dem Rückweg begegnete ich Ogilvie, der auf meine begeisterten Loblieder mit einem zufriedenen Kopfnicken antwortete.

„Ja, da schauen Sie! Und im Januar haben wir es drei Wochen ununterbrochen so blau und klar gehabt wie heute."

Er brachte mir einen kleinen, leichten Davoser mit. Ich war das Bergschlitteln von der Ostschweiz und vom Schwarzwald her gewohnt. So fuhren wir gleich die beliebteste Sportbahn, deren steiler Abschluß der „Niagara" heißt. Ich beobachtete dabei Ogilvie, der mit gerötetem Gesicht und fliegenden Haaren dahinsauste und um Jahre verjüngt erschien. Er hustete nicht, er spuckte nicht aus, er keuchte kaum, und ich fing selber an, an seine Genesung zu glauben. Später ging ich zum Eisplatz mit, wo mein Freund die Augen der Sportsmen auf sich zog. Ich verstehe nichts vom kunstmäßigen Eislauf, aber er schien mir einer der besten Läufer. Er lief nicht, sondern schwebte wie ein Vogel mit eleganter Balance in schönen, reinen, zuweilen kapriziös gebrochenen Halbbogen, deren Entstehung keine Kraft zu fordern, vielmehr mühelos aus dem straffen, sich wohlig wiegenden Körper zu kommen schien. Es war eine Lust, ihn anzusehen.

Nachmittags besuchten wir den oberen Gletscher, dessen blaugrüne Eiswogen kühl und seltsam unter dem in steifen Bärten über die Klippen hängenden Neuschnee hervorglänzten. Wir fuhren bequem auf unseren Davosern zurück bergabwärts, nahmen den Lunch auf dem Balkon und blieben dort bei einer guten Flasche Wein in der Sonne sitzen, bis uns der kühle, frische Abend ins Zimmer trieb. Petrus sprach diesmal nicht vom Sterben, er machte sogar Witze über unsere gestrige Unterhaltung. Bald aber begann er von Dingen zu sprechen, die mir aus seinem Munde wunderlich fremd und grotesk klangen. Ich hatte ihn über Frauen nie anders sprechen hören wie als über eine Sache, die man gelegentlich kauft, genießt und liegenläßt. Ich wußte von einigen seiner Liebesabenteuer, die zum Teil recht romantisch, aber alle kurz und schneidig waren und von denen er selten, dann aber mit drastischer Ironie zu reden pflegte. – Und jetzt fand ich ihn verliebt, und zwar in ein Weib, das er schon vor vier Jahren gekannt und genossen hatte.

„Ja, schauen Sie", sagte er, „das kommt von dem faulen Leben und vom Gesundsein. Es ist mir einfach zu wohl, und da doch der Überschuß irgendwo hinaus mußte, bin ich nun sentimental geworden. – Unterbrechen Sie mich nicht, es ist nicht anders. Seit zwei Monaten denke ich, zumal bei Nacht, an nichts in der Welt so viel als an eine schöne Frau, in die ich mich vor vier Jahren ums Haar verliebt hätte. Mein Abenteuer mit ihr kennen Sie. Es ist die Florentinerin."

„Die Mona Lisa?"

„Ja, wie ich sie damals nannte. Sie haben sie ja nicht gekannt. Das ist ein Weib! Weinen könnte man um sie!

Seit ich so viel an sie denken muß, hat ihr Wesen für mich etwas so zärtlich Liebes, daß ich oft direkt poetisch werde. Nicht wahr, da lachen Sie?"

„Allerdings, Bester. Daß Sie noch solche Märchen erleben müssen, Petrus? Also, ich kondoliere."

„Langsam, Verehrtester! Sie wissen ja erst die Hälfte. Es kommt noch viel schlimmer. Das ist so: der Arzt ist ja zwar höchst zufrieden mit mir, hält aber eine erhebliche Einschränkung meiner Reisen für notwendig. Ich müßte also künftig mindestens für die Hälfte des Jahres einen gesunden ständigen Wohnort haben. Das wäre mir aber auf die Dauer einfach unerträglich, ohne daß – na, es muß heraus –, also, ohne daß ich heirate. Was sagen Sie nun?"

„Ich schweige."

„Vor Schrecken?"

„Vor Schrecken."

„Na, so schweigen Sie, Sie Weltweiser!"

Und eine Weile blieben wir still. Ich betrachtete sein kühnes, etwas verwittertes Gesicht, auf dem die Erregung arbeitete, und die hohen zarten Schläfen und den schön durchgebildeten länglichen Schädel.

„So stehen die Dinge", fuhr er fort. „Sie ist nämlich noch immer Witwe, vermutlich weil längst kein Vermögen mehr da ist. Im Frühjahr reise ich nach Florenz. Sie hat ja damals für mich geschwärmt. Sagte ich Ihnen, daß sie mich gern mit dem englischen Kondottiere John Hawkwood verglich?"

Plötzlich brach er ärgerlich lachend ab. Es war indessen Nacht geworden, und er zog mich ans Fenster und wieder hinaus. Über den Fischerhörnern und dem kleineren Gletscher hing der halbe Mond am grünlich lichten Himmel. Es war so hell, daß man auf den Zacken des Wetterhorns zuweilen das gespenstische silbrige Stäuben der Schneewehen sah. Wir beschlossen, noch einen Gang zu machen, und stiegen ein Stück weiter bergan gegen die Allfluh. Es war bitter kalt geworden. Scharf und blauschwarz zeichnete das Mondlicht unsere stark verkürzten Schatten auf den Schnee.

Bei unserer Rückkunft ins Hotel fand ich ein Telegramm, das mich eilig nach Bern rief. Ich mußte anderntags in der Frühe nach Bern reisen, versprach aber, in längstens drei Tagen wieder hier zu sein.

In Bern hielt mich ein unerquickliches Geschäft immer wieder für einen Tag auf. Ärgerlich und ohne die Sache zum Abschluß gebracht zu haben, reiste ich am sechsten Tag nach Grindelwald zurück.

Ich fand Ogilvie nicht mehr im Hotel Bär. Er war plötzlich erkrankt und nach einem entlegenen Hause im Dorfe überführt worden. Dort lag er, als ich bei ihm eintrat, still im weißen Bett, von einer Krankenschwester gepflegt. Er hatte sich auf jenem kurzen Nachtspaziergang verdorben. Sein Gruß war kurz und fast grob, ich hatte den Eindruck, er schäme sich seines Krankseins. Nach einiger Zeit bat er plötzlich:

„Hören Sie, mein Schlitten steht noch im ‚Bären‘, den sollen Sie mir holen. Sie sind so gut, nicht wahr? Ich brauche ihn ja jetzt nicht, aber wenn er nicht geholt wird, stiehlt ihn das Pack, darauf können Sie Gift nehmen. Oh, das Hotelgeschmeiß!“

Ich ging und holte den Schlitten ab. Es war ein hübscher solider Davoser, und auf der Rückseite des Sitzes standen, in ungleichmäßigen Buchstaben eingebrannt, die Worte: „Gestohlen dem Herrn Petrus Ogilvie“. Ich mußte lachen, und Petrus lachte mit, als ich ihm die schwarzen Buchstaben zeigte.

„Nun wäre es beinahe schon wahr geworden“, sagte er. „Sie stehlen, diese Leute, sie stehlen alle.“

Er schien müde und lag bis gegen Abend im Halbschlummer. Ich ruhte indessen aus und blieb dann die Nacht bei ihm wach. Eine wunderliche Nacht! Er war so still, lächelte fortwährend und sprach nur zuweilen ein paar Worte – von Florenz. Nur zwei-, dreimal brach durch diese müde Heiterkeit ein Blitz seines früheren Wesens, ein herber Witz oder eine seiner bitter komischen Grimassen. Erst in den letzten Stunden – es war Vormittag geworden – begann er einzusehen, daß er sterben müsse. Der Arzt kam und erbot sich, zu bleiben, obwohl er nichts mehr für den Sterbenden tun könne. Ich bat ihn zu gehen.

Dann hielt ich noch fast drei Stunden lang seine harte braune Hand, die ich vor Jahren mehrmals beim Rudern bewundert hatte, einmal bei einem der bösen ligurischen Stürme, wo Ogilvie mitten in der Gefahr ein kleines drolliges Genueser Ulklied gesungen hatte. Wir sprachen wenig mehr. Aber wir sahen einander in die Augen und dachten an die vielen Fahrten und Wanderungen, die wir gemeinsam gemacht hatten, zwei ruhelose, heimatlose Menschen. Und als er zum letzten Male sprach, waren es die Worte:

„Sie sind ein guter Kerl. Wenn Sie gern meinen Schlitten haben wollen und die Schlittschuhe, als Andenken . . .“

Und als ich ihn beruhigen wollte, fuhr er fort: „Lassen Sie, Kamerad. Jetzt bin ich noch Herr Ogilvie und schenke Ihnen meinen Schlitten. Nachher werde ich ein Präteritum sein.“

1908

REISELUST

Es ist mitten im Winter, der Schnee wechselt mit Föhn und das Eis mit Schmutz, die Feldwege sind ungangbar, man ist von der nächsten Nachbarschaft abgeschnitten. Der See kocht an kalten Morgen weißen Dampf und setzt glasig brüchige Eisränder an, jedoch beim nächsten warmen Winde wogt er wieder schwarz und lebendig und verblaut gegen Osten wie an den schönsten Tagen im Frühjahr.

Und ich sitze in der wohlgeheizten Studierstube, lese unnötige Bücher, schreibe unnötige Artikel und habe unnötige Gedanken. Irgend jemand muß doch am Ende alle die Sachen lesen, die jahraus, jahrein geschrieben und verlegt werden, und da sonst es niemand tut, tue ich es eben, teils aus Interesse und Kollegialität, teils um mich dann als kritischen Schirm und Prellbock zwischen das Publikum und die Bücherlawinen zu stellen. Viele von den Büchern sind auch tatsächlich schön und klug und des Lesens wert. Dennoch scheint mir zuweilen mein Tun überaus überflüssig und mein Wollen auf ganz falsche Ziele gerichtet.

Ich trete häufig für einige Augenblicke ins Schlafzimmer, wo an der Wand die große Karte von Italien hängt, und streife mit begehrlichem Auge über den Po und Apennin hinweg, durch grüne toskanische Täler, an blau und gelben Strandbuchten der Riviera hin, schiele auch etwa nach Sizilien hinab und verirre mich dabei gegen Korfu und Griechenland hin. Lieber Gott, wie ist das alles nah beieinander! Und wie schnell kann man überall sein. Und pfeifend kehre ich in die Studierstube zurück, lese entbehrliche Bücher, schreibe entbehrliche Artikel und denke entbehrliche Gedanken.

Im vergangenen Jahre war ich sechs Monate auf Reisen, im vorhergehenden fünf Monate, und eigentlich ist das für einen Familienvater, Landmann und Gärtner ziemlich reichlich, und als ich neulich das letztemal heimkehrte, nachdem ich unterwegs in der Fremde krank geworden, operiert worden und eine gute Weile gelegen war, da schien es mir an der Zeit, nun für lange hinaus, wenn nicht für ewig, Frieden zu schließen und heimisch und häuslich zu werden. Allein kaum war die ärgste Abmagerung und Müdigkeit überwunden und ersetzt, kaum hatte ich mich wieder ein paar Wochen mit Büchern befaßt und Schreibpapier verbraucht, da schien eines Tages die Sonne wieder so unheimlich gelb und jung auf die alte Landstraße, und über den See lief ein schwarzer Nauen mit einem großen schneeweißen Segel, und ich bedachte die Kürze des Menschenlebens, und plötzlich war von allen Vorsätzen und Wünschen und Erkenntnissen nichts mehr da als eine unheilbare tolle Reiselust.

Ach, die echte Reiselust ist nicht anders und nicht besser als jene gefährliche Lust, unerschrocken zu denken, sich die Welt auf den Kopf zu stellen und von allen Dingen, Menschen und Ereignissen Antworten haben zu wollen. Die wird nicht mit Plänen und nicht aus Büchern gestillt, die fordert mehr und kostet mehr, man muß schon Herz und Blut daranrücken.

Vor meinem Fenster wühlt der weiche, laue Westwind im schwarzen See, ohne Zweck, ohne Ziel, in seiner Leidenschaft rasend und sich verzehrend, wild und unersättlich. So wild und unersättlich ist die wahre Reiselust, der Erkenntnis- und Erlebensdrang, den kein Erkennen stillt und kein Erleben sättigt. Der ist stärker als wir und als alle Ketten, und über wen er herrscht, von dem will er immer wieder Opfer haben. Gibt es nicht Menschen, die toll und wild bis zum äußersten Wagnis und bis zum Untergang nach Geld jagen und nach Frauengunst und nach Fürstengunst? Nun, so jagen wir, wir Reiselustigen, nach einem Erfassen und Erleben der

Mutter Erde, nach einem Einswerden mit ihr, nach einem so völligen Besitzen und Sichhingeben, wie es nicht zu haben und nicht zu erjagen, wie es nur zu träumen, zu begehren, zu ersehnen ist. Und vielleicht ist diese unsre Jagd und Leidenschaft nicht viel anders und um nichts besser als die des Spielers, des Spekulanten, des Don Juan, des Strebers. Im Hinblick auf die Abendstunde aber scheint mir unsre Leidenschaft doch besser und wertvoller zu sein als manche andre. Wenn uns die Erde ruft, wenn uns Wanderern die Heimkehr, uns Rastlosen die Ruhestatt winkt, so wird das Ende kein Abschiednehmen und zages Sichergeben sein, sondern ein dankbares und durstiges Schlürfen des tiefsten Erlebens. Wir sind neugierig auf Südamerika, auf unentdeckte Buchten der Südsee, auf die Pole der Erde, auf das Verstehen der Winde, Ströme, Blitze, Lawinen – aber wir sind noch unendlich viel neugieriger auf den Tod, auf das letzte und kühnste Erlebnis dieses Daseins. Denn wir glauben zu wissen, daß von allen Erkenntnissen und Erlebnissen nur die wohlverdient und befriedigend sein können, um die wir gern das Leben hingeben.

1910

WINTERBRIEF

Küblis im Prättigau, Anfang März

Lieber Freund!

Bei Euch drunten tropft jetzt vermutlich das letzte Schneewasser von der Nordseite der Dächer, Du gehst mit der langen Pfeife im Garten einher und überlegst Dir den Gemüseplan für den kommenden Sommer, die Amseln lärmen im Gebüsch, und die Hasen im Stall werden ungebärdig. Und da fragst Du mich, was ich von diesem Frühling halte, der so früh beginnen will, ob ich keinen Wildschaden am Obst habe und welcherlei Blumenkohl ich dies Jahr ziehen werde.

Auf das alles kann ich Dir heute keine Antwort geben. Die Samenhändlerkataloge liegen noch unausgepackt bei mir daheim, und wie groß die Fliederknospen schon sind, weiß ich nicht, denn ich bin nicht am See, sondern in Graubünden und interessiere mich nicht für Blumenkohl und Raupenleim, sondern für Frost und Schneefall, denn ich bin Skiläufer geworden und habe im Augenblick für nichts zu sorgen als dafür, daß ich womöglich jeden Abend ohne Schaden an Leib und Skibrettern wieder ins Dorf zurückkomme.

Das wundert Dich, gelt? Ich wäre auch von mir aus vielleicht nicht darauf gekommen. Aber meine Frau, die immer gern in die Berge geht, hat mir zu Weihnachten ein Paar Ski geschenkt und mich dadurch zur Reise genötigt. Es war natürlich ein Danaergeschenk; denn meine naive Meinung, zum Skilaufen gehöre nichts als ein Paar solcher Hölzer, hat mich elend betrogen. Man braucht nicht nur die Bretter und das Billett nach Graubünden, sondern man braucht Skistiefel, Skihosen, Skimützen, Skibrillen, Ziegenhaarsocken und alles mögliche, was zusammen eine Menge Geld kostet, und da meine Frau das alles auch brauchte, hat sie mit ihrem Geschenk nicht übel abgeschnitten. Ich war denn auch anfangs etwas mißvergnügt, und als wir daheim ein paarmal im weichen Schnee einen Hügel hinabfuhren und uns die Knöchel wund machten, schien mir dieser Sport wenig sympathisch. Aber jetzt habe ich doch Freude daran, wenn auch der eigentliche Sport dabei mir noch so fremd ist wie am ersten Tag. Ich kann noch gar nichts und habe noch nicht einmal gute Läufer gesehen, ich kann keine Bogen fahren und weiß nicht, wie die norwegischen Schwünge aussehen. Für den eigentlichen Sport haben wir wenig Talent, dazu muß man jünger und freier sein und mehr Zeit haben. Darum sind wir auch nicht nach Sankt Moritz oder Davos gegangen, sondern machen unsere Versuche ohne Gesellschaft und ganz unsportmäßig in der Gegend von Küblis, Pany und Sankt Antönien.

Ich will nicht verächtlich von einem Sport reden, der mir imponiert und sehr schön ist. Aber da es mir das ganze Jahr hindurch an Arbeit, auch an körperlicher, nicht fehlt, hätte der Sport allein mich wenig gelockt. Dagegen habe ich den Bergwinter immer geliebt und bin schon vor zwölf Jahren, als es in der Schweiz meines Wissens noch keinen Skilauf gab, zuweilen mitten im Winter ein wenig in die Berge gegangen. Da war freilich wenig zu machen als ein bißchen spazierengehen und rodeln, und es tat mir oft leid, die schönen weißen Berge in ihrem meterhohen Schnee unzugänglich stehen zu sehen; denn darin haben die Wintersportler recht: das Hochgebirg ist im Winter beinahe schöner als im Sommer, und das Wetter ist viel beständiger.

Wir haben denn auch, als wir hierherkamen, nur zwei Tage an schrägen Halden geübt und uns an die Brettchen zu gewöhnen versucht, und sobald wir einen ordentlichen Hügel hinunterfahren konnten, ohne zu fallen, und sobald wir heraus hatten, wie man etwa in Notfällen bremsen kann, ließen wir den Sport liegen und gingen unserm eigentlichen Ziele nach. Auf unsrer ersten Tour kamen wir schon auf zweitausend Meter und waren sieben Stunden unterwegs, und seither freut uns die Sache, und wir suchen die Gegend nach erreichbaren schönen Höhen ab.

Dazu haben wir natürlich einen Führer mit und üben alle Vorsicht, und viele Touren können wir mit unserer Anfängerkunst eben noch nicht machen, aber wir haben doch schon eine Anzahl von schönen Wegen gemacht und Höhen erreicht, wohin man im Winter ohne Schneeschuhe nicht kommen kann. Und das lohnt sich. Auf einer hohen Alp neben den bis ans Dach eingeschneiten Hütten zu stehen, wo acht Monate des Jahres kein Mensch hinkommt und wo viele Stunden weit nur Schneewildnis und weiße Einsamkeit ist, das ist unglaublich schön. Und dann ist es auch für Nichtsportleute eine merkwürdige Lust, weite Wege bergab bei gutem Schnee in erstaunlich kurzen Zeiten hinunterzupfeifen, über verwehte Bäche und gefrorene Sümpfe wegzugleiten wie über glatte Straßen und zwischen den Stämmen eines stillen verschneiten Fichtenwaldes hin sich einen Weg zu suchen. Das Beste ist natürlich, wie bei allen Touren, das Erreichen eines schönen Zieles und die Rast. Wir haben in ganz eskimohaften Lagen unsre Suppe und unsern Tee gekocht, wobei ich es allerdings ohne die wunderbaren Ziegenhaarsocken nicht ausgehalten hätte.

Im Anfang ist es nicht ohne Mühen. Berganwärts über eisige Steinpfade außer dem Rucksack auch noch die zwei recht schweren Bretter auf dem Rücken mitzutragen und sie dann stundenlang an den Füßen zu haben macht Beschwerde, bis man daran gewöhnt ist. Und wenn der Schnee zu weich oder zu eisig ist, macht das Ersteigen von steilen Hängen viel Arbeit. Im metertiefen Schnee hat man nach einem ungeschickten Fall oft fast eine Viertelstunde zu schaffen, bis man wieder sichtbar und aufrecht steht. Unser Führer ist ein guter Berggänger, aber kein Skikünstler, und läßt uns gewiß manchen ganz unsportmäßigen Griff passieren, aber er läßt uns auch lernen und alles selber auskosten und hat uns nur selten beim Wiederaufstehen geholfen, so daß wir bald überaus vorsichtig und wirklich selbständiger geworden sind.

Also von den Frühjahrsarbeiten und vom Blumenkohl schreibe ich ein andermal. In ein paar Tagen fahren wir wieder heim, dann will ich daran denken. Man spürt nämlich den Frühling auch hier schon ganz wohl, trotz der kalten Nächte und des Schnees. Es ist ein Föhn in der Luft, der noch nicht recht herauskommt, aber seit vorgestern in der Höhe herumdrückt und die sonderbarsten Spielereien treibt. Gestern vormittag habe ich auf einem Skiausflug dem eine Weile zugesehen und meine Freude daran gehabt wie ein Goldschmied an schönen Edelsteinen. Der Föhn ist doch das Schönste in den Bergen, wenn er auch Schnee und Wetter verdirbt! Ich bin viel unterwegs gewesen und habe viel Schönes und Tolles gesehen, aber die Lichter und Wolken von gestern haben mich überrascht, wie wenn ich zum erstenmal im Leben aus dem Hause und unter die Sehenswürdigkeiten der Natur käme.

Wir hatten einen etwas beschwerlichen Aufstieg, doch ohne Gepäck, und fanden dann, etwa zweihundert Meter höher als Pany, eine wunderbare Aussicht gegen die Scesaplana hinüber und auf der anderen Seite ins Prättigau und die Silvrettaberge, vor uns eine phantastisch schwarze, kalte Schlucht, vor deren Steile man jedesmal beim Hinunterblicken unwillkürlich die Skispitzen ein wenig zurückzog. Dann war ein großes Schneefeld da, fast ganz eben und eishart, darauf lief man wie auf Schlittschuhen über Spiegeleis. Und zufällig sah ich mich einmal nach der Sonne um, da merkte ich erst das Föhnspiel in der Höhe. Unten bei uns stand die Luft klar und regungslos, nur das Licht war golden weich und frühlingshaft. Aber droben am wenig bewölkten Himmel stoben die schnurrigsten Windwirbel und zerrten kleine Wolkenbänke mutwillig zausend zu haardünnen, federartigen Gekräuseln auseinander, die in Minuten entstanden und vergingen, während nahe dabei schöne weißgelbe Wattewolken völlig ruhig schwammen. Wir sahen dem sonderbaren Spiel eine Weile mit Verwunderung zu, und da tat der Himmel etwas Besonderes und gab uns ein Schauspiel, das ich so feuerwerkhaft exzentrisch und dabei so verklärt und herrlich noch nie gesehen hatte. Auch unser Führer, der da oben daheim ist, sagte, er habe das noch nie gesehen. Der merkwürdige Wirbelwind trieb ganz plötzlich eine kleine feste Wolke wie Schaum auseinander, bis zum allerfeinsten wolligen Gefaser, und zugleich kam das seltsame Wolkenbild so zur Sonne zu stehen, daß es vier, fünf Minuten lang in den brennendsten Regenbogenfarben aufleuchtete. Es war ganz aufgelöst und farbig durchglüht von dem kühlen grünen Irislicht wie eine große, gegen die Sonne schwebende Seifenblase und hatte solch heftige und doch abgestimmte Farben wie etwa manchmal ein auf einem Flußspiegel treibender Ölfleck. Nur war der Spiegel, auf dem dieses Farbenspiel hintrieb, ein weiter schimmernder Sonnenhimmel voll zarter Farben.

Du bist wie ich ein etwas verwöhnter Naturfreund, der gerne das Besondere sieht und sucht und dem ein wunderliches Naturspiel gelegentlich so wohltun kann wie ein Segantini oder der Satz einer Mozartsymphonie. Wenn Du dabeigewesen wärest und hättest unsere Farbenwolke gesehen, so würdest Du künftig jeden Winter mit Schneeschuhen in die Berge gehen, nur um vielleicht wieder einmal dieses seltene Wunder vor die Augen zu bekommen.

Also, auf Wiedersehen am See, und gute Wünsche von Deinem H. H.

1911

SPAZIERFAHRT IN DER LUFT

Man wird älter, und der Kreis dessen, was man von außen an Bereicherung, Freude und neuen Vergnügungen erwartet, zieht sich enger zusammen. Zu den Freuden und neuen Erfahrungen, auf die ich mich seit Jahren freute und von denen ich mir besonders starke und schöne Eindrücke versprach, gehörte das Fahren in einem Luftschiff. Und nun liegt auch diese Erfahrung und Freude, die ich noch fern glaubte, schon hinter mir und ist Vergangenheit geworden.

Ich saß bei Büchern und studierte Sprachen für meine nächste Reise, als dieser Tage der Postbote einen Brief aus Friedrichshafen brachte, der mich zu einer Fahrt im neuen Luftschiff „Schwaben" einlud. Der Brief war lange unterwegs gewesen, und wäre er zwanzig Minuten später gekommen, so hätte ich seiner Einladung nicht mehr folgen können, denn das Luftschiff sollte nur noch den nächsten Tag am See bleiben, und in einer halben Stunde ging das letzte Schiff, mit dem ich Friedrichshafen noch erreichen konnte.

Ich segnete die Post, die täglich soviel Unnützes bringt und nun auch einmal im Guten sich bewährte, und bei brennender Hitze eilte ich, wie ich war, sofort zum Dampfschiff, erreichte in Konstanz den letzten Anschluß und fuhr an Meersburg und den schönen abendlichen Ufern vorüber durch die lange Dämmerung nach Friedrichshafen. Im ersten besten kleinen Gasthof bekam ich ein ordentliches und wohlfeiles Zimmer und war dadurch angenehm enttäuscht, denn man hatte mir erzählt, Friedrichshafen sei neuerdings unheimlich elegant und teuer geworden. Bald darauf, beim nächtlichen Schlendern durch das kleine alte Städtchen, sah ich nun allerdings an Neubauten und zweifelhaften Verschönerungen, daß immerhin ein bißchen Wahrheit in jenen Berichten gewesen war. Auch war großer Abendbetrieb in den Hotelgärten, und beim Kurhause ging es mit Militärmusik und Gesellschaft großartig her. Der alte Graf hatte eine große Offiziersgesellschaft eingeladen, und es war nicht leicht und kostete mehr als eine Stunde und mehr als ein Trinkgeld, bis es mir möglich wurde, jemand von der Zeppelingesellschaft zu finden und zu erfahren, ob und wann das Luftschiff morgen fahren werde. Dann hatte ich meinen Bescheid, zog mich zurück und sah im stillen noch eine Weile mit Vergnügen dem farbigfrohen Gartenleben zu. Ein Tourist zog mich ins Gespräch, und wir redeten, wie das in Friedrichshafen unvermeidlich ist, vom Grafen Zeppelin und von seinen Luftschiffen. Dabei kamen wir auch auf die Angriffe zu sprechen, die Harden gegen den Grafen gerichtet hat, das heißt, der Fremde sprach davon, und ich hörte zu, denn ich verstehe von technischen Dingen recht wenig. Doch sah ich mir anderntags einen der Hardenschen Artikel näher an und war geneigt, ihn nicht ganz ernst zu nehmen, da er offenbar im einzelnen manche Irrtümer zu hegen schien. Unter anderm scheint er der Ansicht zu sein, die Luftschiffhüllen Zeppelins seien immer noch, wie vor Jahren, aus Aluminium, und er führt die Aluminiumhülle eigens als ein Beweisstück an, während doch die neueren Luftschiffe Hüllen aus Seidenstoff haben. Indessen mag es dahingestellt sein, wie weit diese Irrtümer gehen; mich gehen sie nichts an, und ich hatte meinen Spaß an dem Touristen, der zu den Leuten gehörte, die aus Mangel an einer eigenen Meinung sich der Gründlichkeit hingeben. Er wußte jede Kleinigkeit zu nennen, die für Harden sprach, und jede, die dem Grafen zugute kam, und so ging seine Belehrung mit „einerseits" und „anderseits", mit „trotzdem" und „hingegen" weiter wie die Kritik eines fleißigen Rezensenten, der nicht Geschmack und Persönlichkeit genug hat, um ein Buch mit Klarheit zu loben oder zu tadeln, und statt dessen mit Vorsicht und viel Kenntnissen zwischen Ja und Nein hin und wider schwimmt.

Am Schlusse bekannte sich indessen der Fremde wenigstens ehrlich und eindeutig zu dem sehnlichen Wunsche, einmal in einem solchen Luftschiffe fahren zu dürfen, und seufzte resigniert darüber, daß dies einstweilen nur hohen Herrschaften oder reichen Leuten möglich sei. Da war es nun an mir, mich überlegen und bedeutend zu fühlen, und ich tat es auch, doch ohne dem Manne zu sagen, daß ich selber morgen im „Zeppelin" werde fahren dürfen. Ich wollte ihn nicht ohne Not neidisch machen und auch dem Geschick nicht vorgreifen, denn im stillen mißtraute ich immer noch und war darauf gefaßt, daß möglicherweise Wetter und andre Umstände mich doch noch um die Fahrt betrügen könnten. Als ich indessen am nächsten Sonntagmorgen, nach Möglichkeit gebürstet und geglättet, auf der in aller Frühe schon heißen Fahrstraße zur Ballonhalle hinauswanderte, schnurrte über mir schon prächtig das Riesenspielzeug dahin, von seiner ersten Frühfahrt zurückkehrend, und es war ein merkwürdig erregender Anblick, auf dem weiten, mit sonntäglichen Gästen erfüllten Felde das Ungeheuer niedersinken und endlich gefesselt zu sehen.

Es dauerte nicht lange, so konnten wir einsteigen, eine bequeme kleine Holztreppe hinan, und merkwürdigerweise war dabei gar kein neues und fremdes Gefühl, weder Erregung noch Bangen, sondern es war die einfachste und vergnüglichste Sache von der Welt, da einzusteigen und in der eleganten, luftigen Kabine auf den behaglichen Rohrstühlen Platz zu nehmen, wo man saß wie in einem sehr bequemen Speise- oder Aussichtswagen. Die Arbeiter waren emsig an den Seilen beschäftigt, die vielen Zuschauer drängten sich neugierig um das Schiff, Touristen mit Gemsbärten am Hut und sonntägliche Radfahrer betrachteten sich das Ereignis, und wir Passagiere saßen stolz und kühl in unsrer Kabine. Die Sonne brannte freudig auf den dürren Rasen und flimmerte auf den weiten See, gerade vor mir standen zwei Offiziere, die die letzte Fahrt mitgemacht hatten, und ihre Epauletten blitzten in der Sonne.

Aber plötzlich stieg das Schiff empor, und die beiden Offiziere wurden klein und begannen merkwürdig auszusehen, am Ende sah ich von ihnen nichts mehr als die runde Oberfläche der Mützen, die blanken Achselstücke und darunter die Spitzen der Schuhe, und als ich rasch aufstehend mich über die Brüstung beugte, entwich unter uns die Erde, und ich hatte vom ersten Augenblick an nicht mehr das Gefühl, etwas mit ihr zu tun zu haben und zu ihr zu gehören. Die Menschenmenge wurde klein und komisch, die Stadt Friedrichshafen wurde erstaunlich übersichtlich und niedlich, auch die riesige Ballonhalle sank zu einem belanglosen Fleck zusammen. Dafür aber ging uns das Reich der Lüfte auf, und die Welt wurde erstaunlich groß und weit, wir sahen nahe und ferne Städte still um den See stehen, der auch an Größe verlor, und die großen Zusammenhänge der Landschaft, die Formen der Ufer, das Niedersinken der Berge von den Arlberger und Graubündner Alpen über die Vorberge und Uferhügel hinweg, wurden klar, der Rhein war keine Vedute mehr, sondern in seiner Größe, Bedeutung und Geschichte zu übersehen, weit hinauf und bis zur Mauer der hohen Gebirge hin ordnete sich und klärte sich die mir seit Jahren wohlvertraute Gegend so überraschend und einfach, wie manchmal einem Studierenden nach langer Kleinarbeit ganz plötzlich Gefüge und Zusammenhang der Dinge sichtbar wird.

Wir flogen mit einer Schnelligkeit, die wir nur am eilig dahinrasenden Schatten des Luftschiffes annähernd schätzen konnten, über den See gegen Bregenz hin, über Wasserburg, Bad Schachen und Lindau weg, und waren plötzlich schon in Bregenz. In der Kabine war trotz der weiten, nicht verglasten Fenster kaum eine Spur von Luftzug zu bemerken, sobald man indessen Kopf oder Hände aus dem Fenster steckte, brauste die Luft wie ein

Sturmwind vorüber. Unter uns wich nun der See, mit seichtem, wildem Binsenufer und sumpfigen Öden, und wir fuhren über Land, sahen Dächer und Höfe, Menschen und Tiere in wunderlicher Verkürzung, an die sich doch das Auge seltsam rasch gewöhnte, und hörten und sahen die Begrüßungen, mit denen überall das sonntägliche Volk seine Neugierde, Freude und Verwunderung kundgab. Mir fiel auf (obwohl bei einer solchen ersten Fahrt kaum eine Beobachtung aufkommt, nur wohliges Dahinschweben und rechenschaftslose Reiselust), mir fiel auf, wie alle Tiere ohne Ausnahme auf das Luftschiff reagierten, und alle mit Schrecken und Furcht. Ein Feldhase rannte in wahnsinniger Angst davon, einerlei, wohin, und beschrieb die seltsamsten Kurven und Ovale, bis er sich in einem Bohnengarten verkroch. Die Vögel, auch die Habichte, flohen ebenfalls geängstigt davon, die Hunde bellten wütend oder zogen die Schwänze ein, und die Hühner waren ganz außer sich. Wir in der Kabine fanden uns vom Lärm der Maschine gar nicht belästigt, hie und da bei seitlichem Wind ein flüchtiger Benzingasgeruch war alles, von Vibration kaum eine leise Spur.

Und während unsre Propeller schnurrten, fuhren wir durch das sonnige Rheintal hinauf, der Kamor und der Hohe Kasten und viele andre vertraute Berge standen mächtig im strahlenden Licht. Während unten im fruchtbaren Stromtal die Sonne glühend auf die Reben brannte, flogen wir kühl und gelassen in der Höhe dahin, blickten senkrecht in den Rhein, in Dörfer, Klöster, Städtchen hinab, schauten seitwärts in kühle grüne Waldtäler und steile, enge Felstäler hinein und fuhren in kaum einer Stunde bis über Feldkirch hinaus. In Feldkirch standen die alten Häuser mit den Lauben seltsam verkürzt, den schönen alten Festungsturm sah ich so direkt von oben, daß nur das runde braune Dach wie ein Teller zu sehen war, und eine kleine Kapelle auf einem Hügel im Felde war so in der Perspektive verkürzt, daß ich ihre Form nur an dem großen Schatten erkennen konnte, der lang und spitz wie der Zeigerschatten einer Sonnenuhr neben ihr lag.

Wenn der Deutsche sich sehr erhoben fühlt, so trinkt er Sekt, und Sekt war auch im Luftschiff zu haben und wurde hübsch und nett serviert, und er war auch sehr gut, aber ich fand diese Beigabe doch als das einzige Stillose und Entbehrliche an der Fahrt.

Die Rückfahrt ging noch rascher, mit drei Motoren, und es war mir und uns allen viel zu früh, als wir nach zwei Stunden wieder über die Halle schwebten und vom Ameisengewimmel der Arbeiter empfangen wurden, die die ausgeworfenen Seile fingen und festhielten. Dabei flogen wir dicht über den Wipfeln eines Föhrenwäldchens hin und scheuchten noch einen Bussard auf.

Ich verstehe nichts von der Technik, und ich weiß nicht, wie weit es Graf Zeppelin noch bringen wird. Ich schließe die Augen und fühle wieder das schwebend leichte, weiche Reisen durch die Luft, ich genieße wieder den Anblick der weit erschlossenen Landschaft und das Gefühl des Draußenseins aus allen irdischen Kleinigkeiten; und ich weiß gewiß: sobald ich wieder Gelegenheit finden werde, zu fliegen, werde ich es mit tausend Freuden tun.

1911

IM FLUGZEUG

Als ich vor einigen Jahren zum ersten Male auf der Frankfurter Ila einige Eindecker ihre schwachen Flugversuche machen sah, war mein sehnsüchtiger Gedanke: Sobald das ein bißchen besser geht, mußt du mitfliegen! Und als ich zwei Jahre später zum ersten Male in die Lüfte hinaufkam, in einem Zeppelinschen Luftschiff, da genoß ich wohl den wunderbaren Taumel der Höhe und die überraschend herrliche Aussicht und den neuen Aspekt der Landschaft, aber mein Flugverlangen war nur stärker erregt, und seitdem war es mein heimlicher Wunsch, nun bald einmal zu fliegen. Aber ich wohnte auf dem Lande und kam immer nur im Winter in große Städte, meine Freunde lachten mich aus und erklärten diese ganze Fliegerei für einen halsbrecherischen, selbstmörderischen Sport, mit dem sich höchstens ehemalige Rennfahrer und entgleiste Turfexistenzen abgäben, und waren der Meinung, ein einigermaßen höherstehender Mensch, welcher Pflichten habe und gar Familienvater sei, dürfe sich unter keinen Umständen „der bloßen Sensation wegen" so einem Satansmöbel anvertrauen.

Diese Reden konnten mein Verlangen nach Fliegeglück nicht kleiner machen, obwohl ich nicht widersprach. Ich las vom Simplonflug, las die Berichte von Pau und Paris und Dübendorf und den italienischen Aviatikern und verheimlichte meiner Frau die wöchentlich in der Zeitung mitgeteilten Abstürze von Fliegern. Und hundertmal besann ich mich und phantasierte, wie es nun wohl eigentlich so einem Fliegenden zumute sein müsse. Die meisten waren ja abgebrühte Sportratten oder technische Spekulanten, für die gab es nur Windverhältnisse, Pferdekräfte, Umdrehungszahlen und

Flugpreise. Aber viele davon waren doch gewiß wirkliche Abenteurer, solche, mit denen ein Dichter sich ohne weiteres eins fühlen oder doch verbrüdern konnte, es war in ihnen etwas von der großen Sehnsucht, die unsereinen zum Wandern und Reisen verlockt und einem das Stillsitzen so sauer macht und die durch nichts zu stillen ist und durch jede Erfüllung nur tiefer und hungriger wird. Ohne Zweifel war diese Sehnsucht, wenn auch in ihren rohesten Formen, bei vielen dieser Flieger der heimliche Antrieb und Verführer, und die, welche hundert Meter hoch herunterfielen oder über Land geschleift wurden, die in der Luft verbrannten oder im Wasser umkamen, waren nicht Arbeitern gleichzustellen, die in ihrem armen, tapfern Kampf um den täglichen Groschen weggerafft wurden, sondern sie gehörten doch wohl zu der kleinern Schar derer, die als Sklaven jener geheimnisvollen großen Sehnsucht ihr Ende fanden, deren Knochen in Gletscherlöchern liegen oder die in den Wäldern von Afrika, am Südpol oder auf entlegenen Meeren umkommen. Darin bestärkte mich noch die Nachricht vom Tode Lathams, den ich in Frankfurt hatte fliegen sehen, der in den Kanal gefallen war und der schließlich sein Ende als Jäger in den Tropen fand.

Die Zeit verging, und das Fliegen blieb mir Wunsch und Rätsel. Zweimal fielen mir flott und gescheit geschriebene Artikel von Journalisten in die Hand, welche als Passagiere mitgeflogen waren. Ich las sie mit Eifer, aber es stand nichts darin. Diese Herren standen über der Sache, während ich so gern mitten in ihr drin gestanden wäre. Sie wußten Pferdekräfte und Umdrehungen zu zählen, kannten die Vorgeschichte ihres Aviatikers, die Firma, die seinen Motor gebaut hatte, sie wußten von dem Stolz unserer Zeit, von dem uralten Menschheitstraum und seiner Erfüllung durch Blériot zu erzählen. Vom Fliegen selber aber erfuhr man wenig oder nichts. Es standen in diesen Artikeln nur Dinge, die man vorher wußte oder die wenigstens der Autor schon vorher wissen konnte. Also mußte das Fliegen eigentlich wenig interessant sein; es war ein „stolzes, erhebendes Gefühl", das erinnerte an Grundsteinlegungen und Jubiläen, man „fühlte sich vollkommen sicher, keine Spur von Angstgefühl oder Schwindel", das war also ähnlich wie ein Spaziergang von München nach Nymphenburg. Entweder standen die Verfasser jener Artikel eben wirklich auf jenem unpersönlichen, allgemein kulturellen Standpunkt, den ihre Artikel betonten, oder aber es war ungemein schwierig, die eigentlichen Gefühle eines Fliegenden darzustellen. Ich glaube heute, die zweite Annahme war die richtige.

Um nun zur Sache zu kommen: ich bin gestern geflogen. Es kamen Flieger nach Bern, eines Morgens hörte ich über meinem Dach einen Apparat schnurren und sah einen schönen Eindecker so stolz und kühl und nobel über mich wegfahren, daß es mir das Herz umdrehen wollte. Am nächsten Tage bin ich mitgeflogen. Und nun will ich versuchen, einige meiner Eindrücke bei diesem ersten Flug meines Lebens mitzuteilen, soweit das möglich ist, und da die Geschichte vom „erfüllten uralten Menschheitstraume", vom „Sieg der Intelligenz über die Materie" und alles das schon jedermann bekannt ist, will ich den undankbaren und schwierigen Versuch machen, die Kultur und Technik und alles das wegzulassen und lediglich das zu notieren, was ich erlebt habe. Ich finde mich bei diesem Vorhaben durch eine tiefe Unwissenheit gestützt: ich weiß weder den Namen der Firma, die den Motor gebaut hat, noch die Zahl seiner Pferdekräfte, noch sein Gewicht, noch das Gewicht der Belastung. Ich weiß gar nichts, als daß ich nun endlich, endlich geflogen bin und daß es mir gar nicht selbstverständlich und allgemein kulturell erschienen ist, sondern höchst abenteuerlich. Ich bin tatsächlich „der bloßen Sensation wegen" geflogen, und die Sensation hat mir eine unbändige Freude gemacht.

Gegen drei Uhr an einem warmen, hell sonnigen Frühlingstag erschien ich auf dem Flugfelde, wo sich ein paar schwarze Menschenknäuel drängten und umeinander drehten. Mitten in einem dieser Knäuel sah ich den Apparat ragen, mit dem ich fliegen sollte und der mich erwartete. Wenn es mir nur nicht übel wird! dachte ich, denn ich kann Menschenmengen schlecht vertragen.

Ich drängte mich vor, eine grüne Brille auf der Nase und eine gelbe Reisetasche in der Hand. Ich legte den Leuten die Hand auf die Schulter, schob sie leise beiseite, machte ein sachliches Gesicht und wurde durchgelassen, es ging über Erwarten gut. Das Schlimmste vom Fliegen war nun überstanden. Ich stand beim Apparat, begrüßte den Flieger und zündete eine Zigarre an. Ein französischer Monteur suchte mich über den Motor zu belehren, ich nickte dankend und kam erst jetzt auf den Gedanken, die Maschine näher anzusehen. Am Kopf des Vogelleibes saß die hölzerne Schraube, dahinter der Motor und Benzinvorrat, dann der Platz des Fliegers, dann mein Passagiersitz, hinter dem das leichte hölzerne Bauwerk sich rasch verjüngte und dem hübschen Schwanzsteuer zustrebte. Als Spielzeug sah das Ganze entzückend aus, daß es aber zwei Menschen durch die Luft tragen sollte, schien wunderlich, so leicht und liebenswürdig japanisch sahen die Stänglein und Drähtchen aus, und auch die Flügel waren so spielerisch und dünn und luftig gebaut, daß man sie nicht anzufassen wagte.

Nun, dachte ich, die Hauptsache ist ja der Motor, und den kann ich zum Glück nicht taxieren. Es wäre gut, wenn wir bald fahren würden.

Da winkte mir der Flieger, ich möchte mich nun fertigmachen. Schnell machte ich meine gelbe Handtasche auf und nahm meine Sachen heraus, eine Skimütze, ein Paar Handschuhe, ein wollenes Halstuch. Als ich die Mütze glücklich auf und unter dem Kinn zusammengeknöpft hatte, lächelte der französische Monteur mich freundlich an und sagte, so gehe das nicht, ich müsse die Mütze umgekehrt aufsetzen, mit dem Schirm nach hinten, sonst werde mir das Zeug alsbald vom Kopf gerissen werden. Die Volksmenge lachte und sah mit Interesse zu, wie ich meine Kleidung vollends in Ordnung brachte. Schließlich gab mir der Aviatiker noch einen Mantel und eine Automobilbrille; ich schwitzte in der wollenen Haube und sah so bestrickend aus, daß die Menge wieder aufs munterste lachte. Photographenapparate wurden auf uns gerichtet, und jemand rief mir zu, ich müsse jetzt noch die Nase zubinden, dann könne mir gewiß nichts mehr passieren.

Jetzt stieg der Flieger ein. Es war ernst mit dem Spielzeug, und als der schwere Mann mit seinem braunen Stiefel derb auf das fingerdünne Holzstänglein trat, brach es nicht zusammen, sondern hielt, und es trug auch mich, und nun saßen wir in unsern Sitzen, im leinwandbekleideten Stangengerüste auf bequemen Sesseln, die Menschenmenge wich ein wenig zurück, die Luft wurde besser.

Herrgott, ich hatte meine Handschuhe liegenlassen. Aber nun mochte ich nimmer stören.

In diesem Augenblick begann der Motor zu surren, vor unsern Augen sauste die Flügelschraube ihren glänzenden Kreis, hinter uns spie der große Vogel Rauch und Gestank aus, schreiend floh zu beiden Seiten das Volk hinweg. Wir fuhren elastisch auf unseren beiden Rädchen über den Rasen, merkwürdig lind und wohlig, und plötzlich wurde mir in meiner Wollenhaube wieder wohl und wild gespannt. Wir fliegen, schrie mein Herz, jetzt gleich fliegen wir.

Da war der Rasen weg, und wir stiegen schräg in die Höhe, und das war äußerst wohlig und beruhigend. Wir fliegen! Ja, es ist merkwürdig, aber ich hatte es mir aufregender gedacht.

Nein, ich nehme alles zurück. Es war aufregend genug. Als ich mich eben besann, ob jetzt wohl zehn Sekunden oder eine Stunde seit der Abfahrt vergangen seien, duckte sich der Herr Flieger, ich wurde in die Sitzlehne gedrückt, und der Apparat machte einen Sprung in die Höhe. Da blieb er eine Weile, während der Luftstrom donnernd an meinen Ohren vorübersauste, und machte nun wieder einen Sprung, einen verfluchten, unerwarteten Sprung.

Ich tat einen Blick auf die kreisende Schraube. Wenn das Luder Launen hat, gehen wir kaputt, dachte ich einen Augenblick, aber mehr nur reproduktiv, ich glaubte nur halb daran und vergaß es sogleich völlig, denn zufällig fiel mein Blick seitwärts auf die Erde, und da sah ich erst, daß wir schon hoch, hoch waren. Der Motor sauste, der Wind schrie, meine Hände froren, und meine Nase wurde kalt, und da, neben mir, an der dünnen Holzlatte vorbei, sah ich die Stadt Bern und die krumme Aare und Fabriken und Kasernen und Reitplätze und Alleen liegen, drollig klein und schief und hingestreut, und es fiel mir ein, wie dieser Anblick des kleinen Getriebes und des zum Spielzeug gewordenen Menschenwesens mir einst vom Zeppelinschiff aus Spaß gemacht hatte.

Aber das war etwas anderes! Dort war es ein behagliches Zuschauen wie aus einer Loge gewesen. Hier waren die Blicke auf Stadt und Felder, die ganze verkürzte und flächenhaft gewordene Welt durchaus nur zufällige Beigaben. Die Hauptsache war: Wir flogen. Und wie wir flogen! Wir stiegen in Wellenlinien hinan, immer höher, und je und je taten wir plötzlich, wie in einer Atempause, einen kurzen lautlosen Fall, der Sitz schwand unter mir weg, mein Magen höhlte sich weit. Dann gleich wieder Trieb, Anstieg, Kraftgefühl. Dann wieder der kleine, unberechenbare Fall, Atempause, horchendes Schweigen im Magen.

Die Landschaft ist mir noch immer nicht klargeworden; ich sitze wie ein Knabe, vom Erleben hingenommen, und habe den Verstand daheim gelassen. Ich werfe, von Schauern seliger Bangigkeit unterbrochen, meine Blicke und Atemzüge wie Lieder und Seufzer in die Welt, ich schwebe atemlos mitgerissen in einer ungeheuern Musik durch die Räume, ich bin ganz Kind, ganz Knabe, ganz Abenteurer, ich trinke den berauschenden Wein des Losgerissenseins, der Gleichgültigkeit und

Verachtung gegen alles Gestrige, der animalischen Erregung in tiefen Zügen, ich bin Drache und Wolke, Prometheus und Ikarus ...

O Gott, was ist das? Was steht dort so groß, so wirklich und edel mitten in dieser lausigen Welt, die ich so tief verachte, die so schäbig und winzig und kleinlich eingeteilt zu meinen Füßen liegt? Am Rande der Welt, hinter all dem Gewimmel nichtiger Formen und irdischen Getändels, stehen wunderbar und groß die Berge. Ich sehe den riesigen Eiger streng und dunkel, das hohe Schreckhorn einsam und vornehm an seinem Orte stehen, und ich ahne beim Anblick des ungeheuer erweiterten Horizontes so etwas wie einen raschen Flug über die Erde hinweg: wie da die großen Gebirge, Wüsten, Meere einzig übrigbleiben, alles andere versinkt und sich als verwesende Moräne kundgibt.

Wir fallen tief, mein Magen hat sich daran gewöhnt, schon nach Minuten hat er sich angepaßt und läßt das Kitzeln bleiben. Die Berge sind weg, wir hängen schräg nach links über, gegen einen feindlichen Wind, über die Flügel weg sieht man Jurazüge, senkrecht unter uns die Aare, gepflegten Wald, Höfe – am Ende der Kurve unvermutet einen Blick über die ganze Stadt, vom Bärengraben an aufwärts, wie sie auf ihren Felsen im Bogen der Aare liegt.

Wann werde ich über die Alpen fliegen, über das Meer? Ich muß das einmal bis zur Sättigung auskosten! Ich sehe ja nichts, ich ahne und fühle bloß, ich taumle entzückt und beängstigt durch eine andere, jäh vor mir aufgerissene Welt, nur langsam lerne ich wieder denken. Die Welt ist Erhabenheit, erhaben ist Gebirge, Wüste, Meer. Der Mensch bringt den Humor hinein. Ich beginne sie wieder zu lieben, die Menschen, die da drunten so kleinlich und sonderbar wirtschaften, die den Wald frisiert und die Hälfte der Welt in kleine umzäunte Landfetzchen zerrissen haben. Ich will nicht schwebende Wolke, treibende Schneeflocke, ziehender Vogel sein, ich will nicht die Berge lieben und die Menschen schmähen, deren schwächster ich bin – ich will mit aller Liebe, deren ich fähig bin, mich zu ihren Schwächen und zu ihrem Stolz bekennen. Das sind nicht die Pferdekräfte und nicht die genauen Rechnungen der technischen Wissenschaft, die mich und den Flieger und Blériot und Latham in die Höhe gerissen haben. Das ist die alte große Sehnsucht, das ist der aus Schwäche geborene Trotz, das ist Titanenerbe. Das hat uns fliegen gelehrt. Aber mit dem Fliegen ist keine Sehnsucht erfüllt, der Bogen ist nur stärker und wilder gespannt, die Kreise des Wunsches sind weiter gezogen, das Herz brennt trotziger.

Träume, Bruchstücke von Gedanken, Bruchstücke von großer Musik umgeben mich. Da weckt mich ein unsäglich bangfrohes, gespanntes, überraschtes, mißtrauisches Gefühl, das durch alle Nerven geht. Der Motor schweigt. Wir hängen in der Höhe, wir neigen uns, und nun kommt das Wunderbarste, wir gleiten auf der elastischen Luft, die uns zuweilen mit leiser Schwellung prellt, wir fahren wachsam und flink hinunter, wie ein Automobil mit abgestelltem Motor einen Berg hinab- und wie ein Skiläufer seine Halde hinuntergleitet. Dächer, Alleen, Schornsteine springen uns entgegen, größer und größer wird der kleine Rasenplatz, auf den wir zielen, und nun sehe ich, er ist das Flugfeld, und die paar trüben Trauben und Haufen schwärzlichen Gewimmels darauf sind die Menschenmenge. Herrgott, wir fahren mitten in sie hinein! Wir stürzen vorwärts wie rasend, immer dem schwarzen Haufen entgegen, ich sehe einzelne Gruppen und Figuren schon deutlich, sie sind schon dicht vor uns, Weiber schreien auf, Kindermägde rennen entsetzt und verzweifelt mit ihren Babywagen davon, Knaben laufen Galopp, fallen, geben es auf. Wir aber nehmen, es geschieht ohne mein Wissen und fährt mir nochmals, zum letzten Male, wunderlich kitzelnd durch den Magen, wir nehmen einen kleinen Anlauf, machen einen Sprung und sind wieder in der Luft. Wir haben nur den Platz für die Landung gesucht und umfliegen das große Feld noch einmal im Kreise, niedriger und niedriger streichend. Längst ist der große Horizont versunken, die Erde wallt zu uns herauf, die Menschenhaufen atmen uns entgegen. Nochmals fliehen sie vor unserer Maschine davon, eine Gasse entsteht, wir gleiten nieder.

Noch nicht! O noch nicht! will ich flehend rufen. Die kleinen Räder sind schon aufgeprallt, ein Ruck im Sitz, die Erde ist unter uns und nimmt uns auf, und da halten wir schon, tausend Menschen brüllen und stürzen sich auf den Apparat. Mit einem sonderbaren Gefühl von Kleinheit und Scham steige ich aus, klettere auf die Erde hinab, entkleide mich der Brille, der Mütze, des Mantels, gebe dem Flieger die Hand und gehe hinweg, durch das dichte Volk hindurch, keines Gefühls noch Gedankens sicher, aber in allem, was ich an Sehnsucht und Abenteuerbedürfnis und unbezwinglich triebhaftem Fernweh in mir habe, neu erregt und gestärkt und vertieft.

1912

WINTERAUSFLUG

Von Bern, wo der Nebel drückte und mittags das Wasser von den Dächern rann, war ich für ein paar Ausruhtage nach Grindelwald geflohen und saß dort in einem schönen, bequemen Engländerhotel. Bei der Ankunft war ich nicht wenig enttäuscht gewesen, es lag kaum noch ein winziger Rest von Schnee, und ich wurde, als ich mit meinen Skiern auf dem Rücken durchs Dorf schritt, von jedermann mit Verwunderung und Mitleid betrachtet. Bald aber vergaß ich das und hatte nichts dagegen, meine Skier im Kellerdepot ruhen zu lassen. Das Wetter war glänzend, eine milde Sonnigkeit mit kalten Nächten, tagsüber windstill, aber offenbar in der Höhe föhnig, denn Tag für Tag sah man jene federfeinen zerblasenen Wölkchen, die stets auf Föhn deuten, in breiten parallelen Reihen und Streifen wie Pfauenflügel sich über den zartblauen Himmel ausbreiten.

Das wunderbare Grindelwalder Tal, das ich seit zehn Jahren nimmer gesehen hatte, lag in der Tiefe fast schneefrei, und an warmen Mittagen konnte man oberhalb des Dorfes den dünnen Schnee von den Steinen tropfen und auf jungem grünem Kraute glänzen sehen wie im Frühling. Daneben lagen Mulden und verwehte Tobel unergründlich voll Schnee, und es geschah beim Spazierengehen immer wieder, daß man unversehens in so einem Schneeloch verschwand und lange zum Wiederaufstehen brauchte. Die herrliche Landschaft sprach wieder stark zu mir, es gibt wenig Alpentäler, wo auf so kleinem Raume sich soviel Größe und Schönheit entfaltet: das kühne, wuchtige Wetterhorn, der finstere, wilde, oben messerscharfe Eiger in seiner erdrückend nahen Riesigkeit, dahinter die wilde, verlassene und verrufene

Welt bis zu den Fiescherhörnern und dem Finsteraarhorn und dazwischen die beiden Gletscher in ihrer rauhen, feindlichen Wüstheit und giftigen Bläue. Das alles liegt so nahe beieinander, daß man es mit einem einzigen Blick umfassen kann, und dabei steht man selbst in einem schönen, reichen Tal mit hübschen Hütten und üppigen Weidehängen, und jenseits auf der Sonnenseite liegen sanfte Höhen und Sättel und eine Reihe von kleineren, bequemen Gipfeln, vom Faulhorn bis zur Schynigen Platte. Steigt man zur Kleinen Scheidegg hinauf, so steht man zum Erschrecken nahe vor den gähnenden Gletscherwildnissen des Mönchs und der Jungfrau, deren schöner silberner Gipfel über dem Wust von Eis und Stein in der Bläue lacht. Und spaziert man zur Großen Scheidegg, so hat man zur Rechten die steile Riesenwand des Wetterhorns, ein paar tausend Meter weißen Granit, links das Profil des Schwarzhorns mit der langen, ernsthaften Nase und vor sich das Tal und die fernen Berge der Zentralschweiz.

So gut es mir in meinem feinen Hotel erging, zuweilen zog ich es doch vor, ein Glas Wein oder einen Wermut in einer bewährten Dorfschenke zu nehmen und mir ein wenig von dem erzählen zu lassen, was in diesen zehn Jahren hier passiert war. Das wichtigste war der Tod des Pfarrers Straßer, der unter dem Namen des Gletscherpfarrers im ganzen Oberland berühmt und auch mir wohlbekannt gewesen war. Er hatte zu jedem Anlaß schwungvolle Gedichte hergestellt und war eine dekorative Figur gewesen, die man sich nicht wegdenken konnte, aber auch ein Mann, ein Freund und Helfer, auf den ein Verlaß war. Der ist also nicht mehr da. Als ich es hörte, fiel mir gleich der feine alte Friedhof von Grindelwald wieder ein, den ich damals, vor zehn Jahren, oft besucht hatte, und ich beschloß, nächstens einmal hinzugehen und unserm Freund Straßer einen dankbaren Besuch am Grabe zu machen.

Dazwischen wehte das bunte Winterleben an mir vorüber, der ganze liebe Jahrmarkt froher Menschlichkeit, alte Herren steif auf Schlittschuhen, mit Krämpfen in den Waden, alte Damen auf kleinen Schlitten, quiekend, schöne Jugend in farbigen Sportkleidern. Obenan die Engländer, würdig und bewußt in aller Beweglichkeit, sachlich beim Sport und Herrscher auf den Eisplätzen, die Deutschen unsicherer und weniger einheitlich, dazwischen die paar Italiener drollig und etwas affektiert in schreienden Kostümen, aber kaltschnäuzig und todesfrech auf der Bobsleighbahn.

Eines Morgens sah ich vom Hotel aus das Oberdorf so schön in der Sonne liegen, daß ich rasch hinaufging, einem frühlingshaften Blau entgegen. Da stand hell und sauber das alte hübsche Kirchlein, und kaum sah ich es, da fiel der verstorbene Pfarrer mir wieder ein, und ich trat in den kleinen, stillen, sonnigen Friedhof, um ihn zu besuchen. Da hatte er sich den schönsten Platz ausgesucht, so geschützt und warm und ab vom Wind, wie er für einen verdienten alten Herrn zum Ausruhen paßt, nahe an seiner Kirche, in der er so oft gepredigt und gesungen hat. Ein Fliederbaum malt übers Grab ein feines Schattennetz, und die Berge schauen oben herein. Er liegt gut, unser Freund, und wir wollen es ihm gönnen, auch wenn es uns einmal nicht so gut geht. Mich aber, wenn ich nicht durch Zufall auch einen solchen exemplarischen Winkel zum Ausruhen bekommen kann, mich soll man einmal nicht in so einen gottverlassenen Stadtfriedhof legen, wo an den Mauern die Trambahn vorbeisurrt und wo die Torheit und Eitelkeit der Leute sich in Stein und Glasperlen austobt. Dann viel lieber in einem schönen, raschen Feuer für immer verschwinden!

Das Kirchhöflein tröpfelte und sönnelte leise, kein Mensch war da, und nur ein paar Vögel raschelten in den Büschen. Leise ging ich durch die bescheidenen Gräber, wo die Namen der alten Familien sich auf den Kreuzen immer wiederholen, die Baumann, Bernet, Bohren, Brawand, und ich blieb bei einem großen, vornehmen Steingrabe stehen, wo vier Männer liegen, zwei Engländer und zwei Führer, die auf dem Gipfel des

Wetterhorns der Blitz erschlagen hat. Sie ruhen schön an einem guten Platz, und nicht schlechter ruhen die Verschollenen, die zwischen Grindelwald und dem Berglistock oder dem Finsteraarhorn im Eis verlorengegangen sind. Dort über dem Gletscher und hinter den rauhen, vereisten Graten blaute der Himmel so warm und tief, daß es wie ein Gruß vom Land dahinten war, von Italien, von dem wir in Bern so entsetzlich weit entfernt und abgeschnitten sind, das wir aber nun bald, wenn die Lötschbergbahn fertig ist, in ein paar Stunden werden erreichen können. Es gibt nichts in der Welt, worauf ich sehnlicher warte als auf das Fertigwerden dieser Bahn.

Behaglich sah ich mir die Gegend wieder an, besuchte den oberen und unteren Gletscher, stieg zur Großen Scheidegg hinauf, durchstöberte das Tal oder fuhr die kleinen schneidigen Schlittwege hinab. Und schließlich machte ich mich eines Morgens auf den Weg, um auch die Kleine Scheidegg wieder einmal aufzusuchen. Ich war um Mittag oben und traf strahlende, warme Sonne an. Gegen die Wengeralp hin lag das schräg abfallende Tal tief und weich verschneit, sonst war auch hier der Schnee nicht sonderlich tief, und man sah die starrenden Gletscher dieser unvergleichlich wilden Gegend unter dünner Decke blaugrün und listig funkeln. Im vorigen Jahr ist ein bekannter Grindelwalder Führer über den ganzen Mönchsgletscher, zu dessen Traversierung man sonst bange Stunden braucht, auf Skiern in vier Minuten weggefahren. Jetzt könnte man da oben keine Skier brauchen, die kalten blauen Eishöhlen und Spalten grinsen fast unverhüllt herüber.

Ich hatte oben etwas zu essen bekommen und sonnte mich nun eine gute Stunde lang. Ich hatte von Grindelwald einen kleinen Rodelschlitten mitgenommen, auf dem saß und lag ich nun ruhend ausgestreckt und atmete die reine Sonnenluft, bis es Zeit war aufzubrechen. Ich hoffte, den Weg nach Grindelwald zurück zum größten Teil auf dem Schlitten zurücklegen zu können. Vergnügt zog ich die Handschuhe an, setzte mich und fuhr der Schräge nach gegen den Wald hinab. Das ging geschwinder als ein Schnellzug, aber gar nicht lange. Ich fuhr vielleicht hundert Meter hinunter, da brach ich mit den Beinen durch die gefrorne Schneekruste, blieb stekken, überschlug mich zweimal und kam schließlich ganz sanft im tiefen Schnee auf den Kopf zu stehen, während mein Schlitten wie ein fideler kleiner Hund munter den Berg hinunterrannte. Wütend stand ich auf und hatte lange zu tun, bis ich auf dem Boden des nächsten Bachtobels mein Schlittchen wiederfand, das ich von da an nimmer losließ. Die Fahrt ging nun weiter, bald im Hui über glatten Schnee und steile Halden weg, bald mühsam watend durch Wehen und Mulden, und oft war ich froh, mich ein paar Minuten an den braunen Zweigen der Alpenrosen festhalten zu können, die aus dem Schnee hervorschauten. Ich war falsch gefahren und verlor mich mehr und mehr dem Walde nach, bis ich einsah, daß ich so vor Nacht nimmer heimkommen könne. Es war bitter, aber ich mußte die ganze Höhe, die ich während einer guten Stunde teils geschlittelt, teils gewatet war, mühsam wieder zurücksteigen. Es geht nämlich eine Zahnradbahn von Grindelwald nach der Scheidegg, die zwar jetzt nicht im Betrieb ist, deren Schienen aber fast überall zutage liegen und sichtbar sind. Dieser Bahn beschloß ich zu folgen, sobald ich sie erreicht hätte. Es ging lange und war beschwerlich, und dann mußte ich erst noch eine lange Strecke meinen Schlitten den Geleisen entlang ziehen, denn die Trasse war eisig, und daneben fiel die Stützmauer zwanzig Meter hinab. Dann aber schien es praktikabler zu werden, ich setzte mich mit Gottvertrauen auf den Schlitten, mit dem ich gut vertraut bin, legte das linke Bein als Führung auf die fast überall offen liegende Schiene und fuhr nun ohne weiteren Aufenthalt im Tempo eines guten Rennwagens die ganze Bahnstrecke hinab. Zuweilen hörte ich dumpfe metallene Schläge, spürte einen Schmerz im rechten Bein und eine Erschütterung im Kopf; dann war ich über eine Weiche weggefahren. Und einmal, ich darf es nicht verschweigen, verlor ich auch die Führung und verschwand übers Mäuerchen, doch kostete es mich nichts als meine Brille und ein paar Hautfetzchen. Und schließlich, es war sechs Uhr abends und tiefe, blaue Nacht, fuhr ich über eine kleine Brücke wie der Teufel aus der Schachtel in Grindelwald ein. Die Viertelstunde Gehens bis zum Hotel fiel mir schwerer als alles Bisherige, aber die Knochen waren ganz, und eine Stunde später saß ich vor einer heißen Suppe und einem Glas Karthäuser, und wenn das auch ein edler Wein ist, so hat er mir doch noch nie so wunderbar geschmeckt wie damals.

1913

BERN – WIEN

An einem trüben Oktobermorgen bei niederklatschendem Regen verließ ich mein Haus draußen vor Bern, nicht ohne Besorgnis, es möchte bis Wien so weiterregnen. Aber schon Zürich war hell, Föhnwolken strichen über den Albis, und der See funkelte blau mit kühlen Silberstrichen, die Au und die schönen Uferdörfer standen im klaren Mittagslicht. Und nun genoß ich das Glück, vom Walensee bis nach Innsbruck beim goldensten Herbstwetter eine der schönsten Eisenbahnstrecken zu fahren, immer dem Zug der Alpen entlang. Oben lag dünn gepulverter Neuschnee freudig schimmernd, dann lila und rosige Felswände weich im Lichte und unten der Wald in den feurigen Herbstfarben brennend. Der Walensee zog vorbei mit den steilen Kurfirsten. Hier war ich mehrmals zu Fuß und im Ruderboot unterwegs gewesen. Und dann das Rheintal mit Burgen und Waldrükken, mir von manchen Wanderungen her vertraut, und der herrliche wilde Arlberg, und abends mit einbrechender Nacht kam ich nach Innsbruck. Ein Nachtgang durch enge Gassen und über den dunkel strömenden Inn und anderntags ein Besuch beim Grabdenkmal des Kaisers Max, der so wunderbar fromm und demütig und doch prächtig und kaiserlich zwischen diesem ernsten eisernen Volk von Rittern und Königen kniet. Und eine fröhliche Wagenfahrt durch braunblätterige Alleen und schließlich eine stille sonnige Rast hoch oben auf dem Rundgang des Stadtturmes, über weiten dunklen Dächern und kleinem Straßengewimmel schwebend. Dann weiter, immer zwischen beglänzten Bergen und goldenen Waldsäumen, den ganzen schönen Weg über Bischofshofen und Selztal, über frische wilde Bäche hin-

weg und an satten Herbstweiden hin, wo es von weißge-
fleckten roten Kühen und jungen Pferden wimmelte.
Und schließlich flohen die Berge weiter und weiter zurück, die Donau ward sichtbar und jenes Land voll schöner Wälder und stiller weißer Schlösser, wo Eichen-
dorffs Taugenichts seine Reise beginnt, und abends kam
Wien aus dem Nebel hervor, von außen ein wirrer Ge-
bäudehaufen, innen voll von herrlichen Versprechungen.

Nun war ich wieder in Wien, und mit erwartungsvol-
ler Lust tat ich am Morgen den ersten Gang in die Stadt,
am Rathaus vorbei in die Ringanlagen, und als ich da die
feinen grauen Türme der Votivkirche aus dem leichten
Stadtdunst emporweisen und dort die kräftig-stolze Silhouette der Minoritenkirche breit und mächtig ragen
sah, da sog ich mit dem kalten stiebenden Morgenwind
wieder voll Freude die Atmosphäre dieser einzigen
Stadt in mich ein, es klang mir aus Glockentönen und
Blätterrauschen, aus duftigem Staubdunst und spielenden Fontänen, aus dem Tonfall der Sprache und aus
hundert kleinen lieben Zeichen der Geist dieser Stadt
entgegen, zart und gefällig und lebensfroh, mit einem
leisen Schleier von Wehmut und Vergangenheitstraum
darüber. Architektur, Straßenleben, Dialekt, Menschen,
alles spielt zart und erregend zwischen Pracht und Grazie, hier ist die Heimat der süddeutsch-geselligen Le-
benskultur und der Musik.

Im Hofmuseum begrüßte ich die Niederländer und
Italiener wieder, die zum Teil weit besser gehängt sind
als früher, die Bauernkirchweih und die Schneeland-
schaft des Breughel, das blonde Jünglingsporträt von Lorenzo Lotto, den großen Rubens-Altar, Dürer und Hol-
bein und unten die wunderbaren ägyptischen Denkmäler. Im Burgtheater bewunderte ich, obwohl ein übler
Schmarren gespielt wurde, die Kultur und glänzende
Haltung des Ensembles, und in der Hofoper genoß ich
die Zucht und den satten Wohllaut des herrlichen Or-
chesters und sah die Frau Gutheil eine Carmen spielen,

die ich nie vergessen werde. Ich sah liebe Freunde wieder und fand neue dazu; ich betrachtete in Klosterneuburg die mittelalterlichen Handschriften, den fürstlich gedachten Riesensaal, den mystisch leuchtenden Emailaltar. Einen Abend saß ich in Sievering beim Heurigen, einen Nachmittag war ich bei verehrten Freunden im schönsten und liebenswertesten Altwiener Milieu zu Gast, das ich kenne. Und überall umgab und erfreute und umhüllte mich die Anmut Wiens, und viel zu bald waren meine Wiener Tage um.

Jetzt nehme ich Abschied vom österreichischen Lande. Ich halte eine letzte Rast in Salzburg, ich war auf dem Mönchsberg oben und bin durch alle die alten köstlichen Gassen und über die weiten glänzenden Plätze geschlendert. Eben als die Nacht einbrach, stand ich neben dem prachtvollen Dom und wartete auf das Glockenspiel. Die Dämmerung wuchs schnell, nur die oberste Wassersäule des großen Brunnens stand noch weiß und schimmernd und fiel klingend ins Unsichtbare zurück, und die ungeheure Silhouette des Domes durchschnitt den halben Himmel. Da fingen tief und wohllaut alle Glocken zu läuten an, der weite Platz wogte feierlich voll breiter Tönefluten, und als das Geläute stiller ward und zu verklingen begann, da fiel mit feinen, spröden, ganz leicht verstimmten Tönen das Glockenspiel ein mit einer rührend altmodischen Innigkeit und Spielerei, voll von Liebreiz und Wehmut. Daneben in der dichter werdenden Nacht stand groß und still das Standbild Mozarts. Er blickt ruhig und überlegen, ihn ärgert nicht Not und Sorge noch der Fürstbischof von Salzburg mehr, der ihn einst so miserabel behandelt hat. Er ist darüber hinaus, er lächelt groß und übermenschlich, und seine geliebte Gestalt wächst uns Heutigen immer höher und wird unseren Kindern noch weiterwachsen, denn er war zu groß, als daß ein einziges Jahrhundert ihn schon ganz hätte begreifen können. Ich sah zu ihm empor, dem liebenswertesten aller großen Meister, und er wurde mir zum Sinnbild dessen, was Österreich der deutschen Kultur gegeben hat, und obwohl ich Berlin und den deutschen Norden nicht kenne, will mir doch scheinen, es müßten noch lange Zeiten hingehen, ehe auch von dort uns solche Gaben zuteil werden können.

1913

WIEDER IN DEUTSCHLAND

Lange war ich nicht mehr in Deutschland daheim gewesen. Erst hatten mich äußere Mächte zurückgehalten, dann war im längern Verlauf des Krieges auch ich der Grenze der Dienstpflichtigen nahe gerückt und mußte fürchten, nach einem Besuche drüben nicht mehr zurückgelassen zu werden. Als endlich der Befehl zum Einrücken auch an mich erging, hatte ich längst im Anschluß an schweizerische Organisationen ein kleines Stück Arbeit im Dienste der Gefangenen übernommen und wurde nicht genötigt, diese schönere und friedlichere Arbeit mit der kriegerischen zu vertauschen. So war ich denn frei, und da manche Angelegenheiten unserer Berner Tätigkeit einen persönlichen Besuch in der Heimat forderten, fuhr ich zusammen mit einem Freunde kürzlich nach einer sehr langen Pause endlich wieder einmal nach Deutschland.

Es war Föhn in der Luft und zweifelhaftes Wetter, aber es hielt und wurde immer schöner, nur war die Sonne ein wenig bleich, und die Schatten waren so eigentümlich rußig; sonst lag alles in dem seltsam unwahrscheinlichen Glanz, den man an Spätsommertagen oder im Vorfrühling so oft bei föhnigem Wetter sieht. Der Bodensee strahlte blau und klar, in den Bäumen des Thurgaus leuchteten die Millionen reifer Äpfel, und in Friedrichshafen sahen wir über dem weiten Wasser den Tag rosig verglühen. Ah, da war die Heimat wieder. Es war Sonntag, eine Menge von Menschen unterwegs, die Züge und Restaurationen voll. Im Grunde nichts anders als sonst, als einst in der sagenhaften Zeit des Friedens; nur die vielen Soldaten, darunter die vielen mit Binden um Arm und Kopf, fallen zuerst auf. Aber es ist doch anders. Es ist doch alles anders geworden, alles ernster, alles schwerer, alles nachdenklicher und dennoch alles viel selbstverständlicher und einfacher. Man hört lebhaft sprechen, man sieht Zeitungsleser und fühlt Sorge wegen der letzten Vorgänge im Westen, aber man hört sowenig weinen, wie man laut lachen hört; man sieht alles Volk ernst geworden, in gelassener Nachdenklichkeit seine Wege gehen. Landmädchen, die zum Besuch des Liebsten oder Bruders nach Ulm oder sonstwohin gefahren sind, haben gar nichts an sich von dem verlegen-lustigen, schüchtern-trotzigen Wesen, das sie sonst bei solchen Anlässen zeigten; sie gehen still und ruhig, und wenn eine weint, so merkt man es kaum, und wenn eine lacht, so tut sie es leise und ohne Gezappel. Kurz, ich finde von der ersten Stunde an bestätigt, was mir so viele erzählt haben: Deutschland ist anders geworden, Deutschland ist stiller, würdiger, ernster, erzogener, und das sieht nicht, wie man vielleicht fürchten könnte, bedrückend aus, sondern schön, ja edel. Man hat nicht das Gefühl, die Freude sei aus der Welt verschwunden, man sieht Familien und Liebespaare auf dem Sonntagsausflug und singende Soldaten und Händlerbuden voll von frischen Trauben, Äpfeln und Nüssen, aber alles ist um einen Schatten verschoben, alles ist würdiger, bedeutender beleuchtet, hat ein neues musikalisches Vorzeichen erhalten. Nach wie vor waltet der Schaffner an der Sperre in seinem Gehäuse, nach wie vor gehen Züge, gehen Trambahnen, gehen Postbote und Lastwagen, nur ist der Hintergrund nicht mehr Friede und Gleichgültigkeit, sondern Krieg und Sorge. Man lacht, aber man tut es gedämpft, man trinkt Bier oder Wein, aber man schreit nicht dazu; man fährt Eisenbahn, aber man sitzt still und höflich, und beim größten Gedränge gibt es keine fuchtelnden Reklamanten und keine aufdringlichen Witzemacher mehr. Man blickt gleichmütig, aber jeder ist vom Schatten der Ereignisse gestreift, jeder hat einen Bruder, einen Sohn, einen Freund verloren oder bangt um ihn oder muß morgen selbst einrücken, und jeder weiß, seinem Nachbar geht es ebenso, und es ist jetzt gut und recht und selbstverständlich, daß man einander schont und Rücksicht aufeinander nimmt. Und das ist sehr schön, das ist so eigentümlich schön, daß man beinahe den Literaten recht geben möchte, die so viel über den „Segen der Kriegszeit" schreiben, und den alten Tanten, die einen zu der „großen" oder „herrlichen" Zeit beglückwünschen. Es ist etwa so, wie wenn in einem Hause mit vielen Kindern der Tod oder das Unglück eingekehrt ist und nun jedes sich zusammennimmt, jedes Rücksicht übt, jedes sich selbst ein wenig zurückstellt.

Es wird Nacht; der überfüllte Zug, übrigens fast ohne Soldaten, fährt durch die schwarzen Täler. Ich fahre im Finstern an Orten vorüber, wo ich liebe Denkmäler der Kindheit und Jugend warten weiß, wo ich zu andern Zeiten es schwer empfunden hätte, vorüberfahren zu müssen. Jetzt geht es gut, jetzt geht es leicht, ich fahre, wo ich auch bin, in einer Atmosphäre von Erlebnis und Ernst, und ich fühle überall einen Hauch von Größe und Würdigkeit, den man sonst selten und mühsam auf entlegenen Wegen suchen muß. Ich verstehe, daß manche Künstler in dieser Zeit die Kunst als entbehrlich empfinden, denn überall ist jene Gehaltenheit, jene innere Steigerung, jene Geradlinigkeit des Fühlens da, die wir sonst im Alltag leicht vermissen und bei Komponist und Dichter suchen. – Gewiß, jene Phrasen sind falsch, wir haben kein Recht, diese Zeit „herrlich" zu nennen, und wir können von einer Entbehrlichkeit der Kunst nicht im Ernste reden! Ich denke nicht anders als immer, ich bin in nichts verwandelt, in nichts bekehrt, denn ich kann den großen Trugschluß nicht mitmachen, ich kann nicht eine reinere Lebensluft lobpreisen, die ich dem Blut und den Schmerzen von tausend Unschuldigen verdanke. Ich kann es nicht und will es nicht, aber ich lausche und beuge mich beschämt vor dieser Macht eines edlen Ernstes, mit Gefühlen, wie ich sonst während einer Sinfonie von Beethoven oder Brahms mich beschämt in meiner Kleinheit beuge. Und ich denke: Wenn man mich jetzt in der Nacht wegholen würde, so würde ich zwar nach wie vor darum beten, nicht töten zu müssen, würde nach wie vor das Gewehr und das Bajonett als zweifelhafte und böse Erfindungen betrachten, aber ich würde mitgehen und das Interesse für mein persönliches Ergehen ganz und gar vergessen im Zug des Schicksals, im Sturm der Notwendigkeit.

Nachts Ankunft in einer großen Stadt: der Bahnhof ein Ameisengewimmel von Tausenden, die Straßen hell und höchst belebt, das Hotel voll, in der Restauration kaum ein leerer Stuhl. Etwas Mangel an Automobilen und Dienstmännern, sonst alles reichlich und überreichlich vorhanden, Telegraf und Telefon bedienen mich sofort. Ich habe wenig Zeit und viel zu tun, aber der Hotelportier ist so höflich und beflissen wie sonst, das Telefonfräulein so freundlich und dienstwillig wie immer, eher mehr, und jeder, den ich um eine Auskunft bitte, ist gutwillig zum Helfen bereit.

Andern Tages eine Hatz von Geschäften und Besprechungen, von Besuchen und Besichtigungen; es handelt sich um Dinge der Fürsorge für die Gefangenen, und da bekomme ich in wenigen Stunden Einblick in eine unendliche, organisierte, detaillierte Arbeit. Hier sind Adressen von bedürftigen Gefangenen zu haben, hier arbeitet man am Suchen, immer telegrafisch mit den Organisationen in Genf und Bern verbunden, von denen jedermann mit hoher Achtung spricht. Da werden Liebesgaben sortiert, hier Pakete nach Rußland gemacht, dort Bücher für Lazarette geordnet, ein Büro ums andere, ein Packsaal um den andern, ein Magazin ums andere tut sich auf, zeigt eine frohe Tätigkeit in gutem Tempo, hohe Herren arbeiten zwischen Unbekannten, in wichtigen Dingen ist jedermann zu sprechen, jedermann zu haben. Natürlich gibt es auch tote Stellen und Reibungspunkte, ein Amt hat zu wenig Arbeiter, ein anderes zu wenig Räume, ein drittes hängt zu innig am alten Zopf der Bürokratie – aber überall, wo ernster Wille eine wohltätige Arbeit zu fördern sucht, stehen helfende Kräfte bereit. Katholische Vereine tun das Ihre, protestantische das Ihre, und neutrale vermitteln abwägend zwischen beiden. Überall hat die lange Zeit, die der Krieg schon dauert, eine Auslese der Kräfte gezeitigt oder mindestens eine Auslese der Methoden, der Wege, der Arbeitsweisen. Freiwillige Mitarbeiter stehen seit Monaten, seit einem Jahr Tag für Tag in Schreibstuben, in Packräumen, in Lagerschuppen, am Telefon, am Zettelkatalog. Jedermann trifft man beschäftigt, niemand hat viel Zeit, aber jeder sucht uns zu helfen, gibt uns Rat, hat, je nachdem, eine Stunde, eine Viertelstunde, Minuten für uns übrig. Man ist freundlich, oft herzlich, verliert aber keine Zeit mit Umständlichkeiten.

Das Leben ist, wenigstens für den Reisenden, nicht teurer als in der Schweiz, in Einzelheiten billiger; das Brot wird behutsam behandelt, doch habe ich nie Mühe gehabt, so viel zu bekommen, als ich brauchte. An manchen Orten bekommt der Gast im Hotel für jeden Tag seine Brotkarte, an andern erhält er sein Brot auch ohne dies. Über den reichen Herbst dieses Jahres herrscht überall Freude. Morgens wurde ich im Hotel gewöhnlich von der Polizei geweckt. Man wollte den Paß sehen und fragte mich, was ich hier für Geschäfte habe. Doch war das stets in drei Minuten erledigt, und stets mit Höflichkeit. Da und dort sind ausländische Namen auf Häusern und Firmentafeln verschwunden, ausgekratzt oder ersetzt, sehr viele sind aber auch stehen geblieben. Das alte Hotel Royal in Stuttgart heißt nimmer Royal, aber immer noch Hotel. Hie und da wird man mit einer mißbilligenden Verwunderung angeschaut, wenn man adieu oder gar merci sagt, doch auch das ist selten. Vor einem Jahr war man darin noch viel sensibler.

Eine Fahrt durchs Herbstland; da und dort französische Gefangene bei Erdarbeiten beschäftigt, ein Farbiger darunter, die meisten in den Uniformen. Dabei fallen mir die beiden Russen ein, mit denen ich neulich in der Bahn zwischen Zürich und Bern zusammentraf, zwei stramme hübsche Menschen, die aus einem deutschen Gefangenenlager entkommen waren. Und ich denke an unsere Arbeiten für die Gefangenen, von denen viele nun schon ein ganzes langes Jahr die Gefangenschaft ertragen, deren Ende noch niemand absehen kann.

Und wieder eine Stadt, und wieder Büros und Magazine und Männer und Frauen an der Arbeit, für die Soldaten an der Front, für die in der Etappe, für Lazarette, für Gefangene, für Invalide. Ich speise in einem Hause, dessen Gartenhaus kürzlich von einer Fliegerbombe durchschlagen wurde. Es steht schon wieder renoviert.

Und in Stuttgart, aus all dem Arbeitstrubel kommend, wohne ich der Aufführung von Schillings' „Mona Lisa" bei. Ein heftiges Stück, nicht eben schüchtern in den Theaterwirkungen, und dazu eine geistvolle, feine, oft äußerst reizvolle und edle Musik, der man einen andern Text wünschte. Aber immerhin – mitten im Krieg eine sorglich vorbereitete und studierte Opernpremiere mit ersten Kräften und großem Orchester.

Zuletzt fuhr ich durchs Badische der Grenze entgegen. Drüben überm Rhein die Vogesen im Regen, abends hörte man auch Geschütze; die Züge hier aber fuhren treulich, die Billette wurden mit der alten Sorgfalt geprüft, und wir kamen auf die Minute pünktlich an. Basel lag trüb in Rauch und Nebel; in Lörrach stand ein Trupp neu Eingezogener beklommen auf dem Platz vor dem Bezirkskommando, gegenüber war Markt, und die Trauben leuchteten aus den Körben. Dann kam die Grenze; ich ging von Stetten mit einem Zug Landleuten zu Fuß, im rieselnden Regen, zwischen den Bretterverschlägen durch. Kinder aus Stetten hatten ein kleines Gewerbe daraus gemacht, das Gepäck der Passanten von der Bahn herüberzutragen oder auf kleinen Handkarren zu schieben; sie fanden viel Zuspruch. Wir waren eine lange Reihe von Wartenden, und es ging eine schöne Zeit vorbei, bis wir Mann für Mann nach genauester Prüfung unserer Papiere passieren durften. Gegenüber, dreißig Schritte weiter, stand der Schweizer Grenzposten und hatte dasselbe Amt; der Regen troff von den vielen Schirmen, und wer fertig war, sah den Nachkommenden bei ihren Nöten mit Verständnis zu.

Ich war wieder auf Schweizer Boden, auf der schönen Ecke von Riehen und Vettingen; in den Gärten glühten die Dahlien trotz der Nässe. Auch das war schön, wieder im Frieden zu sein, wieder sorglose Menschen ihren kleinen Geschäften nachgehen zu sehen, wieder die Selbstverständlichkeit friedlichen Lebens auf allen Gassen zu atmen. In Basel gab es noch einen Halt und allerlei zu hören von dortigen Bestrebungen für Gefangenenhilfe. Es geschieht viel, von Neutralen und von Landsleuten, und doch geschieht überall zu wenig, und die Vorstellung, wie die Gefangenen hüben wie drüben Monate um Monate liegen und allerlei Schweres zu tragen haben, und der Gedanke daran, daß gar zu oft kleine amtliche Schwierigkeiten, kleine Formfehler, kleine Umwege die Hilfe für diese Armen gar so sehr verspäten und verzögern, kann einen manchmal traurig machen.

Von dem, was ich in Deutschland diesmal sah und hörte, habe ich einen starken Eindruck mitgenommen. Aber es war nicht allein der Eindruck der Ausdauer und Stärke, der schweigenden Einfügung aller in das Notwendige, den ich mitnahm. Es war auch eine allgemeine Hoffnung dabei. Ich habe nirgends Haß und laute Erbitterung gefunden, das Publikum der Haßgesänge ist sehr klein geworden. Ich habe Hoffnung, das spätere Neuanknüpfen der Beziehungen zwischen den Völkern werde trotz allen Schwierigkeiten doch etwas leichter und etwas rascher gelingen, als unsere Sorge eine Zeitlang glaubte.

1915

NOTIZBLATT VON EINER REISE

Es ist Aprilwetter, im Spiegel von nassen Straßen glänzt für Minuten Blau und Sonne auf, und wenn der Wind eine Weile ausbleibt, singen überall Amseln.

Ich bin in einem kleinen Jurastädtchen, es lehnt sich gegen den graufelsigen Gebirgszug und blickt über eine unendliche farbige Weite hinweg gegen die fernen Alpen.

Ich bin gestern abend hier angekommen, man hatte mich eingeladen, hier einer kleinen kunstfreundlichen Gesellschaft meine Gedichte vorzulesen. Wieder war mir, wie fast jedesmal bei solchen Unternehmungen, seltsam gemischt zumute, etwas beklommen und etwas traurig, und im Hintergrunde dieser Gefühle stand die Frage: „Wozu wohl dient dein heutiges Tun? Hat denn dein Gedichte-Vorlesen irgendeinen Sinn? Hast du die Reise hierher wirklich nur gemacht, um ein paar Menschen eine Abendstunde lang zu unterhalten? Und auch dein Dichten selber – hat es Sinn? Ist es anderes als flüchtige Unterhaltung, für dich und für die Leser?"

Ich habe dennoch gestern abend in dem kleinen Saale meine Vorlesung gehalten und mir Mühe gegeben, ihr einen Sinn zu geben, indem ich auch diesmal wieder mich weder um meine Dichtung noch um die Unterhaltung der Zuhörer bekümmerte, sondern mich ganz auf die Vorstellung konzentrierte: „Vielleicht sitzt in diesem Saal irgendein Mensch, vielleicht sogar zwei, und diesem Menschen ist es bestimmt, in dieser Abendstunde verwundet und vom Schicksal angerufen zu werden durch irgendein einzelnes Wort, das für ihn Anruf und Mahnung wird, das für ihn nicht mehr Unterhaltung, Literatur und Bildungsangelegenheit ist, sondern unmittelbar in ihn hineinfällt, ihm Schmerzen und Freuden bereitet und für eine Weile neuen Antrieb in das Werden und Kämpfen seiner Seele bringt." So dachte ich und las meine Gedichte vor, nicht als seien es Gedichte und seien mein Werk, sondern als wären es Angeln, die ich auswürfe, um damit Menschen zu ködern. Und während ich angespannt und feierlich diese Gedichte ablas, nur das Geistige und Mahnende darin betonend, saß in mir ein Zweiter, lächelnd, und sah der Handlung zu, mit etwas Spott, mit etwas Mitleid, freundlich duldend. Und so ging der Abend gut vorüber; denn alles geht, alles ist möglich, alles hat Sinn, wenn dieser Zweite in uns dabei ist und zuschaut. Immerhin blieb ein Rest der Beklemmung und der Traurigkeit in mir zurück, ein Bedürfnis nach Rechtfertigung meines Tuns und meines Daseins, eine heimliche Leere. Bis spät in die Nacht saß ich noch mit einigen jungen Menschen bei meinem Gastgeber auf, versuchte ein Wort in die Gespräche zu werfen, fühlte mit einiger Trauer und Ironie, daß von diesen Anwesenden keiner heute abend etwas anderes von mir empfangen habe als flüchtige Unterhaltung, schwieg dann, verabschiedete mich und ging zu Bette, habe aber nur wenig schlafen können.

Heute nun, an diesem launischen Aprilvormittag, blieb mir nach dem Frühstück noch eine Stunde Zeit, um durch den Ort zu schlendern. Ich ging mit dem Pfarrer des Städtchens, mit dem ich mich gestern ein wenig befreundet hatte, und als wir uns dem Bahnhof näherten, wo in einer halben Stunde mein Zug gehen sollte, erzählte er mir bedauernd, daß er mich nicht länger begleiten könne, da er jetzt eine Beerdigung zu vollziehen habe. Ich fragte, wer der Tote sei, und der Pfarrer sagte, es werde bei diesem Begräbnis kein Mensch zugegen sein als der Totengräber und der Landjäger; denn der Tote sei ein unbekannter Landstreicher, den man vorgestern am Flußufer tot gefunden habe, halb im Wasser, mit einer kleinen Schußwunde am Kopf und einer kleinen Revolverkugel im Gehirn; es sei bisher nicht gelungen, seinen Namen und seine Herkunft zu erfahren.

Nun wußte ich plötzlich, daß ich nicht ganz vergebens, mit meinen Gedichten in der Reisetasche, die Fahrt hierher unternommen habe. Eine kleine Aufgabe war mir zugefallen, die mir sogleich das Herz erwärmte, und ich ging alsbald mit dem Pfarrer zum Friedhof, und über die feuchte lehmige Erde stiegen wir watend zu dem nassen, frisch gegrabenen Grabe. Das letzte Grab daneben, das von gestern, war mit hochgetürmten Kränzen bedeckt, aus deren Dickicht weiße goldbedruckte Schleifen naß und schlaff herabhingen. Ich ließ mir vom Landjäger alles erzählen, was er über den Toten wußte, auch nahm er aus seinem derben ledernen Geldbeutel die kleine, lächerlich leichte und dünne Revolverkugel, und ich fühlte sie an. Dann ließen wir den Sarg mit unserm Namenlosen in das Loch hinunter, er bekam von mir einen grünen Zweig mit, den ich vom Friedhofhag gebrochen hatte, und vom Pfarrer einen Psalm, ein Vaterunser und das feierliche: „Erde zu Erde, Staub zu Staub, Asche zu Asche". Und ich zweifelte nicht, daß wir da einen meiner Freunde von der Landstraße begraben hätten, einen von den Heimatlosen und Unbürgerlichen, zu denen ich zeitlebens einen Zug der Liebe und des Verständnisses in mir gehabt habe und denen ich näherstehe als den Seßhaften und Tadellosen. Ich lächelte dem Bruder einen Gruß in seine feuchte Höhle hinab und segnete ihn und hörte dem Pfarrer zu, wie er lieb und freundlich den Psalm sprach, während ihm um den bloßen Kopf Schneeschauer stob. Ich nahm Abschied vom Totengräber, vom Landjäger, vom Grabe und lief zum Bahnhof, kam noch in meinen Zug und fuhr davon, zufrieden mit meiner Reise, ein paar Verse des Psalmes im Gedächtnis und überzeugt, daß einmal auch an meinem Grab irgendeiner stehen und lächeln und mir einen grünen Zweig nachwerfen wird.

1922

REISEBRIEF

Bis vor einigen Jahren war es mir gelungen, die Rückständigkeit meines Geschmackes und die Unvereinbarkeit meiner Lebensauffassung mit modernen Prinzipien vor anderen und vor mir selbst zu verschleiern und, wenn es zuweilen nötig wurde, erfolgreich mit zusammengebissenen Zähnen den noch jugendlichen Herrn zu spielen. Seit ich diese mühsame Position aufgeben mußte, ist mir wohler, denn so hübsch auch die Anpassung an den Geist der Zeit und Umwelt sei, die Freuden der Aufrichtigkeit sind doch größer und haltbarer. Und so mache ich heute, vor mir selbst wie vor anderen, aus meiner Abneigung gegen das Reisen keinen Hehl mehr. Da sich dennoch nicht alles Reisen vermeiden läßt, habe ich mir allmählich eine Art von Reisetechnik erworben, welche etwa auf der Stufe des frühen Mittelalters steht.

Diesmal zum Beispiel ist es mir in einer übermütigen Stimmung passiert, daß ich mich, gegen Ende des Sommers, zu einer Einladung nach Nürnberg verleiten ließ, wo ich den Leuten einen Abend lang Gedichte vorlesen soll. Die Reise zu diesem Nürnberger Abend nun, der um die Mitte des November stattfinden soll, habe ich in den letzten Tagen des September angetreten, denn der Weg vom Südtessin nach Nürnberg ist weit, und man tut gut daran, ihn in diverse Etappen einzuteilen. Auch ist es angenehmer, eine Pflichtreise bei schönem Sonnenwetter als im grauen, kühlen Spätherbstwetter anzutreten.

Die erste Etappe der Reise war bisher die angenehmste. Es war die Strecke von Lugano bis Locarno. Für Menschen, die an Auto und Flugzeug nur wenig gewöhnt sind und in altmodischer Weise unterwegs gerne beim Kleinen, Nahen und Einzelnen verweilen, ist diese

Strecke gerade lang genug. Ich kam dabei, ahnungslos, sogar beinahe in Berührung mit der Weltgeschichte, denn man erwartete damals in Locarno die baldige Ankunft der Konferenz-Diplomaten, und ich konnte einige Tage lang zusehen, wie in dem lieben, alten Städtchen, wo jeder Winkel mir vertraut ist, der große Empfang vorbereitet, die Straßen frisch gepflastert und die Ruhebänke neu angestrichen wurden. Ich wohnte bei Freunden, in einem stillen, dichten Tropengarten mit Affenbäumen, Ginkos und Bananen, aß süße blaue Trauben an den heißen Hängen von Brione und Gordola und entschloß mich nach den schönen Tagen nur schwer zur Weiterreise, denn nun galt es, wieder einmal die warme Südseite der Alpen zu verlassen, durchs große Loch zu fahren und mich wieder an Europa, an Norden und Zivilisation zu gewöhnen.

Vorsichtig reiste ich bis Zürich und tauchte zögernd wieder in die kühle, graue Luft des nördlichen Herbstes, in die hübsche, spielerische Bilderwelt des Stadtlebens, trieb mich in Bilderausstellungen, in Theater und Kinos herum, sah im Film den Kollegen Gerhart Hauptmann in beneidenswerter Rüstigkeit seinem Bade im Ligurischen Meere obliegen, besuchte Freunde, sah in Winterthur die schöne Ausstellung meines Freundes Hans Sturzenegger, mit dem ich einst, in einer reiselustigeren Zeit meines Lebens, auf Ceylon und in Sumatra gewesen war und von dessen Bildern viele mich wieder an jene Welt erinnerten, an die duftenden Küsten Asiens und die breiten, stillen Ströme im Urwald. Ich sah in Winterthur, bei Oskar Reinhart, die schönste mir bekannte Privatsammlung edler Gemälde, trank in Zürich einige Gläser vom neuen Wein dieses Herbstes und fand nun, es sei vorerst genug der heftigen Genüsse und eine Reisepause von längerer Dauer sei sehr zu wünschen. Und kaum hatte ich dabei an das benachbarte Baden an der Limmat gedacht, wo ich schon mehrmals im heißen Schwefelwasser angenehme und erfolgreiche Badekuren gemacht hatte, da spürte ich auch schon hier und dort in den Gliedern wohlbekannte Gefühle und Mahnungen, pries die gute Gelegenheit und fuhr nach Baden hinüber, um dort im alten, ehrwürdigen Verenahof wieder den Zauber der Schwefelquellen und die Ruhe eines stillen Aufenthaltes zu genießen.

Und da sitze ich denn nun schon eine ganze Weile in Baden, steige jeden Morgen andächtig in das heilsame Wasser, spaziere an der Limmat entlang, sehe an heiteren Tagen den farbigen Wald in der Sonne glühen und liege an Regentagen mit einem Buch im Zimmer und denke noch lange nicht an die Fortsetzung meiner Reise. Einige Bücher haben mir in dieser Zeit gute Gesellschaft geleistet. Zuerst das Harichsche Werk über Jean Paul, dessen Temperament und Kampflust mir viel Freude machte und in dem der deutsche Geist eines Jahrhunderts sich wieder einmal zu Selbstkritik und neuer Einstellung findet. Dann Emil Ludwigs gescheites und flottes Buch über den Kaiser Wilhelm, etwas überklar und rationalistisch, selten nur von jener ebenso gefährlichen wie fruchtbaren Stimmung hoher Resignation und hohen Humors angeflogen, welche das Unbegreifliche und Irrationale alles Geschehens lächelnd anerkennt, aber glänzend in seiner virtuosen Auswahl von belegenden Dokumenten und in seiner gradlinigen Psychologie. In diesem Buch wird der Kaiser ebensosehr belastet wie entlastet, und am Schluß steht man vor dem beklemmenden Gefühl, daß jene Einsicht und Einkehr nach tollen und leichtfertigen Jahren, die der Kaiser nie vollzogen hat, auch von drei Vierteln seiner einstigen Untertanen noch heute nicht vollzogen ist. Schließlich wandte ich mich gern einem bewährten, alten Buche zu, den „Wanderjahren in Italien" von Gregorovius, die der Verleger Jeß in Dresden in handlicher Form neu herausgebracht hat und in denen ich manche Lieblingsstücke wieder aufsuchte. Nicht überall ganz frei von Professorengeist, ist dies große Werk doch ein Meisterstück der Gelehrsamkeit und Darstellungskunst in der Blütezeit deutscher Wissenschaft.

Indessen spielen die Bücher in meinem jetzigen Leben eine kleine Rolle. Wichtiger ist, ob des Morgens die Sonne scheint, ob der Zustand der Beine einen größeren Waldgang erlaubt, ob die hübsche junge Dame vom ersten Stock zum Abendessen erscheint oder nicht. Wichtig ist das Geräusch der welken Platanenblätter auf der Flußpromenade und das Gefühl der Ehrfurcht vor diesen kräftigen Bäumen, unter welchen nun schon seit vielen Tagen immerzu große Haufen von welkem Laube zusammengefegt werden, während oben die Kronen noch immer dicht und grün im Winde stehen und kompakte, runde Schatten werfen. Wichtig ist der traurige Anblick der erstorbenen Blumenbeete nach der ersten verfrühten Frostnacht und das Spiel der Eichhörnchen an den Buchenstämmen im Walde und das Wiedersehen mancher alter Kurgäste, welche ich schon zwei- und dreimal bei früheren Kuren hier angetroffen habe. Manche kenne und spreche ich, andere sind mir nur vom Sehen bekannt, und auch sie haben mir viel zu sagen, am meisten eine noch junge Fremde, die krank und lahm liegt und zu den Mahlzeiten in einem Tragesessel hereingebracht wird und die ich mit ihrer Pflegerin manchmal so schön und fröhlich lachen höre, daß mir von dieser Dame Wichtiges zu lernen scheint. Wichtig sind auch die Träume, die mich nachts besuchen und von denen meistens am Morgen so wenig mehr übrig ist, aus denen aber immer und immer neu die Mahnung klingt an das holde, dunkle Reich unserer Seele, in dem sich ungeachtet und wenig erforscht viel kühnere und strahlendere Wunder begeben als in der Welt unseres Verstandes und unserer Betriebsamkeit. Wenn aus der nachklingenden tiefen, farbigen, blutig lebendigen Traumwelt mich am Morgen, sehr wider meine Wünsche, der Betrieb des Tages weckt, mit der Post und Zeitung und allem, was dazugehört, dann empfinde ich, irgendwo in sehr dunklen Tiefen, etwas ganz Ähnliches wie dann, wenn ich eine Reise antrete, wenn ich meine Welt der Einsamkeit und der Versunkenheit, die doch voll wilder

Probleme und schwerer Aufgaben ist, gegen die Welt der äußeren, mir fremden Probleme und Bewegungen vertauschen muß.

Mit dem Weiterreisen hat es noch gute Weile, doch langsam beginnen meine Gedanken sich auch damit wieder zu beschäftigen. Nach Nürnberg zu reisen ist nicht so einfach, auch wenn man die Strecke bis Zürich und Baden schon hinter sich gebracht hat. Denn natürlich setze ich mich nicht in irgendeinen Schnellzug, der schnurgerade von hier nach Nürnberg rennt, sondern dazwischen rufen mich auch noch andere Pflichten. Vor allem habe ich schon vor einem Jahre das Gelübde getan, bei meiner nächsten süddeutschen Reise unbedingt einen Aufenthalt in Blaubeuren zu nehmen, wo die schöne Lau gewohnt hat und wo ich das Hutzelmännlein, den Pechschwitzer, besuchen will, ich vermute bei ihm wichtige und schöne Geheimnisse. Ferner habe ich schon vor einigen Jahren im Gespräch mit Freunden einmal behauptet, im Vergleich mit dem Straßburger Münster sei das Ulmer Münster unbedeutend und enttäuschend, und eine Stunde nachher, als ich zu Hause im Bett spaßeshalber eine kleine Aufrichtigkeitsprobe machte und jenes Gespräch im Gedächtnis noch einmal durchnahm, da merkte ich, daß ich vom Ulmer Münster, das ich nur in früher Jugend ein einziges Mal gesehen habe, überhaupt keine klare Vorstellung mehr hatte. Und so beschloß ich denn, falls je mein Weg einmal mich in die Nähe von Ulm führen würde, dort haltzumachen und wieder Ordnung in die Münstersammlung meines Gehirns zu bringen. Die Ulmer haben mir das dann noch erleichtert, indem auch sie mich einluden, in ihrer Stadt meine Gedichte vorzusingen, und ich, der ich sonst alle diese Einladungen als Teufelswerk ansehe und nur alle zwei Jahre eine davon annehme, habe sofort zugesagt, eben um der Münstersache willen und weil Blaubeuren in der Nähe ist, wo ich den Pechschwitzer, den Tröster, anzutreffen hoffe.

All diesen Dingen soll ich nun entgegenreisen, dem

sagenhaften Blaubeuren, dessen Existenz in der realen Geographie mir oft recht zweifelhaft erscheinen will, dem alten Ulm und seinem Dom, der Donau und dem Lech und schließlich dem alten wunderlichen Nürnberg mit den Lebkuchen, Bratwürsten und anderer Gotik, und je näher die Weiterreise kommt, desto mehr wünsche ich, ich hätte sie schon hinter mir, und zuweilen tröstet mich in meinen Reisesorgen der Gedanke, daß ich, ohnehin stets bei so schwacher Gesundheit, sehr leicht wieder ernstlich krank werden könnte und daß dann ein Absagetelegramm nach Nürnberg alle meine Sorgen im Augenblick zerstreut.

1925

AUSFLUG IN DIE STADT

Wenn ein Einsiedler nach langen Jahren seine Klause verläßt und sich in eine Stadt und in die Nähe der Menschen begibt, dann hat er meistens für sein Tun vortreffliche Gründe anzuführen, das Ergebnis dagegen ist meistens ein lächerliches. Der Eremit soll Eremit bleiben wie der Schuster Schuster. Daß das Eremitentum kein Beruf sei oder ein minderwertiger, ebenso wie das Betteln, ist eine europäische Modemeinung, welche niemand ernst nehmen wird. Einsiedler ist ein Beruf, ebenso wie Schuster, ebenso wie Bettler, ebenso wie Räuber, ebenso wie Krieger, es ist ein viel älterer, wichtigerer, heiligerer Beruf als etwa solche Pseudoberufe wie Gerichtsvollzieher, Professor der Ästhetik und dergleichen. Und wenn ein Mensch aus seinem Beruf, aus seiner Maske und Rolle herausfällt, so mag er dies aus den begreiflichsten und liebenswürdigsten Gründen tun, es kommt doch gewöhnlich nur eine Dummheit dabei heraus.

So ging es auch mir, als ich, mit mir und meinem Leben unzufrieden, meine Klause am Berge hinter mir abschloß und für eine Weile unter die Menschen und in die Stadt ging. Ich tat es aus Neugierde und aus Lust nach neuen Erlebnissen und Beziehungen, ich tat es in der schwachen Hoffnung, vielleicht wieder ein wenig Freude, Spaß und Zufriedenheit zu erleben, nachdem ich lange nur Überdruß und Schmerz gekostet hatte. Ich hatte die Hoffnung, es möchte mir vielleicht glücken, mich wieder an anderen Menschen zu messen, die Menschen und mich selbst wieder ernst nehmen zu können. Ich war gewillt, die Stadt, die Menge, die Öffentlichkeit, die Kunst, den Handel, kurz, alle Zauber dieser Welt auf

mich wirken zu lassen, mich von der Schwere und einge-
bildeten Weisheit des Einsiedlers und Denkers zu befreien, wieder Mensch, wieder Kind zu werden, wieder
an den Sinn und die Schönheit des Menschenlebens
glauben zu können. Ein Mensch von meiner Art, der im
Grunde an den Wert des Menschenlebens nicht glauben
kann, dem aber auch die gewohnten Auswege der Naiven, in den Selbstmord und in den Wahnsinn, verbaut
und unmöglich sind, der also eigens von der Natur dazu
erfunden zu sein scheint, sich und den anderen an seinem Beispiel die Unsinnigkeit und Aussichtslosigkeit
dessen zu erweisen – was die Natur unternahm, als sie
sich auf das Experiment „Mensch" einließ, ein solcher
Mensch hat natürlich ein etwas schwieriges Leben und
fühlt daher von Zeit zu Zeit das Bedürfnis, ein andres
Register zu ziehen und dies oder jenes an seinem Leben
zu verändern, damit es vielleicht etwas erträglicher und
hübscher werde.

So war ich also mit meinem Koffer in eine Stadt gereist und hatte mir dort, mitten zwischen den Menschen,
ein Zimmer genommen. Es war nicht leicht, sich an das
Leben hier zu gewöhnen. Zu erstaunlichen, unglaublichen Tageszeiten standen diese Leute in der Frühe auf,
kamen in der Nacht nach Hause, spielten Klavier und
Violine, nahmen Bäder, liefen auf und ab. Die meisten
waren Geschäftsleute oder Angestellte von solchen, und
alle hatten ganz irrsinnig viel zu tun. Die einen nämlich
hatten in der Tat viel Arbeit, weil ihre Geschäfte
schlecht gingen, waren überanstrengt durch die Bemühungen um deren Verbesserung. Überanstrengt waren
sie alle, und beinahe alle fabrizierten Dinge oder trieben
Handel mit Dingen, welche der Mensch zum Leben
nicht braucht und welche lediglich erfunden wurden,
um dem Hersteller und dem Händler Geld einzubrin-
gen. Ich versuchte manchen dieser Gegenstände aus
Neugierde. Da ich in dem Lärm und Getriebe wenig
schlafen konnte, tagsüber aber oft müde war und Langeweile hatte, kaufte ich von einem dieser Händler ein

Schlafmittel, von einem andern einige Bücher, deren Zweck es war, den Leser angenehm zu unterhalten. Aber das Schlafmittel, statt mich schlafen zu machen, machte mich aufgeregt und nervös, und die Bücher, statt mich zu unterhalten, machten mich am hellen Tag einschlafen. Und so war es im Grunde mit allem. Es wurde da ein Spiel getrieben, das allen Mitspielern, Händlern wie Käufern, sichtlich großen Spaß machte, welches aber ernst zu nehmen niemand einfiel. Es war die Zeit vor einem großen jährlichen Feste, das den Sinn hat, einesteils die Industrie zu fördern und einige Wochen lang den Handel zu beleben, andererseits aber durch das Ausstellen von abgesägten jungen Bäumen in allen städtischen Wohnungen eine Art von Erinnerung an die Natur und den Wald zu erwecken und die Freuden des Familienlebens zu feiern. Auch dies war ein Spiel und Übereinkommen, das ich bald durchschaute. Weder gab es jemand, dem die Erinnerung an Natur und Wald ein Bedürfnis gewesen oder der doch so töricht gewesen wäre, diese Zimmertannen für ein geeignetes Mittel zur Pflege der Naturfreude zu halten, noch auch wurde Familie, Ehe und Kindersegen von der Mehrzahl des Volkes sehr verehrt, sondern nahezu allgemein als eine Last empfunden. Aber das Fest beschäftigte vier Wochen lang Millionen von Angestellten und machte zwei Tage lang der gesamten Bevölkerung sichtlichen Spaß. Sogar mir, dem Fremden, bot man süßes Backwerk an und wünschte frohe Feiertage, und einige Stunden lang wurden in Häusern, denen dies recht ungewohnt war, Orgien von Familienglück begangen.

In dieser Zeit sah übrigens die Stadt reizend aus. In den breiten Geschäftsstraßen strahlte Tag und Nacht Haus an Haus und Fenster an Fenster von Lichtüberfluß, von ausgestellten Waren, von Blumen, von Spielzeug, und es schien das ganze so schwere und ernste Arbeitsleben all der Millionen in der Tat ein witziges und gut ausgedachtes Unterhaltungsspiel zu sein. Störend freilich für den Fremdling war die Sitte der Gastwirte, auch an jenen Stätten der Betäubung, wo man Natur, Familie, Geschäft und alles für Stunden zu vergessen und in wohlschmeckenden Getränken wegzuspülen sucht – auch an diesen stillen Trink- und Rauchstätten Lichterbäume mit oder ohne Musik aufzustellen, welche hier noch mehr als in den Privathäusern einen Glanz und eine Sentimentalität ausstrahlten, in welcher das Atmen schwer wurde.

Eines Abends, noch ehe die Festtage begonnen hatten, saß ich bei einer Eierspeise und einem halben Liter Rotwein leidlich zufrieden in einem Wirtshause, da fiel mir die Ankündigung einer Zeitung ins Auge, die mich sofort fesselte. Es war da ein Hermann-Hesse-Abend von einem literarischen Verein veranstaltet, dessen Besuch sehr empfohlen wurde. Schleunigst ging ich hin, fand das Haus und den Saal und an der Saaltüre einen Kassier, den fragte ich, ob Herr Hesse selber auftrete. Er verneinte und suchte sich zu entschuldigen, aber ich beruhigte ihn mit der Bemerkung, daß ich nicht den mindesten Wert auf die Mitwirkung dieses Herrn lege. Ich bezahlte eine Mark und bekam ein Programm, und nachdem ich eine Weile gesessen und gewartet hatte, ging die Veranstaltung los. Da hörte ich eine Reihe von Dichtungen, die ich in meinen jüngeren Jahren geschrieben hatte. Ich hatte damals, als ich sie schrieb, noch die Neigungen und Ideale der Jugend, und es war mir mehr um Schwärmen und Idealismus zu tun als um Aufrichtigkeit; ich sah darum das Leben vorwiegend hell und bejahenswert, während ich es heute weder liebe noch verneine, sondern eben hinnehme. Es war mir daher merkwürdig, in diesen Dichtungen meine eigene Stimme aus der Jugendzeit her reden zu hören. Die Dichtungen waren zum Teil durch Komponisten in Musik gesetzt und wurden von hübsch gekleideten Damen vorgesungen, teils auch wurden sie deklamiert oder vorgelesen, und ich konnte zusehen, wie derjenige Teil der Zuhörerschaft, der jugendlich und sentimental fühlte, die Darbietungen einschluckte und dazu empfindsam lächelte, während ein anderer, kühlerer Teil der Hörer, zu dem auch ich zählte, unbewegt blieb und entweder ein wenig mißachtend lächelte oder einschlief. Und mitten in all dem Beobachten und in der Verwunderung über die hübsche Seichtigkeit dieser Dichtungen, die mir doch einst so wichtig und heilig gewesen waren, konnte ich in mir trotz allem ein gutes Stück Eitelkeit beobachten, denn ich war jedesmal enttäuscht und etwas verletzt, wenn Sängerin oder Vorleser, wie dies ja üblich ist, einzelne Worte in den Gedichten ausließen oder durch andere ersetzten. Indessen bekam diese ganze Abendunterhaltung mir nicht gut, ich konnte den Schluß nicht abwarten, weil ein trockenes und bitteres Gefühl in Kehle und Magen mich von dannen trieb, das ich dann mit Kognak und Wasser stundenlang vergeblich zu vertreiben suchte. Auch bei dieser literarischen Abendunterhaltung, wo ich doch gewissermaßen als Sachverständiger und Fachmann gelten konnte, bemerkte ich wieder diese Isolierung, die mich zum Eremiten bestimmt und welche darin besteht, daß ich in mir ein unergründliches Verlangen trage, das Menschenleben ernst nehmen zu können, während alle anderen es nach einer geheimen, mir unbekannten Spielregel als ein amüsantes Gesellschaftsspiel betrachten und vergnügt mitspielen.

Während nun alles, was ich sah und erlebte, mich nur weiter in diese Verlegenheit hineintrieb und das richtige Mitspielen mir nirgends gelingen wollte, kam inzwischen doch einmal auch ein Erlebnis, das mich nicht lächerlich machte, sondern bestätigte und stärkte. Ich mußte einen Freund beerdigen helfen, der plötzlich gestorben und keineswegs ein Einsiedler, sondern ein vergnügter und geselliger Mensch gewesen war. Als ich diesem Toten nun zum Abschied in das still gewordene Gesicht blickte, konnte ich darin weder Mißmut noch Schmerz darüber lesen, daß er aus dem hübschen Spiel des Lebens herausgerissen war, sondern nur ein tiefes Einverstandensein, eine Art von Genugtuung darüber, daß es ihm nun endlich geglückt und vergönnt war, das rätselhafte Menschenleben nicht mehr als ein Spiel hinter sich zu bringen, sondern es im tiefsten Grunde ernst zu nehmen. Dies Totengesicht sagte mir viel, und es machte mich nicht traurig, sondern froh.

Und so bummle ich weiter durch die Straßen, sehe mir die hübschen Frauen und die eiligen verärgerten Männer an, die alle ihr etwas verlegenes und gekünsteltes Festfreude-Gesicht inzwischen wieder abgelegt haben, und habe manchmal mein Leid, manchmal meinen Spaß an diesem Theater, hinter dessen geheime Spielregeln ich am Ende doch noch zu kommen hoffe.

1925

KOFFERPACKEN

In meinem Hotelzimmerchen knie ich wieder einmal
– Gott weiß zum wievielten Male – vor dem geöffneten
Koffer zwischen all dem Zeug, das da hinein soll, unschlüssig und der lästigen Arbeit schon im voraus verdrossen. Es stimmt ja doch nie. Immer ist am Schluß,
wenn man gepackt hat und der Koffer weggeschickt ist,
noch irgendwo eine Schublade voll gebrauchter Wäsche,
ein Schlafrock, ein Häufchen Bücher und dergleichen
vorhanden, das man im letzten Augenblick vor der Abreise entdeckt, und dann muß man das Fräulein im Büro
um Packpapier und Schnur bemühen oder um eine
Schachtel, muß Postpakete machen oder sich auf der
Reise mit einem unliebsamen und häßlichen Bündel
quälen.

Zum dritten Male nehme ich das Paar genagelter
Schuhe zur Hand, das ich auch diesmal, wie bei jeder
Reise, mitgenommen und in all den Wochen meines hiesigen Aufenthaltes nie getragen habe. Es sind gute feste
Schuhe, mit genagelten Sohlen, zu Hause auf dem Lande
trage ich immer solche, während ich sie hier nicht brauchen kann. Sie zerkratzen die Parkettböden, sie bringen
ihren Träger auf den Marmortreppen zu Fall, und jene
Wald- und Berggänge, die ich mit ihnen zu unternehmen dachte, habe ich alle nicht unternommen: man wird
alt und träge, und die Beine haben das Reißen. Unlustig
wickle ich die guten Schuhe in Zeitungen ein, stopfe alte
Wäsche daneben, um sie in der Kofferecke festzuklem-
men, bleibe dabei mit dem Bündel am Kofferschloß hängen, das ein wenig wacklig zu werden beginnt und mir
Sorge macht. Du guter Koffer, wie oft habe ich dich
schon vollgestopft und wieder geleert, auf wieviel Eisen-

bahnen, Wagen und Schiffen hast du meine Habe mir nachgeschleppt! Einst habe ich dich für die Reise nach Indien gekauft, damals trugst du den eleganten Namen Kabinenkoffer und warst mit lauter neuen, schönen Sachen gefüllt, neuen farbigen Hemden, einem neuen Smoking, lauter Dingen, die inzwischen alt und schäbig geworden sind und mich eins ums andere verlassen haben. Und bei der Rückkehr aus Indien lagen viele exotische Andenken und Spielereien in deiner Truhe, Batiktücher aus Sumatra, kleine Bronzen, chinesische Spielzeuge aus Hartholz und Schnitzereien aus Elfenbein und Ebenholz, Photographien von indischen Häfen, von Stromufern im Urwald, von rudernden Malaien in flachen Booten und Pfahlbauhütten mit spitzen Palmblätterdächern. Alle diese Sachen haben sich längst verloren, sie sind verschenkt, weggekommen, zerbrochen, ebenso wie die hübschen neuen Hemden von damals längst Lumpen geworden sind.

Und alle die Bücher, die du, guter Koffer, schon für mich hast durch die Welt schleppen müssen! Und heute sind Bücher unter meiner Habe, eins davon ist alt und hat bei deiner ersten Fahrt auch schon mir gehört, die anderen wechseln von Mal zu Mal. Diesmal ist das Hübscheste, das ich mithabe, Rudolf Bindings „Ausgewählte Gedichte" (Verlag Rütten & Loening, Frankfurt), ein vornehmes Buch. Auch der „Donner überm Meer" von Heinrich Hauser gefällt mir, trotz einer gewissen Gerissenheit in der Technik; dieser Autor findet für alles Sichtbare den befriedigenden Ausdruck, er ist ein glänzender Beschreiber. Ob er auch ein Erzähler ist, kann man aus diesem interessanten Buch nicht sehen, es ist bei S. Fischer erschienen.

Aber noch immer kämpfe ich mit den Schuhen. Ich sehe sie ungern hier, sie mahnen mich, sie machen mir ein schlechtes Gewissen. Denn einst war ich ein Wanderer, reiste mit leichtestem Gepäck und viel zu Fuß, und das tat mir wohl und entsprach besser meiner Stellung zur Welt als dieses heutige Reisen, bei dem man

aus dem Bannkreis der Maschine nicht mehr herauskommt.

Wäre ich jetzt zu Hause in meinem Dorf im Süden, so
zöge ich morgen schon diese Schuhe an, liefe auf ihnen
den steilen steinigen Waldweg hinab ins Seetal und jenseits auf einen der schönen rosigen Berge, wo oben eine
Marienkapelle steht. Hier aber seid ihr nutzlos, alte
Wanderschuhe, versperrt mir nur den Platz und mahnt
mich an andere Zeiten, Zeiten mit besserer Laune, Zeiten auf jüngeren und rüstigeren Füßen. Ihr mahnt mich
aber nicht nur an Vergangenes, sondern mehr noch an
etwas täglich Neues: an den Kampf und die Flucht meines Lebens. Denn alle meine Wanderungen, alle meine
Reisen waren und sind ja im Grunde nur eine Flucht –
nicht zwar die Flucht der Großstädter und Globetrotter,
nicht die Flucht vor sich selber, die ewige Flucht vom
Innen nach dem Außen, sondern gerade das Gegenteil:
ein Fluchtversuch aus dieser Zeit heraus, aus dieser Zeit
der Technik und des Geldes, des Krieges und der Habsucht, einer Zeit, die ihren Reiz und ihre Größe haben
mag, die ich aber mit dem Besten in mir nicht billigen
und lieben, sondern bestenfalls eben ertragen kann. Und
darum ist die Mahnung dieser Schuhe mir so fatal, weil
ich ja längst erkannt habe, daß die räumliche Flucht, das
Laufen auf Wanderschuhen und das Fahren auf Eisenbahnen und Schiffen, mich nicht ans Ziel bringt, daß sie
nicht aus der Zeit hinausführen. Und dennoch versuche
ich, außer anderen Mitteln, auch heute noch je und je
wieder das alte Mittel des Reisens, versuche es immer
neu, manchmal mit Resignation, manchmal mit Humor,
manchmal mit schlechtem Gewissen. Ein Glück, daß es
auch andere Mittel gibt für den, der im Konflikt mit seiner Zeit steht! Außer der Flucht aus der Zeit gibt es ja
auch den Kampf gegen sie, den Protest des Dichters gegen den General, gegen den Bankier, gegen den Inge-
nieur, den Protest der Seele gegen die Rechenmaschine,
den Protest des Herzens gegen die Roheit und Ärmlich-
keit dessen, was man heute „Leben" nennt. Unter den

sehr wenigen Dichtern, die das heutige Europa hat, weiß ich nicht einen einzigen, dessen Werk im Grunde nicht ein solcher Protest wäre, dessen Werk nicht auf einem Boden von Leiden an der Zeit stände. Obenan in der Schar steht Knut Hamsun, unser alter Bruder, trotzig und scheu wie ein Rentier, den Blick voll Wald und Meer und voll Trotz und Haß gegen die Städte, die Maschinen, die Flinten, die Kanonen.

Diesmal ist's eine Pflichtreise, die ich antrete: ich habe versprochen, einige Vorlesungen zu halten. Natürlich nur in anständigen, leidlich hübschen Gegenden südlich der Mainlinie, denn niemand kann mir zumuten, lediglich der Literatur willen Reisen zu tun in Landstriche, wo kein Wein mehr wächst. Aber auch diese Reisen haben das Fatale einer Flucht an sich, höchstens sind sie mir Lehrmeister und Führer zum Humor und lassen mir nachher das Landleben und die Einsamkeit wieder doppelt schmecken.

Weg mit den Betrachtungen! Lieber will ich jetzt die Klüfte zwischen allen den harten und spitzen Paketen auszufüllen streben. Ein wollener Sweater fällt mir in die Hände, der eignet sich dazu sehr gut. Auch ihn nehme ich unnützerweise auf meine Reisen mit, ich trage ihn nie. Aber einmal könnte ich doch auf einer Winterreise eine so teuflische Kälte antreffen, daß ich froh über meinen Sweater wäre. Und dann war er doch früher immer dabei, wenn ich im Winter auf Reisen ging, denn damals waren auch die Skisocken und die dikken wasserdichten Skistiefel stets dabei. Hundert gute Erinnerungen hängen an diesem alten Sweater, für mich riecht seine nüchterne graue Wolle nach Bergwinden, Schnee und Föhn, nach Tannen- und Arvenharz im dünnen durchsonnten Gebirgswald, nach Fuchsspuren, nach frohen hungrigen Frühstücken auf Touren in Graubünden und im Berner Oberland. Viel gute Erinnerungen und dankbare Gedanken ruft die graue Wolle in mir wach. Und es fällt mir jene Stelle in einem der schönsten Ritterromane des Mittelalters ein, im „Loher und Maller", wo der junge Ritter aus Deutschland, fern im Morgenland gefangen und ins bitterste Elend, in Hunger, Schmutz und Krankheit gesunken, sein Hemd anredet, das einzige Stück, das ihm noch aus der Heimat und den guten Zeiten her geblieben ist und das auch schon in Fetzen geht. „O Hemd, mein Hemd!" ruft er da bitter klagend, und die schöne Vergangenheit leuchtet ihm herzbewegend in die bittere Not der Fremde.

Unter meinen Hemden stößt mir auch dies und jenes Betrübliche auf. Schlechtes, trauriges Zeug, das man heute zu kaufen kriegt! Und ich habe meine Sachen gern, ich trenne mich nicht gleichgültig und unbewegt von ihnen, ich bin ihnen treu und suche sie zu retten und sie mir lange zu erhalten. Ich habe die flotte Gebärde nie gelernt, all das schnell Verbrauchte achtlos und lieblos wegzuwerfen, das zerrissene Hemd, den kranken Schuh, das kaum gelesene Buch. Ich bin ein rückständiger Mensch, es fehlt mir der Sinn für das Zeitgemäße; nicht einmal im Kriege und an der großen Zeit konnte ich meine Freude haben. Na, lassen wir es gut sein, und lassen wir den ganzen Schuh- und Wäschekram für heute liegen! Ich will den Hausburschen rufen, der soll statt meiner fertigpacken.

Ich laufe fort und durch die Stadt; den Kofferschlüssel habe ich dem Hausburschen gegeben. Morgen werde ich in Zürich den „Don Juan" hören. In acht Tagen werde ich in Stuttgart den Platz wiedersehen, wo ich einst, ein kleiner Junge, meine erste heimliche Zigarre geraucht habe. Etwas später werde ich in Frankfurt van Goghs Bildnis des Doktor Gachet und das „ringellockige Blumenmädchen" des Bartolomeo da Venezia wiedersehen, und hoffentlich werden meine Freunde dort mir auch eine Flasche Rheinwein vorsetzen, seit Jahren habe ich keinen mehr gekostet. Lassen wir uns treiben, lassen wir uns noch einmal vom Strom der Oberfläche mitspülen! Treten wir flott auf und spielen wir den Zufriedenen, wie es vermutlich schon der verlorene Sohn in der Ferne getan hat.   1926

MÄRZ IN DER STADT

Eine Woche lang war Eis auf dem Kanal vor meinem Fenster, feuchtes graues Eis, das voll von kleinen und großen Steinen stak, welche die Schulbuben dareingeworfen hatten. Jetzt schmilzt es weg, und in ovalen grünen Inseln blickt wieder das lebendige Wasser hervor. Die Reihe von Akazien zwischen Straße und Kanal ist frisch beschnitten worden, grotesk und hart strecken die alten gestutzten Bäume ihre gewundenen, starr gereckten Arme von sich. Am Himmel kann man zu manchen Stunden geschrieben lesen, daß bald der Frühling kommt, es schwimmt dann dort oben zwischen dem formlosen Graugewölk ein schüchternes unirdisches Blau, ein gefährlicher und wunderbarer Anblick, der den jungen Menschen das Herz in der Brust umdreht und uns Alten bitter bange macht. Man liebt den Frühling nicht, wenn man alt wird. Man spürt mit jedem Jahre deutlicher, warum diese heimtückische Jahreszeit den alten Leuten so schlecht bekommt und warum der Frühling für alte Leute eine so beliebte Sterbezeit ist.

Ebendarum verbringe ich seit einigen Jahren den Frühlingsbeginn nicht mehr zu Hause auf dem Lande, wo es so betäubend und unerträglich nach Erde und nach Heckenknospen riecht und wo einem auf Schritt und Tritt gar so deutlich, gar so grob entgegengerufen wird, daß jetzt die Zeit ist, wo das Junge und Starke sich rühren, das Alte und Kranke aber sterben und vermodern muß. In der Stadt spürt man das nicht so heftig. Die paar grünen Wasseraugen im grauen Eis, die paar Amseln in den öffentlichen Gärten, die paar Flecken von jugendlichem Blau im windigen Himmel, das ist alles.

Ich liege im Bett, ohne doch krank zu sein. Ich habe die Grippe hinter mir, und seither spüre ich das Herz ein wenig, und die Jahreszeit bringt es mit sich, daß da und dort in den Gliedern sich Beschwerden und Schmerzen melden. Da bleibt man zuweilen einen halben Tag liegen. Außerdem muß ich mich heute schonen, denn morgen ist Maskenball, und da werde ich eine ganze Nacht nicht ins Bett kommen.

Bücher liegen auf meinem Nachttisch, ein paar gute neue Bücher, in denen lese ich hie und da ein wenig. Ich lese mit Vergnügen in Marcel Schwobs „Gabe an die Unterwelt" (bei J. Hegner, Hellerau). Ich lese mit Liebe, wenn auch nicht ohne Widerspruch in Emmy Hennings' „Gang zur Liebe" (bei Kösel und Pustet, München), lese mit Bewunderung, Trauer und tiefem Mitschwingen in Hugo Balls „Flucht aus der Zeit" (bei Duncker und Humblot, München), lese mit Bewegung in Hamsuns Gedichten „Das ewige Brausen" in der schönen Übersetzung von Hiltbrunner (bei Langen, München). Am liebsten aber lese ich im neuen Chinesenkalender, im „Chinesisch-Deutschen Almanach für das Jahr Ting Mao" vom Frankfurter China-Institut, aus dem ich unter vielem anderem entnehme, daß der heutige Tag günstig ist für Baden, für den Arzt, nicht aber für Reise, Ausgang, Unternehmungen, so daß ich also klug daran tue, heut möglichst den ganzen Tag zu Hause zu bleiben und mich im Müßiggang zu üben. Morgen ist ein günstiger Tag zweiter Ordnung – möge das dem Maskenball wohl bekommen! Mit Schickeles „Maria Capponi" bin ich leider schon fertig, es war eine wohltuende Lektüre, seit dem „Benkal" Schickeles lebendigstes Buch.

Ich habe nun die Wahl, ob ich aufstehen will oder nicht, es wäre Zeit zum Mittagessen. Stehe ich auf, so kann ich ausgehen und irgendwo essen. Bleibe ich liegen, so erspare ich mir die Mühe, muß aber dafür fasten. Törichter Philister, der du dieses nach Tische liesest, du hältst mich für einen Arbeitsscheuen und Faulpelz ersten Ranges, aber du irrst. Ich liege seit dreizehn Stunden im Bett, das ist richtig, aber ich habe in dieser Zeit zwei Gedichte und drei Briefe geschrieben und außerdem den Schickele zu Ende gelesen.

Ich stehe auf, durchs Fenster sehe ich das fatale holde Blau in den Spalten des Himmels und wende die Augen ab vor dem Frühling. Unerbittlich blickt aus seinen blauen Himmelsaugen uns die Mahnung der Vergänglichkeit an, die Mahnung des Sterbenmüssens. Und – es ist merkwürdig und ist eine Schande, aber es ist wahr – je älter man wird und je weniger Grund man eigentlich hätte, noch am Leben zu hängen, desto dümmer und ängstlicher fürchtet man sich vor dem Tod. Und desto gieriger und kindischer stürzt man sich auf die letzten Brocken des Mahles, auf die letzten paar Freuden. Und immer hofft man wieder, immer findet man Gründe zum Hoffen. Heute, während der fatale Lebenshunger des Fünfzigjährigen mir zu schaffen macht, hoffe ich auf die Zeit nachher, auf die Stille und Abgeklärtheit jenes Alters, das jenseits der kritischen Jahre liegt. Ich weiß genau, daß es nichts damit ist, daß jede ähnliche Hoffnung sich bisher als Täuschung erwiesen hat, daß das Leben für unsereinen eine tragische Angelegenheit ist und nie zu einer harmlosen werden wird – aber ich hoffe dennoch. Lassen wir diese Welle branden, lassen wir diese angeblich letzte Wallung des Lebensdranges sich austoben! Nachher wird die Ruhe kommen, das heitere Zurückblicken, das Genughaben, die angenehme Müdigkeit.

Ich lasse die Welle branden. Ich gehe essen, trinke ein kleines Glas Rotwein dazu, einen Kaffee hinterher, dann gehe ich in ein Warenhaus und kaufe sonderbare Sachen, unnütze und lächerliche Sachen, die ich fünfzig Jahre lang nie gekauft und gebraucht habe und die mir jetzt auf einmal notwendig scheinen oder doch Spaß machen. Ich kaufe eine Nase mit Bart aus bemalter Gaze, ich kaufe einen scherzhaften kleinen Hut aus Pappe und dies und jenes und bereite mich darauf vor, morgen einen Maskenball zu bestehen. Es wird Mühe machen, gewiß, und als Tänzer werde ich nicht glänzen, niemand wird mich den Charleston tanzen sehen, und die Musik mag spielen, was sie will, ich werde dazu ungefähr dasselbe tanzen, was ich immer tanze und was man vor einigen Jahren Onestep hannte. Ich habe keinen Ehrgeiz mehr. Mein einziger Ehrgeiz ist, mir selbst zu beweisen, daß ich trotz allem noch eine Nacht aufbleiben und tanzen und Wein trinken und den Frauen hübsche Dinge sagen kann, und wenn ich nachher auch zwei Tage krank sein werde, bin ich gerne bereit, soviel für den Scherz zu zahlen. Ich vergeude ja keine richtigen Tage, nicht volle, straffe, grüne Tage eines jungen Menschen, Tage voller Lust, Tage voll Arbeit, Tage voll brennenden Leides, sondern nur eben solche Tage eines älteren Herrn, Tage, um die es nicht schade ist.

Ich werde morgen tanzen und werde ein paar Stunden lang mitschwimmen und mich vergessen, ich freue mich darauf. Die jungen Mädchen werden sich nichts aus mir machen und werden von mir unbelästigt bleiben und ebenso jene glühenden und durstigen Frauen der Reifezeit, welche sich sonst gerne an Männer meines Alters halten. Ich werde mit jenen Frauen tanzen, die auf mich warten und mich dennoch ein wenig fürchten, weil sie fühlen, daß ihre Schmerzen, ihre Enttäuschungen, ihre Ängste, ihre Ahnungen von der Trauer und Fragwürdigkeit des Lebens von mir genau gekannt und gewußt werden, ohne daß ich doch davon spreche. Es sind nicht Frauen eines bestimmten Alters, die ich meine, sondern Frauen eines bestimmten Charakters und Schicksals. Sie kommen zu mir, sie lieben mich, auch ohne daß ich um sie werbe. Ich bin ihr Freund, ihr Vertrauter, ihr Kamerad, sie wissen alle ihre Geheimnisse, ihre Leiden, ihre Ängste bei mir wohl verwahrt, wohl verstanden.

Mit diesen Frauen werde ich tanzen. Und werde dabei hinüberblicken zu den andern, den unbeschwerten, strahlenden, die ich einst so sehr geliebt und begehrt habe. Ihnen zuschauen zu können, an ihnen Freude haben zu können, ohne sie zu begehren, das gehört zu den wenigen Dingen, die das Altwerden mich gelehrt hat. Ihnen werde ich mit erfreuten, mit liebenden und doch nicht begehrenden, mit neidlosen Blicken folgen.

Mit meinen kleinen Einkäufen heimkehrend, blicke ich über das eiserne Brückengeländer in den Kanal hinunter, in die grünen Wasserinseln, auf die mürben grauen Eisränder, auf die starren Spiegelbilder der kahlen, frisch beschnittenen Akazien. Eine Amsel ruft weither aus einem unsichtbaren Garten. Unentrinnbar kommt der Frühling. Ich steige die Treppe hinan zu meinem einsamen Zimmer, zur Lampe, zu den Büchern, zum kleinen Nachttisch, auf dem der Bleistift und die halb beschriebenen Papiere liegen. Treiben wir das Spiel noch eine Weile! Lassen wir die Welle ausfluten!

1927

SCHLAFLOSER GAST IM HOTELZIMMER

Da habe ich nun den Abend aufs angenehmste verbracht, in kleiner Gesellschaft an einem Tisch der beinah leeren Hotelhalle, bei guten Gesprächen und bei einem lobenswerten alten französischen Rotwein – und doch muß ich, wie es mir immer passiert, wieder irgendeinen Fehler gemacht haben, denn nun warte ich wieder einmal seit einer guten Stunde vergeblich auf das Einschlafen. Auf dem Nachttisch brennt die wieder angedrehte Lampe, von den Wänden blicken mich die freudigen Rosensträuße der Tapete freundlich an, an den geschlossenen Rolladen klatscht der nächtliche Regen, den ich so gern habe und der mir sonst meistens beim Einschlafen so freundlich hilft. Aber ich schlafe nicht, ich bin so wach, wie ich es den ganzen Tag über nicht war. Weiß Gott! an was ich es da wieder habe fehlen lassen! Vermutlich hat es mit jenem Rotwein zu tun, jenem vorzüglichen, sehr alten, wärmenden Bordeaux, der für ältere Herren so bekömmlich sein soll und der mir so wohl geschmeckt hat. Habe ich nun, so frage ich mich sorgenvoll in meinem von der Lampe warm beschienenen Bett, habe ich nun von diesem edlen Wein zu viel getrunken oder zu wenig? Nie im Leben ist es mir geglückt, das rechte Maß zu finden, das haben mir schon vor fünfunddreißig Jahren meine Schullehrer oft gesagt, und sie haben recht behalten, bitter recht mit allen ihren nicht immer wohlwollenden Prophezeiungen: Es ist nichts aus mir geworden, und trotz guten Gaben bin ich ein Fremdling und unruhiger Irrgänger auf der Erde geblieben. Ach, mit den Jahren passiert es mir immer häufiger, daß ich mich plötzlich an irgendwelche Sachen erinnern muß, die ich einst in der Schule gelernt habe, deren

Wahrheit und Wert ich damals wenig zu schätzen wußte, die nun aber unerbittlich wiederkehren und recht behalten. Sogar heute abend, mitten in bester Unterhaltung, beim besten Wein, kam unversehens so ein Brocken scheinbar vergeßner Schulwissenschaft mir wieder in die Kehle. Es war ein Vers, eine Strophe aus einem ehrwürdigen Kirchenliede, das ich einst als kleiner Knabe hatte auswendig lernen müssen und dessen etwas grotesker Anfang mir damals, dem urteilslosen Knaben, recht absurd und geschmacklos vorgekommen war. Er lautete: „O daß ich tausend Zungen hätte und einen tausendfachen Mund!" – Und erst heute, nach Jahrzehnten, beim Schlürfen des guten alten Franzosen, klang dieser wunderliche Vers wieder in mir auf und hatte für den Augenblick einen zwar unfrommen, aber klaren Sinn.

Wie es scheint, hat auch mein Zimmernachbar seine Gedanken und Sorgen, wenigstens geht er seit einer Viertelstunde unablässig in seiner Bude auf und nieder. Es ist nicht sein nächtlich sorgenvoller Wandel, der mich am Schlafen hindert, denn er geht leise, in Hausschuhen, auf dem Teppich hin und wider. Aber hören kann ich es doch und wundere mich, daß dieser Mann, dessen kräftige Gestalt und gutes volles Gesicht ich beim Abendessen von weitem betrachtet und etwas beneidet habe, seinem befriedigten Aussehen zum Trotz, auch seine Beklemmungen und Schwierigkeiten zu haben scheint – warum liefe er sonst, statt zu schlafen oder noch im Kursaal zu sitzen, so lange in seinem engen Hotelzimmerchen auf und ab, immer auf und ab, wie ein gefangenes unruhiges Tier in seiner Zelle hinterm Gitter? Armer Bruder drüben, armer Wolf, armer Hirsch, ich kann dich verstehen. Aber nun hör auf, Brüderlein, und lege dich nieder. Wohl ist es ein wenig tröstlich, auch andere, auch scheinbar Glückliche, in Sorgen zu wissen, aber am Ende macht auch dies nicht satt.

Ich habe ein dickes Buch auf dem Nachttisch liegen, einen neuen, recht bemerkenswerten Roman von einem neuen Mann, der Anton Mayer heißt, und sein Roman heißt „Peregrinus Windesprang" und ist wunderlich schön gesättigt von guter, alter Tradition, wie man es selten mehr findet, seit Tagen habe ich immer wieder mit Liebe und Teilnahme darin gelesen. Aber zu dieser Stunde mag ich nicht lesen, auch dazu bin ich allzu wach. Ich muß an jene Schulerinnerungen denken und an die Gesellschaft von heute abend und an den Bordeaux und an meinen ruhelosen Nachbar, und ebenso wie er in seinem Käfig auf- und niedersteigt und kein Ende finden kann, so laufe ich rastlos und ängstlich immer wieder den Kreis meiner Gedanken ab – Gedanken ohne Bedeutung und Tiefe, Gedanken, welche eigentlich des Verweilens und der Mitteilung keineswegs würdig sind, die mich aber zwanghaft festhalten.

Kein Zweifel, ich hätte mehr von diesem guten Wein zu mir nehmen sollen. Niemand, auch nicht der böswilligste Beobachter, hätte heute abend von mir sagen können, daß ich betrunken gewesen sei, das ist mir ja überhaupt nur sehr selten im Leben passiert. Er hätte, im äußersten Falle, vielleicht sagen können, ich sei leicht angetrunken gewesen, und schon dies wäre ein sehr krasser Ausdruck für meinen Zustand gewesen. Jeder anständige Reporter hätte mir nicht mehr als eine liebenswürdige Weinlaune zugebilligt. Aber war nicht vielleicht gerade dies der Fehler dieses Abends, der stets und tausendmal wiederholte Fehler meines Lebens, daß ich (nicht im Weintrinken nur, sondern in allem) zwar nicht eng und kleinlich war und allerlei Menschliches an mich herankommen ließ, aber doch bei einer gewissen Grenze zurückwich und ein wenig moralisch wurde? War nicht unbedingte und fraglose Hingabe, Rücksichtslosigkeit gegen das eigene Ich diejenige Tugend, die ich besonders schätzte und die ich oft gepriesen habe? Und war es nicht ein Fehler und eine Jämmerlichkeit, daß auch mich, den scheinbar Hingegebenen, ein Rest von anerzogener Moral, von Tradition, von Bedenklichkeit und Bürgerlichkeit immer wieder zurückzog und lähmte? War es nicht dieser Rest von alter Erziehung, von Bürgerlichkeit und alter Moral, der die Geister meiner Generation, in der Kunst wie im Geist und im Leben, daran hinderte, das Letzte zu wagen, das Letzte an Hingabe, an Aufrichtigkeit, an Wagnis?

Lächelnd blicken mich die frohen Rosensträuße der Tapete an, und der rote Plüsch des Lehnsessels schluckt wie mit Behagen tief die hellen Strahlen der kleinen Tischlampe ein. Als ich vor kurzem dies Hotelzimmer bezog, war es mir ein kalter, fremder Raum, notdürftige Unterkunft für eine kurze Weile. Nun, nach Tagen, da ich darin wohne, da meine Briefschaften den Tisch bedecken, meine Wäsche im Schranke liegt, eins meiner Aquarelle an die Wand gespießt hängt und mit den vergnügten Tapetenrosen im Streit liegt, ist dies Zimmerchen mir schon lieb und vertraut, ist meine kleine Heimat, und ich werde es ungerne verlassen. Sind das nicht Sentimentalitäten? Sind das nicht Kindereien? Sind nicht die Menschen von heute anders, mit ihren Automobilen, ihren Ledermänteln, ihrem Charleston? Stehen sie nicht dem Leben freier, kühler, beherrschender gegenüber als unsereiner? Es mag sein. Obwohl ich den Fall erlebt habe, daß diese Herren der Erde, die ich so sehr beneide, trotz ihrer cäsarischen Gemüter und ihrer Lederpanzer beim längern Ausbleiben erwarteter Börsennachrichten und andern Anlässen ebenfalls hinlänglich nervös werden können. Nein, ich will sie nicht zu sehr beneiden, vielleicht läuft mancher von ihnen, den ich für die Majestät und Gelassenheit selber hielt, jetzt in der Nacht, gleich meinem Zimmernachbar, auf und ab, fühlt sich von der Faust des Schicksals zusammengedrückt und atmet schwer beklemmt – und wenn es zum Teil auch andere Dinge sind, um die er sich sorgt und die ihm zu Gespenstern werden, es geht ihm im Grunde doch nicht viel anders als mir auch. Und das, was mir meine Schullehrer so oft gesagt und prophezeit haben, dies Leben ohne Stetigkeit, dies Leben unter beständig schwankendem Luftdruck, dies rastlose Erleiden eines

Lebens, dem im tiefsten Grunde irgend etwas Wesentliches fehlt – das hätten die Schullehrer mit Fug der ganzen heutigen Menschheit prophezeien können.

Ich habe eine Stunde lang im Dunkeln gelegen, dann die Lampe wieder angedreht, habe im hellen Lichtstrahl, ohne viel Bewußtsein, langsam mein Papier vollgekritzelt, habe dabei den Bleistift abgebrochen und mußte aufstehen und ein Messer suchen, um ihn wieder zu spitzen. Wie oft noch werde ich so in einem freundlich tapezierten Gastzimmer liegen, auf Schlaf warten, die Sinnlosigkeit meines Lebens fühlen und doch zugleich seinen Zauber, werde einen Nachbar unruhig nachtwandeln hören und, mein Papier auf den Knien, dies und jenes spielerische und wertlose Zeug aufschreiben?

Jetzt – es ist schon Morgen, und die Ritzen des Rolladens schimmern bleich – erschreckt mich ein heftiger, metallisch dröhnender Knall. Oh, denke ich, jetzt hat sich mein armer Nachbar totgeschossen. Ich hätte doch heute nacht jener Regung folgen sollen, die ich als sentimental, als kindlich und beschämend gleich wieder unterdrückt hatte – ich hätte zu dem Auf-und-Ab-Wandelnden hinübergehen, ihn besuchen und zum Plaudern bringen sollen. Aber nein, er hat sich nicht erschossen. Der Schuß wiederholt sich, und der Ort seiner Herkunft ist nicht das Nebenzimmer, sondern die eiserne Röhre der Dampfheizung, welche in allen Hotels angebracht ist und unter anderem dazu dient, dem einsamen Hotelgast seine Verbundenheit mit aller Mitwelt tröstlich in Erinnerung zu bringen.

Da lösche ich mein Licht, drehe mich auf die Seite und probiere es noch einmal, einzuschlafen. So gegen Morgen glückt es ja meistens am besten.

1927

BILDERBOGEN
VON EINER KLEINEN REISE

Wie es eigentlich gekommen ist, weiß ich selber nicht, aber ich sitze wirklich schon wieder in der Bahn! Erst vor drei Wochen kam ich nach langen Reisen wieder in meiner ländlichen Klause an, fest entschlossen, dort mindestens bis zum Herbst ruhig sitzen zu bleiben, und jetzt finde ich mich schon wieder in der Eisenbahn und sitze und sinne darüber nach, wohin ich morgen fahren könnte.

Gründe zum Wegreisen sind ja immer da. Unsereiner, der mit der Welt nicht in guter Harmonie lebt, der weder an die dilettantische Philosophie Lenins noch an die kindliche des Herrn Ford in Amerika zu glauben vermag; unsereiner, der in der enthusiastischen Betriebsamkeit der Industrien und der Politik nicht viel anderes zu sehen vermag als halbbewußte, aber unendlich zielsichere Vorbereitungen für den nächsten Krieg – unsereiner fühlt sich in seiner Haut niemals so wohl, daß er nicht gerne jeden kleinen Anlaß ergriffe, um ein wenig davonzufahren, ein wenig zu flüchten und sich zu zerstreuen. Wenn man so allein in seiner Studierstube sitzt und die Lächerlichkeit seines Tuns und Denkens täglich von allen Seiten her bestätigt bekommt und nichts zu tun hat, als den Nachtigallen im Garten zuzuhören und die zunehmende Gicht in den Fingern zu kontrollieren, nun, da hat man keine sehr feste Position, man ist leicht vom Ast zu schütteln. So bin ich denn seit ein paar Tagen wieder auf Reisen und zeichne mir unterwegs ein paar Szenen in mein Notizbuch.

In der Bahn, auf dem Wege nach Zürich, wurde ich eifrig von einer deutschen Dame unterhalten, die es sich sichtlich zur Lebensaufgabe gemacht hatte, vollbewußt allen Bestrebungen des geistigen Lebens unserer Zeit gegenüberzustehen. „Sie kennen doch die Gesellschaft für voraussetzungslose Philosophie? Nicht? Nicht möglich! Und den Kulturbund ‚Weiße Fahne‘? Nicht? Aber die Reformgesellschaft ‚Blauer Drachen‘? Auch nicht? Nun, dann sagen Sie mir wenigstens, wie Sie über die Bestrebungen zur Versöhnung zwischen Theosophie und Anthroposophie denken!“ Ich sagte, daß zwar auch diese Bestrebungen mir unbekannt seien, daß ich ihnen aber das beste Gedeihen wünsche; und die Dame war befriedigt und sprach eifrig von diesem und jenem, was wir in Zürich gemeinsam unternehmen könnten. Ich hinterging sie und stieg einige Stationen früher aus und näherte mich Zürich auf Schleichwegen, froh darüber, daß ich wieder in der deutschen Schweiz war, wo man überall so gute Weißweine zu trinken bekommt: den kräftigen, wie nach Nuß schmeckenden Fendant, den guten, sanften Ivorne, den schweren Dézaley.

Aber außerdem hatte ich in Zürich auch Geschäfte. Ich mußte im Polytechnikum eine Vorlesung halten, eine Vorlesung meiner Gedichte, und dies tat ich denn auch am folgenden Abend mit Gewissenhaftigkeit; aber der Eindruck, den ich von dieser Veranstaltung hatte, war kein sehr glücklicher. Wenn ich hier in Zürich vor fünfzehn Jahren eine Vorlesung hielt, dann hatte ich die älteren unter den Zuhörern für mich, die jungen gegen mich. Fünf Jahre später war es umgekehrt: die Älteren blieben weg oder zuckten die Achseln, die Jungen waren entzückt. Heute aber bin ich mit meinen Gedichten und Gedanken wieder hübsch allein, und es gibt bei alt und jung weder Entzücken noch Widerstand mehr, sie hören beide gelassen zu, und inmitten dieser achtungs- und mitleidsvollen Zuhörer komme ich mir bald tausendjährig, bald auch wie ein kleiner Junge vor, der versehentlich unter die schon Konfirmierten geraten ist. Nachher aber, als wir nach der Vorlesung im Pfauen saßen und Walliser Wein tranken, war es ganz hübsch. Ein paar nette Studenten waren mitgekommen, und ein paar alte

Freunde mit grauen Haaren hatten sich eingefunden, und um Mitternacht waren die meisten mit mir darüber einig, daß die Zwölf-Uhr-Polizeistunde einer sonst so sympathischen Stadt wie Zürich nicht würdig sei.

Anderen Tages hatte ich die literarischen Eindrücke des Abends vergessen, nicht aber den Weißwein, den ich im Hinterkopf unangenehm spürte. Zürich war doch nicht der richtige Ort für mich, so schien es, und so fuhr ich schleunigst weg, fuhr an meinen alten Kurort Baden, wo mein vortrefflicher Arzt wohnt und wo ich im Verenahof mehrmals einen ehrwürdigen, unvergeßlichen Chambertin getrunken hatte. Dort, in meinem guten alten Hotel, bei meinem bewährten Arzt, der mir seit Jahren die Fortschritte meines Leidens registrieren hilft, bei den schönen heißen Schwefelbädern, bei dem edlen Chambertin, bei den schönen Buchenwäldern fand ich einigen Trost, blieb ein paar Tage, bekam Bäder und Einreibungen und wäre wohl noch lange geblieben, wenn nicht die Flut der Kurgäste so angeschwollen wäre, daß es mir zuviel wurde. Betrübt schwang ich den Hut, ging zur Bahn und wußte nicht recht, wohin ich jetzt fahren sollte. Nach Hause zurück? Da waren Arbeiter in meiner Wohnung. Nach Zürich zurück? Da waren alle Leute so sehr beschäftigt und in Anspruch genommen und führten ein so tüchtiges, arbeitsames, fleißiges Leben, daß ich unter ihnen keine gute Figur machen würde. Basel lockte mich ein wenig, aber man liebt mich dort nicht sehr. Nein, auch Basel konnte mir nicht dienen. Aber da gab es einen sehr bequemen Zug nach Bern, wie ich fand, und dieser Zug schien mir verlockend. Zwar steckte Bern für mich voll böser Erinnerungen, ich hatte dort die schrecklichen Kriegsjahre verbracht. Aber nahe bei Bern wußte ich ein altes Schloß über der Aare, ein Schloß aus einer Eichendorff-Novelle, wo unter alten Nußbäumen und Kastanien kühle Brunnen rauschten und über den besonnten Rasen königliche Pfauen stolzierten, wo es ein Turmzimmer gab, in dem ich oft gewohnt hatte, und ein paar Wände voll herrlicher Bilder und einen guten Keller und liebe Freunde, die mich, falls sie nicht gerade verreist wären, gut aufnehmen würden.

Ich fuhr nach Bern. Zu den Eisenbahnfenstern knallten die Maikäfer herein, und die Luft war voll von den still segelnden Samen des Löwenzahns, und in Bern machte ich nicht lange halt, sondern fuhr schnell durch die Wälder zu dem einsamen Schloß und den Pfauen hinaus, deren wilde Schreie mich begrüßten, und zu den Kindern, die im Gras und am ovalen Weiher spielten, und zu meinen Freunden, die sich freuten, mich wiederzusehen. Da erfuhr ich im Gespräch, daß zur Zeit der Pariser Komiker Grock in Bern auftrete, und abends war ich schon wieder in Bern und sah im Varieté zu, wie dieser groteske und liebe Mensch seine Kapriolen machte, und bewunderte ihn sehr, denn erstens arbeitet er mit der Sorgfalt und liebevollen Genauigkeit der großen Artisten, und zweitens sehe ich immer mit tiefem Vergnügen und Mitgefühl, wenn ein Humorist das Publikum dazu nötigt, für eine Stunde das gerade Gegenteil seiner sonstigen Moral und Religion zu lieben, dem Unvernünftigen Beifall zu spenden, für das Paradoxe zu schwärmen und vom Phantastischen entzückt zu sein. Bravo, Bruder Grock! Mit deiner kleinen Zwergengeige, mit deiner silbernen Klarinette und deinem freundlichen Kindergrinsen bist du mir lieb geworden, ich nehme dich in meinem kleinen Bilderbuch mit.

Im Turmzimmer schlief ich ein, vom Fliederduft betäubt, früh von den Pfauen geweckt, lag ein paar Stunden mit Max und den Frauen und Kindern an der Sonne, kostete den Sommerduft und das kühle, strenge Blaugrün der reißenden Aare, sah ein paar schöne Bilder an von Louis Moilliet, den ich über alles liebe, von Paul Barth, von Blanchet und Auberjonois, aß noch schnell einen Bissen zu Mittag und stieg mit Max in den Wagen, denn es war mir eingefallen, daß die ganz schönen Dinge desto schöner sind, je kürzer man sie genießt.

Eilig fuhren wir im Auto durch den hohen Wald, in

einer Viertelstunde ging mein Zug. Da begegnete uns ein leichtes Bauernfuhrwerk, mit einem schönen großen Pferd, dem man von weitem das Reittier ansah. Das Pferd erschrak, so mitten im stillen Walde, heftig über unsere lärmige Maschine, stieg in die Höhe, rutschte aus, überschlug sich und stürzte in den Graben, fiel auf die Deichsel, die in Splitter ging, arbeitete sich wunderbar tapfer sofort wieder in die Höhe und stand nun, heftig zitternd, ein wenig blutend, mit böse flackernden Augen in seinem zerrissenen Geschirr. Es dauerte eine Weile, bis Max, der alles kann, dem bestürzten Mann geholfen hatte, das Pferd zum Stehen zu bringen, das Riemenzeug ein wenig zu flicken und den Wagen wieder halbwegs flottzumachen. Nie vergesse ich den Blick, den das wilde, zitternde Tier auf unsern Wagen herüberwarf, ich bog und schämte mich über diesen bösen, leidenden, angstvollen Blick der armen Kreatur, ich gab ihm recht. Aber Max brachte die Sache klug und schneidig in Ordnung. Es gelang, den Gaul ein Stück weit am Zügel zu führen, es gelang uns sogar, noch in der letzten Minute in Bern den Zug zu erreichen, in den ich atemlos sprang, während Max auf dem Bahnsteig stand und sein Hütchen schwang. Und so blieb mir das Abschiednehmen und Wortemachen erspart, der Zug fuhr davon, und ich rollte wieder durch das grüne Sommerland, diesmal nach Zürich zurück, um den Abend bei Freunden zu verbringen und anderen Tages Mozarts „Entführung" zu hören. Kein schlechter Abschluß für eine solche etwas ratlose Reise. Und morgen, falls nichts dazwischenkommt, fahre ich wieder nach Hause und zur Arbeit.

1927

SOMMERLICHE EISENBAHNFAHRT

Wieder einmal mache ich eine kleine Reise, seit anderthalb Stunden sitze ich in der Eisenbahn, und es kommt mir vor, es sei seit der Abfahrt eine unermeßliche Zeit vergangen, so sehr langweile ich mich, so unbequem und zuwider ist mir das Bahnfahren. Vor einigen Jahren, so hörte ich erzählen, soll ein Amerikaner namens Lindwurm oder so ähnlich den Ozean überflogen haben und mehr als dreißig Stunden im Flugzeug gesessen sein. Diesem Manne muß am Ende seiner Fahrt ähnlich zumute gewesen sein wie mir. Aber nein, sein Flug ging ja durch die Luft und über das Weltmeer, er sah ja lauter schöne, echte, wirkliche, unverlogene Dinge: Wolken, Nebel, Sterne, er sah besonntes und nächtliches Meer, das mochte wohl dreißig Stunden auszuhalten sein. Dies hier aber, was mir die Zeit so lang und jede kleine Reise zur Qual machte, das war nicht Meer und Himmel, das war nicht die Zahl der Stunden oder der Kilometer, sondern es war die Gefangenschaft in einer mir fremden, mir feindlichen und verhaßten Welt, das Eingesperrtsein in einer von Zivilisation und Technik überfüllten Zone. Der Großstädter, ich weiß es, kann das kaum verstehen, er lebt ja Tag und Nacht und auch noch im Traum in dieser Zone. Für mich aber, für den Unzivilisierten, den Wilden und Nomaden, der die Freiheit liebt und auf manches andere pfeift, für mich ist diese Zone der Eisenbahn, der Großstädte, der Hotels, der Büros, der Ämter, der Fabriken tödlich wie der Aufenthalt im luftleeren Raum.

Über meinem Kopf an der lackierten Holzwand stand schwarz auf weißem Email eine Zahl gemalt, die Zahl 46, und sowohl die Vier wie namentlich die Sechs war auf eine Art geschrieben, wie sie sicher niemals ein Mensch mit seiner Hand schreiben würde, sondern wie sie nur auf einem staatlichen Büro von einem Scheinmenschen für Scheinmenschen ersonnen sein kann, so unmenschlich nüchtern, dumm und tot, so armselig abstrakt und steif. Und eine ebensolche Nummer stand über jedem Sitz, die Menschen numerierend und demütigend, und daneben hingen, sorgfältig angeschraubt, ähnliche eherne Tafeln mit Emailüberzug: mit Verboten, mit Gesetzen und Ratschlägen. Das Rauchen war verboten und das Hinausstecken des Kopfes aus dem Fenster, und auch das „mißbräuchliche" Ziehen des Notsignals war verboten.

Das Notsignal! Seit Kinderzeiten war für mich das Notsignal entschieden das Hübscheste und Verlockendste in einer Eisenbahn, und es gehörte zu den Schwächen meines Lebens, daß ich es niemals gewagt hatte, ein Notsignal zu ziehen. Auf hundert großen und kleinen Reisen hatte ich den Wunsch dazu empfunden, am stärksten als Knabe: am Handgriff reißen und den Zug zum Stehen bringen! Damit wäre man eine Minute lang König, wäre Herr über die Lokomotive, über den Maschinisten, den Zugführer, die Mitreisenden, den Fahrplan, über den Staat und seine Verbote, über diese ganze komplizierte Welt der Ordnung und der wohlgeregelten Langeweile! Man riß einfach tüchtig an dem ovalen Griff und brachte den ganzen Zauber zum Stehen, die Reisenden zum Erschrecken, die Beamten zur Aufregung, die Dampfmaschine zum Keuchen, die Wagen zum Schütteln, die Koffer im Gepäcknetz zum Schaukeln. Aber niemals hatte ich mir diesen Wunsch erfüllt, und auch heute, weiß der Teufel, brachte ich es nicht fertig! Daran gedacht hatte ich wohl, ach, wie sehr! und hatte mir alles hübsch ausgemalt, und wie ich dem herbeistürzenden Schaffner auf seine Frage, warum ich die Notleine gezogen, antworten würde, daß es mir zu warm im Wagen sei und daß ich den Anblick dieser schwarzen Nummern auf Email und der Verbottafeln und das Gesicht jenes

Herrn mit der Aktenmappe nicht länger ertragen könne und daher hier aussteigen müsse. Aber gezogen hatte ich die Leine nicht, feig hatte ich mit meinen Wünschen gespielt und zur Tat den Mut nicht aufgebracht. So feige war man.

Und wenn wenigstens bloß Zahlen und Verbottafeln an den Wänden gehangen hätten! Aber da hing auch noch ein Plakat, und es diente demselben Zweck wie alle Plakate der Welt, nämlich daß irgendwelche Leute damit Geld verdienen wollten. Und die Leute hier hatten es diesmal auf eine ganz besondere Weise probiert: Sie hatten auf ihr verfluchtes Plakat den Heiland gemalt, den Heiland mit der Dornenkrone, an dessen Leiden und Tod sie auf irgendwelche Art hofften Geld verdienen zu können. Von allen Wänden blickte der leidende Christuskopf mich an. Vielleicht war es ein Erpressungsversuch, war so gemeint, daß jeder in diesem Zug fahrende Christ sich entsetzen und eine Summe hingeben sollte, damit diese Entheiligung des göttlichen Bildes wieder zurückgenommen würde? Aber nein, ich hatte mehrere Mitreisende darüber befragt, es war nicht so gemeint. Das Bild diente, so sagte man, außer dem Geldverdienen auch noch künstlerischen Zwecken und war die Einladung zu einem Theaterspiel irgendwo in den Bergen. Lange dachte ich über das Tun dieser merkwürdigen Plakatleute nach. Auch Judas Ischariot hatte ja den Herrn verraten, gewiß, schon sehr oft war der Heiland verraten worden, er war vielleicht geradezu daran gewöhnt. Ob wohl die Leute mit ihrem Heilandplakat sehr viel Geld verdienen konnten? Gewiß mehr als Judas, der es um dreißig Silberlinge getan hatte. Aber der hatte sich wenigstens nachher aufgehängt! Ob wohl einer von diesen Plakatmenschen sich nachher, wenn er die Silberlinge bekommen hatte, aufhängen würde? Ich glaube nicht, ich traue ihnen nichts zu. Selten hört man heutzutage so etwas erzählen: Die Sache mit Judas geschah noch in einer anderen Zeit, in einer anderen Welt, in einer Welt, in der auch die Bösen und Schufte noch irgendwie anständig waren und wußten, was sich gehört.

Ich schloß die Augen eine Weile. Ich hatte jetzt beschlossen, an der nächsten Station auszusteigen, und wenn sie die Hölle selber wäre. Eigentlich hatte ich ja bis Freiburg reisen wollen, aber für den Augenblick schien nichts auf der Welt mir notwendiger, als diese blöde Fahrt zu unterbrechen. Ich machte meine Handtasche bereit, klappte sie auf, naschte mit den Augen an den Orangen, die zuoberst lagen, spielte ein wenig mit den paar neuen Büchern, die ich mit hatte. Denn mitten in dieser unbegreiflichen Zeit der Aktenmappengesichter und Heilandplakate drucken ja manche Verleger immer wieder die erfreulichsten und schönsten Sachen. Eins davon hatte ich schon zu Ende gelesen, die „Parallelen der Liebe" von A. Huxley (deutsch beim Insel-Verlag), ein höchst witziges, etwas kaltschnäuziges, aber amüsantes Buch.

Ein andres Buch, das ich mit mir führe, erinnert mich an einen Toten und leider auch an eine gestorbene Epoche, an jene kurze schöne Epoche, wo aus dem kriegsmüden, in Sinnlosigkeit und Hoffnungslosigkeit erstickenden Deutschland von 1918 eine auflodernd neue, humane, fanatisch weltbürgerliche Geistesstimmung aufloderte und zur geistigen Trägerin der Revolution wurde. Der stärkste Kopf dieser winzigen Minorität von wahrhaft geistigen Revolutionären war wohl Eisners Freund, Gustav Landauer – die paar Menschen dieser Art sind ja damals von der Gegenrevolution aufs roheste totgeschlagen worden und zu den Märtyrern der deutschen Revolution (wenn auch keineswegs zu Heiligen der jungen Republik!) geworden. Einer, der diesen Kreisen nahestand, ihnen durch vielfache, persönliche und geistige Befreundung verbunden, war Ludwig Rubiner. Auch er ist längst gestorben. Eine hübsche Neuausgabe seiner Auswahl aus Tolstois Tagebüchern 1895 bis 1898 (im Verlag Rascher in Zürich) erinnert heute wieder an ihn. Die Art der Auswahl, die Rubiner getroffen hat, und sein bedeutendes Vorwort dazu gehören mit zu jener kurzen, rasch wieder verflackerten Blüte jener revolutionären deutschen Geistigkeit um 1918.

Ich rücke die Bücher in der Handtasche zurecht, decke das Nachthemd über sie (weiß Gott, wo ich heute schlafen werde?) und habe noch eine Weile Geduld. Ich blicke dem Herrn mit der Aktenmappe ins Auge; es ist das kalte, siegreiche Auge eines erfolgreichen, weil phantasielosen Menschen. Ich drücke die Augen zu, wenn mein Blick auf die Emailschilder oder auf den Plakatchristus fallen will. Ich denke flüchtig daran, daß es in den vierziger Jahren, etwa zur Zeit, als mein Vater geboren wurde, einige Fürsten und Minister gegeben hat, die sich gegen die Einführung einer so gewaltsamen und geschmacklosen Erfindung wie der Eisenbahn heftig gewehrt haben. Ahnungsvolle Vorfahren, man sah euch damals für Trottel an – aber hättet ihr doch gesiegt! Aber ihr wart Träumer, wart Don Quijotes, niemand nahm euch ernst. Leute von eurer und meiner Art werden nie ernst genommen. Sogar der Heiland wird ja nicht mehr ernst genommen, auch er ist für die Heutigen ein Don Quijote oder, wie sie in ihrer Narrensprache sagen, ein „Romantiker".

Jetzt fahren wir langsamer und werden gleich an einem kleinen Bahnhof halten, den ich nicht kenne und dessen Schild ich nicht lesen kann, der Maschinenrauch verdeckt ihn mir. Einerlei, wie das Dorf heißen mag, ich steige aus, irgendwo in der Nähe werde ich gewiß einen Waldrand finden, wo ich mich hinlegen und die Wolken studieren kann. Irgendwo in der Nähe wird ein Bach zu finden sein, wo ich mir das Gesicht kühlen und den Forellen zusehen kann. Einmal vor Jahren habe ich bei einer solchen Reiseunterbrechung besonderes Glück gehabt, es war vor dem Tor eines kleinen, verschlafenen Städtchens am Oberrhein: Da hatte ich auf einer feuchten Wiese einen Wiedehopf mit seiner Frau den Hochzeitstanz tanzen sehen, wie nur Wiedehopfe ihn können.

Es pressiert. Ich stolpere mit meiner Handtasche aus dem Wagen, laufe über ein paar Geleise, sehe nahe einen kleinen Hügel, hübsch mit hohen Eschen bewachsen, und laufe ihm entgegen. Erst als ich längst an der Station vorüber bin, fällt mir ein, daß ich den Namen des Ortes nicht weiß, an dem ich bin. Nun, schwerlich wird es Damaskus oder Tokio sein. Ich kann das ja dann am Abend in Erfahrung bringen.

1927

WINTERFERIEN

Nie geht es so, wie man es sich gedacht hat. Seit Jahren bemühe ich mich, mein Waldmenschenleben etwas mehr in Einklang mit dem zu bringen, was man in Berlin Kultur nennt, habe nun schon mehrere Winter in Städten gelebt, habe ein Absteigequartier in Zürich, wagte mich gelegentlich bis Stuttgart, bis Frankfurt, bis München vor, und je und je trug ich mich sogar ernstlich mit dem Gedanken, einmal heimlich und inkognito einen kurzen Besuch in Berlin zu machen, nur um zu sehen, ob denn tatsächlich meine Vorstellungen von dieser Metropole so rückständig und albern seien, wie man mir täglich sagt. Und nun sitze ich, statt in Berlin, achtzehnhundert Meter hoch im Graubündner Gebirge, in Arosa, wohin man mich aus freundlicher Rücksicht auf meine Gesundheit geschickt hat. Es sind aber nicht die Lungen, und ich bitte mir weder Adressen von Ärzten noch Muster von Heilkräutertees zu schicken, es ist nicht dies, was mir mangelt.

Als sie mich hier hinauf in den Schnee schickten, haben meine Freunde, sofern sie nicht einfach den Wunsch hatten, mich für eine Weile loszuwerden, sich gedacht, daß es die reine, kalte Höhenluft sein werde, die mir fehle, daß ich vielleicht genesen werde, wenn statt der dicken Atmosphäre der Bahnhöfe, Studierzimmer, Ballsäle mich Sonne, Schnee und Sternenluft der Berge umgäbe. Und nun bin ich hier, in Arosa, seit mehr als zehn Jahren zum erstenmal wieder in den Bergen. Statt der Großstadt Schnee, statt der „Kultur" Tannenwälder und Föhnstürme, statt Berlin Graubünden – so wurde ich, wider meinen Willen, diesmal geführt. Und wie immer erweist sich die Führung als vortrefflich, und außerdem geht es auch diesmal wieder so, daß sich mir im völligen Fehlschlagen eines Planes dennoch ein Teil dieses Planes ungesucht erfüllt. Denn ich habe hier oben, wenn auch nur einen Abend lang, Berlin und Berliner Luft gefunden und mich einige Stunden lang in meinen Vorübungen für das Großstadtleben vervollkommnen können.

Zunächst empfingen mich die Berge, die ich in meiner Jugend so sehr geliebt und so viel umworben und beschlichen, dann aber viele Jahre lang ganz und gar verlassen, vernachlässigt und beinah vergessen hatte, keineswegs sehr freundlich. Es gibt in der Natur keine Sentimentalitäten, und während ich im langsamen Emporsteigen nach Arosa, im Wiedersehen der eingeschneiten Tobel, der finstern Bachschluchten, der strahlenden weißen Gipfel mit Beklemmung und Rührung einen Teil meiner Jugend wieder in mir erwachen fühlte und von hundert wehmütigen Erinnerungen bestürmt war, erwiderten die Berge diese zärtliche Begrüßung mit der stillen, harten und etwas spöttischen Gelassenheit, mit der die Natur uns Menschen, ihre begabtesten und verlaufensten Kinder, stets empfängt. Sonderbare Gefühle machten mir das Atmen schwer, bei jedem Schritt wurde ich daran erinnert, daß ich kein Jüngling mehr sei, sondern ein beschädigter Rekonvaleszent, daß es sich für mich vorerst nicht um ein Wiederholen der Jugendzeiten handle, mit Skitouren über schweigsame Pässe und auf strenge, mühsame Gipfel, sondern daß ich mich zunächst im Allerprimitivsten anzupassen und zu bewähren habe. Zwischen Schwitzen und Frieren, mit lästigen kleinen Fieberschaudern, mit beständig ängstlichem und leicht schmerzendem Herzen, schlaflos in den Nächten, mußte ich die erste Anpassung vollziehen, und Tage vergingen, ehe ich nur daran denken konnte, meine Skier anzuprobieren, geschweige denn auf ihnen zu fahren.

Ein vortreffliches Hotel kam mir zu Hilfe, ich lernte halbe und ganze Tage mit Nichtstun hinzubringen, im Bett, im Salon, im Liegestuhl. Aber so nach und nach

wagte ich mich auch in den Schnee hinaus, wo auf glatt-
gefahrenen kleinen Übungshügeln die Kurgäste zu Hunderten auf Skiern herumturnen und sich von Lehrern
oder von geübteren Kameraden das Skilaufen beibringen
lassen. Ich sah, daß auch auf diesem Gebiet Fortschritte
und Neuerungen in Menge erfunden worden waren.
Man stöpselte nicht mehr, wie einst in meiner Jugend-
und Skiläuferzeit, auf gut Glück den Berg hinan und
hinunter, mit dem einzigen Ziel, baldmöglichst sich von
Dorf und Hotel freizumachen und Gipfel zu erreichen,
sondern man trieb sachlich und geordnet Sport um seiner selbst willen. Ich machte mich mit Zagen daran,
schnallte meine alten Bretter an, ein Paar gute alte Nor-
weger Skier, auf vielen kunstlosen Touren glatt- und
dünngefahren. Die Jugend war nicht mehr da, es fehlte
an Kraft und Atem, an Ehrgeiz und Unternehmungslust.
Aber das, was ich vom Skilauf einst, vor zwölf und fünfzehn Jahren, gelernt hatte, das konnte ich alles sofort
wieder.

Kaum hatte ich mich wieder ein wenig an die Bergluft
gewöhnt und konnte eine Hoteltreppe oder einen
Übungshügel ohne allzuviel Herzklopfen ersteigen, da
wagte ich es auch, den Parkettboden der Kultur hier
oben zu betreten, und hielt eines Abends im Kursaal
eine Vorlesung. Es waren aus Berlin und dem übrigen
Deutschland so viele schöne, vergnügte, hübsch angezo-
gene Frauen und Mädchen da, daß ich gar nicht dazu
kam, gegen besagtes Parkett die gewohnten Hemmungen zu empfinden, ich hatte eine Stunde lang sogar den
Eindruck, mich diesmal mit dieser Welt der vergnügten,
eleganten, sportlichen, großstädtischen Menschen vorzüglich verständigen zu können. Nun, die literarische
Unternehmung nahm ihren Verlauf, und kaum war sie
abgetan, so gingen wir zu weniger ernsten Unterhaltungen über, saßen bei Wein und Imbiß im Kursaal, hörten
die Jazzkapelle spielen, sahen schöne, elegante Paare die
neuen Tänze tanzen, und überall in dem strahlenden
Saal herrschte jene frohe, schneidige Lebensbejahung,

jener gut gefederte Geselligkeitsapparat, jener strahlende und Problemen abgeneigte Optimismus des Nachkriegsmenschen, den ich so sehr anstaune und leider so gar nicht erlernen kann – kurz, ich war einen Abend in Berlin oder Paris, und mit Hilfe des guten Weines gelang es mir, mich beinahe wie ein Angehöriger dieser Welt zu benehmen, wenn auch nicht zu fühlen. Aber nachher sagte mir ein Katzenjammer, daß ich mich doch getäuscht habe und daß das Parkett, der Salon und der Tanzboden für mich weit gefährlicher und unbekömmlicher sei als der Übungshügel. Ich zog mich wieder zurück, um in meinem kleinen saubern Hotelzimmer mich mit Gedichten und kleinen Malereien zu beschäftigen. Draußen schneite es, schneite Tag und Nacht, die Arven bogen sich unterm Schnee, und als der Kulturkater überstanden war, merkte ich eines Morgens, daß die Natur, die mich hier oben so kühl und gelassen empfangen hatte, nur auf ein wenig Werbung und Liebe warte, um mir wieder wie vorzeiten ihre vielen geheimnisvollen Gesichter zu zeigen. Konnte ich auch noch keine richtigen Touren machen, die Sinne waren mir doch erwacht, und so wie ich beim kühl rosigen Abendlicht mit den Augen die Schatten und Mulden der Berghänge ablas, so spürte ich, auf den Skiern, im Abfahren mit allen Gliedern und Muskeln, besonders aber mit den Kniekehlen, tastend die lebendige, wechselvolle Struktur der Hänge nach, wie die Hand eines Liebenden den Arm, die Schulter, den Rücken der Freundin erfühlt, seine Bewegungen erwidert, seinen Schönheiten tastend Antwort gibt.

Erst jetzt bin ich wieder in den Bergen, erst jetzt ist mir Schnee und Himmel, Arvenwald und Felszacke wieder vertraut und lieb. Ich sitze in der Mittagsstunde oben bei einer der Hütten am Tschuggen, packe mit Appetit mein Brot und Obst aus dem Rucksack, esse, strecke die Glieder, lege mich auf eine trockene Holzbank, fühle die heftige Sonne auf meinem schon rotgebrannten Gesicht glühen, höre vom Dach der Hütte das vertrauliche Geräusch des abtropfenden Tauwassers, das mitten in der Schneewüste wie ein schüchternes Lied von Vorfrühling, von kommenden Blumen klingt. Ich steige auf knirschenden Brettern einen der großen Hänge hinauf, wo der Wald zu Ende ist und nur Kuppe an Kuppe weiß und gefroren sich erhebt und mich an verwegene hohe Bergpässe in Tibet erinnert. Ich fahre einen der Hänge hinab, weich in den Knien, fühle die Form der hundert kleinen Terrassen und Wölbungen bis in den Kopf hinauf sich in mich einschreiben, musizieren, mich zu Abenteuern der Liebe und Vereinigung einladen. Ich erschrecke vor einem plötzlichen Absturz, an dessen Ende ein schwarzer offener Bach droht, oder vor einem kahl aus dem Schnee ragenden Steinklotz, suche ihm eilig auszuweichen, verliere die Herrschaft über meine Brettchen, falle heftig und doch weich gegen den Berghang, spüre Schnee am Hals und Nacken kitzeln, spüre Schreck und Erschütterung noch eine Minute nach, während ich mich wieder aufsammle und von neuem losfahre. Ich muß über einen Zaun steigen, ich streife mit den Hölzern über die rostigen Zweige von Alpenrosenstauden, die aus dem Schnee schauen, ich falle wieder, und jeder Anblick, jedes Abenteuer, jeder Fall erinnert mich an hundert vergessene Bilder, an hundert ähnliche kleine Erlebnisse aus früheren Jahren, an das Engadin, an das Prättigau, an den Gotthard und das Berner Oberland. Es sind kleine Anfängerausflüge, die ich da mache, und ich brauche zu einem Gang, den ein richtiger Skiläufer so nebenher in einer freien Stunde macht, einen halben Tag. Aber ich habe wieder gelernt, die Qualität des Schnees zu riechen, mich vom Berg tragen zu lassen, seine Neckereien mit dem Druck meiner Muskeln zu parieren.

Und ich erlebe diese kleinen Dinge anders, als ich sie einst in der Jugend erlebt habe, etwas dünner vielleicht und ohne Zweifel weniger lodernd und heftig, aber dafür tastender, zarter, schonender, erfahrener, so wie ein alternder Liebhaber der Frau statt blinder Jugendglut und Jugendkraft mehr Zartheit, mehr Verständnis, mehr Dankbarkeit entgegenbringt. So werbe ich um die Berge, die einstmals meine Freunde waren und die ich dann beinahe vergessen hatte, und sie gehen auf meine Werbung ein, nicht überschwenglich, nicht pathetisch, aber freundlich. Sie lassen ein wenig mit sich spielen, sie schenken mir manchen holden Blick, sie stellen mir dann wieder plötzlich ein Bein und erschrecken mich einen Augenblick mit einem ihrer dunklen, ihrer feindlichen Gesichter (beschneite Berge in der Abenddämmerung oder vor schwerem Schneefall können so schauerlich drohend, so tief feindlich, so tödlich blicken!).

In zwei Wochen muß ich eigentlich wieder fort, ich muß unten in einer Stadt eine Vorlesung halten und dies und jenes tun. Ich habe die Absicht, diese Pflichten zu erfüllen. Aber wenn ich manchmal so im Schnee taumle und mich von einem Fall aufrichte, wünsche ich mir zuweilen, es möchte mir doch am letzten Tage vor der Abreise ein kleiner Unfall begegnen, nur so ein kleiner Skiunfall, der einen nicht umbringt und der doch genügen würde, um meine Ferien in Arosa um einige Zeit zu verlängern.

1927

EINST IN WÜRZBURG

Es gibt Städte – zum Beispiel Weimar –, wo Dichter gelebt haben und gestorben sind. Man geht hindurch und liest die Gedenktafeln über den Haustüren, begrüßt den Goethe, den Wieland, den Herder, und zwischenein fällt es einem plötzlich auf, daß alle diese Dichter zwar richtig in dieser Stadt gestorben sind, daß aber kein einziger Dichter in ihr geboren worden ist. Wenn man dagegen in Stuttgart ist und auf einem Ausflug zwei, drei Nachbarstädtchen besucht, dann braucht man ganze Seiten im Notizbuch, um die Namen von allen den dort geborenen Dichtern aufzuschreiben.

Wenn ich ein zukünftiger Dichter und gerade mit der Wahl meines Geburtsortes beschäftigt wäre, dann würde ich die Stadt Würzburg am Main sehr mit in Erwägung ziehen. Diese schöne Stadt macht durchaus den Eindruck, als habe sie einem dort geborenen Dichter etwas mitzugeben.

Vom Gasthaus wegschlendernd, gelange ich ungewollt sehr bald vor den größten Bau der Stadt, die Residenz. Ich sehe einen weiten, sehr stillen gepflasterten Platz vor dem Gebäude liegen, sehe weit hinten Portale warten, sehe Gittertore einen Garten versperren. Aber ich mag in einer fremden Stadt nicht gleich mit den Berühmtheiten anfangen, ich mag nicht gerne von ihr gerade das zuerst sehen, was ich aus Büchern und Bildern längst schon kenne. Darum lasse ich die Residenz vorerst liegen und wende mich wieder gegen das Innere der Stadt. Diese Stadt gehört, wie ich bald merke, zu den freundlichen und nahrhaften, es werden hier die materiellen Bedürfnisse des Menschen weder karg und asketisch abgetan noch hochmütig verborgen. Nein, es riecht hier überall froh und ahnungsvoll nach Brot und Käse, nach Wurst und Fischen, und in vielen Läden und Ständen liegen diese guten Dinge reichlich und schön ausgebreitet, sehr viele Brote, Wecken, Brezeln und Kipfel von verschiedenen Formen, sehr viele Würste in allen Größen und Farben, dazwischen strahlen aus Buden und von Markttischen die frohen sanften Stilleben der Gemüse und Früchte, schöne gemütvolle Wirtsschilder lächeln daneben, und aus offenen Ladentüren duftet es zart nach Kaffee und Tabak, aus offenen Kellertüren nach Fässern und Wein, aus offenen Kirchentüren nach Weihrauch – es geht hier nicht nordisch, protestantisch und abstrakt zu, sondern durchaus südlich, katholisch, wohltemperiert. Weder hungrige Askese herrscht hier noch gierige Vergnügungssucht, sondern harmonische Lebensfreude. Hier haben die Leute noch ihre Freude daran, ihr Brot, ihren Fisch, ihr Pfund Kerzen beim Bäcker, beim Fischer, beim Lichtzieher einzukaufen, in vielen kleinen Läden, bei Handwerkern und Verkäufern, die sie persönlich kennen und mit denen sie beim Einkauf eine Weile plaudern, über die Grippe, über die Kinder und Schule, über den letzten Viehmarkt.

Langsam durchwanderte ich die Gassen und Plätze, herrliche Gassen, wunderbare Plätze! Gotische Kirchen langten mit dünnen eleganten Turmspitzen in den lichten Morgenhimmel, reiche schmucke Bürgerhäuser der alten Zeit standen am Weg, machten wohlhabende Gesichter und hielten sehr auf sich, über schattigen Brunnen turnten lebensfrohe, schwungvolle Gruppen von Barockfiguren ins Blaue hinauf. Und in mancher Gasse stand beinah über jeder Haustür, beinah unter jeder Laterne irgendeine Muttergottes. In dieser angenehmen Stadt, das konnte ich wohl sehen, liebte man die Madonna sehr, dies süßeste Seelenbild des Glaubens. Man betete nicht bloß zu ihr, man hatte sie auch bei sich, zu Hause, man stand vertraulich mit ihr, man rechnete sie zu den Seinen und ließ sie wohl auch einen Spaß mitanhören. Es gab da so viele Madonnenfiguren, geschnitzte, gegossene, gemeißelte und gemalte, gotisch-fromme und dralle des Barock, elegische von 1450 und schnippische aus dem achtzehnten Jahrhundert, große und kleine, farbige und vergoldete, bäurische und feine, damenhafte und götzenhafte. In ihrem Schatten und Schutz lebte diese vergnügte Stadt, in ihrem frohen, frommen Schatten lebte und atmete auch ich einen sonnigen Reisetag lang.

Auf einem kühlen, feuchten, nach Stein und Wasser riechenden Plätzchen fand ich in Brunnentrögen und aufgestellten Bütten die Main-Fische zu Markt gebracht, fette Karpfen und hagere Hechte, dunkle geheimnisvolle Aale und träumerische, schlüpfrige Schleie standen glotzend mit den schönen goldenen Augen, Gefangene, im allzu seichten, allzu dicken Wasser. Liebe stumme Brüder, ich grüße euch, ich weiß, wie es ist, gefangen und aus seiner Welt gerissen zu sein, verurteilt zu einer Luft, die man nicht atmen, zu einem Licht, an dem man nur sterben kann.

Von der Hand der feisten Händlerin gepackt, schwebte ein langer, edler Fisch – es konnte eine Barbe sein – einen Augenblick dicht vor meinen Augen am Tageslicht, mit den goldenen wehen Augen, entglitt mit einer verzweifelten Bewegung und sprang glitzernd über das nasse Steinpflaster hin. Ich floh davon. Wenn hier der Fischmarkt ist, dachte ich, dann kann der Main nicht weit weg sein, und überließ mich dem Gefühl von Feuchte und Schwere, den Lockungen des Wassermanns und der Fische, und richtig zog es mich bald durch eine dunkle Toreinfahrt, und jenseits floß der Main. Es war hier aber keineswegs feucht, dunkel, trübe und fischig, sondern blitzend hell. Blau und silbern floß in blanken Strähnen der breite Fluß, über ihm hing eine edle Brücke, deren Heiligenfiguren ihre Schatten hinab ins Wasser fallen ließen, es empfing mich ein erhöhtes, gemauertes Ufer nicht nur mit Sonne und blanken Spiegellichtern, sondern auch mit einem unerwarteten, heftigen Farbengetümmel. Da war nämlich eine Messe aufgebaut, ein Jahrmarkt, und es stand, auf den Abend und die Eröffnung wartend, eine lange Zeile verlockender Buden das Ufer entlang. Ein Karussell mit Schwänen und Pferden, eine Schiffschaukel, Zuckerbuden mit weiß und rot gestreiften Sonnensegeln und Museen und Zauberkabinette mit starken, werbenden Malereien, mit schönen wilden Landschaften, kühn erfundenen Fabeltieren und wilden, flatterhaarigen, romantischen Mädchen- oder Feenfiguren zogen mich in das Reich der Kunst und Kultur zurück. Gern studiere ich diese Art von volkstümlichen Kunstwerken und wende ihnen dieselbe und stilkritische Behandlung zu, wie sie den Kathedralen und Madonnen von den Kunsthistorikern zugewendet wird. Ich entdecke einen prachtvollen fliegenden Löwen, noch unterm Einfluß der Rubens-Schule stehend (oder vielmehr fliegend), anscheinend gute Schülerarbeit aus dem ersten bis zweiten Jahrzehnt der Neuzeit, und finde eine heroische Landschaft mit Hyänen und speiendem Vulkan, Stil Douanier, vom Ende des Mittelalters.

Um diese Notizen bereichert, wandle ich über die Brücke, wo hübsche Wirtsschilder blaue und gebackene Fische versprechen, kaufe in einem Lädchen eine Zigarre und eine Ansichtskarte und bleibe lang im Gespräch mit dem Kaufmann hängen, einem charaktervollen Manne von tüchtiger, etwas stark vereinfachter politischer Gesinnung, und gerate im Schlendern durch ein ausgestorbenes Gäßchen an die Hintertür einer Kirche. Ich trete ein, das Innere ist reich geschmückt, es glänzt viel Gold von Säulen und Altären, und vor einem der Altäre steht ein Glasschrank, und darin schimmern ein paar holde Farben und winkt etwas wie Gebärde und Figur, und da ich in der Dämmerung näher trete, ist hinter dem Glas eine Madonna, eine traurigschöne Madonna mit langen Augenlidern und dünnen, eleganten Prinzessinnenhänden. Traumhaft blickt sie aus ihrem Glasgehäuse hervor, unserer Welt fern, einer anderen Welt und Luft bedürftig, die man ihr ersatzweise durch das dünne Glasgehäuse zu leihen versucht hat, in der Anmut und Vornehmheit ihrer Träume weit über uns heutige Menschen hinaus verfeinert, dennoch irgendwie hinter ihren leise spiegelnden Gläsern mich erinnernd an die Fische, an meine armen Brüder, an ihre bläulichen Silberfarben, an ihre traurigen Goldaugen, an ihr Gefangensein im Bottich, an ihr stummes Leid und Sterbenmüssen zwischen rotbackigen Fischerfrauen und feuchten Pflastersteinen. So sitzt und schweigt die schön bemalte Madonna mit den überzarten Fingern und den leidvoll schönen Augenlidern, führt ein Scheinleben in unserem Jahrhundert und in ihrem Glaskasten und tröstet uns dennoch und stärkt jenen zarten, kränkelnden Sinn in uns, dessen Sinnbild sie ist und der in unsrer heutigen Welt zum Sterben verurteilt scheint. Aber die Seele stirbt nicht. Sie erlischt in edlen, hinwehenden Farbenträumen, sie flüchtet sich hinter Glaskästen zu frommen Gebilden ferner Jahrhunderte, sie spricht zag und schwesterlich mit der leidenden Kreatur und lebt doch weiter und überdauert am Ende den Krieg und den Staat und die Maschinen und die Weltreiche, deren älteste neben ihr nur Kinder neben einer Urmutter sind. Vieles Schöne und vieles Drollige habe ich an diesem Tage noch zu sehen bekommen, bis ich am Nachmittag müde und mit Bildern überfüllt wieder auf dem großen verschlafenen Platz vor der Residenz anlangte. Da innen war ein ungefähr hundert Meter langes Fresko von Tiepolo und sonst noch dies und jenes Bemerkenswerte. Aber es eilte mir nicht damit, es war nicht wichtig. Hinter dem gewaltigen Schlosse wartete auf mich ein großer, fürstlicher Garten, mit jungem Grün an den Zweigen und vielen Singvögeln im Geäst. Dort auszuruhen, dort auf einer Bank zu sitzen, mit geschlossenen Augen, den inneren Bildern hingegeben, in den Ohren das dünne, blitzende Töne-Netz der vielen Singvogelstimmen, auf den Knien und Händen die warme Sonne, auszuruhen und zu vergessen, in welcher Stadt und in welchem Jahrhundert ich hier denn sei – das war nicht das Schlechteste von all dem Guten, das jener Reisetag mir gebracht hat.   1928

LUFTREISE

Wieder einmal hatte ich es mit dem Reisen probiert. Ich war nach Schwaben gefahren und war dort mit allerlei guten Sachen bewirtet worden: mit schwäbischem Wein und Kuchen, mit alten Rathäusern, Kapellen und Brükken, mit Frühlingsmorgenwolken über roter Erde und Abenddämmerungen über verschlafenen Flußtälern. Es ist keine Kunst, sich in Schwaben wohl zu fühlen, selbst wenn man krank ist und Grund zu allerlei Unzufriedenheiten hat – und wenn man gar selber in Schwaben geboren ist und die Sprache dieser Leute, dieser roten Äcker und Weinberge, dieser alten Städtchen von Kind auf versteht, dann ist es ein Glück, solch eine kurze Heimkehr zu feiern und zu sehen, daß alle diese hübschen Dinge noch vorhanden sind. Auch hatten die Schwaben mir Treue gehalten, ich fand die alten Freunde unverändert und fand unverändert auch die alte schwäbische Presse, welche auch heute noch, im Jahre 1928, nicht vergessen und nicht verzeihen kann, daß der Halbschwabe Hesse einst während des Krieges weder für den Kaiser noch für den Krieg geschwärmt hat, und mir bei jeder Rückkehr mit drohendem Finger zu verstehen gibt, daß man andres von mir erwartet hätte. Nun ja, auch dieser Ton gehört zum schwäbischen Konzert und bedeutet für mich ein Stück Heimat und Wohligkeit.

Aber, wie es so gehen kann, dann hatte ich mich, trotz meiner alten Abneigung gegen die Eisenbahn (ich würde, wenn ich ein Potentat wäre, in meinem Lande noch heute die Einführung dieser rohen Maschinen verbieten) – trotz alledem hatte ich mich verleiten lassen, weiterzureisen und auch dem übrigen Deutschland meine Aufmerksamkeit zu schenken. Zu dieser mir im

Grunde gar nicht zu Gesicht stehenden Reiselust lagen verschiedene Gründe vor. Zunächst der Grund, daß zu Hause, in meinem Winterquartier, seit vierzehn Tagen meine Post lag und auf mich wartete, Hunderte und Hunderte von Briefen, viele Dutzende von neuen Büchern und viel andres Papier, Einladungen zum Tee und Einladungen zum Steuerzahlen, und alle diese papierenen Dinge erledigten sich von selbst, wenn man gar nicht da war und sie ruhig zu Hause liegen und warten ließ. Ebenso stand es mit den vielen Besuchen, mit allen den unbeschäftigten Berlinern und Frankfurtern, die während ihrer Osterferien im Süden ihre Regennachmittage dazu benutzten, einen Besuch beim Dichter Hesse zu machen. Mochten sie kommen und an die Tür klopfen, ich war in Sicherheit. Aber noch andre, hübschere Gründe gab es für das Weiterreisen, unter andern den, daß eine schöne kluge Kameradin mich begleitete, welche nicht gesonnen war, mir nach dem Süden zu folgen, während sie dem Norden entgegen zu einigen Konzessionen bereit war. Obwohl ich also im Norden nichts zu suchen hatte, der Enttäuschung im voraus sicher war und auch vorauswußte, welche Nöte mir nachher das Zurückreisen bereiten würde, war ich leichtsinnig und setzte mich immer wieder in irgendeinen Zug, in einen dieser engen, unmenschlichen, überfüllten Eisenbahnwagen, wo die Luft so schlecht ist und aus deren Fenstern man stundenlang und tagelang nur Bahnhöfe und Fabriken zu sehen bekommt. Neben mir saß die Kameradin, und da und dort stiegen wir in hübschen alten Städtchen aus, schauten gotische Portale und Rokokogärten an, probierten Wein und Würstchen in kleinen Kneipen, schauten über Brückengeländer zu den grünen Flüssen und zu den dunkeln stillen Fischen hinunter und kamen so unvermerkt allmählich immer weiter nach Norden, bis in Gegenden, in die ich mich freiwillig und allein nie verirrt hätte, in die ich mich nun aber am Faden reizender Zufälle und angenehmer Vergeßlichkeiten willig ziehen ließ.

Aber alles nimmt einmal ein Ende, und so war eines Tages auch diese etwas unüberlegte Nordlandreise zu Ende. Eines Tages stand ich, erwacht und ernüchtert, in einem norddeutschen Städtchen, ich glaube, es gehörte zu Brandenburg, wenigstens war es von Sand und Kiefernwald umgeben, und es blies ein kalter Wind, und die Mundart der Leute klang mir fremd, und meine Kameradin war weitergefahren und schrieb mir schon Postkarten aus einem andern Land. Es war April, und der kühle Wind wehte Regen und Sonnenstreifen ineinander, und plötzlich wurde mir meine ganze Lage klar: daß ich da allein und verirrt in einem fremden, etwas unwirtlichen Lande stehe, ohne recht zu wissen, wie ich dahin geraten, daß inzwischen in meiner fernen kleinen Scheinheimat sich die Post und die andern Verpflichtungen und Versäumnisse von Tag zu Tag schlimmer häuften und daß die Rückreise dorthin unzählige Stunden Eisenbahnfahrt erfordere – viel mehr Eisenbahnstunden und Eisenbahntage, als ich in meinem mitgenommenen Zustand hätte ertragen können. Wie gut wäre es jetzt, eine Lungenentzündung zu bekommen und rasch erlöst zu werden oder aus Versehen einem jener zahlreichen Fememorde zum Opfer zu fallen oder zaubern zu können oder fliegen zu können! Halt, das war ein Gedanke: Fliegen! Mir fiel ein, daß ich das längst einmal hatte tun wollen, es sogar in frühern Zeiten, lange vor dem Krieg, als die Fliegerei noch in den Anfängen war, einmal probiert hatte. Schleunigst rief ich das nächste Büro der Lufthansa an und bestellte mir einen Platz, und dann erschien ich mit Handtasche, Regenschirm und Mundvorrat rechtzeitig auf dem Flugplatz, stieg nach Erfüllung einiger Zeremonien unter strenger Bewachung und Bevormundung durch zahlreiche Luftbeamte in das vortreffliche Fahrzeug und schnurrte zufrieden in die Luft hinauf.

Der Einfall bewährte sich. Gewiß, auch das Luftreisen hat Nachteile, es ist nicht zu leugnen, aber für Menschen von meiner Art ist es dennoch durchaus das Richtige. Schließlich füllen die Aufenthalte auf den öden, leeren Flugplätzen und in den leeren, allzu neuen, allzu feierlichen, allzu sachlichen Flugbahnhöfen ja nur Viertelstunden aus, und alles andre ist sehr hübsch und bekömmlich. Ich flog also von dem nördlichen Breitengrad, an den ich mich verlaufen hatte, den langen Weg bis zu den mir bekömmlicheren Gegenden in wenigen Stunden ab und machte dabei die angenehmsten Entdeckungen.

Die erste und schönste Entdeckung war diese: Das Deutschland, das man von den Eisenbahnzügen aus sah, dieses düstere, rauchende, aus Zement und Wellblech bestehende Deutschland war eine Fiktion! Deutschland war gar nicht so, wie die Eisenbahnreise es einem vorzutäuschen suchte! Es bestand weder aus Zement noch aus Blech, weder aus Fabriken noch aus Bahnhöfen, sondern aus lauter Wald und Erde, aus Äckern, Hügeln, Flüssen, aus zauberhaft rosig gefärbten Erdflächen, und all die großen und kleinen Städte, all die Fabriken, Bahnhöfe, Wellblecharchitekturen bedeckten in Wirklichkeit nur einen lächerlich kleinen Teil seiner Fläche, waren bloß ein paar winzige Narben auf seinem Leib. Diese Entdeckung tat mir unendlich wohl. Dies Berlin, dies Halle, dies Leipzig, sie waren kleine, unwesentliche Entstellungen, sie waren kleine Sommersprossen auf dem Gesicht Deutschlands, alles andre bestand aus solider Erde, aus herrlichem Grün, schaute mit blauen sanften Seeaugen und still blitzenden, bis in den Himmel verlaufenden Flußbändern zu mir herauf, schön und friedlich. Am Horizont klangen viele zarte kühle Farben ineinander, ein wechselndes Konzert, nicht zu unterscheiden, was Himmel und Wolke, was Gebirge, was Stadt oder Wasser sei. Weithin streckte sich der lichte Sandboden, von Wäldern durchzogen, kümmerte sich nicht um Berlin, nicht um die winzig kleinen Eisenbahnen, die ihn da und dort durchschlichen, nicht um Technik, Geld und Politik. Man brauchte nur ein paar hundert Meter Luft zwischen sich und die Erde, zwischen sich und das zwanzigste Jahrhundert zu bringen, dann wurden sie äußerst freundlich und friedlich, wußten nichts von Not, nichts von Krieg, nichts von Gemeinheit.

Bezahlen mußte man dies Glück einer tröstlichen Erfahrung mit dem irrsinnigen Lärm der Propeller. Dieser Lärm war der Tribut, den unser sonst so entzückendes Flugzeug an den Geist der Technik und der Neuzeit bezahlte, in diesem Lärm klang alles Pressieren, alles Sichwichtigmachen, alle Rücksichtslosigkeit, Roheit und Stumpfheit unsrer Zivilisation wider. Aber das andre überwog, der Lärm ließ sich ertragen, man stopfte sich die Ohren zu, und während das Ohr mißhandelt wurde, schwelgte das Auge. Es schwelgte auch das Körpergefühl, der Tastsinn, der Gleichgewichtssinn – im Schweben durch die Luft, deren Körperlichkeit man deutlich empfand, gab es eine Menge von feinen sinnlichen Sensationen.

Schon war die Erde nicht mehr so licht, schon hatte der Sand aufgehört, und brauner Acker begann, und es stiegen Hügel und Berge auf, die wir überflogen, und langsam, gegen Süden zu, wurde das kahle Frühlingsland grüner und grüner. Und einmal, nach Stunden, sah ich von Ost nach West einen langen Flußlauf aufleuchten – konnte das schon der Neckar sein? Nein, es war der Main, und als ich mich vorbeugte, sah ich senkrecht unter mir klein und sauber den Main und die Stadt Würzburg liegen, dieselbe Stadt Würzburg, die ich vor kurzem mit meiner Kameradin so genau besichtigt hatte. Ich sah die Brücken, über die wir gegangen, sah die Kirchen, vor denen wir gestanden, sah die Wallfahrtskapelle, die Residenz und ihren großen Garten, wo wir den Vögeln zugehört hatten, sah die Straßenecke, wo man zum Bürgerspital abbiegt, um den guten Frankenwein zu trinken, schaute und schaute und war nach einer Minute schon nicht mehr dort, schwebte schon über neuen Bildern. Es kam Schwaben, es kam Alb und Schwarzwald, und ein Gewitter kam uns schwarz entgegen, wir entwichen nach oben und nach Osten, das Land meiner Jugend lag unter mir wunderlich entfaltet, sehr weit, sehr farbig, es schimmerte blaß der Bodensee, und der Hohentwiel steckte wie ein vom Riesen geworfener Kiesel in der Erde. Und schon war ich der sogenannten Heimat nahe, wo alle die Pflichten und Briefe warteten, und wäre lieber weitergeflogen. Aber die Technik, so hübsch sie ist, hat ihre Grenzen, es gab keinen Pardon, kein Weiterfliegen, an der Endstation mußte ich unweigerlich aussteigen. Sobald es Flugzeuge mit langen Dauerflügen geben wird, auf denen man wie auf einem Segelschiff Wochen und Monate lang leben kann, werde ich mich bei der Lufthansa nach den Bedingungen erkundigen.

1928

BILDERBESCHAUEN IN MÜNCHEN

Eigentlich bin ich, trotz meiner tausend Beziehungen zur Kunst, nicht so sehr auf sie angewiesen, wie es der Großstädter ist. Ihm muß die Kunst zugleich auch noch etwas andres ersetzen, was mehr ist als alle Kunst: die Natur. Der Großstädter hat nur wenig Gelegenheit, die Natur kennenzulernen, und mancher lernt leichter und sicherer alle Marken von Automobilen unterscheiden als etwa die Arten der Bäume, der Blumen oder der Vögel; aber auch wenn der Städter wirklich Natur um sich sieht, wenn er ans Meer, ins Gebirge, in den Süden kommt, hat er wenig Verhältnis dazu. Er atmet die gute Luft, ruht die Augen ein wenig auf dem Wiesengrün oder auf dem Meerblau aus, verläßt aber niemals ganz die Sphäre der Naturlosigkeit, in der zu leben er gewohnt ist: immer stellt er zwischen sich und die Natur eine Schutzwand von Zivilisation: das Hotel, den Salon, den Strandkorb, das Grammophon, das Auto (nirgends sieht man so wenig wie auf den üblichen Autoreisen). Und so kommt es, daß die Sensiblen und Schönheitsbegierigen unter den Städtern die erste und wahrhaft mütterliche Quelle aller Schönheit, die Natur, nur wenig kennen, dafür aber oft bis zu erstaunlichem Raffinement gelangen im Kennen und Genießen jener zweiten Quelle, der Kunst. Zu dieser Art gehören zum Beispiel alle jene, welche beim Anblick einer Abenddämmerung oder eines Seestrandes entzückt ausrufen können: „Beinahe wie ein Claude Lorraine!" oder: „Ganz wie bei Renoir!" Alle sehr guten Bilderkenner gehören diesem Typus an, seien sie nun Kunstschriftsteller oder Sammler oder was immer. Die echten Künstler aber gehören niemals zu dieser Menschenart, obwohl auch sie ja schließlich sehr gute Kunstkenner sein können. Starke Künstler haben, als erstes und wichtigstes Kennzeichen, stets jene unbedingte Liebe zur Natur, jenes unbewußte und hartnäckige Wissen darum, daß die Natur zwar keineswegs ein Kunstersatz, wohl aber die Quelle und Mutter aller Kunst ist.

Ich kann lange Zeiten ohne Kunst leben, und man kann mir noch soviel von einem neuen Pariser Maler erzählen, ich werde ohne Ungeduld warten, bis der Zufall mich mit Werken dieses Malers bekannt macht, und werde es nie bedauern, diese oder jene berühmten Kunstwerke nicht gesehen zu haben. Einiger Skulpturen oder Bilder wegen nach London oder Berlin zu reisen würde mir nie einfallen. Um mich herum ist immer eine Welt, deren Anschauung unerschöpflich ist, jedes junge Blatt am Kastanienbaum und jede Wolke in den Lüften über mir ist mir in meinen wachen Stunden ebenso lieb, ebenso wichtig, ebenso bezaubernd und lehrreich wie alle Galerien der Welt.

Dennoch kann ich mich in Kunstwerke, namentlich in Bilder, sehr verlieben, und wenn ich Gelegenheit habe, schöne Dinge dieser Art zu sehen, so bin ich dafür dankbar. Besonders aber liebe ich das Wiedersehen von Bildern, die ich gern habe. Nach Jahren oder Jahrzehnten einmal wieder einen gewissen Tizian in Venedig, einen gewissen geliebten Paris Bordone in Mailand, einen bestimmten Renoir bei Reinhart in Winterthur wiederzusehen kann mir ein hohes Glück sein.

Als mich kürzlich eine Reise nach München führte, wußte ich, daß mir nun einige Freuden dieser Art bevorstünden. Ich war manche Jahre nicht mehr in München gewesen, und man hatte mir viel vom Niedergang Münchens als Kunststadt erzählt sowie von der unglaublichen politischen Gesinnung, welche dort herrsche. Aber für diese Dinge fühlte ich mich nicht verantwortlich: die paar Freunde würden vermutlich noch leben, die ich in

München besaß, und im Nymphenburger Park würden wieder die Schwäne schwimmen, und in einer gewissen Weinstube würde man mir wieder einen vortrefflichen Mosel anbieten, und ebenso wie alle diese guten Dinge würden auch einige seit langem von mir geliebte Bilder noch da sein, darauf konnte ich mich verlassen. Und so war es denn auch, und sowohl die Bilder wie die schöne malerische Münchner Luft waren unverändert, und was den Niedergang der Kunststadt betraf, so begriff ich nicht recht, wie in dieser Luft und in der Nähe jener herrlichen alten Bilder nicht ein heutiger Maler ebenso gut sollte malen können wie vor fünfzig Jahren.

Das erste schöne Bild übrigens, das ich zu sehen bekam, war gar kein altes, sondern noch ganz neu, es war eine Zeichnung von Olaf Gulbransson, meinem einstigen Freunde und Zechgenossen, ein mit spitzem Bleistift gezeichnetes Kinderporträt, schlagend ähnlich und dabei so übernatürlich ornamenthaft, wie die besten Blätter dieses lieben Mannes eben sind. Es fiel mir schwer aufs Herz, daß ich einige Tage in München sei, in derselben Stadt mit Olaf, und ihn doch nicht sehen sollte. Alter Olaf, nimm es mir nicht übel, aber ich habe mich diesmal gedrückt, ich hatte etwas Angst vor dir. Schau, du bist ein Athlet, ich aber bin ein zarter und kränklicher Mensch, und wenn ich dich angerufen und dich in ein Weinlokal gebeten hätte und dann gegen elf Uhr nach einem halben Liter wieder gegangen wäre, dann wärest du zornig geworden und hättest mich auf deinen starken Armen in ein Auto getragen und zu dir nach Hause geführt und mir dort Whisky und dergleichen starke Dinge vorgesetzt, und andern Tages hättest du vielleicht wieder eine deiner schönen Zeichnungen gemacht, ich aber wäre im Sterben gelegen. Das wollte ich aber nicht, sondern ich wollte München wiedersehen, und dazu gehörten einige Malereien, und ich habe also das Wiedersehen mit dir nicht einer Laune geopfert, sondern dem Altdorfer, dem Dürer, dem Rembrandt, dem Cézanne und dem Marées.

Zweimal war ich einen Vormittag in der alten Pinakothek, und ich habe nicht bloß meine alten Lieblinge wiedergefunden, ich habe sogar eine neue Erwerbung gemacht. Ich blieb eine gute Weile in den ersten Sälen bei den alten Deutschen und Niederländern, entzückt von Dirk Bouts, entzückt vom Meister des Bartholomäusaltars, dann ging ich etwas bedrückten Herzens ins Dürerkabinett, denn der Maler Dürer war mir nie so recht lieb gewesen, und sein Selbstbildnis mit den langen blöden Locken war mir stets geradezu widerwärtig. Aber da ich von einer andern Seite her, von den Zeichnungen und einigen der Kupferstiche, diesen selben Dürer eben doch sehr verehrte, fühlte ich mich verpflichtet, ihn aufzusuchen. Und hier fand denn die Überraschung statt: während das Selbstbildnis mich genau in der alten Weise anschaute und mir um nichts sympathischer wurde, nahmen die „Vier Apostel" plötzlich meine Augen und mein Herz gefangen, denn das war *gemalt*, wunderbar malerisch gemalt, das blühte in den Gesichtern, Händen und Apostelgewändern wie Blumen und sang wie Musik. Gut, daß ich mich nicht um den Dürer gedrückt hatte! Um etwas Schönes reicher, um eine Liebe reicher, ging ich weiter. Jetzt aber zauderte ich nicht länger und besann mich auf Pflichten, sondern lief blind an den schönsten Bildersälen vorbei, meinem Herzen nach, in das Seitenstübchen, wo die Altdorfer hängen. Da ist ein Bild, die „Alexanderschlacht", das ist für mich das merkwürdigste und geheimnisvollste Stück der deutschen Malerei. Dieses Schlachtbild mit einigen zehntausend Figürchen drauf enthält alle deutsche Gründlichkeit, Verbissenheit und Pedanterie, und zugleich ist in diesem Bild alles das unsäglich überwunden und überstrahlt von einer Grazie und einem stillen Farbenzauber, wie kein Franzose oder Chinese ihn übertreffen kann. Je nachdem man das Bild anschaut, kann man denken: Herrgott, der gute Altdorfer muß ja ungezählte Jahre an dieser übergroßen Fleißarbeit gesessen sein! oder im nächsten Augenblick empfinden: Lieber Gott, dies ganze große Bild muß ja an einem einzigen göttlichen Vormittag gemalt sein, so absolut eins ist es, so momentan und einmalig spielt der Lichtzauber über diese Figurenmassen! Da stand ich lange und ließ es meinen Augen gut gehen. Und gleich daneben hing mein andrer Liebling, die kleine grüne Waldlandschaft von Altdorfer, dieses winzige Bildchen, in dem ich alle Urwälder und grünen Zufluchten der ganzen Welt empfinde, mit den harmonisch bewegten Wipfeln und mit dem süßen, sanften Ton von Gold über all dem Grün.

Ich fände kein Ende, wenn ich mich weiter auf Einzelheiten einließe, das Thema ist unausschöpfbar. Aber ich war auch in der neuen Staatsgalerie. Sie ist aus einem Gedanken heraus entstanden, der in der Geschichte der Galerien einzig dasteht. Immer sind ja Galerien irgendwie nationalistisch, immer wollen sie ein wenig zeigen, daß eben doch kein andres Volk der Erde solche Bilder male oder solche Bilder zu kaufen vermöge wie eben dieses hier. In dieser Münchner Galerie aber herrscht das umgekehrte Prinzip, das einer erstaunlichen Demut und Aufrichtigkeit. Es war dem Galerieschöpfer die Aufgabe gestellt, er möge deutlich zeigen, wie unerträglich öde und schlecht die deutsche, speziell die Münchner Malerei gewisser Jahrzehnte sei, verglichen mit der deutschen Malerei der beiden voraufgehenden Jahrzehnte oder gar verglichen mit den gleichzeitigen Franzosen. Die Aufgabe ist genial gelöst. Die Ausstellung ist so angelegt, daß man nicht beliebig mit diesem oder jenem Saal beginnen kann, sondern man muß zwangsläufig der Darlegung folgen, wie man einer gut geführten Argumentierung folgt. Man tritt ein und befindet sich inmitten der besten deutschen Malerei, bei Marées, bei Schuch und Leibl, bei dem jüngeren Hans Thoma und dem jungen Trübner. Beinah jedes Bild ist ein Kleinod. Dann aber folgt Saal auf Saal, ein entsetzlicher Querschnitt durch den Niedergang der deutschen, speziell der Münchner Kunst, vom Ende der achtziger Jahre an.

In gewaltigen Räumen hängen hier Schinken an Schinken (einiges sehr Anständige ist auch dabei, aber nichts von sehr hohem Rang), die leeren großen Bilder der Wilhelminischen Epoche und Mentalität, dekorative Stücke von anspruchsvollem Format und bescheidenster Qualität. – Und siehe, dann ist die Qual vorüber, man kommt atemlos ans Ende dieser Räume, und nun wird man nicht etwa bös und enttäuscht ins Freie entlassen, sondern es öffnet sich ein Sälchen, in welchem gezeigt wird, was wirkliche Malerei sein kann. Es ist der Franzosensaal; zwei Lieblinge von mir hängen da: der „Bahndurchstich" von Cézanne und die „Barke" von Manet. Und nun wieder eine Überraschung: auch aus diesem Franzosenkabinett der ausgesuchten Kleinode wird man nicht ohne einen tröstlichen Ausblick heimgeschickt, es folgt noch eine kleine, nicht ganz erstklassige, aber doch schöne Auswahl moderner Malerei, in welcher gezeigt wird, wie gründlich jener Jugendstil und Dekorationsschwindel der großen Säle abgewirtschaftet hat, wie andre Wege die heutige Malerei, auch in Deutschland, geht. Unter den Bildern dieses Trostkabinetts habe ich wieder einen Liebling, das „Venedig" von Kokoschka mit seiner frischen, böigen Laune. Versöhnt verläßt man die Veranstaltung, sie ist witzig, ohne bösartig zu sein, man wird gebeugt, aber auch wieder erhoben. Eine gute, eine sehr gute Sache, diese Staatsgalerie.

Nun ich diese Sachen wiedergesehen hatte, war ich gesättigt, und da Karl Valentin zur Zeit nicht spielte, konnte ich München wieder verlassen, ohne das Gefühl, etwas Wesentliches versäumt zu haben.

1929

LEKTÜRE IM BETT

Wenn man in einem Hotel länger als drei bis vier Wochen wohnt, muß man immer einmal mit irgendeiner Störung rechnen. Entweder findet eine Hochzeit im Hause statt, welche mit Musik und Gesang den ganzen Tag und die ganze Nacht andauert und am Morgen mit gerührten Gruppen Betrunkener in den Korridoren endet. Oder dein Zimmernachbar links macht einen Selbstmordversuch mit Gas, und die Dämpfe dringen zu dir herüber. Oder er erschießt sich, was an sich ja anständiger ist, aber er tut es zu einer Tageszeit, wo Hotelgäste von ihren Nachbarn stilles Betragen erwarten dürften. Manchmal platzt auch eine Wasserröhre, und du mußt dich durch Schwimmen retten, oder eines Morgens um sechs Uhr werden die Leitern vor deinen Fenstern angelegt, und es steigt eine Schar von Männern herauf, welche Auftrag haben, das Dach umzudecken.

Da ich nun schon drei Wochen unbehelligt in meinem alten Heiligenhof in Baden wohnte, konnte ich damit rechnen, daß bald eine Störung fällig sein werde. Es war diesmal eine der harmlosesten: Etwas an der Heizung ging kaputt, und wir mußten einen Tag lang frieren. Den Vormittag hielt ich heldenhaft aus, erst ging ich ein wenig spazieren, dann begann ich zu arbeiten, im warmen Schlafrock, und freute mich jedesmal, wenn in den kalten Eisenschlangen der Dampfheizung ein Gurgeln oder Pfeifen auf wiedererwachendes Leben zu deuten schien. Aber so rasch ging die Sache doch nicht, und im Lauf des Nachmittags, als mir Hände und Füße kalt geworden waren, gab ich nach und streckte die Waffen. Ich zog mich aus und legte mich ins Bett. Und da nun schon einmal die Ordnung der Dinge durchbrochen und eine Art von Exzeß begangen war, indem ich mich mitten am Tage in die Kissen legte, tat ich auch noch etwas anderes, was ich sonst nicht zu tun pflege. Meine Bekannten und die Beurteiler meiner Schriften sind beinahe alle der Meinung, ich sei ein Mann ohne Grundsätze. Aus irgendwelchen Beobachtungen und aus irgendwelchen Stellen meiner Bücher schließen diese wenig scharfsinnigen Leute, ich führe ein unerlaubt freies, bequemes Leben ins Blaue hinein. Weil ich morgens gern lang liegenbleibe, weil ich mir in der Not des Lebens hie und da eine Flasche Wein erlaube, weil ich keine Besuche empfange und mache, und aus ähnlichen Kleinigkeiten schließen diese schlechten Beobachter, ich sei ein weichlicher, bequemer, verlotterter Mensch, der sich überall nachgibt, sich zu nichts aufrafft und ein unmoralisches, haltloses Leben führt. Sie sagen dies aber nur, weil es sie ärgert und ihnen anmaßend scheint, daß ich mich zu meinen Gewohnheiten und Lastern bekenne, daß ich sie nicht verheimliche. Wollte ich (was ja leicht wäre) der Welt einen ordentlichen, bürgerlichen Lebenswandel vortäuschen, wollte ich auf die Weinflasche eine Kölnischwasser-Etikette kleben, wollte ich meinen Besuchen, statt ihnen zu sagen, sie seien mir lästig, vorlügen, ich sei nicht zu Haus, kurz, wollte ich schwindeln und lügen, so wäre mein Ruf der beste und der Ehrendoktor würde mir schon bald verliehen werden.

In Wirklichkeit nun ist es so, daß ich, je weniger ich mir die bürgerlichen Normen gefallen lasse, desto strenger meine eigenen Grundsätze halte. Es sind Grundsätze, die ich für vortrefflich halte und deren Befolgung keinem meiner Kritiker auch nur einen Monat lang möglich wäre. Einer von ihnen ist der Grundsatz, keine Zeitungen zu lesen – nicht etwa aus Literatenhochmut oder aus dem irrtümlichen Glauben, die Tagesblätter seien schlechtere Literatur als das, was der heutige Deutsche „Dichtung" nennt, sondern einfach weil weder Politik noch Sport, noch Finanzwesen mich interessieren und weil es mir seit Jahren unerträglich wurde, Tag für Tag machtlos zuzusehen, wie die Welt neuen Kriegen entgegenläuft.

Wenn ich nun meine Gewohnheit, keine Zeitungen anzusehen, wenige Male im Jahr für eine halbe Stunde unterbreche, habe ich außerdem den Genuß einer Sensation, ebenso wie beim Kino, das ich auch nur, mit heimlichen Schaudern, etwa einmal im Jahr betrete. An diesem etwas trostlosen Tage nun, ins Bett geflüchtet und leider nicht mit anderer Lektüre versehen, las ich zwei Zeitungen. Die eine, eine Zürcher Zeitung, war noch ziemlich neu, erst vier oder fünf Tage alt, und ich besaß sie, weil ein Gedicht von mir in dieser Nummer abgedruckt stand. Die andere Zeitung war etwa eine Woche älter und hatte mich ebenfalls nichts gekostet, sie war in der Form von Einwickelpapier in meine Hände gelangt. In diesen beiden Zeitungen las ich nun mit Neugierde und Spannung, das heißt, ich las natürlich nur jene Teile, deren Sprache mir verständlich ist. Jene Gebiete, zu deren Darstellung eine besondere Geheimsprache erforderlich ist, mußte ich mir entgehen lassen, also Sport, Politik und Börse. Es blieben also die kleinen Nachrichten und das Feuilleton übrig. Und wieder begriff ich mit allen Sinnen, warum die Menschen Zeitungen lesen. Ich begriff, bezaubert vom vielmaschigen Netz der Mitteilungen, den Zauber des verantwortungslosen Zuschauens und fühlte mich eine Stunde lang in der Seele eins mit jenen vielen alten Leuten, die jahrelang herumsitzen und nur deshalb nicht sterben können, weil sie Radio-Abonnenten sind und von Stunde zu Stunde Neues erwarten.

Dichter sind meistens ziemlich phantasiearme Menschen, und so war ich denn wieder berauscht und überrascht von allen diesen Nachrichten, von denen ich kaum eine selbst zu erfinden imstande gewesen wäre. Ich las höchst merkwürdige Dinge, über die ich Tage und Nächte lang werde nachzudenken haben. Nur wenige der hier mitgeteilten Nachrichten ließen mich kalt: daß man noch immer heftig und erfolglos gegen die Krebskrankheit kämpfe, setzte mich ebensowenig in Erstaunen wie die Meldung von einer neuen amerikanischen Stiftung zugunsten der Ausrottung des Darwinismus. Aber drei- oder viermal las ich aufmerksam eine Notiz aus einer Schweizer Stadt, wo ein junger Mensch wegen fahrlässiger Tötung seiner eigenen Mutter verurteilt wurde, und zwar zu einer Geldstrafe von hundert Franken. Diesem armen Menschen war das Unglück passiert, daß er, vor den Augen seiner Mutter, sich mit einer Schießwaffe beschäftigte, daß die Waffe losging und die Mutter tötete. Der Fall ist traurig, aber nicht unausdenklich, es stehen schlimmere und unheimlichere Nachrichten in jeder Zeitung. Aber wie viele Viertelstunden ich mit Nachberechnungen dieser Geldstrafe verschwendet habe, schäme ich mich einzugestehen. Ein Mensch erschießt seine Mutter. Tut er es absichtlich, so ist er ein Mörder, und wie die Welt nun einmal ist, wird er nicht einem weisen Sarastro übergeben, der ihn über die Dummheit seines Mordes aufklärt und ihn zum Menschen zu machen versucht, sondern man wird ihn für eine gute Weile einsperren, oder in Ländern, wo noch die guten alten Barbarenfürsten Geltung haben, wird man ihm, um Ordnung zu schaffen, seinen törichten Kopf abhacken. Nun ist ja dieser Mörder aber gar kein Mörder, er ist ein Pechvogel, dem etwas ungewöhnlich Trauriges passiert ist. Auf Grund welcher Tabellen nun, auf Grund welcher Taxierungen vom Wert eines Menschenlebens oder von der erzieherischen Kraft der Geldstrafe ist das Gericht dazu gekommen, dieses fahrlässig zerstörte Leben gerade mit dem Geldbetrag von hundert Franken einzuschätzen? Ich habe mir keinen Augenblick erlaubt, an der Redlichkeit und dem guten Willen des Richters zu zweifeln, ich bin überzeugt, daß er sich große Mühe gab, ein gerechtes Urteil zu finden, und daß er zwischen seinen vernünftigen Erwägungen und dem Wortlaut der Gesetze in schwere Konflikte kam. Aber wo in der Welt ist ein Mensch, der die Nachricht von diesem Urteil mit Verständnis oder gar mit Befriedigung lesen könnte?

Im Feuilleton fand ich eine andere Nachricht, sie bezog sich auf einen meiner berühmten Kollegen. Von „unterrichteter Seite" wurde uns da mitgeteilt, daß der große Unterhaltungsschriftsteller M. zur Zeit in S. weile, um Verträge über die Verfilmung seines letzten Romans abzuschließen, und daß ferner Herr M. geäußert habe, sein nächstes Werk werde ein nicht minder wichtiges und spannendes Problem behandeln, aber er werde kaum vor Ablauf von zwei Jahren imstande sein, diese große Arbeit fertigzustellen. Auch diese Nachricht beschäftigte mich lang. Wie treu, wie gut und sorgsam muß dieser Kollege täglich seine Arbeit leisten, damit er solche Voraussagungen machen kann! Aber warum macht er sie? Könnte nicht vielleicht während der Arbeit doch ein anderes, heftiger brennendes Problem ihn erfassen und zu anderer Arbeit zwingen? Könnte nicht seine Schreibmaschine eine Panne erleiden oder seine Sekretärin erkranken? Und wozu war dann die Vorausankündigung gut? Wie steht er dann da, wenn er nach zwei Jahren bekennen muß, daß er nicht fertig geworden sei? Oder wie, wenn die Verfilmung seines Romans ihm soviel Geld einbringt, daß er das Leben eines reichen Mannes zu führen beginnt? Dann wird weder sein nächster Roman noch sonst jemals wieder ein Werk von ihm fertig werden, es sei denn, daß die Sekretärin die Firma weiterführe.

Aus einer andern Zeitungsnotiz erfahre ich, daß ein Zeppelinluftschiff unter der Führung von Dr. Eckener im Begriff sei, von Amerika zurückzufliegen. Also muß es vorher auch hinübergeflogen sein. Eine schöne Leistung! Diese Nachricht erfreut mich. Und wie viele Jahre habe ich nicht mehr an den Dr. Eckener gedacht, unter dessen Führung ich einst vor achtzehn Jahren meinen ersten Zeppelinflug über dem Bodensee und dem Arlberg machte. Ich erinnere mich eines kräftigen, eher wortkargen Mannes mit einem festen, zuverlässigen Kapitänsgesicht, dessen Gesicht und Namen ich mir damals gemerkt habe, obwohl ich nur wenige Worte mit ihm wechselte. Und nun ist also, nach all diesen vielen Jahren und Schicksalen, dieser Mann noch immer an der Arbeit, er hat weitergemacht und ist schließlich bis Amerika geflogen, und weder Krieg noch Inflation, noch persönliche Schicksale haben ihn abhalten können, seinen Dienst zu tun und seinen festen Kopf durchzusetzen. Ich sehe ihn noch deutlich vor mir, wie er damals, im Jahr 1910, mir einige freundliche Worte sagte (er hielt mich vermutlich für einen Berichterstatter) und dann in seine Führergondel kletterte. Er ist im Krieg nicht General, er ist in der Inflation nicht Bankier geworden, er ist immer noch Schiffbauer und Kapitän, er ist seiner Sache treu geblieben. Inmitten so vieler verwirrender Neuigkeiten, die aus den beiden Zeitungen in mich eingeströmt sind, ist diese Nachricht beruhigend.

Aber nun ist es genug. Einen ganzen Nachmittag habe ich mit den zwei Zeitungsblättern verbracht. Die Heizung ist noch immer kalt, ich will also ein wenig zu schlafen versuchen.

1929

[AROSA ALS ERLEBNIS]

Ich kenne Arosa nur im Winter und nur als Skiläufer, ich habe seine Matten niemals grün und seine Alpenrosenhänge niemals rot gesehen. Aber ich habe die Übungshänge von Inner-Arosa und am Tschuggen genauestens kennengelernt und bin viele Male die Hänge hinangestiegen, über die man die kleinen, die Alteherren-Skitouren zum Breithorn, zum Hörnli zu machen pflegt und so weiter. Als ich sehr müde und erholungsbedürftig das erstemal nach Arosa kam, war ich viele Jahre nicht mehr in den Bergen gewesen und hatte zwar die Skier mitgenommen, die seit einem Dutzend Jahren auf dem Estrich gelegen hatten, wußte aber nicht, ob ich mit den Bergen und mit den Skiern noch etwas werde anfangen können. Und es begann damals auch mit einer Niederlage, ich vertrug die Höhe anscheinend nicht mehr, ich spürte schon gleich nach der Ankunft Herzbeschwerden, Unruhe und leichtes Fieber. Die Berge, die ich in meiner Jugendzeit so sehr geliebt und so viel umworben und umschlichen hatte und denen ich dann ein halbes Leben lang untreu geworden war, empfingen mich gar nicht freundlich. Während ich mit tausend plötzlich wieder erwachenden Erinnerungen an die Jugend, an die sorglosen Zeiten, an die Zeit vor dem Kriege mein Wiedersehen mit den Bergen feierte, mich und das Heute wehmütig mit der Jugend und dem Damals verglich, erwiderten die Berge diese zärtliche Begrüßung mit der stillen, harten, etwas spöttischen Gelassenheit, mit der die Natur uns Menschen – ihre begabtesten und verlaufensten Kinder – stets empfängt. Sonderbare Gefühle machten mir das Atmen schwer, bei jedem Schritt wurde ich daran erinnert, daß ich kein

Jüngling mehr sei, sondern ein alternder und schon recht verbrauchter Mann. Zwischen Schwitzen und Frieren, mit lästigen kleinen Fieberschauern, mit ängstlichem und flatterndem Herzschlag, schlaflos in den Nächten, mußte ich die erste Anpassung vollziehen, und es vergingen Tage, ehe ich nur daran denken konnte, meine Skier auszuprobieren, geschweige denn auf ihnen zu fahren.

Als dies überstanden war und ich die ersten Male vorsichtig auf meinen Skiern auszog, mußte ich eine andere Erfahrung machen: das Skilaufen hatte sich in den vielen Jahren, seit ich es als junger Autodidakt betrieben hatte, ganz und gar verändert, es wurde alles viel sachlicher, viel schneidiger betrieben, und auf dem überall plattgebügelten, bretterharten Schnee der Skihänge mußte man erst einmal seines Christiania und seines Stemmbogens durchaus sicher sein, ehe man an Ausflüge denken durfte. Auch dazu brauchte ich Tage. Aber inzwischen waren Schlaf und Appetit gekommen, die Haut begann sich an die Strahlung zu gewöhnen, das Atmen ging wieder leicht, das Herz war beruhigt, und bald war auch die Sorge um den Christiania überwunden, ich konnte mich jetzt von den Übungshängen und dem Tschuggen entfernen und kleine Touren machen. Nun waren die Berge nicht mehr feindlich und fremd, der Schnee und die Sonne nicht mehr ermüdend, ich blieb wochenlang dort oben und erreichte einen Grad von Kräftigung und Verjüngung, den ich nicht mehr für möglich gehalten hatte. Dafür bin ich Arosa dankbar geblieben, ich nahm die Jugendgewohnheit wieder auf, jeden Winter eine Weile in die Berge zu gehen, und wäre dieser Gewohnheit bis heute treu geblieben, wenn nicht nach einigen Jahren die „Krise" mir das wieder verboten hätte.

Die paar Skiwinter aber haben auf lange hinaus mir wohlgetan und nachgewirkt, und es kommt noch manchmal vor, daß ich im Traum vor der Hörnlihütte stehe, den Toscanello wegwerfe und abfahre, daß ich vor einem plötzlichen Absturz erschrecke, an dessen Ende ein schwarzer offener Bach droht, daß ich nach einem Sturz mir den Schnee hinter der Brille herauswische oder einem Hindernis mit raschem Schwung ausweiche und im Weiterfahren die liebe kleine Kirche von Inner-Arosa winzig in der Tiefe liegen sehe.

1934

DER GESTOHLENE KOFFER

Wieder einmal hatte ich spät im Herbst die heilsamen Quellen von Baden aufgesucht und mit Sorgfalt eine Kur absolviert. Ich hatte des Morgens mein Bad genommen, nicht mehr so heiß und nicht mehr so lang wie einst, sondern hübsch temperiert und dosiert, wie es sich für alte Leute ziemt, hatte mein Glas Wasser getrunken und außer den Nächten auch sehr viele Stunden des Tages im Bett verbracht. Ich hatte auf meiner alten, schon sehr abgenützten Leinenmappe im Liegen manchen Brief geschrieben und je und je auch, meist tief in der Nacht, ein paar Verse, und einmal, als ich von meinem Blatt mit Versen aufblickte und den Blick durch das nächtliche Zimmer wandern ließ, fiel mir ein, daß ich einst, in einer Herbstnacht vor sechs Jahren, im selben Zimmer und im selben Bett das Gedicht „Nachtgedanken" geschrieben hatte und wieder um manche Jahre früher das Gedicht „Besinnung" und vermutlich noch andere, denn ich hatte schon mehrere Male in diesem Zimmer gewohnt. Nun lag ich also wieder in diesem Bett, sah auf dieselbe Tapete und hatte dieselbe kleine Lampe auf dem Nachttisch stehen wie schon manches Mal, und alles war wieder ähnlich wie damals zur Zeit der „Besinnung" und zur Zeit der „Nachtgedanken", oder es schien doch ähnlich zu sein, aber beim nähern Besinnen war eben doch alles anders, sehr anders, und im Bett lag und schrieb nicht mehr der Mensch von damals, sondern ein ganz anderer, und auch die Verse von heute klangen anders als die damaligen, sie klangen älter, behutsamer, ängstlicher, gewissermaßen zittriger. Bei Tische dann, im hübschen Speisesaal mit den altmodischen Alpenlandschaften, den ich vor zwanzig Jahren im „Kurgast" glaube beschrieben zu haben, blickte ich ebenfalls als ein anderer zu meinen Mit-Kurgästen hinüber, deren mehrere ich schon zum dritten und vierten Male hier antraf. Sie waren gealtert und etwas zusammengesunken wie ich selber, der und jener schien die Zähne verloren zu haben; man nickte einander höflich zu und blickte diskret beiseite, wenn einer von den Alten beim Aufstehen und Weggehen sich als besonders gebrechlich erwies. Kurz, es war auch hier im Speisesaal, ebenso wie unten im Bade und oben im Bett, scheinbar alles so ziemlich wie einst und doch ganz anders, an allem und allen hatten die Jahre genagt und gefressen und die Kriegsjahre doppelt.

Nun war es also wieder einmal vorüber, für mich die Kur, für meine Frau die ersehnten Ferien, zu Ende war es mit dem Dösen im warmen Bade und im freundlichen Bett, zu Ende auch für eine Weile mit dem Verseschreiben; es begann wieder der Alltag, und der hatte zur Zeit für uns weit mehr Sorgen als Freuden. Es stand auch die Weihnacht nahe bevor, es waren Geschenke zu rüsten und zu verpacken, Briefe zu schreiben, und all das konnte ich zur Zeit nicht mit Freude, sondern nur gezwungen und mit Mühe tun. Die Rückkehr nach Hause bedeutete diesmal eine Rückkehr in Schwierigkeiten und Sorgen, und man wäre ihr nicht ungern noch eine Weile ausgewichen.

Am Tage der Abreise kam meine Frau, um meinen großen Koffer zu packen. Es mußten neben der Schreibmaschine, den Kleidern und der Wäsche auch recht viele neu hinzugekommene Sachen hinein, dicke Päcke mit Briefen und viele Bücher. Aber es wurde bewältigt, mein braver alter Kabinenkoffer hatte Raum für alles; es war diesmal nicht auch noch ein unerfreulicher nachträglicher Kleinkampf mit Paketen und Kartonschachteln nötig. Der Koffer wurde abgeschlossen, bekam eine Adresse angehängt und wurde dem Hausdiener übergeben, um sogleich als Eilgut abgeschickt zu werden. Und anderntags reisten wir nach Hause.

Bis Lugano ging alles recht gut, von da an aber schienen die innern Hemmungen und Schwierigkeiten, die uns die Heimkehr bereitete, sich auch in äußere zu verwandeln. Es lag etwas Schnee, und am Bahnhof erwartete uns nicht „unser" Chauffeur, der mit Weg und Gelände Bescheid wußte, sondern ein Unbekannter, dem zwar unser Dorf, nicht aber unser Haus und der Weg dorthin bekannt war. Und richtig, zwischen Dorf und Haus blieb der Wagen im Schnee stecken und rührte sich nicht mehr. Da der Chauffeur über der Sorge um seinen Wagen alles andere beiseite stellte, mußten wir unser Handgepäck Stück um Stück durch die unfreundliche Schneenacht tragen, und es wurde spät, bis der Chauffeur erschien und seine Rechnung vorlegte: er hatte im Dorf einige Männer und ein Ochsengespann aufgetrieben und mit ihrer Hilfe schließlich sein Fahrzeug bis zur Landstraße zurückgebracht. Man schied ohne Groll, aber verstimmt. Es schien kein guter Stern über dieser Heimkehr zu stehen.

Ehe ich mich nun wieder zu Hause einrichten konnte, war noch die Ankunft des großen Koffers aus Baden abzuwarten. Wenn man in einem abgelegenen Haus auf dem Lande wohnt, erwachsen zuweilen aus nichtigem Anlaß erstaunliche Komplikationen, und zu diesen oft erlebten Anlässen gehört der Transport von Gepäck oder andern Sendungen zwischen Bahnhof und Haus. Es waren uns da schon die wunderlichsten Sachen passiert. Auch diesmal konnte der einzige Fuhrmann, den wir in der Nähe haben, nicht sofort fahren; man mußte einen Tag oder zwei Geduld haben und hatte sie denn auch. Aber als unser Fuhrmann auf dem Bahnhof antrat, suchten die Beamten vergeblich nach diesem so ersehnten Eilfrachtstück. Einer von ihnen erklärte bestimmt, vor zwei Stunden habe er den Koffer noch stehen sehen. Inzwischen aber war er unsichtbar geworden. Statt des Koffers brachte der Fuhrmann die Trauerbotschaft von seinem Verschwinden nach Hause. Nun begann das Telefonieren, es begann die Sorge und der Kampf um unsern unentbehrlichen Besitz. Zunächst lachten die Bahnbeamten am andern Ende des Drahtes nur, redeten uns zu, wir möchten ohne Sorge sein, das Ding werde sich schon finden, vermutlich habe ein Spediteur es aus Versehen mitgenommen. Nur sei allerdings heute Samstag, und bis Montag früh müßten wir uns eben noch gedulden.

Was war zu tun? Wir riefen immerhin am Sonntag einen befreundeten Advokaten an, der vor allem empfahl, sofort eine Liste der im Koffer enthaltenen Besitztümer mit möglichst genauer Beschreibung und mit Angabe des heutigen Wertes aufzustellen, damit wir nötigenfalls morgen gleich unsere Ansprüche anmelden und der Polizei durch unsern Katalog die Arbeit erleichtern könnten.

Es kam der Montagmorgen, und der Beamte vom Bahnhof rief wieder an. Diesmal lachte er nicht und suchte nicht uns zu beruhigen, sondern meldete kleinlaut, es tue ihm leid, der Koffer sei auch bei keinem Spediteur aufzufinden, er müsse gestohlen worden sein, und er habe schon die Polizei davon verständigt.

Jetzt hatten wir also Gewißheit, und es galt, sich mit dem Verlust vertraut zu machen. Ich gedachte meiner Freunde und Verwandten jenseits der Grenze, von denen die meisten kein Obdach, keinen Hausrat und keinen großen Koffer mehr zu verlieren hatten und von denen viele ihre Verluste, unendlich viel größere Verluste als der meine, so großartig gelassen hinzunehmen schienen. Ich schämte mich ein wenig und nahm mir vor, auf jeden Fall mein Pech möglichst anständig zu ertragen. Im übrigen jedoch teile ich jene Einstellung der Mehrheit nicht, die bei jedem Verlust, bei jeder Verarmung und Verdünnung des Lebens sich etwa so zu trösten sucht: „Heute, wo Millionen hungern und Hunderttausende von Heimstätten und Familien vernichtet, auseinandergerissen und im Elend sind, darf ein privater Verlust und Verzicht nicht ernst genommen werden." Im Gegenteil, wir sollten nach meiner Meinung durchaus nicht die Verarmung und Verelendung unseres „privaten" Lebens bagatellisieren und als selbstverständlich empfinden. Wenn ein Mensch zu mir kommt und klagt, er habe sein Brot verloren oder sein Kind sei gestorben, so würde ich mich ja auch schämen, ihm zu sagen: „Nehmen Sie Ihre kleinen privaten Nöte doch nicht so ernst!" Auch habe ich, seit ich kein Knabe mehr bin, mich gegen jene Seelenhaltung, die man Heroismus nennt, stets mißtrauisch verhalten. Als Knabe, ja, da waren Mucius Scaevola und der Indianer am Marterpfahl auch für mich Ideale gewesen, und auch heute noch habe ich vor ihnen Respekt, aber jedes Leben steht unter seinen eigenen Sternen, und die meinen waren nicht von der heldischen, patriotischen und soldatischen Art, nicht diese Sterne zu verehren und für sie zu kämpfen war mir als Aufgabe zugefallen, sondern umgekehrt: das „private", das individuelle Leben in seiner Bedrohtheit durch die Mechanisierung, durch den Krieg, durch den Staat, durch die Massenideale war es, das ich zu verteidigen hatte. Auch war mir nicht unbekannt geblieben, daß nicht selten mehr Mut dazu gehört, unheroisch und einfach menschlich statt heldisch zu sein. Wenn mir ein Freund starb oder ein schwerer Verlust zugefügt wurde, so war es mir gemäß, zwar letzten Endes mich zu schikken und dem Leben recht zu geben, erst aber den Verlust und das Leid auch wirklich zu erleben, in mich einzulassen und ihm sein Recht zu gönnen. Die beiden großen heroischen Epochen, die ich miterlebt hatte, hatten zwar gezeigt, daß der Mensch sich an beinahe jede Beraubung, Vereinfachung und Verelendung gewöhnen, daß er auch ohne Bequemlichkeit, ohne hübsche Häuser, ohne Bibliotheken und Bilder, ohne Sauberkeit und heile Kleider zu leben und sich aus dieser Verarmung sogar einen Stolz und eine heldische Haltung zu züchten vermag. Aber, offen gesprochen, war damit irgend etwas gegen die Häuser und Bücher und Bilder, gegen die Reinlichkeit und gegen das Bedürfnis des Menschen nach etwas Ordnung und Schönheit bewiesen? Nein, es

hatte sich gezeigt, daß die heroischen Zeiten nicht nur
mörderisch und teuflisch, sondern auch überaus häßlich
und unbekömmlich waren, und daß alles, was „satte"
und „bürgerliche" Zeiten etwa an Verwöhnung, Luxus
und Vergeudung gekannt hatten, lächerlich gering war
im Vergleich mit dem Luxus, mit dem ein einziger Tag
oder Monat Krieg und Heroismus den Völkern ihr Brot,
ihr Geld, ihr bißchen Behagen wegfrißt und vertut. Es
gab keinen Grund für mich, zu den Heroischen hinüber-
zuschwenken und die Vereinfachung, das „gefährliche
Leben", die Verelendung zu preisen. Ich wollte, ehe ich
mich in den Abschied von meinem lieben alten Koffer
und von all meinen Habseligkeiten ergab, zumindest betrübt den Kopf schütteln und einen wehmütigen Blick
auf das Verlorene zurückwerfen.

Hierzu nun war mir in aller Ausführlichkeit Gelegenheit gegeben durch die Notwendigkeit, zu Händen der
Behörde ein möglichst genaues Verzeichnis meiner
Habe anzufertigen. Diese Arbeit, als Gedächtnisübung
nicht übel, war im übrigen eine wenig erfreuliche
Pflicht, und sie wurde von Blatt zu Blatt unangenehmer,
ja erschreckender, wie wir sehen werden.

Zunächst also mußte ich unter der Beihilfe meiner
Frau die Liste meiner Besitztümer aufstellen, und dabei
gab es eine Menge von Rückblicken und Erinnerungen,
wie das bei Abschieden immer so ist. Was hatte ich nun
alles verloren? Zunächst den Koffer selbst, einen alten
Freund und Reisegefährten. Gekauft hatte ich ihn einst,
in den märchenhaften Jahren vor dem ersten Kriege, in
demselben Zürcher Reisebüro, in dem ich auch meine
Fahrkarte nach Indien bestellte. Er hatte mich bis Penang auf dem Schiff, dann zu Lande bis Singapore
und wieder, auf viel kleineren Schiffen, nach Sumatra
hinüber und ein gutes Stück weit flußaufwärts in den
Dschungel begleitet, malaiische und chinesische Kulis
hatten sich mit ihm geschleppt, eine Menge von Hotel-
zetteln mit fremdartigen Namen und in fremden Sprachen und Alphabeten bedeckte ihn am Schluß jener ein-

zigen exotischen Reise, die er erlebt hat. Sie sind jedoch im Lauf all der vielen Jahre abgeblättert und abgescheuert, und nichts ist von ihnen geblieben.

Vermutlich das wertvollste Stück, das der Koffer enthielt, war die Schreibmaschine, eine leichte amerikanische Reisemaschine. Von einem Freunde, den die Morgenlandfahrer unter dem Namen des schwarzen Königs kennen, hatte ich sie einst geschenkt bekommen; sie hatte mir die „Nürnberger Reise" und die ersten Teile vom „Steppenwolf" ins Reine schreiben helfen und war dann durch Schenkung in den Besitz meiner Frau übergegangen. Für sie mußte auf jeden Fall Ersatz geschafft werden.

Es kamen nun die Kleider und die Wäsche an die Reihe, meine beiden guten Anzüge, einer davon ziemlich hoffähig, aus englischem Stoff und Maßarbeit, dann die Hemden und Nachthemden, der Regenmantel, die Schuhe, die Socken. Auf die Dauer würden es vermutlich gerade diese Sachen sein, die mir am spürbarsten fehlen würden, aber im Augenblick war die Trauer um sie gemäßigt. Mehr als um die Hemden und Kleider tat es mir zur Stunde etwa leid um meine alte, solide Papierschere, einen Gegenstand des täglichen Gebrauchs, den ich seit nahezu vierzig Jahren viele tausendmal in der Hand gehabt hatte, oder gar um die große weiche wollene Reisedecke, ein Geschenk und eine persönliche Handarbeit von der Frau meines einstigen Berliner Verlegers. In den Zeiten des Wohlergehens hatte sie mich einst im Engadin mit der köstlichen Decke beschenkt, dann war wieder einmal eine „große Zeit" ausgebrochen, der liebe alte S. Fischer konnte noch rechtzeitig sterben, seine Frau, eine alte Dame, mußte erst in Berlin noch eine Peinlichkeit und Demütigung um die andere erdulden, wanderte dann nach Schweden aus, wurde auch dort nicht in Ruhe gelassen und floh über Moskau und Japan im Flugzeug nach Amerika, und ich weiß nicht, ob sie noch am Leben ist. Die Decke nannte ich für mich „den Parkettboden" oder „die Nidelzeltli", weil sie aus hellbraunen und dunkelbraunen Quadraten zusammengesetzt war. Sie hatte mir einst in den Bergwintern und seither an manchem kühlen Abend und an manchem Tag mit ungenügender Heizung freundliche Dienste getan; ich hätte mehr als ihren realen Wert dafür gegeben, sie wiederzubekommen.

Was übrigens nun den „realen Wert" meiner Besitztümer betraf, fiel ich beim Feststellen dieser Werte von einem Schauder und Schrecken in den andern. Teils durch Geschäftskataloge, teils durch telefonisch erbetene Auskünfte wurden wir über die heutigen Preise belehrt, und wenn man die phantastischen Zahlen ansah, konnte man meinen, ich sei vor dem Kofferdiebstahl ein wahrhaft reicher Mann gewesen. Die paar Hemden allein waren fast vierhundert Franken wert, die Socken weit über hundert, und mein guter alter Koffer selber, falls er nochmals in der alten Qualität aufzutreiben wäre, würde mindestens zweihundert Franken kosten. Jedes beliebige Stück meiner Habe war heute in Geld das Mehrfache wert als einst, da ich es erworben hatte. Man konnte die Preise nicht ansehen, ohne sich an den Beginn der großen Inflation am Ende des ersten Krieges zu erinnern. Wenige oder keine Dinge gab es heute, deren Preise noch dieselben waren wie vor fünf oder gar vor zehn Jahren, alles war teurer, war kostbar, war für kleine Leute unerschwinglich geworden. Aber zum Glück gab es auch Werte, welche diese ungesunde Steigerung nicht mitgemacht hatten, ja sogar solche, welche um das Mehrfache wohlfeiler geworden waren. Wenn zum Beispiel vor zehn Jahren ein Dichter einer Redaktion ein Gedicht schickte, so bekam er ziemlich genau das Dreifache an Ehrensold dafür, als er heute bekommt. Ich freute mich, inmitten der Misere, über diese Entdeckung, denn schon immer hatte sich in mir etwas gegen den Geschichtsmaterialismus aufgelehnt, der das geistige Leben für ebenso abhängig vom Materiellen hält wie das wirtschaftliche. Der Lohn für ein Gedicht war in wenigen Jahren auf ein Drittel gesunken – aber hatten nun etwa die Redaktionen Mangel an Gedichten? O nein, Überfluß hatten sie, und es war eine Gnade, wenn sie hie und da eins druckten. Aber wie stand es mit der Qualität der Gedichte? War vielleicht sie gesunken und war schuld an der Entwertung? Das war nicht festzustellen.

Endlich waren wir mit unserer Liste fertig. Bei manchen Kleinigkeiten hatten wir gezögert, sie mit auf die Liste zu setzen, etwa bei unserem sehr einfachen Schachspiel; aber auch diese Kleinigkeiten kosteten jetzt Beträge, die wir zu retten versuchen mußten. Ob unsere Mühe etwas nützen werde, war freilich sehr ungewiß. Angenommen, die Bundesbahnen würden meinen Anspruch auf Ersatz für das Verlorene voll anerkennen – aber wer würde darüber entscheiden, ob meine Liste wahrheitsgetreu und meine Ansprüche berechtigt waren? War ich ein Gauner, so konnte ich noch aus der Phantasie eine teure Uhr, zwei Paar goldene Manschettenknöpfe und dies und jenes auf mein Verzeichnis setzen, das Papier war geduldig. Wie und vor welcher Instanz würden etwaige Streitigkeiten entschieden werden? Würde da der Advokat etwas nützen? Aber was würde er kosten? Ach, es war eine dumme und häßliche Geschichte, in die ich da geraten war. Zu einem Prozeß jedenfalls würde ich es nicht kommen lassen; ich war alt geworden, ohne jemals einen geführt zu haben.

Ein sehr unbehaglicher Tag war vergangen. Und was würde nun aus unsern Weihnachtstagen werden? Noch war nicht einmal die fatale Liste ganz fertig, für einige wichtige Stücke, wie die Schreibmaschine, hatten wir die Preise noch nicht feststellen können. Unfroh ging man zu Bett.

Am nächsten Morgen klopfte es bei mir. Ich lag noch zu Bett. Meine Frau kam herein, mit merkwürdig heiterem Gesicht, und fragte: „Wer, glaubst du, ist gefunden worden?"

Es war der Koffer. Der Bahnhof Lugano hatte gemeldet: der vermißte Koffer sei irrtümlich wieder nach Baden zurückgeschickt worden. Wer das getan habe und warum, war nicht herauszubringen. Wie es schien, hatte der Koffer selbst, gleich uns mißtrauisch gegen diese Heimkehr, in einem unbewachten Augenblick den Bahnwagen wieder bestiegen und war wieder nach Baden gereist. Morgen oder übermorgen sollte er von dort wiederkommen und uns dann zugestellt werden.

Da standen wir denn und sahen einander an. Alle diese Tage hatten wir mit Häßlichem und Unnützem ausgefüllt, mit Ärger, mit Bedauern, mit Sorgen, mit Telefonieren und Schreiben, mit dem Aufstellen der berühmten Liste. Man schämte sich und freute sich, man lachte und war gerührt. Aber zum erstenmal seit der unerfreulichen Heimkehr war es wieder richtig schön, zu Hause zu sein. Und zum erstenmal in diesem Jahr glaubten wir wirklich daran, daß die Weihnacht vor der Tür stehe, und freuten uns auf sie.

1944

Aus dem vertrockneten und verbrannten Tessin, aus unsrem vertrockneten und verbrannten Garten sind wir für eine kleine Weile nach Rigi-Kaltbad geflohen, wo uns noch einige Tage warmen Sommers mit hellster Fernsicht gegönnt waren. Es ist sehr schön hier oben, ich muß mich bei dem Berge entschuldigen, den ich einst, vor fünfundvierzig Jahren, in Lauschers Tagebuch langweilig genannt habe. Ich hatte damals die Berge noch nicht entdeckt, und ich war mit jugendlicher Besessenheit in den See verliebt, in das Wasser und seine Farben, die ich Tag um Tag vom Ufer und vom Ruderboot aus belauerte. Ein einziges Mal fuhr ich damals nach Rigi-Kulm hinauf, fühlte mich fremd dort und abgestoßen von der Fremdenindustrie und lief schleunigst zu Fuß wieder hinab, um mich wieder in meinen Seekult zu versenken. Die Beschwerden eines raschen Höhenwechsels, die mir heute ziemlich lästig sind, spürte ich damals noch nicht. Dafür aber fehlte mir die Ruhe und Geduld, mich wirklich um den Berg zu kümmern und mich gegen die Fremdenscharen, Hotels, Bahnen und Ansichtskarten gleichgültig zu machen. Ich tat, für damals, recht daran; Lauschers See war ein echtes und großes Erlebnis, und das damals Versäumte kann ich nun heute nachholen.

In den ersten noch trocknen und warmen und ganz hellen Tagen zeigte der Berg sich von seiner prächtigen Seite, man konnte sorglos schlendern, bequem auf jeder Matte im kurzen Grase lagern und hatte die ungeheure Aussicht von früh bis spät beinahe ohne jede Trübung vor sich, konnte nach Belieben entweder sich am Feststellen oder Wiedererkennen der vielen Gipfel vergnügen oder, ausruhend, sich nur dem Wechsel von Farbe, Licht und Schatten, der bizarren Geometrie des riesigen Panoramas überlassen. Die Abwechslung von Fels und Schnee, besonnten Kanten und dunklen Schlünden an einer Gipfelkette, der launische Weg, den ein kleiner Wolkenschatten über diese zackige und zerklüftete Vielfalt hin beschreibt, können einen fesseln und entzücken wie die Rhythmen und Zäsuren eines Gedichtes.

Aus dieser großen, gleißenden Ferne kehrt der Blick wieder in die Nähe zurück, zu der die Beziehung sich rascher und leichter einstellt und die an Reizen und Zaubern nicht ärmer ist. Da gibt es märchenhafte Felsengruppen und Felsenkessel, manche pathetisch und tempelhaft, manche klein, putzig, ideale Räume für Kinderspiele, abgeschlossene grüne Stuben, Kammern und Höhlen, mit engen Felsentoren, gnomenhaften Krüppeltannen, Farnen und schlangenhaft gewundenem Wurzelwerk. Feucht, grün, moosig und streng duftend, erinnern mich diese vielen kleinen Landschäftchen sehr an meine Kindheit und den Schwarzwald. Kommt man dann aus einem dieser nach Tanne, Moos und Storchschnabel duftenden Verstecke heraus, so liegt alsbald die unendliche blaue, von den zahllosen fernen Bergen begrenzte Weite wieder da, der See, die Vorberge mit hell smaragdenen Matten, blinkenden Flußläufen, dunklen Waldungen, winzigen Siedlungen.

Wenn ich da irgendwo liege oder sitze, zwischen Gras, Tannen, Fels und spärlichen Blumen, sehe ich beinahe senkrecht unter mir, tausend Meter tief, eine halbrunde blaugrüne Seebucht, ein Spielzeugdorf und eine gewundene Straße liegen. Das ist Vitznau, da habe ich vor fünfundvierzig Jahren am Tagebuch Lauschers geschrieben und die ersten Studien zum „Peter Camenzind" gemacht. Ich kann mich nicht mehr hineinversetzen, die Zeit und der junge Mann von damals liegen so fern, fremd und unwirklich wie dort drunten das winzige Dorf und die blaue Bucht, sie scheinen mich nichts anzugehen. Damals war es der Rigi, der mich nichts anging und abstieß; ich war dem Sommer, der Hitze, dem Wasser und Ruderboot verhaftet, dem träumerischen Rudern an stillen Ufern hin und um kleine felsige Halbinseln und Vorgebirge herum, dem Studium der Farbenspiele im Wasser, dem Baden in versteckten Buchten, dem Hindämmern in praller Sommersonne mit geschlossenen Augen. Ich war allein, bekam nur selten einen Brief, las keine Zeitung, betrachtete die Gäste der großen Hotels und der Dampfer von weitem mit einer Mischung von Mißtrauen und Neugierde und suchte ein Leben ohne Menschen, ohne Gegenwart, ohne Gesellschaft zu führen, suchte einen Weg vom Anschauen der Natur zum wirklichen Leben in ihr. Man hätte mir damals nicht sagen dürfen, ich werde einmal, ein alter Mann, dort droben auf dem Rigi in einem Grand-Hotel absteigen, Tee bei Unterhaltungsmusik trinken und kleine langsame Spaziergänge machen, eine Viertel-, eine halbe Stunde weit, um dann lang auf einem Bänkchen auszuruhen oder im Hotelzimmer mich mit der Nachmittagspost zu plagen.

Ich habe sehr wenig Lektüre mitgenommen, darunter den „Hesperus" von Jean Paul, der auch zu Ninons Lieblingsbüchern gehört; es schien mir Zeit, ihn wieder einmal zu lesen. Jetzt, wo es unnütz und bequem geworden ist, die Deutschen zu hassen, jetzt, wo man das den Zurückgebliebenen und Dummen überlassen darf, kommt man erst allmählich zum Bewußtsein der Verluste, die Deutschland und die Welt erlitten hat, der Verluste an Heimat, an Schönheit, an Erinnerungsgut, an Quellen für die Phantasie, und inmitten dieser beinah unerträglichen Verarmung sucht man jene Quellen mit neuem Bedürfnis auf, die noch fließen, aus denen je und je zu trinken uns noch erlaubt ist: die deutschen Dichter der guten Zeit. Wir lagen in der Nähe eines Absturzes, dessen Rand sorgfältig umzäunt war und aus dem die Spitzen der Tannen eben noch bis zu uns heraufragten, und Ninon las vor. Wir lasen die sämtlichen Vorreden des „Hesperus", ein Genuß und ein Spaß hohen Ranges.

Was sind wir, solang wir dem Werk dienen, für geduldige, zähe und unermüdliche Schwerarbeiter, wir Literaten, wie plagen wir uns, und am meisten und geduldigsten grade um das, was die Leser gar nicht merken und was dem Erfolg unsrer Bücher mehr schadet als nützt, um das, was im Grunde nur für ein paar Kollegen und für die paar Jahrzehnte „Ewigkeit" vorhanden ist! Es ist, als sei die Sprache eine Mutter oder Ahnherrin und wir Dichter ihre treuen und beflissenen Diener, Bewahrer, Erneuerer, ihr Leben mitlebend, ihre Sorgen teilend, ihr Wohlsein und Kranksein beobachtend und betreuend, sie zu immer neuen Versuchen und Spielen ermunternd. Sie, die Sprache, die unser Werkzeug und Gehilfe zu sein scheint, ist in Wahrheit unsre Herrin; einer Laune, eines kleinen Versuches wegen, den sie vielleicht morgen wieder vergißt, beschäftigt sie hundert Geister und Hände, und wir alle haben den Ehrgeiz, ihren Regungen und Anregungen zu folgen, ihr zu dienen und zur Verfügung zu stehen, sie vielleicht einen Augenblick lächeln oder lachen zu machen.

Zwischen dem Ehrgeiz des Künstlers, der es den Besten unter den Kollegen aller Zeiten gleichtun möchte, und dem Ehrgeiz des nach Erfolg, nach Erobern der Menge Zielenden ist der Unterschied nicht sehr groß. Aber der Unterschied zwischen einem schönen und einem gemeinen Mund, einer edlen und einer Alltagsnase ist ja auch nicht groß, es geht um Millimeter und weniger. Nehmen wir ruhig den winzig kleinen Unterschied weiterhin ernst!

Das Wetter will sich ändern, der Himmel hat Wolken, die auch Teile der Fernsicht zudecken, die Luft ist weich und feucht. Zauberhaft, bei weithin bedecktem Himmel und etwas Wind, spielen unten auf dem See die kühlen, flüchtigen Farbenschauer, alles ist farbiger, plastischer und heimlich belebter als an den prall sonnigen letzten Tagen. Aber von der Vergangenheit da unten, von Vitznau und Brunnen, von Lauscher und Camenzind steigt nichts mit herauf, es hat keine Stimme mehr und ich kein Ohr, und das ist beruhigend und gut, sonst risse es mir das Herz auf, und ich würde hier oben in meinem Hotel mit Verzweiflung dessen gedenken, was ich einst war oder doch sein wollte. Das Alter hat viele Beschwerden; aber es hat auch seine Gnadengaben, und eine von ihnen ist diese Schutzschicht von Vergessen, von Müdigkeit, von Ergebenheit, die es zwischen uns und unseren Problemen und Leiden wachsen läßt. Es kann Trägheit, Verkalkung, häßliche Gleichgültigkeit sein, aber es kann, ein klein wenig anders vom Moment beleuchtet, auch Gelassenheit, Geduld, Humor, hohe Weisheit und Tao sein. Da unten an der hübschen Seebucht lebt etwas fort, was mich angeht, was Forderungen an mich stellt und mir Leid bereiten will, was ich vielleicht doch noch irgendeinmal ungemildert und bitter durchleben und klären muß; aber heute ist nicht die Stunde dafür, das da unten ist nicht Forderung noch Reue noch Vorwurf, es ist nicht mehr als ein Bild, eine Erinnerung unter andern. Sogar an die viel spätere Zeit, 1916, wo nochmals eine Weile die Luzerner Gegend Schauplatz meiner Krisen und Kämpfe war, kommen mir nur wenige und oberflächliche Erinnerungen, es ist, als habe ich keine Vergangenheit gehabt.

Wir sind in Wolken, es ist sehr kühl geworden. Die Bilder, die wir heute immer wieder sehen, erinnern oft sehr an chinesische und japanische: aus gewundenen Wolkenschlangen hervorragende Fels- oder Waldgipfel – eine einzelne bärtige und knorrige Fichte, von Wolkenfetzen umflattert. Sogar die dünnen, stangenhaften, spielerisch altmodischen Architekturen der eisernen Pavillons und spitzen Hoteltürmchen passen dazu. Von Mittag an starke Regengüsse. Ninon erkältet. Das Frieren, vor dem ich mich bei der Fahrt in die Berge etwas gefürchtet hatte, fängt an.

Wir steigen nach Kulm hinauf, ich erinnere mich an die vor Jahrzehnten irgendwo gelesene Szene, wie Friedrich Rückert hier oben auftritt, und wir gedenken auch der schönen Frau, die Stifter hier erscheinen läßt. Unter einem dramatischen, stürmisch bewegten Himmel liegt das Land bald fahl und unwirklich, bald grell mit scharfen Umrissen unten, auf halber Höhe unsres Berges steht ein Wäldchen, in einer weiten Mulde halbrund und spitz zulaufend, hingezeichnet wie ein Fuchsschweif oder Hahnenschwanz, und es fällt mir ein, daß dies einst zu den hübschesten Eindrücken auf meinen wenigen Luftreisen gehörte: ein Bachtal etwa mit vielen kleinen, launischen Krümmungen, mit Pappeln oder Erlen in kleinen Abständen bestanden; das Ganze dieses Bachlaufes oder dieses im Halbrund hingeschmiegten Waldes gleichzeitig zu sehen ist eben nur aus der Vogelschau möglich. Wenn der Blick von den fernen Schneebergen zum flachern Lande wandert, wo die Farben wärmer und mannigfaltiger sind und wo aus dem Grün, Braun und Ocker helle Städtchen blicken und ferne kleinere Seen spiegeln, dann spüre ich an einem leicht beklemmenden Gefühl, daß dort hinten, wo Land und Wolken einander berühren, Deutschland liegt.

Nach kalten Regentagen kam ein Sonntag mit freundlichem Himmel, da wird unser ohnehin nicht eben einsamer Berg sehr gesellig. Es begegnen uns überall Fußwanderer, einzelne und Familien, Gruppen von Kindern, Bauern aus der Gegend in Sennentracht, freundliche langbärtige Kapuzinermönche, kleine Gruppen von schwarzen langröckigen Schwestern mit strengen Hauben, denn unser Berg ist auch sehr katholisch, und alle diese Wanderer und Spaziergänger haben gute, heitere Sonntagsgesichter, eine Blume im Knopfloch, im Munde oder auf dem Hut, alle grüßen und lächeln und loben den schönen Tag. Schließlich zeigt sich, daß es sogar ein besonderer Sonntag ist, ein Fest, es kommt ein Bähnchen voll Leute aus einem der Dörfer am See, sie tragen Fahnen, und eine der Fahnen ist neu und noch in eine Hülle gewickelt, sie soll heute geweiht werden. Das geschieht auf einem Plätzchen beim Kaltbad, vor einer andächtigen Menge mit entblößten Häuptern, viele der Männer, Burschen und Mädchen tragen Trachten. Es wird uns auf den Nachmittag ein Umzug mit Fahnenschwingen und Wettspielen versprochen, und wir lassen ihn uns nicht entgehen. Ich verzichtete auf meine Mittagsruhe, Ninon auf ihre griechische Lektüre, und mit schallender Musik zog die Festgemeinde auf. Das Schönste und Eigenartigste daran waren die drei Fahnenschwinger. Im langsamen Marsch, wie Tamboure, schwangen sie ihre rotweißen Fahnen am kurzen Stiel, einmal in der rechten, einmal in der linken Hand, warfen die Fahne hoch in die Luft und fingen sie einhändig wieder auf, senkten sie im langsamen Schwung bis zur Erde und stiegen über sie hinweg. Für den der Kunst nicht Kundigen sah es in den ersten Minuten etwas einförmig und schwerfällig aus, man konnte jedoch bald die Mehrzahl der Spielregeln erkennen und erkannte vor allem, welche gewaltige Kraft und welch große Übung diese Kunst verlangte. Die drei schönen jungen Männer vollzogen die schwierige rituelle Zeremonie mit dem Ernst und der Akkuratesse japanischer Schwerttänzer, es war nicht nur ein virtuoses Sichzeigen von Kraft und Geschicklichkeit, es war auch ein geweihter symbolischer Akt, voll Würde, Ernst und Feierlichkeit. Zu unsrem Ergötzen folgte nun eine besondere Augenweide: die Nachahmung eines Alpaufzuges. Es wurde, Stück um Stück hintereinander, schönes Vieh mit blumenbekränzten Stirnen getrieben oder am Strick geführt, zuvorderst ein schöner junger Stier, der seinen Führer tüchtig in Atem hielt. Es folgten Kühe und Rinder, eine hübsche kleine Herde, und zuletzt ein Maulesel, der auf dem Rücken eine altmodische hölzerne Bettstatt trug.

In diesen Tagen war beständig großes Wolkentheater. Zuweilen freilich waren wir in die Wolken eingehüllt und sahen gar nichts, es wurde manchmal so dunkel, als wäre es Dezember. Aber das dauerte selten länger als eine Stunde, dann riß irgendwo ein Luftstrom ein Loch in den dicken Nebel, jagte die zerstiebende Wolke in Fetzen nach oben, öffnete ein Tor, ein Fenster, einen Ausblick, und plötzlich sah man die unwahrscheinlichsten und erregendsten Bilder: Landschaften, wie sie seit Altdorfer und Grünewald kaum wieder gemalt worden sind, paradiesische sowohl wie apokalyptische Landschaften: durch riesig aufgebaute schwarze Höllentore Blick in eine sonnig goldengrüne Ferne, oder umgekehrt: eine für kurze Zeit warm und leuchtend bestrahlte Nähe mit blitzenden Tropfen an Gras und Stein hob sich grell von einer blauschwarz geballten Ferne ab, in der zuweilen Donner hörbar wurde oder ein einzelner Blitz aufzuckte.

Die einzige Pflichtarbeit, die ich hierher mitgenommen habe, geht ihrer Vollendung entgegen, einer zweifelhaften Vollendung freilich; denn es ist eine Arbeit, für die es keine Regeln gibt, eine kleine volkstümliche Auswahl aus meinen Gedichten nämlich, die mein Zürcher Verleger wünscht. Meine Frau und ich hatten je ein Exemplar der Gesamtausgabe, und wir notierten, ohne darüber zu reden, jedes für sich die paar Dutzend Gedichte, die ihm für eine solche Auswahl unentbehrlich schienen. Das Ergebnis war erstaunlich: die Zahl von Gedichten, die jedes von uns beiden für aufnahmewürdig hielt, war überraschend klein; von diesen paar Gedichten abgesehen, hatte jedes von uns ein Buch zusammengestellt, das seine eigenen Wege ging und mit dem Buch des andern nichts zu tun hatte. Es bestätigte mir die Gedanken des Essays „Über Gedichte", den ich vor einigen Monaten wieder vorgenommen, neu bearbeitet und für Freunde als Privatdruck herausgegeben hatte. Aber etwas Bedrückendes hatte es doch, zu sehen, wie schon für uns beide, die wir uns in diesen Gedichten doch wirklich auszukennen meinen, sich eine so sehr verschiedene Auswahl ergab. Und es war mir geradezu ein Trost, daß wenigstens die vier, fünf Gedichte, die seit Jahrzehnten in den Anthologien und Lesebüchern standen, sich wieder bewährt hatten.

Die Post bringt jetzt zuweilen seltene Überraschungen, auch gestern gab es eine: Briefe aus Deutschland! Irgend jemand war aus Stuttgart in die Schweiz gelangt und hatte Briefe für mich von ein paar schwäbischen Freunden mitgebracht, die sandte er mir und bot mir auch an, meine Antworten weiterzuleiten. Es waren nicht zufällige Briefe von Unbekannten, sondern erwartete von Freunden, und wenn ich auch über die größten meiner deutschen Sorgen nichts Neues erfuhr, so bekam ich doch zum erstenmal von einigen deutschen Intellektuellen, die weit über dem Durchschnitt stehen, direkte Mitteilungen über ihre Erlebnisse und Gedanken seit dem Zusammenbruch. Es sind unter diesen meinen Freunden natürlich keine Gläubigen des Dritten Reiches oder gar Nutznießer der Hitlerherrschaft; sie alle sind vom ersten Tage an wache und tief beunruhigte Zeugen seines Großwerdens und seiner Herrschaft gewesen, viele von ihnen haben sich in Leiden und Opfern treu bewährt, haben Amt und Brot verloren, sind in Gefängnissen gesessen, haben jahrelang wissend und ohnmächtig dem anwachsenden Unheil und der immer greller aufschießenden Teufelei zusehen müssen, haben seit dem Beginn des Krieges mit blutendem Herzen ihrem eigenen Volk die Niederlage und sich selber oftmals den Tod gewünscht. Die Geschichte dieser Schicht des deutschen Volkes ist noch nicht geschrieben, ihre Existenz im Auslande noch kaum erkannt. Ein Teil dieser Leute war früher liberal und süddeutsch-demokratisch gesinnt, ein Teil katholisch, ein großer Teil sozialistisch. Diese Menschen nun, von denen ich glaube, daß sie zur Zeit die leidgeprüftesten, reifsten und weisesten in Europa sind, haben teils bewußt und willentlich, teils unbewußt und instinktiv versucht, sich völlig von allem Nationalismus zu befreien. Der kämpfende Franzose, Italiener, der hungernde und leidende Holländer oder

Grieche, der schwergeprüfte Pole, ja selbst der verfolgte, zu Herden in Folter und Tod getriebene Jude – sie hatten alle in ihrem für uns unausdenklichen Leide noch das eine: Gemeinsamkeit, Schicksalsgenossen, Kameraden, ein Volk, eine Zugehörigkeit. Das hatten die Hitlergegner und Hitleropfer innerhalb Deutschlands nicht oder nur soweit sie schon vor 1933 organisiert waren, und diese, soweit sie nicht schon umgebracht waren, verschwanden fast alle in die Höllen der Gefängnisse und Straflager. Übrig blieben die nicht organisierten Gutgesinnten und Vernünftigen, und sie fanden sich von Spionage, Spitzeltum, Denunziation immer mehr ins Enge getrieben, lebten in einer zuletzt kaum mehr atembaren Atmosphäre von Gift und Lüge, sahen die Mehrheit ihres Volkes von einem scheußlichen, ihnen unverständlichen und bösartigen Rausch ergriffen. Ich glaube, daß die Mehrzahl derer, welche diesen zwölf Jahre dauernden Angsttraum überlebt haben, gebrochen und zur aktiven Teilnahme an einem Wiederaufbau nicht mehr fähig ist. Wohl aber können sie unendlich viel beitragen zur geistigen und moralischen Erweckung ihres Volkes, das vorläufig noch gar nicht begonnen hat, das Geschehene und von ihm zu Verantwortende ins Bewußtsein einzulassen. Der müden Stumpfheit des Volkes steht bei jedem Wachgebliebenen eine ungeheuer empfindliche Bereitschaft für die Bewältigung der Schuldfrage, ein höchst zart und wund gewordenes Gewissen gegenüber.

Eines nun ist allen Äußerungen dieser wahrhaft guten Deutschen gemeinsam: die höchste Sensibilität für den Ton jener Aufklärungs- und Strafpredigten, welche jetzt, etwas spät, von den demokratischen Völkern an das deutsche gerichtet werden. Zum Teil werden diese Aufsätze und Broschüren, wirkungsvoll gekürzt, von den Besetzungsmächten propagiert. Das geschah auch mit dem Essay von C. G. Jung über Deutschlands „Kollektivschuld", und die einzige Schicht des deutschen Volkes, die zur Zeit überhaupt ein Ohr für diese Äußerungen hat und bereit wäre, zu lernen, reagiert auf sie mit einer

Empfindlichkeit, über die man erschrickt. Kein Zweifel: die Predigten haben in sehr vielem vollkommen recht: nur erreichen sie das deutsche Volk nicht, sondern statt seiner gerade die wertvollste und edelste Schicht, wo das Gewissen längst überwach ist.

Ich kann jene Aufsätze, die ich Predigten nenne, meinen schwäbischen Freunden gegenüber nicht in Schutz nehmen, ich gebe sie preis. Ich habe diesen Freunden überhaupt nichts zu sagen. Wie sollte ein Mensch, der in einem unzerstörten Hause sitzt und täglich zu essen hat, der in den letzten zehn Jahren zwar Ärger und Sorgen, aber keine unmittelbare Bedrohung oder gar Vergewaltigung erfahren hat, diesen in jedem Leid Geprüften etwas zu sagen haben! Aber wenigstens in einem Punkt kann ich den Freunden drüben einen Rat und Zuspruch geben. Mögen sie mir in allem andern weit überlegen sein, in einem Punkt habe ich ältere Erfahrungen als sie, nämlich in der Loslösung vom Nationalismus. Die habe ich nicht unter Hitler oder unter den alliierten Bomben, sondern in den Jahren 1914 bis 1918 vollzogen und sie wieder und wieder revidiert. Und so kann ich meinen Freunden in Schwaben schreiben: „Das einzige in euren Briefen, was ich nicht ganz verstehe, ist eure Empörung über gewisse Artikel, die euer Volk über seine Schuld aufklären wollen. Ich möchte euch recht laut zurufen: Versäumet nicht wieder das wenige Gute, was der Zusammenbruch euch anbietet! Damals, im Jahre 1918, konntet ihr eine Republik statt einer Monarchie mit schlechter Verfassung haben. Und jetzt könnet ihr, mitten im Elend, wieder etwas haben und erleben, ein neues Stück Entfaltung und Menschwerdung, das ihr vor den Siegern und den Neutralen voraushabet: ihr könnt den Wahn jedes Nationalismus, den ihr ja im Grunde längst schon hasset, durchschauen und euch von ihm befreien. Ihr habet das schon weitgehend getan, aber doch noch nicht weitgehend, nicht gründlich genug. Denn wenn ihr diese Entwicklung in euch vollends vollzogen habet, dann werdet ihr über das deutsche Volk und die

Kollektivschuld noch ganz andere Worte, dann werdet ihr jede Beleidigung oder Provokation ganzer Völker lesen oder anhören können, ohne euch im mindesten mitbetroffen zu fühlen. Tut diesen Schritt vollends zu Ende, und ihr werdet, ihr wenigen, eurem eigenen und jedem andern Volk an Menschenwert überlegen und einen Schritt näher bei Tao sein.«

1945

BESCHREIBUNG EINER LANDSCHAFT

Seit einer Woche wohne ich im Erdgeschoß der Villa, in einer mir ganz neuen Umgebung, einer mir neuen Landschaft, Gesellschaft und Kultur, und da ich vorerst inmitten dieser neuen Welt sehr allein bin und die herbstlichen Tage in der Stille meines hübschen großen Studierzimmers mir lang werden, beginne ich das Geduldspiel dieser Aufzeichnungen. Es ist eine Art von Arbeit, gibt meinen einsamen und leeren Tagen einen Anschein von Sinn und ist, zum mindesten, eine Beschäftigung, welche weniger Schaden stiftet als die wichtige und hochbezahlte Arbeit so vieler Menschen.

Mein Aufenthaltsort liegt ganz nahe der Kantons- und Sprachgrenze, auf der welschen Seite. Ich bin hier Gast eines Freundes, der einer Heilanstalt vorsteht, und lebe dicht am Rande dieser Anstalt, die ich wohl bald unter der Führung des Arztes näher werde kennenlernen. Vorerst weiß ich wenig von ihr, nichts als daß sie auf dem ausgedehnten, mit schönen Parkanlagen bedeckten Grundstück liegt, einem ehemaligen Herrensitz, in einem gewaltig großen, schloßartigen, architektonisch schönen Gebäude, das mehrere Innenhöfe umschließt und, wie man mir sagt, eine sehr große Zahl von Patienten, Wärtern, Ärzten, Pflegerinnen, Handwerkern und Angestellten beherbergt, und daß von allen diesen vielen Bewohnern für mich, der in einem der neuen Nebengebäude wohnt, so gut wie nichts zu sehen und zu hören ist. Das möchte wohl im Sommer anders sein, jetzt aber, im November, sitzt niemand jemals auf einer der grünen Gartenbänke, und wenn ich täglich einige Male meinen kleinen Gang durch den Park mache oder ins große Haus hinübergehe, um etwas im Büro zu fragen oder Post aufzugeben, dann begegnet mir in den Gartenwegen und in den hallenden Treppen, Korridoren, Kiesplätzen und Höfen höchstens einmal eine eilige Pflegerin oder ein Monteur oder Gärtnerbursche, und das riesige Gebäude liegt in vollkommener Stille, als wäre es unbewohnt.

Das weiträumige Anstaltsgebäude, unsre kleine Villa mit zwei Arztwohnungen, einige modernere Bauten, welche Küche, Wäschehaus, Garagen, Stallungen, Schreiner- und andere Werkstätten beherbergen, liegen samt der Gärtnerei mit großen Pflanzungen, Frühbeeten und Treibhäusern inmitten eines umfangreichen Parkes von großartigem, feudalem und auch ein wenig kokettem Gepräge. Dieser Park, dessen Terrassen, Wege und Treppen sich vom Herrenhaus mählich gegen das Seeufer senken, ist vorläufig, da ich größere Gänge nicht zu leisten vermag, meine Landschaft und Umwelt, ihm gehört vorerst der Hauptanteil meiner Aufmerksamkeit und Liebe. Jene, welche ihn gepflanzt haben, scheinen dabei von zwei Tendenzen oder eher Passionen geleitet worden zu sein: der Passion für malerisch-romantische Aufteilung des Raumes in Rasenflächen und Baumgruppen und der andern Passion, nicht nur schöne und wohlgruppierte, sondern auch möglichst aparte, seltene und fremdländische Bäume zu pflanzen und zu hegen. Es scheint dies, soviel ich sehen kann, überhaupt auf den Herrschaftsgütern der Gegend Sitte gewesen zu sein, und außerdem mochte der letzte Besitzer und Bewohner des Herrenhauses diese Liebhaberei für exotische Pflanzen aus Südamerika mitgebracht haben, wo er Plantagen besaß und Tabak exportierte. Obwohl nun diese beiden Passionen, die romantische und die botanische, einander gelegentlich widersprechen und in Streit miteinander geraten, ist doch der Versuch ihrer Versöhnung in mancher Hinsicht nahezu vollkommen geglückt, und beim Wandeln durch diesen Park findet man sich bald mehr von der Harmonie zwischen Pflanzung und Architektur, vom Reiz überraschender Durchblicke und edler Vedu-

ten, sei es auf die Seeweite hinaus oder auf die Schloß-
fassade zurück, angezogen und erfreut, bald mehr von
den einzelnen Pflanzen, ihrer botanischen Interessantheit oder ihrem Alter oder ihrer Vitalität angerufen und
zu näherem Betrachten des einzelnen verpflichtet. Das
beginnt schon gleich beim Hause, wo auf der obersten,
halbrunden Terrasse eine Anzahl südlicher Gewächse in
großen Kübeln prangt, darunter ein mit prallen und
leuchtenden kleinen Früchten reich behangener Oran-
genbaum, der keineswegs jenen schmächtigen, leidenden oder gar mißvergnügten Eindruck macht, den solche
in ein ihnen unheimisches Klima versetzte Pflanzen aus
anderen Breitengraden meistens erwecken, sondern mit
seinem feist strotzenden Stamm, seiner rundgeschnitte-
nen Krone und seinen goldenen Früchtlein durchaus zufrieden und gesund erscheint. Und nicht weit von ihm,
etwas weiter abwärts schon und dem Ufer näher, fällt
uns ein wunderliches, kräftiges Gewächs auf, eher
Strauch als Baum, das aber nicht im Kübel, sondern im
natürlichen Boden wurzelt und ganz ähnliche kleine
harte Kugelfrüchte trägt. Es ist ein seltsames, ein höchst
eigensinnig und wehrhaft in sich verknäueltes, undurch-
dringliches, vielstämmiges und vielästiges Dorngewächs,
und die Früchte sind nicht so goldfarben wie jene
Zwergorangen. Es ist ein gewaltig großer, sehr alter
Christdorn, und später trifft man im Weitergehen da
und dort noch andere seinesgleichen an.

Neben einigen dem Taxus und der Zypresse verwandten Bäumen mit eindrücklichen und zum Teil bizarren Silhouetten steht da auch, einsam und vielleicht
ein wenig melancholisch, aber kräftig und gesund, ein
Affenbaum, in seine fehlerlose Symmetrie wie in einen
Traum versunken, und trägt zum Zeichen, daß ihm
seine Vereinsamung nichts anhaben könne, einige
schwere, massige Früchte an seinen obersten Zweigen.
Zu diesen mit Bedacht einzeln in den Rasen gestellten
und der Beachtung und Bewunderung gleichsam aus-
drücklich empfohlenen Raritäten kommt auch noch,

ebenfalls um die eigene Interessantheit gewissermaßen wissend und ein wenig der Unschuld beraubt, eine Anzahl von zwar nicht seltenen, aber durch Gärtnerkunst verwandelten, preziös und verträumt sich gebarenden Bäumen, vor allem Trauerweiden und Trauerbirken, vornehme langhaarige Prinzessinnen aus der sentimentalen Epoche, unter ihnen auch eine groteske Trauertanne, deren Stamm samt allen Ästen von einer gewissen Höhe an sich umbiegt und wieder den Wurzeln zustrebt. Es entsteht durch diese widernatürliche Umbiegung des Wachstums ein dichtes hängendes Dach, eine gewachsene Tannenhütte oder -höhle, in die ein Mensch eintreten und in der er verschwinden und hausen kann, als wäre er die Nymphe dieses wunderlichen Baumes.

Zu den schönsten Bäumen unserer kostbaren Pflanzung gehören einige prachtvolle alte Zedern, die schönste von ihnen berührt mit ihren oberen Ästen die Krone einer starkstämmigen Eiche, des ältesten Baumes auf dem Grundstück, sie ist weit älter als Park und Haus. Auch einige wohl gedeihende Mammutbäume gibt es, mehr in die Breite als in die Höhe strebend, es mögen die oft heftigen und kalten Winde sie dazu nötigen. Für mich der herrlichste Baum des ganzen Parkes ist nicht einer der vornehmen Ausländer, sondern eine alte, ehrwürdige Silberpappel von gewaltiger Größe, in geringer Höhe über der Erde in zwei mächtige Stämme sich teilend, deren jeder allein der Stolz eines Parkes sein könnte. Sie steht noch im vollen Laube, das vom Silbergrau über eine reiche Skala von bräunlichen, gelblichen, ja rosigen Tönen sich bis in ein schweres Dunkelgrau vertiefen kann, je nachdem Licht und Wind mit ihm spielen, dessen Farben aber stets etwas Metallenes, eine spröde Härte haben. Wenn in dieser riesigen Zwillingskrone ein kräftiger Wind spielt und der Himmel, wie es zuweilen in diesen frühen Novembertagen noch vorkommt, noch ein feuchtes, tiefes Sommerblau hat oder mit Wolken dunkel verhängt ist, ist es ein königliches

Schauspiel. Dieser ehrwürdige Baum wäre eines Dichters wie Rilke und eines Malers wie Corot würdig.

Das Vorbild und Stilideal dieses Parkes ist das englische, nicht das französische. Man hat eine scheinbar natürlich gewachsene, ursprüngliche Landschaft im kleinen herstellen wollen, und stellenweise ist diese Täuschung beinahe geglückt. Aber schon die vorsichtige Rücksichtnahme auf die Architektur und die sorgfältige Behandlung des Geländes und seines Gefälles gegen den See zeigen aufs deutlichste, daß es sich doch eben nicht um Natur und Wildwuchs, sondern durchaus um Kultur, um Geist, um Willen und Zucht handelt. Und es gefällt mir gut, daß dies alles aus dem Park auch heute noch spricht. Er wäre möglicherweise schöner, wenn er ein wenig sich selbst überlassen, ein wenig vernachlässigt und verwildert wäre; es würde dann Gras auf den Wegen und Farn in den Ritzen der Steintreppen und Einfassungen wachsen, der Rasen wäre vermoost, die Zierbauten eingesunken, alles spräche vom Drang der Natur nach wahlloser Zeugung und wahllosem Verfall, es wäre der Wildnis und dem Gedanken des Todes der Zutritt in diese vornehm schöne Welt gestattet, man sähe Fallholz liegen, sähe die Leichen und Stümpfe gestorbener Bäume von moorigem Kleinwuchs überklettert. Aber nichts davon ist hier zu spüren. Der starke, genau und zäh planende Menschengeist und Kulturwille, der einst den Park entworfen und gepflanzt hat, beherrscht ihn noch heute, erhält und pflegt ihn und läßt der Wildnis, der Liederlichkeit, dem Tode keinen Schritt breit Raum. Es sprießt weder Gras auf den Wegen noch Moos im Rasen, es wird weder der Eiche gestattet, ihre Krone allzusehr in die nachbarliche Zeder hineinwachsen zu lassen, noch den Spalieren, den Zwerg- und Trauerbäumen, der Zucht zu vergessen und dem Gesetz zu entrinnen, nach dem sie gestaltet, beschnitten und gebogen worden sind. Und wo ein Baum gefallen und abhanden gekommen ist, sei es durch Krankheit, Alter, Sturm oder Schneedruck, da hinterblieb nicht eine unordentliche Stätte des Todes und des chaotischen Nachwuchses, sondern es steht an Stelle des Gefallenen klein, hager und adrett, mit zwei, drei Zweigen und ein paar Blättern ein junger, neu gepflanzter Baum auf runder Scheibe, fügt sich gehorsam in die Ordnung ein und hat neben sich einen saubern starken Stab stehen, der ihn hält und schützt.

So hat hier ein Werk aristokratischer Kultur sich in eine völlig veränderte Zeit hinein erhalten, und der Wille des Stifters, jenes letzten Gutsherrn, der seinen Besitz einer wohltätigen Anstalt schenkte, wird respektiert und regiert noch immer. Es gehorcht ihm die hohe Eiche und Zeder wie der magere junge Pflänzling am Stabe, es gehorcht ihm die Silhouette jeder Baumgruppe, und es ehrt und verewigt ihn ein würdiger klassizistischer Denkstein auf der letzten Gartenterrasse, die ein letzter weiter Rasenplatz vom Schilfufer und Wasser trennt. Und auch die einzige sichtbare Wunde, die eine brutale Zeit diesem schönen Mikrokosmos geschlagen hat, wird bald verschwinden und verheilen. Es mußte während des letzten Krieges eine der höher gelegenen Rasenflächen umgepflügt und zu Acker gemacht werden. Aber die leere Fläche wartet schon wieder auf Egge und Rechen, um das eingedrungene Rohe auszulöschen und wieder mit Rasen besät zu werden.

Nun habe ich dies und jenes über meinen schönen Park gesagt und doch mehr vergessen, als was ich beschrieben habe. Ich bin den Ahornen und den Kastanien ein Lob schuldig geblieben und habe die üppigen dickstämmigen Glyzinen der Innenhöfe nicht erwähnt, und noch vor ihnen allen hätte ich der wundervollen Ulmen gedenken sollen, deren schönste meiner Wohnung ganz nahe zwischen Villa und Hauptgebäude steht, jünger, aber höher als die ehrwürdige Eiche drüben. Dieser Ulmbaum kommt aus der Erde mit einem festen und dicken, aber von allem Beginn an nach Höhe und Schlankheit trachtenden Stamm, der dann nach kurzem energischem Anlauf in ein ganzes Volk von himmelwärts drängenden Ästen wie ein sich vielfach teilender

Wasserstrahl auseinanderspritzt und sprießt, schlank, heiter und lichtbegierig, bis seine freudige Aufwärtsbewegung in einer hohen, schön gewölbten Krone zur Ruhe kommt.

Wenn nun in diesem geordneten und kultivierten Bezirk kein Raum für das Primitive und die Wildnis sich findet, so stoßen die beiden Welten doch an den Grenzen der Anlagen überall zusammen. Schon als sie gepflanzt und angelegt wurden, endeten ihre sanft abwärts führenden Wege im Sand und Sumpf des flachen Schilfufers, und in neueren Zeiten bekamen sie auf noch viel spürbarere Weise die ungezähmte und sich selbst überlassene Natur zur Nachbarin. Es wurde vor einigen Jahrzehnten infolge der Herstellung verbindender Kanäle zwischen den Seen der Gegend der Spiegel des hiesigen Sees um einige Meter gesenkt und damit ein breiter Streifen des einstigen Seerandes trockengelegt. Auf diesem Streifen nun überließ man, da man nichts mit ihm anzufangen wußte, die Natur sich selbst, und jetzt wuchert hier ein zum Teil noch sumpfiger, meilenlang sich hindehnender struppiger und etwas krüppeliger Wald, ein aus angeflogenen Samen gewachsener Dschungel von Erlen, Birken, Weiden, Pappeln und manchen anderen Bäumen, welche langsam diesen ehemaligen sandigen Seeboden in Waldboden verwandeln. Auch Eichengestrüpp zeigt sich darin hier und dort, das sich auf diesem Boden nicht eigentlich wohl zu fühlen scheint. Und ich könnte mir denken, daß im Sommer hier manche Riedgewächse blühen, daß hier silbernes Wollgras steht und jene hohen gefiederten Orchideen, die ich von den Sumpfwiesen am Bodensee kenne. Auch vielen Tieren bietet dieser Wildwachs Zuflucht, es nisten in ihm außer Enten und andern Schwimmvögeln auch Schnepfen, Brachvögel, Reiher und Kormorane, ich sah Schwäne fliegen und sah vorgestern aus diesem Gehölz zwei Rehe kommen und gemächlich in kleinen spielerischen Sprüngen eine der weiten Rasenflächen unsres Parks durchqueren.

Was ich nun hier, wenn nicht beschrieben, so doch summarisch aufgezählt habe, der stattliche gepflegte Park samt dem primitiven Jungwald im feuchten Neulande scheint eine ganze Landschaft zu sein und ist doch nur die allernächste Umgebung unsres Hauses. Wandle ich in dieser Umgebung für eine Viertelstunde die Wege auf und ab, so ist sie in der Tat eine Einheit, eine begrenzte kleine Welt, die uns, so wie etwa eine Parkanlage in einer Großstadt, für eine Weile genügen, Freude machen und die übrige Natur ersetzen könnte. In Wirklichkeit aber ist dies alles, Park, Gärtnerei, Obstgärten und Waldgürtel, nur Vordergrund und Stufe, die in etwas viel Größeres und Einheitlicheres führt. Geht man die hübschen Wege vom Hause abwärts unter den hohen Ulmen, Pappeln, Zedern hin, an den üppigen Kegeln der Wellingtonien vorbei, deren dicke zimmetfarbene Stämme so warm und wohlgeborgen hinter dem Zelt der hängenden elastischen Äste ragen, am Affen- und Perückenbaum, an Trauerweiden und Christdorn vorüber zum Ufer hinab, dann steht man erst der echten und ewigen Landschaft gegenüber, deren Charakter nicht Hübschheit und Interessantheit, sondern Größe ist, einer weiten, offenen, einfachen, unabsehbar großen Landschaft. Hinter dem bräunlichen, im Winde wehenden und tanzenden Kleinwald des Uferschilfes dehnt sich manche Meilen weit der See, himmelfarben bei stillem Wetter und dunkel blaugrün wie Gletschereis bei stürmischem, und jenseits (falls nicht wie an vielen Tagen das Jenseits in grauem und opalfarbenem Dunst verborgen bleibt) ziehen niedrige, langgestreckte Jura-Bergzüge ihre ruhigen, aber energischen Linien in den Himmel, der über dieser scheinbar beinah flachen Weite unendlich groß ist. Seit meinen Bodenseejahren habe ich nicht mehr in einer solchen Landschaft gelebt, das ist bald fünfunddreißig Jahre her. See- und Himmelsweite, Duft von Wasser und Tang, wehendes Schilf, Schreiten auf feuchtem Ufersand, über mir im unendlichen Himmel die Wolken und ein paar Vögel – wie sehr habe ich das einst geliebt! Seither habe ich, ohne es so recht zu wissen, immer in Landschaften etwas näher beim Hochgebirge gelebt, deren Charakter das Feste, genau Umrissene war, die nicht wie die hiesige vor allem aus Himmel, Luft, Dunst, Wind, Bewegung bestanden. Es ist mir zur Zeit nicht eben um das Grübeln und Deuten zu tun, es ließe sich sonst über diese Rückkehr aus einer statischen in eine dynamische Welt manches Hübsche phantasieren. Da ist es denn nun wieder und spricht mich in unvergessener Sprache an, das Grenzenlose, Meerähnliche, Feuchte, Spiegelnde, sich Verschleiernde und Entschleiernde, ewig Veränderliche und Wechselnde einer Welt, in welcher Wasser und Himmel alles andre beherrschen. Lang stehe ich oft am Ufer, den Hut in der Hand und den Wind im Haar, von Klängen und Düften der Jugendzeit angeweht, gestellt und angeblickt von einer Welt, die mich dringlich an Vergangenes mahnt, die mich prüft und mustert wie ein Vater den von langer Wanderschaft heimkehrenden Sohn, ohne daß ich doch mein langes Ferngebliebensein als Untreue empfände. Stets scheint ja das Dauernde auf das Vergängliche mit einer Überlegenheit zu blicken, die zwischen Spott und Duldung schwebt, und so finde ich alter Mann mich vom Geist dieser feucht-kühlen Weite geprüft und gemustert, geduldet und ein wenig bespöttelt, ohne daß ich mich gedemütigt fühle. Es ist jede neue Begegnung mit der Erde und Natur von ähnlicher Art, wenigstens für unsereinen, für uns Künstler: unser Herz kommt dem Elementaren und scheinbar Ewigen willig und voll Liebe entgegen, schlägt mit dem Takt des Wellenganges, atmet mit dem Winde, fliegt mit den Wolken und Vögeln, fühlt Liebe und Dankbarkeit für die Schönheit der Lichter, Farben und Töne, weiß sich zu ihnen gehörig, ihnen verwandt und bekommt doch niemals von der ewigen Erde, dem ewigen Himmel eine andre Antwort als ebenjenen gelassenen, halb spöttischen Blick des Großen für das Kleine, des Alten für das Kind, des Dauernden für das Vergängliche. Bis wir, sei es in Trotz oder

Demut, in Stolz oder in Verzweiflung, dem Stummen die Sprache, dem Ewigen das Zeitliche und Sterbliche entgegenstemmen und aus dem Gefühl der Kleinheit und Vergänglichkeit das ebenso stolze wie verzweifelte Gefühl des Menschen wird, des abtrünnigsten, aber liebefähigsten, des jüngsten, aber wachsten, des verlorensten, aber leidensfähigsten Sohnes der Erde. Und siehe, unsre Ohnmacht ist gebrochen, wir sind weder klein noch trotzig mehr, wir begehren nicht mehr das Einswerden mit der Natur, sondern stellen ihrer Größe die unsre entgegen, ihrer Dauer unsre Wandelbarkeit, ihrer Stummheit unsre Sprache, ihrer scheinbaren Ewigkeit unser Wissen vom Tode, ihrer Gleichgültigkeit unser der Liebe und des Leidens fähiges Herz.

Ich habe nun, so könnte es scheinen, diese großartige und zauberhafte, in ihren herbstlichen Tönen wunderbar malerische Landschaft andeutend skizziert. Aber noch bin ich damit nicht fertig. Außer dem flachen, schwerbodigen Bauernland, den vielen Gärten und Parken, dem Ufer, dem See, dem beinahe um den ganzen Horizont reichenden Ring von Waldhügeln und langhin gestreckten Jura-Hügelketten gehört noch etwas zu ihrem Bestande, herrscht und spricht noch etwas in ihr mit: die Berge, die Alpen. An den meisten Tagen freilich sind sie um diese Jahreszeit nicht zu sehen, oder es ragt nur für eine halbe oder ganze Stunde etwa einmal jenseits der Hügelzüge etwas Weißes oder Blaues oder Rosiges auf, ein Dreieck oder Vieleck, scheint Wolke zu sein und verrät doch für Augenblicke seine andre Materie und Struktur, rückt den weiten Horizont noch um ein beträchtliches weiter zurück und macht dennoch im selben Augenblick den Eindruck der Grenzenlosigkeit wieder zunichte, denn das Auge ahnt dort, durch das Blaue oder Rosige angedeutet, etwas Festes, eine Grenze, eine Mauer. Und zweimal sah ich gegen Abend nicht nur solche vage und vereinzelte Berggestalten sich flüchtig zeigen, sondern sah, rötlich bestrahlt mit blauen Schattenseiten, die mir so vertraute Bergreihe des Berner Oberlandes stehen, die Jungfrau in der Mitte. Sie zeichneten in jene Ferne, wo sich sonst über den Hügeln alles in Licht und Dunst und Himmel auflöst, eine Grenze, einen zwar sehr zarten, doch entschiedenen Umriß, strahlten bis zum Sinken der Sonne in einem weichen lächelnden Licht und erloschen und verschwanden alsdann unversehens, und das Auge, sosehr es von ihnen entzückt und beschenkt worden war, vermißte sie nicht, so unirdisch und beinahe unwirklich war die holde Erscheinung gewesen.

Nun aber kam ein Tag, an dem mir unverhofft ein ganz und gar anderes, neues, gewaltiges Bild der Alpen zu sehen bestimmt war. Es war Sonntag, ich hatte vor Tische den allzu kurzen Gang getan, den meine Kräfte mir erlauben, war sehr ermüdet zurückgekehrt, hatte zu Mittag gegessen, mich der Schuhe entledigt und auf den Diwan gelegt, hatte einige seit Tagen wartende Briefe und dann eines der Grimmschen Märchen gelesen (oh! mit wie vielen seit einem Jahrhundert unverwelkt fortblühenden Gaben haben diese beiden Brüder ihr Volk beschenkt!), hatte begonnen, mir die Antwort auf einen der Briefe zu überlegen, war aber nicht weit damit gekommen, sondern eingeschlummert. Es wurde bald darauf sachte an meine Tür gepocht, der kleine Schlaf war ohnehin nicht tief gewesen, und es kam der Doktor, um mir zu sagen, daß er mit seinem Söhnchen ausfahren wolle und mich einlade mitzukommen. Ich war rasch fertig, wir stiegen ein und fuhren auf den nächsten wegen seiner Alpenaussicht berühmten Juraberg. Schnell war die Ebene mit den großen Rübenfeldern und vielen Obstbäumen durchfahren, sauber gehaltene Weinberge mit niedrigen, genau nach der Schnur in gleichen Abständen gepflanzten Reben bedeckten die Südhänge der Hügel, dann stieg die Straße durch gemischten Wald mit braunem Buchenlaub, frischem Tannengrün und herbstgelben Lärchen rasch empor und brachte uns in kurzer Fahrt auf eine Höhe von etwa tausend Metern oder wenig mehr. Da hatten wir den Grat erreicht, die Straße lief von hier an beinahe eben weiter. Wir klommen noch einige Schritte auf einer kahlgeweideten Matte hinauf, und der Blick auf die Alpen, von dem wir einzelne Ausschnitte schon auf der letzten Strecke der Bergstraße im Fahren mehr geahnt als gesehen hatten, lag nun enthüllt und frei vor uns, ein ungeheurer und eigentlich erschreckender Anblick. Das ganze vor uns liegende Seetal und Tiefland war unsichtbar, es lag in einen noch nicht zu Nebel verdichteten Dunst versunken, der es uns beinahe ganz verhüllte, der sich da und dort leise atmend regte, zuweilen ein Stückchen Land freigab, im ganzen aber den Eindruck völliger Stille und Regungslosigkeit machte. Sah man eine Weile hinein, so konnte man der Täuschung verfallen, der in Wirklichkeit unsichtbare See dehne sich da unten und erstrecke sich Hunderte von Meilen bis an den Fuß dieses Kolosses von Gebirge, das sich dort drüben jenseits der Dunstwelt nackt und klar in den Himmel reckte. Man sieht von hier aus nicht eine Berggruppe oder einige, sondern das Ganze, sämtliche Alpen vom äußersten Osten des Landes bis zu ihren letzten Zacken und Graten im Savoyischen, das Rückgrat Europas, vor uns hingelegt wie das eines Riesenfisches, eine starre, klare, kalte, fremde, ja bittere und drohende Welt aus Fels und Eis, in kaltem, feindseligem Blau mit vereinzelten, hier oder dort für eine Weile hell bestrahlten Steilflächen, deren Firn dem Licht auf eine kalte, kristallne, nüchterne und beinah abstrakte Weise Antwort gab. Ungeheuer, stumm, eisig, eine strenge, wehrhafte Barrikade durch die Mitte unsrer Welt, ragte hart und messerscharf, erstarrt wie ein hundert Meilen langer Lavazug, die Kette der Alpen in den kühlen Herbsthimmel. Es war eine Art Grausen, eine Empfindung eines mit Wonne gemischten Erschrecktwerdens und Frierens wie beim Empfang eines sehr kalten Wasserstrahls, womit ich auf diesen Anblick antwortete, es tat weh und wohl, es weitete und beklemmte zugleich. Wie man, nach Arbeit und Alltag, vor dem Schlafengehen noch ein Fenster öffnet und aus der Alltäglichkeit, Abgenütztheit und Geborgenheit des allzu Gewohnten einen Blick in den von Sternen kalt flammenden Winternachthimmel tut, so sahen wir von unsrem Berggrat, der mit seiner Fahrstraße und dem Hotel, mit Sommerhäusern und Kapelle einen recht wohnlichen und gezähmten Eindruck machte, über die weite See von Dunst hinweg auf dieses Große, Fremde, Starre, Überwirkliche hinüber. Etwas später, als sich jene erste heftige Empfindung etwas beruhigt hatte, kam mir ungesucht das Bild eines Malers in die Erinnerung. Es war aber weder Hodler noch Calame noch sonst einer unsrer großen Alpenmaler, sondern einer aus der Zeit lang vor der Entdeckung der Alpen, der alte Sieneser Maler Simone Martini; von dem gab es ein Bild, auf dem ein Ritter einsam der Weite und Ferne entgegenreitet, und quer durch das Bild zieht sich ein nacktes, kahles Gebirge, hart und scharfkantig, grätig und dornig wie der Rücken eines Barsches.

1946

ANHANG

NACHWORT

„Zu den mir bestimmten, mir gemäßen und wichtigen Erlebnissen gehören nächst den menschlichen und geistigen auch die Landschaft", schreibt Hermann Hesse 1953. „Außer den Landschaften, die mir Heimat waren und zu den formenden Elementen meines Lebens gehören: Schwarzwald, Basel, Bodensee, Bern, Tessin, habe ich einige, nicht sehr viele, charakteristische Landschaften mir durch Reise, Wanderung, Malversuche und andre Studien angeeignet und sie als für mich wesentlich und wegweisend erlebt, so Oberitalien und namentlich die Toskana, das Mittelländische Meer, Teile von Deutschland und andre."

In jungen Jahren, als Buchhändlerlehrling und Sortimentsgehilfe in Tübingen, ist Hesse viel gewandert. „Mit wenig Geld und ohne Gepäck" streift er durch seine schwäbische Heimat, macht er sich den Odenwald und die Schwäbische Alb, den Schwarzwald und das obere Rheintal zu eigen. Mit seinem Eichendorff, seinem Hölderlin und Mörike in der Tasche dringt er in die „schlichten Geheimnisse der Reisekunst" ein. Die Dichter der Romantik lehren ihn die „Poesie des Reisens" und daß „jede Vergnügungs- oder Studienreise ein Liebhaben, Lernenwollen, Sichhingeben" bedeutet.

Mit der Übersiedelung nach Basel im Herbst 1899 erweitert sich das Wanderrevier nach Süden hin. Hesse entdeckt die Hochgebirgslandschaft für sich, die Seen und Hochtäler der Schweizer Alpen. Auf tagelangen Ruderpartien an den Ufern des Vierwaldstätter Sees, „um kleine felsige Halbinseln und Vorgebirge herum", sucht der junge Dichter „einen Weg vom Anschauen der Natur zum wirklichen Leben in ihr". In Vitznau am Vierwaldstätter See schreibt er am Tagebuch Lauschers, macht er die ersten Studien zum „Peter Camenzind". Mit Bergschuhen und Rucksack durchwandert er das Berner Oberland, das Gebiet um den Sankt Gotthard, das Engadin. Auf einsamen Skitouren dringt er in entlegene Täler vor, genießt die Farben des Sonnenlichts an den Felswänden, auf den Gletschern und Schneefeldern. „Seither habe ich", vermerkt er später, „ohne es recht zu wissen, immer in Landschaften etwas näher beim Hochgebirge gelebt, deren Charakter das Feste, genau Umrissene war."

Im Jahre 1901, seit langem „sehnlich erträumt", kommt er zum erstenmal nach Italien. Dieser Augenblick gibt „ein so intensives erhöhtes Glücksgefühl", wie er es bis dahin nicht gekannt hat und wie es ihm „vielleicht nie wieder zuteil werden wird". Bis zum Ausbruch des ersten Weltkrieges ist er „so ziemlich jedes Jahr einmal in Italien". Erst wenn er die Südseite der Berge erreicht, beginnt für ihn das rechte Wanderleben. Wenn er die „gesegnete Gegend am Südfuß der Alpen" wieder sieht, dann ist ihm zumute, als kehre er „aus einer Verbannung heim", als sei er endlich wieder auf der richtigen Seite der Berge. „Hier scheint die Sonne inniger, und die Berge sind röter, hier wächst Kastanie und Wein, Mandel und Feige, und die Menschen sind gut, gesittet und freundlich, obwohl sie arm sind. Und alles, was sie machen, sieht so gut, so richtig und freundlich aus, als sei es von Natur so gewachsen."

Bei seinen Reisen und Wanderungen trägt Hesse stets ein Notizbuch bei sich, in dem er am Abend seine Eindrücke und Erlebnisse festhält. Zuweilen entsteht aus den Aufzeichnungen ein Artikel oder ein Feuilleton, das an eine Zeitung oder Zeitschrift gegeben wird. Der Schreiber mißt diesen Prosastücken keine allzugroße Bedeutung bei, aber viele der darin skizzierten Bilder und Stimmungen kehren später in Erzählungen und Romanen wieder. „Da es mir fast nie auf Geschehen und auf Pointe ankommt", heißt es in einem Brief aus dem Jahre

1904, „sind meine Sachen für ein großes Publikum meist langweilig. Auch pflege ich auf die Darstellung des Landschaftlichen, des Atmosphärischen usw. besonders zu achten, was nur wenige goutieren. Doch schreibe ich je und je so etwas wie ein Feuilleton, am liebsten zum Beispiel eine Landschaftsstimmung oder dergleichen."

So geht die Landschaft am Bodensee, die Umgebung von Gaienhofen, wo Hermann Hesse nach seiner Heirat mit der Baslerin Maria Bernoulli von 1904 bis 1912 lebt und wo er sich ein eigenes Haus baut, in etliche Schilderungen und Stimmungsbilder ein. Hier, in der Abgeschiedenheit des Landlebens, im Kreislauf bäuerlichen Daseins, kann sich der Dichter das erfüllen, was er, einem romantischen Ideal folgend, von früh an ersehnte: Sich-heimisch-Fühlen in der Landschaft, „Einswerden mit der Natur". Er beschreibt die „kleinen Wanderfreuden" dieser Jahre, den See im Wechsel der Farben und Stimmungen, die Jahreszeiten mit ihren Höhepunkten und Übergängen, preist den Sommer, die „königliche Zeit", die „schönsten" und „köstlichsten" Tage und Nächte des Jahres.

Aber die ländliche Idylle vermag die Wandersehnsucht und das Fernweh nicht zu stillen. Erinnerungen an Jugendabenteuer und die aus der Romantik überlieferte Furcht des Künstlers, im „Philisterland" zu enden, lassen keine Ruhe aufkommen. Bisweilen überfällt den Dichter ein „Zorn" über das „bequeme Hinleben", und er möchte sein „bißchen Haus und Glück und Behagen gern für einen alten Hut und Ranzen" geben, „um noch einmal die Welt zu grüßen" und sein „Heimweh über Wasser und Land zu tragen". Von seiner „heimischen Ofenbehaglichkeit" sieht Hesse den Wanderburschen nach, diesen „fröhlichen Leichtfüßen", denen sein Herz gehört. „Jeder von euch, auch der Verlottertste, hat eine unsichtbare Krone auf, jeder von euch ist ein Glücklicher und ein Eroberer. Auch ich bin euresgleichen gewesen und weiß, wie Wanderschaft und Fremde schmeckt." Die Gestalt des Wanderers und Vagabunden

Knulp, der den „seßhaften Leuten immer wieder ein wenig Heimweh nach Freiheit" mitbringt, ist hier bereits vorgezeichnet.

Die „alten, oft gespielten Melodien: Heimathaben, ein kleines Haus im grünen Garten, Stille ringsum, weiter unten das Dorf", werden ständig unterbrochen durch Wanderlust, durch fluchtartig anmutende Reisen. Sein Leben habe keine Mitte, bekennt der Dichter, sondern schwebe zuckend zwischen vielen Reihen von Polen und Gegenpolen. „Sehnsucht nach Daheimsein hier, Sehnsucht nach Unterwegssein dort. Verlangen nach Einsamkeit und Kloster hier und Drang nach Liebe und Gemeinschaft dort!"

Die Sehnsucht nach Unterwegssein führt ihn vor allem nach Italien. Hier findet er, wonach sein „Bildungsdurst", seine „Entdeckungslust" verlangt: scheinbare Harmonie von Mensch, Landschaft und Kunst. Die Liebe zu Italien steht in Wechselbeziehung zu dem wachsenden Unbehagen über die Situation im Wilhelminischen Deutschland. Der Reisende erlebt die Unbekümmertheit der Menschen hier im Süden und ihre Armut und stellt sie unmerklich den Verhältnissen zu Hause gegenüber.

Italien ist nicht allein Ziel von Bildungsreisen, es liefert den landschaftlichen Rahmen für jenes modische Lebensideal, das mit dem Namen Franz von Assisi verbunden ist. Hesse wandert durch Umbrien, durch die geliebte Toskana, um die Orte in sich aufzunehmen, wo der Begründer des Bettelordens der Franziskaner gelebt hat. „Ich sah Assisi und sah in seiner Nähe die Portiuncula liegen, heilige Orte, und alle verklärt von dem Liebreiz und Zauber, den der heilige Franz und die alte umbrische Kunst in dies Land gebracht hat." Im Zeichen Franz von Assisis stehen die Versuche Hesses, sich von der bürgerlichen Konvention, dem bürgerlichen Literaturbetrieb frei zu halten und dem „einfachen Leben" nahe zu bleiben.

„Es kam eine Zeit", notiert Hesse später, „da reiste ich

viel, denn es war mir nicht mehr so sehr wohl in dem hübschen Hause am Bodensee." Der Traum von Glück und Behagen in diesem Haus war ein falscher Traum und muß begraben werden. Der Zwiespalt in seiner künstlerischen Existenz und der Gegensatz zur offiziellen deutschen Politik tragen dazu bei, daß Hesse Gaienhofen aufgibt. Im Herbst 1912 siedelt er mit seiner Familie nach Bern über, in das Haus seines verstorbenen Freundes, des Malers Albert Welti. „In einem herrlichen alten Garten mit gewaltigen uralten Bäumen, nahe bei einer schönen Schweizer Stadt, mit dem Blick auf die nahen feierlichen Schneeberge, zündete ich meine gewohnten Herbst- und Frühlingsfeuer wieder an."

Der Dichter sucht Befreiung aus einer Lage, die immer auswegloser zu werden droht. Seit langem schon ist ihm, als lese er „unnötige Bücher, schreibe unnötige Artikel und habe unnötige Gedanken". Indien und Ostasien gehören zu jener „geistigen Landschaft", von der er sich Trost und Heilung verspricht. Erinnerungen des Großvaters und der Eltern an die Missionsjahre in Indien und eine durch die Philosophie Schopenhauers und die Werke Dostojewskis beeinflußte Zeitströmung bestärken ihn in der Hoffnung, daß von „Asien" eine geistige Erneuerung zu erwarten sei.

Im Herbst 1911 geht Hesse mit dem befreundeten Maler Hans Sturzenegger in Genua an Bord der „Prinz Eitel Friedrich" des Norddeutschen Lloyd, um nach Hinterindien zu fahren. Die Reise währt von Anfang September bis Mitte Dezember und führt nach Malakka, Sumatra und Ceylon. Ein Streifzug durch den Süden Vorderindiens muß aufgegeben werden, „weil Magen, Darm und Nieren streiken".

Die Asienreise endet mit mancherlei Enttäuschungen. Tropische Hitze und körperliche Beschwerden machen dem Dichter zu schaffen. Er leidet an Dysenterie, an Schlaflosigkeit, an der schlechten englisch-indischen Küche. Ein „Heimatgefühl" der tropischen Landschaft gegenüber stellt sich nicht ein; sie bleibt ihm „fremd und merkwürdig". Überall in den Städten trifft er auf Europa, ein durch koloniale Geschäfte verdorbenes, schlecht imitiertes, importiertes Europa. Bald schon muß er die Hoffnung aufgeben, „etwas von Kunst und Volkstum der Malaien zu sehen oder sonst wertvolle Studien machen zu können". Der Reisende findet nur „arme Reste einer alten Paradiesmenschheit, die vom Westen korrumpiert und gefressen wird". In den „von Fruchtbarkeit dampfenden Tälern" begegnet ihm eher Franz von Assisi als der Geist des Taoismus. Es sind vor allem die „Bilder des kleinen Lebens", die den Dichter fesseln und die seinen Berichten Farbe und Glanz verleihen. Das „kulturelle Unvermögen des Westens", die Auswirkungen des britischen und niederländischen Kolonialismus registriert er mit Scham und Abscheu.

In einem Brief an Romain Rolland schreibt Hesse 1923: „Damals, im Augenblick, wo ich europamüde nach Indien floh, fand ich drüben nichts als den Reiz der Exotik. Vom indischen Geist, den ich schon damals kannte und suchte, hat mich, während der Reise selbst, diese materielle Exotik mehr getrennt als ihm zugeführt. Nun, jetzt habe ich im ,Siddhartha' meine Schuld an Indien zum Teil abtragen können und glaube, des östlichen Gewandes vielleicht nie mehr zu bedürfen."

Zu dieser Zeit ist dem Dichter die Reiselust, die „Wandersehnsucht" längst verleidet. Der Weltkrieg, den er als Mitarbeiter der deutschen Kriegsgefangenenfürsorge in Bern übersteht, hat auch im Leben Hermann Hesses vieles verändert, hat lange Angestautes und Verdrängtes zum Ausbruch gebracht. Der Krieg bedeutet für ihn, heißt es später in einem Brief, „etwas wie Erwachen oder Erwachsen-Werden, das Abstreifen einer angenehmen Blindheit und Verantwortungslosigkeit, und das Aufsichnehmen der Wirklichkeit".

Seit dem Kriege, sagt Hesse, sei er nie mehr „zum Vergnügen" auf Reisen gegangen. Nach der Aufgabe des Welti-Hauses in Bern und der Trennung von seiner Frau und den Kindern im Frühjahr 1919 führt er eine „etwas vagantenhafte" Existenz. Im Tessin kann er sich einen alten Wanderertraum erfüllen. Unweit von Lugano findet er ein „kleines verschlafenes Dorf", Montagnola, wo er „allein und in vollkommener Stille von vorn beginnen" kann. Hier lebt er viele Sommer als „Waldmensch" und Eremit; vom Frühling bis zu den ersten kalten Nächten vermag ihn nichts aus seinem ländlichen Asyl wegzulocken. „Wandernd, rastend, malend, müßiggängerisch und doch fleißig" macht er sich das „schöne Land" zwischen dem Lago Maggiore und dem Comer See zu eigen.

Doch im Herbst überkommt ihn, aus anderen Gründen nun als früher, die „Reiseunruhe". Nachdem er in seiner schwer heizbaren Mietwohnung in dem oft beschriebenen und aquarellierten pseudobarocken Schlößchen, der Casa Camuzzi, „vier bittere Hungerwinter durchfroren" hat, verbringt er die kalte Jahreszeit zumeist in der Stadt. Freunde laden ihn nach Basel oder Zürich ein, wo ihm ein Winterquartier zur Verfügung steht. Mitunter zwingt ihn die angegriffene Gesundheit, ein Sanatorium aufzusuchen, oder Literaturagenten überreden den Einsiedler von Montagnola, zu Dichterlesungen nach Deutschland zu fahren. Vortragsreisen und Kuraufenthalte vor allem liefern jetzt Stoff für Situationsberichte und für Erzählungen.

Anfangs, noch unter dem Eindruck des ersten Jahres in Montagnola, des „vollsten, üppigsten, fleißigsten und glühendsten" Jahres seines Lebens, interpretiert Hesse das „ziellose Schweifen", das „befreite Vagabundentum" als ein Merkmal künstlerischer Existenz. Er nennt sich einen Wanderer und Nomaden, einen „Verehrer der Untreue, des Wechsels, der Phantasie". Der Wandertrieb und das Vagabundentum, ein oft variiertes Motiv im Werk des Dichters, wird psychoanalytisch begründet: Es sei „zu einem großen Teil Liebe, Erotik". Die Reiseromantik sei zur Hälfte nichts anderes als Erwartung des Abenteuers. „Zur andern Hälfte aber ist sie unbewußter Trieb, das Erotische zu verwandeln und aufzulösen. Wir

Wanderer sind darin geübt, Liebeswünsche gerade um ihrer Unerfüllbarkeit willen zu hegen..."

In der Nachfolge seines Helden Peter Camenzind, „des Dichters, Wanderers, Trinkers und Einspänners", und des Landstreichers Knulp projiziert Hesse seine Wandersehnsucht und sein Fernweh, seinen Protest gegen die Enge und Philisterhaftigkeit bürgerlichen Lebens in immer neue Gestalten und Schicksale. Sind viele der frühen Skizzen und Erzählungen geprägt von der aus der Romantik überkommenen Polarität von Künstler und Bürger, so äußert sich jetzt unverhohlene Kritik an den politischen und gesellschaftlichen Verhältnissen in der Weimarer Republik. Natur und Landschaft werden erfahren als Freiraum, als letztes Abenteuer jenseits der Zwänge, der tödlichen Einförmigkeit kapitalistischen Erwerbsstrebens.

Während der Kriegsjahre in Bern hat Hesse zu malen begonnen. Er malt Tag für Tag, „viele hundert Studienblätter voll". Unzählige Male, von den verschiedensten Standorten aus, aquarelliert, beschreibt er die Landschaft der italienischen Schweiz, deren Farben und Formen in der Erzählung vom letzten Sommer des Malers Klingsor ekstatisch gefeiert werden. In dem Band „Wanderung" von 1920 fügen sich drei Arten des Landschaftsbildes, die Prosaskizze, das Gedicht und die Zeichnung, ebenbürtig zueinander. Der unter den Unbilden der Zeit leidende Künstler findet im Naturerlebnis, in der „magischen" Vereinigung mit der Landschaft Trost und innere Ruhe.

Sinn und Nutzen, Poesie und Romantik des Reisens haben Hesse von früh an beschäftigt. Jeder Ausflug, jede Wanderung regt dazu an, den Ursachen des seltsamen Triebes nachzuforschen. „Was ist das nun eigentlich, was unsereinen auf Reisen treibt?" fragt der Dichter. „Warum fahren wir Jahr um Jahr so viele hundert Meilen da- und dorthin, stehen dankbar und froh vor den Bauwerken und Bildern reicherer Zeiten, sehen neugierig und zufrieden dem Leben fremder Völker zu, die uns nichts angehen, plaudern in Eisenbahnzügen mit fremden Menschen und belauschen einsam das Straßengetriebe fremder Großstädte?"

Die wechselnden Antworten auf diese Frage machen deutlich, wie sich auch hier ein Weg „nach innen" abzeichnet. Glaubt Hesse in jungen Jahren noch vorwiegend aus „Bildungsdurst" und „Abenteuerlust" ausgezogen zu sein, so erklärt er den „rätselhaften Reisetrieb" später eher auf Schopenhauerische Art: „Das reine Schauen, das von keinem Zwecksuchen und Wollen getrübte Beobachten, die in sich selbst begnügte Übung von Auge, Ohr, Nase, Tastsinn, das ist ein Paradies, nach dem die Feineren unter uns tiefes Heimweh haben, und beim Reisen ist es, wo wir dem am besten und reinsten nachzugehen vermögen."

Das Abenteuer des Reisens scheint mehr und mehr verlorenzugehen. Der wachsende Autotourismus raubt dem Reisen jede Romantik. Jeder Schritt aus dem vertrauten Lebenskreis, aus der Stille und Abgeschiedenheit seines ländlichen Refugiums fällt dem Dichter von Jahr zu Jahr schwerer. Nur noch gezwungenermaßen verläßt Hesse sein geliebtes Tessin. „Ich reise bei meinem stets schlechten Befinden sehr ungern und selten", erklärt er 1931 in einem Brief. Zuletzt verengt sich der Raum immer mehr, in dem er lebt. Selbst der weitläufige Garten unterhalb des neuen Hauses in Montagnola, das er im Sommer 1931 bezieht, wird ihm am Ende zu groß; „es können Monate vergehen, ehe ich bis zur Quelle oder bis zur Einfahrt komme".

Im Lichte solcher Erfahrungen stellt sich die Reiselust früherer Jahre anders dar. Im Gegensatz etwa zu Goethe, der die Reise als eine Möglichkeit ansieht, „Interesse an der Welt zu nehmen", Beobachtungsvermögen und „Elastizität des Geistes" zu prüfen, betrachtet Hesse das Reisen eher als ein Mittel, vor der Welt auszuweichen. „Denn alle meine Wanderungen", schreibt er 1926, „alle meine Reisen waren und sind ja im Grunde nur eine Flucht – nicht zwar die Flucht der

Großstädter und Globetrotter, nicht die Flucht vor sich selber, die ewige Flucht vom Innen nach dem Außen, sondern gerade das Gegenteil: ein Fluchtversuch aus dieser Zeit heraus, aus dieser Zeit der Technik und des Geldes, des Krieges und der Habsucht, einer Zeit, die ihren Reiz und ihre Größe haben mag, die ich aber mit dem Besten in mir nicht billigen und lieben, sondern bestenfalls eben ertragen kann."

Nicht mehr die Beschreibung der Landschaft und ihrer Bewohner steht im Vordergrund, sondern die Existenz des Reisenden und sein krisenhaftes Weltgefühl. Nicht mehr das Angeschaute ist wichtig, sondern der Anschauende, der seine Fragen vorlegt, seine Zweifel anmeldet. Unlust und Unbehagen überschatten jede Reise und werden zum eigentlichen Gegenstand der Betrachtung. Ein größerer Ausflug, wie der nach Ulm, Stuttgart, Würzburg, Weimar und Berlin im Frühjahr 1928, erweist sich als eine langwierige, qualvolle Unternehmung und liefert Stoff für mehrere Berichte und Skizzen.

Schon im Herbst 1925 hat Hesse eine ähnliche Etappenfahrt und Vortragsreise durch Deutschland unternommen, die in dem Feuilleton „Reisebericht", ausführlicher und stilisierter in der Erzählung „Die Nürnberger Reise" beschrieben ist. Das Reisebild gerät zum Selbstporträt, zum Rapport über die geistige Situation der Zeit. Die Schilderung der Reisesorgen und Reisebeschwerden weitet sich zu einem humoristischen Protokoll über die inneren Nöte des Schriftstellers, über Bildungsbetrieb und Jahrmarkt der Literatur. Vielleicht sei doch, meint der Autor, „etwas wie ein Humorist" in ihm verborgen; Reisen sei ihm, so gesehen, Lehrmeister und Führer zum Humor.

Der Schreibende beobachtet sein Tun, sein Auftreten mit Argwohn und Skepsis. „Mißtrauen gegen die Literatur" und „Nichternstnehmen der Wirklichkeit" wenden seine Äußerungen ins Ironisch-Spielerische, machen sie zur Selbstpersiflage. Hesse wird nicht müde, die tragikomische Situation eines spätromantischen Dichters in der modernen Industriewelt zu schildern, der erschreckt und angewidert, „umknattert von Motoren, umschlängelt von Automobilen", „in die Auspuffgase dieser verfluchten Maschinen gehüllt", durch die Straßen fremder Städte geht.

Zuweilen bildet der Reisebericht nur mehr den Rahmen für bekenntnishafte Auslassungen, für zeitkritische Notizen. Wann immer Hesse eine Gelegenheit findet, macht er seiner Abneigung Luft gegen die „Scheußlichkeiten des modernen Reiselebens", gegen die Eisenbahnen, die Autos, die Fabriken, die großen Städte, die ganze „moderne Maschinenkultur". Die Mainlinie wird für ihn zur magischen Grenze; sorgsam meidet er die Industrireviere in West- und Mitteldeutschland. Nördliche Landstriche, „wo kein Wein mehr wächst", sind ihm nicht nur aus klimatischen Gründen verhaßt; die Aversion des liberalen Schwaben gegen Preußen und die „Berliner Kultur" scheint tief eingewurzelt. Hingegen bringt der Massentourismus Reisende aus Berlin in wachsender Zahl in die verborgensten Winkel der Schweiz. Schon ist der Autor selbst zu einer touristischen Attraktion geworden und hat Mühe, aufdringliche Besucher von sich fernzuhalten.

Hermann Hesse verteidigt die Natur, die Landschaft gegen die Industrie, gegen Raubbau und Ausbeutung, gegen Autos und Eisenbahnen, gegen umweltzerstörenden Tourismus. Seine Kulturkritik richtet sich immer entschiedener gegen die naturfeindlichen, menschenfeindlichen Auswirkungen der kapitalistischen Wirtschaftsordnung. Das allmählich hervortretende Bewußtsein von den Gefährdungen unserer natürlichen Umwelt findet in Hesse einen leidenschaftlichen Fürsprecher. Viele seiner Warnungen sind heute so aktuell wie vor sechzig oder achtzig Jahren.

Hesse nennt sich einen „Freund der Natur" und einen „Freund der Bücher". Landschaftsbeschreibung und Literatur- oder Kunstbetrachtung gehen leicht ineinander über. Einssein mit der Natur und Vertrautsein mit der Welt des Geistes erst, sagt er, macht uns fähig, Kultur zu genießen. Landschaftsbilder und Städteschilderungen führen immer auch hin zu Werken der Literatur, der bildenden Künste und der Musik. Neben den Porträtdarstellungen von Freunden und Verwandten füllen auch die Reiseskizzen wichtige Seiten in Hesses „Bilderbuch der Erinnerungen".

Viele Landschaften sieht und beschreibt Hesse mit den Augen des an den französischen Impressionisten geschulten Malers. Mit sorgsam gereihten Adjektiven sucht er eine genaue Vorstellung zu vermitteln von den Farben, den Farbenspielen, Farbenwechseln, den Farbschattierungen und Farbkombinationen, der „Stimmung und Beleuchtung". Der Kreislauf der Natur, die Jahreszeiten, die Übergänge zwischen den Jahreszeiten fordern ihn immer wieder zu gewissenhaften Abbildungen heraus. Stets sucht er Balance zu halten zwischen Bericht und Feuilleton, gleitet niemals ab in bloße Beschreibung oder in bloße Stimmungsmalerei.

„Es ist sehr schwer, gut über eine Reise zu schreiben", sagt Hesse. In der Wiedergabe charakteristischer Bilder und Begegnungen faßt der Schriftsteller seine Reiseerfahrungen zusammen. Immer bleibt er mit seinen Aufzeichnungen im Unmittelbaren, Alltäglichen, Gegenständlichen. Bei seinen Wanderungen weitab von den Touristenwegen sucht er mit den Einheimischen ins Gespräch zu kommen, mit Wirtsleuten, Handwerkern, Bauern, Vagabunden. Die schönen kleinen Abenteuer, meint Hesse, kann man nicht in Hotels und Bahnhöfen erleben, „sondern nur abseits im Volk, in Fischerhütten und Gebirgsherbergen".

Viele Reiseskizzen und Landschaftsbilder wachsen aus einer besonderen Stimmung heraus, die der Dichter „eine Stimmung von Zuschauertum der Umwelt wie der eigenen Person gegenüber, eine ironisch-spielerische Lust am Beobachten und Analysieren des Momentanen, eine Schwebe zwischen lässigem Müßiggang und intensiver Arbeit" genannt hat. Die Grenzen zum Feuilleton, zur Tagebuchaufzeichnung, zur brieflichen Mitteilung sind fließend. Manches wird rasch niedergeschrieben, und nicht immer entgeht der Autor der Gefahr, sich klischierten Wendungen auszuliefern. Vor allem in frühen Texten beobachtet man mitunter eine Häufung farbloser Adjektive wie köstlich, entzückend, zauberhaft, prachtvoll, fein, süß, wunderbar usw.

Als Verfasser kurzer Prosastücke hat Hermann Hesse „an vielen Blättern wahllos mitgearbeitet". In den zwanziger Jahren bevorzugt er das „Berliner Tageblatt" und die „Vossische Zeitung". Nach 1933 gibt er einen großen Teil seiner Beiträge an die „Neue Zürcher Zeitung" und die Basler „National-Zeitung". Er macht sich auch nichts daraus, „die Zeitungen hie und da zu bescheißen", indem er ihnen alte Beiträge, die ihm wieder in die Hände fallen und eines neuerlichen Abdrucks wert scheinen, nochmals als Erstdruck weggibt. Nicht immer ist es leicht, die erste Veröffentlichung genau zu bestimmen.

Die zu nichts verpflichtende Plauderei, das witzigsentimentale Feuilleton lehnt Hesse ab. Er haßt die Oberflächlichkeit und Abgebrühtheit jener „Literaten und Tintensäue", die über alles und jedes schreiben und „schnell vergessen". Auch in der kleinen Form, in der journalistischen Arbeit fordert er „Bekenntnis", einen „wirklichen, ernsthaften Glauben". Mit seinen Reiseskizzen verläßt er selten den Raum des eigenen Erlebens, geht er nie über das Gegenständliche und ihm Gemäße hinaus. Niemals läßt er den Leser im unklaren über seine Gedanken und Gefühle, seine Stellung gegenüber der Zeit und Gesellschaft. Gerade in den Reiseberichten mit ihrer rückhaltlosen Wiedergabe privaten Erlebens macht Hesse hartnäckig seinen Standort deutlich, den eines romantisch antibourgeoisen Verteidigers des Menschen und der Natur.

Hermann Kasack spricht einmal von der Wahrhaftigkeit der Haltung Hermann Hesses dem Leben gegenüber. Die Offenheit und Aufrichtigkeit seiner Bekundungen, die Klarheit der Diktion machen die Reisebilder und Landschaftsbeschreibungen über den Tag hinaus wertvoll. Als Hesse 1924 für einen Sammelband der kleinen Schriften seine Zeitungsartikel und Aufsätze durchsieht, ist er „oft recht erstaunt", in den Beiträgen von 1904 schon „Sachen ausgesprochen" zu finden, die er erst viel später gedacht und gewußt zu haben glaubt. An sich, so meint er, seien diese Arbeiten bedeutungslos, aber man könne daraus doch ziemlich deutlich sehen, daß er trotz allen Wandlungen „im Menschlichen, Künstlerischen und Politischen stets die gleichen Ziele verfolgte und die gleichen Gesinnungen hatte".

So behalten Auswahlbände wie „Bilderbuch" (1926) und „Betrachtungen" (1928) neben den „Gedenkblättern" (1937) und den Sammlungen der späten Prosa als Zeugnisse der Selbstfindung und Selbstbestätigung innerhalb des Werkes von Hermann Hesse ihren besonderen Platz. An der Aufreihung von Beiträgen aus mehreren Jahrzehnten könne man ablesen, sagt er, daß in seinem „Sein und Denken zwar Sturm und Entwicklung, aber nie ein Bruch" gewesen sei. „Zwar hat mich", heißt es in einem Brief von 1928, „die Erschütterung durch den Krieg, die auch meine Ehe und mein Privatleben vernichtete, sehr heftig betroffen – aber die Grundgedanken meines Denkens und Lebensglaubens sind nachher dieselben geblieben wie vorher; nur hatte ich erkannt, wie einsam und schutzlos alles edlere Menschentum, alle Humanität und Idealität in der Welt stehen, so daß ich meine Anschauungen mit mehr Bewußtsein und mehr Leidenschaft zum Ausdruck bringen mußte."

Kontinuität und Wandlungsbereitschaft gehören zu den Kennzeichen dieses Lebens und Werkes. Reisen bedeutet für Hesse im tiefsten Grunde, sich auf der Suche befinden nach dem Menschlichen, nach dem Ideal des Menschentums. Die „Bestärkung und Rechtfertigung unseres Verlangens nach einem Sinn, einer tiefen Einheit, einer Unsterblichkeit der menschlichen Kultur" sei es, was wir auf Reisen besonders genießen. Dem Reisenden wird zuletzt, „über alle Verschiedenheit und reizvolle Gegensätzlichkeit der Länder und Völker hinweg, immer mehr und immer klarer der einheitliche Sinn alles Menschentums entgegentreten".

Fritz Hofmann

BIBLIOGRAPHISCHE HINWEISE

Dieser Band folgt in wesentlichen Teilen der Gliederung, die Hermann Hesse seiner Sammlung „Bilderbuch" (1926 und 1958) gegeben hat, geht aber in der Textauswahl darüber hinaus. Die Reisenotizen des Bandes „Aus Indien" werden vollständig übernommen, die Gedichte und die Erzählung „Robert Aghion" hingegen bleiben unberücksichtigt. Von den einundzwanzig Beiträgen des Indien-Reports sind siebzehn im „Bilderbuch" enthalten. Die Streichungen und Änderungen, die der Autor für diese Ausgabe vorgenommen hat, sind auch für uns maßgebend.

Unserer Auswahl liegen folgende Bände zugrunde:

Aus Indien, Berlin 1913.

Bilderbuch. Schilderungen, Berlin 1926 (veränderte Neuausgabe Berlin 1958).

Betrachtungen, Berlin 1928.

Gedenkblätter, Berlin 1937 (erweiterte Neuausgabe 1950, wiederum erweiterte Ausgabe 1962).

Späte Prosa, Berlin 1951.

Beschwörungen. Späte Prosa. Neue Folge, Berlin 1955.

Die Kunst des Müßiggangs. Kurze Prosa aus dem Nachlaß, herausgegeben von Volker Michels, Frankfurt am Main 1973.

Bodensee. Betrachtungen. Erzählungen. Gedichte, herausgegeben von Volker Michels, Sigmaringen 1977.

Briefe an Freunde. Rundbriefe 1946–1962, zusammengestellt von Volker Michels, Frankfurt am Main 1977.

Kleine Freuden. Verstreute und kurze Prosa aus dem Nachlaß, herausgegeben von Volker Michels, Frankfurt am Main 1977.

Aus Indien. Aufzeichnungen, Tagebücher, Gedichte, Betrachtungen und Erzählungen, neu zusammengestellt und ergänzt von Volker Michels, Frankfurt am Main 1980.

Die Jahreszahlen wurden entweder von Hesse oder von den Herausgebern der Nachlaßbände hinzugefügt und bezeichnen zumeist die Entstehungszeit.

7 *Im Philisterland* – Abgedruckt in der Monatsschrift „Die Rheinlande", 8. Jg., Düsseldorf 1908, S. 125 f. Unser Text folgt dem „Bilderbuch" (1958).

12 *Wenn es Abend wird* – Abgedruckt im „Schwabenspiegel", der Wochenschrift der „Württemberger Zeitung", 1. Jg., Stuttgart 1907/08, S. 169 f. Unser Text folgt dem „Bilderbuch" (1958).

18 *Vor meinem Fenster* – Geschrieben im Herbst 1904 und abgedruckt in der „Zeit", Wien, vom 12. Januar 1905. Wir folgen der Sammlung „Kleine Freuden" (1977), der eine spätere Fassung aus der Monatsschrift „Die Rheinlande", 10. Jg., Düsseldorf 1910, zugrunde liegt.

25 *Am Ende des Jahres* – Unter dem Titel „Abends" abgedruckt in „Die Rheinlande", 5. Jg., Düsseldorf 1905, S. 6 f. Unser Text folgt dem Band „Betrachtungen" (1928).

29 *Dem Sommer entgegen* – Abgedruckt in der Monatsschrift „Die Rheinlande", 10. Jg., Düsseldorf 1910, S. 172. Unser Text folgt dem „Bilderbuch" (1958).

33 *Hochsommer* – Unter dem Titel „Sommertag am Bodensee" abgedruckt in der Zeitschrift „Pro Helvetia", 2. Jg., Zürich, August 1920, S. 291. Unser Text folgt dem „Bilderbuch" (1958).

37 *Es wird Herbst* – Unter dem Titel „Herbstbeginn" abgedruckt im „Neuen Tagblatt", Nr. 213, Stuttgart, vom 12. September 1905. Unser Text folgt dem „Bilderbuch" (1958).

41 *Septembermorgen am Bodensee* – Abgedruckt in der „Stuttgarter Morgenpost", Nr. 232 und 233, vom 3. und 4. Oktober 1905. Unser Text folgt dem Band „Die Kunst des Müßiggangs" (1973).

49 *Ein Wintergang* – Unter dem Titel „Winterglanz" abgedruckt im „Neuen Wiener Tagblatt" von 1905. Unser Text folgt dem „Bilderbuch" (1958).

52 *Lindenblüte* – Abgedruckt in der Monatsschrift „Die Rheinlande", 8. Jg., Düsseldorf 1908, S. 161 f. Unser Text folgt dem „Bilderbuch" (1958).

56 *Untersee* – Abgedruckt im „Neuen Wiener Tagblatt" vom 19. März 1912. Unser Text folgt der Sammlung „Kleine Freuden" (1977).

60 *Umzug* – Abgedruckt im „Neuen Wiener Tagblatt" vom 13. Oktober 1912. Unser Text folgt der Sammlung „Kleine Freuden" (1977).

67 *Anemonen* – Abgedruckt in der Monatsschrift „Die Rheinlande", 4. Jg., Düsseldorf 1903/04, S. 344 f. Unser Text folgt dem „Bilderbuch" (1958).

71 *Venezianisches Notizbüchlein* – Geschrieben im März 1902. Abgedruckt in der „Rheinisch-Westfälischen Zeitung" vom 4. bis 18. Mai 1902. Unser Text folgt der Sammlung „Kleine Freuden" (1977).

81 *Von meiner ersten Italienreise* – Abgedruckt im „Neuen Tagblatt", Nr. 215, 217 und 222, Stuttgart, vom 14., 16. und 22. September 1904. Unser Text folgt der Sammlung „Kleine Freuden" (1977).

96 *Gubbio* – Abgedruckt in der Halbmonatsschrift „März", 1. Jg., Heft 9, München, Mai 1907, S. 233–236. Unser Text folgt dem Band „Die Kunst des Müßiggangs" (1973).

102 *Montefalco* – Abgedruckt in der Halbmonatsschrift „März", 1. Jg., Heft 11, München, Juni 1907, S. 380–382. Unser Text folgt dem „Bilderbuch" (1958).

107 *Lagunenstudien* – Unser Text folgt dem „Bilderbuch" (1958).

112 *Abend in Cremona* – Unter dem Titel „Ein Reisetag" abgedruckt im „Schwabenspiegel", der Wochenschrift der „Württemberger Zeitung", 6. Jg., Stuttgart 1912/13, S. 393–395. Eine überarbeitete Fassung unter dem Titel „Abend in Cremona" erschien in der Monatsschrift „Die Rheinlande", 15. Jg., Düsseldorf 1915, S. 104–107. Unser Text folgt dem „Bilderbuch" (1958).

120 *Die Nichtraucherin* – Abgedruckt im „Berliner Tageblatt", 42. Jg., Nr. 397, vom 7. August 1913. Unser Text folgt der Sammlung „Kleine Freuden" (1977).

128 *Spaziergang am Comer See* – Unter dem Sammeltitel „Wieder in Italien" abgedruckt im „Bodenseebuch", 1. Jg., Konstanz 1914, S. 39–41. Unser Text folgt dem „Bilderbuch" (1958).

132 *Bergamo* – Unter dem Sammeltitel „Wieder in Italien" abgedruckt im „Bodenseebuch", 1. Jg., Konstanz 1914, S. 41–44. Unser Text folgt dem „Bilderbuch" (1958).

138 *San Vigilio* – Unter dem Sammeltitel „Wieder in Italien" abgedruckt im „Bodenseebuch", 1. Jg., Konstanz 1914, S. 44–46. Unser Text folgt dem „Bilderbuch" (1958).

145 *Nachts im Suezkanal* – Enthalten in dem Band „Aus Indien"
(1913). Unser Text folgt dem „Bilderbuch" (1958).

148 *Abend in Asien* – Abgedruckt im „Neuen Wiener Tagblatt"
vom 11. Juli 1912 und aufgenommen in den Band „Aus Indien" (1913). Unser Text folgt dem „Bilderbuch" (1958).

152 *Spazierenfahren* – Abgedruckt im „Neuen Wiener Tagblatt"
vom 18. April 1912 und aufgenommen in den Band „Aus Indien" (1913). Unser Text folgt dem „Bilderbuch" (1958).

156 *Augenlust* – Abgedruckt im „Neuen Wiener Tagblatt" vom
28. April 1912 und aufgenommen in den Band „Aus Indien"
(1913). Unser Text folgt dem „Bilderbuch" (1958).

162 *Der Hanswurst* – Abgedruckt in der illustrierten Monatsschrift „Die Schweiz", 16. Jg., Zürich 1912, S. 268 f., und aufgenommen in den Band „Aus Indien" (1913). Unser Text
folgt dem „Bilderbuch" (1958).

164 *Architektur* – Abgedruckt in der illustrierten Monatsschrift
„Die Schweiz", 16. Jg., Zürich 1912, S. 269 f., und aufgenommen in den Band „Aus Indien" (1913).

167 *Singapore-Traum* – Abgedruckt in der Wochenschrift „Simplicissimus", 17. Jg., Nr. 38, München, vom 16. Dezember 1912, S. 628–629, und aufgenommen in den Band
„Aus Indien" (1913). Unser Text folgt dem „Bilderbuch"
(1958).

175 *Überfahrt* – Enthalten in dem Band „Aus Indien" (1913).
Unser Text folgt dem „Bilderbuch" (1958).

178 *Pelaiang* – Enthalten in dem Band „Aus Indien" (1913); unser Text folgt dem „Bilderbuch" (1958).

182 *Sozieteit* – Enthalten in dem Band „Aus Indien" (1913).

185 *Nacht auf Deck* – Enthalten in dem Band „Aus Indien"
(1913); unser Text folgt dem „Bilderbuch" (1958).

189 *Waldnacht* – Abgedruckt in der Wochenschrift „Simplicissimus", 17. Jg., Nr. 25, München, vom 16. September 1912,
S. 391–392, und aufgenommen in den Band „Aus Indien"
(1913). Unser Text folgt dem „Bilderbuch" (1958).

194 *Palembang* – Enthalten in dem Band „Aus Indien" (1913).
Unser Text folgt dem „Bilderbuch" (1958).

198 *Wassermärchen* – Enthalten in dem Band „Aus Indien"
(1913); unser Text folgt dem „Bilderbuch" (1958).

201 *Die Gräber von Palembang* – Enthalten in dem Band „Aus
Indien" (1913).

204 *„Maras"* – Enthalten in dem Band „Aus Indien" (1913). Unser Text folgt dem „Bilderbuch" (1958).

209 *Spaziergang in Kandy* – Abgedruckt im „Tag", Berlin, vom
11. April 1912, und aufgenommen in den Band „Aus Indien"
(1913). Unser Text folgt dem „Bilderbuch" (1958).

213 *Tagebuchblatt aus Kandy* – Abgedruckt in der illustrierten
Monatsschrift „Die Schweiz", Zürich, vom 15. Juni 1912,
und aufgenommen in den Band „Aus Indien" (1913). Unser
Text folgt dem „Bilderbuch" (1958).

217 *Pedrotallagalla* – Unter dem Obertitel „Auf Ceylon" zusam-
men mit dem „Tagebuchblatt aus Kandy" abgedruckt in
„Westermanns Monatsheften", 57. Jg., 113. Band, 1. Teil,
Braunschweig September 1912, S. 109 f., und aufgenommen
in den Band „Aus Indien" (1913). Unser Text folgt dem
„Bilderbuch" (1958).

220 *Rückreise* – Unter dem Titel „Rückreise aus Indien" abgedruckt in der Monatsschrift „Die Rheinlande", 12. Jg., Düsseldorf 1912, S. 282 f., und aufgenommen in den Band „Aus
Indien" (1913). Unser Text folgt dem „Bilderbuch" (1958).

225 *Reisende Asiaten* – Enthalten in dem Band „Aus Indien"
(1913).

227 *In Kandy* – Unter dem Titel „Indische Schmetterlinge" abgedruckt im „Neuen Wiener Tagblatt" vom 4. Februar
1912. Der Band „Die Kunst des Müßiggangs" (1973) bringt
eine spätere Fassung, der wir folgen.

234 *Die Nikobaren* – Abgedruckt im „Neuen Wiener Tagblatt"
vom 28. Dezember 1913. Unser Text folgt der Sammlung
„Kleine Freuden" (1977).

240 *Erinnerung an Asien* – Abgedruckt in der Zeitschrift
„März", 8. Jg., Dritter Band, Heft 8, München, 1. August
1914, S. 190–193. Unser Text folgt der Sammlung „Kleine
Freuden" (1977).

244 *Erinnerung an Indien* – Abgedruckt in der Schweizerischen
Kunst- und Literaturchronik „O mein Heimatland", 6. Jg.,
Bern 1918, S. 51–56. Unser Text folgt dem „Bilderbuch"
(1958).

250 *Besuch aus Indien* – Abgedruckt in der „Neuen Zürcher
Zeitung", 143. Jg., Nr. 1449, vom 6. November 1922. Unser
Text folgt dem „Bilderbuch" (1958).

255 *Sehnsucht nach Indien* – Abgedruckt im „Berliner Tageblatt",
54. Jg., Nr. 587, vom 12. Dezember 1925. Unser Text folgt
der Sammlung „Kleine Freuden" (1977).

263 *Sommertag im Süden* – Unser Text folgt dem „Bilderbuch"
(1958).

266 *Winterbrief aus dem Süden* – Abgedruckt in der Wochenschrift „Das Tage-Buch", 1. Jg., Heft 6, Berlin, 14. Februar 1920, S. 224–226. Unser Text folgt dem „Bilderbuch" (1958).

271 *Gang im Frühling* – Abgedruckt in der „Neuen Zürcher Zeitung", 141. Jg., Nr. 559, vom 4. April 1920. Unser Text folgt dem „Bilderbuch" (1958).

273 *Kirchen und Kapellen im Tessin* – Abgedruckt in der Zeitschrift „Schweizerland", 6. Jg., Chur 1920, S. 273–276. Unser Text folgt dem Band „Die Kunst des Müßiggangs" (1973).

277 *Der kleine Weg* – Unter dem Titel „Ein Weg im Tessin" abgedruckt in der Wochenschrift „Simplicissimus", 26. Jg., Nr. 12, München, 15. Juni 1921, S. 142. Unser Text folgt dem „Bilderbuch" (1958).

281 *Tessiner Sommerabend* – Unter dem Titel „Tessiner Abend" abgedruckt in der Wochenschrift „Simplicissimus", 26. Jg., Nr. 28, München, 5. Oktober 1921, S. 350–352. Unser Text folgt dem „Bilderbuch" (1958).

286 *Strand* – Unter dem Titel „Tessiner Sommer" abgedruckt in der Zeitschrift „Ikarus", 2. Jg., Nr. 7, Berlin 1926, S. 9 f. Unser Text folgt dem „Bilderbuch" (1958).

291 *Das schreibende Glas* – Abgedruckt in der „Neuen Zürcher Zeitung", 143. Jg., Nr. 997, vom 30. Juli 1922. Unser Text folgt dem „Bilderbuch" (1958).

297 *Madonna d'Ongero* – Abgedruckt in der „Neuen Zürcher Zeitung", 144. Jg., Nr. 1093, vom 12. August 1923. Unser Text folgt dem „Bilderbuch" (1958).

304 *Madonnenfest im Tessin* – Abgedruckt in der „Vossischen Zeitung", Nr. 571, Berlin, vom 2. Dezember 1924. Unser Text folgt dem „Bilderbuch" (1958).

310 *Abendwolken* – Abgedruckt im „Berliner Tageblatt", 55. Jg., Nr. 299, vom 27. Juni 1926. Unser Text folgt dem „Bilderbuch" (1958).

315 *Aquarell* – Abgedruckt in der „Frankfurter Zeitung", Nr. 489, vom 4. Juli 1926. Unser Text folgt dem Band „Die Kunst des Müßiggangs" (1973).

320 *Sommers Ende* – Unter dem Titel „September" abgedruckt im „Berliner Tageblatt", 55. Jg., Nr. 416, vom 3. September 1926. Eine spätere Fassung brachte die „Neue Zürcher Zeitung", 149. Jg., Nr. 1626, vom 9. September 1928; sie wurde in den Band „Kleine Freuden" (1977) aufgenommen, dem auch wir folgen.

325 *Mai im Kastanienwald* – Abgedruckt im „Berliner Tageblatt", 56. Jg., Nr. 223, vom 12. Mai 1927. Unser Text folgt der Sammlung „Kleine Freuden" (1977).

331 *Wiedersehen mit Nina* – Unter dem Titel „Besuch bei Nina" abgedruckt im „Berliner Tageblatt", 56. Jg., Nr. 298, vom 26. Juni 1927. Der Band „Die Kunst des Müßiggangs" (1973) bringt eine spätere Fassung, der auch wir in unserer Ausgabe folgen.

337 *Klage um einen alten Baum* – Abgedruckt im „Berliner Tageblatt", 56. Jg., Nr. 490, vom 16. Oktober 1927. Unser Text folgt dem Band „Die Kunst des Müßiggangs" (1973).

343 *Rückkehr aufs Land* – Abgedruckt in der „Kölnischen Zeitung" vom 1. Mai 1928. Unser Text folgt dem Band „Die Kunst des Müßiggangs" (1973).

347 *Malfreude, Malsorgen* – Unter dem Titel „Magnolie" abgedruckt in der „Kölnischen Zeitung" vom 15. Mai 1928. Unser Text folgt der Sammlung „Kleine Freuden" (1977).

353 *Gegensätze* – Unter dem Titel „Hochsommertag im Süden" abgedruckt im „Berliner Tageblatt", 57. Jg., Nr. 320, vom 9. Juli 1928. Wir bringen eine spätere Fassung aus der „Neuen Zürcher Zeitung", 155. Jg., Nr. 1810, vom 10. Oktober 1934, die in der Sammlung „Die Kunst des Müßiggangs" (1973) enthalten ist.

358 *Zinnien* – Unter dem Titel „Spätsommerblumen" abgedruckt im „Berliner Tageblatt", 57. Jg., Nr. 398, vom 23. August 1928. Eine überarbeitete Fassung unter dem Titel „Hochsommerbrief" erschien im „Bodenseebuch", 18. Jg., Konstanz 1931, S. 76–77. Unser Text folgt der Sammlung „Die Kunst des Müßiggangs" (1973).

363 *Spaziergang im Zimmer* – Abgedruckt im „Berliner Tageblatt", 57. Jg., Nr. 471, vom 5. Oktober 1928. Unser Text folgt der Sammlung „Kleine Freuden" (1977).

369 *Wenn es Herbst wird* – Unter dem Titel „Es wird Herbst" abgedruckt im Unterhaltungsblatt der „Vossischen Zeitung", Nr. 484, Berlin, vom 13. Oktober 1929. Unser Text folgt dem Band „Die Kunst des Müßiggangs" (1973).

375 *Wahlheimat* – Abgedruckt in der „Neuen Zürcher Zeitung", 151. Jg., Nr. 764, vom 20. April 1930. Unser Text folgt dem Band „Die Kunst des Müßiggangs" (1973).

377 *Zwischen Sommer und Herbst* – Abgedruckt im „Berliner Tageblatt", 59. Jg., Nr. 416, vom 4. September 1930. Unser Text folgt dem Band „Kleine Freuden" (1977).

383 *Tessiner Herbsttag* – Unter dem Titel „Ein Tessiner Herbsttag" abgedruckt in der „Neuen Rundschau", 43. Jg., Heft 9, Berlin, September 1932, S. 411–415. Unser Text folgt den „Gedenkblättern" (1962).

389 *Der Pfirsichbaum* – Abgedruckt in der „Neuen Zürcher Zeitung". Unser Text folgt dem Band „Späte Prosa" (1951).

393 *Aprilbrief* – Abgedruckt in der „Neuen Zürcher Zeitung", 173. Jg., Nr. 936, vom 29. April 1952. Unser Text folgt dem Band „Beschwörungen" (1955).

401 *Kaminfegerchen* – Unter dem Titel „Skizzenbuchblatt" abgedruckt in der „Neuen Zürcher Zeitung", 174. Jg., Nr. 428, vom 24. Februar 1953. Unser Text folgt dem Band „Beschwörungen" (1955).

409 *Über das Reisen* – Abgedruckt in der „Zeit", Nr. 500, Wien, vom 30. April 1904. Unser Text folgt dem Band „Die Kunst des Müßiggangs" (1973).

420 *Die blaue Ferne* – Abgedruckt in der Monatsschrift „Die Rheinlande", 13. Jg., Düsseldorf 1913, S. 391 f. Unser Text folgt dem Band „Betrachtungen" (1928).

422 *Kastanienbäume* – Abgedruckt in der Wochenschrift „Simplicissimus", 11. Jg., Nr. 1, München, 2. April 1906, S. 4. Unser Text folgt dem „Bilderbuch" (1958).

427 *Sommerreise* – Abgedruckt in den „Münchner Neuesten Nachrichten" vom 2. September 1905. Unser Text folgt der Sammlung „Bodensee" (1977).

445 *Am Gotthard* – Abgedruckt 1906 in der Montagsbeilage, Nr. 14, des „Dresdner Anzeigers". Unser Text folgt dem „Bilderbuch" (1958).

451 *Herbst* – Abgedruckt in der Wochenschrift „Simplicissimus", 15. Jg., Nr. 26, München, 26. September 1910, S. 423–424. Unser Text folgt dem „Bilderbuch" (1958).

456 *Wintertage in Graubünden* – Unter dem Titel „Winternotizen aus Graubünden" abgedruckt im „Neuen Wiener Tagblatt" vom 11. Februar 1906. Unser Text folgt der Sammlung „Kleine Freuden" (1977).

462 *Fastnacht* – Unter dem Titel „Karneval" abgedruckt in der Wochenschrift „Simplicissimus", 10. Jg., Nr. 47, München, 19. Februar 1906. Unser Text folgt der Sammlung „Bodensee" (1977).

469 *Reisebilder* – Abgedruckt im „Neuen Wiener Tagblatt", Januar 1907. Unser Text folgt der Sammlung „Kleine Freuden" (1977).

484 *Vom Naturgenuß* – Abgedruckt im „Neuen Wiener Tagblatt" von 1908. Unser Text folgt der Sammlung „Die Kunst des Müßiggangs" (1973).

490 *Grindelwald* – Abgedruckt in der Halbmonatsschrift „März", 2. Jg., Heft 24, München, 15. Dezember 1908, S. 450–458.

500 *Reiselust* – Abgedruckt im Sonntagsblatt der „Basler Nachrichten", 8. Jg., 1913, S. 17. Unser Text folgt den „Betrachtungen" (1928).

503 *Winterbrief* – Abgedruckt im „Neuen Wiener Tagblatt" vom 3. März 1911. Unser Text folgt der Sammlung „Kleine Freuden" (1977).

508 *Spazierfahrt in der Luft* – Abgedruckt im Sonntagsblatt der „Basler Nachrichten", 6. Jg., 1911, S. 141 f. Unser Text folgt dem Band „Die Kunst des Müßiggangs" (1973).

514 *Im Flugzeug* – Abgedruckt im „Schwabenspiegel", der Wochenschrift der „Württemberger Zeitung", 6. Jg., Stuttgart 1912/13, S. 228 f. und 238 f. Unser Text folgt der Sammlung „Die Kunst des Müßiggangs" (1977).

523 *Winterausflug* – Abgedruckt im „Neuen Wiener Tagblatt" vom 26. Januar 1913. Wir folgen der Sammlung „Die Kunst des Müßiggangs" (1977).

529 *Bern–Wien* – Abgedruckt in der Zeitschrift „Der Bund", Bern, vom 13. November 1913. Wir folgen der Sammlung „Kleine Freuden" (1977).

533 *Wieder in Deutschland* – Abgedruckt in der „Neuen Zürcher Zeitung", 136. Jg., Nr. 1348, vom 10. Oktober 1915.

540 *Notizblatt von einer Reise* – Abgedruckt in der „Neuen Zürcher Zeitung", 143. Jg., Nr. 530, vom 21. April 1922. Unser Text folgt dem „Bilderbuch" (1958).

543 *Reisebrief* – Abgedruckt im „Berliner Tageblatt", 54. Jg., Nr. 537, vom 12. November 1925. Wir folgen der Sammlung „Kleine Freuden" (1977).

549 *Ausflug in die Stadt* – Abgedruckt in der „Frankfurter Zeitung", Nr. 44, vom 17. Januar 1926. Unser Text folgt dem Band „Die Kunst des Müßiggangs" (1973).

555 *Kofferpacken* – Abgedruckt im „Berliner Tageblatt", 55. Jg., Nr. 539, vom 14. November 1926. Unser Text folgt der Sammlung „Kleine Freuden" (1977).

560 *März in der Stadt* – Abgedruckt im „Berliner Tageblatt", 56. Jg., Nr. 110, vom 6. März 1927. Unser Text folgt der Sammlung „Kleine Freuden" (1977).

565 *Schlafloser Gast im Hotelzimmer* – Abgedruckt im „Simplicis-simus", 32. Jg., Nr. 1, Stuttgart, 4. April 1927, S. 2–3.

570 *Bilderbogen von einer kleinen Reise* – Abgedruckt im Litera-tur- und Unterhaltungsblatt der „Kölnischen Zeitung", Nr. 394, vom 29. Mai 1927. Eine spätere Fassung unter dem Titel „Kleine Fahrt" erschien in der „Vossischen Zeitung", Berlin, vom 1. September 1929. Unser Text folgt der Samm-lung „Kleine Freuden" (1977).

575 *Sommerliche Eisenbahnfahrt* – Geschrieben 1927 und abge-druckt in den „Dresdner Neuen Nachrichten", Nr. 123, vom 27. Mai 1928. Unser Text folgt dem Band „Die Kunst des Müßiggangs" (1973).

581 *Winterferien* – Unter dem Titel „Ins Gebirge verirrt" abge-druckt im Literatur- und Unterhaltungsblatt der „Kölni-schen Zeitung", Nr. 79, vom 9. Februar 1928. Später auch erschienen in der „Vossischen Zeitung", Berlin, vom 26. Januar 1929. Unser Text folgt dem Band „Die Kunst des Müßiggangs" (1973).

587 *Einst in Würzburg* – Geschrieben 1928 und unter dem Titel „Spaziergang in Würzburg" abgedruckt in der „Neuen Zürcher Zeitung", 150. Jg., vom 24. Februar 1929. Auch er-schienen unter dem Titel „Gang durch Würzburg". Der Band „Die Kunst des Müßiggangs" (1973) bringt eine spä-tere Fassung, der auch wir folgen.

592 *Luftreise* – Unter dem Titel „Spazierenfliegen" abgedruckt im „Berliner Tageblatt", 57. Jg., Nr. 189, vom 21. April 1928. Der Band „Die Kunst des Müßiggangs" bringt eine spätere Fassung, der auch wir folgen.

598 *Bilderbeschauen in München* – Abgedruckt in den „Dresdner Neuen Nachrichten" vom 9. Juni 1929. Unser Text folgt dem Band „Die Kunst des Müßiggangs" (1973).

604 *Lektüre im Bett* – Geschrieben 1929 und abgedruckt in der „National-Zeitung", Nr. 151, Basel, vom 1. April 1947. Unser Text folgt dem Band „Die Kunst des Müßiggangs" (1973).

610 *[Arosa als Erlebnis]* – Abgedruckt in der „Neuen Zürcher Zeitung" vom 21. September 1934 als Antwort auf eine Rundfrage der „Neuen Zürcher Zeitung" anläßlich des 50. Jubiläums des Kurorts Arosa. Unser Text folgt der Sammlung „Kleine Freuden" (1977).

613 *Der gestohlene Koffer* – Abgedruckt in der Zeitschrift „An-nabelle", 8. Jg., Zürich 1945, Nr. 86, S. 22f., 64 und 66. Un-ser Text folgt dem Band „Späte Prosa" (1951).

623 *Rigi-Tagebuch* – Abgedruckt in der „Neuen Schweizer Rundschau", Neue Folge 13, Zürich 1945/46, S. 263–271. Unser Text folgt dem Band „Späte Prosa" (1951).

635 *Beschreibung einer Landschaft* – Abgedruckt in der „Neuen Rundschau", 58. Jg., Berlin 1947, S. 196–205. Unser Text folgt dem Band „Späte Prosa" (1951).

PERSONENREGISTER

REGISTER DER ERWÄHNTEN WERKE
HERMANN HESSES

INHALT